Herrler/Hertel/Kesseler
Aktuelles Immobilienrecht 2025

Aktuelles Immobilienrecht 2025

in der Gestaltungspraxis

von

Sebastian Herrler
Notar, München

Christian Hertel, LL.M. (George Washington University)
Notar, Weilheim i.OB

Prof. Dr. Christian Kesseler
Notar, Düren

mit Beiträgen von

Dr. Andreas Bernert
Notar a. D., Geschäftsführer des Deutschen Notarinstituts (DNotI), Würzburg

Prof. Dr. Anatol Dutta
Ludwig-Maximilians-Universität München

Dr. Kai Hamdorf
Richter am Bundesgerichtshof, V. Zivilsenat, Karlsruhe

Dr. Jörg Ihle
Notar, Bergisch Gladbach-Bensberg

Prof. Dr. Jan Lieder
Albert-Ludwigs-Universität Freiburg

Prof. Dr. Markus Würdinger
Universität Passau

2025

C.H.BECK

Zitiervorschlag:
Herrler/Hertel/Kesseler ImmobilienR 2025/Bearbeiter S. …

beck.de

ISBN 978 3 406 83902 3

Wilhelmstraße 9, 80801 München
info@beck.de
Druck und Bindung: Beltz Grafische Betriebe GmbH
Am Fliegerhorst 8, 99947 Bad Langensalza
Satz, Umschlag: Druckerei C.H.Beck Nördlingen

chbeck.de/nachhaltig
produktsicherheit.beck.de

Gedruckt auf säurefreiem, alterungsbeständigem Papier
(hergestellt aus chlorfrei gebleichtem Zellstoff)

Vorwort

Der vorliegende Band ist die überarbeitete und erweiterte Buchfassung des Skripts der Vortragsreihe „Aktuelle Probleme der notariellen Vertragsgestaltung im Immobilienrecht" des Deutschen Anwaltsinstituts (DAI), Fachinstitut für Notare, aus dem Frühjahr 2025. Anregungen und aus den Diskussionen der insgesamt zehn Veranstaltungen gewonnene Erkenntnisse haben wir eingearbeitet. Neben zahlreichen Formulierungsvorschlägen haben wir das Buch – wie schon in den Vorjahren – um ein Reader's Digest ergänzt, welches dem eiligen Leser einen Zugriff auf die behandelten Themen in Kurzform ermöglicht und den daraus folgenden Anpassungsbedarf für die Vertragsmuster bzw. die Büroorganisation skizziert, und ein Stichwortverzeichnis der in den Jahren 2019–2025 behandelten Themen aufgenommen, das auch die Bände der Vorjahre erschließt.

Vor allem enthält die vorliegende Buchfassung die Beiträge der folgenden hochkarätigen Gastreferenten aus Justiz, Wissenschaft und Notariat, die unsere Veranstaltung auch in diesem Jahr bereichert haben:

- aus der Justiz Dr. Kai **Hamdorf,** Richter am Bundesgerichtshof, V. Zivilsenat,
- aus der Wissenschaft Prof. Dr. Anatol **Dutta,** Ludwig-Maximilians-Universität, München, Prof. Dr. Jan **Lieder,** Universität Freiburg, und Prof. Dr. Markus **Würdinger,** Universität Passau, sowie
- die Notarkollegen Dr. Andreas **Bernert,** Geschäftsführer des Deutschen Notarinstituts, Würzburg, und Dr. Jörg **Ihle,** Notar in Bergisch Gladbach-Bensberg.

Wir hoffen, mit diesem bunten Strauß unterschiedlicher Themen – und auch unterschiedlicher Perspektiven – wieder eine Hilfe von Praktikern für Praktiker geben zu können.

Für Anregungen, Hinweise und auch für Kritik sind wir stets dankbar (aktuellesimmorecht@brienner13.de).

Ein besonderer Dank für die tatkräftige Unterstützung bei der Betreuung der Manuskripte und der Weiterentwicklung des Stichwortverzeichnisses gilt *Manuel Baumgärtel, Marius Paul, Amelie Mengue* und *Nils Vogel.*

München, Weilheim und Düren im August 2025

Sebastian Herrler
Christian Hertel
Christian Kesseler

Alle Ausgaben der Reihe

Herrler/Hertel/Kesseler, Aktuelle Probleme der notariellen Vertragsgestaltung im Immobilienrecht 2013/2014, DAI-Tagungsskript Februar/März 2014
Herrler/Hertel/Kesseler, Aktuelle Probleme der notariellen Vertragsgestaltung im Immobilienrecht 2014/2015, DAI-Tagungsskript Februar/März 2015
Herrler/Hertel/Kesseler, Aktuelle Probleme der notariellen Vertragsgestaltung im Immobilienrecht 2015/2016, DAI-Tagungsskript Februar/März 2016
Herrler/Hertel/Kesseler, Aktuelle Probleme der notariellen Vertragsgestaltung im Immobilienrecht 2016/2017, DAI-Tagungsskript Februar/März 2017
Herrler/Hertel/Kesseler, Aktuelle Probleme der notariellen Vertragsgestaltung im Immobilienrecht 2017/2018, DAI-Tagungsskript Februar/März 2018

alle abrufbar im Volltext unter https://brienner13.de/sebastian-herrler/skripte-aktuelle-probleme-der-notariellen-vertragsgestaltung-download/

Seit 2019 im Verlag C.H.BECK:
Herrler/Hertel/Kesseler, Aktuelles Immobilienrecht 2019 in der Gestaltungspraxis
Herrler/Hertel/Kesseler, Aktuelles Immobilienrecht 2020 in der Gestaltungspraxis
Herrler/Hertel/Kesseler, Aktuelles Immobilienrecht 2021/2022 in der Gestaltungspraxis
Herrler/Hertel/Kesseler, Aktuelles Immobilienrecht 2022 in der Gestaltungspraxis
Herrler/Hertel/Kesseler, Aktuelles Immobilienrecht 2023 in der Gestaltungspraxis
Herrler/Hertel/Kesseler, Aktuelles Immobilienrecht 2024 in der Gestaltungspraxis

Jeweils zitiert:
Bearbeiter in Herrler/Hertel/Kesseler ImmobilienR … S. …

Inhaltsübersicht

G. Grundbuchrecht

H. Steuerrecht

I. Öffentliches Recht: Genehmigungserfordernis für die Aufteilung

J. Beurkundungsverfahren

K. Internationales Privatrecht: Europäisches Nachlasszeugnis und Grundstücksverkehr

Inhaltsverzeichnis

C. Bauträgervertrag

D. Überlassungsvertrag

E. Wohnungseigentum und Erbbaurecht

F. Allgemeines Grundstücksrecht/Beschränkte dingliche Grundstücksrechte

G. Grundbuchrecht

H. Steuerrecht

I. Öffentliches Recht: Genehmigungserfordernis für die Aufteilung

J. Beurkundungsverfahren

K. Internationales Privatrecht: Europäisches Nachlasszeugnis und Grundstücksverkehr

Aktuelles Immobilienrecht 2025
Thesen und Folgen für die Vertragsgestaltung

1. Verjährung der Übereignungsansprüche

Die Verjährungsfrist für synallagmatisch verbundene Ansprüche aus einem Vertragsverhältnis beginnt erst mit der Fälligkeit des jeweiligen Anspruchs zu laufen. Erst dann ist der Anspruch im Sinne von § 200 BGB entstanden. Für den Anspruch des Käufers auf Eigentumsverschaffung an einem Grundstück, der nach den vertraglichen Bedingungen nicht sofort fällig ist, beginnt die Verjährungsfrist daher nicht schon mit Vertragsschluss. Ein Anlauf der Verjährungsfrist vor Fälligkeit des Anspruchs kommt mit Blick auf den Rechtsgedanken des § 162 Abs. 1 BGB jedoch in Betracht, wenn der Gläubiger des Eigentumsverschaffungsanspruchs (= der Käufer) durch pflichtwidrige Nichtzahlung des Kaufpreises die Fälligkeit des Anspruchs verhindert.

Sollte der Eigentumsverschaffungsanspruch nach teilweiser Vertragserfüllung (etwa Besitzverschaffung und teilweiser Kaufpreiszahlung) verjähren, fallen Eigentum und Besitz grundsätzlich dauerhaft auseinander. Daher mag es sich empfehlen, die Beteiligten in Konstellationen, in denen der Eigentumswechsel auch nach längerer Zeit noch nicht stattgefunden hat (unter anderem bei Bauträgerverträgen), auf die noch nicht erfolgte Eigentumsumschreibung und deren Voraussetzungen hinzuweisen.

BGH Urt. v. 15.3.2024 – V ZR 224/22
ImmobilienR 2025 S. 21 f. (Hamdorf/Herrler)

2. Höchstpersönlichkeit des Rückforderungsanspruchs beim Überlassungsvertrag

Wird in einem Grundstücksüberlassungsvertrag der Anspruch des Veräußerers auf Rückübertragung des Grundstücks als „höchstpersönlich" bezeichnet, hindert dies regelmäßig nicht die Stellvertretung bei der Geltendmachung des Anspruchs.

Im Interesse einer klaren Trennung zwischen der Entscheidung über die „Aktivierung" des Rückforderungsrechts und dem Schicksal des Rückforderungsanspruchs empfiehlt sich das zweistufige Optionsmodell. Der Rückforderungsanspruch ist hier doppelt aufschiebend bedingt, zum einen auf den Eintritt eines äußeren Ereignisses (Vorversterben, Insolvenz etc.), zum anderen (im Sinne einer Wollensbedingung) auf die Geltendmachung des Rückforderungsrechts. Es sollte mit den Parteien erörtert werden, ob das Rückforderungsrecht höchstpersönlich ausgestaltet wird, sodass lediglich der Veräußerer zur Rückforderung berechtigt ist, oder ob es von jedem Vertreter geltend gemacht werden kann bzw. ob der rückforderungsberechtigte Personenkreis näher zu konkretisieren ist.

BGH Urt. v. 6.12.2024 – V ZR 159/23
ImmobilienR 2025 S. 30 (Hamdorf/Herrler)

3. Vorauszahlungsabreden

Abreden über die Anrechnung einer erfolgten Anzahlung bzw. Vorauszahlung auf die Kaufpreisforderung sind nach ständiger Rechtsprechung des BGH beurkundungsbedürftig. Außerdem besteht bei einer 20.000 EUR übersteigenden Vorauszahlung eine Meldepflicht nach § 6 Abs. 1 Nr. 3 GwGMeldeV-Immobilien. Ein etwaiger Formmangel führt gemäß § 139 BGB grundsätzlich zur Gesamtnichtigkeit des Kaufvertrags. Die Vermutung des § 139 BGB ist allerdings widerlegt, wenn der Käufer die im Voraus geleistete Zahlung auf den Kaufpreis zu beweisen vermag (Quittung, Tilgungsbestimmung auf dem Überweisungsträger oder Ähnliches). Ungeachtet dessen sind Vorauszahlungen auch deshalb zwingend in der Urkunde zu dokumentieren, um späteren Streit darüber zu vermeiden, ob es sich bei der vor Beurkundung erfolgten Zahlung um eine Vorauszahlung handelt oder ob ein sog. Schwarzkauf vorliegt (Unterverbriefung).

BGH Urt. v. 14.6.2024 – V ZR 8/23
ImmobilienR 2025 S. 53 ff. (Herrler)

4. Schwarzkauf und Heilung

Lassen die Parteien den Kaufpreis bewusst unrichtig beurkunden und einigen sie sich außerhalb der notariellen Urkunde über den richtigen Kaufpreis, spricht man von einem sog. „Schwarzkauf". In der Regel wird der Kaufpreis zu niedrig angesetzt, um Steuern und Gebühren zu sparen (sog. Unterverbriefung). Mitunter wird der Kaufpreis in der Urkunde zu hoch angesetzt, um Dritte zu täuschen (sog. Überverbriefung). Der Kaufvertrag mit dem bewusst falsch angegebenen Kaufpreis ist gemäß § 117 Abs. 1 BGB als Scheingeschäft nichtig. Der Verkauf zu dem tatsächlich vereinbarten Preis ist nicht ordnungsgemäß beurkundet und daher formunwirksam.

Allerdings wird der formnichtige Kaufvertrag nach ständiger Rechtsprechung des V. Zivilsenats des BGH durch Auflassung und Eintragung des Eigentumswechsels im Grundbuch geheilt. Eine Heilung soll wegen Unwirksamkeit des Vertrags auch nach § 134 BGB bzw. § 138 Abs. 1 BGB nur dann ausscheiden, wenn die Steuerhinterziehungsabsicht alleiniger oder hauptsächlicher Zweck des Rechtsgeschäfts ist (was kaum je der Fall ist).

Seit dem 1.4.2024 ist eine in der Regel mit einem Schwarzkauf in Gestalt der Unterverbriefung einhergehende Barzahlungsabrede (ab dem ersten Euro) gemäß § 16a Abs. 1 GwG unwirksam. Die Unwirksamkeit der Abrede betreffend die Leistungsmodalität für den „Schwarzanteil" des Kaufpreises führt nur dann nicht zur Gesamtnichtigkeit des Vertrags, wenn der Kaufvertrag ohne die Barzahlungsabrede im Wesentlichen zu denselben Konditionen abgeschlossen worden wäre (vgl. § 139 BGB). Im absoluten Regelfall dürfte (jedenfalls bei einem nicht gänzlich zu vernachlässigenden Schwarzgeldanteil) davon auszugehen sein, dass jedenfalls eine der Vertragsparteien den Kaufvertrag ohne die Schwarzgeldabrede nicht zu identischen Bedingungen abgeschlossen hätte.

BGH Urt. v. 15.3.2024 – V ZR 115/22
ImmobilienR 2025 S. 60 ff. (Herrler)

5. Bagatellisierende Hinweise genügen nicht zur Offenbarung eines Sachmangels

Der Verkäufer genügt seiner Offenbarungspflicht nur, wenn er den Sachmangel in vollem Umfang offenlegt. Bloße bagatellisierende Hinweise genügen nicht zur Offenbarung eines Sachmangels.

Liefern die Beteiligten dem Notar eine von einem Beteiligten selbst formulierte Angabe zu offenbarten Sachmängeln (oder gar eine selbst formulierte Vertragsklausel), so sollte der Notar die von den Beteiligten formulierte Klausel nicht einfach übernehmen, sondern prüfen, ob sie klar und vollständig formuliert ist und auch dem Willen der Beteiligten entspricht.

BGH Urt. v. 21.6.2024 – V ZR 79/23
ImmobilienR 2025 S. 70 ff. (Hertel)

6. Asbesthaltige Bauteile sind nur zu offenbaren, wenn bei normaler Nutzung des Kaufobjekts die ersthafte Gefahr einer Gesundheitsgefährdung besteht

Dass Bauteile Asbest enthalten, muss der Verkäufer ungefragt nur offenbaren, wenn bei normaler Nutzung des Kaufobjekts die ernsthafte Gefahr einer Gesundheitsgefährdung besteht. Dies bejahte der BGH bei einer asbesthaltigen Wandverkleidung an der Hauswand neben der Terrasse. Bei einer asbesthaltigen Fassadenverkleidung der Dachgaube im zweiten Stock verneinte das OLG Hamm eine Offenbarungspflicht.

OLG Hamm Beschl. v. 4.7.2024 – 22 U 26/24
ImmobilienR 2025 S. 75 f. (Hertel)

7. Verkäufer muss einen ihm bekannten Mangel auch dann offenbaren, wenn er die Ursachen des Mangels nicht kennt

Verschweigen ist auch dann arglistig, wenn der Verkäufer nur den Mangel, aber nicht die Mängelursachen kennt. Verschweigt der Verkäufer den Mangel, dann haftet er auch für die Beseitigung von Mängelursachen, die ihm nicht bekannt waren.

BGH Urt. v. 27.10.2023 – V ZR 43/23
ImmobilienR 2025 S. 76 f. (Hertel)

8. Allgemeiner Haftungsausschluss für Sachmängel bezieht sich nicht auf vereinbarte Beschaffenheit

Ein allgemeiner Haftungsausschluss für Sachmängel bezieht sich nicht auf die vereinbarte Beschaffenheit. Dies kann man in der Urkunde dadurch verdeutlichen, dass die Sachmängelrechte nur „im Übrigen" ausgeschlossen werden bzw. nur, „soweit nicht in dieser Urkunde etwas anderes geregelt ist".

BGH Urt. v. 10.4.2024 – VIII ZR 161/23
ImmobilienR 2025 S. 79 f. (Hertel)

9. Bezeichnung als Wohnung ist nicht notwendig Beschaffenheitsvereinbarung

Die bloße Bezeichnung der verkauften Immobilie als Wohnung muss nicht notwendig eine Beschaffenheitsvereinbarung sein. Sieht der Notar aber, dass die Einheit im Grundbuch als Teileigentum eingetragen ist, aber als Wohnung genutzt wird und auch weiterhin als Wohnung genutzt werden soll, so sollte der Notar darauf hinweisen, dass eine Wohnnutzung der Teileigentumseinheit möglicherweise wohnungseigentumsrechtlich unzulässig ist und die Umnutzung einer Baugenehmigung bedarf.

OLG Frankfurt a. M. Hinweisbeschl. v. 19.10.2023 und Beschl. v. 31.10.2023 – 6 U 210/22
ImmobilienR 2025 S. 80 f. (Hertel)

10. Fälligkeit der Pflicht zur Lastenfreistellung

Sind Grundstücke mit Rechten, belastet, die vom Käufer nicht übernommen werden, hängt die Fälligkeit des Kaufpreises regelmäßig von der Beschaffung der Lastenfreistellungsunterlagen auf Seiten des Verkäufers ab. Die durch einige obergerichtliche Urteile geschaffene Unsicherheit hinsichtlich der Verteilung des Beschaffungsrisikos klärt der BGH dahingehend auf, dass den Verkäufer eine Erfüllungspflicht hinsichtlich der Vorlage der Unterlagen trifft, er für die Verletzung der Pflicht aber dann nicht haftet, wenn mit der Beschaffbarkeit der Unterlagen gerechnet werden darf.

OLG Hamm Urt. v. 7.3.2024 – 22 U 86/23
BGH Urt. v. 20.12.2024 – V ZR 41/23
ImmobilienR 2025 S. 82 ff. (Kesseler)

11. Kündigung des Darlehensvertrages durch Anforderung der Löschungsbewilligung durch Notar

Holt der Notar im Namen der Beteiligten Löschungsunterlagen zu Grundpfandrechten ein, stellt sich die Frage, welche Rechtsqualität diese Erklärung im Verhältnis zum Inhaber dieser Rechte hat. Das OLG München hat sich im Rahmen eines Hinweisbeschlusses auf den Standpunkt gestellt, der Notar erkläre mit der Anforderung im Namen des Verkäufers die Kündigung des gesicherten Darlehensverhältnisses.

OLG München Hinweisbeschl. v. 21.2.2024 – 19 U 3711/23e
ImmobilienR 2025 S. 91 ff. (Kesseler)

12. Mietrecht

Familienangehörige im Sinne des Kündigungsschutzes (§ 573 Abs. 2 Nr. 2 BGB bzw. § 577a Abs. 1a S. 2 BGB) sind unter anderem im Interesse der Rechtssicherheit ausschließlich diejenigen Personen, denen ein Zeugnisverweigerungsrecht aus persönlichen Gründen gemäß § 383 ZPO, § 52 StPO zusteht. Ein Cousin zählt selbst im Falle einer engen persönlichen Verbundenheit nicht zum privilegierten Personenkreis.

Der BGH hat die Frage offengelassen, ob sich die Gesellschafter einer GbR auch nach Inkrafttreten des MoPeG auf Eigenbedarf berufen können. Mit Blick darauf, dass durch die gesetzliche Verankerung der Rechtsfähigkeit lediglich die bisherigen Rechtsprechungsgrundsätze in Gesetzesform gegossen werden sollten, dürfte nicht von einer Änderung der bisherigen Rechtsprechung auszugehen sein.

BGH Urt. v. 10.7.2024 – VIII ZR 276/23
ImmobilienR 2025 S. 95 ff. (Herrler)

13. Verlängerung der Annahmefrist muss nicht bei Vormerkung eingetragen werden

Künftige Ansprüche auf eine dingliche Rechtsänderung an Immobiliarrechten können durch Vormerkung gesichert werden. Der BGH hatte aktuell den Fall zu entscheiden, ob und wie es sich auf die Sicherungswirkungen einer Vormerkung auswirkt, wenn Annahmefristen vor deren Ablauf verlängert werden. Die Entscheidung hat möglicherweise weitergehende Auswirkungen auf das Verständnis der Wirkweise der Vormerkung in allen Fällen der Sicherung bedingter oder befristeter Ansprüche.

BGH Urt. v. 8.3.2024 – V ZR 176/22
ImmobilienR 2025 S. 104 ff. (Kesseler)

14. Aktuelle Entwicklungen im neuen Maklerrecht

Das „Gesetz über die Verteilung der Maklerkosten bei der Vermittlung von Kaufverträgen über Wohnungen und Einfamilienhäuser“ aus dem Jahre 2020 ist das Ergebnis einer langjährigen Debatte über eine Neuausrichtung im Maklerprovisionsrecht. Neben der Textform (§ 656a BGB) sehen §§ 656b–656d BGB Schutzbestimmungen für den Fall vor, dass der Käufer ein Verbraucher ist. Geregelt ist in § 656c Abs. 1 BGB der sog. Halbteilungsgrundsatz bei einer Tätigkeit des Maklers für beide Parteien. § 656d BGB betrifft Vereinbarungen über die anteilige Übernahme von Maklerkosten. Der BGH hat mittlerweile einige wichtige Fragen zum Anwendungsbereich des neuen Maklerrechts und zur Reichweite des Verbraucherschutzes geklärt.

ImmobilienR 2025 S. 110 ff. (Würdinger)

15. Unwirksame Abnahmeklausel

Nahezu kein Käufer einer Neubaueigentumswohnung geht davon aus, ein Bauwerk in Auftrag zu geben und mit einem Werkunternehmer einen Werkvertrag zu schließen. Gleichwohl behandelt die Rechtsprechung seit Jahrzehnten den Bauträgervertrag hinsichtlich des Bauwerks als Werkvertrag und verlangt entsprechend die Abnahme der Bauleistung. Was beim Kauf eines Einfamilienhauses im Bauträgermodell noch umsetzbar ist, ist für den Geschosswohnungsbau praktisch unmöglich – kein Erwerber kann das gesamte Gemeinschaftseigentum sinnvoll abnehmen. In der Kautelarpraxis besteht entsprechend großes Bedürfnis nach vertraglichen Regelungen und vor allem Vereinfachungen der Abnahme. Das OLG Stuttgart hatte dazu eine Klausel aus dem Jahr 1999 zu beurteilen, aufgrund der angenommener Unwirksamkeit mehr als 17 Jahre später Mängelrechte aufgrund nicht erfolgter Abnahme geltend gemacht wurden.

OLG Stuttgart Urt. v. 6.6.2024 – 13 U 419/19
ImmobilienR 2025 S. 123 f. (Kesseler)

16. Grundlagen zum verdeckten Bauherrenmodell

Kann man Bauvertrag und Grundstückskaufvertrag voneinander trennen, nur weil der Bauunternehmer und der Grundstücksverkäufer personenverschieden sind? Genügt es, nur den Grundstückskaufvertrag zu beurkunden oder ist mehr zu beachten? Drei Fragen muss man voneinander trennen: Wie weit reicht das Formgebot des § 311b Abs. 1 S. 1 BGB? Wie weit reicht der Anwendungsbereich der MaBV? Und welche gestalterischen Herausforderungen stellen sich angesichts denkbarer Störungen in einem der beiden Vertragsverhältnisse? Der vorsichtige Gestalter hat alle Hände voll zu tun und muss sehr sorgfältig über die Risiken derartiger Gestaltungen nachdenken. Unmöglich sind sie nicht, haftungsträchtig und fehleranfällig aber allemal. Wer mit derlei Konstellationen gelegentlich konfrontiert ist, tut gut daran, die Grundlagen im Kopf zu haben.

ImmobilienR 2025 S. 130 ff. (Bernert)

17. Überlassung eines Miteigentumsanteils erfordert noch keinen Ergänzungspfleger

Überlässt ein Elternteil einen Miteigentumsanteil an einem nicht vermieteten Grundstück (kein Wohnungs- oder Teileigentum) an sein minderjähriges Kind, ist kein Ergänzungspfleger erforderlich. Der BGH wies damit die abweichende Meinung des KG und des OLG München zurück.

BGH Beschl. v. 18.4.2024 – V ZB 51/23
ImmobilienR 2025 S. 147 f. (Hertel)

18. Nachweis des dauerhaften Wegzugs bei Wohnungsrecht

Bei einem auf den „dauerhaften Auszug des Berechtigten" auflösend bedingt bestellten Wohnungsrechts kann der Nachweis der Grundbuchunrichtigkeit iSv § 22 Abs. 1 S. 1 GBO nicht erfolgreich durch die Vorlage einer Meldebescheinigung iSv § 18 Abs. 2 BMG geführt werden. Es steht den Beteiligten indes frei, Löschungserleichterung zu vereinbaren, etwa in Gestalt einer Fiktion des Bedingungseintritts bei Vorlage einer derartigen Meldebescheinigung.

OLG München Beschl. v. 30.7.2024 – 34 Wx 134/24e
ImmobilienR 2025 S. 149 ff. (Herrler)

19. Teilentgeltliche Übertragung ist kein Veräußerungsgeschäft iSd § 23 Nr. 1 EStG

Teilentgeltliche Übertragungen von Immobilien im Wege der vorweggenommenen Erbfolge sind keine Seltenheit. Geschehen diese innerhalb der Frist des § 23 EStG, stellt sich die Frage, wie diese zu behandeln sind, insbesondere, wenn die Gegenleistung unterhalb der historischen Anschaffungskosten liegt. Entgegen der Verwaltungsauffassung und der ständigen Rechtsprechung des BFH hat das FG Niedersachsen das Vorliegen eines Tatbestandes iSd § 23 EStG verneint. Zwischenzeitlich hat der BFH (Urt. v. 11.3.2025 – IX R 17/24) die Entscheidung aufgehoben.

FG Niedersachsen Urt. v. 29.5.2024 – 3 K 36/24
ImmobilienR 2025 S. 154 ff. (Kesseler)

20. Mehrfachparker sind nach jetzigem WEG sondereigentumsfähig, nach altem Recht sind sie es nicht

Miteigentumsanteil – Sondereigentum – Gemeinschaftseigentum – Sondernutzungsrecht: Es gibt wenige Rechtsgebiete des Zivilrechts, bei denen (vermeintliche) Rechtsdogmatik der Rechtspraxis so sehr im Wege steht. Der BGH hatte einen Fall vorliegen, in dem es in den 90er Jahren gelungen war, ins Grundbuch einzelne Parkplätze eines sog. Palettenparksystems als Teileigentumseinheiten einzutragen. Dass dies nach altem Recht mangels Abgeschlossenheit wie auch Raumeigenschaft nicht möglich war, war für den BGH leicht zu entscheiden. In der Entscheidung hat der BGH aber auch festgehalten, dass nach neuem Recht keine Bedenken gegen die Sondereigentumsfähigkeit der einzelnen Parkfläche auf einer Palette sprechen – der Parkplatz der Palette selbst aber stellt regelmäßig zwingendes Gemeinschaftseigentum dar.

BGH Beschl. v. 7.3.2024 – V ZB 46/23
ImmobilienR 2025 S. 157 ff. (Kesseler)

21. Darf Wohnungseigentümer nach Gemeinschaftsordnung bauliche Veränderungen „wie bei real geteilten Grundstücken" vornehmen, so ist nur die Einhaltung drittschützender Normen zu prüfen

Ist nach der Gemeinschaftsordnung einem Wohnungseigentümer gestattet, bauliche Veränderungen so vorzunehmen, als wäre er Alleineigentümer eines real geteilten Grundstücks, so besteht ein Unterlassungs- oder Beseitigungsanspruch nur bei Verletzung drittschützender Normen. Ein allfälliger Verstoß ist nicht im verwaltungsgerichtlichen Verfahren, sondern im wohnungseigentumsrechtlichen Verfahren zu prüfen.

BGH Urt. v. 8.3.2024 – V ZR 119/23
ImmobilienR 2025 S. 163 ff. (Hertel)

22. Gestreckte Begründung von Sondernutzungsrechten für Parkplätze

Werden Sondernutzungsrechte gestreckt begründet, so gibt es drei Gestaltungsmöglichkeiten, wie der Bauträger nach Vollzug der Teilungserklärung und nach den ersten Verkäufen noch einseitig Sondernutzungsrechte einer Einheit zuordnen kann:

1. Beim **„Parken“** werden alle Sondernutzungsrechte sofort begründet und vorläufig einer Einheit zugewiesen (bevorzugt dem voraussichtlichen als letzten verkauften „Ladenhüter“), dort also gewissermaßen „geparkt“, bevor sie dann im Rahmen des Verkaufs anderen Einheiten zugewiesen werden.
2. Bei einem **„persönlichen Sondernutzungsrecht“** werden alle anderen Wohnungs- und Teileigentümer mit Ausnahme des aufteilenden Eigentümers von der Nutzung ausgeschlossen. Berechtigt ist zunächst allein der aufteilende Eigentümer persönlich. Die Sondernutzungsrechte werden nicht bei einer Einheit geparkt, sondern beim Bauträger, der sie dann einzelnen Einheiten zuweisen kann (solange er noch Eigentümer mindestens einer Einheit ist).
3. Beim (vollständig) **aufschiebend bedingten** Sondernutzungsrecht ist das Sondernutzungsrecht zwar bereits in der Teilungserklärung geregelt. Ob und für welche Einheit es aber entsteht, hängt von der Bestimmung durch den aufteilenden Eigentümer als aufschiebender Bedingung ab. Im Unterschied zum persönlichen Sondernutzungsrecht sind hier zunächst alle Wohnungseigentümer nutzungsberechtigt.

OLG Karlsruhe Beschl. v. 28.3.2024 – 14 W 104/23 (Wx)
ImmobilienR 2025 S. 173 ff. (Hertel)

23. Aufteilungsplan ist auch bei Einreichung in Papierform größer DIN A3 vollziehbar

Auch wenn ein Aufteilungsplan entgegen § 135 Abs. 1 S. 2 GBO in Papierform eingereicht wird, muss das Grundbuchamt die Aufteilung vollziehen. Dies gilt auch, wenn der Aufteilungsplan ein Format größer DIN A3 hat.

In der Praxis kann der Aufteilungsplan nicht nur als Anlage nach § 9 Abs. 1 S. 3 BeurkG mitbeurkundet werden, sondern alternativ auch nach § 13a Abs. 4 BeurkG durch Verweisung auf den Aufteilungsplan als öffentliche Urkunde. Letzteres erleichtert eine spätere Änderung des Aufteilungsplanes bei Fehlern im Plan. Auch im letzteren Fall sollten natürlich alle Ausfertigungen und beglaubigten Abschriften auch mit einer beglaubigten Abschrift des Aufteilungsplans erteilt werden.

OLG München Beschl. v. 4.9.2024 – 34 Wx 224/24e
ImmobilienR 2025 S. 181 ff. (Hertel)

24. Grundbuchamt darf Teilungserklärung nur auf offensichtliche Unwirksamkeit hin prüfen

Das Grundbuchamt darf die Teilungserklärung nur auf offensichtliche Unwirksamkeit hin prüfen.

KG Beschl. v. 19.9.2024 – 1 W 410/23–448/23
ImmobilienR 2025 S. 186 ff. (Hertel)

25. Anspruch auf erstmalige Herstellung des Gemeinschaftseigentums

Der BGH hatte bereits vor Inkrafttreten des WEMoG mehrfach entschieden, dass jeder Wohnungseigentümer im Rahmen der ordnungsmäßigen Verwaltung (§ 18 Abs. 2 Nr. 1 WEG) auch den Anspruch hat, dass das Gemeinschaftseigentum erstmals in einen der Teilungserklärung entsprechenden, plangerechten Zustand versetzt wird. Dieser Anspruch auf erstmalige Errichtung des Gemeinschaftseigentums ist nur durch Treu und Glauben begrenzt, aber nicht vom Errichtungsstand abhängig.

Bei der Aufteilung von Reihenhäusern oder Doppelhaushälften in Wohnungseigentum empfiehlt sich, diesen Anspruch in der Gemeinschaftsordnung auszuschließen – möglicherweise auch bei Mehrhausanlagen, wenn die einzelnen Gebäude nicht funktional voneinander abhängen.

Bei Abschlagszahlungen im Bauträgervertrag geht die Literatur bisher häufig davon aus, dass es auf den Bautenstand für das Gemeinschaftseigentum in anderen Einheiten nur ankommt, wenn dieses Gemeinschaftseigentum funktional für die verkaufte Einheit erforderlich ist. Dies ist wohl zu ergänzen, dass der Bautenstand für das Gemeinschaftseigentum in anderen Einheiten auch gegeben sein muss, soweit der Erwerber aufgrund des Anspruchs auf erstmalige plangerechte Herstellung für die Herstellung dieses Gemeinschaftseigentums mithaftet.

BGH Urt. v. 20.12.2024 – V ZR 243/23
ImmobilienR 2025 S. 189 ff. (Hertel)

26. Vertretungsbefugnis des WEG-Verwalters ist nach außen unbeschränkt

Der WEG-Verwalter bedarf zwar für den schuldrechtlichen Abschluss des schuldrechtlichen Kaufvertrags zum Kauf eines Grundstücks für die Wohnungseigentümergemeinschaft eines zustimmenden Beschlusses der Wohnungseigentümergemeinschaft (§ 9b Abs. 1 S. 2 WEG). Dies gilt aber nicht für die Auflassung. Daher ist dem Grundbuchamt kein Beschluss nachzuweisen.

Der Notar muss natürlich die Befugnis des WEG-Verwalters zum Kaufvertragsschluss prüfen. Sinnvollerweise lässt sich der Notar den Beschluss entsprechend § 26 Abs. 4 WEG durch ein Protokoll nach § 24 Abs. 6 WEG mit Beglaubigung der Unterschriften des Versammlungsleiters, des Beiratsvorsitzenden (wenn vorhanden) und eines weiteren Wohnungseigentümers nachweisen.

OLG München Beschl. v. 11.7.2024 – 34 Wx 155/24e
ImmobilienR 2025 S. 200 ff. (Hertel)

27. WEG-Verwalter ist Organ der Wohnungseigentümergemeinschaft, nicht Vertragspartner der einzelnen Wohnungseigentümer

Der einzelne Wohnungseigentümer kann die Erstellung der Jahresrechnung nur von der Wohnungseigentümergemeinschaft, nicht (direkt) vom WEG-Verwalter verlangen.

BGH Urt. v. 19.4.2024 – V ZR 167/23
ImmobilienR 2025 S. 203 (Hertel)

28. Kein Schadensersatzanspruch des einzelnen Wohnungseigentümers gegen den WEG-Verwalter

Verletzt der WEG-Verwalter seine Pflichten, so stehen allfällige Schadensersatzansprüche nur der Wohnungseigentümergemeinschaft zu, nicht den einzelnen Wohnungseigentümern.

BGH Urt. v. 5.7.2024 – V ZR 34/24
ImmobilienR 2025 S. 203 ff. (Hertel)

29. Prozesskosten sind Verwaltungskosten

Gewinnt ein Wohnungseigentümer einen Prozess gegen die Gemeinschaft, muss er die der Eigentümergemeinschaft auferlegten Prozesskosten gleichwohl als Verwaltungskosten der Gemeinschaft anteilig mittragen.

BGH Urt. v. 19.7.2024 – V ZR 139/23
ImmobilienR 2025 S. 207 (Hertel)

30. Erlöschen des Erbbaurechts entsprechend § 1026 BGB

Das Erbbaurecht ist das Recht, auf oder unter der Oberfläche des Grundstücks ein Bauwerk zu haben. Die mit dem Erbbaurecht belasteten Grundstücke sind oftmals wesentlich größer als für das Haben des Bauwerks erforderlich – das ErbbauRG erlaubt deshalb die Erstreckung auch auf weitere Grundstücksteile. Da aber, wo eine solche Erstreckung nicht vereinbart ist, stellt sich die Frage, wie eine Abvermessung der nicht erfassten Grundstücksteile auf den Bestand des Erbbaurechts wirkt. Das OLG Koblenz hat dazu § 1026 BGB analog angewendet und das entsprechende Erlöschen befunden. Tatsächlich hat das Erbbaurecht an diesen Grundstücksteilen nie bestanden, sodass ein Rückgriff auf § 1026 BGB nicht erforderlich ist.

OLG Koblenz Urt. v. 12.3.2024 – 3 U 970/23
ImmobilienR 2025 S. 208 ff. (Kesseler)

31. Schuldrechtliche Verpflichtungen verbleiben bei Zwangsversteigerung beim ursprünglichen Erbbauberechtigten

Verträge über die Bestellung von Erbbaurechten enthalten oftmals ein Potpourri dinglicher und schuldrechtlicher Vereinbarungen. Das OLG Nürnberg hatte einen Fall zu entscheiden, bei dem das unterschiedliche Schicksal der Verpflichtungen aus einem solchen Vertrag anschaulich wurde. Nach erfolgter Zwangsversteigerung eines Erbbaurechts ging der Besteller des Erbbaurechts gegen seinen Vertragspartner aus den schuldrechtlichen Abreden des Bestellungsvertrages vor.

OLG Nürnberg Endurt. v. 12.3.2024 – 3 U 1856/23
ImmobilienR 2025 S. 210 ff. (Kesseler)

32. Verjährung des Heimfallanspruchs und sonstiger Dauerpflichten aus dem Erbbaurechtsvertrag

Die Verjährungsfristen für Schadenersatzansprüche aus dem Erbbaurecht sind ebenso wie solche auf Heimfall außerordentlich kurz. Bei Dauerpflichtverletzungen stellt sich dabei die Frage, ob diese Fristen bereits mit der erstmaligen Verletzung zu laufen beginnen oder deren Fristbeginn an die Beendigung der Pflichtverletzung anknüpft. Entsprechend der Rechtsprechung bei Mietverträgen und Im Wohnungseigentum hat der BGH sowohl für den Schadenersatz- wie auch den Heimfallanspruch entschieden, dass der Fristbeginn an die Beendigung der Pflichtverletzung anknüpft.

BGH Urt. v. 20.10.2023 – V ZR 205/22
BGH Urt. v. 27.9.2024 – V ZR 21/24
ImmobilienR 2025 S. 215 ff. (Kesseler)

33. Verlängerung des Erbbaurechts – Grunderwerbsteuer

Werden Erbbaurechte vorzeitig, also noch während deren Laufs verlängert, stellt sich die Frage nach der richtigen grunderwerbsteuerlichen Behandlung. In zwei Parallelentscheidungen hat der BFH befunden, dass die Vereinbarung der Verlängerung bereits heute zum Entstehen der Steuerlast führt, die, und das ist die weitere Krux, auch sofort ohne Abzinsung fällig wird, obschon die Verlängerung erst in Jahrzehnten greift.

BFH Urt. v. 10.7.2024 – II R 36/23 und II R 3/22
ImmobilienR 2025 S. 217 ff. (Kesseler)

34. Nießbrauch und Schuldübernahme

Hat der Nießbraucher vermietet, steht dem Eigentümer bei Erlöschen des Nießbrauchs ein Sonderkündigungsrecht nach § 1056 Abs. 2 BGB zu. Das Sonderkündigungsrecht ist ausgeschlossen, wenn der Eigentümer Alleinerbe des Nießbrauchers ist oder aus anderen Gründen selbst an den Mietvertrag gebunden ist (zB Vertragsbeitritt, Schuldübernahme, Gesamtrechtsnachfolge); der bloße schenkweise Erwerb des Grundstücks zu Lebzeiten (in vorweggenommener Erbfolge) ist insoweit indes nicht ausreichend.

BGH Urt. v. 12.6.2024 – XII ZR 92/22
ImmobilienR 2025 S. 219 ff. (Herrler)

35. Subjektiv-persönliches vs. subjektiv-dingliches Vorkaufsrecht

Ein subjektiv-dingliches Vorkaufsrecht kann auch dann nicht im Wege der Inhaltsänderung gemäß § 877 BGB rangwahrend (ohne Zustimmung der nachrangigen Berechtigten) in ein subjektiv-persönliches Vorkaufsrecht umgewandelt werden, wenn der neue Berechtigte Eigentümer des herrschenden Grundstücks ist. Erforderlich ist vielmehr die Neubestellung eines subjektiv-persönlichen Vorkaufsrechts.

OLG München Beschl. v. 22.2.2024 – 34 Wx 2/24e
ImmobilienR 2025 S. 223 ff. (Herrler)

36. Erleichterte Übertragbarkeit von beschränkten persönlichen Dienstbarkeiten mit besonderem Inhalt (§ 1092 Abs. 3 BGB)

Mit Wirkung zum 17.10.2024 wurde § 1092 Abs. 3 BGB neu gefasst. Dabei wurden beschränkte persönliche Dienstbarkeiten zur Nutzung erneuerbarer Energien, die bislang nicht privilegiert waren, in den Privilegierungstatbestand des § 1092 Abs. 3 S. 1 BGB aufgenommen. Unter § 1092 Abs. 3 S. 1 BGB fallen unter anderem Anlagen zur Wärmeerzeugung sowie Fotovoltaik- und Windkraftanlagen einschließlich des erforderlichen Luftraums. Sie sind daher nunmehr ohne weitere Voraussetzungen rechtsgeschäftlich ohne Beteiligung des Grundstückseigentümers übertragbar. Zur Sicherung des Übertragungsanspruchs kann für den jeweiligen Erwerber jeweils eine Vormerkung eingetragen werden. Die Vormerkungswirkung perpetuiert die zunächst bestehende Übertragbarkeit der Dienstbarkeit zugunsten des Vormerkungsinhabers im Rahmen des gesicherten Anspruchs für den Fall des Wechsels der Rechtsform des Berechtigten (zB Vermögen der KG als Dienstbarkeitsinhaber wächst dem letzten verbleibenden Gesellschafter an).

ImmobilienR 2025 S. 226 ff. (Herrler)

37. Nutzungsbeschränkung auf Nutzung als „Seniorenwohnheim" ist zulässig und bestimmt

Bei einer Unterlassungsdienstbarkeit können die zu unterlassenden Handlungen auch durch Bezeichnung der allein noch gestatteten Handlungen beschrieben werden. Gegebenenfalls kann dem Eigentümer nur eine einzige Nutzungsmöglichkeit verbleiben.

Die Unterlassung anderer Nutzungen als als „Seniorenwohnheim" ist zulässig und bestimmt.

OLG München Beschl. v. 14.11.2023 – 34 Wx 167/23e
ImmobilienR 2025 S. 230 ff. (Hertel)

38. Bestandteilszuschreibung des herrschenden Grundstücks bedarf keiner Zustimmung des Eigentümers des belasteten Grundstücks

Die Bestandteilszuschreibung des herrschenden Grundstücks einer Dienstbarkeit (hier: Geh- und Fahrtrecht) verändert die Belastung des dienenden Grundstücks nicht und bedarf daher keiner Zustimmung des Eigentümers des dienenden Grundstücks.

OLG München Beschl. v. 24.1.2024 – 34 Wx 9/24e
ImmobilienR 2025 S. 232 f. (Hertel)

39. Herrschendes Grundstück kann nicht „wandern"

Auch bei einer Bestandteilszuschreibung des herrschenden Grundstücks und späteren anderweitigen Realteilung kann nicht eine vorher nicht berechtigte Grundstücksfläche zum herrschenden Grundstück werden. Kurz formuliert: Das herrschende Grundstück kann nicht „wandern".

OLG Karlsruhe Beschl. v. 5.8.2024 – 14 W 32/24 (Wx)
ImmobilienR 2025 S. 233 f. (Hertel)

40. Grundschuld – Eigentum – Sicherungsvertrag

Die abstrakten Sicherungsrechte sind heute der Standard der Rechtspraxis – die akzessorischen Sicherungsrechte haben demgegenüber erheblich an Bedeutung verloren. Grundschulden dominieren Hypotheken um das Hundertfache, Sicherungsübereignungen die Verpfändungen in ähnlichem Ausmaß. Gleichwohl ist das Gefühl für die Abstraktheit bei den Rechtsanwendern weiter unterentwickelt. Der BGH hatte dazu einen Fall zu entscheiden, in dem an einem von einem Rückübereignungsanspruch betroffenen Grundstück eine Grundschuld bestellt und mehrfach abgetreten worden war. Nach Rückübereignung wollte der Grundstückseigentümer auf sicherungsvertragliche Gesichtspunkte gestützte Einreden gegen das Grundpfandrecht geltend machen. Der BGH stellte hierzu klar, dass nur der Inhaber der Rechte aus dem Sicherungsvertrag aus diesen vorgehen kann – mit dem Eigentum am Grundstück hat dies nichts zu tun. Sicherungsgegenstand ist eben die Grundschuld – nicht das Grundstück.

BGH Urt. v. 20.10.2023 – V ZR 9/22
ImmobilienR 2025 S. 235 ff. (Kesseler)

41. Transmortale Vollmacht für den Alleinerben

Mit dem OLG Nürnberg und dem OLG Frankfurt a. M. haben zwei weitere Oberlandesgerichte entschieden, dass eine transmortale Vollmacht auch dann für den Nachweis der Berechtigtenstellung im Grundbuchverfahren ausreichend ist, wenn der Bevollmächtigte Alleinerbe des Vollmachtgebers geworden ist bzw. er jedenfalls nicht ausdrücklich vorträgt, Alleinerbe des Vollmachtgebers geworden zu sein.

OLG Nürnberg Beschl. v. 25.3.2024 – 15 Wx 2176/23
OLG Frankfurt Beschl. v. 14.11.2023 – 20 W 155/22
ImmobilienR 2025 S. 259 ff. (Herrler)

42. Nachträgliche Änderung der unterschriftsbeglaubigten Erklärung durch den Erklärenden beeinträchtigt die Verwendung für das Grundbuchverfahren nicht

Die nachträgliche Änderung einer öffentlich beglaubigten Erklärung beseitigt nicht deren Charakter als öffentliche Urkunde iSd § 29 GBO. Nachträgliche Änderungen können die Beweiskraft beeinträchtigen; darüber muss das Grundbuchamt im Freibeweis entscheiden.

Steht fest – etwa aufgrund Erklärung des vorlegenden Notars –, dass die Änderungen von dem Erklärenden selbst stammen (hier von dem Kreditinstitut, das die Löschung bewilligt hatte), so ist auch die Beweiskraft nicht gemindert.

OLG Karlsruhe Beschl. v. 14.2.2024 – 14 W 109/23 (Wx)
ImmobilienR 2025 S. 264 f. (Hertel)

Ebenso ist die Beweiskraft nicht gemindert, wenn sich erst durch die handschriftlichen Änderungen ein grundbuchlich vollziehbarer Inhalt ergibt (zB durch Berichtigung der betroffenen Grundbuchstellen oder des betroffenen Rechts). Vielmehr liegt dann die Annahme nahe, dass der Erklärende selbst die Änderungen vorgenommen hat oder dass sie jedenfalls mit seinem Willen erfolgten.

KG Beschl. v. 27.6.2024 – 1 W 102/24
ImmobilienR 2025 S. 265 f. (Hertel)

43. Anmeldung zum Gesellschaftsregister und Grundbuchberichtigung können in derselben Urkunde enthalten sein

Die Anmeldung der GbR zum Gesellschaftsregister und die Richtigstellung im Grundbuch können in derselben unterschriftsbeglaubigten Urkunde enthalten sein.

Eine Begründungsmöglichkeit ist, dass die Gesellschafter der GbR schon jetzt als künftige Vertreter der eGbR dem Notar Vollmacht erteilen.

KG Beschl. v. 4.7.2024 – 1 W 97/24
ImmobilienR 2025 S. 268 ff. (Hertel)

Die meines Erachtens einfachere Begründung ist, dass der Notar die Identität zwischen der angemeldeten und der im Register eingetragenen eGbR durch eine Registerbescheinigung des Notars entsprechend § 21 BNotO bescheinigt.

OLG Dresden Beschl. v. 24.7.2024 – 17 W 396/24
OLG München Beschl. v. 20.8.2024 – 34 Wx 192/24e
ImmobilienR 2025 S. 271 f. (Hertel)

44. Keine teleologische Einschränkung der Voreintragungserfordernis

Nach Art. 229 § 21 Abs. 1 EGBGB kann eine Grundbucheintragung bei einem für die GbR eingetragenen Recht (zB Veräußerung, Übertragung, Löschung oder Belastung) nur vorgenommen werden, wenn die GbR zuvor im Gesellschaftsregister eingetragen und im Grundbuch richtiggestellt ist, dass die eGbR Eigentümerin ist. Dieses Erfordernis der Voreintragung ist nicht teleologisch einzuschränken.

Selbst wenn die GbR ihr einziges Grundstück auf ihre Gesellschafter zu Miteigentum überträgt und sich dann auflöst – also kein Dritter schutzbedürftig ist, ist die Voreintragung der eGBR im Grundbuch erforderlich.

OLG Celle Beschl. v. 16.4.2024 – 20 W 23/24
ImmobilienR 2025 S. 274 f. (Hertel)

Auch wenn eine GbR ihr einziges Grundstück veräußert und sich danach auflöst, muss die GbR zuvor im Gesellschaftsregister eingetragen und das Grundbuch richtiggestellt werden.

OLG Dresden Beschl. v. 10.6.2024 – 17 W 345/24
ImmobilienR 2025 S. 275 f. (Hertel)

Auch wenn nur ein für die GbR im Grundbuch eingetragenes Recht gelöscht werden soll, muss die GbR zuvor in das Gesellschaftsregister eingetragen werden.

OLG München Beschl. v. 8.10.2024 – 34 Wx 234/24e
ImmobilienR 2025 S. 276 (Hertel)

45. Keine Voreintragung der GbR im Gesellschaftsregister, wenn es die GbR nicht mehr gibt

Eine Voreintragung der GbR im Gesellschaftsregister ist nicht mehr erforderlich – und auch nicht mehr möglich –, wenn es die GbR mittlerweile nicht mehr gibt.

Ist die (frühere) GbR mittlerweile als Kommanditgesellschaft im Handelsregister eingetragen, so ist das Grundbuch unmittelbar auf die KG zu berichtigen (bzw. richtig zu stellen), ohne Voreintragung der (nicht mehr bestehenden) GbR im Gesellschaftsregister und ohne Zwischeneintragung der eGbR im Grundbuch.

OLG München Beschl. v. 22.5.2024 – 34 Wx 71/24e
ImmobilienR 2025 S. 276 f. (Hertel)

Besteht die GbR nicht mehr, weil alle anderen Gesellschafter aus der Gesellschaft ausgeschieden sind und nur ein Gesellschafter verblieben ist, so ist das Grundbuch unmittelbar auf den allein verbliebenen Gesellschafter als Eigentümer zu berichtigen – ohne Eintragung der eGbR. Auch dies ist mittlerweile durch eine obergerichtliche Entscheidung des OLG Nürnberg entschieden.

OLG Nürnberg Beschl. v. 17.2.2025 – 15 Wx 2087/24
ImmobilienR 2025 S. 277 f. (Hertel)

46. Die Verwendung elektronisch übermittelter Gerichtsbeschlüsse im Grundbuchverfahren

Mit Gesetz vom 12.7.2024 (BGBl. I Nr. 234 – Gesetz zur weiteren Digitalisierung der Justiz) wurde § 41 Abs. 1 FamFG geändert und scheinbar nur minimal um eine Formvorgabe ergänzt. Fortan wird den Beteiligten ein Beschluss in beglaubigter Abschrift(!) bekanntgegeben. Diese auf den ersten Blick kleine Änderung führt zu einer neuen Praxis der Familien-, Betreuungsgerichte etc. bei der Bekanntgabe von Genehmigungsbeschlüssen. Diese werden nun nicht mehr in Papierform (Ausfertigung) übersandt, sondern gelangen immer häufiger nur noch auf elektronischem Wege (via beN) zum Notar. Es stellt sich zunächst die Frage, ob eine solcherart erfolgte Bekanntgabe überhaupt verfahrensrechtlich wirksam ist (Antwort: ja). Schließlich mag man sich als Notar fragen, ob man mit einer solchen Genehmigung die Doppelvollmacht ausüben kann, um die Entgegennahme und Mitteilung (§ 1856 Abs. 1 S. 2 BGB) zu bewirken (Antwort: ja). Und schließlich muss man die Genehmigung auch noch gegenüber dem Grundbuchamt nachweisen. Aber genügt eine elektronisch beglaubigte Abschrift für § 29 Abs. 1 S. 2 GBO? Die Antwort lautet ebenfalls im Ergebnis: Ja! Doch wenn das Grundbuchamt doch einmal etwas moniert oder das Familiengericht den falschen Beglaubigungsvermerk nutzt und etwa das Amtsattribut vergisst, so hilft es ungemein, im Normenwald aus FamFG-, ZPO-, BGB- und GBO-Normen den Durchblick zu behalten.

ImmobilienR 2025 S. 279 ff. (Bernert)

47. Erweiterter Anwendungsbereich des § 13d ErbStG bei zu Wohnzwecken vermieteten Immobilien

In Anpassung an die Rechtsprechung des EuGH gewährt § 13d ErbStG nF den 10%-igen Wertabschlag auch beim Erwerb von in Drittstaaten belegenen Mietobjekten unter der Voraussetzung, dass mit dem jeweiligen Belegenheitsstaat hinsichtlich der Erbschaftsteuer ein Informationsaustausch sichergestellt ist.

ImmobilienR 2025 S. 291 (Ihle)

48. Erweiterung der Stundungsmöglichkeiten beim Erwerb von Grundbesitz

Nach § 28 Abs. 3 ErbStG wird beim Erwerb von Grundbesitz auf Antrag eine Stundung von bis zu zehn Jahren gewährt, soweit der Erwerber die darauf entfallende Steuer nur durch die Veräußerung des Grundbesitzes aufbringen kann. Nach der gesetzlichen Änderung der Vorschrift kann die Stundung nicht nur beim Erwerb vermieteter Grundstücke, sondern auch dann gewährt werden, wenn der Grundbesitz vom Erblasser, vom Schenker oder von einem Dritten zu Wohnzwecken genutzt wird. Eine Eigennutzung des Grundbesitzes nach dessen Erwerb durch den Erwerber ist für die Gewährung der Steuerstundung nicht erforderlich.

ImmobilienR 2025 S. 292 (Ihle)

49. Beschränkte Erbschaftsteuerpflicht bei vermächtnisweisem Erwerb von Inlandsvermögen iSd § 121 BewG

Nach § 2 Abs. 1 Nr. 3 S. 1 ErbStG nF tritt eine beschränkte Steuerpflicht auch dann ein, wenn eine im Inland nicht ansässige natürliche Person einen Anspruch auf Übertragung von Inlandsvermögen iSd § 121 BewG vermächtnisweise erwirbt.

ImmobilienR 2025 S. 293 (Ihle)

50. Zeitpunkt der Ausführung einer gemischt-freigebigen Grundstücksschenkung

Vereinbaren Vertragsparteien im Rahmen einer gemischt-freigebigen Grundstücksschenkung, dass der Notar von der bereits erteilten Eintragungsbewilligung des Schenkers erst dann Gebrauch machen darf, wenn ihm die Leistung einer vom Beschenkten geschuldeten Ausgleichszahlung nachgewiesen wurde, ist die Schenkung erst mit Erbringung dieses Nachweises gemäß § 9 Abs. 1 Nr. 2 ErbStG ausgeführt. Die Parteien eines Schenkungsvertrags haben es somit in der Hand, durch die Vereinbarung einer Vollzughemmung (Ausfertigungssperre oder „Bewilligungslösung“) den Zeitpunkt der Ausführung einer Grundstücksschenkung zu beeinflussen.

BFH Urt. v. 21.8.2024 – II R 11/21
ImmobilienR 2025 S. 293 f. (Ihle)

51. Begünstigungstransfer bei Erbauseinandersetzungen

Bei einer Erbauseinandersetzung kann die Begünstigung für den Erwerb von Betriebsvermögen iSd § 13a Abs. 5 S. 3 ErbStG auch dann in Anspruch genommen werden, wenn die Teilung des Nachlasses nicht innerhalb von sechs Monaten nach dem Erbfall erfolgt. Voraussetzung für die Anerkennung des Begünstigungstransfers ist lediglich, dass zwischen dem Erbfall und dem Entschluss zur Teilung des Nachlasses ein innerer Zusammenhang besteht.

BFH Urt. v. 15.5.2024 – II R 12/21
ImmobilienR 2025 S. 294 ff. (Ihle)

52. Aufschub der Obliegenheit zur Selbstnutzung des Familienheims durch den Erwerber bei vorheriger Vermietung des Objekts durch den Erblasser

Wird das Familienheim nach einem pflegebedingten Auszug des Erblassers von diesem vermietet, ist der Erwerber im Erbfall des Erblassers bis zum Auslaufen des Mietvertrags an einer Selbstnutzung des Objekts gehindert. Voraussetzung für die Anerkennung des Aufschubs der Obliegenheit zur Selbstnutzung ist allerdings, dass die Mietdauer im Zeitpunkt des Abschlusses des Mietvertrags nicht völlig außer Verhältnis zur voraussichtlichen Lebenserwartung des Erblassers steht.

FG München Urt. v. 26.10.2022 – 4 K 2183/21
ImmobilienR 2025 S. 295 f. (Ihle)

53. Parkhaus als erbschaftsteuerlich nicht begünstigtes Verwaltungsvermögen

Eine schädliche Nutzungsüberlassung von Grundbesitz an Dritte iSd § 13b Abs. 4 Nr. 1 S. 1 ErbStG ist auch bei einer kurzfristigen Überlassung von Parkplätzen an Parkende gegeben, gleich ob diese im Rahmen einer Miete oder Verwahrung erfolgt. Gleiches könnte auch für Parkplätze gelten, die Einkaufszenten, Supermärkte, Restaurants oder andere Unternehmen ihren Kunden zur Verfügung stellen.

BFH Urt. v. 28.4.2024 – II R 27/21
ImmobilienR 2025 S. 296 ff. (Ihle)

54. Wann „gehört" der Gesellschaft ein Grundstück?

In § 1 Abs. 4a S. 1 GrEStG ist erstmalig gesetzlich geregelt worden, unter welchen Voraussetzungen ein Grundstück einer Gesellschaft grunderwerbsteuerrechtlich zuzurechnen ist. Danach gehört ein Grundstück nur noch zum Vermögen derjenigen (Grundstücks-)Gesellschaft iSd § 1 Abs. 2a–3a GrEStG, die bezüglich des Grundstücks zuletzt einen Grundtatbestand nach § 1 Abs. 1 GrEStG verwirklicht hat. Nach der Neuregelung in § 1 Abs. 4a GrEStG kommt es nur noch in Treuhandfällen zu einer doppelten grunderwerbsteuerlichen Zurechnung eines Grundstücks.

ImmobilienR 2025 S. 299 ff. (Ihle)

55. Kein neuer Gesellschafter iSd § 1 Abs. 2a GrEStG bei Verlängerung der Beteiligungskette

Durch die Verlängerung einer Beteiligungskette einer bereits mehrstöckigen Personengesellschaft mittels Zwischenschaltung einer weiteren Personengesellschaft wird der Tatbestand des § 1 Abs. 2a GrEStG nicht verwirklicht. Personengesellschaften sind somit im Rahmen des § 1 Abs. 2a GrEStG ungeachtet der Änderung dieser Vorschrift durch das Steueränderungsgesetz 2015 entgegen der Auffassung der Finanzverwaltung weiterhin als transparent anzusehen.

BFH Urt. v. 21.8.2024 – II R 16/22
ImmobilienR 2025 S. 302 f. (Ihle)

56. Steuerbefreiung eines Grundstückserwerbs aus Anlass des Übergangs von öffentlich-rechtlichen Aufgaben

Ein gemäß § 4 Nr. 1 GrEStG steuerfreier Grundstückserwerb „aus Anlass des Übergangs einer öffentlich-rechtlichen Aufgabe" setzt ein zeitliches Zusammenfallen des Eigentumserwerbs an dem Grundstück mit der Wahrnehmung der öffentlich-rechtlichen Aufgabe voraus. Die Inanspruchnahme der Steuerbefreiung kommt daher nicht in Betracht, wenn sich das Grundstückseigentum und die öffentlich-rechtliche Aufgabe zu keinem Zeitpunkt in der Hand der übertragenden juristischen Person befunden hat.

BFH Urt. v. 18.2.2024 – II R 45/21
ImmobilienR 2025 S. 304 f. (Ihle)

57. Keine Grunderwerbsteuerbefreiung bei Aufhebung einer Wohnungseigentümergemeinschaft

Die Aufhebung einer Wohnungseigentümergemeinschaft nebst anschließendem Erwerb des Miteigentums der übrigen Gemeinschafter an dem betroffenen Grundstück unterliegt als Tauschgeschäft iSd § 1 Abs. 1 Nr. 1, Abs. 5 GrEStG der Grunderwerbsteuer und ist auch nicht gemäß § 7 Abs. 1 GrEStG steuerbefreit.

BFH Urt. v. 31.7.2024 – II R 30/21
ImmobilienR 2025 S. 305 f. (Ihle)

58. Grunderwerbsteuerliche Bemessungsgrundlage bei Verlängerung eines Erbbaurechts

Bei der Verlängerung eines Erbbaurechts ist der auf die vereinbarte Laufzeit der Verlängerung kapitalisierter Erbbauzins als Wert der Gegenleistung in die Bemessungsgrundlage für die Grunderwerbsteuer einzubeziehen. Eine (weitere) Abzinsung des kapitalisierten Erbbauzinses auf den Zeitpunkt des Abschlusses der Verlängerungsvereinbarung findet nicht statt.

Die Einbeziehung einer Laufzeitverlängerung in die grunderwerbsteuerlicher Bemessungsgrundlage für die erstmalige Einräumung eines Erbbaurechts kann dadurch werden, dass die Laufzeitverlängerung von der Ausübung einer entsprechenden Option durch den Erbbauberechtigten abhängig gemacht wird. In diesem Fall entsteht die Steuer gemäß § 13 Nr. 1 GrEStG erst mit dem Eintritt der Bedingung für die Laufzeitverlängerung (= Ausübung der Option durch den Erbbauberechtigten gegenüber dem Grundstückseigentümer).

BFH Urt. v. 10.7.2024 – II R 3/22 und II R 36/23
ImmobilienR 2025 S. 306 f. (Ihle)

59. Anschaffung eines Grundstücks bei entgeltlichem Erwerb eines Miterbenanteils

Nach der Erstreckung des § 23 Abs. 1 S. 4 EStG auf die Anteile an einer Gesamthandsgemeinschaft (= Erbengemeinschaft) wird der Kauf eines Erbanteils einkommensteuerrechtlich wieder als anteilige entgeltliche Anschaffung des zum Nachlass gehörenden Grundstücks durch den Erwerber behandelt.

ImmobilienR 2025 S. 307 ff. (Ihle)

60. Buchwertübertragung von Wirtschaftsgütern zwischen beteiligungsidentischen Schwesterpersonengesellschaften

Nach der Neuregelung des § 6 Abs. 5 S. 3 Nr. 4 EStG wird nunmehr auch entsprechend einer Entscheidung des BVerfG die unentgeltliche Übertragung eines Wirtschaftsguts zwischen den Gesamthandsvermögen verschiedener Mitunternehmerschaften zum Buchwert zugelassen. Voraussetzung dafür ist indes das Vorliegen einer Beteiligungsidentität an beiden Mitunternehmerschaften. Es dürfen somit nur dieselben natürlichen Personen oder Körperschaften, Personenvereinigungen oder Vermögensmassen unmittelbar oder mittelbar an beiden Mitunternehmerschaften beteiligt sind. Nach dem Gesetzeswortlaut gilt die Buchwertfortführung jedoch nicht bei einer Übertragung gegen Gewährung oder Minderung von Gesellschaftsrechten.

ImmobilienR 2025 S. 309 f. (Ihle)

61. Abtrennung und Veräußerung eines unbebauten Teils eines Wohngrundstücks

Durch die Herausparzellierung eines Gartengrundstücks bei einer zu eigenen Wohnzwecken genutzten Immobilie entfällt der zuvor gegebene einheitliche Nutzungs- und Funktionszusammenhang zwischen der Nutzung des Gebäudes zu eigenen Wohnzwecken und der Nutzung des Gartengrundstücks, mit der Folge, dass dessen Veräußerung als privates Veräußerungsgeschäft der Besteuerung nach § 22 Nr. 2 iVm § 23 Abs. 1 S. 1 Nr. 1 EStG unterliegt.

BFH Urt. v. 26.9.2023 – IX R 14/22
ImmobilienR 2025 S. 312 ff. (Ihle)

62. Erweiterte Gewerbesteuerkürzung bei der Überlassung von Grundbesitz durch eine Besitz-Kapitalgesellschaft

Eine für die erweiterte gewerbesteuerliche Kürzung gemäß § 9 Nr. 1 S. 2 ff. GewStG schädliche Betriebsaufspaltung entsteht nicht, wenn eine Kapitalgesellschaft ihren Grundbesitz einer Schwester-Kapitalgesellschaft oder eine Enkelkapitalgesellschaft ihren Grundbesitz ihrer Mutter-Kapitalgesellschaft zur Nutzung überlässt.

BFH Urt. v. 22.2.2024 – III R 13/23
ImmobilienR 2025 S. 316 ff. (Ihle)

63. Genehmigungserfordernis für die Aufteilung in Wohnungseigentum und § 878 BGB

§ 878 BGB ist auf die sich aus dem Genehmigungserfordernis aufgrund einer Rechtsverordnung nach § 250 Abs. 1 S. 1, S. 3 BauGB ergebende Verfügungsbeschränkung des teilenden Grundstückseigentümers entsprechend anwendbar. Ob bzw. inwieweit ein Nachreichen formeller Eintragungsvoraussetzungen für die Anwendbarkeit von § 878 BGB unschädlich ist (zB Abgeschlossenheitsbescheinigung), ist nicht abschließend geklärt. Jedenfalls in Konstellationen, in denen das Hindernis zunächst nicht behoben und der Antrag daher rechtsfehlerfrei zurückgewiesen wird und die Entscheidung des Grundbuchamts im Rahmen der nicht fristgebundenen Grundbuchbeschwerde aufgrund Nachreichens der fehlenden Unterlagen aufgehoben wird, scheidet eine entsprechende Anwendung von § 878 BGB aus.

BGH Beschl. v. 21.3.2024 – V ZB 10/23
ImmobilienR 2025 S. 319 ff. (Herrler)

64. Russlandsanktionen verbieten nicht Beurkundung eines Grundstückskaufvertrages

Russlandsanktionen verbieten nicht die Beurkundung eines Grundstückskaufvertrages.

EuGH Urt. v. 5.9.2024 – C-109/23 (Jemerak)
ImmobilienR 2025 S. 323 f. (Hertel)

65. Neues zum Europäischen Nachlasszeugnis im Grundstücksverkehr

Das Europäische Nachlasszeugnis, das 2015 durch die europäische Erbrechtsverordnung eingeführt wurde, spielt zunehmend im Grundstücksverkehr eine Rolle. Der Gerichtshof der Europäischen Union hat mittlerweile einige wichtige Fragen geklärt, etwa ob die Abschrift des Zeugnisses noch gültig sein muss, wenn das Grundbuch geändert wird, ob einzelne Nachlassgrundstücke im Zeugnis genannt werden können, wenn das nach dem Grundbuchverfahrensrecht eines Mitgliedstaats erforderlich ist, und ob ein Nachlasszeugnis in der ersten Instanz auch streitig ergehen darf.

ImmobilienR 2025 S. 327 ff. (Dutta)

A. Aktuelle BGH-Rechtsprechung

I. Verjährung des Eigentumsverschaffungsanspruchs

BGH Urt. v. 15.3.2024 – V ZR 224/22
NJW 2024, 1960

Sachverhalt (gekürzt):

Der Kläger verkauft der Beklagten im August 2004 ein Grundstück zu einem Kaufpreis von 216.000 EUR. In dem Vertrag erklären die Parteien die Auflassung und weisen den Notar an, den Eintragungsantrag erst zu stellen, wenn der Verkäufer dem schriftlich zustimmt oder dem Notar nachgewiesen wird, dass der geschuldete Kaufpreis bezahlt ist; die Käuferin verzichtet auf ihr Recht, selbst den Antrag auf Eigentumsumschreibung zu stellen. Von dem Kaufpreis sollen zur Lastenfreistellung 80.000 EUR sofort auf das Anderkonto des Notars gezahlt werden. Mit dem restlichen Kaufpreis will der Verkäufer in der Nähe ein Ersatzobjekt erwerben und die Käuferin soll ihn hierbei unterstützen. Daher treffen die Parteien folgende Regelung:

> „Der verbleibende Kaufpreisrest ist innerhalb von 10 Tagen zu bezahlen, nachdem der Verkäufer den Käufer zur Zahlung schriftlich aufgefordert hat. Die Aufforderung ist erst möglich nach Vorliegen der Auszahlungsvoraussetzungen vom vorgenannten Anderkonto. Bei Aufforderung hat der Verkäufer dem Käufer die ganze oder teilweise Verwendung des Betrages zur Finanzierung des vom Verkäufer zu erwerbenden Ersatzobjekts glaubhaft zu machen. […] Der Kaufpreisrest ist jedenfalls mit dem Ableben des Verkäufers fällig. Der Verkäufer tritt bereits heute den Anspruch auf Zahlung des Kaufpreisrestbetrages an seine Tochter (…) ab. […]"

Nach Zahlung von 80.000 EUR auf das Anderkonto wird im September 2004 für die Käuferin eine Auflassungsvormerkung eingetragen. Der Erwerb eines Ersatzgrundstücks scheitert aber aus nicht festgestellten Gründen. Der Verkäufer fordert die Käuferin daher nicht zur Zahlung des Restkaufpreises auf; die Eigentumsumschreibung ist bis heute nicht erfolgt. Die Käuferin hinterlegt den restlichen Kaufpreis zu Gunsten der Tochter des Klägers. Der Verkäufer erhebt nun die Einrede der Verjährung des Übereignungsanspruchs und verlangt mit seiner 2021 erhobenen Klage von der Käuferin die Zustimmung zur Löschung der Auflassungsvormerkung. Die Klage hatte in erster und zweiter Instanz Erfolg.

Entscheidung des BGH: Der BGH hat die Berufungsentscheidung des OLG aufgehoben.

Vorab ist anzumerken, dass der Anspruch der Käuferin auf Verschaffung des Eigentums an dem Grundstück nicht durch Erfüllung nach § 362 Abs. 1 BGB erloschen ist. Dafür wäre bekanntlich neben der Auflassung die Eintragung des Eigentumswechsels in das Grundbuch erforderlich (§§ 873 Abs. 1, 925 Abs. 1 S. 1 BGB). Erst zu diesem Zeitpunkt erlischt auch die zur Sicherung des Anspruchs auf Eigentumsverschaffung eingetragene Vormerkung (§ 883 Abs. 1 BGB).[1] Die Käuferin konnte dies nicht selbst bewirken, weil sie auf ihr Antragsrecht verzichtet hatte.

Der Verkäufer könnte aber von der Käuferin die Bewilligung der Löschung der Auflassungsvormerkung als streng akzessorisches Sicherungsrecht[2] verlangen, wenn der Anspruch auf Eigentumsverschaffung verjährt wäre, weil die Verjährung zu den dauernden Einreden iSv § 886 BGB gehört (§ 214 Abs. 1 BGB).[3]

---

1 BGH Urt. v. 13.10.2023 – V ZR 161/22, NJW-RR 2024, 288 Rn. 12.
2 S. hierzu BGH Urt. v. 22.2.2019 – V ZR 244/17, BGHZ 221, 229 Rn. 12 mwN.
3 So schon RGZ 81, 288 (290); BGH Urt. v. 10.10.1988 – II ZR 92/88, NJW 1989, 220 (221).

Der Eigentumsverschaffungsanspruch der Käuferin ist aber entgegen der Ansicht des OLG nicht verjährt.

1. Verjährung eines Eigentumsverschaffungsanspruchs

Ansprüche auf Übertragung des Eigentums an einem Grundstück verjähren gemäß § 196 BGB in zehn Jahren. Die Verjährung beginnt nach § 200 BGB mit der Entstehung des Anspruchs. Nach ständiger Rechtsprechung des Bundesgerichtshofs ist ein Anspruch sowohl im Sinne von § 200 BGB als auch im Sinne von § 199 Abs. 1 Nr. 1 BGB entstanden, sobald er erstmals geltend gemacht und notfalls im Wege der Klage durchgesetzt werden kann. Dafür genügt es nicht, dass der Schuldner die anspruchsbegründenden Tatbestandsmerkmale verwirklicht hat. Vielmehr ist darüber hinaus grundsätzlich die Fälligkeit des Anspruchs erforderlich, da erst von diesem Zeitpunkt an (§ 271 Abs. 2 Hs. 1 BGB) der Gläubiger mit Erfolg die Leistung fordern und nach § 204 Abs. 1 Nr. 1 BGB die Verjährung durch Klageerhebung hemmen kann.[4] So weit enthält die hier vorgestellte Entscheidung des BGH nichts Neues.

2. Keine Ausnahme bei synallagmatischen Verträgen (Grundstückskauf)

Der BGH hatte aber nun Anlass zu klären, dass diese Grundsätze auch bei synallagmatischen Verträgen, namentlich bei Grundstückskaufverträgen zur Anwendung kommen. Denn das OLG hatte gemeint, als bereits entstanden, obwohl im Einzelfall noch nicht fällig, gelte auch ein Anspruch aus einem gegenseitigen Vertrag, der mit der ausstehenden Gegenleistung synallagmatisch verknüpft sei, und dem daher – wie hier – die Einrede des nicht erfüllten Vertrages entgegengehalten werden könne.

Für diese Auffassung hatte sich das OLG auf eine Entscheidung des V. Zivilsenats vom 19.5.2006 gestützt (V ZR 40/05, NJW 2006, 2773). Dort heißt es:

> „Der Auflassungsanspruch eines Käufers entsteht grundsätzlich mit dem Abschluss eines wirksamen Grundstückskaufvertrages (vgl. § 433 Abs. 1 BGB), nur seine Fälligkeit wird in aller Regel von der Zahlung des Kaufpreises abhängig gemacht.“[5]

Leider wurde dieser Passus auch in der Literatur teilweise dahin missverstanden, dass bei Ansprüchen aus einem gegenseitigen Vertrag die Verjährung immer bereits mit Vertragsschluss beginnt, ohne dass es auf die Fälligkeit ankäme.[6] Zu dem Entstehen von Ansprüchen im Sinne von §§ 199, 200 BGB als Voraussetzung für den Beginn der Verjährungsfrist verhält sich die Entscheidung aber gar nicht, sondern nur zu § 390 S. 2 BGB aF und der Frage, wann ein Anspruch im Hinblick auf eine Aufrechnungslage entstanden ist. Die dortigen Ausführungen sind, wie der BGH nun ausdrücklich klarstellt, auf das Verjährungsrecht nicht übertragbar.

Leitsatz:

Die Verjährungsfrist für synallagmatisch verbundene Ansprüche aus einem Vertragsverhältnis beginnt erst mit der Fälligkeit des jeweiligen Anspruchs.[7]

---

[4] BGH Urt. v. 17.2.1971 – VIII ZR 4/70, BGHZ 55, 340 (314); Urt. v. 17.12.1999 – V ZR 448/98, NJW-RR 2000, 647 f.; Urt. v. 8.4.2015 – IV ZR 103/15, NJW 2015, 1818 Rn. 22; Urt. v. 17.7.2019 – VIII ZR 224/18, WM 2020, 425 Rn. 16; Urt. v. 27.10.2022 – I ZR 141/21, GRUR 2022, 1839 Rn. 20; Urt. v. 23.6.2023 – V ZR 89/22, NJW 2023, 2942 Rn. 10.

[5] BGH Urt. v. 19.5.2006 – V ZR 40/05, NJW 2006, 2773 Rn. 12.

[6] So unzutreffend nach wie vor Grüneberg/Ellenberger, 84. Aufl. 2025, BGB § 199 Rn. 3.

[7] BGH NJW 2024, 1960 Leitsatz und Rn. 12.

a) Kaufpreisfälligkeit beim Grundstückskauf üblicherweise hinausgeschoben

Zwar ist auch bei einem Kaufvertrag im Grundsatz der Zeitpunkt des Vertragsschlusses für die Entstehung des Anspruchs auf Eigentumsverschaffung im Sinne von §§ 199, 200 BGB und damit für den Beginn der Verjährungsfrist maßgebend. Das folgt aus der gesetzlichen Leistungszeitbestimmung des § 271 Abs. 1 BGB. Etwas anderes gilt aber dann, wenn – sei es auf Grund gesetzlicher Regelung oder wegen einer von vornherein getroffenen vertraglichen Abrede – der Anspruch nicht mit Vertragsabschluss, sondern erst zu einem späteren Zeitpunkt fällig wird.[8] Die Vorschrift des § 271 BGB enthält subsidiäre Regelungen. Sie greift nur ein, wenn eine Leistungszeit nicht in anderer Weise bestimmt ist.[9]

Und so liegt es regelmäßig beim Grundstückskaufvertrag. Denn üblicherweise werden abweichende Regelungen zur Fälligkeit des Anspruchs auf Eigentumsverschaffung getroffen, um den Verkäufer davor zu schützen, dass er das Eigentum an seinem Grundstück verliert, ohne den Kaufpreis zu erhalten. Solche Regelungen zur Sicherung des Verkäufers können dazu führen, dass der Anspruch auf Eigentumsverschaffung erst mit dem Nachweis der Kaufpreiszahlung fällig wird.[10] Dann hat der Käufer seine Leistung in Gestalt der Kaufpreiszahlung zu erbringen, ohne sich insoweit auf § 320 BGB berufen zu können. Er kann vor Erfüllung der Vorleistungspflicht nicht erfolgversprechend auf Übertragung des Eigentums klagen, auch nicht mit dem Ziel, eine Zug-um-Zug-Verurteilung zu erreichen. Eine derartige Klage wäre vielmehr mangels Fälligkeit als derzeit unbegründet abzuweisen.[11]

b) Vorleistungsmöglichkeit führt nicht zum Verjährungsbeginn

Das OLG hatte offenbar gemeint, für den Beginn der Verjährungsfrist reiche es aus, dass der Käufer berechtigt wäre, jederzeit den restlichen Kaufpreis zu zahlen (§ 271 Abs. 2 BGB) und damit die Fälligkeit des Eigentumsverschaffungsanspruchs herbeizuführen. Das ist allgemein als Obersatz falsch und hier im konkreten Fall angesichts der Fälligkeitsregelung auch von der Prämisse her zweifelhaft.

Als Obersatz ist die Annahme falsch, weil die auf den Eigentumsverschaffungsanspruch bezogene Fälligkeitsvereinbarung anderenfalls ins Leere liefe. Nicht fällige Ansprüche können aber nicht verjähren. Für den Anspruch des Käufers auf Eigentumsverschaffung an einem Grundstück, der nach den vertraglichen Bedingungen nicht sofort fällig ist, beginnt die Verjährungsfrist nicht schon mit Vertragsschluss, sondern erst mit der Fälligkeit. Erst dann ist der Eigentumsverschaffungsanspruch im Sinne von § 200 BGB entstanden.[12]

Konkret auf den Fall bezogen erscheint überdies die Prämisse des OLG, dass der Käuferin ein Recht zur Vorleistung nach § 271 Abs. 2 BGB zugestanden hätte, zweifelhaft. Denn die Fälligkeit des Restkaufpreises sollte auch davon abhängen, dass der Verkäufer die Käuferin zur Zahlung auffordert und dabei glaubhaft macht, dass er den Restkaufpreis für den Erwerb eines Ersatzgrundstücks einsetzt. Der Verkäufer hatte also ein erkennbares Interesse daran, das Eigentum an seinem Grundstück nicht zu verlieren, solange keine anderweitige Erwerbsmöglichkeit für ihn bestand. Hiermit wäre es nicht zu vereinbaren, wenn die Käuferin gleichwohl jederzeit berechtigt wäre, den Restkaufpreis zu zahlen und den Eigentumsverschaffungsanspruch fällig zu stellen und den Notar zum Vollzug der Auflassung zu veranlassen.

---

8 BGH Urt. v. 17.2.1971 – VIII ZR 4/70, BGHZ 55, 340 (341) zu § 198 S. 1 BGB aF.
9 BGH Urt. v. 2.4.2004 – V ZR 105/03, WM 2004, 2183 f.
10 BGH Urt. v. 23.6.2023 – V ZR 89/22, NJW 2023, 2942 Rn. 11 mwN.
11 BGH NJW 2024, 1960 Rn. 14.
12 BGH NJW 2024, 1960 Rn. 14.

3. Kein „Stillhalteabkommen“

Das OLG hatte noch gemeint, die Verjährung sei nicht gemäß oder entsprechend § 205 BGB durch die im Kaufvertrag vereinbarte Vorlagesperre gehemmt worden. Bei dieser handele es sich nicht um ein Stillhalteabkommen, aufgrund dessen der Kläger vorübergehend berechtigt gewesen wäre, die Leistung zu verweigern. Das ist nur im Ergebnis richtig. Die Regelung in § 205 BGB betrifft nämlich nur nachträglich vereinbarte vorübergehende Leistungsverweigerungsrechte, das heißt Vereinbarungen zwischen Gläubiger und Schuldner, die die Fälligkeit einer Forderung nachträglich hinausschieben, also nach dem Entstehen im Sinne der §§ 199, 200 BGB während der laufenden Verjährungsfrist getroffen werden (zB Stillhalteabkommen). Nicht erfasst werden von vornherein getroffene Abreden des Inhalts, dass die Forderung später fällig sein soll, denn die Verjährung beginnt ohnehin erst mit der Fälligkeit zu laufen.[13] Ist mangels Fälligkeit ein einklagbarer Anspruch noch nicht im Sinne der §§ 199, 200 BGB entstanden, bedarf es einer Hemmung der Verjährung schon aus diesem Grund nicht.

[13] BGH Urt. v. 18.5.1977 – III ZR 116/74, WM 1977, 895; Urt. v. 24.10.1991 – IX ZR 18/91, NJW-RR 1992, 254 (255) – jeweils zu § 202 BGB aF; MüKoBGB/Grothe, 10. Aufl. 2025, BGB § 205 Rn. 1; kritisch allerdings Staudinger/Peters/Jacoby, 2024, BGB § 205 Rn. 6 aE.

4. Stellungnahme und Gestaltungsüberlegungen

Die Entscheidung des V. Zivilsenats überzeugt im Ergebnis und in ihrer Begründung. Der Verkäufer, der die Herbeiführung der Fälligkeit des Restkaufpreises in der Hand hat und diese willentlich (unter Umständen mangels Ersatzobjekts durchaus nachvollziehbar) nicht herbeiführt, ist im Hinblick auf seine fortbestehende Eigentumsverschaffungspflicht samt der damit einhergehenden faktischen Beeinträchtigung seiner Verfügungsbefugnis durch die eingetragene Vormerkung nach der vertraglichen Risikoverteilung nicht schutzwürdig. Dies gilt vorliegend umso mehr, als die Käuferin bereits eine nicht unerhebliche Anzahlung geleistet hat. Nach dem Wortlaut des Vertrags ist der Verkäufer in der Lage, die Fälligkeit des Eigentumsverschaffungsanspruchs dauerhaft zu verhindern. Solange der Vertrag fortbesteht, wurde die erste Rate in Höhe von 80.000 EUR mit Rechtsgrund geleistet und kann von der Käuferin nicht mit Aussicht auf Erfolg zurückgefordert werden.

Aus der ex post Perspektive wäre es vorliegend wohl zweckmäßig gewesen, der Käuferin, die nach der vertraglichen Vereinbarung teilweise vorleistungspflichtig war, oder beiden Parteien das Recht zum Rücktritt vom Vertrag für den Fall einzuräumen, dass der Verkäufer den Restkaufpreis nicht bis zu einem bestimmten Zeitpunkt fällig gestellt hat, um auf diese Weise die Auflösung des ggf. eintretenden Schwebezustands zu ermöglichen. Auf den ersten Blick spricht daher einiges dafür, dass es sich bei dem derzeit bestehenden Schwebezustand um eine planwidrige Regelungslücke handelt. Diese wäre in erster Linie im Wege der ergänzenden Vertragsauslegung gemäß §§ 157, 242 BGB zu schließen, etwa durch Annahme eines außerordentlichen Rücktrittsrechts (ggf. unter weiteren Voraussetzungen). Dem steht jedoch zweierlei entgegen: Zum einen ist im Vertrag geregelt, was passieren soll, wenn bis zum 1.9.2007 kein Ersatzobjekt gefunden wird (Abschluss eines Mietvertrags über das Kaufobjekt). Zum anderen wird der Restkaufpreis spätestens mit dem Ableben des Verkäufers fällig. Der derzeit bestehende Schwebezustand besteht daher nicht auf Dauer, auch wenn dessen Auflösung noch einige Zeit auf sich warten lassen mag. Auf Grundlage des mitgeteilten Sachverhalts dürfte die Annahme eines Rücktrittsrechts im Wege der ergänzenden Vertragsauslegung daher eher nicht in Betracht kommen, erst recht kein Wegfall der Geschäftsgrundlage.

a) Ausnahmsweise Fiktion der Fälligkeit des Eigentumsverschaffungsanspruchs analog § 162 Abs. 1 BGB

Wie der BGH zutreffend ausgeführt hat, beginnt die zehnjährige Verjährungsfrist für den Anspruch auf Eigentumsverschaffung bei einem Grundstückskaufvertrag nicht bereits mit Vertragsschluss, sondern bei verständiger Würdigung der vertraglichen Vereinbarungen (§§ 157, 242 BGB) grundsätzlich erst mit vertragsgemäßer Entrichtung der Gegenleistung zu laufen.[14] Etwas anderes dürfte indes gelten, sobald der Käufer als Gläubiger des Anspruchs auf Eigentumsverschaffung verpflichtet ist, die Voraussetzungen für dessen Fälligkeit zu schaffen, mit anderen Worten ab Fälligkeit des Gegenleistungsanspruchs. Ab diesem Zeitpunkt besteht eine vertragliche Verpflichtung des Käufers zur Zahlung des geschuldeten Kaufpreises. Kommt er dieser Pflicht nicht nach und ist allein der Eigentumsverschaffungsanspruch nach wie vor nicht fällig, darf dieser Umstand – auch in Anbetracht der ständigen höchstrichterlichen Rechtsprechung, wonach die Verjährungsfrist auch dann grundsätzlich erst mit Fälligkeit des Anspruchs beginnt, wenn die Fälligkeit von einem Verhalten des Gläubigers abhängt[15] – mit Blick auf den Rechtsgedanken des § 162 Abs. 1 BGB nicht zulasten des Verkäufers gehen und daher nicht dazu führen, dass die Ver-

[14] Näher Herrler FS Hügel, 2026, 209 (210 ff.) – im Erscheinen.
[15] BGHZ 55, 340 (342) = NJW 1971, 979; BGHZ 113, 188 (195 f.); NJW 2022, 1465 Rn. 36; NJW-RR 2023, 480 Rn. 30.

jährungsfrist für den Eigentumsverschaffungsanspruch nach wie vor nicht anläuft. Die von der Rechtsprechung bei bloßer Obliegenheit des Gläubigers zur Herbeiführung der Fälligkeit seines Anspruchs angeführten Argumente (unter anderem regelmäßig bestehendes Eigeninteresse; keine unzumutbare Beeinträchtigung des Schuldners durch Klagemöglichkeit)[16] sind bei Nichtherbeiführung der Fälligkeit in Gestalt der pflichtwidrigen Nichtzahlung des (ggf. Rest-)Kaufpreises nicht einschlägig. Daher ist davon auszugehen, dass die Verjährungsfrist für den Eigentumsverschaffungsanspruch beim Grundstückskaufvertrag entsprechend § 162 Abs. 1 BGB grundsätzlich mit Fälligkeit des Gegenleistungsanspruchs, falls Zahlungsverzug erst nachgelagert eintritt, mit Eintritt des Zahlungsverzugs zu laufen beginnt. Dies hat zur Folge, dass der Anspruch auf Kaufpreiszahlung[17] und der Anspruch auf Eigentumsverschaffung im Grundsatz zeitgleich verjähren.

b) Folgen der Verjährung

Abgesehen davon, dass der Veräußerer nach Verjährung des Eigentumsverschaffungsanspruchs gemäß § 886 BGB Beseitigung einer etwa zu seiner Absicherung eingetragenen Vormerkung verlangen kann, suspendiert die Verjährung der Primärleistungsansprüche die wechselseitigen Leistungspflichten auf Dauer. Verkäufer und Käufer können also gemäß § 214 Abs. 1 BGB die Besitz- und Eigentumsverschaffung bzw. die Zahlung der Gegenleistung verweigern. Unproblematisch ist insoweit ein **beiderseits gänzlich nicht erfüllter Kaufvertrag.** In diesem Fall werden die Parteien durch die wechselseitige Verjährung der Ansprüche im Wesentlichen so gestellt, als hätten sie den Vertrag nie geschlossen. Wurden die Leistungspflichten indes teilweise erfüllt, etwa indem der Käufer eine **Anzahlung oder Teilzahlung** geleistet hat bzw. der Verkäufer dem Käufer bereits den Besitz verschafft hat, steht der Leistungsaustausch aber im Übrigen noch aus, führt die Verjährung dazu, dass der Käufer seinen Eigentumsverschaffungsanspruch samt Vormerkung (→ 1.) faktisch verliert. Wurde der **Besitz,** etwa aufgrund einer Teilzahlung, aber auch unabhängig davon **bereits übergeben,** steht dem Käufer aus dem Kaufvertrag, der von der Verjährungseinrede unberührt bleibt und grundsätzlich nicht rückabgewickelt wird, ein Recht zum Besitz zu. Dieses Besitzrecht entfällt nicht aufgrund der Verjährung des Eigentumsverschaffungsanspruchs des Käufers/Besitzers. Der Verkäufer ist jedoch weiterhin Eigentümer und der Käufer hat bei erhobener Verjährungseinrede keine realistische Chance auf Vollzug des Eigentumserwerbs; eine Ersitzung nach §§ 937 ff. BGB dürfte in einer derartigen Konstellation ebenfalls ausscheiden. Dies hat zur Folge, dass **Besitz und Eigentum dauerhaft auseinanderfallen.**

Eine derartige Konstellation wurde in jüngerer Zeit bei Mobilien[18] vor allem mit Blick auf sog. Raubkunst diskutiert. Vielfach ist der Herausgabeanspruch des wahren Eigentümers nach § 985 BGB gemäß §§ 197 Abs. 1 Nr. 2, 200 BGB aufgrund der objektiven Anknüpfung des Verjährungsbeginns und fehlender Hemmungstatbestände verjährt. § 198 BGB ordnet an, dass die vor Besitzerwerb verstrichene Verjährungszeit auch dem Rechtsnachfolger im Besitz (anders bei fehlender Rechtsnachfolge, zB Diebstahl) zugutekommt. Dies gilt erst recht, wenn Verjährung bereits beim Rechtsvorgänger eingetreten ist.[19] Nach dem BGH können Eigentum und Besitz an Mobilien nach Eintritt der Verjährung dauerhaft auseinanderfallen.[20] Eine **außerordentliche Ersitzung** (aus Sicht des Eigentümers auch als „Versitzung" bezeichnet) über §§ 937 ff. BGB hinaus sei abzulehnen. Man mag

[16] Näher BGH NJW-RR 2023, 480 Rn. 31 ff.

[17] Anders beispielsweise bei Ratenzahlungsvereinbarungen, etwa nach § 3 Abs. 2 MaBV.

[18] Bei Immobilien ist der Herausgabeanspruch des Eigentümers nach § 985 BGB von Gesetzes wegen gemäß § 902 Abs. 1 S. 1 BGB unverjährbar ausgestaltet (vgl. BGH NJW 2007, 2183 zu den hohen Anforderungen an die Annahme von Verwirkung des Herausgabeanspruchs des eingetragenen Eigentümers). Zu den von § 902 BGB erfassten Ansprüchen vgl. Staudinger/Picker, 2019, BGB § 902 Rn. 9 mwN.

[19] Baldus in MüKoBGB, 9. Aufl. 2023, BGB § 985 Rn. 130 mwN.

[20] BGH NJW 1999, 489.

dieses rechtspolitisch unerwünschte Ergebnis allenfalls im Einzelfall durch „verjährungsfeindliche“ Anwendung der Normen zu Anlauf, Hemmung und Neubeginn der Verjährung zu verhindern suchen.[21] Somit ist festzuhalten, dass das Eigentum als nacktes Recht fortbestehen kann, ohne dass notwendig ein Vereinigungsprozedere in die eine oder andere Richtung in Gang gesetzt wird bzw. gesetzt werden könnte.[22] Der bloße Besitzer ist indes nicht zur Verfügung als Berechtigter über die erworbene Sache in der Lage. Ohne entsprechenden Publizitätsakt (bei Immobilien: Eintragung im Grundbuch, § 892 BGB) kommt eine erfolgreiche Verfügung als Nichtberechtigter nicht in Betracht, sodass ihm neben der Veräußerung der Immobilie auch Belastungen derselben nicht möglich sind.

c) Verjährung der Primärleistungspflichten beim Bauträgervertrag

Abgesehen vom Messungskauf, bei dem die Auflassung nicht selten Jahre und Jahrzehnte hinausgeschoben wird und bei dem der Anlauf der Verjährungsfrist nach der hier vertretenen Auffassung davon abhängt, ob der Gläubiger des Anspruchs lediglich in der Lage[23] oder vertraglich hierzu verpflichtet ist,[24] die Fälligkeit des Eigentumsverschaffungsanspruchs herbeizuführen bzw. aufgrund einer Auflassungsvollmacht sogar alleine die Erfüllung herbeiführen kann, dürfte die Verjährung des Eigentumsverschaffungsanspruch in der Praxis vor allem beim Bauträgervertrag relevant sein – andere Immobilienerwerbsverträge werden im absoluten Regelfall einigermaßen zeitnah vollzogen. Da der Erwerber beim Bauträgervertrag – ungeachtet des nicht unerheblichen, vom Käufer zu tragenden Fertigstellungsrisikos – die Gegenleistung typischerweise in mehreren Raten zu leisten hat und die Voraussetzungen für die Besitzübergabe (Zahlung aller Raten einschließlich der Bezugsfertigkeitsrate) meistens nicht deckungsgleich mit den Voraussetzungen für die Veranlassung der Eigentumsumschreibung sind (vollständige Zahlung des Kaufpreises), haben die Vertragsteile im Fall der Verjährung des Eigentumsverschaffungsanspruch in aller Regel ihre wechselseitigen Leistungspflichten teilweise erfüllt.

aa) Wechselseitige Untätigkeit nach Besitzübergabe mit Zahlung der 6. Rate

Abgesehen vom Sonderfall des stecken gebliebenen Baus dürfte sich die in der Praxis typischerweise auftretende Situation der hinausgezögerten Eigentumsumschreibung wie folgt darstellen: Die Immobilie wurde bei Bezugsfertigkeit mit Zahlung der 6. Rate übergeben. Die in § 3 Abs. 2 S. 2 Nr. 2 MaBV vorgesehene Zug-um-Zug Zahlung kommt in der Praxis quasi nicht vor, da der Bauträger zur Übergabe nahezu ausnahmslos erst nach Erhalt der 6. Rate (meist zuzüglich des Sicherheitseinbehalts gemäß § 650m Abs. 2 iVm § 650u Abs. 1 S. 2 BGB) bereit ist. Soweit ersichtlich wird auf die grundsätzlich mögliche Echtzeitüberweisung bei Schlüsselübergabe bislang nicht zurückgegriffen, da die Käufer nahezu ausnahmslos zu einer Vorleistung bereit sind, zu der sie – in Widerspruch zu den öffentlich-rechtlichen Vorgaben der MaBV – vom Bauträger auch aufgefordert werden.[25] Allerdings hält der Käufer die 7. und letzte Kaufpreisrate (teilweise) zurück, beispielsweise weil er Gewährleistungsmängel (am Sonder- und/oder am Gemeinschaftseigentum) bzw. einen Verzugsschaden wegen verspäteter Fertigstellung geltend macht. Wie in dem der Entscheidung des BGH vom 15.3.2024 zugrunde liegenden Sachverhalt ist der Eigentumsverschaffungsanspruch des Käufers erst mit Zahlung des geschuldeten Kaufpreises fällig. Der Bauträger erkennt die geltend gemachten Gegenansprüche in Art und/oder Höhe jedenfalls nicht vollumfänglich an und beseitigt die Mängel ebenfalls nicht (vollständig). In der Folge machen weder Bauträger noch Käufer die wechselseitigen, noch nicht

---

21 So Baldus in MüKoBGB, 9. Aufl. 2023, BGB § 985 Rn. 133.
22 Vgl. Baldus in MüKoBGB, 9. Aufl. 2023, BGB § 985 Rn. 107 ff. mwN auch zur Gegenansicht.
23 Dann mit der hM kein Anlauf der Verjährungsfrist.
24 Dann Anlauf der Verjährungsfrist.
25 Selk NJW 2025, 2353 Rn. 43.

erfüllten Ansprüche geltend, der Käufer nicht, da er bereits wirtschaftliches Eigentum erhalten hat und einstweilen keine Veranlassung sieht, weitere Schritte einzuleiten, der Bauträger nicht, da es meist um einen eher überschaubaren Betrag geht und er fürchtet, bei den eher bauträgerkritisch eingestellten Gerichten sowieso keinen Erfolg zu haben.

bb) Verjährung des Eigentumsverschaffungsanspruchs

Verhalten sich Käufer und Bauträger nach Besitzübergang und Zahlung der 6. Rate im Wesentlichen passiv bzw. kommt es unter Umständen trotz vollständiger Zahlung auch der 7. Rate nicht zur Eintragung des Erwerbers als neuem Eigentümer im Grundbuch, stellt sich die Frage, ob und wenn ja, wann Verjährung des Eigentumsverschaffungsanspruchs eintritt. Ein etwa noch offener Zahlungsanspruch des Bauträgers verjährt gemäß § 196 BGB zehn Jahre nach Fälligkeit der jeweiligen Rate (siehe oben).[26] Was den Eigentumsverschaffungsanspruch angeht, dürfte danach zu differenzieren sein, ob feststeht, dass der Erwerber zur Zahlung des noch ausstehenden Kaufpreises verpflichtet ist bzw. dass der vorgenommene Einbehalt auch in seiner Höhe berechtigterweise erfolgt ist, oder ob zwar Gewährleistungsmängel vorliegen bzw. sich der Bauträger mit der Fertigstellung in Verzug befand, jedoch unklar ist, in welcher Höhe Gegenansprüche des Erwerbers bestehen.

(1) Nur vorgeschobene Gewährleistungsmängel. Wurde die Immobilie mangelfrei und rechtzeitig hergestellt und übergeben und wurden etwaige Mängel vom Käufer nur vorgeschoben, um die ausstehende 7. Rate nicht (vollständig) bezahlen zu müssen, bestehen also weder Mangelgewährleistungsansprüche noch Ansprüche auf Verzugsschadensersatz, ist der vorgenommene Einbehalt bzw. die gänzliche Nichtzahlung der 7. Rate unberechtigt. Der Käufer befindet sich mit der Zahlung der letzten Rate in Verzug. Der Eigentumsverschaffungsanspruch ist mangels Zahlung des geschuldeten Kaufpreises noch nicht fällig. Gleichwohl beginnt bzw. begann dessen Verjährungsfrist nach § 196 BGB mit Blick auf die pflichtwidrige Nichtzahlung der noch offenen 7. Rate entsprechend § 162 Abs. 1 BGB mit deren Fälligkeit zu laufen. Ungeachtet dessen, dass der Bauträger gemäß § 215 Alt. 2 BGB sein Zurückbehaltungsrecht iSv § 320 Abs. 1 S. 1 BGB auch nach Eintritt der Verjährung des (Rest-)Zahlungsanspruchs geltend machen kann, ist bei pflichtwidriger Nichtzahlung seitens des Käufers der Anlauf der Verjährungsfrist des Eigentumsverschaffungsanspruchs wertungsmäßig geboten, um den gesetzlich intendierten Verjährungsgleichlauf von Zahlungs- und Eigentumsverschaffungsanspruch zu gewährleisten, der sich nach dem VII. Zivilsenat des BGH auf den einheitlichen Zahlungsanspruch aus einem Bauträgervertrag erstreckt.[27]

(2) Auch der Höhe nach berechtigter Kaufpreiseinbehalt. Ist der (vollständige oder teilweise) Einbehalt der 7. Rate hingegen auch der Höhe nach berechtigt, muss sich der Käufer die Nichtzahlung nicht vorwerfen lassen. Der Eigentumsbeschaffungsanspruch ist in dieser Konstellation mangels Zahlung des geschuldeten Kaufpreises noch nicht fällig. Im Gegensatz zu vorstehender Konstellation scheidet die Annahme eines Anlaufs der Verjährungsfrist entsprechend § 162 Abs. 1 BGB mangels pflichtwidrigen Verhaltens des Käufers aus. Selbst wenn der Ersthertstellungsanspruch bzw. – im Fall der Abnahme – der Gewährleistungsanspruch des Käufers bereits verjährt sein sollte, besteht das daraus resultierende Zurückbehaltungsrecht nach § 215 BGB Alt. 2 BGB fort,[28] sodass die Nichtzahlung des Restkaufpreises nach Verjährung des Herstellungs- bzw. Gewährleistungsanspruchs und erhobener Verjährungseinrede nicht pflichtwidrig ist. Es droht folglich keine Verjährung des Eigentumsverschaffungsanspruchs. Etwas anderes gilt wohl nur, wenn der Käufer nach

[26] Aufgrund der gestaffelten Fälligkeit der einzelnen Rate beginnt im Regelfall eine eigenständige Verjährungsfrist pro Rate iSd MaBV zu laufen (vgl. BGH NJW 1999, 713 – selbständige Verjährung der Abschlagszahlungen nach HOAI; Basty, Der Bauträgervertrag, 11. Aufl. 2023, Kap. 3 Rn. 68).

[27] BGH NJW 2024, 674.

[28] Vgl. BGH NJW 2006, 2773; NJW 2016, 52 Rn. 10 ff.

fruchtlosem Ablauf einer angemessenen Frist zur Mangelbeseitigung den Kaufpreis in angemessener Weise gemindert und diesen im Übrigen bezahlt hat. Denn unter diesen Umständen ist der geschuldete Kaufpreis geleistet und der Verkäufer nach der vertraglichen Regelung zur Eigentumsverschaffung verpflichtet. Demzufolge läuft in diesem Fall mit Minderung (Zugang der entsprechenden Erklärung beim Bauträger) die Verjährungsfrist an.

(3) Unklarheit über die Höhe des angemessenen Einbehalts bei bestehenden Mängeln. Im Regelfall wird sich die Verantwortlichkeit aber nicht eindeutig dem Käufer oder dem Bauträger zuordnen lassen, sondern ein gewisses Maß an Unsicherheit verbleiben. Es ist zwar unstreitig, dass gewisse Mängel vorliegen, aber der Umfang der Mängel steht zunächst nicht abschließend fest oder es bestehen Unklarheiten hinsichtlich der Mangelbeseitigungskosten und damit des angemessenen Mängeleinbehalts iSv § 641 Abs. 3 BGB. Solange Ansprüche des Käufers gegen den Bauträger im Grundsatz bestehen, deren tatsächliche Grundlagen jedoch noch nicht im Einzelnen geklärt sind bzw. die Ermittlung des angemessenen Minderungsbetrags noch nicht abgeschlossen ist, kann dem Käufer jedenfalls kein treuwidriges Verhalten vorgeworfen werden, das eine entsprechende Anwendung von § 162 Abs. 1 BGB und damit einen Anlauf der Verjährungsfrist betreffend den Eigentumsverschaffungsanspruch rechtfertigen würde. Dies gilt jedenfalls bei nicht evident unangemessenem Mängeleinbehalt iSv § 641 Abs. 3 BGB.

II. Geltendmachung höchstpersönlicher Ansprüche

BGH Urt. v. 6.12.2024 – V ZR 159/23
NJW 2025, 1260

Sachverhalt:

Die Kläger übertrugen mit notariellem Überlassungsvertrag vom 14.6.2012 ihrem Sohn ein Hausgrundstück und ließen sich von ihm im Gegenzug ein Wohnungsrecht auf Lebensdauer an der im Erdgeschoss gelegenen Wohnung einräumen. Ihr Sohn bewohnte mit seiner Familie die Wohnung im ersten Obergeschoss. Der Überlassungsvertrag enthält unter Ziff. XVII. („Rückauflassungsanspruch") folgende Regelung:

„1. Der Veräußerer [= die Kläger] ist berechtigt, den Vertragsgrundbesitz vom Erwerber unentgeltlich zurückzuverlangen, wenn eine der folgenden Voraussetzungen eintritt:
a) Der Erwerber vor dem Letztversterbenden der beiden Veräußerer verstirbt. [...]
3. Der Anspruch ist höchstpersönlicher Natur und nur übertragbar und vererblich, wenn er vom Veräußerer zu Lebzeiten geltend gemacht wurde.
Der Anspruch kann nur mittels eingeschriebenem Brief binnen eines Jahres nach Kenntnis vom Vorliegen des Anspruchsgrundes geltend gemacht werden."

Der Vertrag wurde vollzogen. Am 9.7.2021 verstarb der Sohn der Kläger. Er wurde von seiner Ehefrau, der Beklagten, allein beerbt. Mit eingeschriebenem Brief einer Rechtsanwältin vom 2.8.2021 forderten die Kläger von der Beklagten die Rückübertragung des Grundstücks.
Mit ihrer Klage verlangen die Kläger von der Beklagten, das Eigentum an dem Grundstück an sie zu jeweils hälftigem Miteigentum aufzulassen und die Eintragung in das Grundbuch zu bewilligen. Die Klage hatte beim LG und beim OLG keinen Erfolg. Das OLG meinte, die Regelung sei so zu verstehen, dass die Befugnis der Kläger, sich bei der Geltendmachung des Rückübertragungsanspruchs durch einen Bevollmächtigten vertreten zu lassen, ausgeschlossen sei.

Entscheidung des BGH: Der BGH hat das anders gesehen. Normalerweise führt die fehlerhafte tatrichterliche Auslegung einer vertraglichen Regelung, die der BGH nur eingeschränkt überprüft,[29] zwar nicht zum Erfolg einer Revision und schon gar nicht – wie hier – zur Zulassung der Revision durch den BGH. Hier hatte das OLG aber die für die Auslegung vertraglicher Regelungen zur Stellvertretung grundlegende Unterscheidung zwischen höchstpersönlichen Ansprüchen und höchstpersönlichen Gestaltungsrechten bzw. Willenserklärungen nicht in den Blick genommen oder jedenfalls nicht angemessen berücksichtigt, sodass ausnahmsweise ein echter Rechtsfehler vorlag. Da Regelungen der vorliegenden Art in unterschiedlicher Gestaltung in Überlassungsverträgen sehr verbreitet sind, hielt der BGH es für angezeigt, einige Aussagen grundsätzlicher Art zu dieser Thematik zu treffen.

1. Ausschluss der Stellvertretung (höchstpersönliches Rechtsgeschäft)

a) Gesetzlicher Ausschluss

Nach § 164 Abs. 1 S. 1 BGB wirkt eine Willenserklärung, die jemand innerhalb der ihm zustehenden Vertretungsmacht im Namen des Vertretenen abgibt, unmittelbar für und gegen den Vertretenen. Die rechtsgeschäftlich eingeräumte Vertretungsmacht bezeichnet

[29] Zum Überprüfungsmaßstab BGH NJW 2025, 1260 Rn. 11.

das Gesetz als Vollmacht (§ 166 Abs. 1 S. 1 BGB). Die Befugnis, sich durch einen Bevollmächtigten bei der Abgabe einer Willenserklärung vertreten zu lassen, wird durch das Gesetz insbesondere dort ausgeschlossen, wo es auf die höchstpersönliche Abgabe der Willenserklärung ankommt. Solche Vertretungsverbote finden sich vor allem bei familien- und erbrechtlichen Rechtsgeschäften, etwa bei der Eheschließung (§ 1311 S. 1 BGB), bei letztwilligen Verfügungen (§§ 2064, 2274, 2284 BGB), beim Erbverzicht (§ 2347 S. 1 BGB) und beim Rücktritt vom Erbvertrag (§ 2296 Abs. 1 BGB) sowie etwa bei Erklärungen zu Vaterschaft, elterlicher Sorge und Adoption.[30]

b) Vertraglicher Ausschluss (gewillkürte Höchstpersönlichkeit)

Die Befugnis, sich durch einen Bevollmächtigten vertreten zu lassen, ist auch durch Rechtsgeschäft abdingbar (sog. „gewillkürten Höchstpersönlichkeit"). Dies hat der auch für das Wohnungseigentumsrecht zuständige V. Zivilsenat in zwei die Vertretung in der Wohnungseigentümerversammlung betreffenden Fällen entschieden,[31] ist aber darüber hinaus allgemein anerkannt.[32]

2. Höchstpersönliche Ansprüche

Während die Qualifizierung eines Rechtsgeschäfts als „höchstpersönlich" zum Inhalt hat, dass die Willenserklärung persönlich abgegeben werden muss und die Stellvertretung durch einen Bevollmächtigten ausgeschlossen ist, hat die Bezeichnung eines Anspruchs als „höchstpersönlich" regelmäßig keine auf die Stellvertretung bezogene Bedeutung. Ein höchstpersönlicher Anspruch ist vielmehr dadurch gekennzeichnet, dass er aufgrund seiner Natur oder der Natur des Rechtsverhältnisses nicht abtretbar ist (§ 399 Alt. 1 BGB).[33] Hierzu zählen etwa Unterhaltsansprüche nach Ehescheidung, Urlaubsansprüche von Arbeitnehmern und Entschädigungsansprüche wegen der Verletzung des Persönlichkeitsrechts[34] sowie der Anspruch auf Bestellung einer beschränkt persönlichen Dienstbarkeit, wenn Versprechensempfänger und Begünstigter identisch sind.[35] Solche Ansprüche sind zumeist, aber nicht durchweg, zugleich nicht vererblich.[36] Entsprechendes gilt, wenn die Abtretung durch Vereinbarung (§ 399 Alt. 2 BGB) ausgeschlossen ist.[37]

Der Umstand, dass ein höchstpersönlicher Anspruch nicht an einen Dritten abtretbar ist, ändert indes nichts daran, dass er für den Anspruchsinhaber durch einen von ihm bevollmächtigten Dritten, namentlich einen Rechtsanwalt, außergerichtlich und gerichtlich geltend gemacht werden kann. So ist etwa nach der Rechtsprechung des BGH der Anspruch auf Unterlassung einer Persönlichkeitsrechtsverletzung ein höchstpersönlicher Anspruch. Gleichwohl kann der Geschädigte von dem Schädiger die Erstattung der Kosten für eine außergerichtliche anwaltliche Abmahnung verlangen,[38] was voraussetzt, dass der Unterlassungsanspruch durch einen bevollmächtigten Rechtsanwalt geltend gemacht werden kann.

30 Übersicht bei Staudinger/Schilken, 2024, BGB vor § 164 Rn. 40.
31 BGH Beschl. v. 11.11.1986 – V ZB 1/86, BGHZ 99, 90 (94); Beschl. v. 29.1.1993 – V ZB 24/92, BGHZ 121, 236 (240).
32 MüKoBGB/Schubert, 10. Aufl. 2025, BGB § 164 Rn. 110; Staudinger/Schilken, 2024, BGB vor § 164 Rn. 41; Erman/Finkenauer, 17. Aufl. 2023, BGB vor § 164 Rn. 31; zu den durch das AGB-Recht gezogenen Grenzen BGH Urt. v. 25.2.1982 – VII ZR 268/81, NJW 1982, 1389.
33 Hierzu BGH Urt. v. 4.12.2009 – V ZR 9/09, NJW-RR 2010, 1235 Rn. 12.
34 Übersicht bei MüKoBGB/Kieninger, 9. Aufl. 2022, BGB § 399 Rn. 9 ff. mit Nachweisen aus der Rspr.
35 BGH Urt. v. 30.10.2009 – V ZR 42/09, NJW 2010, 1074 Rn. 27.
36 MüKoBGB/Leipold, 9. Aufl. 2022, BGB § 1922 Rn. 19 ff.
37 MüKoBGB/Kieninger, 9. Aufl. 2022, BGB § 399 Rn. 42 ff.
38 S. etwa BGH Urt. v. 21.6.2011 – VI ZR 73/10, NJW 2011, 3167 Rn. 13.

Entsprechendes gilt für den ebenfalls höchstpersönlichen[39] Anspruch auf Unterlassung einer Urheberrechtsverletzung.[40]

Der Anspruch auf Geldentschädigung wegen Persönlichkeitsrechtsverletzung ist grundsätzlich nicht vererblich, wenn er dem Geschädigten nicht noch zu Lebzeiten rechtskräftig zugesprochen wurde.[41] Gleichwohl kann der Anspruch für den Geschädigten durch einen Rechtsanwalt geltend gemacht werden, was sich zwangslos daraus ergibt, dass der Rechtsstreit in dem von dem Bundesgerichtshof entschiedenen Verfahren vor dem Landgericht begann,[42] folglich in einem Anwaltsprozess (§ 78 ZPO). Daher hat der BGH in der vorliegenden Entscheidung folgenden Leitsatz aufgestellt:

Leitsatz:

Wird in einem Grundstücksüberlassungsvertrag der Anspruch des Veräußerers auf Rückübertragung des Grundstücks als „höchstpersönlich" bezeichnet, hindert dies regelmäßig nicht die Stellvertretung bei der Geltendmachung des Anspruchs.[43]

3. Gestaltungsmöglichkeiten beim Überlassungsvertrag

In einem Überlassungsvertrag kann ein eventuelles Rückforderungsrecht der Eltern, wenn die Höchstpersönlichkeit überhaupt vereinbart werden soll, in der einen oder der anderen Weise gestaltet werden, entweder als höchstpersönliches Gestaltungsrecht oder als höchstpersönlicher Anspruch.

a) Sog. Optionsmodell

Übertragen Eltern zu ihren Lebzeiten ein in ihrem Eigentum stehendes Grundstück auf ein Kind, und behalten sie sich dabei vor, das Eigentum unter bestimmten Bedingungen zurückzuerhalten, etwa bei grobem Undank oder sonstigem Fehlverhalten des Kindes, bei eigener finanzieller Notlage oder – wie hier – bei Vorversterben des Kindes, kann den Eltern ein Rückforderungsrecht eingeräumt werden, dessen Ausübung, dem Rücktrittsrecht vergleichbar, den Anspruch auf Rückauflassung des Grundeigentums erst entstehen lässt (sog. Optionsmodell).[44] Ein solches Rückforderungsrecht hat den Charakter eines Gestaltungsrechts; seine Ausübung bedarf einer Willenserklärung (Rückforderungsverlangen), und diese kann – vorbehaltlich der vertraglichen Ausgestaltung – als höchstpersönliche qualifiziert werden mit der Folge, dass die Stellvertretung insoweit ausgeschlossen ist.[45]

b) Höchstpersönlicher Anspruch

Die Rückforderung muss aber nicht als (Gestaltungs-)Recht ausgestaltet werden, das erst durch seine Ausübung den Rückauflassungsanspruch entstehen lässt. Alternativ kann man durch entsprechende Formulierungen den Anspruch schon mit dem Eintritt einer der im

[39] S. etwa BGH Urt. v. 15.6.2023 – I ZR 179/22, NJW 2023, 3642 Rn. 18.

[40] BGH Urt. v. 6.6.2019 – I ZR 151/18, ZUM-RD 2019, 566.

[41] BGH Urt. v. 23.5.2017 – VI ZR 261/16, BGHZ 215, 117 Rn. 12 ff.; s. im Übrigen zur Abtretbarkeit von Entschädigungsansprüchen auch BGH Urt. v. 12.3.2024 – VI ZR 1370/20, NJW 2024, 2836 Rn. 74 mwN.

[42] BGH Urt. v. 23.5.2017 – VI ZR 261/16, BGHZ 215, 117 Rn. 3.

[43] BGH NJW 2025, 1260 Leitsatz und Rn. 7.

[44] S. hierzu etwa Herrler in BeckNotar-HdB, 8. Aufl. 2024, § 5 Rn. 467; Holland in WürzNotar-HdB, 6. Aufl. 2021, Teil 2 Kap. 6 Rn. 98.

[45] Herrler in BeckNotar-HdB, 8. Aufl. 2024, § 5 Rn. 469.

Vertrag genannten Bedingungen ohne weiteres entstehen lassen und ggf. seine Durchsetzbarkeit an die Einhaltung einer bestimmten Form und Frist knüpfen.

Und so liegt es, wie der BGH in seiner Entscheidung darlegt, im hiesigen Fall. Nach Ziff. XVII.1. des Überlassungsvertrages ist der Veräußerer „berechtigt, den Vertragsgrundbesitz vom Erwerber zurückzuverlangen, wenn eine der folgenden Voraussetzungen eintritt. […]". Das Recht, von einem anderen ein Tun oder Unterlassen zu verlangen, ist nach der Legaldefinition des § 194 Abs. 1 BGB ein Anspruch. Aus der gewählten Formulierung folgt also, dass der Rückauflassungsanspruch nicht erst mit der Ausübung eines Gestaltungsrechts, sondern unmittelbar mit dem Eintritt einer der genannten Bedingungen entsteht. Dies belegt auch ein Vergleich mit der Regelung über den Rückforderungsanspruch des Schenkers aus § 528 Abs. 1 S. 1 BGB, die ähnlich formuliert ist („kann er von dem Beschenkten die Herausgabe des Geschenkes […] fordern"). Dieser Anspruch entsteht ebenfalls bereits mit dem Eintritt der Tatbestandsvoraussetzung (Notbedarf); er wäre daher pfändbar, wenn der Gesetzgeber nicht in § 852 Abs. 2 ZPO eine abweichende Regelung getroffen hätte.[46]

In Ziff. XVII.3. werden sodann Einzelheiten zur Natur des Rückauflassungsanspruchs („höchstpersönlich" und nur nach Geltendmachung zu Lebzeiten übertragbar und vererblich) und zu Form und Frist seiner Geltendmachung („mittels eingeschriebenem Brief binnen eines Jahres nach Kenntnis vom Vorliegen des Anspruchsgrundes") geregelt. Die Regelung setzt damit die Entstehung des Anspruchs selbst voraus. Zudem werden die in Ziff. XVII.1. genannten Bedingungen, wie etwa das in Buchst. a) genannte Vorversterben des Erwerbers, als „Anspruchsgrund" bezeichnet, und nicht etwa als Rückforderungsrecht, mit dessen Ausübung der Anspruch auf Rückübertragung erst entstünde.

Ist der Rückauflassungsanspruch nach der vertraglichen Regelung folglich mit Eintritt einer der im Vertrag genannten Bedingungen bereits entstanden, so lässt sich der Umstand, dass er höchstpersönlicher Natur sein soll, nach dem zuvor Gesagten nicht als Begründung dafür heranziehen, dass er von den Veräußerern nur höchstpersönlich innerhalb der vertraglich festgelegten Frist geltend gemacht werden kann. Hierzu bedürfte es, zumal es sich um eine Ausnahme von dem in § 164 BGB geregelten Grundsatz handelte, vielmehr einer ausdrücklichen Regelung, die auch die Geltendmachung des Anspruchs als höchstpersönlich qualifiziert und auf diese Weise die Stellvertretung ausschließt. In Ermangelung einer solchen Regelung ist davon auszugehen, dass die vorgegebene Form und Frist lediglich dazu dient, dem Zuwendungsempfänger innerhalb kurzer Zeit Klarheit darüber zu verschaffen, ob der Anspruch geltend gemacht werden soll. Dies wird auch durch ein Anspruchsschreiben eines bevollmächtigten Rechtsanwalts erreicht.[47]

c) Interessenlage beim Überlassungsvertrag

Der BGH führt in seiner Entscheidung noch einige Gesichtspunkte zur Interessenlage der Vertragsparteien beim Überlassungsvertrag an, die für die Gestaltung solcher Verträge relevant sein können. Namentlich stehen sich das (durchaus berechtigte) Interesse des Kindes an einer bewussten Willensentscheidung der Eltern hinsichtlich der Rückforderung einerseits und das (ebenso berechtigte) Interesse der Eltern daran, sich bei der Rückforderung fremder, insbesondere anwaltlicher Hilfe zu bedienen, gegenüber.

aa) Interesse des Kindes

Übertragen die Eltern das in ihrem Eigentum stehende Hausgrundstück unter Vorbehalt eines lebenslangen Wohnrechts auf ihr Kind, dann wird dieses ein Interesse daran haben, dass die Eltern bei Eintritt einer der vertraglich vereinbarten Bedingungen höchstpersönlich

---

[46] BGH Urt. v. 25.4.2001 – X ZR 229/99, BGHZ 147, 288 (290 f.).

[47] Zum Ganzen BGH NJW 2025, 1260 Rn. 20 ff.

die Entscheidung treffen, ob sie das Grundeigentum zurückfordern oder nicht, das heißt dass sie beispielsweise selbst abwägen, für wie schwer sie eine Verfehlung des Kindes halten, wie gravierend ihr Notbedarf ist oder ob sie – wie hier – bei Vorversterben des Kindes das Grundstück im Eigentum des oder der Erben belassen wollen oder nicht.[48]

Allerdings ist diesem Interesse in gewissem Umfang Rechnung getragen, wenn der Rückauflassungsanspruch als höchstpersönlich ausgestaltet wird, vor seiner Geltendmachung also nicht vererbbar und nicht übertragbar und damit grundsätzlich auch nicht pfändbar (§ 851 Abs. 1 ZPO) ist.[49] Durch die Stellvertretung bei der Geltendmachung des Anspruchs wird die Entscheidung über das „Ob“ regelmäßig nicht auf einen Dritten verlagert, weil der Veräußerer diesem zunächst eine Vollmacht und im Falle der Bevollmächtigung eines Rechtsanwalts einen Auftrag zur Geltendmachung des Anspruchs erteilen muss.

Anders liegt es, wenn die Eltern einem Dritten Generalvollmacht erteilt haben, denn dann besteht in der Tat die Möglichkeit, dass der Bevollmächtigte den Rückauflassungsanspruch geltend macht, ohne die Entscheidung der Eltern einzuholen. Dies mag ein Grund dafür sein, das Optionsmodell zu wählen.

Auf die Auslegung einer bereits vereinbarten vertraglichen Regelung kann diese Sondersituation aber – wie der BGH ausführt – nur dann Einfluss haben, wenn die Generalvollmacht bei Abschluss des Überlassungsvertrags schon besteht, was hier nicht der Fall war. Die bloße Möglichkeit der späteren Bestellung einer solchen Vollmacht kann es hingegen nicht rechtfertigen, im Rahmen der Auslegung generell von einem überwiegenden Interesse des Zuwendungsempfängers an einem Ausschluss der Stellvertretung auszugehen.[50]

bb) Interesse der Eltern

Andererseits, und dies hatte das OLG hier nicht hinreichend in den Blick genommen, besteht ein ersichtliches Interesse der Eltern daran, sich bei der Rückforderung des Grundeigentums vertreten lassen zu können.

Dies gilt zum einen für den Fall, dass ein Elternteil geschäftsunfähig wird und der andere Elternteil zusammen mit dem Betreuer die Rückforderung geltend machen muss, was ausgeschlossen wäre, wenn das Rückforderungsverlangen ein höchstpersönliches Rechtsgeschäft wäre.[51]

Insbesondere haben die Eltern aber ein evidentes Interesse daran, sich bei der Wahrnehmung ihrer Rechte in Bezug auf die Rückforderung ihres Grundeigentums anwaltlicher Hilfe zu bedienen. Denn gerade älteren Anspruchsinhabern wird es schon ihrem eigenen Kind gegenüber nicht immer leichtfallen, die Rückübertragung des Grundeigentums zu fordern, insbesondere wenn sie ihm hierzu ein Fehlverhalten vorwerfen müssen. Erst recht kann es ihnen schwerfallen, den Anspruch – wie hier – gegenüber einem Erben geltend zu machen, der selbst nicht Abkömmling ist. Dies gilt umso mehr, als dem juristischen Laien schon die korrekte Formulierung des Anspruchs auf Auflassung des Grundeigentums und Bewilligung der Eigentumsumschreibung im Grundbuch Schwierigkeiten bereiten wird.[52]

---

48 Zu der entsprechenden Interessenlage beim Rückforderungsanspruch des Schenkers aus § 528 BGB BGH Urt. v. 25.4.2001 – X ZR 229/99, BGHZ 147, 288 (290 f.).

49 BGH Urt. v. 25.4.2001 – X ZR 229/99, BGHZ 147, 288 (291).

50 BGH NJW 2025, 1260 Rn. 24.

51 Herrler in BeckNotar-HdB, 8. Aufl. 2024, § 5 Rn. 469; MüKoBGB/Musielak, 9. Aufl. 2022, BGB § 2296 Rn. 4 zum Rücktritt vom Erbvertrag.

52 BGH NJW 2025, 1260 Rn. 27.

4. Stellungnahme

Die lehrbuchartig begründete Entscheidung des BGH überzeugt in Begründung und Ergebnis.[53] Den Instanzgerichten ist allerdings zuzugestehen, dass der vertraglichen Qualifizierung des Anspruchs als höchstpersönlich nach dem Auslegungsergebnis des BGH keine über die eingeschränkte Abtretbarkeit und Vererblichkeit hinausgehende Bedeutung beigemessen wird, die sich aus dem zweiten Teil der betreffenden Regelung ohnehin ergibt („Der Anspruch […] ist nur übertragbar und vererblich, wenn er vom Veräußerer zu Lebzeiten geltend gemacht wurde."). Die „höchstpersönliche Natur" des Anspruchs wirkt sich letztlich in keiner Weise aus. Gerade mit Blick auf das Optionsmodell, dass auf der ersten Stufe eine (in der Regel höchstpersönliche) Aktivierung erfordert, ist man zunächst geneigt, die vertragliche Regelung in diesem Sinne zu verstehen. Vereinbart wurde – wie der BGH überzeugend begründet – aber gerade nicht das zweistufige Optionsmodell, sondern ein einfach bedingter Rückübertragungsanspruch. Auch höchstpersönliche Ansprüche können grundsätzlich von Dritten geltend gemacht werden. Es ist zwar denkbar, dürfte jedoch die große Ausnahme darstellen, dass die Vertragsparteien die außerprozessuale wie prozessuale Geltendmachung von Ansprüchen in dem Sinne höchstpersönlich ausgestalten, dass jegliche Art der Stellvertretung, also auch die Verfolgung der Ansprüche durch einen beauftragten Rechtsanwalt ausgeschlossen ist. Zur Untermauerung verweist der BGH auf die Interessenlage von älteren Veräußerern, die sich ggf. nur eingeschränkt in der Lage sehen, selbst rechtliche Auseinandersetzungen zu führen.

Treffen die Veräußerer die Entscheidung zur Rückforderung der Immobilie selbst, indem sie gezielt einer Person eine Vollmacht zur Verfolgung ihrer Rechte aus dem Überlassungsvertrag erteilen, ist zudem den vom V. Zivilsenat angeführten anerkennenswerten Interessen des Erwerbers an persönlicher Abwägung Rechnung getragen. Die Zulässigkeit der Stellvertretung eröffnet indes auch die Möglichkeit der Vertretung durch einen Generalbevollmächtigten, der die Entscheidung zur Geltendmachung des Rückforderungsanspruchs zu einem Zeitpunkt trifft, in dem die Veräußerer selbst hierzu, etwa aufgrund Geschäftsunfähigkeit, nicht mehr in der Lage sind und die wohl intendierte Rückkoppelung mit dem Geschäftsherrn nicht stattfindet. Aus dieser abstrakten oder – bei Vorliegen einer derartigen Vollmacht im Schenkungszeitpunkt – konkreteren Risikolage folgt aber ohne hinreichend klare anderweitige Anhaltspunkte für ein entsprechendes übereinstimmendes Parteiverständnis kein anderes Ergebnis der Auslegung. Vorliegend geht es stets um die Entscheidung, ob eine Vertretung generell zulässig oder unzulässig ist. Für eine (ggf. sachgerechte) Differenzierung lässt sich dem Wortlaut der Urkunde nichts entnehmen. Selbst wenn im Zeitpunkt der Beurkundung bereits eine Generalvollmacht beispielsweise zugunsten der Geschwister des Erwerbers existiert und somit im Fall der Geschäftsunfähigkeit der Veräußerer die Gefahr einer Interessenkollision in der Person des Bevollmächtigten bestanden hätte, da dieser ggf. selbst von der Rückforderung profitieren würde, wäre die Regelung ohne weitergehende Anhaltspunkte nicht im Sinne eines vollständigen Vertretungsausschlusses auszulegen gewesen. Der BGH konnte diese Frage mangels Vorliegens einer derartigen Generalvollmacht offenlassen.

[53] Auszug aus Herrler NJW 2025, 1235 Rn. 8 ff.

5. Hinweise für die Gestaltungspraxis

Die vorliegende Entscheidung illustriert die **Vorzüge des** in der Gestaltungspraxis wohl verbreitetsten Modells, des **zweistufigen Optionsmodells,** welches klar zwischen der Entscheidung über die „Aktivierung“ des Rückforderungsrechts und dem Schicksal des Rückforderungsanspruchs trennt. Der Rückforderungsanspruch ist doppelt aufschiebend bedingt, zum einen auf den Eintritt eines äußeren Ereignisses (Vorversterben, Insolvenz etc.), zum anderen (im Sinne einer Wollensbedingung) auf die Geltendmachung des Rückforderungsrechts.

Hinweis:

Vor Geltendmachung des Rückforderungsrechts begründet ein etwaiger Verzicht des Berechtigten auf den Rückforderungsanspruch (genauer: Erlassvertrag iSv § 397 BGB), zB konkludent durch Bewilligung der Löschung der den Anspruch sichernden Vormerkung, gemäß § 517 Var. 2 BGB nicht den Tatbestand einer Schenkung iSv § 516 Abs. 1 BGB. Dies gilt auch dann, wenn sich der Anspruch durch Eintritt eines zu Rückforderung berechtigenden Grundes bereits konkretisiert hat.[54]

a) Rückforderungsberechtigter Personenkreis

Im Vertrag wird üblicherweise präzise bestimmt, wer zur Geltendmachung des Rückforderungsrecht berechtigt ist. Die vorliegende Entscheidung bietet die Gelegenheit, über die **sachgerechte Ausgestaltung des rückforderungsberechtigten Personenkreises** nachzudenken. Vielfach wird das Rückforderungsrecht in dem Sinne als höchstpersönlich ausgestaltet, dass lediglich der Veräußerer (und ggf. dessen Ehegatte) zur Rückforderung berechtigt sind. Dahinter steckt der zutreffende Gedanke, dass es jedenfalls nicht in die Hand des etwa bestellten *Betreuers* gelegt werden soll, dem Erwerber die Zuwendung zu entziehen. Umgekehrt ist nicht ersichtlich, weshalb die Umsetzung der Rückforderungsentscheidung, also die Geltendmachung des Rückforderungsrechts, nicht in die Hand eines hierfür *bevollmächtigten Dritten,* insbesondere eines Rechtsanwalts gelegt werden sollte. Ob darüber hinaus gewillkürte Stellvertreter zur Ausübung des Rückforderungsrechts berechtigt sein sollen, dürfte von den Familienverhältnissen abhängen. Dem *Ehegatten* als gewillkürten oder gesetzlichen Vertreter wird man die Ausübung des Rückforderungsrechts grundsätzlich gestatten, es sei denn, die Ehegatten leben im Rückforderungszeitpunkt getrennt iSv § 1567 BGB. Anders mag das im Fall einer Patchwork Familie zu beurteilen sein. Im Übrigen dürfte danach zu differenzieren sein, ob es sich um eine *Spezialvollmacht* handelt, die der Veräußerer bewusst zwecks Ausübung des Rückforderungsrechts erteilt hat, oder ob die Bevollmächtigten aufgrund einer *Generalvollmacht* (auch in Gestalt der Vorsorgevollmacht) handeln. Insbesondere bei der Erteilung einer Generalvollmacht an Geschwister des Erwerbers liegt ein möglicher Interessenkonflikt bei der Ausübung des Rückforderungsrechts auf der Hand. Eine Rückausnahme vom Vertretungsausschluss dürfte generell für die Rückforderungsgründe „Zwangsvollstreckung in den Vertragsgegenstand“ und „Insolvenz des Erwerbers“ vorliegen, bei denen im Regelfall jede Art der Stellvertretung zulässig ist.

[54] OLG München MittBayNot 2018, 26; Herrler in Herrler/Hertel/Kesseler ImmobilienR 2019 S. 136 ff.

Hinweis:

Im Regelfall dürfte es daher sachgerecht sein, die bislang verbreitete „Höchstpersönlichkeit" für die Ausübung des Rückforderungsrechts dahingehend zu konkretisieren, dass lediglich der gesetzliche Vertreter (sofern es sich nicht um den Ehegatten handelt und kein Getrenntleben iSv § 1567 BGB vorliegt) und ggf. noch gewillkurte Vertreter, die aufgrund einer Generalvollmacht handeln (sofern es sich nicht um den Ehegatten handelt und kein Getrenntleben iSv § 1567 BGB vorliegt), von der Geltendmachung des Rückforderungsrechts auszuschließen, im Übrigen aber eine Stellvertretung zu gestatten. Bei Zwangsvollstreckung und Insolvenz ist eine Stellvertretung uneingeschränkt zulässig.

Formulierungsvorschlag: „Rückforderungsberechtigter"

Der Veräußerer (nachfolgend „Berechtigter") kann den Rückforderungsanspruch zur Entstehung bringen (Gestaltungsrecht), wenn einer der nachstehend genannten Rückforderungsgründe eintritt und das Rückforderungsrecht innerhalb von zwölf Monaten nach Kenntnis des Berechtigten vom jeweiligen Rückforderungsgrund schriftlich gegenüber dem jeweiligen Eigentümer ausgeübt wird (Zugang maßgeblich).
Das Rückforderungsrecht kann nicht durch einen gesetzlichen Vertreter und nicht aufgrund einer Generalvollmacht (auch nicht in Gestalt einer Vorsorgevollmacht) ausgeübt werden, es sei denn, es handelt sich beim Vertreter um den Ehegatten des Veräußerers und die Ehegatten leben im Rückforderungszeitpunkt nicht getrennt im Sinne von § 1567 BGB. Im Fall von Zwangsvollstreckungsmaßnahmen in den Vertragsgegenstand oder Insolvenz ist Stellvertretung uneingeschränkt zulässig.
Wurde das Rückforderungsrecht zu Lebzeiten des Berechtigten form- und fristgerecht geltend gemacht, ist der Rückübertragungsanspruch vererblich. Der Anspruch ist nicht veräußerbar.
[Rückforderungsgründe]
[**Variante nach Hertel:** Der Berechtigte kann die Rückübertragung nur höchstpersönlich verlangen [**bei Überlassung durch Ehepaar:** wobei Geltendmachung durch einen Veräußerer genügt]. [**Bei Überlassung durch verheirateten Übergeber:** Ebenso kann ihn seine Ehefrau [**Alt.:** sie ihr Ehemann], *** [Name], vertreten, solange der Veräußerer diese Vollmacht nicht schriftlich gegenüber dem heute beurkundenden Notar widerrufen hat. Ein (sonstiger) Vertreter (Bevollmächtigter oder Betreuer) kann das Rückforderungsrecht nur bei Insolvenz oder Zwangsversteigerung gegen den Erwerber (oder dessen Rechtsnachfolger im Eigentum) geltend machen.]]

b) Postmortale Vollmacht zur Rückübertragung

Um die Rückübertragung unkompliziert, ohne Einbindung des Erben und ohne Erbschein umsetzen zu können, sollte im Übrigen stets eine postmortale Vollmacht für den Übergeber in den Überlassungsvertrag aufgenommen werden, wonach dieser in Vertretung der Erben unter Vorlage einer Sterbeurkunde zur Rückauflassung der Immobilie auf sich berechtigt ist. In dem der BGH-Entscheidung zugrunde liegenden Sachverhalt war eine derartige Vollmacht offenbar nicht erteilt worden.[55] Diese entbindet indes nicht von der form- und

55 Grundsätzlich denkbar ist auch ein Widerruf dieser Vollmacht, doch finden sich hierfür keine Anhaltspunkte im vom BGH mitgeteilten Sachverhalt.

fristgerechten Ausübung des Rückforderungsrechts, da die Rückübertragung zwar dinglich gelingt, jedoch ohne Rechtsgrund erfolgt und daher kondizierbar ist. Die Ausübung setzt den Zugang der entsprechenden Gestaltungserklärung beim Anspruchsgegner (Erbe) voraus. Um diesbezügliche Schwierigkeiten zu vermeiden, mag man im Einzelfall erwägen, den beurkundenden Notar (sofern dieser dazu bereit ist) oder einen Dritten zum Empfangsbevollmächtigten für das Rückforderungsverlangen zu bestimmen. Der oder die Erben sollten hierüber freilich ebenfalls informiert werden (sofern mit vernünftigem Aufwand erreichbar).

c) Exkurs: Pfändbarkeit

Nicht Gegenstand der vorliegenden Entscheidung war die Frage, ob bzw. unter welchen Voraussetzungen ein höchstpersönlich ausgestaltetes Rückforderungsrecht der Pfändung durch den Gläubiger des Berechtigten unterliegt. Die hM bejaht jedenfalls bei ehebezogenen bzw. familiären Rückforderungsgründen (unter anderem Scheidung, Vorversterben) Pfändungsbeschränkungen **analog § 852 Abs. 1, Abs. 2 ZPO,** da es sich insoweit um eine persönliche, mit Blick auf familiäre bzw. persönliche Bindungen zu fällende Entscheidung handelt.[56] Ob eine analoge Anwendung der vorstehenden Vorschriften in Betracht kommt, wenn das Rückforderungsrecht von beliebigen Dritten ohne Rückkoppelung mit dem Berechtigten ausgeübt werden kann, ist ungeklärt. Auch vor diesem Hintergrund empfiehlt sich in der Regel dessen höchstpersönliche Ausgestaltung. Dies schließt indes nicht jede Mitwirkung eines Dritten aus. Insbesondere bei Vertretung durch den Ehegatten oder einen Spezialbevollmächtigten dürfte der Normzweck von § 852 ZPO ebenfalls erreicht werden. Bei Rückforderungsrechten für den Fall eines Vollstreckungszugriffs bzw. der Insolvenz auf Seiten des Erwerbers ist zumindest unklar, ob überhaupt Pfändungsbeschränkungen analog § 852 ZPO anzuerkennen sind. Unabhängig von der Beantwortung dieser Frage stehen derartige Beschränkungen der Pfändung des in seiner Verwertung aufschiebend bedingten Anspruchs nicht entgegen.[57]

[56] Vgl. Rosenberger RNotZ 2020, 357 (364) mwN.
[57] BGH DNotZ 2009, 860.

III. Der verloren gegangene Grundschuldbrief

BGH Urt. v. 6.12.2024 – V ZR 41/23
NJW-RR 2025, 336

Sachverhalt (gekürzt):

Der Beklagte zu 1 verkauft mit notariellem Vertrag vom 12.8.2019 an die Klägerin Immobilien zu einem Kaufpreis von 2,1 Mio. EUR. Zum Zeitpunkt der Beurkundung ist im Grundbuch eine nicht mehr valutierende Briefgrundschuld über 700.000 DM für die Beklagte zu 2 (Bank) eingetragen, die von der Klägerin nicht übernommen werden sollte. In dem Vertrag ist geregelt, dass die Fälligkeit des Kaufpreises unter anderem davon abhängig ist, dass eine Mitteilung des Notars von der „Sicherheit der Löschung nicht übernommener Lasten" vorliegt. Bei Fälligkeit des Kaufpreises sind die nicht übernommenen Lasten abzulösen. Mit der Einholung der Löschungsunterlagen und Herbeiführung der Löschung wird der Notar beauftragt. Im Oktober 2019 wird bekannt, dass der Grundschuldbrief bei der Bank nicht mehr auffindbar ist; sie leitet beim Amtsgericht ein Aufgebotsverfahren ein. Mit Schreiben vom 13.2.2020 setzt die Klägerin dem Beklagten zu 1 eine Frist zur „lastenfreien Auflassung" bis zum 27.2.2020. Im September 2020 wird der Grundschuldbrief rechtskräftig für kraftlos erklärt.
Die Klägerin zahlt den Kaufpreis unter Vorbehalt der Rückforderung und macht nun Schadensersatzansprüche in Höhe von insgesamt 839.199,65 EUR geltend, darin enthalten ist ein entgangener Gewinn von 700.000 EUR. Die Klägerin behauptet, wegen der Verzögerung bei der Lastenfreistellung sei ein Weiterverkauf der Einheiten für 2,8 Mio. EUR im März 2020 gescheitert. Die Klage ist bei LG und OLG ohne Erfolg geblieben.

Entscheidung des BGH: Die Revision hatte ebenfalls keinen Erfolg.

Gegen den Verkäufer kann sich ein Anspruch auf Ersatz des Verzögerungsschadens nur aus §§ 280 Abs. 1, Abs. 2, 286 BGB ergeben. Ein solcher Anspruch scheidet jedoch bereits dem Grunde nach aus.

1. Leistungspflichten des Verkäufers hinsichtlich der Lastenfreistellung

Zunächst stellt sich die Frage, welche Pflichten der Verkäufer hinsichtlich der Lastenfreistellung hat.

a) Freistellungspflicht im Regelfall erst bei Kaufpreiszahlung

Hier kommt es zunächst auf die konkrete vertragliche Vereinbarung an. Soll die Grundschuld wie üblich aus dem Kaufpreis abgelöst werden, dann kann die Pflicht zur Lastenfreistellung erst mit Fälligkeit des Kaufpreises entstehen. Diese setzt üblicherweise – und auch hier – voraus, dass dem Notar die Löschungsunterlagen vorliegen, von denen er nach Zahlung des Kaufpreises Gebrauch machen darf. Diese Konstruktion (sog. Direktzahlungsmodell) erlaubt es dem Verkäufer, die eingetragenen Belastungen ohne den Einsatz sonstiger Finanzmittel aus dem Kaufpreis abzulösen, und vermeidet den Einsatz eines Anderkontos.[58] Hier lagen dem Notar die nötigen Unterlagen nicht vor, weil der Grundschuldbrief nicht auffindbar war. Damit konnte der Kaufpreis nicht fällig werden und infolgedessen ebenso wenig die Pflicht zur Lastenfreistellung.[59]

[58] Näher Everts in BeckNotar-HdB, 8. Aufl. 2024, § 1 Rn. 206 ff.; Tromer in BeckNotar-HdB, 8. Aufl. 2024, § 1 Rn. 788 ff.
[59] BGH NJW-RR 2025, 336 Rn. 8.

Somit kommt es darauf an, welche Pflichten den Verkäufer im Vorfeld treffen hinsichtlich der Sicherstellung der Löschung der Grundschuld als Voraussetzung der Fälligkeit des Kaufpreises. Ist der Verkäufer – wie hier – verpflichtet, die Löschung nicht übernommener Lasten sicherzustellen, setzt dies die Vorlage der Löschungsunterlagen voraus, wozu insbesondere die Löschungsbewilligung des Grundschuldgläubigers (§ 19 GBO) und – wenn es sich (wie hier) um eine Briefgrundschuld handelt – auch der Grundschuldbrief gehört. Letzteres beruht darauf, dass eine Briefgrundschuld gemäß §§ 41 Abs. 1, 42 GBO nur gelöscht werden darf, wenn auch der Grundschuldbrief vorgelegt wird. Ist der Grundschuldbrief abhandengekommen, tritt an seine Stelle der Ausschließungsbeschluss des Amtsgerichts, mit dem der Grundschuldbrief für kraftlos erklärt wird (vgl. § 41 Abs. 2 GBO, §§ 1162, 1192 Abs. 1 BGB, § 478 Abs. 1 FamFG).

b) Pflicht zur Beschaffung der Löschungsunterlagen

Welchen Inhalt die Pflicht des Verkäufers zur Vorlage der für die Lastenfreistellung erforderlichen Unterlagen hat, wurde bislang in Rechtsprechung und Literatur unterschiedlich bewertet.

- Nach einer Ansicht handelt es sich um eine Bemühenspflicht. Es soll zur Pflichterfüllung genügen, dass der Verkäufer nach Vertragsschluss alles tut, um eine Vorlage der zur Lastenfreistellung erforderlichen Unterlagen möglichst zeitnah – unverzüglich – herbeizuführen.[60]
- Die Gegenansicht nimmt eine Erfolgspflicht an. Der Verkäufer schulde als Erfolg die Vorlage der erforderlichen Unterlagen bei dem abwickelnden Notar.[61]
- Schließlich wird auch vertreten, dass den Verkäufer zunächst nur eine Bemühenspflicht dahin treffe, den abwickelnden Notar über die Kontaktdaten der Gläubiger der Lasten zu informieren. Erst wenn für den Verkäufer ersichtlich werde, dass das Einholen der Unterlagen durch den Notar nicht zum Erfolg führe, müsse er selbst tätig werden und hafte im Sinne einer Erfolgspflicht gegenüber dem Käufer.[62]

aa) Inhalt der Pflicht

Der BGH hat nun entschieden, dass den Verkäufer eine Erfolgspflicht trifft.

Leitsatz:

Hängt die Fälligkeit des Kaufpreises in einem Grundstückskaufvertrag davon ab, dass der Verkäufer die Lastenfreistellung sichergestellt hat (sog. Direktzahlungsmodell), müssen die Löschungsunterlagen dem Notar in angemessener Frist vorgelegt werden; da es sich um eine erfolgsbezogene Pflicht handelt, genügt es nicht, wenn der Verkäufer zwar alles tut, um die Vorlage der Unterlagen herbeizuführen, diese aber gleichwohl unterbleibt.[63]

Zur Begründung führt der BGH aus, dass den Verkäufer nach §§ 433 Abs. 1 S. 2, 435 BGB die Pflicht trifft, rechtsmangelfreies und damit lastenfreies Eigentum zu verschaffen. Wird dieser Erfolg nicht herbeigeführt, handelt es sich um die Nichterfüllung einer vertraglichen Primärpflicht. Zu dieser gehört die Vorlage der Lastenfreistellungsunterlagen, die für die Löschung des Grundpfandrechts erforderlich sind. Sie ist nicht lediglich eine bloße „Vorbereitungshandlung", sondern stellt vielmehr einen wesentlichen Teilschritt der von dem Verkäufer insgesamt geschuldeten rechtsmangelfreien Übereignung des Grundstücks

[60] OLG Düsseldorf DNotZ 2017, 600 Rn. 30.
[61] Everts in BeckNotar-HdB, 8. Aufl. 2024, § 1 Rn. 206; Krauß, Immobilienkaufverträge in der Praxis, 10. Aufl. 2024, Rn. 2484; Kesseler DNotZ 2017, 600 (608 ff.); Weber NotBZ 2017, 441 (442); wohl auch LG Saarbrücken Urt. v. 7.3.2016 – 9 O 99/15, juris Rn. 64.
[62] Oppermann/Forster DNotZ 2020, 826 (829 f.).
[63] BGH NJW-RR 2025, 336 Leitsatz und Rn. 15.

dar.[64] (Endgültig) erfüllt ist die Pflicht zur Lastenfreistellung zwar erst mit der Löschung des Grundpfandrechts im Grundbuch. Diese ist aber nicht möglich, wenn bereits die Löschungsunterlagen nicht vorgelegt werden. Nähme man insoweit eine bloße Bemühenspflicht des Verkäufers an, würde der mit dem sog. Direktzahlungsmodell bezweckte angemessene Ausgleich des Interesses des Käufers, keine ungesicherte Vorleistung zu erbringen, mit dem Interesse des Verkäufers, den Kaufpreis für die Ablösung der Belastungen verwenden zu können, verfehlt.

bb) Fälligkeit der Pflicht

Was die Fälligkeit der dem Verkäufer obliegenden Pflicht anbelangt, ist zu unterscheiden. Zu welchem Zeitpunkt die Löschungsunterlagen vorliegen müssen, ist in den Grundstückskaufverträgen häufig nicht ausdrücklich geregelt. Gemäß § 271 Abs. 1 BGB ist die Fälligkeit deshalb aus den Umständen zu entnehmen und richtet sich nach derjenigen Zeitdauer, die typischerweise für die Beschaffung der Unterlagen erwartet werden darf. In Rechtsprechung und Literatur wird überwiegend ein Zeitraum von vier Wochen bis zu zwei Monaten nach Vertragsschluss angenommen.[65] Ist den Vertragsparteien bei Vertragsschluss bekannt, dass wegen eines verlorenen Grundschuldbriefs erst ein Aufgebotsverfahren durchgeführt werden muss, kann auch eine deutlich längere Frist in Betracht kommen.[66]

Im vorliegenden Fall war den Parteien im Zeitpunkt des Vertragsschlusses das Abhandenkommen des Grundschuldbriefs nicht bekannt. Daher war die Vorlage spätestens nach Ablauf von zwei Monaten fällig. Tatsächlich ist der für die Löschung der Grundschuld erforderliche Ausschließungsbeschluss erst nach über einem Jahr nach Abschluss des notariellen Kaufvertrages und damit verspätet vorgelegt worden. Der Verkäufer hatte seine Pflicht zur Beschaffung der Löschungsunterlagen somit verletzt.

2. Verschulden

Die objektive Pflichtverletzung reicht für einen Schadensersatzanspruch gegen den Verkäufer aber nicht aus. Gemäß § 286 Abs. 4 BGB gerät ein Schuldner nicht in Schuldnerverzug, wenn er die verzögerte Leistung – hier die Vorlage der Löschungsunterlagen – nicht zu vertreten hat. Anders liegt es nur, wenn der Verkäufer ein Beschaffungsrisiko oder eine Garantie iSd § 276 Abs. 1 S. 1 BGB für das Einholen der Lastenfreistellungsunterlagen übernimmt. Dafür genügt aber eine erfolgsbezogene Leistungspflicht für sich genommen nicht. Vielmehr bedürfte es für eine derart weite Haftungsregelung besonderer Anhaltspunkte.[67] Solche bestanden vorliegend nicht.

Was ein Schuldner zu vertreten hat, regeln die §§ 276–278 BGB. Gemäß § 276 Abs. 1 S. 1 BGB hat der Schuldner Vorsatz und Fahrlässigkeit zu vertreten, wenn eine strengere oder mildere Haftung weder bestimmt noch aus dem sonstigen Inhalt des Schuldverhältnisses, insbesondere aus der Übernahme einer Garantie oder eines Beschaffungsrisikos, zu entnehmen ist. Im Rahmen bestehender Schuldverhältnisse haftet der Schuldner nicht nur für eigenes Verschulden, sondern muss nach § 278 S. 1 BGB auch ein Verschulden seines gesetzlichen Vertreters und der Personen, deren er sich zur Erfüllung seiner Verbindlichkeit

---

[64] Vgl. Kesseler DNotZ 2017, 600 (608); Weber NotBZ 2017, 441 (442).

[65] LG Saarbrücken Urt. v. 7.3.2016 – 9 O 99/15, juris Rn. 64 (zwei Monate); Krauß, Immobilienkaufverträge in der Praxis, 10. Aufl. 2024, Rn. 2483 (frühestens sechs Wochen); Weber NotBZ 2017, 441 (443) (sechs Wochen); Oppermann/Forster DNotZ 2020, 826 (sechs Wochen); Kesseler DNotZ 2017, 600 (609) (vier bis sechs Wochen bei „Profis"; bei Privatperson länger).

[66] Weber NotBZ 2017, 441 (443).

[67] S. allg. zu den strengen Anforderungen für die Übernahme einer Garantie des Verkäufers BGH Urt. v. 29.11.2006 – VIII ZR 92/06, BGHZ 170, 86 Rn. 20; s. zu Gestaltungsvorschlägen Weber NotBZ 2017, 441 (444 f.); Kesseler DNotZ 2017, 600 (610).

bedient, in gleichem Umfang vertreten wie eigenes Verschulden. Diese Voraussetzungen liegen hier nicht vor.

a) Eigenes Verschulden des Verkäufers

Ein eigenes Verschulden des Verkäufers hat das OLG hier rechtsfehlerfrei verneint. Da die Grundschuld nicht mehr valutierte, konnte der Verkäufer von der Bank die Löschung verlangen.[68] Zur Durchsetzung dieses Anspruchs hat er alles seinerseits Erforderliche getan. In dem Kaufvertrag hat er den Notar mit der Einholung der für die Löschung erforderlichen Unterlagen beauftragt. Er hat somit die Besorgung der vorzulegenden Unterlagen zeitgleich mit dem notariellen Vertragsschluss in die Wege geleitet und damit der im Verkehr erforderlichen Sorgfalt genügt. Umstände, die den Verkäufer im Nachgang hätten dazu bewegen müssen, selbst bei der Bank die Unterlagen anzufordern oder auf eine Aufnahme bzw. Fortsetzung der Tätigkeit des Notars hinzuwirken, hat das OLG nicht festgestellt. Vielmehr ist zeitnah nach Abschluss des notariellen Kaufvertrages das Abhandenkommen des Grundschuldbriefes bei der Bank bekannt geworden und zur Überwindung des daraus resultierenden Löschungshindernisses das nach §§ 1162, 1192 Abs. 1 BGB, §§ 42 S. 1, 41 Abs. 2 S. 2 GBO, §§ 466 ff. FamFG vorgesehene Aufgebotsverfahren ohne zeitliche Verzögerung eingeleitet worden. Nach den Feststellungen ist dem Verkäufer vor Abschluss des notariellen Kaufvertrages auch nicht bekannt gewesen, dass der Grundschuldbrief bei Beklagten nicht auffindbar war; ein Tätigwerden war insoweit nicht angezeigt.

> „Den Verkäufer trifft keine Pflicht, schon vor Vertragsschluss vorsorglich den Grundschuldbrief bei dem Grundpfandgläubiger anzufordern oder dessen Vorhandensein zu überprüfen."[69]

b) Zurechnung eines Verschuldens der Bank

Nach ständiger Rechtsprechung des BGH ist Erfüllungsgehilfe, wer nach den tatsächlichen Gegebenheiten des Falls mit dem Willen des Schuldners bei der Erfüllung einer diesem obliegenden Verbindlichkeit als seine Hilfsperson tätig wird.[70] In der Literatur ist umstritten, ob ein Verkäufer, der die Sicherstellung der Lastenfreistellung schuldet, ein Verschulden des Grundschuldgläubigers bei der Herausgabe der Löschungsunterlagen zu vertreten hat.

- Zum Teil wird die bejaht und angenommen, der Grundschuldgläubiger sei Erfüllungsgehilfe des Verkäufers nach § 278 BGB, weil er mit dem Willen des Schuldners bei der Erfüllung einer diesem obliegenden Verbindlichkeit tätig werde. Da den Verkäufer im Hinblick auf die Lastenfreistellung eine Erfolgspflicht treffe, habe er auch das Verschulden seines Grundschuldgläubigers nach § 278 BGB zu vertreten.[71] Verwiesen wird insoweit auf eine ebenfalls in der Literatur vertretene Auffassung, wonach der Verkäufer für das Verschulden sämtlicher Dritter einzustehen hat, deren er sich zur Herbeiführung des ihm obliegenden Erfolges bedient.[72]
- Nach der Gegenauffassung fehlt es an einem Verschulden des Verkäufers, wenn ihm zwar gegen den Gläubiger ein Anspruch auf Lastenfreistellung zusteht, er aber das seinerseits Erforderliche unternommen hat, um den Anspruch durchzusetzen.[73]

---

[68] Vgl. zu den Voraussetzungen für einen solchen Anspruch bei noch valutierender Grundschuld Weber NotBZ 2017, 441 (444).

[69] BGH NJW-RR 2025, 336 Rn. 26.

[70] BGH Urt. v. 24.1.2019 – I ZR 160/17, NJW 2019, 1596 Rn. 48; Urt. v. 25.1.2017 – VIII ZR 249/15, NJW 2017, 2608 Rn. 43; Urt. v. 21.10.2009 – VIII ZR 64/09, NJW 2009, 3781 Rn. 29.

[71] Oppermann/Forster DNotZ 2020, 826 (829); im Ausgangspunkt zustimmend Everts in BeckNotar-HdB, 8. Aufl. 2024, § 1 Rn. 206, anders aber wohl Rn. 207.

[72] MüKoBGB/Grundmann, 9. Aufl. 2022, BGB § 278 Rn. 34.

[73] Weber NotBZ 2017, 441 (444); im Ergebnis wohl auch Kesseler DNotZ 2017, 606 (609 f.).

– Andere stehen der Anwendung des § 278 BGB auf die von dem Verkäufer geschuldete Pflicht zur Beschaffung der Löschungsunterlagen zumindest zurückhaltend gegenüber, weil es für einen etwaigen vom Verkäufer herbeizuführenden Erfolg auf die Mitwirkung von Personen ankomme, auf die der Veräußerer keinen uneingeschränkten Einfluss habe und die er auch nicht persönlich auswählen könne.[74]

Der BGH hat sich nunmehr gegen die Anwendung von § 278 BGB entschieden.

„Muss der Verkäufer eines Grundstücks die Lastenfreistellung sicherstellen, hat er es nicht zu vertreten, wenn die Löschungsunterlagen (hier: Grundschuldbrief) infolge eines Verschuldens des zur Löschung verpflichteten Grundpfandgläubigers nicht vorgelegt werden können. Der Grundpfandgläubiger ist nicht Erfüllungsgehilfe des Verkäufers."[75]

Zur Begründung führt der BGH an, dass die Zurechnung auf dem Gedanken beruht, dass der Schuldner gegenüber dem Gläubiger für die Erweiterung seines Geschäfts- und Gefahrenkreises verantwortlich ist; die eingesetzte Hilfsperson übernimmt eine Aufgabe, die im Verhältnis zum Gläubiger dem Schuldner selbst obliegt. Daher soll ein Schuldner, der den Vorteil der Arbeitsteilung in Anspruch nimmt, auch deren Nachteile tragen, nämlich das Risiko, dass der an seiner Stelle handelnde Gehilfe schuldhaft rechtlich geschützte Interessen des Gläubigers verletzt.[76] Entscheidend ist, ob das Handeln der eingesetzten Hilfsperson in dem konkreten Pflichtenkreis des Schuldners und damit im Bereich des vom Schuldner geschuldeten Gesamtverhaltens liegt.[77] Nur hinsichtlich dessen, was der Gläubiger nach dem Inhalt des Schuldverhältnisses vom Schuldner selbst verlangen könnte, ist der von dem Schuldner hinzugezogene Dritte Erfüllungsgehilfe.[78]

Diese Grundsätze gelten auch bei der Frage, welche Personen zu den Erfüllungsgehilfen zählen, wenn der Verkäufer dem Käufer nach § 433 Abs. 1 S. 2 BGB die Sache frei von Sach- und Rechtsmängeln zu verschaffen hat. Diese Erfolgspflicht führt daher nicht dazu, dass sich der Anwendungsbereich des § 278 BGB schlechthin auf jeden erstreckt, der durch eigenes Tätigwerden eine Vorbedingung für die Leistungserbringung gesetzt hat. So hat der BGH auch nach der Schuldrechtsreform, durch die eine Erfüllungspflicht des Verkäufers (auch) für die Freiheit der Sache von Sachmängeln eingeführt worden ist, daran festgehalten, dass bei einem Kaufvertrag über bewegliche Sachen weder der Hersteller noch der Lieferant Erfüllungsgehilfen des Verkäufers sind; infolgedessen hat der Verkäufer einen Mangel der Kaufsache nicht deshalb zu vertreten, weil er auf einem Verschulden des Herstellers bzw. des Lieferanten beruht.[79]

Vor diesem Hintergrund ist auch ein Grundschuldgläubiger nicht bereits deshalb Erfüllungsgehilfe des Verkäufers eines Grundstücks, weil der Verkäufer nach § 433 Abs. 1 S. 2 BGB die erfolgreiche Lastenfreistellung schuldet und der Verkäufer auf die Mitwirkung des Grundschuldgläubigers angewiesen ist. Vielmehr kommt es auch insoweit darauf an, ob der Käufer nach dem Inhalt des Schuldverhältnisses von dem Verkäufer (Schuldner) selbst die für die Lastenfreistellung erforderlichen Unterlagen verlangen könnte und das Handeln des Grundschuldgläubigers in dem konkreten Pflichtenkreis des Verkäufers liegt. Dies ist nicht der Fall. Der Verkäufer ist zwar für die geschuldete Lastenfreistellung auf den Grundschuldinhaber angewiesen. Dessen Mitwirkungshandlung fällt aber – ebenso wie die Herstellung bei dem Verkauf einer beweglichen Sache – nicht in das vertraglich geschuldete Gesamtverhalten des Verkäufers. Die für die Löschung der Grundschuld erforderlichen Unterlagen, insbesondere die Löschungsbewilligung und den Grundschuldbrief bzw. einen Ausschlie-

---

[74] BeckOGK/Schaub, 1.9.2024, BGB § 278 Rn. 65.
[75] BGH NJW-RR 2025, 336 Rn. 27.
[76] BGH Urt. v. 25.1.2017 – VIII ZR 249/15, NJW 2017, 2608 Rn. 43; Urt. v. 21.10.2009 – VIII ZR 64/09, NJW 2009, 3781 Rn. 29.
[77] Zusammenfassend Grüneberg/Grüneberg, 85. Aufl. 2025, BGB § 278 Rn. 7 ff.; Schulze/Schulze, 12. Aufl. 2024, BGB § 278 Rn. 6 ff. – jeweils mwN.
[78] MüKoBGB/Ernst, 9. Aufl. 2022, BGB § 280 Rn. 69.
[79] Grundlegend BGH Urt. v. 2.4.2014 – VIII ZR 46/13, BGHZ 200, 337 Rn. 31 f.; Beschl. v. 9.6.2020 – VIII ZR 315/19, NJW 2020, 3312 Rn. 18.

ßungsbeschluss, kann von vornherein nur der Grundschuldgläubiger zur Verfügung stellen, nicht jedoch der Verkäufer. Der Grundgedanke des § 278 BGB, dass der Schuldner, der den Vorteil der Arbeitsteilung für sich in Anspruch nimmt, auch deren Nachteile tragen soll, greift deshalb nicht. Vielmehr würde die Haftung des Verkäufers auf Schadensersatz unangemessen ausgeweitet.[80]

3. Kein Anspruch gegen die Bank

Der Käufer hat auch keinen Anspruch gegen die Bank, bei der der Grundschuldbrief verloren gegangen ist. An einen Schadensersatzanspruch aus § 280 Abs. 1 BGB wäre nur zu denken, wenn dem Sicherungsvertrag als Rechtsbeziehung zwischen dem Verkäufer und der Bank Schutzwirkung zu Gunsten des Käufers zukäme. Das ist nicht der Fall.

Der Vertrag mit Schutzwirkung zugunsten Dritter beruht auf ergänzender Vertragsauslegung und knüpft an den hypothetischen, gemäß § 157 BGB unter Berücksichtigung von Treu und Glauben zu erforschenden Willen der Vertragsparteien an. Er ist dem Umstand geschuldet, dass die Erfüllung vertraglicher Leistungspflichten zu einem gesteigerten sozialen Kontakt der Vertragsparteien und dementsprechend zu einer größeren Einwirkungsmöglichkeit auf die Rechtsgüter des Vertragspartners und gegebenenfalls mit diesem verbundener Dritter führt und das Deliktsrecht – insbesondere wegen der Exkulpationsregelung bei der Gehilfenhaftung nach § 831 Abs. 1 S. 2 BGB und des Fehlens eines umfassenden Vermögensschutzes – den geschädigten Dritten nicht immer zureichend absichert. Um das Haftungsrisiko des Schuldners durch Zubilligung eines vertraglichen Haftungsanspruchs gegenüber einem nicht am Vertrag beteiligten Dritten nicht unkalkulierbar auszudehnen, sind an die Einbeziehung von Dritten strenge Anforderungen zu stellen. Der Dritte muss bestimmungsgemäß mit der (Haupt-)Leistung in Berührung kommen und den Gefahren von Schutzpflichtverletzungen ebenso ausgesetzt sein wie der Gläubiger (Leistungsnähe). Der Gläubiger muss ein Interesse an der Einbeziehung des Dritten in den Schutzbereich des Vertrages haben (Einbeziehungsinteresse). Für den Schuldner muss die Leistungsnähe des Dritten und dessen Einbeziehung in den Schutzbereich des Vertrages erkennbar und zumutbar sein (Erkennbarkeit und Zumutbarkeit). Und für die Ausdehnung des Vertragsschutzes muss nach Treu und Glauben ein Bedürfnis bestehen, weil der Dritte anderenfalls nicht ausreichend geschützt wäre.[81]

Im Verhältnis des Käufers zu der Bank (des Verkäufers) fehlt es bereits an einer Leistungsnähe. Der Käufer kommt weder typischerweise mit den Leistungen aus dem Sicherungsvertrag in Berührung noch ist er den dortigen Gefahren ebenso ausgesetzt wie der Verkäufer (als Kunde der Bank). Es handelt sich vielmehr um einen nur mittelbaren Leistungskontakt aufgrund des in dem Kaufvertrag gewählten Direktzahlungsmodells. Der Sicherungsvertrag dient der Absicherung des Verkäufers als Schuldner der Grundschuld und begründet bei seinem Abschluss keine für die Bank erkennbare potentielle Gefährdung Dritter.[82]

---

[80] BGH NJW-RR 2025, 336 Rn. 30 ff.
[81] BGH Urt. v. 5.7.2024 – V ZR 34/24, BGHZ 241, 98 Rn. 13 ff. mwN.
[82] BGH NJW-RR 2025, 336 Rn. 37.

B. Grundstückskaufvertrag

I. Formmängel

1. Einführung

a) Gesamtbeurkundungsgrundsatz

Wird durch einen Vertrag die Verpflichtung begründet, Eigentum an einem Grundstück zu übertragen oder zu erwerben, bedarf dieser gemäß § 311b Abs. 1 S. 1 BGB der Beurkundung. Nach ständiger höchstrichterlicher Rechtsprechung erstreckt sich das Formgebot nicht nur auf die Verpflichtung zur Grundstücksübertragung, sondern auf alle Vereinbarungen, die nach dem Willen der Parteien zu dem schuldrechtlichen Übereignungsgeschäft gehören (Gesamtbeurkundungsgrundsatz).[1]

Das Beurkundungserfordernis nach § 311b Abs. 1 S. 1 BGB dient sämtlichen klassischen Formzwecken:

- Hierdurch ist eine rechtskundige, unparteiische Beratung der Parteien gewährleistet (**Beratungsfunktion,** vgl. § 17 BeurkG), die vor einem übereilten Vertragsschluss (bei Verbraucherverträge vgl. insoweit insbesondere § 17 Abs. 2a S. 2 Nr. 2 BeurkG) und vor einer unausgewogenen Vertragsgestaltung bewahrt **(Warn- und Schutzfunktion).**
- Der Wille der Beteiligten wird erforscht und klar und unzweideutig in einen wirksamen, Unklarheiten und Zweifel (weitgehend) vermeidenden Vertrag niedergelegt **(Gewährs- und Klarstellungsfunktion).** Dies dient zugleich der Zuverlässigkeit des Grundbuchinhalts.
- Durch die Dokumentation in einer notariellen Urkunde kann bei Bedarf unschwer Beweis über die vertraglichen Vereinbarungen geführt werden **(Beweisfunktion).**[2]

aa) Reichweite des Formgebots

Das Formerfordernis gemäß § 311b Abs. 1 S. 1 BGB erstreckt sich auf sämtliche Abreden der Parteien, aus denen sich das Kausalgeschäft nach ihrem Willen zusammensetzt **(Vollständigkeitsgrundsatz).**[3] Es ist gemäß § 17 Abs. 1 S. 1 BeurkG Aufgabe des Notars zu erforschen, welche Punkte die Parteien im konkreten Fall als regelungsbedürftig angesehen haben, und ihren diesbezüglichen übereinstimmenden Willen klar und unzweideutig in der Urkunde zum Ausdruck zu bringen. In zeitlicher Hinsicht ist insoweit der Vertragsschluss maßgeblich; nur der übereinstimmende Wille der Parteien in diesem Zeitpunkt bzw. der der anderen Partei erkennbare, von dieser nicht beanstandete Wille einer Partei ist für den gebotenen Vertragsinhalt maßgeblich. Die verfahrensrechtliche Vermutung der Richtigkeit und Vollständigkeit der Urkunde knüpft an das materiellrechtliche Formgebot an.[4] Danach sind nicht nur die Vereinbarungen betreffend die Leistung und die Gegenleistung, sondern **sämtliche Abreden** der Parteien im Hinblick auf den konkreten Vertragsgegenstand **ungeachtet ihrer Wesentlichkeit** zu beurkunden. Entscheidend ist allein, dass der jeweilige Punkt für regelungsbedürftig gehalten wurde und demzufolge zum Vertragsinhalt gemacht werden sollte. Ob die Parteien die Wirksamkeit des Vertrags von der Aufnahme

---

1 BGHZ 63, 359 (361) = NJW 1975, 536; NJW 1984, 974 (grundsätzlich ist auch die Einigung über die Anrechnung einer Vorauszahlung [mit-]beurkundungsbedürftig).
2 Ausführlich Meier in Staudinger, 2023, BGB § 311b Rn. 7 mwN.
3 St. Rspr., vgl. BGH NJW 1986, 248.
4 Vgl. Meier in Staudinger, 2023, BGB § 311b Rn. 7 mwN.

einer bestimmten, nicht das Synallagma unmittelbar betreffenden Regelung in diesen abhängig gemacht hätten, spielt für die Frage der Reichweite des Beurkundungserfordernisses und damit für die Frage, ob im Ausgangspunkt ein (in jeder Hinsicht) wirksamer Vertrag abgeschlossen wurde, keine Rolle.[5]

Wurde ein für regelungsbedürftig gehaltener Punkt nicht in den Vertrag aufgenommen, ist die diesen betreffende Abrede gemäß § 125 S. 1 BGB formunwirksam; die Teilnichtigkeit erstreckt sich gemäß § 139 BGB im Zweifel auf den gesamten Vertrag. Aus § 139 BGB bzw. dem dieser Norm zugrunde liegenden Rechtsgedanken lässt sich für die Reichweite des Beurkundungserfordernis (gesamter Inhalt des Rechtsgeschäfts) nichts ableiten.[6] Allerdings bleibt es jeder Partei unbenommen, in einem zweiten Schritt darzulegen und gegebenenfalls zu beweisen, dass der (zunächst gesamtunwirksame) Vertrag unabhängig von der Aufnahme der nicht beurkundeten (Neben-)Abrede ebenfalls abgeschlossen worden wäre (hierzu → I. 1. a) ee)).

(1) Nur Regelungen. Der Umfang des Beurkundungserfordernisses erstreckt sich indes nur auf diejenigen Teile der Vereinbarung der Parteien, mit denen Rechtswirkungen erzeugt werden sollen.[7] Dies setzt insoweit einen Rechtsbindungswillen und einen Rechtsfolgewillen voraus. Hieraus folgt im Umkehrschluss, dass alle Elemente der vertraglichen Abrede, denen keine Regelungswirkung zukommt, zwar in den Vertrag aufgenommen werden können, aber **nicht** nach § 311b Abs. 1 S. 1 BGB beurkundet werden müssen. Hierunter fallen insbesondere

(1) Vereinbarungen, die lediglich den **Gesetzesinhalt wiedergeben,**[8] da dieser ohnehin mangels Abbedingung durch die Parteien Anwendung findet – anders aber, sofern und soweit das gesetzliche Regelungsregime modifiziert wird;
(2) nähere Vereinbarungen zu einem in der Rechtsprechung (und Literatur) **anerkannten Rechtsinstitut** (zB ehebedingte Zuwendung) – insoweit genügt eine Bezeichnung des Rechtsinstituts;[9]
(3) Erklärungen betreffend den tatsächlichen Zustand der Kaufsache, die diesbezügliche Kenntnis des Käufers bzw. das korrespondierende Wissen des Verkäufers („Der Parkettboden im Wohnzimmer ist stark zerkratzt.", „Der Käufer hat Kenntnis davon, dass eine Herdplatte nicht funktioniert." etc.).[10] Denn derartige **tatsächliche bzw. Wissenserklärungen** haben (in aller Regel) keine Regelungscharakter; die sich an den tatsächlichen Umstand, der Gegenstand der Erklärung ist, anknüpfenden Rechtsfolgen treten unabhängig von dessen Erwähnung in der Urkunde ein (zB gemäß § 442 BGB).

Hinweis:

Gleichwohl dürfte sich **aus Beweisgründen** die **Aufnahme** jedenfalls von wesentlichen tatsächlichen Angaben in den notariellen Kaufvertrag **empfehlen,** um späteren Streit darüber, wer was und wann gewusst hat oder hätte wissen können, zu vermeiden.

Im Regelfall hat es keine Folgen für die Formwirksamkeit des Vertrags, wenn **derartige Erklärungen falsch** sind.[11] Insbesondere in einer Konstellation, in der alle Vertragsteile Kenntnis von der unrichtigen tatsächlichen Angabe in der notariellen Urkunde haben, ist es aber nicht ausgeschlossen, darin *im Wege der Auslegung* eine **konkludente Regelung** zu

[5] Zutreffend Mertens JZ 2004, 431 (432); Meier in Staudinger, 2023, BGB § 311b Rn. 215; Ruhwinkel in MüKoBGB, 10. Aufl. 2025, BGB § 311b Rn. 55; aA BGH DNotZ 1967, 496; DNotZ 1994, 476; RGZ 65, 393.
[6] Zutreffend Mertens JZ 2004, 431 (432); Meier in Staudinger, 2023, BGB § 311b Rn. 215.
[7] Vgl. jüngst BGH NJW 2024, 3066 Rn. 5; NJW 2021, 2510 Rn. 15 („Regelungscharakter").
[8] BGH DNotZ 1973, 472.
[9] Meier in Staudinger, 2023, BGB § 311b Rn. 212 mwN.
[10] Schreinsdorfer in BeckOGK, 1.2.2025, BGB § 311b Rn. 151 f mwN.
[11] Vgl. BGH NJW 2012, 48 (49); Meier in Staudinger, 2023, BGB § 311b Rn. 214 aE.

sehen, wonach diejenigen Rechtsfolgen eingreifen, die bei unterstellter Richtigkeit der allseits als falsch erkannten Aussagen eingegriffen hätten (str.).[12] Unter dieser Prämisse kann einer derartigen tatsächlichen Erklärung Regelungswirkung zukommen, so dass es nach dem Vollständigkeitsgrundsatz ihrer Aufnahme in die notarielle Urkunde bedarf. Die Auslegung entscheidet in einem derartigen Fall somit nicht nur über den maßgeblichen Inhalt der Parteivereinbarung, sondern zugleich ggf. auch über deren Formwirksamkeit!

(2) Tatsächliche Bestätigung nicht zwingend als richtig zugrunde zu legen. Gibt eine Partei in der notariellen Urkunde eine tatsächliche Bestätigung ab, welche unzutreffend ist (beispielsweise Kenntnis von bestimmten Umständen zu haben, was gar nicht stimmt), bedeutet dies nicht zwingend, dass in einem späteren Verfahren die Richtigkeit der bestätigten Umstände zu Grunde zu legen ist.

In dem der Entscheidung des BGH vom 23.9.2022, die wir in dieser Veranstaltung vor zwei Jahren besprochen haben, zu Grunde liegenden Sachverhalt, hatte der Erwerber in der notariellen Urkunde bestätigt, dass ihm ein bestimmter Bebauungsplan hinreichend bekannt sei.[13] Bestandteil des Bebauungsplans war auch ein Umweltbericht, aus dem sich ein Mangel des Kaufgegenstandes ergab. Bei unterstellter Kenntnis des Erwerbers hiervon wäre eine Aufklärungspflicht des Verkäufers zu verneinen gewesen, und zwar auch dann, wenn der Verkäufer diesen Mangel arglistig verschwiegen hätte (Umkehrschluss aus § 442 Abs. 1 S. 2 BGB). Trotz dieser ausdrücklichen Bestätigung des Erwerbers legte der BGH seine Entscheidung nicht ohne Weiteres die Kenntnis des Erwerbers vom Mangel zu Grunde, welche Gewährleistungsansprüche diesbezüglich ausgeschlossen hätte, sondern stellte auf die berechtigte Erwartungshaltung des Verkäufers im Einzelfall ab und bejahte im Ergebnis eine Aufklärungspflicht trotz der Bestätigung des Erwerbers der Urkunde, da bei übergebenen umfangreichen Unterlagen nicht unterstellt werden könne, dass der Erwerber diese ohne konkreten Anlass vollständig zur Kenntnis nimmt.[14]

(3) Sonderfall GwG? Regelungen darüber, wie der geschuldete Kaufpreis erfüllt werden kann (Zahlungsmodalitäten), müssen grundsätzlich nicht in die Urkunde aufgenommen werden, da insoweit die gesetzlichen Regelungen greifen (§§ 362 ff. BGB). Mitunter wird mit Blick auf § 16a Abs. 1 S. 1 GwG nunmehr eine Regelung im Kaufvertrag gefordert, dass der Kaufpreis nicht mehr durch Bargeld bezahlt werden kann.[15] Das ist meines Erachtens nicht geboten. Die fehlende Erfüllungswirkung einer Barzahlung im Anwendungsbereich von § 16a Abs. 1 GwG ist dort gesetzlich angeordnet und bedarf daher nach den obenstehenden Grundsätzen keiner Regelung im Kaufvertrag. Es ist freilich zweckmäßig, insbesondere den Käufer darüber zu unterrichten, dass einer etwaigen Barzahlung keine Tilgungswirkung zukommt. Dies folgt allerdings nicht aus § 311b Abs. 1 S. 1 BGB, sondern aus der Belehrungspflicht des Notars nach § 17 Abs. 1 BeurkG.

bb) Gesamtgeschäft („Stehen und fallen")

Nicht beurkundungsbedürftig sind Abreden, die lediglich **aus Anlass des Grundstückskaufvertrags** geschlossen wurden. Nach traditionellem Verständnis erstreckt sich das Beurkundungserfordernis auf sämtliche Vereinbarungen, die nach dem Willen der Parteien mit dem Immobilienkaufvertrag **„stehen und fallen"** und daher mit diesem ein einheitliches Rechtsgeschäft bilden.[16] Es komme demgemäß darauf an, ob nach dem Willen beider Vertragsteile oder nach dem Willen eines Vertragspartners, der allen anderen Parteien

---

[12] Ebenso Schreinsdorfer in BeckOGK, 1.2.2025, BGB § 311b Rn. 178 f.; aA Ruhwinkel in MüKoBGB, 10. Aufl. 2025, BGB § 311b Rn. 78 Fn. 336; im konkreten Fall („Vorausquittung") eine Regelung verneinend BGH NJW 2011, 2785.

[13] Näher zu dieser Entscheidung Herrler in Herrler/Hertel/Kesseler ImmobilienR 2023 S. 75 ff.

[14] BGH NJW 2023, 3423.

[15] Meier in Staudinger, 2023, BGB § 311b Rn. 216, Rn. 213.

[16] Vgl. Meier in Staudinger, 2023, BGB § 311b Rn. 216, 238 ff.

erkennbar ist und dem von diesen nicht widersprochen wurde, der Abschluss des Grundstückskaufvertrages vom Abschluss eines für sich genommen nicht formbedürftigen Vertrags abhängig ist.

Mit Urteil vom 29.1.2021 hat der V. Zivilsenat des BGH seine bisherige Rechtsprechung aber konkretisiert bzw. modifiziert, mit nach wie vor nicht wirklich geklärten Folgen.[17] Werde ein Grundstückskaufvertrag unter der Bedingung des Zustandekommens eines anderen Rechtsgeschäfts abgeschlossen, folge daraus nicht notwendig die Beurkundungsbedürftigkeit des Letzteren. Die Beurkundungsbedürftigkeit auch des anderen Rechtsgeschäfts setze eine **inhaltliche Verknüpfung beider Rechtsgeschäfte** voraus,[18] die bei bedingtem Abschluss des Immobilienkaufvertrags nicht zwingend gegeben sein müsse. Diese bestehe nach Ansicht des BGH (wohl) nicht, wenn der Grundstückskaufvertrag nur vom *Abschluss* des anderen Vertrags (bzw. dessen Fortbestehen) abhängig ist, nicht aber von dessen *Inhalt*. Eine Geschäftseinheit soll nur vorliegen, „wenn Teile des anderen Rechtsgeschäfts Inhalt des Grundstücksgeschäfts sein sollen."[19]

„Maßgeblich ist vielmehr, ob Teile des für sich genommenen nicht beurkundungsbedürftigen Vertrags Inhalt des Grundstücksgeschäfts werden sollen. Beurkundungsbedürftig ist nach § 311b Abs. 1 S. 1 BGB nämlich der gesamte Inhalt der getroffenen Vereinbarungen des Grundstücksgeschäfts. [...] Entscheidend ist folglich, **welche Vorstellungen** die Parteien mit der von ihnen **gewählten Verknüpfung** verbinden. Soll das Zustandekommen des Grundstücksgeschäfts davon abhängig sein, dass ein **anderes,** für sich genommen nicht beurkundungsbedürftiges **Geschäft lediglich zustande kommt bzw. fortbesteht,** so ist es im Hinblick auf den Schutzzweck des Beurkundungserfordernisses ausreichend, dass diese Verknüpfung, hier also die Bedingung, beurkundet wird [...]. Denn der Inhalt der von den Parteien getroffenen Regelung besteht nur in dieser Verknüpfung. Haben sie hingegen den Willen, die Verträge inhaltlich miteinander zu verknüpfen, sollen also **Regelungen des Grundstücksgeschäfts nur gemeinsam mit Regelungen des anderen Vertrags gelten,** so liegt ein einheitliches Rechtsgeschäft vor, das insgesamt beurkundungsbedürftig ist."[20]

Beispiele: Machen die Parteien die Wirksamkeit eines Grundstückskaufvertrages beispielsweise (ausnahmsweise)[21] davon abhängig, dass dem Käufer die Beschaffung der erforderlichen Geldmittel durch **Abschluss eines Darlehensvertrags** gelingt, besteht im absoluten Regelfall keine inhaltliche Verknüpfung, sondern es kommt allein darauf an, dass ein entsprechender Darlehensvertrag abgeschlossen wird. Der Darlehensvertrag ist demgemäß nicht zusammen mit dem Grundstückskaufvertrag zu beurkunden.

Hängt der Abschluss eines Grundstückskaufvertrags für die Parteien bzw. für eine der Parteien für die anderen erkennbar vor **Abschluss eines Mietvertrags** ab, ist meines Erachtens zu differenzieren:

- Soll dieser Vertrag zwischen den Parteien des Grundstückskaufvertrags abgeschlossen werden (Sale-and-Lease-back), so dürfte eine inhaltliche Verknüpfung auf der Hand liegen.[22] Gleiches gilt, wenn ein verbundenes Unternehmen iSv §§ 15 ff. AktG oder ein in ähnlicher Weise einer Partei nahestehender Rechtsträger als Mieter (oder Vermieter) auftritt. Demzufolge ist im Regelfall der gesamte Mietvertrag mit zu beurkunden.
- Sollte der Mietvertrag mit einem Dritten abgeschlossen werden, kommt es für die Frage der inhaltlichen Verknüpfung im Wesentlichen auf den dem Verkäufer erkennbaren Willen des Käufers an. Kaum vorstellbar ist, dass der bloße Abschluss irgendeines Mietvertrags für die Zwecke des Käufers ausreichend ist. Umgekehrt scheint eine inhaltliche Verknüpfung dergestalt fernliegend, dass sämtliche Details des Mietvertrags bereits bei Abschluss des Immobilienkaufvertrags feststehen müssen. In aller Regel dürfte eine

[17] Vgl. hierzu bereits Hertel in Herrler/Hertel/Kesseler ImmobilienR 2021/2022 S. 105 ff.
[18] BGH NJW 2021, 2510.
[19] BGH NJW 2021, 2510.
[20] BGH NJW 2021, 2510 Rn. 15.
[21] Im absoluten Regelfall ist es allein Sache des Käufers, die erforderlichen finanziellen Mittel für die Kaufpreiszahlung zu beschaffen.
[22] Ebenso Hertel in Herrler/Hertel/Kesseler ImmobilienR 2021/2022 S. 105, 110 f.

inhaltliche Verknüpfung dergestalt anzunehmen sein, dass ein Mietvertrag mit bestimmten Parametern (gegebenenfalls bis zu einem bestimmten Zeitpunkt) abgeschlossen wird, insbesondere Nettokaltmiete, Bonität des Mieters, unter Umständen Festlaufzeit bzw. befristeter Kündigungsausschluss. Folglich bedarf es lediglich der Aufnahme dieser Eckdaten in die notarielle Urkunde.[23]

Ähnliche Grundsätze dürften für einen im zeitlichen Zusammenhang mit einem Grundstückskaufvertrag abgeschlossenen **Werkvertrag** gelten. Speziell zum verdeckten Bauherrenmodell vgl. die Ausführungen von Bernert → C. II.

Noch nicht abschließend geklärt ist, inwieweit der BGH in seiner Entscheidung vom 29.1.2021 von seiner bisherigen Linie abweichen wollte. Mit zahlreichen Stimmen in der Literatur scheint es mir naheliegend, von einer Präzisierung der bisherigen Rechtsprechung zum „Stehen und Fallen" auszugehen, so dass im Wesentlichen weiterhin auf die bis zur vorstehenden Entscheidung des BGH aus 2021 anerkannten Grundsätze zum Umfang der Beurkundungsbedürftigkeit zurückgegriffen werden kann.[24]

Eine Beurkundungsbedürftigkeit des anderen Rechtsgeschäfts lässt sich jedenfalls nicht generell dadurch vermeiden, dass der Grundstückskaufvertrag aufschiebend bedingt auf das Zustandekommen des anderen Rechtsgeschäfts abgeschlossen wird. Denn die rechtstechnische Art der Verknüpfung ist aus Sicht des V. Zivilsenats nicht maßgeblich für die Frage des Mitbeurkundungserfordernisses des anderen Rechtsgeschäfts.

„Für die Frage, ob zwei Vereinbarungen nach dem Willen der Vertragsparteien eine rechtliche Einheit bilden, kommt es nicht auf die rechtstechnische Art der Verknüpfung an, also darauf, ob das Grundstücksgeschäft von dem Zustandekommen oder Fortbestand des anderen Geschäfts durch eine aufschiebende oder auflösende Bedingung abhängig gemacht wird, ob ein Rücktrittsrecht vereinbart oder ob das andere Geschäft als „Geschäftsgrundlage" des Grundstücksgeschäfts aufgeführt wird."[25]

Hinweis:

Eine etwaige Erstreckung des Formerfordernisses lässt sich vor allem bei Parteiidentität[26] nicht dadurch umgehen, dass man das andere Rechtsgeschäft vorab, aber im zeitlichen Zusammenhang mit dem und aufschiebend bedingt auf den Abschluss des Grundstückskaufvertrags abschließt und dieses sodann im Grundstückskaufvertrag entweder gar nicht erwähnt oder den Grundstückskaufvertrag lediglich vom Abschluss des anderen Rechtsgeschäfts abhängig macht (bloßer Abschluss als Bedingung, nicht konkreten Inhalt). Ein derartiges Vorgehen bringt vielmehr zum Ausdruck, dass es den Parteien des Grundstückskaufvertrags sehr wohl auf den konkreten Inhalt des anderen Rechtsgeschäfts ankam. Denn durch den aufschiebend bedingten Abschluss vorab war (vermutlich bewusst) gewährleistet, dass das andere Rechtsgeschäft genau mit diesem Inhalt abgeschlossen wird.

Sind der Grundstückskaufvertrag und das an sich nicht beurkundungsbedürftige Rechtsgeschäft inhaltlich verknüpft, bedarf auch das andere Rechtsgeschäft der Beurkundung. Folgende Konstellationen kommen insoweit in Betracht:

- Beide Rechtsgeschäfte werden *gemeinsam beurkundet* und damit zeitgleich wirksam abgeschlossen. So ist sichergestellt, dass es auch tatsächlich zum Abschluss beider Rechtsgeschäfte kommt.

---

[23] Liegt Parteiidentität auf Verkäufer-/Mieter- und Käufer-/Vermieterseite vor, ist eine Beurkundung lediglich der Eckdaten nicht gänzlich ausgeschlossen, doch dürfte es im Regelfall – jedenfalls bei bereits ausverhandeltem Mietvertrag – dem Willen der Parteien entsprechen, den gesamten Mietvertrag direkt abzuschließen, dh mit zu beurkunden.

[24] So auch Keim/Scholz NJW 2022, 1486 (1488); Meier in Staudinger, 2023, BGB § 311b Rn. 251; vorsichtiger Hertel in Herrler/Hertel/Kesseler ImmobilienR 2021/2022 S. 105, 108 ff.

[25] BGH NJW 2021, 2510 Rn. 14.

[26] Für wirtschaftliche Verflechtung dürfte Gleiches gelten.

- Im Grundstückskaufvertrag kann die *Verpflichtung* aufgenommen werden, ein bestimmtes anderes Rechtsgeschäft mit konkretem Inhalt abzuschließen, der im Grundstückskaufvertrag selbst oder in einer Anlage zu diesem festzulegen ist. Umgekehrt kann zunächst das andere Rechtsgeschäft abgeschlossen werden, welches eine Verpflichtung zum Abschluss eines Grundstückskaufvertrags enthält; auch hier greift § 311b Abs. 1 S. 1 BGB.
- Der Grundstückskaufvertrag kann unter der *Bedingung* des wirksamen Zustandekommens des anderen Rechtsgeschäfts abgeschlossen werden. In dieser Konstellation besteht kein Anspruch auf Abschluss des anderen Rechtsgeschäfts.[27] Alternativ kann ein entsprechendes *Rücktrittsrecht* vereinbart werden; im Regelfall sollte dann die Kaufpreisfälligkeit ebenfalls an den Abschluss des anderen Rechtsgeschäfts geknüpft werden.
- Wird umgekehrt zunächst das andere Rechtsgeschäft unter der Bedingung des wirksamen Zustandekommens des Grundstückskaufvertrags abgeschlossen, findet das Formerfordernis des § 311b Abs. 1 S. 1 BGB mangels Verpflichtung zur Übertragung bzw. zum Erwerb eines Grundstücks (einstweilen) keine Anwendung. Wird in der Folge der Grundstückskaufvertrag abgeschlossen, erstreckt sich das Formerfordernis im Fall der inhaltlichen Verknüpfung auch auf das zunächst formlos abgeschlossene andere Rechtsgeschäft, das heißt dieses ist im Grundstückskaufvertrag erneut abzuschließen bzw. zu bestätigen. Eine Verweisung nach § 13a BeurkG kommt regelmäßig nicht in Betracht.

cc) BGH: Kein Formerfordernis nach formgerechter Erklärung der Auflassung

Nach ständiger Rechtsprechung des BGH sind Vertragsänderungen nach formgerechter Erklärung der Auflassung nicht beurkundungsbedürftig, sofern sie nicht ihrerseits ein Beurkundungserfordernis begründen (zB Begründung einer neuen selbständigen Erwerbspflicht). Dies gilt nach dem BGH **auch, wenn** die Auflassung zwar erklärt, ihre **Verwendung** aber **verfahrensrechtlich von weiteren,** dem Notar nachzuweisenden **Umständen abhängig** ist („ausgesetzte Bewilligung" – empfehlenswert ist die aufschiebend bedingte Bewilligung[28] – oder „Ausfertigungssperre").[29]

Das zentrale Argument für die Formfreiheit ist hierbei, dass die Verpflichtung zur Eigentumsübertragung mit formwirksamer Auflassung erfüllt wurde.

> „Nach der ständigen Rechtsprechung des *BGH* können Grundstückskaufverträge nach der Auflassung formlos abgeändert werden, weil die Verpflichtung zur Eigentumsübertragung mit der Auflassung erfüllt ist und deshalb nicht mehr besteht."[30]

Erfüllung im Sinne von § 362 Abs. 1 BGB ist durch die formgerechte Erklärung der Auflassung freilich nicht eingetreten. Denn dies setzt gemäß § 873 Abs. 1 BGB zusätzlich die Eintragung des Eigentumswechsels im Grundbuch voraus. Entscheidend für den BGH dürfte wohl sein, dass die *Leistungshandlung seitens des Schuldners erbracht* wurde und es nunmehr in der Hand des Grundbuchamts liegt, die für den Eintritt des Leistungserfolgs erforderliche Handlung in Gestalt der Eintragung vorzunehmen.

Bei näherer Betrachtung ist dies jedoch in keiner der vorgenannten Konstellationen (ausgesetzte Bewilligung bzw. Ausfertigungssperre) der Fall. Es liegt gerade nicht allein in der Hand des Grundbuchamts, die für den Rechtsübergang und damit den Eintritt des Leistungserfolgs erforderliche Eintragung vorzunehmen (vgl. § 878 BGB).[31] Vielmehr

---

[27] Kostenrechtlich dürfte der Gegenstandswert des anderen Rechtsgeschäfts in dieser Konstellation wohl nicht zu berücksichtigen sein.

[28] Everts in BeckNotar-HdB, 8. Aufl. 2024, § 1 Rn. 455 f. mit Formulierungsbeispiel.

[29] Zu den verschiedenen Varianten Everts in BeckNotar-HdB, 8. Aufl. 2024, § 1 Rn. 453 ff. mwN.

[30] So BGH NJW 2018, 3523 Rn. 6 mwN.

[31] Im Fall der Eintragung der Vormerkung hat der Erwerber nach der (abzulehnenden) Ansicht des BGH in dieser Konstellation allerdings bereits ein Anwartschaftsrecht erworben (vgl. zu den (strittigen) Voraussetzungen für die Entstehung eines vormerkungsgestützten Anwartschaftsrechts Herrler in Grüneberg, 84. Aufl. 2025, BGB § 925 Rn. 25).

bedarf es noch einer Erklärung des Verkäufers (bzw. – in der Regel hilfsweise – eines diese ersetzenden Nachweises der Kaufpreiszahlung), damit der beurkundende Notar zur Veranlassung der Eigentumsumschreibung berechtigt ist.

Gerade im Hinblick auf die mit der Beurkundung verfolgten Schutzzwecke (vgl. oben) erscheint es entgegen dem BGH vorzugswürdig, formfreie Vertragsänderungen erst ab dem Zeitpunkt zuzulassen, ab dem § 878 BGB greift bzw. der Notar auch verfahrensrechtlich zur Verwendung der Auflassung gegenüber dem Grundbuchamt berechtigt ist, nicht zuletzt mit Blick auf die eher unerwünschten, mit diesem Grundsatz einhergehenden Anreizwirkungen.[32]

Exkurs: Konsequenzen für § 15 Abs. 4 GmbHG

Legt man die vorstehende Rechtsprechung des V. Zivilsenats zugrunde, stellt sich die Frage, ob man diese auch auf § 15 Abs. 4 GmbHG übertragen kann.

Anders als bei Grundstücksübertragungen (§ 925 Abs. 2 BGB) werden GmbH-Geschäftsanteile im absoluten Regelfall aufschiebend bedingt auf die Kaufpreiszahlung übertragen. Im GmbH-Recht ist somit die materiellrechtliche Einigung qualifiziert und nicht lediglich eine verfahrensrechtliche Sperre (im Hinblick auf das Registergericht) vereinbart. Erfüllung ist gerade noch nicht eingetreten, die Abtretung ist noch nicht wirksam geworden.[33] Auch die (materiellrechtlichen) Leistungshandlungen sind noch nicht vollständig erbracht. Folglich bedürfen Vertragsänderungen vor Bedingungseintritt der Beurkundung. Dies gilt nach hM auch für lediglich Nebenabreden betreffende Änderungen.[34] Ob die für § 311b Abs. 1 S. 1 BGB in der Rechtsprechung anerkannten Fallgruppen (bloße Beseitigung von Abwicklungsschwierigkeiten)[35] bei § 15 Abs. 4 GmbHG ebenfalls Anwendung finden, ist (überraschenderweise) umstritten.[36]

Etwas anderes würde gelten, wenn die Anteile unbedingt abgetreten würden und der beurkundende Notar lediglich angewiesen würde, die aktualisierte Gesellschafterliste erst nach Bestätigung der Kaufpreiszahlung durch den Verkäufer einzureichen. Von einem derartigen Vorgehen ist freilich abzuraten, da eine verzögerte Listeneinreichung für die materielle Rechtslage ohne Relevanz ist und lediglich die Publizitätswirkungen (vgl. § 16 GmbHG) betrifft.

dd) Anwendungsfälle von Formverstößen in der Praxis

Klassische Fälle von Formverstößen sind neben der **Unter- bzw. Überverbriefung,**[37] nicht protokollierte **Vorauszahlungsabreden** (näher hierzu sogleich → 2.), bzw. nicht mitbeurkundete **Verrechnungsvereinbarungen**[38], ein von den Regelungen der Urkunde **abweichender Ratenplan,** eine mündlich vereinbarte **vorzeitige Besitzübergabe** bzw. jedenfalls die vorzeitige Übergabe eines Schlüssels, um dem Käufer die Planung zu erleichtern oder ein Aufmaß zu ermöglichen etc.

Wie schon eingangs erwähnt, sind pauschale, verallgemeinerungsfähige Aussagen darüber, was zwingend Inhalt des Vertrags werden muss und daher der Aufnahme in die Urkunde bedarf, nicht möglich. Denn dies bestimmt sich allein nach dem übereinstimmenden Willen der Vertragsteile bzw. nach dem von einem Vertragsteil geäußerten und vom anderen erkannten bzw. erkennbaren und nicht beanstandeten Willen. Wurden (vermeintliche) Elemente der Einigung der Parteien nicht in die Urkunde aufgenommen, führt dies nicht selten zu Streit über den konkreten Inhalt der Vereinbarungen.

Abgrenzung: „Schwarzkauf" – Vorauszahlungsabrede. Hat der Käufer dem Verkäufer einen bestimmten Geldbetrag vor Beurkundung übergeben und wurde dies im notariellen Kaufvertrag nicht erwähnt, kann es sich bei dieser Zahlung zum einen um eine

---

[32] So bereits Hertel in Herrler/Hertel/Kesseler ImmobilienR 2019 S. 22 ff.

[33] Vgl. Löbbe in Habersack/Casper/Löbbe, 4. Aufl. 2025, GmbHG § 15 Rn. 115 ff.; Weller/Reichert in MüKoGmbHG, 5. Aufl. 2025, GmbHG § 15 Rn. 114 mwN.

[34] Altmeppen, 11. Aufl. 2023, GmbHG § 15 Rn. 73; Görner in Rowedder/Pentz, 7. Aufl. 2022, GmbHG § 15 Rn. 50; Weller/Reichert in MüKoGmbHG, 5. Aufl. 2025, GmbHG § 15 Rn. 110.

[35] BGH DNotZ 2001, 798 f. mwN.

[36] Vgl. Altmeppen, 11. Aufl. 2023, GmbHG § 15 Rn. 73 mwN.

[37] Vgl. BGH NJW 2023, 2343 und hierzu Kesseler in Herrler/Hertel/Kesseler ImmobilienR 2024 S. 44.

[38] BGH NJW 2000, 2100; NJW 1999, 927.

Anzahlung auf den später im notariellen Kaufvertrag vereinbarten Kaufpreis handeln, welche typischerweise mit diesem verrechnet wird, oder die Parteien hatten mündlich einen höheren Kaufpreis vereinbart, wollten aber nur einen geringeren Betrag in der Urkunde dokumentieren, in der Regel um Steuern und Gebühren zu sparen, und der darüberhinausgehende Betrag wurde vorab bar bezahlt („Schwarzkauf"; näher zur etwaigen Heilung → 3.).

Zur Beweisfunktion der Beurkundung → a).

ee) Folge eines Formmangels

Folge der Nichtbeurkundung auch nur eines Teils der vertraglichen Vereinbarungen, die nach dem Vorstehenden von den Parteien zum Vertragsinhalt gemacht wurden, ist gemäß § 125 S. 1 BGB die **Nichtigkeit** des (gesamten) Rechtsgeschäfts.[39]

§ 139 BGB Teilnichtigkeit

Ist ein Teil eines Rechtsgeschäfts nichtig, so ist das ganze Rechtsgeschäft nichtig, wenn nicht anzunehmen ist, dass es auch ohne den nichtigen Teil vorgenommen sein würde.

Bei Nichtbeurkundung einer Nebenabrede bzw. nicht vollständiger Beurkundung des Vertragsinhalts ist in einem zweiten Schritt gemäß § 139 BGB bzw. nach dessen Rechtsgedanken zu klären, ob die Parteien den Grundstückskaufvertrag auch ohne die nicht beurkundete Bestimmung abgeschlossen hätten. Ist diese Frage zu bejahen – was von demjenigen darzulegen und gegebenenfalls zu beweisen ist, der sich auf die Wirksamkeit des Vertrages im Übrigen beruft –, betrifft die Nichtigkeit lediglich den nicht beurkundeten Teil des Rechtsgeschäfts, welches im Übrigen wirksam ist. Dies gilt jedenfalls **bei unbewusster Nichtbeurkundung** eines Teils des Rechtsgeschäfts.

§ 117 BGB Scheingeschäft

(1) Wird eine Willenserklärung, die einem anderen gegenüber abzugeben ist, mit dessen Einverständnis nur zum Schein abgegeben, so ist sie nichtig.

(2) Wird durch ein Scheingeschäft ein anderes Rechtsgeschäft verdeckt, so finden die für das verdeckte Rechtsgeschäft geltenden Vorschriften Anwendung.

Bei **bewusster Nicht- bzw. Falschbeurkundung** ist hingegen nach ständiger Rechtsprechung zu differenzieren: Haben die Vertragsteile beispielsweise den Kaufpreis bewusst zu niedrig angegeben, ist das beurkundete Rechtsgeschäft gemäß § 117 Abs. 1 BGB als Scheingeschäft nichtig. Für das tatsächlich gewollte Rechtsgeschäft, den Abschluss des Kaufvertrags zu einem höheren Kaufpreis, findet § 117 Abs. 2 BGB Anwendung. Mangels Beurkundung des vereinbarten Kaufpreises ist auch dieses gemäß § 311b Abs. 1 S. 1 BGB iVm § 125 S. 1 BGB unwirksam.[40]

b) Möglichkeiten und Grenzen der Heilung

Ein nicht bzw. nicht vollständig beurkundeter und damit nach § 311b Abs. 1 S. 1 BGB iVm § 125 S. 1 BGB nichtiger Grundstückskaufvertrag kann allerdings gemäß § 311b Abs. 1 S. 2 BGB durch Auflassung und Eintragung des Eigentumswechsels in das Grundbuch geheilt werden.

§ 311b BGB Verträge über Grundstücke, das Vermögen und den Nachlass

(1) [1] Ein Vertrag, durch den sich der eine Teil verpflichtet, das Eigentum an einem Grundstück zu übertragen oder zu erwerben, bedarf der notariellen Beurkundung. [2] Ein ohne Beachtung dieser Form

---

[39] Der BGH trennt nicht immer klar zwischen der Gesamtnichtigkeit nach § 125 S. 1 BGB und der eventuellen Aufrechterhaltung des Vertrags im Übrigen nach § 139 BGB (vgl. Grüneberg in Grüneberg, 84. Aufl. 2025, BGB § 311b Rn. 25 mwN).

[40] Vgl. exemplarisch BGH NJW 2024, 2310 Rn. 8 mwN.

geschlossener Vertrag wird seinem ganzen Inhalt nach gültig, wenn die Auflassung und die Eintragung in das Grundbuch erfolgen.

[…]

Aus dem Wortlaut der Heilungsvorschrift ergeben sich deren Grenzen. Die Heilung bezieht sich stets **nur** auf einen **Formverstoß.** Sonstige Nichtigkeitsgründe werden von § 311b Abs. 1 S. 2 BGB nach allgemeiner Meinung weder unmittelbar noch in entsprechender Anwendung erfasst, insbesondere keine Willensmängel oder sonstige gesetzliche Nichtigkeitsgründe (unter anderem §§ 134, 138 BGB).[41] Eine Heilung kommt somit nur in Betracht, wenn der Formmangel der einzige Nichtigkeitsgrund ist.

Unschädlich ist hingegen, dass sich die Parteien des Formmangels bei Abschluss des schuldrechtlichen Geschäfts bewusst waren.[42] Die Heilung erfasst die **vertraglichen Vereinbarungen der Parteien im Ganzen,** mithin sämtliche Nebenabreden und richtigerweise auch nachträgliche Vertragsänderungen.[43]

Die **Grenze der Heilungswirkung** stellen insoweit weitere, über das vollzogene Grundstück hinausgehende formbedürftige Regelungen dar, etwa die Verpflichtung einer Vertragspartei zu dessen Weiterveräußerung an einen Dritten. Auf derartige Abreden erstreckt sich die Heilungswirkung nicht.[44]

2. Nicht beurkundete Vorauszahlungsabrede

a) Einführung

Wie oben dargestellt, sind **Abreden über die Anrechnung einer erfolgten Anzahlung bzw. Vorauszahlung** auf die Kaufpreisforderung nach ständiger Rechtsprechung des BGH **beurkundungsbedürftig.** Denn im Zeitpunkt der Anzahlung bzw. Vorauszahlung besteht die Kaufpreisforderung noch nicht. Eine Teilerfüllung der Kaufpreisschuld im Vorgriff auf den Kaufvertragsabschluss von Rechts wegen kommt nicht in Betracht. Vielmehr wurde die Anzahlung bzw. Vorauszahlung zunächst mangels wirksamen Kausalgeschäfts ohne Rechtsgrund geleistet und ist daher nach § 812 Abs. 1 S. 1 BGB (zunächst) kondizierbar. Erst eine (konstitutive) Anrechnungsabrede im beurkundeten Kaufvertrag führt dazu, dass der in derselben Urkunde begründete Kaufpreisanspruch im Umfang der Anzahlung bzw. Vorauszahlung erfüllt ist.[45]

Wird die erfolgte Anzahlung bzw. Vorauszahlung und die von den Parteien intendierte Anrechnung auf bzw. Verrechnung mit der Kaufpreisforderung in der notariellen Urkunde entgegen § 311b Abs. 1 S. 1 BGB nicht erwähnt, führt dieser Formmangel gemäß § 125 S. 1 BGB zur Nichtigkeit der Anrechnungs- bzw. Verrechnungsabrede und daher nach § 139 BGB grundsätzlich zur Nichtigkeit des gesamten Kaufvertrags.

Nach ständiger Rechtsprechung des BGH kommt jedoch im Fall einer Kaufpreisvorauszahlung eine **Widerlegung der** in § 139 BGB enthaltenen gesetzlichen **Vermutung der Gesamtnichtigkeit** in Betracht, „wenn der Käufer die im Voraus geleistete Zahlung auf den Kaufpreis **zu beweisen vermag**".[46] Erteilt der Verkäufer dem Käufer beispielsweise eine **Quittung** über die geleistete Vorauszahlung, sei es für Letzteren „von untergeordneter Bedeutung […], ob seine Kaufpreisschuld schon im Zeitpunkt ihrer Entstehung erlischt oder ob die Tilgung der Schuld noch von weiteren Rechtshandlungen abhängt".[47] Nach

---

41 Vgl. jüngst BGH NJW 2024, 2310 Rn. 10 mwN; Grüneberg in Grüneberg, 84. Aufl. 2025, BGB § 311b Rn. 46.

42 BGH NJW 1975, 205.

43 Grüneberg in Grüneberg, 84. Aufl. 2025, BGB § 311b Rn. 46 mwN.

44 BGH NJW 2002, 2560; Kanzleiter LMK 2003, 44 f.

45 Vgl. BGH NJW 1984, 974 (975); DNotZ 2000, 931 (932); NJW 2024, 3066 Rn. 5, 8.

46 BGH NJW 2024, 3066 Rn. 7 mwN.

47 BGH NJW 2024, 3066 Rn. 7; vgl. BGH NJW 1984, 974; DNotZ 2000, 2100 (2101).

Auffassung des V. Zivilsenats des BGH rechtfertigt die Quittierung der Vorauszahlung auf den Kaufpreis durch den Verkäufer die Annahme, „dass sich die Parteien auch ohne die Anrechnungs- und Aufrechnungsvereinbarung auf den Kaufvertrag eingelassen hätten".[48]

In dem der Entscheidung des BGH vom 14.6.2024 zugrunde liegenden Sachverhalt hatte der Verkäufer keine Quittung für die Vorauszahlung erteilt. Allerdings scheint ein „Immobilienübergabeprotokoll" zu existieren, aus dem sich ergibt, dass eine Zahlung des Käufers als Vorschuss für den Rest des Gebäudes geleistet wurde, und in dem die Parteien anerkennen, keine weiteren Ansprüche gegeneinander zu haben. Es galt daher zu klären, ob es für die Widerlegung der Vermutung des § 139 BGB stets einer Quittung bedarf bzw. ob die geschilderten Erklärungen im Übergabeprotokoll ebenfalls geeignet sind die Annahme zu rechtfertigen, die Parteien hätten sich auch ohne die Anrechnungs- und Aufrechnungsvereinbarung auf den Kaufvertrag eingelassen.

b) BGH Urt. v. 14.6.2024 – V ZR 8/23

BGH Urt. v. 14.6.2024 – V ZR 8/23
DNotZ 2024, 908 = NJW 2024, 3066 = RNotZ 2024, 650 = ZfIR 2024, 538 mAnm Schreinsdorfer = ZNotP 2024, 307; vgl. Omlor JuS 2025, 69

Leitsätze:

1. Die wegen des Formmangels einer Vorauszahlungsabrede zur Gesamtnichtigkeit des Kaufvertrags führende Vermutung des § 139 BGB ist bereits dann widerlegt, wenn der Käufer die im Voraus geleistete Zahlung auf den Kaufpreis zu beweisen vermag.
2. Die Widerlegung der Vermutung kommt nicht nur dann in Betracht, wenn der Verkäufer die Zahlung quittiert hat; entscheidend ist, dass der Käufer aus seiner Sicht zweifelsfrei nachweisen kann, vor Vertragsschluss auf die noch nicht bestehende Kaufpreisschuld gezahlt zu haben.

Sachverhalt (vereinfacht):[49]

- Der Beklagte verkaufte am 23.3.2017 zur notariellen Urkunde (UR-Nr. 975) einen hälftigen Miteigentumsanteil an einem Grundstück zu einem Kaufpreis von 40.000 EUR an eine GmbH, deren Geschäftsführer der Kläger war.
- Am 6.4.2017 überwies der Kläger 70.000 EUR an den Beklagten unter Angabe des Verwendungszwecks „975/23.3.2017". In einer zweiten Tranche überwies er am 15.5.2017 weitere 10.000 EUR unter Angabe des Verwendungszwecks „Restzahlung 975/23.3.2017" an den Beklagten.
- Ebenfalls am 15.5.2017 unterzeichneten der Kläger und der Beklagte ein „Immobilien-Übergabeprotokoll", in welchem sie gemeinsam erklärten, dass der Kläger 80.000 EUR für die Immobilie gezahlt habe, wobei 40.000 EUR einen „Vorschuss für den Rest des Gebäudes" darstellten. Im Übrigen erkannten sie darin an, keine weiteren Ansprüche mehr zu haben.
- Sodann wurde der Kaufvertrag bezüglich des ersten Miteigentumsanteils vollzogen.
- Am 8.11.2018 schlossen der Beklagte und der Kläger einen weiteren notariellen Kaufvertrag über den zweiten hälftigen Miteigentumsanteil zu einem Kaufpreis von ebenfalls 40.000 EUR. Die diesbezügliche Vormerkung wurde am 19.11.2018 in das Grundbuch eingetragen.
- Am 23.11.2018 übertrug die GmbH ihren Miteigentumsanteil an den Kläger.
- Zum Vollzug des zweiten Kaufvertrags kam es in der Folge nicht.

[48] BGH DNotZ 2000, 2100 (2101); bestätigt durch BGH NJW 2024, 3066 Rn. 9.
[49] Zusammenstellung der Sachverhaltsangaben im Revisionsurteil (BGH NJW 2024, 3066) und im erstinstanzlichen Urteil (LG Bielefeld BeckRS 2022, 58969).

- Der Beklagte behauptet, der Kaufpreis für den zweiten Kaufvertrag sei nicht geleistet worden. Am 14.9.2020 erklärt er vorsorglich den Rücktritt vom zweiten Kaufvertrag.
- Demgegenüber beruft sich der Kläger auf die bereits erfolgten Zahlungen in Höhe von 70.000 EUR und 10.000 EUR. Er behauptet, dass zwischen den Parteien bereits im März 2017 eine mündliche Verständigung dergestalt zustande gekommen sei, dass der Beklagte dem Kläger das streitgegenständliche Grundstück für 80.000 EUR verkaufe. Der Kläger habe zunächst abwarten wollen, dass das Grundstück lastenfrei werde, bevor dann der notarielle Kaufvertrag am 8.11.2018 geschlossen wurde.
- Während das LG Bielefeld der Klage auf Übertragung des zweiten Miteigentumsanteils stattgegeben hatte,[50] wurde diese vom OLG Hamm unter Verweis auf die Formnichtigkeit des Grundstückskaufvertrags abgewiesen.[51]

Entscheidung: Die Revision hat Erfolg. Nach Ansicht des BGH könne sich ein Übereignungsanspruch aus dem zweiten Kaufvertrag vom 8.11.2018 ergeben. Dessen Wirksamkeit könne nicht mit der vom OLG Hamm gegebenen Begründung verneint werden.

aa) Beurkundungsbedürftigkeit einer Vorauszahlungsvereinbarung

Zwar sei eine Vorauszahlungsvereinbarung gemäß § 311b Abs. 1 S. 1 BGB beurkundungsbedürftig. Ihr komme konstitutive Wirkung zu. Sie habe folglich Regelungscharakter. Denn zum Zeitpunkt der Vorauszahlung bestehe noch keine Kaufpreisforderung, weshalb eine Teilerfüllung des Kaufpreisanspruch damals noch nicht möglich war. Erst eine Anrechnungsvereinbarung im Kaufvertrag führt zum teilweisen Erlöschen der Kaufpreisforderung. Mangels Aufnahme der Vorauszahlungsvereinbarung bzw. der Anrechnungsabrede sei der Kaufvertrag über den zweiten Miteigentumsanteil nicht ordnungsgemäß beurkundet worden und daher gemäß § 125 S. 1 BGB nichtig.

bb) Widerlegung der Vermutung des § 139 BGB bei zweifelsfreiem Nachweis der Vorauszahlung

Der Beurkundungsmangel führt jedoch nicht zwingend zur Gesamtnichtigkeit des zweiten Kaufvertrags. Zwar sei nach § 139 BGB im Regelfall davon ausgehen, dass eine teilweise Nichtigkeit zur Gesamtnichtigkeit des Rechtsgeschäfts führt. Doch kann diese Vermutung im Einzelfall widerlegt werden. Es entspricht der ständigen höchstrichterlichen Rechtsprechung, dass

> „die wegen des Formmangels einer Vorauszahlungsabrede zur Gesamtnichtigkeit des Kaufvertrags führende **Vermutung** des § 139 BGBB dann **widerlegt** [sei], **wenn der Käufer die im Voraus geleistete Zahlung auf den Kaufpreis zu beweisen vermag** […].“[52]

Nach dem V. Zivilsenat kommt es insoweit allein auf den Nachweis der Zahlung auf die noch nicht bestehende Schuld an. Nicht entscheidend sei, ob „der Käufer den Abschluss einer entsprechenden Vorauszahlungsabrede und deren Fortbestehen bei Abschluss des notariellen Kaufvertrags“ beweisen könne.[53]

> „Weist der Käufer seine Zahlung auf die noch nicht bestehende Kaufpreisforderung nach, ist die **Schlussfolgerung gerechtfertigt,** dass sich die Parteien **auch ohne die Anrechnungsabrede auf den beurkundeten Teil des Rechtsgeschäfts eingelassen hätten** […]. Das kann insbesondere dann der Fall sein, wenn der Verkäufer eine **Quittung über die Zahlung** erteilt hat. Die Widerlegung der Vermutung kommt nicht nur dann in Betracht, wenn der Verkäufer die Zahlung quittiert hat; entscheidend ist, dass der Käufer aus seiner Sicht **zweifelsfrei nachweisen kann,** vor Vertragsschluss auf die noch nicht bestehende Kaufpreisschuld gezahlt zu haben.“

50 LG Bielefeld BeckRS 2022, 58969.
51 OLG Hamm BeckRS 2022, 58968.
52 BGH NJW 2024, 3067 Rn. 7.
53 BGH NJW 2024, 3067 Rn. 8.

Entscheidend sei insoweit, dass dem Käufer, der die Vorauszahlung aufgrund der formnichtigen Vorauszahlungsabrede ohne Rechtsgrund geleistet habe und dies nachweisen könne, ein **Kondiktionsanspruch** gegen den Verkäufer zustehe, **mit dem er** gegen den Kaufpreisanspruch **aufrechnen kann.**[54] Im Unterschied zu einer beurkundeten Vorauszahlungs- und Anrechnungsvereinbarung erlösche die Kaufpreisforderung zwar nicht in Höhe der Vorauszahlung automatisch. Bei verständiger Würdigung sei es für den Käufer aber „von untergeordneter Bedeutung […], ob seine Kaufpreisschuld schon im Zeitpunkt ihrer Entstehung erlischt oder ob die Tilgung der Schuld noch von weiteren Rechtshandlungen abhängt", solange deren Vornahme allein in seiner Hand liegt.[55]

Vorliegend kann der Käufer die Vorauszahlung zweifelsfrei nachweisen. Dies folgt zwar nicht aus den Überweisungen, da die Tilgungsbestimmungen sich ausdrücklich lediglich auf den ersten Kaufvertrag beziehen und keine Anhaltspunkte dafür ersichtlich sind, dass es sich hierbei um eine Vorauszahlung auf einen noch abzuschließenden Kaufvertrag handele.

Allerdings könne das „Immobilien-Übergabeprotokoll", deren Echtheit im Revisionsverfahren zugunsten des Klägers zu unterstellen war, einen geeigneten Nachweis für die Vorauszahlung von 40.000 EUR darstellen. Denn darin haben die Parteien übereinstimmend erklärt, dass die Zahlungen durch den Kläger von insgesamt 80.000 EUR in Höhe von 40.000 EUR einen „Vorschuss für den Rest des Gebäudes" darstellten und im Übrigen wechselseitig keine weiteren Ansprüche mehr bestünden.

Dieses Protokoll sei als „zweifelsfreier Nachweis der Vorauszahlung" mithin grundsätzlich geeignet, die Vermutung des § 139 BGB zu widerlegen, weshalb der Rechtsstreit an das Berufungsgericht zurückzuverweisen war.

c) Stellungnahme

Der vorliegende Fall illustriert, dass Anzahlungen bzw. Vorauszahlungen, die ohne Dokumentation zu notarieller Urkunde geleistet werden, nicht selten Streitigkeiten darüber nach sich ziehen, ob durch die betreffende Zahlung lediglich eine Anzahlung auf den (mutmaßlich) später entstehenden Kaufpreisanspruch geleistet werden sollte und insoweit eine Verrechnung vorzunehmen ist oder ob die Partei nicht in Wirklichkeit außerhalb der notariellen Urkunde einen anderen, höheren Kaufpreis „am Fiskus vorbei" (und an den sonstigen Gebührenschuldnern vorbei) vereinbart haben.

aa) Beweiskräftige Dokumentation von An- bzw. Vorauszahlungen

Soweit der Notar (oder seine Mitarbeiter) in diesem frühen Stadium bereits Kontakt zu den Beteiligten hat, sollte er grundsätzlich von derartigen An- bzw. Vorauszahlungen abraten.[56]

(1) Nachvollziehbares Interesse für eine Anzahlung (?). Mitunter lassen sich derartige Zahlungen vor Abschluss des Immobilienkaufvertrags aber nicht vermeiden, weil der Verkäufer nur dann bereit ist, dem Kaufinteressenten „den Zuschlag" zu geben und weitere Verkaufsbemühungen einzustellen (samt Beauftragung eines Kaufvertragsentwurfs), wenn der Käufer ihm seine Zahlungsbereitschaft und -fähigkeit in gewisser Höhe dokumentiert hat.[57] Teilweise sollen durch derartige Vorauszahlungen auch etwaige Schäden abgesichert werden, die bei Nichterfüllung des Vertrags seitens des Käufers beim Verkäufer eintreten.

Selbst bei Vorliegen eines nachvollziehbaren Interesses des Verkäufers am Erhalt einer Voraus- bzw. Anzahlung ist eine vor dem Notartermin erfolgte Zahlung für den Käufer nahezu immer mit Risiken verbunden. Für diese sollte er sensibilisiert werden, damit er ggf.

54 BGH NJW 2024, 3067 Rn. 18.
55 BGH NJW 2024, 3067 Rn. 7.
56 Ebenso Schreinsdorfer ZfIR 2024, 541 (542).
57 Weit verbreitet sind derartige „Anzahlungen" bei Bauträgerverträgen. Diese sollten in der notariellen Urkunde dokumentiert werden, allerdings nicht in Gestalt einer Anrechnungsbestimmung, da der Bauträger Zahlungen nur nach Maßgabe der MaBV entgegennehmen darf.

eine andere Lösung suchen kann (zB harte Finanzierungsbestätigung einer Bank, Einzahlung auf Notaranderkonto).

(2) Zuverlässige Entkräftung der „Schwarzkauf-Vermutung". Sofern eine entsprechende Anzahlung nicht auf einem Treuhandkonto des beurkundenden Notars hinterlegt wird,[58] sollte jedenfalls **beweiskräftig dokumentiert** werden, zu welchem Zweck die entsprechende Anzahlung bzw. Vorauszahlung erfolgt, um spätere Streitigkeiten hierüber zu vermeiden. Denn die Beweislast dafür, dass kein Schwarzkauf vorliegt, sondern sich die Parteien auf den in der Urkunde angegebenen Kaufpreis geeinigt haben, obliegt bei nicht beurkundeter Anrechnungsvereinbarung betreffend die Vorauszahlung und daraus resultierender Nichtigkeit derselben gemäß § 139 BGB demjenigen, der sich auf die Wirksamkeit des Vertrags im Übrigen beruft.[59]

Die vorliegende Entscheidung illustriert, dass eine zweifelsfreie Dokumentation nicht notwendig eine Quittung oder eine unmissverständliche Tilgungsbestimmung voraussetzt, sondern auch in sonstiger geeigneter Weise erfolgen kann (hier: Immobilien-Übergabeprotokoll, das letztlich einer Quittung aber sehr nahekommt). Wichtig ist allein, dass der Käufer hierdurch in die Lage versetzt wird, zweifelsfrei die An- bzw. Vorauszahlung zu beweisen, und auf diese Weise die Vermutung der Gesamtnichtigkeit des § 139 BGB widerlegen kann.

bb) Sachverhaltsaufklärung

Vielfach wird der Notar in derartige Vorgänge im Vorfeld des Vertragsschlusses nicht eingebunden. Umso wichtiger ist die Sachverhaltsaufklärung zwecks Erstellung des Entwurfs, aber auch noch während der Beurkundungsverhandlung selbst.[60] Auf diese Weise lässt sich durch vertragliche Regelung späterer Streit darüber vermeiden, ob ein Schwarzkauf vorlag bzw. ob die Teilunwirksamkeit zur Gesamtunwirksamkeit führt, das heißt ob die Vermutung des § 139 BGB wegen zweifelsfreier Beweisbarkeit der Anzahlung bzw. Vorauszahlung vom Käufer ohne weiteres widerlegt werden kann.

cc) Abgrenzung zur Verrechnungsabrede

Während der Käufer bei späterem Abschluss des notariellen Kaufvertrags auf Grundlage der dargestellten höchstrichterlichen Rechtsprechung einigermaßen sicher sein kann, dass es ihm im Fall einer An- bzw. Vorauszahlung gelingen wird, die Schwarzkaufvermutung zu widerlegen, wenn er sich eine Quittung ausstellen lässt oder eine unzweideutige Tilgungsbestimmung vornimmt, gilt dies nicht gleicherweise in Fällen, in denen im Vorfeld des Vertragsschlusses eine formlose und damit unwirksame Verrechnungsvereinbarung geschlossen wurde, das heißt der Kaufpreisanspruch des Verkäufers mit aufrechenbaren Forderungen des Käufers verrechnet werden soll.

Anders als bei Anzahlung auf den Kaufpreis, bei der eine Anrechnung auf die spätere Kaufpreisschuld kaum je in Streit stehen dürfte, ist es bei einer im Vorfeld getroffenen Verrechnungsabrede **eher denkbar,** dass der **Wille der Parteien bei Beurkundung von der vorab formunwirksam getroffenen Abrede abweicht,** etwa weil der Käufer noch über eine weitere, schlechter gesicherte Forderung gegen den Verkäufer verfügt, mit der er nunmehr aufrechnen möchte, während es dem Verkäufer gerade auf die Aufrechnung mit der ursprünglich vereinbarten Forderung ankam.[61] Der bloße Nachweis, dass im Vorfeld

---

[58] Das hierfür erforderliche Sicherungsbedürfnis ist mit Blick auf die dadurch gewährleistete Absicherung von Schadensersatzansprüchen, insbesondere einer vereinbarten Vertragsstrafe, zu bejahen.

[59] Kanzleiter DNotZ 1986, 267 (268); Keim NJW 2024, 3068.

[60] Schreinsdorfer ZfIR 2024, 541 (542).

[61] In diesem Sinne Meier in Staudinger, 2023, BGB § 311b Rn. 328; Schreinsdorfer in BeckOGK, 1.2.2025, BGB § 311b Rn. 295.3, die die Beweisbarkeit aber generell (auch bei der Vorauszahlung) nur als Indiz betrachten.

eine formunwirksame Verrechnungsvereinbarung geschlossen wurde, dürfte unter diesen Umständen nicht stets für die Entkräftung der Vermutung des § 139 BGB genügen.

Besonders problematisch ist eine Verrechnungsabrede, wenn sich die Parteien nur darüber geeinigt haben, dass der Kaufpreis vollständig oder in bestimmter Höhe durch Verrechnung mit Gegenforderungen erbracht werden sollte, aber bei (potentieller) Existenz mehrerer in Betracht kommender Gegenforderungen eine Einigung darüber, **mit welchen Gegenforderungen** konkret die Verrechnung erfolgen sollte, unterblieb. Unter diesen Umständen fehlt es ggf. an einer Einigung über ein wesentliches Vertragsdetail betreffend die Gegenleistung, sodass gemäß **§ 154 BGB (offener Dissens)** noch gar kein wirksamer Vertragsschluss vorliegt.[62]

> „Denn das Einvernehmen besteht in diesem Fall nur darüber, wie die Kaufpreisschuld zu bewirken ist, nicht auch darüber, welche der verschiedenen Forderungen in welcher Höhe zur Tilgung verwandt werden soll. Dies bedarf aber ebenfalls der Vereinbarung, damit die Tilgungswirkung überhaupt eintreten kann. Eine Einigung hierüber wäre nur dann entbehrlich, wenn sich die angerechnete Gegenleistung auch ohne konkrete Absprache entweder im Wege der Auslegung oder aus den gesetzlichen Regeln der §§ 366 Abs. 2, 367 BGB bzw. auf andere Weise – wie z. B. durch eine Quittung […] – ermitteln ließe."[63]

dd) Abgrenzung zur „Vorausquittung"

Wenn man so will, stellt die Vorausquittung genau den umgekehrten Fall zur Nachaufnahme einer Vorauszahlung in den notariellen Kaufvertrag dar. Unter „Vorausquittung" versteht man die **Zahlungsbestätigung des Verkäufers** zu einem Zeitpunkt, zu dem die Zahlung noch gar nicht erfolgt ist. In dem der Entscheidung des BGH vom 20.5.2011 (V ZR 221/10)[64] zugrunde liegenden Sachverhalt hatte der Verkäufer im notariellen Grundstückskaufvertrag die Kaufpreiszahlung bestätigt, obwohl diese nach dem Willen der Parteien erst nach der Beurkundung erfolgen sollte. Die Erklärung des Verkäufers **in der Urkunde** „Der gesamte Kaufpreis ist bereits gezahlt." war also im Zeitpunkt der Beurkundung **inhaltlich falsch.**

Mit Blick darauf, dass eine derartige Zahlungsbestätigung als eine auf Tatsachen bezogene Erklärung des Verkäufers nach allgemeinen Grundsätzen nicht vom Geltungsanspruch des § 311b Abs. 1 S. 1 BGB erfasst sei, liege nach Ansicht des BGH **weder ein Verstoß gegen das Beurkundungserfordernis** vor **noch** sei der Kaufvertrag als **Scheingeschäft** gemäß § 117 Abs. 1 BGB nichtig.[65]

Hieraus zu schlussfolgern, dass Tatsachenangaben in der notariellen Urkunde mit Ausnahme etwaiger Konsequenzen für die Darlegungs- und Beweislast betreffend diesen Umstand stets ein **Regelungscharakter** abzusprechen sei, ist meines Erachtens in dieser Allgemeinheit nicht zutreffend. Indem die Parteien eine unrichtige Tatsache in Kenntnis der Unrichtigkeit in der Urkunde festhalten, können sie unter Umständen ihren übereinstimmenden Willen zum Ausdruck bringen, sich wechselseitig so zu behandeln, als sei die Aussage zutreffend. Ob ein dahingehender Willen festgestellt werden kann, ist im Wege der Auslegung zu ermitteln.

ee) § 6 Abs. 1 Nr. 3, Abs. 3 GwGMeldeV-Immobilien

Wird eine Anzahlung bzw. Vorauszahlung auf den Kaufpreis geleistet, die 20.000 EUR (vormals 10.000 EUR) übersteigt, begründet dies grundsätzlich eine **Meldepflicht nach § 6 Abs. 1 Nr. 3 GwGMeldeV-Immobilien,** sofern die veräußernde Person keine juristische Person des öffentlichen Rechts ist.

---

62 BGH NJW-RR 1999, 927.
63 BGH NJW-RR 1999, 927.
64 BGH NJW 2011, 2785.
65 BGH NJW 2011, 2785.

Bei Einzahlung auf ein **Anderkonto** besteht grundsätzlich eine **Meldepflicht nach § 6 Abs. 3 S. 1 GwGMeldeV-Immobilien.** Dies greift aber gemäß § 6 Abs. 3 S. 2 GwGMeldeV-Immobilien nicht bei Notaranderkonten. In diesem Fall bestünde auch ohne diese Spezialregelung bei pflichtgemäßem Verhalten keine Anzeigepflicht, da die notarielle Verwahrung von Geldern gemäß § 57 Abs. 2 Nr. 1 BeurkG stets ein berechtigtes Sicherungsinteresse voraussetzt[66] und unter diesen Umständen § 6 Abs. 3 S. 1 GwGMeldeV-Immobilien nicht eingreift.

Sofern die Parteien vereinbaren, dass die Kaufpreiszahlungspflicht nicht erst mit Auszahlung an den Verkäufer, sondern bereits mit Einzahlung auf das Anderkonto insoweit erfüllt ist, könnte man die Einzahlung auch unter § 6 Abs. 1 Nr. 3 GwGMeldeV-Immobilien subsumieren und eine Meldepflicht (auch) nach dieser Bestimmung annehmen. Gegen eine derartige Auslegung spricht die in § 6 Abs. 3 GwGMeldeV-Immobilien enthaltene Spezialregelung, die in Fällen greift, in denen die Gegenleistung noch nicht der Verfügungsgewalt des Gläubigers unterliegt. Jedenfalls verdrängt die in § 6 Abs. 3 GwGMeldeV-Immobilien angeordnete Meldepflicht (auch bei Eingreifen der Ausnahme nach Abs. 3 S. 2) die allgemeinere Meldepflicht iSv § 6 Abs. 1 Nr. 3 GwGMeldeV-Immobilien. Im Übrigen **entkräftet** das vom Notar im Vorfeld zu prüfende **berechtigte Sicherungsinteresse** iSv § 57 Abs. 2 Nr. 1 BeurkG das **Anzeichen der Geldwäsche** iSv § 7 S. 1 GwGMeldeV-Immobilien, sodass im Ergebnis unter keinen Umständen eine Meldepflicht nach § 6 Abs. 1 Nr. 3 GwGMeldeV-Immobilien besteht. Die im Regelfall „liquiden" Gründe für das berechtigte Sicherungsinteresse (zB bei Absicherung einer Vertragsstrafe bzw. eines pauschalen Schadensersatzes, die bzw. der in der Urkunde vereinbart wurde) machen eine gesonderte Dokumentation gemäß § 7 S. 2, S. 3 GwGMeldeV-Immobilien nach Sinn und Zweck entbehrlich. Für eine teleologische Auslegung spricht auch die Gesetzesbegründung zur GwGMeldeV-Immobilien, die als „Regelbeispiel" für eine nicht bestehende Meldepflicht die Reservierungsgebühr nennt.[67]

> **Hinweis:**
>
> Außerhalb der Sonderkonstellation der Vorauszahlung auf ein Notaranderkonto löst eine 20.000 EUR (vormals 10.000 EUR) übersteigende Vorauszahlung eine **Meldepflicht nach § 6 Abs. 3 S. 1 GwGMeldeV-Immobilien** aus. Wird gemäß § 7 S. 1 GwGMeldeV-Immobilien auf die Meldung verzichtet, bedarf es eine Dokumentation der hierfür maßgeblichen Tatsachen nach Maßgabe von § 7 S. 2, S. 3 GwGMeldeV-Immobilien.

ff) Exkurs: Vorauszahlung in bar (§ 16a GwG)

Sofern es sich bei der Vorauszahlung um eine Barzahlung handelt, werden die vorstehend dargestellten Grundsätze von § 16a Abs. 1 GwG überlagert. Eine Anrechnung bzw. Verrechnung kommt angesichts des Schutzzwecks des Barzahlungsverbots ungeachtet dessen nicht in Betracht, dass die ursprüngliche Zahlung nicht auf eine bereits existierende Kaufpreisforderung erfolgte. Die Unwirksamkeit des notariellen Kaufvertrags folgt zum einen daraus, dass die Barvorauszahlungsabrede nicht formgerecht vereinbart wurde (§ 125 S. 1 BGB iVm § 311b Abs. 1 S. 1 BGB), zum anderen daraus, dass die Baranrechnungsabrede betreffend die Leistungsmodalität als solche gemäß § 16a Abs. 1 GwG unwirksam ist. Sofern es dem Käufer (auch) darauf ankommt, einen Teil des Kaufpreises in bar zu leisten, scheidet eine Wiederlegung der vermuteten Gesamtunwirksamkeit (§ 139 BGB) aus. Nach der hier vertretenen Auffassung dürfte auch eine Heilung gemäß § 311b Abs. 1 S. 2 BGB

---

66 Zum gerichtlich nur eingeschränkt überprüfbarer Beurteilungsspielraum des Notars insoweit vgl. BGH DNotZ 2021, 508 = MittBayNot 2021, 515 mAnm Volmer.

67 Vgl. Krais in BeckOK GwG, 21. Ed. 1.3.2025, GwGMeldeV-Immobilien § 7 Rn. 3.

durch Auflassung und Eigentumsumschreibung ausgeschlossen, sein da die Unwirksamkeit des Kaufvertrags nicht nur auf dem Formmangel beruht (→ 3. d) bb)).

3. Heilung der Formnichtigkeit im Fall einer „Schwarzgeldabrede"

a) Ausgangslage

Lassen die Parteien den Kaufpreis bewusst unrichtig beurkunden und einigen sie sich außerhalb der notariellen Urkunde über den richtigen Kaufpreis, spricht man von einem sog. „Schwarzkauf",. In der Regel wird der Kaufpreis zu niedrig angesetzt, um Steuern und Gebühren zu sparen (sog. **Unterverbriefung**); die Differenz zwischen dem tatsächlichen höheren Kaufpreis und dem in der Urkunde angegebenen Kaufpreis wird in aller Regel vorab bar bezahlt. Mitunter wird der Kaufpreis in der Urkunde aber auch zu hoch angesetzt (sog. **Überverbriefung**); tatsächlich wird nur ein niedrigerer Betrag bezahlt. Unter Geltung von § 16a Abs. 2 GwG dürfte sich die Vorgehensweise dahingehend geändert haben, dass der Käufer zwar den richtigen Betrag überweist, der Verkäufer ihm die Differenz jedoch in der Folge wieder erstattet (bzw. vorab bezahlt hat). Die Überverbriefung, die zu höheren Gebühren führt, dient typischerweise der Täuschung Dritter, etwa der finanzierenden Banken zwecks Gewährung höherer Kredite, der Erhöhung der AfA-Basis (vor allem bei Sonderabschreibungsmöglichkeiten) oder der Einwerbung von Anlegergeldern.

Wie bereits erörtert, ist der Kaufvertrag im Fall eines derartigen Schwarzkaufs unwirksam. Der Kaufvertrag mit dem bewusst falsch angegebenen Kaufpreis ist gemäß § 117 Abs. 1 BGB als Scheingeschäft **nichtig.** Der Verkauf zu dem tatsächlich vereinbarten Preis ist nicht ordnungsgemäß beurkundet und daher gemäß § 311b Abs. 1 S. 1 BGB iVm § 125 S. 1 BGB unwirksam.

Zudem machen sich die Beteiligten eines Schwarzkaufs in der Regel der Steuerhinterziehung strafbar.

§ 370 AO Steuerhinterziehung

(1) Mit Freiheitsstrafe bis zu fünf Jahren oder mit Geldstrafe wird bestraft, wer

1. den Finanzbehörden oder anderen Behörden über steuerlich erhebliche Tatsachen unrichtige oder unvollständige Angaben macht, [...]

und dadurch Steuern verkürzt oder für sich oder einen anderen nicht gerechtfertigte Steuervorteile erlangt.

Bei **§ 370 AO** handelt es sich um ein **Verbotsgesetz iSd § 134 BGB.** Nach ständiger Rechtsprechung des V. Zivilsenats des BGH führen Schwarzgeldabreden allerdings nicht zur Gesamtnichtigkeit des Vertrags, soweit die Steuerhinterziehung nicht Hauptzweck des Vertrags ist.[68] Demgegenüber steht der VII. Zivilsenat des BGH auf dem Standpunkt, dass ein Verstoß gegen **§ 1 Abs. 2 S. 1 Nr. 2 SchwarzArbG** bei Werkverträgen unabhängig vom Hauptzweck des Vertrags dessen Gesamtnichtigkeit zur Folge habe.[69] Nach dem Wortlaut und dem Normzweck ist der Anwendungsbereich des SchwarzArbG auf Dienst- und Werkverträge beschränkt. Der Schwarzkauf unterfällt daher nicht dem SchwarzArbG.

b) Verhalten des Notars beim Schwarzkauf

aa) Ablehnung der Beurkundung

In aller Regel werden die Parteien nicht offenlegen, dass der in der Urkunde vereinbarte Kaufpreis unrichtig angegeben ist. Sollte dies ausnahmsweise der Fall sein oder sollte sich

[68] BGH NJW 2003, 2742; DNotZ 2017, 295.
[69] BGH NJW 2013, 3167.

der Schwarzkauf aus sonstigen, dem Notar vorliegenden Informationen ergeben, hat er die **Beurkundung abzulehnen,** da er nicht sehenden Auges ein nichtiges Rechtsgeschäft beurkunden darf und Beurkundungen abzulehnen hat, die der Begehung von Straftaten dienen können (§ 14 Abs. 2 BNotO, § 4 BeurkG). In erster Linie wird der Notar aber darum bemüht sein, die Parteien davon zu überzeugen, den zutreffenden Kaufpreis in der Urkunde anzugeben.

In der nachfolgend darzustellenden Entscheidung des BGH vom 15.3.2024 war darüber zu entscheiden, ob – vor Inkrafttreten von § 16a Abs. 1 GwG – eine Heilung des dissimulierten Rechtsgeschäfts iSv § 117 Abs. 2 BGB (der formnichtige Kaufvertrag mit dem tatsächlich gewollten Kaufpreis) durch Auflassung und Eigentumsumschreibung gemäß § 311b Abs. 1 S. 2 BGB in Betracht kommt oder ob dem der Verstoß gegen § 370 AO iVm § 134 BGB entgegen steht. Denn anerkanntermaßen beschränkt sich die Heilungswirkung auf bloße Formverstöße.

bb) Aussetzen des Vollzugs

Erlangt der Notar **im Vollzugsstadium** Kenntnis von der Nichtigkeit des Kaufvertrags, hat er den Vollzug mit Blick auf seine Amtspflichten (§ 14 Abs. 2 BNotO, § 4 BeurkG) einzustellen, darf also insbesondere keine Anträge stellen;[70] bereits gestellte Anträge hat er zurückzunehmen. Da der Notar nach § 53 BeurkG zum Vollzug des beurkundeten Rechtsgeschäfts verpflichtet ist, darf er den Vollzug nur einstellen, wenn er von der Nichtigkeit des Rechtsgeschäfts überzeugt ist, etwa weil ihm beide/alle Vertragsparteien (Verkäufer und Käufer) das Vorliegen eines Schwarzkaufs bestätigen oder der Schwarzkauf für ihn in sonstiger Weise „**ohne jeden vernünftigen Zweifel erkennbar,** also **evident** ist".[71] In einer Entscheidung des V. Zivilsenats zur Beachtlichkeit eines (durchaus plausiblen) Wuchereinwands der Verkäuferin im Vollzugsstadium, hat der Senat die strengen Anforderungen betont, die an die Einstellung des Urkundenvollzugs zu stellen sind.[72]

> **Hinweis:**
>
> Die einseitige (in sich schlüssige, ggf. durch Dokumente untermauerte) Behauptung einer Partei gegenüber dem Notar, es liege ein Schwarzkauf vor, ist daher für die Aussetzung des Vollzugs durch den Notar nur dann ausreichend, wenn die andere Partei diesem Vorbringen entweder gar nicht oder mit offenkundig vorgeschobenen Behauptungen entgegentritt.

Anhörung und ggf. Vorbescheid. Wird der Notar von einer Partei mit der (schlüssigen) Behauptung eines Schwarzkaufes konfrontiert, empfiehlt es sich, der anderen Partei innerhalb angemessener Frist Gelegenheit zu geben, hierzu Stellung zu nehmen. Danach sollte die Ankündigung der beabsichtigten Vorgehensweise regelmäßig im Wege eines Vorbescheids angekündigt werden.

Trotz der strengen Anforderungen an die Aussetzung des Vollzugs dürfte es sich empfehlen, innerhalb der Stellungnahmefrist keine vollendeten Tatsachen (Heilung) zu schaffen und daher den **Vollzug einstweilen zu „pausieren"** bzw. bei bereits gestelltem Eigentumsumschreibungsantrag diesen zurückzunehmen bzw. das Grundbuchamt zu bitten, bis auf Weiteres von der Eintragung abzusehen. Sofern – was bei nicht gänzlich unsubstantiierter Behauptung betreffend den Schwarzkauf – ratsam ist, ein Vorbescheid erlassen wird, dürfte Gleiches jedenfalls für die **Dauer der gesetzten Rechtsbehelfsfrist** (in der Regel zwei Wochen) gelten. Kündigt der Notar im Vorbescheid an, den Vollzug weiter zu betreiben, und legt die die Nichtigkeit des Kaufvertrags behauptende Partei form- und

[70] Vgl. Roemer ZNotP 2021, 441 (442).
[71] BGH DNotZ 2022, 271 Rn. 5 aE mwN.
[72] BGH DNotZ 2022, 271; vgl. hierzu Herrler in Herrler/Hertel/Kesseler ImmobilienR 2023 S. 120 ff.

fristgerecht Beschwerde ein, stellt sich die Frage, ob der Vollzug **bis zu einer rechtskräftigen Entscheidung** ausgesetzt wird. Hierfür spricht, dass andernfalls vollendete Tatsachen geschaffen werden, sobald die Heilung eingetreten ist. Umgekehrt hat eine Aussetzung des Vollzugs bis zur Rechtskraft zur Folge, dass der Vollzug – entgegen der der BGH-Entscheidung vom 9.12.2021[73] zugrunde liegenden ratio – faktisch für lange Zeit aufgeschoben wird.

Abhängig davon, wie sehr der Vollzug für den Käufer drängt (etwa bereits erfolgter Weiterverkauf und nur für kürzere Zeit gesicherte Zwischenfinanzierung oder Ähnliches) und ob dieses Interesse objektiv berechtigt und dem Notar plausibilisiert ist, mag man im Einzelfall im Vorbescheid ankündigen, dass sich der Notar **vorbehalte, den Vollzug unabhängig von der Einlegung der Beschwerde weiter zu betreiben.** Vor einer Heilung mag sich der Beschwerdeführer dann im Wege des einstweilen Rechtsschutzes schützen. Er kann – vor allem um unsubstantiiertem oder gar missbräuchlichem Gegenvortrag effektiv zu begegnen – aber nicht durch das bloße Einlegen der Beschwerde und das Betreiben des Rechtsbehelfsverfahrens bis in die letzte Instanz den Vollzug für lange Zeit verhindern und dadurch kein „Erpressungspotential" aufbauen.

Vergleichbare Fragen stellen sich bei der Einreichung einer GmbH-Gesellschafterliste durch den Notar nach § 40 Abs. 2 S. 1 GmbHG.

c) BGH Urt. v. 15.3.2024 – V ZR 115/22

BGH Urt. v. 15.3.2024 – V ZR 115/22
DNotZ 2024, 611 = NJW 2024, 2310 mAnm Herrler = NZM 2024, 513 = NZBau 2024, 614 = RNotZ 2024, 451; dazu Armbrüster LMK 2024, 814911; Heckschen ZIP 2024, 1870; Herrler GS Eickelberg 2025, 137; Korff ZIP 2024, 1713; Volmer WuB 2024, 389; Würdinger JuS 2024, 783

Leitsätze:

1. Wird der Kaufpreis bei der Beurkundung eines Grundstückskaufvertrags in der Absicht, Steuern zu hinterziehen, niedriger angegeben als mündlich vereinbart, ist der Vertrag in der Regel nicht nichtig. Anders liegt es nur, wenn die Steuerhinterziehungsabsicht alleiniger oder hauptsächlicher Zweck des Rechtsgeschäfts ist; dies ist jedoch regelmäßig nicht der Fall, wenn der Leistungsaustausch, das heißt die Verpflichtung des Verkäufers zur Übertragung des Grundstücks und die Verpflichtung des Käufers zur Zahlung des Kaufpreises, ernstlich gewollt ist.
2. Die Erwägungen, die im Falle eines Verstoßes gegen § 1 Abs. 2 S. 1 Nr. 2 SchwarzArbG zur Nichtigkeit des Dienst- oder Werkvertrags führen, sind auf Schwarzgeldabreden im Rahmen von Grundstückskaufverträgen nicht übertragbar.

Sachverhalt (vereinfacht):

- Der Beklagte verkaufte der Klägerin eine Wohnungs- und Teileigentumseinheit.
- Der Kaufpreis wurde in der notariellen Urkunde, in der zugleich die Auflassung erklärt wurde, mit 120.000 EUR angegeben. Tatsächlich hatten sich die Parteien auf einen Kaufpreis von 150.000 EUR geeinigt.
- Die Klägerin hatte den Differenzbetrag in Höhe von 30.000 EUR bereits vorab gezahlt.
- Nach Zahlung der in der Urkunde vereinbarten 120.000 EUR und entsprechender Zahlungsbestätigung gegenüber dem beurkundenden Notar erfolgte die Eigentumsumschreibung auf die Klägerin.
- In der Folge erstattete der Beklagte eine Selbstanzeige aufgrund seiner Mitwirkung an der Grunderwerbssteuerverkürzung durch den Schwarzkauf. Daraufhin setzt das Finanzamt die Grunderwerbsteuer neu und richtig fest.

[73] BGH DNotZ 2022, 271.

- Im Rahmen der Verhandlungen der Parteien über die Wirksamkeit und eine etwaige Rückabwicklung des Kaufvertrags wurde auf Bewilligung der Klägerin hin ein Widerspruch gegen ihre Eintragung als Eigentümerin zugunsten des Beklagten in das Grundbuch eingetragen.
- Die Klägerin erhob in der Folge Klage auf Zustimmung zur Löschung des Widerspruchs. Während das LG die Klage abgewiesen hat, wurde der Beklagte vom OLG dazu verurteilt, der Löschung des Anspruchs zuzustimmen.

Entscheidung: Die Revision des Beklagten hat keinen Erfolg. Die Klägerin habe einen Grundbuchberichtigungsanspruch nach § 894 BGB, da der Kaufvertrag mittlerweile wirksam (geworden) sei. Zwar war der Kaufvertrag ursprünglich als Scheingeschäft gemäß §§ 117 Abs. 2, 311b Abs. 1 S. 1, 125 S. 1 BGB nichtig. Der Formmangel wurde allerdings mit Eintragung der Klägerin in das Grundbuch gemäß § 311b Abs. 1 S. 2 BGB geheilt.

Der BGH stellt klar, dass sich die Heilungswirkung nur auf Formverstöße bezieht. Eine Unwirksamkeit aus anderen Gründen bleibe unberührt. Ein

> „etwaiger Verstoß gegen ein gesetzliches Verbot [wäre] nicht nach § 311b Abs. 1 S. 2 BGB geheilt, denn die Heilung nach dieser Vorschrift bezieht sich nur auf eine zunächst bestehende Formnichtigkeit eines Grundstückskaufvertrags. Andere Nichtigkeitsgründe, insbesondere die der §§ 134, 138 Abs. 1 BGB, werden von der Vorschrift nicht erfasst.“[74]

Vorliegend sei der Kaufvertrag jedoch weder gemäß § 134, 138 Abs. 1 BGB nichtig noch führe die isolierte Nichtigkeit der Schwarzgeldabrede nach § 139 BGB zur Gesamtnichtigkeit des Vertrags.

aa) Kein Verstoß gegen ein gesetzliches Verbot iSv § 134 BGB

(1) § 16a Abs. 1 S. 1 GwG. Ein Verstoß gegen ein gesetzliches Verbot iSv § 134 BGB sei vorliegend nicht zu bejahen. Ein solcher könne sich mangels intertemporaler Anwendbarkeit nicht aus **§ 16a Abs. 1 S. 1 GwG** ergeben, da der Vertrag vor dem 1.4.2023 und damit vor Inkrafttreten dieser Vorschrift geschlossen wurde (§ 59 Abs. 11 GwG).

(2) Steuerhinterziehung (§ 370 AO). Die Schwarzgeldabrede als solche, das heißt die Beurkundung des Kaufvertrags zu einem niedrigeren Kaufpreis als mündlich vereinbart, mit der Absicht Steuern zu sparen, führe ebenfalls nicht zur Nichtigkeit des Kaufvertrags nach § 134 BGB. Etwas anderes gelte nach ständiger Rechtsprechung nur,

> „wenn die **Steuerhinterziehungsabsicht alleiniger oder hauptsächlicher Zweck** des Rechtsgeschäfts ist; dies ist jedoch **regelmäßig nicht der Fall, wenn der Leistungsaustausch,** das heißt die Verpflichtung des Verkäufers zur Übertragung des Grundstücks und die Verpflichtung des Käufers zur Zahlung des Kaufpreises, ernstlich gewollt ist […].“[75]

Vorliegend seien die Übertragung des Grundstücks und die Zahlung des Kaufpreises ernstlich gewollt; die Steuerhinterziehung sei lediglich ein Nebenzweck.

Sodann grenzt der V. Zivilsenat seine Entscheidung von der Rechtsprechung des **VII. Zivilsenat des BGH** ab, demzufolge

> „[…] ein unter den Anwendungsbereich des Schwarzarbeitsbekämpfungsgesetzes fallender Vertrag ohne Weiteres in seiner Gesamtheit nichtig [sei], wenn darin Regelungen enthalten sind, die dazu dienen, dass eine Vertragspartei als Steuerpflichtige ihre sich aufgrund der nach dem Vertrag geschuldeten Werkleistungen ergebenden steuerlichen Pflichten nicht erfüllt. In subjektiver Hinsicht reicht es dafür aus, dass der Unternehmer vorsätzlich gegen seine steuerlichen Pflichten verstößt und der Besteller den Verstoß des Unternehmers kennt und bewusst zum eigenen Vorteil ausnutzt.“[76]

[74] BGH NJW 2024, 2310 Rn. 10.
[75] BGH NJW 2024, 2310 Rn. 13.
[76] BGH NJW 2024, 2310 Rn. 15.

Bei einem derartigen **Verstoß gegen das Schwarzarbeitsbekämpfungsgesetzes** trete die Rechtsfolge der **Gesamtnichtigkeit** des Vertrags **unabhängig von dem verfolgten Hauptzweck** des Vertrags ein.

Anders als manche Stimmen in der instanzgerichtlichen Rechtsprechung und in der Literatur lehnt der V. Zivilsenat eine Übertragung auf Schwarzgeldabreden beim Grundstückskaufvertrag mit Blick auf den **unterschiedlichen Zweck der einschlägigen Normen** ab. Die Spezialregelung des § 1 Abs. 1 SchwarzArbG ziele auf die **Bekämpfung der Schwarzarbeit** ab und verbiete unmittelbar den Abschluss von Verträgen, die auf die Nichterfüllung steuerlicher Pflichten gerichtet sind.

„Die Regelung in § 1 Abs. 2 S Nr. 2 SchwarzArbG aF (§ 1 Abs. 2 S. 1 Nr. 2 SchwarzArbG nF) verbietet unmittelbar den Abschluss von Verträgen, die auf die Nichterfüllung steuerlicher Pflichten gerichtet sind. Dies beruht darauf, dass das Ziel des Schwarzarbeitsbekämpfungsgesetzes gem. § 1 Abs. 1 SchwarzArbG die Bekämpfung von Schwarzarbeit ist. Zur Erreichung dieses Zwecks will das Gesetz nicht nur den tatsächlichen Vorgang der Schwarzarbeit eindämmen, sondern im Interesse der wirtschaftlichen Ordnung und des redlichen Wettbewerbs den zugrunde liegenden Rechtsgeschäften ihre rechtliche Wirkung nehmen. Nur so kann der Leistungsaustausch zwischen den Vertragspartnern schlechthin unterbunden werden.“[77]

Beim Grundstückskaufvertrag fehle hingegen eine entsprechende Spezialregelung für Schwarzgeldabreden. Es liege „lediglich“ ein Verstoß gegen die allgemeine Vorschrift des § 370 Abs. 1 Nr. 1 AO vor, deren einziger Zweck die Sicherstellung des staatlichen Steueraufkommens sei, nicht hingegen der Schutz des redlichen Wettbewerbs.

Das dissimulierte (formunwirksame) Geschäft verstößt somit nach dem BGH jedenfalls nicht in seiner Gesamtheit gegen ein gesetzliches Verbot iSv § 134 BGB.[78]

bb) Keine Sittenwidrigkeit iSv § 138 Abs. 1 BGB

Gleichwohl räumt der BGH ein, dass die bewusste Falschangabe des Kaufpreises zum Zwecke einer nachfolgenden Steuerhinterziehung „rechtlich etwas Anstößiges“ darstelle. Gleichwohl hält der Senat an der ständigen Rechtsprechung des BGH fest, wonach dieser Umstand

„auf den gesamten Vertrag nur durch[schlägt] und […] diesen selbst nur dann als rechtlich anstößig erscheinen [lasse], wenn die verbotene Steuerhinterziehung den von den Parteien beabsichtigten **Hauptzweck des Vertrags** bildet. Nur dann widerspricht das gesamte Rechtsgeschäft den der Rechtsordnung selbst innewohnenden rechtsethischen Werten und Prinzipien und ist wegen eines Verstoßes gegen die guten Sitten nach § 138 Abs. 1 BGB nichtig.“[79]

„Ist der Leistungsaustausch – Grundstückseigentum gegen Kaufpreis – ernstlich gewollt und die Steuerhinterziehung nur Nebenzweck, besteht nach der Zielrichtung des § 370 AO über die Strafbarkeit der Steuerhinterziehung, so sie denn tatsächlich erfolgt, und die Beitreibung der hinterzogenen Steuern hinaus kein Grund dafür, dem Grundstücksgeschäft selbst die Wirksamkeit zu versagen.“[80]

Nach den vorstehend dargestellten Grundsätzen sei der vorliegende Kaufvertrag nicht gemäß § 138 Abs. 1 BGB sittenwidrig. Die mit der Schwarzgeldabrede einhergehende Steuerhinterziehung stelle lediglich einen Nebenzweck dar. Der Leistungsaustausch war von den Parteien durch „die Begründung rechtsverbindlicher Verpflichtungen“ (sic) ernstlich gewollt und wurde auch vollzogen. Durch die Schwarzgeldabrede fiel lediglich die vom Käufer zu bezahlende Grunderwerbsteuer um 1.500 EUR geringer aus; dieser Vorteil trete hinter dem Erwerbsinteresse zurück.

[77] BGH NJW 2024, 2310 Rn. 17.
[78] Vgl. BGH NJW 2024, 2310 Rn. 18.
[79] BGH NJW 2024, 2310 Rn. 19 mwN.
[80] BGH NJW 2024, 2310 Rn. 19.

cc) Keine Gesamtunwirksamkeit nach § 139 BGB

Anschließend erörtert der Senat, dass eine etwaige Nichtigkeit der Schwarzgeldabrede gemäß §§ 134, 138 Abs. 1 BGB vorliegend nicht nach § 139 BGB auf den gesamten Vertrag durchschlägt. Unterstellt, die Schwarzgeldabrede habe den Zweck, den Finanzbehörden einen geringeren Kaufpreis vorzuspiegeln, um hierdurch Steuern zu hinterziehen – was auf der Hand liegen dürfte –, diene diese Abrede der Vorbereitung einer Straftat iSv § 370 AO.

„Selbst wenn sie deswegen für sich genommen nach §§ 134, 138 Abs. 1 BGB nichtig gewesen sein sollte,[81] führte dies nicht nach § 139 BGB zur Gesamtnichtigkeit des Kaufvertrags, weil davon auszugehen ist, dass die Parteien den Kaufvertrag auch ohne die Schwarzgeldabrede geschlossen hätten. Dabei kann dahinstehen, ob, wie in der Literatur teilweise vertreten wird, die isolierte Nichtigkeit der Schwarzgeldabrede bei Grundstückskaufverträgen zur Gesamtnichtigkeit des Kaufvertrags führt, wenn die bezweckte Steuerhinterziehung die Preisbildung wesentlich beeinflusst hat […]. Denn dies ist vorliegend nicht der Fall.“[82]

Nach dem vom Berufungsgericht festgestellten Sachverhalt hätte die Klägerin die Wohnung auch zu einem beurkundeten Kaufpreis von 150.000 EUR erworben. Gründe dafür, dass der Beklagte nicht auch zu einem höheren, in der Urkunde dokumentierten Kaufpreis verkauft hätte, sind nicht ersichtlich, da dieser kein eigenes Interesse an einer Unterverbriefung hatte.

dd) Keine Nichtigkeit der Auflassung

Abschließend stellt der Senat fest, dass eine Nichtigkeit der Auflassung ausscheide, da „die Schwarzgeldabrede schon nicht zur Unwirksamkeit des Kaufvertrags führt“. Ob dies bei Unwirksamkeit des Kausalgeschäfts in Betracht gekommen wäre, lässt der BGH zwar offen, bringt aber zum Ausdruck, dass die Nichtigkeit des Verpflichtungsgeschäfts – außerhalb des Anwendungsbereichs des Wuchers iSv § 138 Abs. 2 BGB – grundsätzlich nicht auf die Wirksamkeit des Verfügungsgeschäfts durchschlägt. Anders sei dies nur zu beurteilen, „wenn das Verbotsgesetz gerade auch das Erfüllungsgeschäft verhindern will oder wenn der Verstoß gegen die guten Sitten auch im Erfüllungsgeschäft selbst liegt“. Weder wolle § 370 AO die wirksame Übertragung von Grundbesitz verhindern noch sei die Übertragung von Grundbesitz für sich genommen anstößig.

d) Bewertung und Ausblick

Angesichts der gestiegenen Bedeutung der Bekämpfung der Steuerhinterziehung sind gewisse Zweifel an der auf die Rechtsprechung des RG zurückgehenden Position des BGH angezeigt.[83] Neben der regelmäßig verwirklichten Straftat nach § 370 AO steht als mit dem Schwarzkauf im absoluten Regelfall einhergehende Straftat zusätzlich Betrug gemäß § 263 StGB zulasten der Gerichtskasse und des Notars im Raum, der seinerseits ebenfalls ein Verbotsgesetz iSv § 134 BGB darstellt. Verdienen die am Schwarzkauf Beteiligten den ihnen von der höchstrichterlichen Rechtsprechung durch § 311b Abs. 1 S. 2 BGB gewährten Schutz? Jedenfalls ist ihr etwaiges Vertrauen auf die bisherige höchstrichterliche Rechtsprechung nicht schutzwürdig. Fremde Dritte werden durch die Publizitätsvorschriften (§ 892 BGB) hinreichend geschützt.[84]

[81] Gründe dafür, eine Nichtigkeit zu verneinen, sind mir nicht ersichtlich. Diese konkrete Abrede dient ausschließlich oder jedenfalls ganz zuvörderst der Vorbereitung von Straftaten.

[82] BGH NJW 2024, 2310 Rn. 25.

[83] Zustimmend aber Volmer WuB 2024, 392 (393) unter Verweis auf § 41 AO und die Sicherung des staatlichen Steueranspruchs. Hiermit könnte man freilich die zivilrechtliche Aufrechterhaltung sämtlicher gemäß § 134 BGB iVm einer Steuerstraftat nichtigen Verträge begründen, was mE nicht überzeugt. Im Übrigen stehen hier noch andere Straftaten im Raum.

[84] Herrler NJW 2024, 2313.

aa) Zusammenspiel von §§ 134, 138 Abs. 1 BGB und § 139 BGB

Gegen Ende der Entscheidung setzt sich der BGH kurz mit der Frage auseinander, ob eine etwaige Unwirksamkeit der Schwarzgeldabrede, konkret des unzutreffend niedrig angegebenen Kaufpreises, nach §§ 134, 138 Abs. 1 BGB auf die Wirksamkeit des Gesamtvertrages durchschlagen und damit auch einer Heilung nach § 311b Abs. 1 S. 2 BGB entgegenstehen könnte.[85] Zuvor hatte der Senat die Unwirksamkeit allein auf § 117 Abs. 1 BGB bzw. § 117 Abs. 2 BGB iVm § 311b Abs. 1 S. 1, 125 S. 1 BGB gestützt und dadurch die Heilungsmöglichkeit im Grundsatz eröffnet. Eine Unwirksamkeit des gesamten Vertrages nach §§ 134, 138 Abs. 1 BGB hat der Senat abgelehnt.[86]

(1) Isolierte Nichtigkeit der Schwarzgeldabrede als solcher. Die **Schwarzgeldabrede als solche,** das heißt die Vereinbarung eines anderen als des beurkundeten Kaufpreises außerhalb der notariellen Urkunde und etwa damit in Zusammenhang stehende Zahlungsabreden betreffend den „schwarzen" Kaufpreisteil dienen ausschließlich oder jedenfalls in erster Linie der **Steuerhinterziehung (§ 370 AO) bzw. der unberechtigten Gebührenermäßigung (§ 263 StGB).** Diese Abrede ist zwar ohnehin schon als Teil des dissimulierten Rechtsgeschäfts (§ 117 Abs. 2 BGB), also des Kaufvertrags als Ganzem, formunwirksam. Isoliert betrachtet ist diese außerhalb der notariellen Urkunde getroffene Nebenabrede der Parteien gemäß § 134 BGB iVm § 370 AO bzw. § 263 StGB nichtig,[87] wovon der BGH in Rn. 25 seiner aktuellen Entscheidung ebenfalls auszugehen scheint. Zwar wird der Tatbestand der jeweiligen Straftat noch nicht durch die unzutreffende Beurkundung des Kaufpreises, also den Vertragsschluss, verwirklicht, sondern erst durch die Meldung an die Grunderwerbsteuerstelle des Finanzamts, die Gerichtskasse und sonstige Beteiligte (zB Gemeinde, Pflichtteilsberechtigter, sonstige Gläubiger). Von gänzlich atypischen Ausnahmefällen abgesehen,[88] erfolgt dies indes ohne weiteres Zutun mit Wissen und Wollen der Beteiligten (§ 53 BeurkG, § 18 GrEStG).[89]

(2) Gesamtnichtigkeit nach § 139 BGB. Unter dieser Prämisse steht der Heilungsmöglichkeit in vielen Fällen – beim vorliegend festgestellten Sachverhalt dürfte es sich um einen eher atypischen Fall handeln – der Umstand entgegen, dass es sich bei der **Schwarzgeldabrede** um eine zumindest für eine Partei (der anderen erkennbar) **wesentliche Nebenabrede** handelt, da die unzutreffende Beurkundung des Kaufpreises einen nicht nur unerheblichen Steuer- bzw. Gebührenvorteil nach sich zieht (Unterverbriefung), die Erlangung eines höheren Kredits oder eine höhere AfA-Basis ermöglicht (Überverbriefung) etc. Die Schwarzgeldabrede dürfte vielfach – für alle Parteien erkennbar – die **Preisbildung nicht nur unerheblich beeinflusst** bzw. überhaupt erst zur Abschlussbereitschaft geführt haben.[90] Bei der Überverbriefung zwecks Täuschung eines Dritten ist ein abweichender Parteiwillen kaum vorstellbar. Bei der Unterverbriefung mag dies mit Blick auf einen im Einzelfall nur geringen wirtschaftlichen Vorteil (Grunderwerbsteuer- und Gebührenermäßigung) anders sein, sofern die Schwarzgeldabrede keinen weitergehenden Zwecken dient. Stets ist der gegen die Gesamtnichtigkeit streitende übereinstimmende Parteiwille aber von derjenigen Partei darzulegen und ggf. zu beweisen, die sich auf die Heilung beruft. Im Regelfall führt die Nichtigkeit der Schwarzgeld-Nebenabrede somit nach § 139 BGB zur Gesamtnichtigkeit des Kaufvertrags. Eine Heilung nach § 311b Abs. 1 S. 2 kommt dann nicht in Betracht.

---

85 BGH NJW 2024, 2310 Rn. 23 ff.

86 Hiergegen unter Hinweis auf § 263 StGB, für den die „Hauptzweck"-Grundsätze des BGH keine Anwendung finden, und insbesondere unter Bejahung einer Nichtigkeit des gesamten Vertrags nach § 138 BGB, Heckschen ZIP 2024, 1869 (1873 f.).

87 In diesem Sinne auch Heckschen ZIP 2024, 1869 (1872 ff.).

88 Korrektur des beurkundeten Kaufpreises im unmittelbaren zeitlichen Zusammenhang mit der Beurkundung oder Ähnliches.

89 Vgl. Heckschen ZIP 2024, 1869 (1873).

90 Vgl. Armbrüster in MüKoBGB, 10. Aufl. 2025, BGB § 117 Rn. 31.

bb) Geänderte Rahmenbedingungen ab 1.4.2023 (Einführung von § 16a GwG)

(1) Gesamtnichtigkeit (auch) wegen Unwirksamkeit der Barzahlungsabrede gemäß § 16a Abs. 1 S. 1 GwG. Mit Wirkung zum 1.4.2023 haben sich die Rahmenbedingungen aufgrund des seitdem geltenden Barzahlungsverbots gemäß § 16a GwG, dem zentrale Bedeutung im Kampf gegen Geldwäsche und Terrorismusfinanzierung zukommt, wesentlich verändert. Eine Verneinung der Gesamtnichtigkeit des Schwarzkaufs entgegen § 139 BGB dürfte unter Geltung von § 16a GwG auch in der vorstehend beschriebenen Konstellation (lediglich geringfügige Steuer- und Kostenersparnis) kaum mehr in Betracht kommen, sofern der „schwarze" Kaufpreisteil – wie im absoluten Regelfall – nicht durch Überweisung, sondern (typischerweise vorab) mittels Bargelds bezahlt wird.

Zwar stellt § 16a GwG kein Verbotsgesetz iSv § 134 BGB dar. Die **Barzahlungsabrede** ist aber seit dem 1.4.2023 (ab dem ersten Euro) **gemäß § 16a Abs. 1 GwG unwirksam.** Eine Verrechnung des Kondiktionsanspruchs nach Barzahlung (vgl. § 16a Abs. 1 S. 3 GwG) mit dem Kaufpreisanspruch scheidet ebenfalls aus.[91] Es liegt zwar eine Einigung der Parteien über die essentialia negotii des dissimulierten Geschäfts vor (Leistung, Gegenleistung, vgl. § 117 Abs. 2 BGB). Allerdings fehlt eine wirksame Abrede betreffend die Leistungsmodalität für den „Schwarzanteil" des Kaufpreises. Dies führt nur dann nicht zur Gesamtnichtigkeit des Vertrags, so dass eine Heilung gemäß § 311b Abs. 1 S. 2 BGB in Betracht kommt, wenn darlegt und gegebenenfalls bewiesen werden kann, dass der Kaufvertrag ohne die Barzahlungsabrede im Wesentlichen zu denselben Konditionen abgeschlossen worden wäre. In aller Regel dient die Schwarzgeldabrede im Fall der Unterverbriefung – neben den erwähnten Steuer- bzw. Gebührenvorteilen – dazu, es dem Käufer zu ermöglichen, sein **unversteuertes Geld** in einem mit den Vorgaben von § 16a GwG unvereinbaren Umfang **in den legalen Geldkreislauf einzuspeisen,** und/oder die Entstehung eines steuerpflichtigen Veräußerungsgewinns beim Verkäufer zu vermeiden. Im absoluten Regelfall dürfte (jedenfalls bei einem nicht gänzlich zu vernachlässigenden Schwarzgeldanteil) davon auszugehen sein, dass jedenfalls eine der Vertragsparteien mit Blick auf die vorstehenden Zielsetzungen den Kaufvertrag **nicht zu identischen Bedingungen ohne die Schwarzgeldabrede abgeschlossen** hätte. Dem Käufer wird es regelmäßig darauf ankommen, sein Schwarzgeld für die Bezahlung des Kaufpreises einsetzen zu können. Eine Tilgungswirkung ist insoweit aber nach § 16a Abs. 1 GwG ausgeschlossen. Dieser Umstand ist der anderen Partei im absoluten Regelfall zumindest erkennbar.

(2) Umgehung der Nachweis-, Dokumentations-, Kontroll- und Meldepflichten gemäß § 16a Abs. 2–5 GwG im Fall des Schwarzkaufs. Neben der in § 16a Abs. 1 S. 1 und S. 3 GwG angeordneten fehlenden Tilgungswirkung der Barzahlung führt eine Schwarzgeldabrede im Regelfall dazu, dass die **Nachweis-, Dokumentations-, Kontroll- und Meldepflichten gemäß § 16a Abs. 2–5 GwG** faktisch ausgehebelt werden. Diese zielen im Interesse der Geldwäschebekämpfung darauf ab, die Eigentumsumschreibung erst zu ermöglichen, wenn die unbare Erfüllung der Gegenleistung (Bagatellgrenze 10.000 EUR) dem Notar nachgewiesen ist. Es liegt auf der Hand, dass die hierdurch angestrebte Kontrolle durch Unterverbriefungen, die im absoluten Regelfall mit Barzahlungen einhergehen, unschwer umgangen werden kann. Für die Frage, ob die Heilung eines Schwarzkaufs gemäß § 311b Abs. 1 S. 2 BGB in Betracht gezogen wird, sollte daher auch der Gesichtspunkt der **Effektuierung der Kontrollmechanismen** nach § 16a Abs. 2–5 GwG berücksichtigt werden, der – jedenfalls bei Unterverbriefungen über 10.000 EUR – für eine nicht heilbare Gesamtnichtigkeit des Kaufvertrags streitet.[92]

---

[91] Gesetzentwurf der Fraktionen SPD, Bündnis 90/Die Grünen und FDP, BT-Drs. 20/4326, 65; Thelen in Herrler/Hertel/Kesseler ImmobilienR 2023 S. 24.

[92] Herrler NJW 2024, 2313 (2314); in diesem Sinne auch Heckschen ZIP 2024, 1869 (1874).

Mangels Widerlegbarkeit der Vermutung des § 139 BGB droht damit seit dem 1.4.2023 in den meisten Fällen des Schwarzkaufs eine dauerhafte, nicht gemäß § 311b Abs. 1 S. 2 BGB heilbare Nichtigkeit des Kausalgeschäfts.

Vor diesem Hintergrund mag man erwägen, die notariellen Hinweise zur Reichweite des Beurkundungserfordernisses wie folgt zu ergänzen:

Formulierungsvorschlag: Belehrungshinweise[93]

Alle zwischen den Vertragsteilen getroffenen Vereinbarungen, insbesondere die vom Käufer zu erbringenden Gegenleistungen, müssen richtig und vollständig beurkundet werden. Abreden außerhalb der Urkunde können zur Unwirksamkeit des ganzen Vertrags führen. **Insbesondere bei Verstößen gegen § 16a GwG (unter anderem Schwarzkauf) ist ggf. auch eine spätere Heilung des Formmangels ausgeschlossen.**

(3) Exkurs: Verjährungsfrist der wechselseitigen Ansprüche. Sofern es beim Schwarzkauf mit Barzahlungskomponente ausnahmsweise zu einer Heilung nach § 311b Abs. 1 S. 2 BGB kommen sollte, ändert die Heilung der Formunwirksamkeit nichts daran, dass der Baranteil des Kaufpreises nicht mit Erfüllungswirkung geleistet wurde (§ 16a Abs. 1 S. 1 GwG). Infolge der nicht erfüllungstauglichen Barzahlung besteht der Kaufpreiszahlungsanspruch des Verkäufers teilweise fort. Umgekehrt steht dem Käufer ein Bereicherungsanspruch nach § 16a Abs. 1 S. 3 GwG bzw. § 812 Abs. 1 S. 1 Alt. 1 BGB zu. Sofern diese wechselseitigen Ansprüche nicht zeitnah geltend gemacht und erfüllt werden, kommt es nach spätestens vier Jahren zu der Konstellation, dass der Bereicherungsanspruch des Käufers auf Rückzahlung des übergebenen Bargelds verjährt ist (§§ 195, 199 BGB),[94] während dem Verkäufer der Kaufpreisrestanspruch noch in unverjährter Form zusteht (vgl. § 196 BGB).

§ 215 BGB (Aufrechnung auch mit verjährter Forderung) hilft dem Käufer nicht weiter, da eine Aufrechnung im Anwendungsbereich des § 16a GwG aus teleologischen Gründen ausgeschlossen ist.[95]

Man könnte noch an die **allgemeine Bereicherungseinrede** denken. § 821 BGB bringt in der Zusammenschau mit §§ 215, 216 und 438 Abs. 4 S. 2 BGB den allgemeinen Grundsatz zum Ausdruck, dass derjenige, der eine Forderung aufgrund eingetretener Verjährung nicht mehr erfolgreich durchsetzen kann (Bereicherungsanspruch), seinerseits auch die Gegenforderung nicht (zu seinen Lasten) erfüllen muss. Im unmittelbaren Anwendungsbereich der vorstehenden Vorschriften bleiben trotz Verjährung eine bestehende Aufrechnungslage und Zurückbehaltungsrechte (§ 215 BGB) sowie bestellte Sicherheiten (§ 216 BGB) bestehen bzw. muss der Schuldner die Verbindlichkeit, derer er sich vor Eintritt der Verjährung entledigen konnte, nicht erfüllen (§§ 438 Abs. 4 S. 2, 821 BGB).[96]

Im Ausgangspunkt ist zutreffend, dass sich der Restkaufpreiszahlungsanspruch und der Bereicherungsanspruch zunächst unverjährt gegenüberstanden. Auch wenn keine Aufrechnung zulässig ist, wäre eine Klage auf Restkaufpreiszahlung daher nur Zug-um-Zug gegen Rückzahlung des geleisteten Bargeldes erfolgreich gewesen. Im Unterschied zu den gesetzlich geregelten Konstellationen sind die beiden Ansprüche aber mit Blick auf die Wertung

---

93 Vgl. Herrler in BeckNotar-HdB, 8. Aufl. 2024, § 1 Rn. 988 (angepasst).

94 Sofern man nicht auch auf den Bereicherungsanspruch wegen dessen Nähe zur Kaufpreiszahlung ebenfalls § 196 BGB analog anwenden möchte. Angesichts dessen, dass § 16a GwG zu einer Entkoppelung des auf einer Barzahlung beruhenden Bereicherungsanspruchs vom „kaufvertraglichen Synallagma" führt, scheint mir das aber abzulehnen.

95 Achtelik in Herzog, 5. Aufl. 2023, GwG § 16a Rn. 6 mwN.

96 Schwab in MüKoBGB, 9. Aufl. 2024, BGB § 821 Rn. 1.

des § 16a GwG wohl nicht im erforderlichen Umfang miteinander verknüpft, dass der verjährte Bereicherungsanspruch dem unverjährten Kaufpreiszahlungsanspruch einredeweise entgegengehalten werden kann. Es wäre wertungswidersprüchlich, dem nicht aufrechnungsbefugten Bereicherungsgläubiger zwar die Aufrechnung und folglich auch die Aufrechnungseinrede nach § 215 BGB zu versagen, ihm aber gleichwohl die auch aus § 215 BGB abgeleitete allgemeine Bereicherungseinrede zuzugestehen.

II. Sachmängel

Wie jedes Jahr haben sich ein paar Entscheidungen zu Sachmängeln angesammelt. Dieses Jahr präsentiere ich Ihnen die aktuellen Entscheidungen – nicht Kollege Herrler.

1. Bagatellisierende Hinweise genügen nicht zur Offenbarung eines Sachmangels

BGH Urt. v. 21.6.2024 – V ZR 79/23
NJW 2024, 2832 = NZM 2024, 830

Leitsatz 1:

Als Wohnung verkaufte Räume im Souterrain eines Altbaus, die erhebliche Wandfeuchtigkeit aufweisen, sind regelmäßig weder für die nach dem Vertrag vorausgesetzte Verwendung noch für die gewöhnliche Verwendung zum Wohnen geeignet und infolgedessen mangelhaft.

a) Sachverhalt: Unklar, ob volles Ausmaß der Feuchtigkeit angesprochen

Wenn man den Leitsatz liest, fragt man sich, wie es der Fall bis zum BGH geschafft hat. „Erhebliche Wandfeuchtigkeit" würde man wohl bei jeder Wohnung als Sachmangel ansehen. Ganz so einfach war es nach dem Sachverhalt dann doch nicht. Im Kaufvertrag wurden Rechte wegen Sachmängeln ausdrücklich ausgeschlossen. Dort hieß es weiter (Hervorhebungen von mir):

> „Der Käufer kauft den Vertragsgegenstand im gegenwärtigen, gebrauchten Zustand. Er hat den Vertragsgegenstand eingehend mit einem **Gutachter** und einem **Architekten** besichtigt. Die Beteiligten treffen keine Beschaffenheitsvereinbarung zum Vertragsgegenstand. […]
>
> Dem Käufer ist der **Feuchtigkeitsschaden** an der Außenwand des hinteren großen Zimmers der Wohnung Nr. 1 **bekannt.** Dem Käufer ist ferner bekannt, dass das Gebäude im Jahre 1904 errichtet wurde und sich in unmittelbarer Rheinnähe befindet und einzelne Räume im Souterrain liegen.
>
> Es kann nicht ausgeschlossen werden, dass in der Zukunft Probleme mit Feuchtigkeit auftreten. Dem Käufer ist bekannt, dass die Eigentümerversammlung vom 22. September 1999 folgenden Beschluss gefasst hat: > Nach Durchführung der in Auftrag gegebenen Sanierungsmaßnahmen entstehende Feuchtigkeitsschäden in den Wohnungen Nr. 1 und Nr. 2, ausgehend von konstruktiv- und bauartbedingten Mängeln, aufsteigende Feuchtigkeit, gehen zu Lasten der jeweiligen Eigentümer dieser Wohnungen und werden nicht von der Gemeinschaft getragen. <"[97]

Die Klausel enthielt mehrere Schlagworte, die wir Notare häufiger gebrauchen, wenn wir einen Sachmängelausschluss wasserdicht machen wollen:

- Die Käufer hatten das Objekt (laut BGH-Sachverhalt) **„mehrfach"** und (laut Klausel) **„eingehend besichtigt".**
- Sie hatten einen **Gutachter** und einen **Architekten** zur Besichtigung hinzugezogen.
- Bestimmte **Mängel** werden ausdrücklich **aufgelistet.** Mögliche künftige Gefahren werden benannt („Es kann nicht ausgeschlossen werden, […]").

Weitere Argumente kann man dem **Sachverhalt** entnehmen:

- Bei der Besichtigung waren jedenfalls **deutliche Indizien** für Wandfeuchte **erkennbar:** In der Wohnung war der Oberboden teilweise entfernt. Probebohrungen waren sichtbar.

---

[97] BGH NJW 2024, 2832 Rn. 2.

An den Außenwänden war der Putz teilweise entfernt und die Erde bis unterhalb der Drainage ausgegraben.

– Der **Kaufpreis** lag deutlich unter den ursprünglichen Preisvorstellungen der Verkäufer – nämlich 675.000 EUR gegenüber 745.000 EUR, also ein Abschlag von 70.000 EUR, knapp 10 %. Dafür spielte wohl auch die Feuchtigkeitsprobleme eine Rolle. In notariellen Urkunden wird dann häufig formuliert (aber nicht im vorliegenden Fall): „Dies wurde bei der Kaufpreisvereinbarung bereits berücksichtigt."

Vor dem Landgericht und dem Oberlandesgericht hatten die Käufer deshalb verloren. Warum entschied der BGH anders und verwies zurück? Im Kern ging es um die Frage, ob die Verkäufer über den Umfang der Wandfeuchtigkeit genug aufgeklärt hatten – oder ob sie möglicherweise nur teilweise aufgeklärt hatten und die Probleme bagatellisiert hatten.

b) Feuchte Wände eines Altbau-Kellers sind möglicherweise kein Sachmangel, feuchte Wände einer Altbau-Souterrainwohnung schon

Die Vorinstanzen hatten gemeint, es sei doch normal und daher kein Sachmangel, wenn ein im Jahr 1904 errichteter Altbau einen feuchten Keller habe. Das schon, sagte der BGH, ein feuchter Keller sei möglicherweise kein Sachmangel – aber eine feuchte Wohnung schon. Und hier waren die Räume als Wohnraum verkauft. Daher durfte der Käufer erwarten, dass sie zum Wohnen geeignet, also trocken waren.

„b) Vorliegend geht es ohnehin nicht um Kellerräume, sondern um als Wohnungen verkaufte Räumlichkeiten im Souterrain eines Wohngebäudes. Die vertraglich vorausgesetzte Verwendung einer Souterrainwohnung ist das Wohnen, weshalb der Käufer regelmäßig erwarten darf, dass die Wohnung trocken ist, auch wenn sie in einem Altbau gelegen ist (vgl. Senat, Urteil vom 9. Februar 2018 – V ZR 274/16, NJW 2018, 1954 Rn. 15). Die vertragsgemäße Verwendung (Wohnen) stimmt mit der üblichen Verwendung überein. Als Wohnung verkaufte Räume im Souterrain eines Altbaus, die bei Gefahrübergang erhebliche Wandfeuchtigkeit aufweisen, sind regelmäßig weder für die nach dem Vertrag vorausgesetzte Verwendung noch für die gewöhnliche Verwendung zum Wohnen geeignet und infolgedessen mangelhaft (§ 434 Abs. 1 Satz 1 Nr. 1 und Nr. 2 BGB aF; § 434 Abs. 2 Nr. 2, Abs. 3 Nr. 1 BGB)."[98]

c) Möglicherweise arglistige Täuschung

Sachmängelansprüche waren hier – wie üblich – ausgeschlossen worden. Der Ausschluss wäre aber unwirksam, wenn Arglist vorlag – entweder positive arglistige Täuschung oder arglistiges Verschweigen offenbarungspflichtiger Sachmängel.

Hier hatten die Käufer vorgetragen und Beweis angeboten, die Verkäufer hätten bei der Besichtigung zu ihrem Architekten gesagt, dass „die anlässlich der Besichtigung der Wohneinheiten sichtbaren Feuchtigkeitsmängel die Ursache eines Mangels seien, welcher zwischenzeitlich seitens der Gemeinschaft behoben worden sei."[99]

Das OLG hatte dazu keinen Beweis erhoben, sondern die vorgetragene Behauptung so ausgelegt, dass damit die Erfolglosigkeit der Sanierung offenbart worden sei. Dies, so der BGH, verkehre den Sinn des Beweisangebots in sein Gegenteil. Vorgetragen war eine **arglistige Täuschung** durch die Verkäufer durch eine falsche Aussage. Dazu hätte Beweis erhoben werden müssen.

[98] BGH NJW 2024, 2832 Rn. 11.
[99] BGH NJW 2024, 2832 Rn. 15.

d) Bagatellisierender Hinweis genügt nicht zur Offenbarung eines Sachmangels

Das OLG war davon ausgegangen, dass die Feuchtigkeit den Käufern erkennbar und daher nicht offenbarungspflichtig war. Das sah der BGH anders. Zwar müsse der Verkäufer **nicht offenbaren,** was der Käufer bei einer Besichtigung **ohne weiteres erkennen** könne.

„aa) Richtig ist allerdings, dass für Mängel, die einer Besichtigung zugänglich und damit ohne weiteres erkennbar sind, keine Offenbarungspflicht besteht. Der Käufer kann insoweit eine Aufklärung nicht erwarten, weil er diese Mängel bei der im eigenen Interesse gebotenen Sorgfalt selbst wahrnehmen kann (vgl. Senat, Urteil vom 16. März 2012 – V ZR 18/11, NZM 2012, 469 Rn. 21 mwN; Urteil vom 19. Februar 2016 – V ZR 216/14, NJW 2016, 2315 Rn. 11; Urteil vom 9. Februar 2018 – V ZR 274/16, NJW 2018, 1954 Rn. 24). Wenn dem Verkäufer offenbarungspflichtige Tatsachen bekannt sind, ist ein arglistiges Verschweigen jedoch auch dann gegeben, wenn der wahre Umfang der aufklärungspflichtigen Tatsache nicht angegeben, sondern bagatellisiert wird (vgl. Senat, Urteil vom 11. November 2022 – V ZR 213/21, NJW 2023, 217 Rn. 72 mwN). Das kann hier nicht ausgeschlossen werden.“[100]

Hier waren Bauteile (Außenisolierung, Fußboden, Wandputz) geöffnet, was die Käufer stutzig machen hätte müssen. Die Käufer trugen aber (beweisbewehrt) vor, die Verkäufer hätten dafür eine **verharmlosende Erklärung** abgegeben (nämlich, dass ein anderer Kaufinteressent die Substanz der Immobilie habe untersuchen lassen).

„bb) Das Berufungsgericht geht davon aus, dass die Feuchtigkeitsschäden für die Kläger im Einzelnen nicht ersichtlich gewesen seien. Es meint, dass die Kläger gleichwohl aufgrund der bei der Besichtigung erkennbaren Bauteilöffnungen mit weiteren Feuchtigkeitsschäden hätten rechnen müssen. Auf welcher Grundlage das Berufungsgericht zu dieser Einschätzung kommt, legt es nicht dar. Dass die Feuchtigkeit an den geöffneten Stellen überhaupt erkennbar war, ist schon nicht festgestellt. Zu den Bauteilöffnungen und Probebohrungen haben die Kläger im Übrigen beweisbewehrt vorgetragen, die Beklagten hätten erklärt, ein vorheriger Kaufinteressent habe die Substanz der Immobilie untersuchen lassen, und die noch sichtbare Öffnung der Außenisolierung habe den potentiellen Käufern die Qualität der Außenabdichtung vor Augen führen sollen. Diesem Sachvortrag ist das Berufungsgericht, wie die Revision zu Recht rügt, nicht nachgegangen, so dass für das Revisionsverfahren zu unterstellen ist, dass die Beklagten diese Erklärung abgegeben haben. Sie ist geeignet, die **Bedeutung der Bauteilöffnungen zu bagatellisieren.**“[101]

In Exposé und Kaufvertrag waren ebenfalls Hinweise auf die Feuchtigkeit enthalten. Die Hinweise legten aber nur einen kleinen Teil des Mangels offen. Dort war nur die Feuchtigkeit einer einzelnen Wand benannt. Tatsächlich waren aber alle Außenwände feucht. Ebenso wurde verharmlosend zwar auf die „Möglichkeit“ weiterer Feuchtigkeitsprobleme hingewiesen. Tatsächlich lagen aber bei Kaufvertragsschluss längst massive Probleme vor. Im Übrigen waren die Warnhinweise so **missverständlich formuliert,** dass man daraus eher auf die Gefahr von Hochwasser als auf bestehende Feuchtigkeit schließen konnte. Jedenfalls die Hinweise im Vertrag enthielten daher keine vollständige Offenbarung der Feuchtigkeitsmängel, sondern **bagatellisierten** sie.

„cc) Auch die in dem Exposé und in dem Kaufvertrag enthaltenen Hinweise machten entgegen der Ansicht des Berufungsgerichts eine Aufklärung durch die Beklagten nicht entbehrlich. In dem Exposé wird nur der konkrete Feuchtigkeitsschaden an einer Außenwand genannt und die Wohnung als im Jahr 1999 kernsaniert bezeichnet. In dem Kaufvertrag wird lediglich auf den Feuchtigkeitsschaden an einer näher spezifizierten Außenwand hingewiesen. Die selektiven Hinweise waren geeignet, die Erwartung zu wecken, dass die Wohnungen abgesehen von dem konkreten Feuchtigkeitsschaden an einer Wand trocken sind. Der zusätzliche Hinweis in dem Kaufvertrag, es könne nicht ausgeschlossen werden, dass in der Zukunft Probleme mit Feuchtigkeit auftreten, lässt ebenfalls den Schluss zu, dass jedenfalls in der Gegenwart und damit im maßgeblichen Zeitpunkt des Gefahrübergangs mit Ausnahme der ausdrücklich genannten Feuchtigkeit an einer Wand keine Feuchtigkeit vorhanden ist. Er steht zudem im Zusammenhang mit dem Hinweis auf die Lage in Rheinnähe und der dadurch abstrakt

[100] BGH NJW 2024, 2832 Rn. 18.
[101] BGH NJW 2024, 2832 Rn. 19.

bestehenden Gefahr **hochwasserbedingter Feuchtigkeit,** was zusätzlich geeignet ist, den sichtbaren **Feuchtigkeitsschaden zu bagatellisieren.**“[102]

e) Vertragsgestaltung: Verkäufer zur präzisen Benennung der offenbarten Mängel auffordern

Das Urteil zeigt: **Bagatellisieren** und ein bisschen, aber nicht zu viel zu offenbaren, mag dem Verkäufer zunächst als Strategie verlockend erscheinen. Der Schuss geht aber nach hinten los. Wir wissen nicht, wie es im konkreten Fall war. Nach den bisher festgestellten Tatsachen war aber möglich, dass die Verkäufer die tatsächlichen Probleme nur unvollständig offenbart haben. Meines Erachtens lag dies sogar nahe. Denn die in der Urkunde enthaltenen Hinweise lesen sich als bewusste Verharmlosung. Vermutlich – nach der Art der Formulierung – kam die Formulierung von den Verkäufern (oder dem Makler) und wurde von den Mitarbeitern des Notars ohne weitere Prüfung in den Entwurf übernommen.

Weiter zeigt die Entscheidung: Eine **Besichtigung ersetzt noch keine Offenbarung verborgener Sachmängel** – auch nicht, wenn der Käufer mehrfach, ausgiebig und unter Hinzuziehung von Fachleuten besichtigt hat. Zwar kann der Käufer Aufklärung nicht erwarten und besteht daher keine Offenbarungspflicht für Sachmängel, „die einer Besichtigung zugänglich und damit ohne weiteres erkennbar sind“[103]. Maßstab ist die **Erkennbarkeit der Mängel,** nicht wie oft und wie lange der Erwerber besichtigt hat.

In der Entscheidung thematisiert der BGH nicht, ob und inwieweit sich dieser Maßstab durch die Hinzuziehung von Fachleuten (hier Architekt und Gutachter) verschiebt. Denn dies war nicht Gegenstand der Revision. In einer Entscheidung aus dem Jahr 2023 zur Erkennbarkeit einer in den Datenraum eingestellten Information stellte der BGH aber auf die Erkenntnismöglichkeiten des **konkreten Erwerbers** ab.[104] Dies spricht dafür, auch bei der Besichtigungsmöglichkeit auf den jeweiligen konkreten Erwerber abzustellen. Wenn der Bauträger oder der Architekt kauft, muss der Verkäufer ggf. etwas weniger offenbaren als bei einem Privatmann als Erwerber; ebenso ggf., wenn der Erwerber mit seinem Architekten durch die Wohnung geht. Aber vorsichtshalber wird der Verkäufer immer alles offenbaren, was möglicherweise offenbarungspflichtig ist.

Hinzu kommt: Bei einer gründlichen Besichtigung mögen dem Käufer faktisch manche Mängel von selbst auffallen, so dass die Haftung hierfür wegen Kenntnis des Mangels nach § 442 Abs. 2 S. 1 BGB ausgeschlossen ist. Das hilft aber nicht für Mängel, die der Käufer nicht gesehen hat, die dem Verkäufer aber bekannt und offenbarungspflichtig waren.

Die im notariellen Kaufvertrag vor allem bei Maklern so beliebten Schlagwörter zur Besichtigung helfen daher wenig. Wir Notare werden sie weiter verwenden, wissen aber, dass sie mehr Placebo- als tatsächliche Wirkung haben.

Was bedeutet das Urteil für die notarielle Vertragsgestaltung? Die **Verkäufer** sind natürlich **selber dafür verantwortlich,** alle offenbarungsbedürftigen Tatsachen hinreichend deutlich offenzulegen. Wenn die Verkäufer nur von der Feuchtigkeit einer Wand sprechen, obwohl sie wissen, dass das Problem die ganze Wohnung betrifft, kann man ihnen nicht helfen. Umgekehrt sind auch die Käufer selbst verantwortlich, die für sie relevante Informationen vom Verkäufer zu erfragen. Der Notar muss weder für den Verkäufer das Exposé erstellen noch für den Käufer die due diligence durchführen – ja er darf es gar nicht, weil er damit gegen seine Neutralitätspflicht verstoßen würde.

Der Notar kann aber sehr wohl **auf gesetzliche Offenbarungspflichten hinweisen.** In allgemeiner Form kann dies ohne konkreten Anlass erfolgen – insbesondere durch die

---

[102] BGH NJW 2024, 2832 Rn. 20.
[103] BGH NJW 2024, 2832 Rn. 18.
[104] BGHZ 238, 179 = DNotZ 2024, 351. Dazu Herrler in Herrler/Hertel/Kesseler ImmobilienR 2024 S. 52.

sogenannte Arglistprobe im Kaufvertrag („Der Verkäufer erklärt, dass ihm keine offenbarungspflichtigen Sachmängel bekannt sind.") und die Erläuterung des Notars zu. Meine Standardbelehrung an den Verkäufer ist: „Auf alles, was der Käufer sehen kann, müssen Sie nicht extra hinweisen. Wenn Ihnen aber verborgene Mängel bekannt sind, die man bei der Besichtigung nicht sehen kann und die über Lappalien hinausgehen, müssen Sie diese dem Käufer mitteilen."

Wenn ich als Notar im Vorfeld der Beurkundung von einem offenbarungspflichtigen Mangel oder einem Verdacht darauf erfahre, kann ich den Verkäufer daraufhin ansprechen, ihn auf seine mögliche Offenbarungspflicht hinweisen und um nähere Angaben bitten – alles natürlich ohne Mitteilung an den Käufer. Wenn ich dabei feststelle, dass eine Offenbarungspflicht besteht und der Verkäufer mir sagt, dass er dies dem Käufer auch schon mitgeteilt habe, werde ich dies in der Regel im Vertrag dokumentieren. Bin ich überzeugt, dass eine Offenbarungspflicht vorliegt, will der Verkäufer es aber nicht offenbaren, muss ich die Beurkundung ablehnen. Selber offenbaren darf ich die Tatsache dem Käufer aber nicht ohne Zustimmung des Verkäufers.

Außerdem kann der Notar die erfolgte Offenbarung in der Urkunde **dokumentieren.** Dies erleichtert dem Verkäufer später den Beweis – weist aber auch den Käufer auf die Bedeutung der Offenbarung hin. Natürlich kommt es in erster Linie darauf an, was die Verkäufer tatsächlich offenbart haben. Die Dokumentation in der Urkunde dient nur der Beweiserleichterung. Die Dokumentation wird in aller Regel nur schlagwortartig erfolgen. Der Notar sollte sich aber auch dabei um Präzision bemühen.

Im entschiedenen Sachverhalt war die Angabe „Feuchtigkeitsschaden an der Außenwand des hinteren großen Zimmers der Wohnung Nr. 1" präzise. Die Angabe des Baujahrs ist ebenfalls präzise, ist aber noch keine Offenbarung einer Feuchtigkeit. Dies und der Hinweis, dass sich das Gebäude „in unmittelbarer Rheinnähe befindet und einzelne Räume im Souterrain liegen", lesen sich wie vom Verkäufer formuliert. Denn auf den ersten Blick wirkt der Hinweis banal und überflüssig, nicht als Warnhinweis. Wenn man überlegt, welche Warnung damit gemeint sein könnte, wird man eher an potentielle Überschwemmungsgefahr als an tatsächlich bereits bestehende Feuchtigkeit denken. Wenn der Notar hier ob der wolkigen Formulierung gestutzt und nachgefragt hätte, was das eigentlich heißen sollte, hätten ihm die Verkäufer entweder antworten müssen „Wohnung ist insgesamt feucht" oder „Überschwemmungsgefahr". Das eine hätte den Beweis für eine tatsächliche Offenbarung erleichtert, das andere den Beweis für arglistiges Verschweigen.

Deshalb sollte der Notar, wenn Formulierungen von den Beteiligten vorgeschlagen werden, immer prüfen, ob ihr Inhalt eindeutig ist, und ggf. nachfragen. Die vorliegende Formulierung liest sich für mich so, als hätte sie der Verkäufer oder der Makler vorgeschlagen. Vermutlich kam sie per Mail als Ergänzung zum Entwurf. Der Mitarbeiter des Notars hat wohl sie in den Entwurf eingefügt und der Notar hat sie unverändert verlesen. Dass die Mitarbeiter solche Ergänzungen ohne größeres Nachdenken einfügen, kann man kaum verhindern. Aber beim Vorlesen sollte der Notar bei solchen Formulierungen, die erkennbar nicht aus seiner eigenen Mustersammlung stammen, nachfragen und erforderlichenfalls präzisieren.

Denn von den Beteiligten selbst formulierte Klauseln sind häufig gefährlich. Die Beteiligten meinen, dass daraus klar hervorgeht, was sie eigentlich wollen. Häufig sind solche selbst gestrickten Klauseln aber nicht klar. Wenn der Notar nachfragt und die Formulierung erforderlichenfalls nachschärft, kann er einen späteren Streit über den Inhalt der Urkunde vermeiden helfen.

2. Asbesthaltige Verkleidung einer Dachgaube im zweiten Stock ist nicht offenbarungspflichtig

a) BGHZ 180, 205: Offenbarungspflicht, wenn bei normaler Nutzung des Kaufobjekts die ernsthafte Gefahr einer Gesundheitsgefährdung droht

Sind asbesthaltige Bauteile ein Sachmangel? Nach der BGH-Rechtsprechung kommt es darauf an. Maßgeblich ist, ob die **ernsthafte Gefahr** einer **Gesundheitsgefährdung** bei **normaler Nutzung** des Kaufobjekts besteht. Dies bejahte der BGH bei einer asbesthaltigen Wandverkleidung in einem Bereich, in dem möglicherweise der Nutzer selbst Befestigungen anbringt und dafür Bohrungen in dem asbesthaltigen Material vornimmt und dabei unwissentlich krebserregende Fasern in die Atemluft freisetzt. Dabei ist von einem aufklärungspflichtigen Sachmangel

> „erst, aber auch schon dann auszugehen, wenn die ernsthafte Gefahr besteht, dass Stoffe mit einem erheblichen gesundheitsgefährdenden Potential im Rahmen der üblichen Nutzung des Kaufobjekts austreten. Dabei liegt eine erhebliche Einschränkung der Nutzbarkeit eines Wohngebäudes auch dann vor, wenn übliche Umgestaltungs-, Renovierungs- oder Umbaumaßnahmen nicht ohne gravierende Gesundheitsgefahren vorgenommen werden können. Das gilt jedenfalls für solche Arbeiten, die üblicherweise auch von Laien und nicht nur von mit dem Umgang gefährlicher Baustoffe vertrauten Betrieben des Fachhandwerks vorgenommen werden. In solchen Bereichen muss ein verständiger Verkäufer in Rechnung stellen, dass Heimwerker mit gesundheitsgefährdenden Stoffen in Berührung kommen, ohne die zur Abwehr von Gesundheitsgefahren notwendigen Maßnahmen zu ergreifen, wenn sie nicht wissen, dass die verbauten Materialien gefährliche Stoffe enthalten.“[105]

b) OLG Hamm: Gefahr besteht bei Fassadenverkleidung an Wand neben Terrasse, nicht bei Mansardendach im 2. Obergeschoss

OLG Hamm Beschl. v. 4.7.2024 – 22 U 26/24
BeckRS 2024, 23938 = MDR 2024, 1509 = NotBZ 2025, 152

> **Kerngehalt:**
>
> Ob asbesthaltige Dachziegel ein Sachmangel des Kaufgrundstücks sind, hängt vom Einzelfall ab.

Im Fall des OLG Hamm war das Mansardendach im 2. Obergeschoss mit asbesthaltigen Dachziegeln gedeckt. Hierauf wandte das OLG Hamm die Entscheidungskriterien des BGH an. Danach bestand keine Offenbarungspflicht. Denn man muss nicht erwarten, dass ein Heimwerker ohne einschlägige Fachkenntnisse selbst am Dach im 2. Obergeschoss herumbastelt. Da wäre die Gefahr, dass er herunterfällt und sich Hals und Bein bricht, größer als die Gefahr, dass er Asbestfasern freisetzt und einatmet. Damit hat das OLG Hamm die Kriterien der BGH-Entscheidung meines Erachtens richtig angewandt.

c) Vertragsgestaltung: Ausdrückliche Erklärung zu Asbest

Es kommt darauf an, ist ein schönes Kriterium, um Einzelfallgerechtigkeit zu erreichen. Weniger schön ist, dass man vielleicht erst nach jahrelangem Rechtsstreit weiß, ob im Einzelfall eine Offenbarungspflicht bestand.

[105] BGHZ 180, 205 Rn. 9 = DNotZ 2009, 760.

Für meine Vertragsmuster habe ich daher den Schluss gezogen, den **Verkäufer immer** zu fragen und **erklären zu lassen, ob ihm asbesthaltige Bauteile bekannt sind.** Häufig weiß dies der Verkäufer nicht genau. Dann steht in der Urkunde: Möglicherweise enthält die Fassadenverkleidung Asbest. Aber der Verkäufer weiß es nicht genau. Wenn das den Käufer schreckt, ist besser, er informiert sich vorher und entscheidet dann, ob er kauft, als dass er sich nachher vom Verkäufer hinters Licht geführt vorkommt.

Mir ist bewusst, dass ich damit als Notar in die Vertragsverhandlungen der Kaufvertragsparteien über den Zustand des Kaufobjekts eingreife und dem Verkäufer eine Erklärung zumute, die ggf. **über das vom Gesetz Verlangte hinausgeht.** Würde ein Fall wie der des OLG Hamm bei mir beurkundet, und wäre dem Verkäufer bekannt, dass die Dachziegel Asbest enthielten, so hätte ich den Verkäufer durch meine Standardformulierung veranlasst, dies dem Käufer zu offenbaren – obwohl keine gesetzliche Offenbarungspflicht bestand.

Doch halte ich dies für mit meiner **Neutralitätspflicht** vereinbar. Zum einen verschiebe ich die Offenbarung nur geringfügig gegenüber der gesetzlichen Offenbarungspflicht. Zum anderen habe ich einen guten Grund für die Verschiebung: Nach der Rechtsprechung muss der Verkäufer nur offenbaren, wenn eine Gesundheitsgefährdung droht. Ein vorsichtiger Verkäufer wird in Zweifelsfällen lieber unabhängig davon offenbaren. Meine Frage nützt nicht nur dem Käufer, sondern hilft auch dem Verkäufer, Streitigkeiten mit dem Käufer zu vermeiden. Ein normaler, redlicher Verkäufer würde vermutlich lieber riskieren, durch eine überobligatorische Offenlegung einen übervorsichtigen Käufer von vornherein abzuschrecken als sich bei Nicht-Offenlegung dem Risiko eines Rechtsstreits auszusetzen. Daher halte ich meine Musterklausel für eine zulässige Gestaltung (aber natürlich nicht für die einzig mögliche Gestaltung).

3. Verschweigen ist auch dann arglistig, wenn Verkäufer die Ursache des ihm bekannten Mangels nicht kennt

BGH Urt. v. 27.10.2023 – V ZR 43/23
MDR 2024, 100 = NJW-RR 2024, 542 = NotBZ 2024, 219 = ZfIR 2024, 111

Leitsätze:

1. Wird ein Hausgrundstück mit überdachter Terrasse verkauft und tritt durch das Terrassendach wiederholt Regenwasser ein, ist dies regelmäßig nicht nur ein bloßes Symptom für einen Sachmangel; vielmehr begründet bereits die Undichtigkeit des Terrassendaches selbst den Sachmangel.
2. Klärt der Verkäufer eines Hausgrundstückes den Käufer nicht über Wassereintritte durch ein Terrassendach auf, handelt er arglistig, auch wenn er deren Ursache(n) nicht oder nur teilweise kennt.

Sachverhalt:

Ein Einfamilienhaus mit überdachter Terrasse wurde verkauft. Der Kaufvertrag enthielt den üblichen Gewährleistungsausschluss. Nach Einzug merkten die Käufer, dass es bei Regen durch das Terrassendach leckte. Es stellte sich heraus, dass einer der Verkäufer zwei erfolglose Reparaturversuche unternommen hatte. Er hatte den Käufern aber nicht gesagt, dass das Dach undicht ist.
Die Käufer ließen das Dach reparieren. Dabei stellten sich **zwei Mangelursachen** heraus: Zum einen war der Anschluss des Kunststoffdachs über der Terrasse zur Hauswand mangelhaft ausgeführt. Zum anderen war die Folienabdichtung unter dem Dachüberstand des Hausdachs gerissen.

Die Käufer verklagten die Verkäufer auf Ersatz der Reparaturkosten. Vor dem Landgericht erhielten sie die Reparaturkosten für das Kunststoffdach zugesprochen, nicht aber für die Folienabdichtung – also nur für eine der beiden Mangelursachen. Auch in der Berufung waren die Käufer hinsichtlich der Reparatur der Folienabdichtung erfolglos. Das OLG meinte, die Verkäufer hatten zwar den Wasseraustritt gekannt, also das Mängelsymptom, nicht aber den Folienabriss als dessen Ursache. Insoweit seien sie daher nicht arglistig gewesen.

Der BGH rückte dies zurecht: Wenn ein Terrassendach leckt, ist dies nicht nur Symptom für einen Mangel, sondern selbst ein Mangel.

„aa) Unter einem **Mangelsymptom** sind äußerliche Merkmale eines Mangels zu verstehen, die auf dessen Vorhandensein schließen lassen (vgl. Senat, Urteil vom 16. März 2012 – V ZR 18/11, NJW-RR 2012, 1078 Rn. 26). Von Mangelsymptomen kann also (nur) gesprochen werden, wenn die jeweiligen Umstände für sich genommen die Merkmale eines Sachmangels im Sinne von § 434 Abs. 1 BGB aF (noch) nicht erfüllen. So begründet etwa nicht jede Feuchtigkeit im Keller einen Sachmangel, sondern es kommt auf die Umstände des Einzelfalls an, wobei im Einzelnen von Bedeutung ist, ob das Haus in einem sanierten Zustand verkauft wurde, der Keller Wohnzwecken diente, welcher Zustand bei der Besichtigung erkennbar war und wie stark die Feuchtigkeitserscheinungen sind; Feuchtigkeitsflecken, die auf einen feuchten Keller schließen lassen können, sind daher (nur) Mangelsymptome (vgl. Senat, Urteil vom 16. März 2012 – V ZR 18/11, aaO Rn. 14, 26). Ein bloßes Mangelsymptom hat der Senat außerdem für Wasseransammlungen kleineren Ausmaßes am Fuße einer abschüssigen Einfahrt erwogen, die auf eine mangelhafte Entwässerungsanlage schließen lassen können (vgl. Senat, Beschluss vom 15. April 2021 – V ZR 170/20, juris Rn. 10).“[106]

Diesen Mangel kannten die Verkäufer. Also hätten sie ihn offenbaren müssen. Dass sie den Mangel verschwiegen, war Arglist. Irrelevant ist, ob die Verkäufer auch die Ursache des Mangels kannten.

Für die Arglist

„ist allein entscheidend, ob der Verkäufer die den Mangel begründenden Umstände kennt; nicht relevant ist dagegen, ob er daraus den Schluss auf das Vorliegen eines Sachmangels zieht (vgl. Senat, Urteil vom 12. April 2013 – V ZR 266/11, NZM 2013, 546 Rn. 14 mwN), zumal im Einzelfall auch eine Offenbarungspflicht des Verkäufers bei bloßen Mangelsymptomen, die für den Käufer nicht ohne weiteres erkennbar sind, bestehen kann (vgl. Senat, Urteil vom 9. Februar 2018 – V ZR 274/16, NJW 2018, 1954 Rn. 27). Ebenso wenig ist relevant, ob der Verkäufer die Mangelursache kennt (vgl. Senat, Beschluss vom 15. April 2021 – V ZR 170/20, juris Rn. 9) oder ob ihm nur eine von mehreren Ursachen des Sachmangels bekannt ist. Soweit der Senat in seiner Entscheidung vom 16. März 2012 (V ZR 18/11, NJW-RR 2012, 1078 Rn. 22) formuliert hat, dass der Käufer von dem Verkäufer, der auf Grund eigener Sachkunde oder auf Grund eines Gutachtens Schlüsse auf den Mangel und seine Ursachen zu ziehen vermag, deren Mitteilung erwarten darf, ergibt sich daraus nicht, dass ein arglistiges Verschweigen eines Mangels im Sinne von § 444 BGB nur zu bejahen wäre, wenn (auch) bedingter Vorsatz hinsichtlich der Ursache(n) des Mangels vorläge. § 444 BGB spricht (nur) von dem „Mangel“ im Sinne von § 434 BGB oder § 435 BGB (vgl. Senat, Urteil vom 28. Mai 2021 – V ZR 24/20, NJW 2021, 3397 Rn. 8).“[107]

Daher haften sie für den gesamten auf diesem Mangel beruhenden Schaden – also auch für die gesamten dafür erforderlich Reparaturkosten. Zur Feststellung der genauen Schadenshöhe hat der BGH allerdings zurückverwiesen.

[106] BGH 27.10.2023 – V ZR 43/23, Rn. 13.
[107] BGH 27.10.2023 – V ZR 43/23, Rn. 19.

4. Angabe im Maklerexposé: „Dach komplett erneuert“

BGH Urt. v. 6.12.2024 – V ZR 229/23
NZM 2025, 180

Leitsätze (gekürzt):

1. Der allgemeine Sprachgebrauch ist als allgemeiner Erfahrungssatz revisibel.
2. Es gibt keinen allgemeinen Sprachgebrauch des Inhalts, dass unter einem in einem bestimmten Jahr komplett erneuerten Dach stets nur die Erneuerung der obersten Dachschicht (hier: Bitumenbahnen) zu verstehen ist.

Sachverhalt:

Im Maklerexposé hieß es: „Im Jahr 2009 wurde das Dach komplett erneuert.“ Tatsächlich wurde nur Bitumenbahnen neu verlegt. Dämmung und Unterkonstruktion blieben unverändert. (Aus dem Sachverhalt geht nicht hervor, ob es ein Flachdach oder ein Schrägdach war; der BGH wusste dies wohl auch nicht.)
Der Käufer monierte, dass das Dach nicht der EnEV (Stand 2009 – dem angegebenen Datum der Dacherneuerung) entsprach. In erster Instanz und in der Berufung scheiterte er damit. Das Berufsgericht legte die Angabe des Maklerexposés so aus, dass damit nur die Erneuerung der wasserführenden Schicht gemeint war.

Der BGH hob auf und verwies zurück.

Ansatz für einen Mangel war nicht eine Beschaffenheitsvereinbarung (jetzt „subjektive Anforderungen“), sondern Exposéangaben und damit **öffentliche Äußerungen** des Verkäufers (oder seines „Gehilfen“ bzw. jetzt von „einem anderen Glied der Vertragskette“), die nach § 434 Abs. 1 S. 3 BGB aF zur gewöhnlichen Beschaffenheit zählen (bzw. in der Gesetzesfassung seit 1.1.2022 jetzt nach § 434 Abs. 3 S. 1 Nr. 2 lit. b BGB zu den „objektiven Anforderungen“) gehören.

Der Inhalt der öffentlichen Äußerungen war auszulegen. Die Instanzgerichte hatten gemeint, mit Sanierung des „gesamten Dachs“ sei nur die Erneuerung der wasserführenden Schicht gemeint. Das mag im konkreten Fall so sein. Falsch war aber die pauschale Begründung der Vorinstanz, dies sei allgemeiner Sprachgebrauch, wie der BGH im Leitsatz festhielt. Daher hob der BGH auf und verwies an die Vorinstanz zurück.

Bei einer Beschaffenheitsvereinbarung hätte die **Zäsurwirkung der notariellen Beurkundung** eingegriffen. Im Grundstückskauf ist nur das Beschaffenheitsvereinbarung (jetzt „subjektive Anforderungen“), was es in die notarielle Urkunde geschafft hat.[108] Die Zäsurwirkung gilt aber nicht für die gewöhnliche Verwendung bzw. gewöhnliche Beschaffenheit (jetzt „objektive Anforderungen“).[109] Damit kommt es bei öffentlichen Äußerungen (Anzeige, Maklerexposé) nicht darauf an, ob sie in der notariellen Kaufvertragsurkunde erwähnt sind.

Der vereinbarte **Haftungsausschluss** greift jedoch auch hier ein, da er sowohl für eine Beschaffenheitsvereinbarung wie für die gewöhnliche Verwendung/gewöhnliche Beschaffenheit (bzw. jetzt subjektive wie objektive Anforderungen) gilt. Der vereinbarte Haftungsausschluss gilt jedoch nicht, soweit der Verkäufer **arglistig** handelte. Die Arglist muss der Käufer nachweisen (allerdings mit Beweiserleichterungen nach den Grundsätzen der sekundären Darlegungslast). Trotz Arglist wäre eine Haftung aber ausgeschlossen, falls der Käufer den Mangel bei Kaufvertragsschluss kannte (§ 442 BGB).

[108] BGH DNotZ 2016, 271.
[109] Kritisch Herrler DNotZ 2020, 397.

Alle diese Punkte konnte der BGH hier nicht entscheiden, da die Tatsacheninstanzen hierzu keine Feststellungen getroffen hatten. Die Entscheidung zeigt aber schön die Prüfungsreihenfolge.

5. Allgemeiner Haftungsausschluss für Sachmängel bezieht sich nicht auf vereinbarte Beschaffenheit

BGH Urt. v. 10.4.2024 – VIII ZR 161/23
NJW 2024, 2246

Leitsatz 1:

Haben die Parteien eines Kaufvertrags (ausdrücklich oder stillschweigend) eine Beschaffenheit der Kaufsache im Sinne von § 434 Abs. 1 Satz 1 BGB aF vereinbart, ist ein daneben vereinbarter allgemeiner Haftungsausschluss für Sachmängel dahin auszulegen, dass er nicht für das Fehlen der vereinbarten Beschaffenheit, sondern nur für Mängel nach § 434 Abs. 1 Satz 2 BGB aF gelten soll.

Dass ich für diese Entscheidung keine notarrechtlichen Zeitschriften zitiere, hat einen einfachen Grund:

Sachverhalt:

Die Entscheidung betrifft den Verkauf eines Gebrauchtwagens, genauer eines „40 Jahre alten M(ercedes) mit einer Laufleistung von ca. 150.000 km. Die dortige Fahrzeugbeschreibung enthielt unter anderem folgende Angaben: [...] Klimaanlage funktioniert einwandfrei. Der Verkauf erfolgt unter Ausschluss jeglicher Sachmängelhaftung."[110] Der Käufer hatte aufgrund dieser Anzeige mit dem Verkäufer Kontakt aufgenommen und das Auto gekauft. Die Klimaanlage funktionierte nicht. Der Käufer machte daher Schadensersatz gegen den Verkäufer geltend. Vor dem Berufungsgericht scheiterte er damit.

Auf die Revision des Klägers hin hob der BGH die Entscheidung auf und verwies zurück. Ich erwähne die Entscheidung, weil sie einen wichtigen Grundsatz bekräftigt, der allgemein im Kaufrecht gilt – für den Immobilienkauf ebenso wie für den Gebrauchtwagenkauf: Ein vertraglich vereinbarter **Ausschluss der Sachmängelrechte gilt nicht für die vereinbarte Beschaffenheit.** Dabei zitiert der VIII. Zivilsenat hier viele Entscheidungen des V. Zivilsenats.

„aa) Nach gefestigter höchstrichterlicher Rechtsprechung ist in den Fällen einer (ausdrücklich oder stillschweigend) vereinbarten Beschaffenheit im Sinne von § 434 Abs. 1 Satz 1 BGB aF ein daneben vereinbarter allgemeiner Haftungsausschluss für Sachmängel – wie das Berufungsgericht im Ausgangspunkt auch zutreffend erkannt hat – dahin auszulegen, dass er nicht für das Fehlen der vereinbarten Beschaffenheit, sondern nur für Mängel nach § 434 Abs. 1 Satz 2 BGB aF gelten soll (vgl. BGH, Urteile vom 29. November 2006 – VIII ZR 92/06, BGHZ 170, 86 Rn. 31; vom 6. November 2015 – V ZR 78/14, BGHZ 207, 349 Rn. 9; vom 22. April 2016 – V ZR 23/15, NJW 2017, 150 Rn. 14; vom 26. April 2017 – VIII ZR 233/15, WM 2017, 1225 Rn. 22; vom 27. September 2017 – VIII ZR 271/16, NJW 2018, 146 Rn. 23; vom 9. Februar 2018 – V ZR 274/16, NJW 2018, 1954 Rn. 22). Denn andernfalls wäre die gleichrangig neben dem Gewährleistungsausschluss stehende Beschaffenheitsvereinbarung für den Käufer – außer im Fall der Arglist des Verkäufers (§ 444 Alt. 1 BGB) – ohne Sinn und Wert (vgl. Senatsurteile vom 29. November 2006 – VIII ZR 92/06, aaO; vom 26. April 2017 – VIII ZR 233/15, aaO; vom 27. September 2017 – VIII ZR 271/16, aaO)."[111]

[110] BGH 10.4.2024 – VIII ZR 161/23, Rn. 1.
[111] BGH 10.4.2024 – VIII ZR 161/23, Rn. 23.

Die Internetanzeige allein hätte für eine Beschaffenheitsvereinbarung nicht genügt. Das Berufungsgericht war aber aufgrund der sonstigen Umstände des Vertragsschlusses davon ausgegangen, dass die Parteien eine **Beschaffenheitsvereinbarung** über die Funktionsfähigkeit der Klimaanlage getroffen haben. Diese Annahme war vom VIII. Zivilsenat des BGH aus revisionsrechtlicher Sicht nicht zu beanstanden.

Hier trennen sich aber die Wege von Autokauf und Grundstückskauf. Denn im Grundstücksrecht hat der V. Zivilsenat in ständiger Rechtsprechung die **Zäsurwirkung der notariellen Beurkundung** betont.[112] Beschaffenheitsvereinbarung ist grundsätzlich nur, was es in die notarielle Urkunde geschafft hat. Das heißt für den Notar, wenn er eine Beschaffenheitsvereinbarung im Grundstückskauf beurkundet, dass er die Beteiligten sorgfältig befragen und genau formulieren muss, was Inhalt der Beschaffenheitsvereinbarung ist. Der Notar muss nicht eigens belehren, dass der Verkäufer für die Beschaffenheitsvereinbarung trotz des Ausschlusses der Sachmängelrechte einstehen muss. Man kann dies aber ohne großen Aufwand in der Urkunde deutlich machen, wenn man zuerst die Beschaffenheitsvereinbarung formuliert (oder etwa auch die Pflicht des Verkäufers, noch eine bestimmte Reparaturmaßnahme durchzuführen), und dann anschließt: „**Im Übrigen** ist eine besondere Beschaffenheit [...] nicht vereinbart. [...]"

6. Bezeichnung als Wohnung ist nicht notwendig Beschaffenheitsvereinbarung

a) OLG Frankfurt a. M.

Thematisch dazu passt die folgende Entscheidung des OLG Frankfurt a. M:

OLG Frankfurt a. M. Hinweisbeschl. v. 19.10.2023 und Beschl. v. 31.10.2023 – 6 U 210/22
BeckRS 2023, 32704 = MittBayNot 2025, 38 (Leitsatz)

Kerngehalt:

Die bloße Bezeichnung des Vertragsobjekts als „Wohnung" ist nicht notwendig eine Beschaffenheitsvereinbarung bzw. Garantie, dass die Wohnnutzung auch öffentlich-rechtlich zulässig ist. Ist ein (üblicher) Gewährleistungsausschluss vereinbart, muss der Verkäufer daher nicht für die Zulässigkeit der Wohnnutzung haften.

Nach Kaufvertragsschluss stellte sich heraus, dass keine Baugenehmigung für die Nutzung der verkauften Sondereigentumseinheit als Wohnung vorlag. (Ob sie im Grundbuch als Wohnungs- oder Teileigentum eingetragen war, konnte ich dem Sachverhalt nicht eindeutig entnehmen.) Das Fehlen einer Baugenehmigung ist ein Sachmangel.[113] Der Käufer klagte auf Schadensersatz. Der Verkäufer machte geltend, dass der Kaufvertrag alle **Sachmängelrechte ausschloss.** Er habe die Wohnung vor 14 Jahren von dem vorherigen Eigentümer gekauft und über 14 Jahre beanstandungsfrei in ihr gewohnt. Von einer fehlenden Baugenehmigung habe er keine Kenntnis gehabt.[114] Für **Arglist** konnte der Käufer nichts vortragen. Der Käufer meinte aber, es läge doch eine **Beschaffenheitsvereinbarung** vor, weil auch im Kaufvertrag von einer „Wohnung" die Rede sei.

Das OLG Frankfurt a. M. entschied, dass dies nur die Bezeichnung der tatsächlichen Nutzung war, aber keine Beschaffenheitsvereinbarung.

„In der Bezeichnung „Wohnung" im Kaufvertrag kann nach den danach anzulegenden strengen Maßstäben keine Beschaffenheitsgarantie gesehen werden, sondern nur um eine übliche Bezeichnung

---

[112] BGH DNotZ 2016, 271. Dazu Herrler DNotZ 2020, 397.
[113] BGH NJW 2013, 2182 Rn. 9.
[114] OLG Frankfurt a. M. 19.10.2023 – 6 U 210/22, Rn. 8.

für den Kaufgegenstand. Der Begriff bezeichnet den rein tatsächlichen Zustand der Räumlichkeiten, nämlich eine abgegrenzte Einheit von Räumlichkeiten, die zum Wohnen geeignet ist. Der von der Klägerin behauptete weitreichende Haftungswille des Beklagten kann alleine auf das Wort „Wohnung" im Kaufvertrag nicht gestützt werden."[115]

Ich stimme der Entscheidung zu. Jedenfalls ist die Entscheidung richtig, wenn die Einheit im Grundbuch als Teileigentum gebucht war (wovon ich ausgehe, da bei einem Wohnungseigentum vermutlich baurechtlich von vornherein die Baugenehmigung für eine Wohnung erteilt worden wäre). Denn dann hätte sich schon aus dem Grundbuchbeschrieb ein Argument gegen die Beschaffenheitsvereinbarung ergeben. Aber auch bei Buchung als „Wohnungs- und Teileigentum" stimme ich dem OLG Frankfurt a. M. zu, dass die bloße Bezeichnung als Wohnung noch keine Beschaffenheitsvereinbarung sein muss.

b) Verkauf einer als Wohnung genutzten Teileigentumseinheit

Vermutlich war die Einheit im Grundbuch als **Teileigentum ausgewiesen.** Erfährt der Notar, dass die Einheit als Wohnung genutzt wird oder als Wohnung genutzt werden soll, so wird er darauf hinweisen, dass die Wohnnutzung wohnungseigentumsrechtlich unzulässig sein könnte (nämlich falls sie – ausnahmsweise – stärker stört als die nach der Gemeinschaftsordnung zulässige Nicht-Wohnnutzung[116]). Wenn möglich, wird er zuvor die Gemeinschaftsordnung einsehen, ob dort eine Wohnnutzung der Teileigentumseinheit ausdrücklich zugelassen ist.

Damit weiß der Notar noch nicht, ob eine Baugenehmigung für die Umnutzung als Wohnung vorliegt oder fehlt. Ein gewisses Indiz ist dies allerdings schon. Daher würde ich auch darauf hinweisen, dass für eine Umnutzung zu Wohnzwecken ggf. eine baurechtliche Genehmigung erforderlich ist. Dies habe ich in früheren Veranstaltungen dieser Reihe ausführlich behandelt – auch mit einem **Formulierungsbeispiel,** wie der Notar in einem solchen Fall belehren kann. Darauf will ich hier nur verweisen.[117]

Den Verkäufer wird natürlich nicht freuen, wenn ihn der Notar auf die wohnungseigentumsrechtlichen und möglichen baurechtlichen Probleme der bestehenden Wohnnutzung aufmerksam macht. Denn ohne den Hinweis des Notars hätte der Verkäufer, der selbst nichts von den Problemen wusste, wie im Fall des OLG Frankfurt a. M. wirksam mit Ausschluss der Sachmängelrechte verkaufen können. Jetzt geht das nicht mehr. Der Verkäufer muss dem Käufer den Sachverhalt offenlegen. Möglicherweise erhält er dann nur einen geringeren Kaufpreis oder scheitert der Verkauf an diesen Käufer ganz.

Aber was wäre die Alternative für den Notar? Wenn der Notar nichts sagt, obwohl er erkennt, dass möglicherweise ein Problem vorliegt, wird ihm – zu Recht – der Käufer einen Vorwurf machen. Daher verletzt der Notar mit dem Hinweis seine Neutralitätspflicht nicht. Meines Erachtens muss der Notar sogar darauf hinweisen.

Im Regelfall wird sich der Notar zunächst an den Verkäufer wenden. Denn möglicherweise gibt es eine Baugenehmigung für die Umnutzung, von der der Verkäufer weiß – und zur wohnungseigentumsrechtlichen Frage zumindest einen Beschluss der Wohnungseigentümerversammlung, in dem diese der Wohnnutzung zustimmt, oder gar Bestrebungen zur Änderung der Gemeinschaftsordnung.

[115] OLG Frankfurt a. M. 19.10.2023 – 6 U 210/22, Rn. 13.
[116] So BGH MittBayNot 2018, 548 (Wohnung in Ärztehaus unzulässig) – dazu Hertel in Herrler/Hertel/Kesseler ImmobilienR 2019 S. 164; BGH DNotZ 2022, 82 (Umnutzung des getrennten Lagerhauses zu Wohnzwecken zulässig, wenn auch das Haupthaus zu Wohnzwecken dient).
[117] Hertel in Herrler/Hertel/Kesseler ImmobilienR 2019 S. 164.

III. Lastenfreistellung

Die Einholung der Lastenfreistellungsunterlagen im Grundstückskaufvertrag stellt eine wesentliche Abwicklungsmaßnahme im Rahmen der Durchführung dar. Regelmäßig funktioniert die Beschaffung der Unterlagen problemlos, in nicht ganz seltenen Fällen aber kommt es zu Friktionen. Die jedenfalls in meiner Praxis am häufigsten anzutreffende Friktion ist dabei der **Verlust der Grundschuldbriefe.** Diese geradezu toxischen Papiere erfüllen ihre Hauptaufgabe darin verloren zu gehen – sonst haben sie eigentlich keinen wirklichen Sinn mehr. Deren Verlust kann allerdings regelmäßig durch das Aufgebotsverfahren und die entsprechende Umgestaltung der kaufvertraglichen Abwicklungsvereinbarungen beigekommen werden – 80 % meiner Anderkonten betreffen solch verloren gegangene Briefe.

Praxisbeispiel:

Im Rahmen der Vereinbarungen zur Fälligkeit des Kaufpreises wird vorgesehen, dass für den Fall, dass der Brief nicht binnen bestimmter Zeit verfügbar ist, ein Teil des Kaufpreises (regelmäßig sehe ich 200 % des Nominalbetrages des Grundpfandrechts vor) nicht direkt geleistet wird, sondern auf Anderkonto hinterlegt wird.

Probleme treten aber auch dann auf, wenn Gläubiger sich, gleich aus welchen Gründen, weigern, Löschungsunterlagen zu übersenden. Gelegentlich hat das seine Ursache in schlichtem Unverständnis oder der Unerreichbarkeit, manchmal gehen dem aber auch Friktionen zwischen dem Verkäufer und dem Gläubiger voraus oder gehen mit diesen einher.

Beispiel:

Es kommt zum Streit um die Höhe einer Ablöseforderung.

Schon 2016 und 2017 hatten wir an dieser Stelle beleuchtet, wie es um die Frage der Verantwortung der Beschaffung von Lastenfreistellungsunterlagen im Grundstückskaufvertrag bestellt ist.[118] Damals hatte das OLG Düsseldorf entschieden, der Verkäufer eines Grundstücks schulde alles zu tun, um eine zeitnahe Lastenfreistellung zu gewährleisten. Verzögerungen der Abgabe durch die Gläubiger habe er nicht zu vertreten.[119]

In einer aktuellen Entscheidung hatte nun das OLG Hamm zu einem vergleichbaren Fall Stellung zu beziehen.

Zuletzt hat der BGH in einem über das OLG Stuttgart zur Revision gelangten Verfahren nunmehr ebenfalls über die Frage entschieden.

1. Fälligkeit der Pflicht zur Lastenfreistellung

OLG Hamm Urt. v. 7.3.2024 – 22 U 86/23
BeckRS 2024, 6081 = RNotZ 2024, 553 (Ls.) = LSK 2024, 6081 (Ls.)

BGH Urt. v. 20.12.2024 – V ZR 41/23
RNotZ 2025, 209 = DNotZ 2025, 357 = BWNotZ 2025, 97 = BeckRS 2024, 39696

[118] Kesseler in Herrler/Hertel/Kesseler DAI-Skript Immobilienrecht 2016/2017 S. 10 ff.
[119] OLG Düsseldorf DNotZ 2017, 600 mAnm Kesseler.

a) Sachverhalt OLG Hamm

Der Sachverhalt der Entscheidung ist im Grunde einfach zusammengefasst: Im Rahmen eines Grundstückskaufvertrages verpflichtet sich der Verkäufer ein im Grundbuch eingetragenes Wegerecht zur Löschung zu bringen. Fristen zur Löschung sind (jedenfalls ausdrücklich) keine benannt, es ist nur eine allgemeine Bestimmung zur Fälligkeit nicht vor dem 30.4.2014 vorgesehen. Der Berechtigte des Wegerechts verweigert zunächst die Löschung, diese kann erst im Jahr 2016 vorgenommen werden, woraufhin auch erst dann der Kaufpreis geleistet und das Grundstück umgeschrieben wird.

Wegen der Verzögerung macht der Käufer einen Verzugsschaden von rund 190.000 EUR geltend, den das Landgericht zuspricht und das OLG Hamm alsdann zurückweist.

b) Sachverhalt BGH

In dem dem BGH zur Entscheidung vorgelegten Fall ging es um die Frage der Verantwortlichkeit für den Verlust eines Grundschuldbriefes. Im Rahmen eines Kaufvertrages sollte die nicht mehr valutierende Grundschuld zur Löschung gelangen. Als der Notar die Löschungsunterlagen bei der Bank anfordert, stellt diese fest, dass der Grundschuldbrief bei ihr nicht mehr auffindbar ist.

Da der Kaufvertrag durch das erforderliche Aufgebotsverfahren erst ein 3/4 Jahr später als vereinbart abgewickelt werden konnte, nahm der Käufer den Verkäufer und dessen Bank wegen des von ihm erlittenen Verzugsschadens in Anspruch.

c) Das Rechtsproblem

Das Rechtsproblem liegt auf der Hand und ist im Grunde in allen solchen Konstellationen gleich:

- Welche Verpflichtungen hat der Verkäufer im Rahmen der Herstellung der Lastenfreiheit des Kaufgegenstandes?
- Muss der Verkäufer dafür einstehen, dass die Lastenfreistellungsunterlagen nicht bzw. nicht rechtzeitig beschafft werden können?

Ob es wie im vorliegenden Fall um die Beschaffung der Löschungsbewilligung zu einem Wegerecht oder wie im Fall des OLG Düsseldorf um eine Grundschuld geht, spielt letztlich keine Rolle. Das Vorliegen dieser Unterlagen ist Voraussetzung für die Fälligkeit des Kaufpreises, dessen Zahlung wiederum Voraussetzung der Fälligkeit des Anspruchs auf lastenfreie Eigentumsverschaffung ist.

d) Die Überlegungen des OLG Düsseldorf aus 2016

Das OLG Düsseldorf beschäftigte sich 2016 in zwei Schritten mit der Zuordnung der Verantwortung für die Verzögerung des Vorliegens der Löschungsunterlagen.

aa) Besteht überhaupt die Verantwortung für Beschaffung?

Das OLG Düsseldorf sah im ersten Schritt schon keine Beschaffungsverantwortung für die Löschungsunterlagen in Form des Beschaffungserfolgs in der Person des Verkäufers, denn:

> „Die Beklagten mussten auch nicht damit rechnen, dass die Gläubigerin des Rechts unter Nr. 8 angesichts der bereits vor längerer Zeit unstreitig eingetretenen Erfüllung des gesicherten Anspruchs die Bewilligung der Löschung verweigern würde. Jede am Rechtsverkehr beteiligte Person darf grundsätzlich darauf vertrauen, dass sich der andere rechtstreu verhalten wird."[120]

[120] OLG Düsseldorf RNotZ 2016, 513 unter I. 1. a).

Danach war es allein Sache des Verkäufers dafür zu sorgen, dass alle notwendigen Schritte unternommen werden, um die Löschungsunterlagen zu beschaffen. Anderes wird sicher dann gelten müssen, wenn

- der Verkäufer damit rechnen kann oder muss, dass es bei der Beschaffung der Unterlagen zu Problemen kommt oder er diese sogar selbst verursacht, oder
- von vornherein klar ist, dass die Beschaffung der Unterlagen Anstrengungen von seiner Seite erfordert.

Die Frage, die das OLG Düsseldorf aber nicht gestellt hat, ist, welche Konsequenzen mit der Verletzung der Pflichten verbunden sind, welchem Regime diese also unterworfen werden. Das war nun Gegenstand der Entscheidung des OLG Hamm.

bb) Zeitdauer der Beschaffung

§ 271 Abs. 1 BGB bestimmt für die Fälligkeit von Leistungspflichten grundsätzlich ein dreistufiges Ermittlungssystem:

1. Danach bestimmt sich die Fälligkeit einer Leistung zunächst nach den vertraglichen Abreden. Ist im Kaufvertrag dazu ausdrücklich geregelt, bis zu welchem Zeitpunkt Löschungsunterlagen vorliegen müssen, greift selbstredend diese Leistungszeit.
2. Ist eine ausdrückliche vertragliche Abrede nicht gegeben, so kann sich die Fälligkeit aus den Umständen ergeben.
3. Sind auch solche Anhaltspunkte nicht gegeben, ist die Leistung im Zweifel sofort fällig.

Im entschiedenen Fall waren vertragliche Abreden nicht getroffen und schon aufgrund der Anweisungen an den Notar zum Vollzug der Urkunde klargestellt, dass die Beschaffung der Löschungsunterlagen erst noch herbeigeführt werden muss. Entsprechend kam die Ermittlung der Leistungszeit nur aus den Umständen in Frage. Dazu bemerkte das OLG Düsseldorf unter Rn. 30:

> „Mithin schuldeten die Kläger, wie jeder andere Grundstücksverkäufer auch, nach Vertragsschluss alles zu tun, um eine möglichst zeitnahe Lastenfreistellung des Grundstücks zu gewährleisten. Der Notarvertrag enthält an keiner Stelle eine Regelung, dass die Lastenfreistellung „sofort" zu erfolgen hat, wie die Kläger meinen. Solches ergibt sich entgegen der Ansicht der Kläger auch nicht aus § 271 Absatz 1 BGB, da sich die Leistungszeit danach „aus den Umständen" ergibt. Bei der Lastenfreistellung des veräußerten Grundstücks ist aus den Umständen zu entnehmen, dass der Verkäufer alles tun muss, um eine solche möglichst zeitnah – unverzüglich – herbeizuführen. Ein schuldhaftes Zögern der Beklagten vermag der Senat hier nicht zu erkennen. Mit den zur Abwicklung des Vertrages erforderlichen Arbeiten war der Notar ausdrücklich beauftragt und hat diese auch durchgeführt, wie ein Blick auf die Zeitabläufe zeigt. Zudem haben sich die Beklagten über ihren damaligen Rechtsanwalt (und dieser in Rücksprache mit dem Anwalt der Gläubigerin) um eine schnelle Lösung des Problems bezüglich der Löschung des Rechts unter Nr. 8 bemüht. Im Übrigen hat der Notar alle sonstigen erforderlichen Unterlagen zeitnah eingeholt. Die Abläufe zur geschuldeten Lastenfreistellung rechtfertigen daher keinen Rücktritt."

Es soll danach ausreichen, dass sich der Verkäufer nur ausreichend um die Lastenfreistellung bemüht. Hindernisse und Erschwernisse auf dem Weg dorthin hat in zeitlicher Hinsicht der Käufer zu tragen. Hat der Verkäufer also getan, was er zur Beschaffung der Unterlagen tun konnte, muss der Käufer warten. Ein Recht zum Rücktritt besteht nicht.

Anderes wird sicher dann zu gelten haben, wenn der Verkäufer aus vorangegangenem Verhalten des Löschungsschuldners hat ablesen können, dass es zu Schwierigkeiten kommen wird. Daraus ließen sich sicherlich Beschaffungs- zumindest aber Warnpflichten ableiten. Wo dies aber nicht der Fall ist, beschränkt sich das Pflichtenheft des Verkäufers auf die Beschaffungsbemühungen.

cc) Besteht überhaupt eine vertragliche Pflicht zur Beschaffung?

Für das OLG Düsseldorf stand allerdings erkennbar fest, dass es eine Verpflichtung des Verkäufers jedenfalls dafür gibt, sich um die Beschaffung der Unterlagen zu bemühen und dass eine Verletzung dieser Pflichten auch die Konsequenzen der §§ 280 und 286 BGB nach sich ziehen kann.

e) Die aktuellen Überlegungen des OLG Hamm

Das OLG Hamm argumentierte nun in seiner Entscheidung, grundsätzlich handele es sich bei der Verpflichtung zur Beschaffung der Lastenfreistellungsunterlagen um einen Teil der Verpflichtung des Verkäufers zur rechtsmangelfreien Übereignung des Grundstücks.

aa) Vertragliche Hauptpflicht

Es handele sich aber gerade nicht um eine selbständige Hauptpflicht aus dem Vertrag, weshalb auch insoweit keine selbständigen Rechte geltend gemacht werden könnten. Was dem Käufer zustehe, sei eben nur der Anspruch auf lastenfreie Verschaffung des Eigentums. Dieser werde aber erst fällig, wenn der Käufer seiner vertraglichen Vorleistungspflicht in Form der Kaufpreiszahlung nachgekommen sei, was aber wegen der nicht eingetretenen Fälligkeit gerade nicht geschehen sei.

„bb. Einem Verzug der Beklagten mit ihrer Hauptleistungspflicht steht entgegen, dass diese noch nicht fällig war. Voraussetzung für einen Verzug der Beklagten ist, dass ihre Leistung fällig war. Eine Vertragsverletzung des Schuldners löst nicht die Fälligkeit einer Forderung aus (BGH, Urteil vom 28. September 2007 – V ZR 139/06 –, juris Rn. 11 m.w.N). Mangels Sicherstellung der Löschung eingetragener Lasten war die Vorleistungspflicht des Klägers bis zur Löschung des Wegerechts nicht fällig. Erst recht war dann die nachgelagerte Pflicht der Beklagten zur lastenfreien Übereignung ebenfalls noch nicht fällig.“[121]

Fazit:

- Fälligkeit Lastenfreistellung erst nach Kaufpreiszahlung
- Fälligkeit Kaufpreiszahlung erst nach Vorliegen der Unterlagen
- Kein Verzug mit einer Hauptpflicht!

bb) Vertragliche Nebenpflichtverletzung?

Das OLG Düsseldorf hatte die Frage der Qualität der Beibringungsverpflichtung des Verkäufers letztlich nicht unmittelbar thematisiert – auch wenn die Prüfung anhand des § 323 BGB erfolgte. Das OLG Hamm nun ordnet die Verpflichtung zur Beschaffung der Lastenfreistellungsunterlagen weder als Hauptleistungspflicht noch als Nebenleistungsverpflichtung ein, sondern qualifiziert diese als bloße „vertragliche Leistungstreuepflicht“. Verletzungen dieser Leistungstreuepflichten seien nicht den Regeln der §§ 280 ff. BGB unterworfen, sondern seien über das Regime des § 321 BGB abzuwickeln.

„b. Die Klägerin hat auch keinen Anspruch gem. §§ 286, 280 BGB aus Verzug mit einer Nebenleistungspflicht der Beklagten oder unter dem Gesichtspunkt einer Nebenpflichtverletzung der Beklagten gem. § 280 Abs. 1 BGB.

aa. Eine den Verzug begründende Nebenleistungspflicht der Beklagten, die Lastenfreiheit des streitgegenständlichen Grundstücks herbeizuführen, besteht nicht.

(1) Es traf die Beklagte zwar seit dem Abschluss des Vertrages eine sog. vertragliche Leistungstreuepflicht, aus der die generelle Verpflichtung folgte, den Vertragszweck und den Leistungserfolg weder zu gefährden noch zu beeinträchtigen (BGH, Urteil vom 5.4.2016 – XI ZR 440/15 – NJW 2016,

[121] OLG Hamm BeckRS 2024, 6081 Rn. 25, 26.

2409 Rn. 16; BGH, Urteil vom 7. Juni 2005 – XI ZR 311/04 – NJW 2005, 2779). Die Beklagte war grundsätzlich verpflichtet, alles zu tun, um eine möglichst zeitnahe Lastenfreistellung des Grundstücks zu gewährleisten (vgl. hierzu OLG Düsseldorf, Urteil vom 5. Juli 2016 – I-21 U 126/15 –, juris Rn. 66). Aus dieser Leistungstreuepflicht kann unter Berücksichtigung der Wertung des § 321 BGB aber jedenfalls nicht ein Ersatzanspruch auf das positive Interesse i. V. mit den Verzugsregeln abgeleitet werden (vgl. zur Anwendung von Verzugsregeln auf eine Nebenpflichtverletzung: beck-OGK-Dornis, § 286 Rn. 37). Die vom Verkäufer grundsätzlich geschuldete Beibringung der Lastenfreistellungsunterlagen ist nur ein Teilschritt seiner insgesamt zu erbringenden Leistungsverpflichtung in Form der rechtsmangelfreien Übereignung des Grundstücks (vgl. hierzu DNotZ 2017, 608 Anm. Kesseler zur Entscheidung des OLG Düsseldorf Urteil vom 5. Juli 2016 – I-21 U 126/15). Dies bedeutet, dass diese Pflicht erst dann als einklagbare Hauptpflicht entsteht, wenn der vorleistungspflichtige Käufer den Kaufpreis bezahlt hat, was der Anwendung von Verzugsvorschriften entgegensteht. Aus dem notariellen Kaufvertrag kann auch keine Frist entnommen werden, innerhalb derer die Fälligkeit durch die Beklagte herbeigeführt werden musste. Aus diesem ergibt sich nur, dass Fälligkeit nicht vor dem 30.4.2014 eintreten konnte. Den Parteien war nach der Vertragsgestaltung mithin klar, dass erst nach dem 30.4.2014 die Voraussetzungen für die Fälligkeit der Kaufpreiszahlung durch den Kläger – mit der Folge der Fälligkeit der Gegenleistungspflicht der Beklagten – gegeben sein konnten.“[122]

Der im Grunde vorleistungspflichtige Käufer solle eben über die vorherige Beschaffung der Lastenfreistellungsunterlagen nur vor dem Risiko des Rechtsmangels im Kaufgegenstand gesichert werden. Werden diese nicht vorgelegt, so soll dies für den Käufer im Regelfall nur zur Möglichkeit der Unsicherheitseinrede nebst eventuellem Rücktrittsrecht führen. Das OLG Hamm sieht das Leistungsinteresse des Käufers also ausschließlich über den Hauptleistungsanspruch abgedeckt.

Kerngehalt:

Ansprüche aus der Verzögerung der Beibringungspflicht bestehen nur dann, wenn diese als ausdrückliche Leistungspflicht definiert ist.

f) Bewertung

Der Entscheidung des OLG Hamm ist zumindest schon einmal zugute zu halten, dass diese den Konflikt vermeidet, den das OLG Düsseldorf dadurch erzeugt hatte, dass es dem Verkäufer ausschließlich die Verpflichtung auferlegt hatte, sich um die Beschaffung der Unterlagen zu bemühen. Wenn aber dieses Bemühen aus nicht von ihm verschuldeten (was wohl auch bei der bloßen Vorhersehbarkeit bestehen kann) Umständen zumindest zeitweise erfolglos bleibt, soll der Käufer damit leben müssen, diesem insbesondere mangels Pflichtverletzung kein Rücktrittsrecht zustehen. Das kann im schlimmsten Fall zu einem nur noch über § 242 BGB auflösbaren Rechtsverhältnis führen, wenn nämlich trotz intensivem Bemühen ein Recht nicht zu löschen ist.

2017 hatte ich an dieser Stelle dazu den realen Fall einer Grundschuld für ein ausländisches Kreditinstitut berichtet: Ein Grundstück war belastet mit einer Grundschuld zu Gunsten der griechischen Alpha Bank, die ihre ehemalige Zweigniederlassung in Deutschland mittlerweile geschlossen hat. Der Kaufvertrag zu dem Grundstück wurde 2014 beurkundet. 2017 lagen immer noch keine Löschungsunterlagen der griechischen Bank vor – der Käufer wartete weiter, bis sich die Beteiligten einvernehmlich auf die Aufhebung einigten. Das OLG Hamm vermeidet dieses Dilemma, indem es dem Käufer den Ausweg über die Fristsetzung des § 321 Abs. 2 BGB und das anschließende Rücktrittsrecht weist.

[122] OLG Hamm BeckRS 2024, 6081 Rn. 32–36.

Beide Entscheidungen gehen nach meinem[123] Dafürhalten fehl in der Bewertung der Verpflichtungen des Verkäufers im Rahmen der Lastenfreistellung. So wie erwartet wird, dass

- der Klempner bei der Badsanierung den einzubauenden Wasserhahn,
- der Dachdecker bei der Dachrenovierung die Ziegel und
- Amazon beim Buchkauf die Verpackung

beschafft, so erwartet der Käufer eines Grundstücks zu Recht die Beschaffung der für die Abwicklung erforderlichen Löschungsunterlagen. *Weber* hat es auf den Punkt gebracht, wenn er ausführt:

> „Zunächst muss der Verkäufer die Lastenfreistellungsunterlagen einholen. Darüber hinaus schuldet er die Lastenfreistellung im Grundbuch. Beide Pflichten sind erfolgsbezogen. Wäre dies anders, könnte der Käufer nicht vom Vertrag zurücktreten, wenn sich der Verkäufer stets redlich bemüht und sich die Lastenfreistellung über Monate und ggf. Jahre hinzieht. Dieser Schwebezustand kann dem Käufer nicht zugemutet werden."[124]

Was also schuldet und was der Käufer erwarten darf, ist nicht nur, dass er sich redlich bemüht, sondern dass er die Unterlagen auch beschafft.

g) Leistungsinhalt und Leistungszeit

Diskutiert werden kann dann selbstverständlich noch über die Leistungszeit – wann also der Verkäufer welche Maßnahmen schuldet und ab wann er mit diesen in Verzug ist.

Unterstellt man die Fehlerhaftigkeit des Ansatzes des OLG Düsseldorf, kommt der Verkäufer auch dann, wenn er sich fleißig und redlich bemüht, in Verzug, wenn er nach der Leistungszeit zumindest auf Mahnung hin nicht leistet. Insoweit besteht für den normalen Kaufvertrag eigentlich keine Notwendigkeit, besondere Regelungen zu treffen.

Im Einzelfall kann es sich aber anbieten, besondere Vereinbarungen, sei es, weil mit besonderen Schwierigkeiten zu rechnen ist und mehr Zeit als normal benötigt wird, sei es, weil es mit der Vorlage der Unterlagen besonders eilt, Zeitpunkte zu definieren. Ansonsten gilt die Regel des § 271 BGB:

1. Danach bestimmt sich die Fälligkeit einer Leistung zunächst nach den vertraglichen Abreden. Ist im Kaufvertrag dazu ausdrücklich geregelt, bis zu welchem Zeitpunkt Löschungsunterlagen vorliegen müssen, greift selbstredend diese Leistungszeit.
2. Ist eine ausdrückliche vertragliche Abrede nicht gegeben, so kann sich die Fälligkeit aus den Umständen ergeben.
3. Sind auch solche Anhaltspunkte nicht gegeben, ist die Leistung im Zweifel sofort fällig.

Zu Regelungsmöglichkeiten → j). Handelt es sich bei der Beschaffung der Lastenfreistellungsunterlagen richtigerweise um eine (Neben-)Pflicht aus dem Vertrag, kann nach deren Fälligkeit durch Mahnung der Verzugseintritt herbeigeführt werden.

h) Schadenersatz und Verschulden

Beide Entscheidungen, OLG Düsseldorf wie auch OLG Hamm, scheinen, ebenso wie *Johannes Weber*[125], davon auszugehen, dass die Verzögerung der Beschaffung der Lastenfreistellungsunterlagen ebenso wohl wie den gänzlichen Ausfall deren Verfügbarkeit nur dann zu einem einen Schadenersatzanspruch begründenden Verschulden des Verkäufers führen, wenn diesem über das bloße Versagen hinaus Unzulänglichkeiten vorzuwerfen sind.

Ich persönlich würde eher den gegenteiligen Ansatz verfolgen und davon ausgehen, dass ein Verkäufer, der einen Vertrag über den lastenfreien Verkauf eines Grundstücks eingeht,

---

[123] So auch Weber NotBZ 2017, 441.
[124] Weber NotBZ 2017, 441 (442).
[125] Weber NotBZ 2017, 441.

immer verpflichtet ist, sich seiner Fähigkeit der Beschaffung der Unterlagen zu versichern und nur besondere Umstände ihn vom Verschulden frei werden lassen. Regelmäßig trifft der Käufer eines Grundstücks mit dem Abschluss des Kaufvertrages weitere Dispositionen, sei es den Verkauf einer eigenen Immobilie, die Anschaffung von Möbel, die Beauftragung eines Umzugsunternehmens und vor allem auch die Eingehung einer Darlehensverbindlichkeit. Dem Verkäufer sind diese Dispositionen regelmäßig bekannt oder er muss von diesen jedenfalls ausgehen. Entsprechend trifft ihn nach meiner Einschätzung regelmäßig auch die Verpflichtung, die eigene Leistungsfähigkeit hinsichtlich der Mitwirkungsverpflichtungen zu prüfen, bevor die vertragliche Bindung eingegangen wird.

In der Praxis werden sich tatsächlich die Unterschiede in den Positionen kaum ausmachen lassen. Bei den Grundpfandrechten gibt es aus dem Sicherungsvertrag praktisch immer eine Handhabe gegen den Gläubiger, bei anderen Rechten sollte sich der Verkäufer im Vorfeld über seine Leistungsfähigkeit zur Löschung der Rechte informiert haben, sodass es tatsächlich nur die Fälle sind, in denen völlig unerwartet der Dritte die Erteilung der erforderlichen Unterlagen verweigert, die zu den Abgrenzungsschwierigkeiten führen. Erfüllt der Gläubiger eines sicherungsvertraglich gebundenen Grundpfandrechts seine Verpflichtung zur Übersendung der Löschungsunterlagen nicht, hat der Verkäufer seinerseits Ansprüche auf Schadenersatz aus dem Sicherungsvertrag, weshalb es aus meiner Sicht angemessen erscheint, ihm entsprechend die Haftungsverpflichtung gegenüber seinem Käufer aufzuerlegen.

i) Die Entscheidung des BGH

Der BGH hat die Sache einer sehr pragmatischen und richtigen Lösung zugeführt.

aa) Leistungspflicht

Zum einen hält das Gericht fest, dass die Pflicht des Verkäufers sich nicht im einem einfachen „Bemühen“ erschöpft, so wie das OLG Düsseldorf dies noch angenommen hatte. Geschuldet wird die Vorlage der Unterlagen.

„(3) Richtig ist die zweitgenannte Ansicht. Hängt die Fälligkeit des Kaufpreises in einem Grundstückskaufvertrag davon ab, dass der Verkäufer die Lastenfreistellung sichergestellt hat (sog. Direktzahlungsmodell, vgl. oben Rn. 8), müssen die Löschungsunterlagen dem Notar in angemessener Frist vorgelegt werden; da es sich um eine erfolgsbezogene Pflicht handelt, genügt es nicht, wenn der Verkäufer zwar alles tut, um die Vorlage der Unterlagen herbeizuführen, diese aber gleichwohl unterbleibt.“[126]

bb) Leistungszeitraum

Der Zeitraum, innerhalb dessen die Vorlage zur erfolgen hat, bestimmt sich dabei nach § 271 Abs. 1 BGB. Der BGH hält hier mit der notarrechtlichen Literatur einen Zeitraum von regelmäßig vier bis acht Wochen für angemessen, soweit eben nichts anderes vereinbart ist.

cc) Haftung

Im konkreten Fall des Verlustes der Unterlagen bei der Bank will der BGH kein Verschulden des Verkäufers, auch nicht eines, das ihm nach § 278 BGB für die Bank als Erfüllungsgehilfen zugerechnet wird, annehmen. Richtig ist wohl, dass ein normaler Verkäufer davon ausgehen darf, dass eine Bank die Unterlagen zum Grundpfandrecht ordnungsgemäß verwahrt. Ein eigenes Verschulden trifft den Verkäufer in diesem Fall sicher

[126] BGH BeckRS 2024, 39696 Rn. 15.

nicht. Der BGH will den Verlust des Briefes bei der Bank dem Verkäufer allerdings auch nicht nach § 278 BGB zurechnen. Im Kern führt er dazu an:

„(c) Vor diesem Hintergrund ist auch ein Grundschuldgläubiger nicht bereits deshalb Erfüllungsgehilfe des Verkäufers eines Grundstücks, weil der Verkäufer nach § 433 Abs. 1 Satz 2 BGB die erfolgreiche Lastenfreistellung schuldet und der Verkäufer auf die Mitwirkung des Grundschuldgläubigers angewiesen ist. Vielmehr kommt es auch insoweit darauf an, ob der Käufer nach dem Inhalt des Schuldverhältnisses von dem Verkäufer (Schuldner) selbst die für die Lastenfreistellung erforderlichen Unterlagen verlangen könnte und das Handeln des Grundschuldgläubigers in dem konkreten Pflichtenkreis des Verkäufers liegt. Dies ist nicht der Fall. Der Verkäufer ist zwar für die geschuldete Lastenfreistellung auf den Grundschuldinhaber angewiesen. Dessen Mitwirkungshandlung fällt aber – ebenso wie die Herstellung bei dem Verkauf einer beweglichen Sache – nicht in das vertraglich geschuldete Gesamtverhalten des Verkäufers. Die für die Löschung der Grundschuld erforderlichen Unterlagen, insbesondere die Löschungsbewilligung und den Grundschuldbrief bzw. einen Ausschließungsbeschluss, kann von vornherein nur der Grundschuldgläubiger zur Verfügung stellen, nicht jedoch der Verkäufer. Der Grundgedanke des § 278 BGB, dass der Schuldner, der den Vorteil der Arbeitsteilung für sich in Anspruch nimmt, auch deren Nachteile tragen soll (vgl. oben Rn. 30), greift deshalb nicht. Vielmehr würde die Haftung des Verkäufers auf Schadensersatz unangemessen ausgeweitet. Das Recht des Käufers, bei einer Verzögerung oder dem Ausbleiben der Lastenfreistellung von dem Vertrag zurückzutreten, bleibt hiervon unberührt (vgl. hierzu Weber, NotBZ 2017, 441, 442 f.).“[127]

Die Wertung hätte nach meinem Verständnis auch anders ausfallen können, was insbesondere deshalb gilt, weil dem Verkäufer aus dem Sicherungsvertrag in der Regel Regressansprüche wegen der Verletzung der Verpflichtungen aus dem Sicherungsvertrag zusteht.

dd) Ansprüche gegen die Bank

Schließlich prüft der BGH noch das Bestehen direkter Ansprüche gegen die Bank aus dem Gesichtspunkt eines Vertrages mit Schutzwirkungen zu Gunsten eines Dritten. Richtigerweise lehnt der BGH eine solche Verpflichtung ab – Sicherungsnehmer und Dritte stehen in keinem Schutzpflichten auslösenden Verhältnis zueinander.

ee) Übertragung auf andere Sachverhalte

Die Rechtsprechung des V. Senats ist im entschiedenen Fall die Haftung des Verkäufers für den Verlust des Briefes betreffend sehr gut vertretbar, auch wenn durchaus auch anders hätte entschieden werden können. Daraus kann allerdings nicht der Schluss gezogen werden, dass dies auch auf andere Sachverhalte übertragen werden kann. Dies wird immer eine Frage des Einzelfalls bleiben.

j) Regelungsmöglichkeiten

Die Unklarheit über die rechtliche Qualifizierung der Verpflichtung des Verkäufers zur Beschaffung der Lastenfreistellungsunterlagen und erweiternd auch die Frage nach einem möglichen Verschulden lassen die Frage danach aufkommen, ob und wenn ja welche Regelungsmöglichkeiten es für die Verantwortlichkeit zur Beschaffung der Lastenfreistellungsunterlagen gibt.[128]

aa) Definition des Charakters der Beschaffungspflicht

Solange die wegen des Inhalts der Leistungspflicht (OLG Düsseldorf „Bemühen um Beschaffung“) oder der Rechtsfolgen (OLG Hamm bloße Unsicherheitseinrede) fehler-

[127] BGH BeckRS 2024, 39696 Rn. 32.
[128] S. dazu auch Weber NotBZ 2017, 441 (445 f.).

haften Qualifikationen der Beschaffungspflichten in der Rechtsprechung umgehen, kann es sich anbieten, jedenfalls den Charakter der entsprechenden Verpflichtung des Verkäufers zu definieren:

Formulierungsvorschlag:

Die fristgerechte und vertragskonforme Vorlage der Lastenfreistellungsunterlagen an den Notar stellt eine vertragliche Nebenpflicht des Verkäufers im Sinne der §§ 280 ff. BGB dar.

Damit ist zumindest klargestellt, dass der Verkäufer nicht nur das Bemühen schuldet und dass sich aus der Verletzung dieser Verpflichtung die gesetzlichen Leistungsstörungsrechte herleiten.

bb) Definition der Leistungszeit

Im Regelfall sollte sich auch eine besondere Definition der Leistungszeit nicht zwingend aufdrängen, weil dazu die gesetzlichen Instrumentarien des § 271 BGB ausreichen. Wo es tatsächlich aber einmal auf klare zeitliche Regelungen ankommt, kann dies durch eine Ergänzung der vorstehenden Klausel erfolgen:

Formulierungsvorschlag:

Der Veräußerer ist verpflichtet, dem Notar die Lastenfreistellungsunterlagen bis zum *** [Datum] [**Alt.**: längstens bis zum Vorliegen aller übrigen Fälligkeitsvoraussetzungen] vertragskonform zu beschaffen.

cc) Definition der Rechtsfolgen

Schließlich kann es sich noch in besonderen Situationen anbieten, die Folgen der Verletzung der Vorlagepflicht zu regeln, abhängig davon, wie die Interessen der Beteiligten gestaltet sind.

Formulierungsvorschlag: Gesetzliche Verschuldensregeln

Der Verkäufer haftet dem Käufer nach den gesetzlichen Regeln für die Verletzung der Beschaffungsverpflichtung, wenn er diese zu vertreten hat.

Formulierungsvorschlag: Beschränkung der Haftung

Ansprüche des Käufers auf Schadens- und Aufwendungsersatz wegen der Verletzung dieser Verpflichtung werden hiermit ausdrücklich ausgeschlossen, es sei denn, es läge Vorsatz oder grobe Fahrlässigkeit vor.

Formulierungsvorschlag: Garantiehaftung

Für die vertragskonforme Vorlage der Lastenfreistellungsunterlagen hat der Verkäufer verschuldensunabhängig im Sinne einer Garantie einzustehen.

Für den Regelfall halte ich solche Vereinbarungen nicht für erforderlich. Sind Schwierigkeiten oder besondere Belastungen im Rahmen der Beschaffung der Unterlagen aber zu erwarten, bietet es sich an, über solche Vereinbarungen zumindest einmal nachzudenken.

2. Kündigung des Darlehensvertrages durch Anforderung der Löschungsbewilligung durch Notar

OLG München Hinweisbeschl. v. 21.2.2024 – 19 U 3711/23e

BeckRS 2024, 3290 = BKR 2024, 476 (Jungmann)

Die Anforderung der Löschungsunterlagen zu einem Kaufvertrag bei einem abzulösenden Finanzierungsinstitut ist tägliche Praxis des Notariats. Aus Sicht des Notars wichtig ist dabei, dass er von dem abzulösenden Gläubiger die grundbuchtauglichen Unterlagen und ggf. einen Treuhandauftrag erhält mittels dessen er diese verwenden kann. Hinzu kommt regelmäßig das Interesse des Käufers, ebenfalls in ein Sicherungsverhältnis zur abzulösenden Gläubigerin zu kommen, damit diesem ein direkter Anspruch auf Löschung erwächst (siehe dazu → 3.).

Was in der Abwicklungspraxis aber kaum interessiert, ist die Frage, welche rechtlichen (Aus-)Wirkungen die Anforderung der Löschungsunterlagen auf das Verhältnis zwischen Verkäufer und seiner Bank hat. Mit genau solch einem Fall hatte sich das OLG München nun zu befassen, wobei die Ausführungen im Rahmen eines Hinweisbeschlusses nach § 522 Abs. 2 S. 2 ZPO erfolgt sind.[129]

a) Sachverhalt

Der Eigentümer eines Wohnungseigentums hatte als Verbraucher 2009 einen Darlehensvertrag mit seiner Bank geschlossen und im Jahr 2014 für 15 Jahre prolongiert. 2021 wurde der Kaufvertrag über die Wohnung beurkundet, in dem sich der Verkäufer zur Löschung der zur Sicherung des Darlehens eingetragenen Grundschuld verpflichtete.

Im Rahmen der Abwicklung sandte der Notar das folgende Schreiben an die abzulösende Bank:

> „Sehr geehrte Damen und Herren,
> in vorbezeichneter Angelegenheit ist für ihre Bank ein Grundpfandrecht in Abt. Ill Nr. I in Höhe von 466.000,00 eingetragen. Ihr Darlehnsnehmer hat das Pfandobjekt veräußert und sich verpflichtet dafür zu sorgen, dass die für Sie eingetragene Grundschuld abgelöst wird. Eine einfache Abschrift der Kaufvertragsurkunde füge ich diesem Schreiben bei.
>
> Das für Sie eingetragene Recht soll im Grundbuch gelöscht werden. Ich bitte Sie deshalb im Namen aller Vertragsteile, also auch von Darlehnsnehmer und Erwerber, um Ihre Löschungsbewilligung in grundbuchtauglicher Form.
>
> Bitte teilen Sie mir – ggfs. mit entsprechendem Treuhandauftrag – den erforderlichen Ablösungsbetrag (einschließlich sämtlicher Nebenkosten wie Bearbeitungsgebühr oder Beglaubigungskosten) und evtl. anfallende Tageszinsen nebst Zahlungstermin mit. Geben Sie auch das Konto an, auf das gezahlt werden soll. Dem Eigentümer bitte ich eine Kopie Ihres Treuhandauftrages zuzuleiten."

In der Folge kam es zum Austausch verschiedener, teilweise sich widersprechender Schreiben.

Im anhängigen Verfahren nun wurde um die Berechtigung an der von der Gläubigerin geltend gemachten Vorfälligkeitsentschädigung gestritten, wobei die Verkäuferin geltend machte, sie habe keine Kündigung des Darlehens erklärt und entsprechend stünde der Bank auch keine Entschädigung zu, während umgekehrt die Bank argumentierte, im Schreiben

[129] OLG München BeckRS 2024, 3290.

des Notars sei zumindest konkludent eine Kündigung des Darlehens nach § 490 Abs. 2 BGB zu erkennen.

b) Einordnung

Das OLG München sah den (Verbraucher-)Darlehensvertrag von den gesetzlichen Regeln erfasst, die bei dessen Abschluss im Jahr 2009 galten, also noch vor der Umsetzung der Verbraucherkreditrichtlinie durch das Gesetz vom 29.7.2009.[130] Ob diese Bewertung angesichts der im Jahr 2014 erfolgten Prolongation zutreffend ist, sei hier dahingestellt.

Die Besonderheit bestand temporal darin, dass damit für das Darlehen die Bestimmungen des § 500 Abs. 2 BGB, die auch dem Darlehensnehmer eines Immobiliar-Verbraucherdarlehensvertrags das Recht auf vorzeitige Erfüllung geben, nicht anzuwenden waren und dem Darlehensgeber damit ein Anspruch auf die Vorfälligkeitsentschädigung nur im Falle der Kündigung des Darlehens nach § 490 Abs. 2 BGB zustand, soweit keine die Beendigung des Darlehens regelnde Vereinbarung geschlossen war.

c) Auslegung der Erklärung

Das OLG München kam zu dem Ergebnis, dass das vom Notar an die Bank gerichtete Schreiben als Kündigung des Darlehens zu verstehen sei. Dazu führt es aus:

> „cc) Das Schreiben konnte jedenfalls aus der allein maßgeblichen Sicht eines objektiven vernünftigen Dritten in der Position der Beklagten als Erklärungsempfängerin […] nicht anders verstanden werden, denn als – vollumfängliche – Kündigung des Darlehens. […] Darin kommt deutlich zum Ausdruck, dass die Kläger aufgrund der bereits erfolgten Veräußerung der Eigentumswohnung das Darlehensverhältnis mit der Beklagten vorzeitig mit Wirkung für die Zukunft beenden und den zu diesem Zeitpunkt noch offenen Restsaldo begleichen wollten. In dem Schreiben wird zudem das berechtigte Kündigungsinteresse der Kläger iSv § 490 Abs. 2 S. 2 BGB aF sowie Ziffer 10 Abs. 2 S. 2 der AGB dargelegt. Die Beklagte konnte die ihr gegenüber abgegebene Erklärung schon deshalb nur als Kündigung des Darlehensvertrages gemäß § 490 Abs. 2 S. 1,2 BGB aF sowie Ziffer 10 Abs. 2 S. 1,2 der AGB verstehen, weil den Klägern nach der damals maßgeblichen Rechtslage ein Recht auf vorzeitige Erfüllung – ohne Kündigung – nach § 500 Abs. 2 BGB in der ab 11.6.2010 geltenden Fassung (im Folgenden: aF) nicht zustand, weil diese Vorschrift noch nicht existierte. Selbst nach § 503 Abs. 1 BGB in der – danach – vom 11.6.2010 bis 20.3.2016 geltenden Fassung ist § 500 Abs. 2 BGB aF nicht anzuwenden auf Verträge wie den vorliegenden, bei denen die Zurverfügungstellung des Darlehens von der Sicherung durch ein Grundpfandrecht abhängig gemacht wird und zu Bedingungen erfolgt, die für grundpfandrechtlich abgesicherte Verträge und deren Zwischenfinanzierung üblich sind (s. auch Ziffer 9.5 S. 2 der AGB). Da ein objektiver Erklärungsempfänger in der Position der Beklagten, der über das Wissen verfügt, welches im Rechtsverkehr auch von ihm erwartet werden kann, wusste, dass eine Kündigung damals zwingende Notwendigkeit für eine vorzeitige Rückführung des Darlehens durch die Kläger war, musste er die Beauftragung des Notars durch die Kläger mit der Ertragung der Ablösebeträge und der entsprechenden Zahlungsmodalitäten redlicherweise als Kündigung und nicht lediglich als eine reine Abwicklungstätigkeit im Zuge der Durchführung des notariellen Kaufvertrags auslegen."[131]

Ausgelegt nach dem Empfängerhorizont – jedenfalls nach dem, den das Gericht als für Verträge aus 2009 relevant angesehen hat, galt: Da es 2009 nur die Kündigung gab, muss mit der Anforderung des Notars eine Kündigung gemeint gewesen sein – so jedenfalls das OLG München.

Auslegung ist immer eine Sache des Einzelfalls. Für Verträge, die nach den aktuell geltenden Regeln des Verbraucherdarlehensvertrages geschlossen sind, würde diese Auslegung wohl kaum greifen. Die Ablösung setzt hier gerade keine Kündigung voraus.

[130] BGBl. 2009 I 2355.
[131] OLG München BKR 2024, 476 (479 f.).

d) Bewertung

Ist die Auslegung des OLG tatsächlich richtig? Die Argumentation klingt zunächst logisch, sie beleuchtet die Gesetzeslage und sie scheint aus Sicht des Empfängers der Erklärung auch schlüssig.

aa) Notar als Vertreter?

Man könnte nun lange darüber diskutieren, ob der Notar hier überhaupt Vertreter oder Bote ist, ob er überhaupt Erklärungen im Hinblick auf den Darlehensvertrag abgibt oder dieser für das tatsächliche Treuhandverhältnis eigentlich gleichgültig ist. Aus Sicht des Notars betrachtet ist die Auslegung des OLG eher fernliegend. Richtig ist wohl, dass uns das Verhältnis zwischen Verkäufer und dem Gläubiger völlig egal ist und wir uns auch keine Gedanken dazu machen, weshalb die Bank uns wohl die Unterlagen übersendet. In der Regel halten wir sogar ausdrücklich fest, dass wir keinerlei Prüfung etwaiger Ablöseforderungen vornehmen – ein klares Zeichen, dass wir weder rechtsgeschäftliche Erklärungen hinsichtlich des Darlehens abgeben wollen noch können – und zwar weder als Bote noch als Vertreter.

Das alles aber wäre gleichgültig, ergäbe sich aus dem Empfängerhorizont dieser Erklärungsinhalt des Anforderungsschreibens. Das aber ist nicht der Fall.

bb) Kündigung allenfalls durch tatsächliche Ablösung

Tatsächlich blendet das OLG nämlich einen wesentlichen Aspekt des Geschehens vollkommen aus. Einen Aspekt, den auch die Banken regelmäßig kennen und der deshalb für das Verständnis der Erklärungen des Notars von erheblicher Bedeutung ist. Hinzu kommt, dass dieser Aspekt auch im Wortlaut des Gesetzes seinen Niederschlag findet.

Der Verkäufer will den Darlehensvertrag in der Regel frühestens dadurch kündigen, dass er mit den Mitteln des Käufers das Darlehen zurückführt. Würde er vorher kündigen begäbe er sich in der Regel in das Risiko, das Darlehen auch dann zurückführen zu müssen, wenn – gleich aus welchem Grund – der Kaufpreis tatsächlich nicht fließt. Wäre dem nicht so, würden die Darlehen vor Kaufpreiszahlung abgelöst. Dass Darlehensnehmer grundpfandrechtlich gesicherter Darlehen regelmäßig auf ein Darlehen nur dann die Rückführung leisten können, wenn der Käufer den Kaufpreis bezahlt, ist den Banken bekannt. Ihr „Empfängerhorizont" ist von dieser Kenntnis geprägt. Das OLG München hat diesen Gesichtspunkt ausgeblendet.

cc) Recht zur Rückführung

Die heute geltenden Regeln der Berechtigung zur Rückführung nach § 500 Abs. 2 BGB berücksichtigen schon in der Ausgestaltung des Ablöserechts diesen Aspekt – das hätte das OLG München ebenfalls im Auge haben sollen. Auch wenn § 500 Abs. 2 BGB nur für den Verbraucherdarlehensvertrag gilt, greift der vorstehende Aspekt der mangelnden Leistungsfähigkeit zur Ablösung ohne Kaufpreiszahlung und dem dementsprechend mangelnden Willen zur Kündigung auch für den allgemeinen Immobiliar-Kreditvertrag durch. Auch ein „Nicht-Verbraucher" will ein hypothekarisch gesichertes Darlehen nur zurückführen, wenn er die Kaufpreismittel erhält.

dd) Sicherungsvertrag als Anknüpfung

Übersehen hat das OLG schließlich, dass die Innehabung der Grundschuld ihre Grundlage aus Sicht der Bank nicht im Darlehensvertrag, sondern in der Sicherungsabrede hat. Auf diese wird durch den Notar eingewirkt, nicht auf das Darlehen.

§ 490 Abs. 2 BGB gibt dem Darlehensnehmer eines Grundpfandrechtsdarlehens zwar ein Kündigungsrecht aus wichtigem Grund – es besteht aber keine Kündigungspflicht. Stellt der Darlehensnehmer eine geeignete Ersatzsicherheit, kann die Löschung des Grundpfandrechts auch ganz ohne Kündigung des Darlehens vonstattengehen.

ee) Fazit

Gekündigt wird ein Immobiliar-(Verbraucher)Darlehensvertrag regelmäßig durch die Leistung der Ablösezahlung. So ist auch das Anforderungsschreiben des Notars zu verstehen.

Soll dies ausnahmsweise einmal anders sein, sollte ausdrücklich das Wort „Kündigung" Verwendung finden.

e) Besteht Handlungsbedarf für unsere Abwicklungsschreiben?

Die Muster der meisten Abwicklungsschreiben verhalten sich mit keinem Wort dazu, welche Auswirkungen die Anforderung auf den Darlehensvertrag hat. Das sollte nach den vorstehenden Ausführungen auch ausreichend und richtig sein. Da das OLG München mit der besprochenen Entscheidung nun die Idee in die Welt gesetzt hat, der Notar kündige den Darlehensvertrag, kann es sich für die Abwicklungsgestaltung möglicherweise empfehlen, zumindest mit einem Satz darauf hinzuweisen, dass das Anforderungsschreiben keine Gestaltungserklärungen hinsichtlich der durch die Grundpfandrechte etwa gesicherten Rechtsverhältnisse hat.

3. Exkurs: Anforderung der Löschungsunterlagen

Wenn schon das Anforderungsschreiben keine Auswirkungen auf die durch die Grundpfandrechte gesicherten Rechtsverhältnisse hat – was ist es dann? Schon mehrfach wurde an dieser Stelle erwähnt, was tatsächliches Ziel der Anforderungsschreiben des Notars hinsichtlich der Löschungsunterlagen ist:

1. Herstellung eines notarverfahrensrechtlichen Verwahrungs- und Nutzungsverhältnisses zwischen Notar und Grundpfandrechtsgläubiger,
2. Herstellung einer Löschungsverpflichtung zwischen Käufer und abzulösendem Gläubiger.

Für die Sicherheit des Käufers ist, jedenfalls bei leistungsfähigen Grundpfandrechtsgläubigern, das zweite Rechtsverhältnis von elementarer Bedeutung. Solange der Käufer nur mittelbar über das Rechtsverhältnis zwischen Verkäufer und seinem Gläubiger im Hinblick auf sein Sicherungsinteresse geschützt wird, hängt die Durchsetzung des Löschungsinteresses von diesem Rechtsverhältnis ab. Erst dann, wenn er einen eigenen Anspruch gegen den Grundpfadrechtsgläubiger (bei leistungsgefährdeten Gläubigern auch vormerkungsgesichert) erlangt hat, kann er sicher sein, dass seine Leistung auf den Treuhandauftrag an den Notar auch die sichere Löschung der nicht übernommenen Belastung bedeutet.

Mit der richtigerweise auch im Namen des Käufers erfolgenden Einholung der Lastenfreistellungsunterlagen und Herstellung einer Löschungsverpflichtung durch den Gläubiger zu Gunsten des Käufers[132] hat sich der Rückgewähranspruch des Sicherungsgebers automatisch in einen gerichtet auf Löschung konkretisiert. Einer Abtretung des Rückgewähranspruchs bedarf es auch nicht mehr. Kommt es also im weiteren Verfahren zu einer Pfändung des Rückgewähranspruchs auf Seiten des Verkäufers, dann nutzt diese Pfändung dem Pfändenden wenig. Der Abwicklung des Kaufvertrages kann diese damit auch nicht mehr schaden.

132 Der obligatorische Hinweis auf die Sinnhaftigkeit der Vormerkungssicherung bei unsicheren Gläubigern darf auch hier nicht fehlen.

IV. Mietrecht

1. Einführung: § 577a vs. § 573 BGB

In den letzten Jahren sind die Wohnraummieten in vielen Städten stark gestiegen. Auf Platz zwei der Städte mit den höchsten Mietpreissteigerungen liegt Berlin mit einem Plus von 26,7 Prozent bei Erst- und Wiedervermietungen. Ältere Bestandsmietverträge sehen in aller Regel deutlich niedrigere Mieten vor. Die Möglichkeiten des Vermieters, den Mietzins bei Bestandsmietverträgen anzupassen, sind beschränkt. Im Fall der Kündigung eines bestehenden Mietvertrags muss der Mieter folglich befürchten, für eine anzumietende vergleichbare Wohnung einen deutlich höheren Mietzins zu bezahlen. Eine ordentliche Kündigung ist bei einem unbefristeten Mietverhältnis über Wohnraum nur bei berechtigtem Interesse iSv § 573 BGB möglich.

Nach der Mieterschutzvorschrift des § 573 BGB liegt ein berechtigtes Interesse des Vermieters unter anderem vor, wenn der Vermieter die Räume der Wohnung für sich, seine Familienangehörige oder Angehörige seines Haushalts benötigt **(Eigenbedarf, § 573 Abs. 2 Nr. 2 BGB).** Um den Mieter bei der Umwandlung von vermieteten Räumen in Wohnungseigentum und der daraus resultierenden typischerweise erhöhten Gefahr der Eigenbedarfskündigung zu schützen, wurde in Ergänzung des Mietervorkaufsrechts des § 577 BGB eine Kündigungsbeschränkung in derartigen Konstellationen in **§ 577a BGB** eingeführt, die 2013 um einen Abs. 1a erweitert wurde (Erwerb durch GbR und anschließende Aufteilung, „Münchener Modell“).[133] In ihrem Anwendungsbereich schließt § 577a BGB die Kündigung wegen Eigenbedarfs bzw. zwecks angemessener wirtschaftlicher Verwertung der Immobilie (§ 573 Abs. 2 Nr. 2 und Nr. 3 BGB) grundsätzlich für drei Jahre ab Veräußerung aus. Nach § 577a Abs. 2 BGB kann diese Frist auf bis zu zehn Jahre verlängert werden, wenn keine ausreichende Versorgung der Bevölkerung mit Mietwohnungen zu angemessenen Bedingungen gewährleistet ist. Hiervon wurde vielfach Gebrauch gemacht und die Frist auf volle zehn Jahre verlängert. Eine von § 577a BGB zulasten des Mieters abweichende Vereinbarung ist unzulässig (§ 577a Abs. 3 BGB).

Im Anwendungsbereich von § 577a Abs. 1a BGB (Veräußerung an eine Personengesellschaft oder an mehrere Erwerber) findet die Kündigungsbeschränkung unter anderem keine Anwendung, wenn die Gesellschafter der erwerbenden Personengesellschaft oder die Erwerber **derselben Familie** oder demselben Haushalt angehören (§ 577a Abs. 1 S. 2 BGB). Was unter dem Tatbestandsmerkmal „Familie“ zu verstehen ist, wurde vom VIII. Zivilsenat des BGH in der nachfolgenden Entscheidung konkretisiert.

In 2023 hatte der V. Zivilsenat zu klären, ob ein dingliches Vorkaufsrecht der geschiedenen Ehefrau dem Mietervorkaufsrecht iSv § 577 BGB vorgeht, und diese Frage unter Verweis auf § 577 Abs. 1 S. 2 BGB (geschiedene Ehefrau als „Familienangehöriger“ in diesem Sinne) bejaht.[134]

[133] Vgl. hierzu Herrler in Herrler/Hertel/Kesseler ImmobilienR 2019 S. 71 ff.
[134] Kritisch hierzu Herrler in Herrler/Hertel/Kesseler ImmobilienR 2024 S. 98 ff.

2. „Cousin" kein Familienangehöriger iSv §§ 573 Abs. 2 Nr. 2, 577a Abs. 1a S. 2 BGB

a) BGH Urt. v. 10.7.2024 – VIII ZR 276/23

BGH Urt. v. 10.7.2024 – VIII ZR 276/23
NJW 2024, 2909 = NZM 2024, 837

Sachverhalt:

- Die Beklagten sind seit 2009 Mieter einer Wohnung in Berlin.
- Die klagende GbR erwarb das Gebäude und wurde 2014 als Eigentümer in das Grundbuch eingetragen.
- Im Zeitpunkt des Eigentumserwerbs waren zwei Cousins Gesellschafter der GbR.
- Infolge des Todes eines der beiden Gesellschafter traten dessen drei Kinder im Wege der Sonderrechtsnachfolge in die GbR ein.
- Die Klägerin kündigte das mit den Beklagten bestehende Mietverhältnis 2021 ordentlich wegen Eigenbedarfs eines der drei als Gesellschafter eingetretenen Kinder.
- Das AG hat die Klage auf Räumung und Herausgabe der Wohnung abgewiesen.
- Auf die Berufung der Kläger hat das LG die Beklagten zur Herausgabe verurteilt.

Entscheidung: Die Revision hat Erfolg. Nach Ansicht des BGH wurde das Mietverhältnis nicht durch die Kündigung beendet.

aa) Entsprechende Anwendung von § 573 Abs. 2 Nr. 2 BGB bei Eigenbedarf eines GbR-Gesellschafters

Die Kläger können sich zwar grundsätzlich gemäß § 573 Abs. 2 Nr. 2 BGB auf Eigenbedarf berufen. **Jedenfalls bis zum Inkrafttreten des MoPeG** konnte sich eine **GbR** nach höchstrichterlicher Rechtsprechung auf **Eigenbedarf (ihrer Gesellschafter)** berufen. Ob die Rechtslage aufgrund des Inkrafttretens des MoPeG anders zu beurteilen sei, lässt der BGH offen, da dieses vorliegend in zeitlicher Hinsicht nicht anwendbar sei. Denn es sei erst nach der Kündigung in Kraft getreten und entfalte keine rückwirkende Geltung für streitige Rechtsverhältnisse.

Auch sei vorliegend **keine anerkannte Ausnahme** vom Grundsatz, dass sich eine GbR auf den Eigenbedarf ihrer Gesellschafter berufen könne, einschlägig.

> „Nach der Rechtsprechung des Senats ist eine analoge Anwendung des § 573 Abs. 2 Nr. 2 BGB nur in den Fällen zu verneinen, in denen der **Gesellschaftszweck der (Außen-)GbR derart prägend** ist, dass der **personale Bezug** der Gesellschafter zur Gesellschaft und damit auch deren persönliches Nutzungsbedürfnis **vollständig in den Hintergrund tritt** und ein Mieter schon aufgrund dieses Gesellschaftszwecks redlicherweise nicht mit einem möglichen Eigenbedarf eines Gesellschafters oder dessen Angehörigen rechnen muss, so bei Publikums-, insbesondere Fondsgesellschaften."[135]

Hierfür sei vorliegend nichts ersichtlich. Eine Eigenbedarfskündigung durch eine GbR sei nicht schon deshalb ausgeschlossen, weil diese nicht lediglich zur Befriedigung des eigenen Wohnbedarfs der Gesellschafter gegründet wurde, sondern „Eigentümerin mehrerer Wohnungen und deshalb auch (immobilien-)wirtschaftlich tätig sei". Unschädlich ist ebenfalls, dass „der Gesellschafter, zu dessen Gunsten Eigenbedarf geltend gemacht werde, nur mit einem Sechstel am Gesellschaftsvermögen beteiligt sei."[136] Der Senat stellt klar, dass die analoge Anwendung von § 573 Abs. 2 Nr. 2 BGB bei „Eigenbedarf eines Gesellschafters […] **nicht auf kleine Gesellschaften mit einer geringen Zahl an Gesellschaftern** – und einem im Regelfall dementsprechend hohen Anteil jedes Gesellschafters

---

135 BGH NJW 2024, 2909 Rn. 19.
136 BGH NJW 2024, 2909 Rn. 18, 20.

am Gesellschaftsvermögen – **beschränkt**" sei.[137] Auch sei nichts dafür ersichtlich, dass die Gesellschafter eine Selbstnutzung nach ihrem Gesellschaftsvertrag ausgeschlossen hätten. Der Eigenbedarf eines Gesellschafters iSv § 573 Abs. 2 Nr. 2 BGB sei auch zu bejahen.

bb) Kündigung vor Ablauf der Sperrfrist iSv § 577a BGB

Allerdings sei die Eigenbedarfskündigung gemäß § 577a Abs. 1a S. 1 Nr. 1, Abs. 2 BGB iVm § 2 BlnKündigungsschutzklausel-VO 2013 unwirksam. Da die GbR die Immobilie, in der sich die streitgegenständliche Wohnung befindet, erst nach Überlassung der Wohnung an die Beklagte erworben habe und die Kündigung vom 16.8.2021 innerhalb der mit der Eintragung als Eigentümerin im Grundbuch am 5.3.2014 beginnenden zehnjährigen Kündigungssperrfrist (Verlängerung durch § 2 BlnKündigungsschutzklausel-VO 2013 auf zehn Jahre) erfolgte, könne sich die GbR grundsätzlich nicht auf Eigenbedarf als Kündigungsgrund berufen (§ 577a Abs. 1a S. 1 Nr. 1, Abs. 2 BGB iVm § 2 BlnKündigungsschutzklausel-VO 2013). Zwar sei § 577a Abs. 1a S. 1 Nr. 1 BGB gemäß § 577a Abs. 1a S. 2 BGB nicht anzuwenden, wenn die Gesellschafter derselben Familie angehören.

§ 577a BGB Kündigungsbeschränkung bei Wohnungsumwandlung

[…]

(1a) […] [2]Satz 1 ist nicht anzuwenden, wenn die Gesellschafter oder Erwerber derselben Familie oder demselben Haushalt angehören oder vor Überlassung des Wohnraums an den Mieter Wohnungseigentum begründet worden ist.

Die Eigenschaft als Familien- oder Haushaltsangehöriger sei nach den Vorstellungen der Gesetzesverfasser in Anlehnung an die zu § 573 Abs. 2 Nr. 2 BGB ergangene Rechtsprechung **typisierend unabhängig vom Vorliegen eines tatsächlichen Näheverhältnisses** zu konkretisieren.

„Nach der Rechtsprechung des BGH konkretisieren die Regelungen über ein **Zeugnisverweigerungsrecht aus persönlichen Gründen (§ 383 ZPO; § 52 StPO)** mit Rücksicht auf eine typisierte persönliche Nähebeziehung den Kreis der durch § 573 Abs. 2 Nr. 2 BGB – und damit auch durch § 577a Abs. 1a S. 2 BGB – privilegierten Familienangehörigen, und zwar unabhängig davon, ob tatsächlich eine persönliche Bindung besteht […]. Damit sind diejenigen Personen, denen das Prozessrecht ein Zeugnisverweigerungsrecht aus persönlichen Gründen gewährt, unabhängig vom Vorliegen eines tatsächlichen Näheverhältnisses Familienangehörige gem. § 573 Abs. 2 Nr. 2 BGB, zu deren Gunsten eine Eigenbedarfskündigung ausgesprochen werden kann […]. Für den im Streitfall in Rede stehenden privilegierten Personenkreis der Familie iSd § 577a Abs. 1a S. 2 BGB, zu dessen Gunsten die Kündigungsbeschränkung des § 577a Abs. 1 S. 1 Nr. 1 BGB nicht eingreift, gilt nichts anderes."[138]

Umgekehrt gehöre ein entfernterer Verwandter auch bei enger persönlicher Bindung zwischen ihm und dem Vermieter nicht zum privilegierten Personenkreis iSv § 573 Abs. 2 Nr. 2 BGB bzw. § 577a Abs. 1a S. 2 BGB. Der Senat betont, dass als „Familienangehörige" oder als „Familie" iSv § 573 Abs. 2 Nr. 2 BGB und § 577a Abs. 1a S. 2 BGB typisierend ausschließlich diejenigen Personen zu qualifizieren sind, die über ein Zeugnisverweigerungsrecht aus persönlichen Gründen gemäß § 383 ZPO, § 52 StPO verfügen. Ein konkretes, tatsächliches Näheverhältnis ist weder erforderlich noch hinreichend für die Bejahung der Eigenschaft als Familienangehörige bzw. Familie. Die vorstehend beschriebenen objektiven Kriterien gewährleisten **Rechtssicherheit und Planbarkeit** für alle Beteiligten.

[137] BGH NJW 2024, 2909 Rn. 20 aE.
[138] BGH NJW 2024, 2909 Rn. 27.

Leitsatz:

Familienangehörige im Sinne des Kündigungsschutzes sind ausschließlich diejenigen Personen, denen ein Zeugnisverweigerungsrecht aus persönlichen Gründen gemäß § 383 ZPO, § 52 StPO zusteht. Ein Cousin zählt selbst im Falle einer engen persönlichen Verbundenheit nicht zum privilegierten Personenkreis.

b) Stellungnahme

Die vorstehende Entscheidung ist zu begrüßen. Andernfalls wäre für die Wirksamkeit bzw. Unwirksamkeit der Eigenbedarfskündigung eine tatrichterliche Würdigung hinsichtlich des Bestehens bzw. Fehlens einer konkreten Nähebeziehung erforderlich, die kaum je zuverlässig vorhersehbar ist. Die Anknüpfung an § 383 ZPO, § 52 StPO gewährleistet Planbarkeit und Rechtssicherheit für alle Beteiligten.

Wenig überraschend sind auch die Ausführungen des BGH zur Eigenbedarfskündigung durch eine GbR. Er hält konsequent an seiner ständigen Rechtsprechung fest und enthält sich einer Entscheidung der vorliegend nicht entscheidungserheblichen Frage, ob das Inkrafttreten des MoPeG hieran etwas ändert.[139] Dies wird mitunter damit begründet, dass die GbR nunmehr ein eigenes, vom Gesetz anerkanntes Rechtssubjekt sei und daher – wie bei anderen rechtsfähigen Gesellschaften auch – ein etwaiger **Eigenbedarf eines Gesellschafters** ohne Relevanz sei. In der Sache hat sich durch das MoPeG in diesem Punkt aber nichts geändert. Es ist auch nicht erkennbar, dass der Gesetzgeber durch das MoPeG etwas an der durch die BGH-Rechtsprechung geformten Rechtslage ändern wollte. Seit Anerkennung der Teilrechtsfähigkeit der GbR wird berechtigterweise die Frage gestellt, weshalb ein Eigenbedarf der GbR-Gesellschafter überhaupt von Bedeutung sei. Eine relevante Änderung der maßgeblichen Rechtslage ist nicht eingetreten. Diejenigen Argumente, die für den BGH für eine Anerkennung des Eigenbedarfs auch der GbR-Gesellschafter ausschlaggebend waren, sind durch das MoPeG unberührt. Denn das MoPeG hat nichts an der Gesellschaftsstruktur der GbR verändert. Der Gesetzgeber hat lediglich die bisherige Rechtsprechung des BGH zur Rechtsfähigkeit der GbR in Gesetzesform gegossen und die Möglichkeit zur Eintragung in ein Gesellschaftsregister geschaffen. Die klassische GbR ist in ihrer Grundstruktur nach wie vor näher verwandt mit einer nicht-rechtsfähigen Personenmehrheit als mit einer juristischen Person oder mit einer Personenhandelsgesellschaft.

Mithin ist meines Erachtens davon auszugehen, dass das **MoPeG** in dieser Frage zu **keiner Änderung der bisherigen Rechtsprechung** führt.

3. Eigenbedarfskündigung bei überwiegend freiberuflicher Tätigkeit

a) BGH Urt. v. 10.4.2024 – VIII ZR 286/22

BGH Urt. v. 10.4.2024 – VIII ZR 286/22
NJW-RR 2024, 692 = NZM 2024, 501 = RNotZ 2024, 597; hierzu Börstinghaus LMK 2024, 816846

Leitsätze:

1. Beabsichtigt der Vermieter, die Mietwohnung nicht nur zu Wohnzwecken zu beziehen, sondern dort zugleich überwiegend einer (frei-)beruflichen Tätigkeit nachzugehen (hier: Betrieb einer Rechtsanwaltskanzlei), wird es für das Vorliegen eines berechtigten Interes-

[139] Zum Diskussionstand vgl. Seidel ZPG 2024, 94 ff. sowie die Nachweise in BGH NJW 2024, 2909 Rn. 17.

ses an der Beendigung des Mietverhältnisses im Sinne von § 573 Abs. 1 S. 1 BGB regelmäßig ausreichen, dass ihm bei verwehrtem Bezug ein beachtenswerter beziehungsweise anerkennenswerter Nachteil entstünde (Bestätigung von Senatsurteil vom 29. März 2017 – VIII ZR 45/16, BGHZ 214, 269 Rn. 44 f.).

2. Höhere Anforderungen gelten nicht deshalb, weil der Vermieter die an den Mieter überlassene Wohnung nach deren Umwandlung in Wohnungseigentum erworben und die Kündigung innerhalb eines Zeitraums erklärt hat, welcher der für Eigenbedarfs- und Verwertungskündigungen geltenden Kündigungssperrfrist gemäß § 577a Abs. 1, Abs. 2 BGB entspricht.

Sachverhalt:

- Die Beklagten bewohnen seit 1977 eine 3-Zimmer-Wohnung in Berlin.
- § 2 Nr. 2 des Mietvertrags sieht eine Kündigungsfrist von zwölf Monaten vor, wenn seit der Überlassung des Wohnraums zehn Jahre vergangen sind.
- Das Haus wurde 2013 in Eigentumswohnungen aufgeteilt.
- 2018 erwarb der Kläger das Eigentum an der streitgegenständlichen Wohnung.
- Er erklärte mit Schreiben vom 24.1.2021 die ordentliche Kündigung des Mietverhältnisses unter Berufung auf § 573 Abs. 1 BGB zum 31.10.2021. Zur Begründung führte er aus, er wolle die Räumlichkeiten für seine berufliche Tätigkeit als Rechtsanwalt mit einer Teilzeitkraft nutzen und dort seinen Wohnsitz begründen, nachdem ihm das Mietverhältnis über seine bisher genutzten Kanzlei- und Wohnräume gekündigt wurde.
- Die Klage auf Räumung und Herausgabe der Wohnung blieb vor dem AG erfolglos, das LG hat die Berufung zurückgewiesen.

Entscheidung: Die Revision hat Erfolg. Das Berufungsgericht sei zwar rechtsfehlerfrei davon ausgegangen, dass die Voraussetzungen einer Eigenbedarfskündigung iSd § 573 Abs. 2 Nr. 2 BGB nicht vorlägen, da die geplante geschäftliche Nutzung der Mieträume die private Nutzung überwiege. Auch die Anforderungen an eine Verwertungskündigung iSd § 573 Abs. 2 Nr. 3 BGB lägen nicht vor, da der Zweck der Kündigung nicht lediglich die Realisierung des materiellen Werts der Mieträume sei.

aa) Berechtigtes Interesse iSd § 573 Abs. 1 S. 1 BGB

Allerdings sei vorliegend ein **berechtigtes Interesse iSd § 573 Abs. 1 S. 1 BGB** anzunehmen. Sei keine der Fallgruppen des § 573 Abs. 2 BGB einschlägig, sei einzelfallbezogen und unter Abwägung der Interessen von Mieter (Bestandsinteresse) und Vermieter (Erlangungsinteresse) zu ermitteln, ob ein berechtigtes Kündigungsinteresse zu bejahen sei. „Ein solches Interesse setzt dabei zunächst voraus, dass der Vermieter **vernünftige Gründe** für die Inanspruchnahme der Wohnung hat, die den **(ernsthaft verfolgten) Nutzungswunsch nachvollziehbar** erscheinen lassen […]. Zudem kommt es darauf an, ob das vom Vermieter geltend gemachte Interesse **ebenso schwer wiegt wie die in § 573 Abs. 2 BGB beispielhaft aufgeführten** Kündigungsgründe.“[140]

„Bei der insoweit vorzunehmenden einzelfallbezogenen Feststellung und Abwägung der beiderseitigen Belange der betroffenen Mietvertragsparteien ist zu beachten, dass sowohl die Rechtsposition des Vermieters als auch das von diesem abgeleitete Besitzrecht des Mieters von der Eigentumsgarantie des Art. 14 Abs. 1 GG geschützt sind […]. Der Schutzbereich der Eigentumsgarantie für den Vermieter umfasst dabei nicht nur dessen Wunsch, die Wohnung zu privaten Zwecken zu nutzen, sondern auch dessen Absicht, sie für andere Vorhaben, insbesondere für eine wirtschaftliche Betätigung, zu verwenden.“[141]

[140] BGH RNotZ 2024, 597 Rn. 21.
[141] BGH RNotZ 2024, 597 Rn. 22.

1. **Schritt:** Vergleichbarer Regeltatbestand iSv § 573 Abs. 2 BGB. Für die einzelfallbezogen vorzunehmende Interessenbewertung und -abwägung, wann ein berechtigtes Interesse zur Kündigung iSv § 573 Abs. 1 BGB vorliege, böten die **Regeltatbestände des § 573 Abs. 2 BGB** einen **ersten Anhalt.** In einem ersten Schritt sei daher zu ermitteln, mit welchem Regeltatbestand das geltend gemachte Vermieterinteresse am ehesten vergleichbar sei.
2. **Schritt:** Weiterer, für das Erlangungsinteresse des Vermieters sprechender Gesichtspunkt.

„Darüber hinaus muss – da die Tatbestandsmerkmale der typisierten Regeltatbestände nicht vollständig erfüllt sind, das angeführte Interesse jedoch ebenso schwer wiegen muss – ein weiterer, für das Erlangungsinteresse des Vermieters sprechender Gesichtspunkt gegeben sein."[142]

Vorliegend weise das Kündigungsinteresse des Vermieters eine größere Nähe zu § 573 Abs. 2 Nr. 2 BGB als zu § 573 Abs. 2 Nr. 3 BGB auf.

Für den erforderlichen weiteren, für das Erlangungsinteresse des Vermieters sprechenden Gesichtspunkt sei „jedoch nicht erforderlich, dass die Vorenthaltung der Mieträume für den Vermieter einen gewichtigen Nachteil begründet; vielmehr genügt bereits ein **beachtenswerter Nachteil.** Daher ist dem Erlangungsinteresse des Vermieters in solchen Fällen regelmäßig der Vorzug vor dem Bestandsinteresse des Mieters zu geben, wenn der **ernsthaft verfolgte Nutzungswunsch von vernünftigen und nachvollziehbaren Gründen getragen** ist und dem Vermieter bei einem ihm verwehrten Bezug der Mieträume ein nach den Umständen des Falls anerkennenswerter Nachteil entstünde, was bei einer auf nachvollziehbaren und vernünftigen Erwägungen beruhenden Lebens- und Berufsplanung des Vermieters aufgrund lebensnaher Betrachtung häufig der Fall sein dürfte.

Höhere Anforderungen werden allerdings dann zu stellen sein, wenn die Nutzung zu Wohnzwecken einen völlig untergeordneten Raum einnimmt".[143]

bb) Keine wortlautübersteigende Auslegung von § 577a BGB

Entgegen der Ansicht des Berufungsgerichts strahle § 577a BGB nicht dergestalt auf § 573 Abs. 1 BGB aus, dass im Anwendungsbereich dieser Vorschrift erhöhte Anforderungen an das berechtigte Interesse zu stellen sind. Vielmehr beschränke sich der Anwendungsbereich der **eng auszulegenden Ausnahmevorschrift** des § 577a BGB auf die explizit in Bezug genommenen Regelungen in § 573 Abs. 2 Nr. 2 und Nr. 3 BGB. Folglich lasse sich nicht unter Verweis auf § 577a BGB begründen, dass seitens des kündigenden Vermieters ein beachtenswerter Nachteil nicht genüge, sondern ein gewichtiger Nachteil erforderlich sei, auch dann, „wenn der Vermieter sein berechtigtes Interesse an der Kündigung aus Umständen herleitet, die einer Eigenbedarfssituation ähneln."[144]

b) Berufs- oder Geschäftsbedarf des Vermieters als berechtigtes Kündigungsinteresse

In der vorliegenden Entscheidung wollte der Vermieter die Wohnung zwar auch zu Wohnzwecken nutzen, plante aber, dort überwiegend einer freiberuflichen bzw. gewerblichen Tätigkeit nachzugehen **(Mischnutzung).** Für diese Konstellation gelten die vorstehend dargestellten Grundsätze für die Ermittlung des berechtigten Kündigungsinteresses.

Möchte der Vermieter die Wohnung hingegen ausschließlich zu geschäftlichen Zwecken nutzen, besteht eine größere Nähe zu § 573 Abs. 2 Nr. 3 BGB (Verwertungskündigung). Soll der Mieter „**allein aus geschäftlich motivierten Gründen** von seinem räumlichen Lebensmittelpunkt verdrängt werden […], muss der Fortbestand des Wohnraummietver-

[142] BGH RNotZ 2024, 597 Rn. 24.
[143] BGH RNotZ 2024, 597 Rn. 26.
[144] BGH RNotZ 2024, 597 Rn. 31.

hältnisses für den Vermieter einen Nachteil von einigem Gewicht darstellen, was etwa dann anzunehmen sein kann, wenn die geschäftliche Tätigkeit andernfalls nicht rentabel durchgeführt werden könnte oder die konkrete Lebensgestaltung die Nutzung der Mietwohnung erfordert (zum Beispiel gesundheitliche Einschränkungen, Betreuung von Kindern oder pflegebedürftigen Personen)."

Ist die geplante **geschäftliche Nutzung** hingegen **von untergeordneter Bedeutung**, dürfte § 573 Abs. 2 Nr. 2 BGB unmittelbar einschlägig sein.[145]

[145] BGH NJW 2017, 2024 Rn. 44.

V. Verlängerung der Annahmefrist muss nicht bei Vormerkung eingetragen werden

Es ist eine wiederkehrende Freude, Entscheidungen zur Vormerkung vorstellen zu dürfen. Manche dieser Entscheidungen sind von nur geringer praktischer Relevanz – wie beispielsweise die im letzten Jahr dargestellte Entscheidung zum gutgläubigen Zweiterwerb der Vormerkung. So interessant diese rechtsdogmatisch auch ist, so wenig praktische Auswirkungen hat sie – Thema also eher des Hörsaals als des Beurkundungszimmers. Im März des vergangenen Jahres hat der V. Senat allerdings wieder einmal Gelegenheit gehabt, sich zu einem praktisch wichtigen Thema der Vormerkung zu äußern, nämlich zur Eintragungsbedürftigkeit bei und der Sicherungswirkung der Vormerkung im Fall der Verlängerung einer Angebotsfrist.

1. Kurzüberblick: Die Entwicklung der Rechtsprechung zur Wieder- und Weiterverwendung

Der BGH hatte in den letzten 25 Jahren wiederholt Anlass, sich mit den Fragen der Wieder- und Weiterverwendung der Vormerkung auseinanderzusetzen. Wagen wir dazu noch einmal einen Kurzüberblick:

a) BGH Urt. v. 26.11.1999 – V ZR 432/98 (Wiederverwendung)

Sachverhalt:

Am 19.9.1996 wurde ein Kaufvertrag beurkundet, die Vormerkung dazu wurde am 16.10.1996 in das Grundbuch eingetragen. Mit Urkunde vom 11.11.1996 wurde der bestehende Kaufvertrag aufgehoben und ein neuer Kaufvertrag zwischen denselben Beteiligten über dasselbe Grundstück geschlossen und die Vormerkung erneut bewilligt, aber ausdrücklich auf Löschung und eine neue Eintragung verzichtet.
Am 2.12.1996 wurde eine Höchstbetragshypothek über 145.000 DM eingetragen.

BGH: Die Vormerkung setzt sich durch!

Entscheidungsbegründung:

- Was für die Entstehung dinglicher Rechte Einigung und Eintragung ist, ist für die Vormerkung die Bewilligung iSd § 885 BGB und die Eintragung.
- Eintragungsinhalt ist ausschließlich die dingliche Komponente, also der Anspruchsinhaber und das Anspruchsziel, nicht aber die konkrete schuldrechtliche Grundlage.
- Bewilligung und Einigung stellen parallele Entstehungskomponenten dar.
- Wirksamkeit ab neuer Bewilligung.

Kritik: Eintragungsinhalt ist der Anspruch, nicht allein das Anspruchsziel. Die Parallele zu den dinglichen Rechtspositionen ist einfach zu kurz. Der ganze Anspruch steckt in der Vormerkung.

Folge:

- Vormerkungen können bei identischem Anspruchsziel und Inhaber weiterverwendet werden.
- Die dingliche Wirkung entsteht allerdings erst mit der relevanten Bewilligung – auch ohne dass diese neu verzeichnet wird.

- Die neue Bewilligung ist materiell formlos und mangels Erfordernisses des Grundbuchvollzugs auch nicht verfahrensrechtlich formbedürftig.

Neben den rechtsdogmatischen Bedenken gegen die Überlegungen stören vor allem zwei wesentliche

Nachteile:

- Die Löschung von Vormerkungen mittels Unrichtigkeitsnachweis nach § 22 GBO wird erschwert bzw. teilweise unmöglich.
- Das Grundbuch gibt nicht mehr sicher Auskunft über den Bestand und die Grundlage der Vormerkungswirkungen. Entsprechend gibt es Raum für „vollstreckungsvermeidende" Gestaltungen.

b) BGH Urt. v. 7.12.2007 – V ZR 21/07 (Voraussetzungserleichterung)

Sachverhalt:

Im Rahmen eines Übergabevertrages war ein vormerkungsgesicherter Rückübereignungsanspruch für den Fall der Verfügung über das Grundstück vereinbart worden. Einige Jahre später vereinbarten die Beteiligten notariell, dass dieser auch im Fall der Insolvenz und bei Zwangsvollstreckungsmaßnahmen ausgeübt werden kann. In der Folge fällt die Übernehmerin in die Insolvenz. Der Insolvenzverwalter verweigert die Übereignung. Es wird aus der Vormerkung vorgegangen.

BGH: Die Vormerkung setzt sich durch!

Entscheidungsbegründung:

- Die Überlegungen sind die gleichen wir zur Entscheidung aus 1999.
- Wenn schon vollständig erneuert werden kann, dann können auch Anspruchserleichterungen vereinbart werden.
- Wirksamkeit der Erweiterungen ab deren Bewilligung.

Kritik: (Wie schon zuvor) Eintragungsinhalt ist der Anspruch, nicht allein das Anspruchsziel; allerdings logische Folge von V ZR 432/98.

Folge:

- Eine Erweiterung von (erleichternden) Anspruchsvoraussetzungen ist bei identischem Anspruchsziel und Inhaber möglich.
- Die dingliche Wirkung hinsichtlich der Erweiterungen entsteht allerdings erst mit der relevanten Bewilligung – auch ohne dass diese neu verzeichnet wird.
- Die neue Bewilligung ist materiell formlos und mangels Erfordernisses des Grundbuchvollzugs auch nicht verfahrensrechtlich formbedürftig, allenfalls ist es der schuldrechtliche Anspruch (Beispiel: § 311b BGB).

c) BGH Beschl. v. 3.5.2012 – V ZB 258/11 und V ZB 112/11 (Bindung an Bewilligung)

Sachverhalt:

Im Rahmen eines Übergabevertrags vereinbarten die Beteiligten zum Rückforderungsrecht folgendes:

> „Das Rückforderungsrecht des Übergebers ist nicht übertragbar und nicht vererblich. […] Zur Sicherung des Rückforderungsrechts bestellt der jeweilige Erwerber hiermit dem Übergeber eine Rückauflassungsvormerkung […] und bewilligt, […] deren Eintragung."

Nach dem Tod des Übergebers beantragte der Eigentümer die Löschung der Vormerkung. Das Grundbuchamt lehnte diese mit Verweis auf „Wiederverwendung" und „Erweiterung" ab.

BGH: Die Vormerkung kann nach § 22 GBO gelöscht werden!

Entscheidungsbegründung: Die Überlegungen sind zunächst die gleichen wie zu den Entscheidungen aus 1999 und 2007:

- Anspruch, Bewilligung und Vormerkung müssen bestehen können.
- Zeitliche Reihenfolge ist irrelevant.
- Alle drei müssen sich entsprechen („kongruent sein").
- (Neu?): Auch in der Bewilligung angelegte Anspruchsbeschränkungen wie „unvererblich" und „nicht abtretbar" beschränken den Sicherungsinhalt der Vormerkung.
- (Nebulös): Der Bewilligungsinhalt beschränkt die Wiederverwertbarkeit.
- Neben der bedingten oder befristeten Vormerkung gibt es auch die Vormerkung für bedingte oder befristete Ansprüche.

Kritik:

- Im Grunde widersprechen sich die Entscheidungen aus 2007 und 2012 einfach – dinglich gibt es keinen Unterschied zwischen einem zeitlich befristeten und einem durch den Eintritt eines Ereignisses bedingten Anspruchs.
- Auswechslung der Überlebensbedingung des Schuldners ist nichts anderes als Auswechslung der Überlebensbedingung des Gläubigers – beides spielt auf Anspruchsebene, nicht auf Ebene des dinglichen Anspruchsziels.
- Unklar, was Inhalt der Bewilligung ist – auch KV und ÜV lagen vor.
- Der BGH versucht die grundbuchverfahrensrechtlichen Folgen seiner Entscheidungen aus 1999 und 2007 zu mildern, ohne dass dem ein praxistaugliches Konzept zugrunde liegt.

2. Die aktuelle Entscheidung

BGH Urt. v. 8.3.2024 – V ZR 176/22

ZfIR 2024, 334 mAnm Zimmer = WM 2024, 1618 = BeckRS 2024, 10658 = JuS 2024, 980 (Omlor) = LMK 2024, 816842 (Kern) = FamRZ 2024, 1230 = MDR 2024, 769 = NotBZ 2024, 293 mAnm Krauß = RNotZ 2024, 456

a) Sachverhalt

Im Jahr 2014 wurde zu Gunsten der Ehefrau des (Schein-)Eigentümers ein bis zum 31.12.2016 befristetes Angebot auf schenkweise Übertragung einer Eigentumswohnung beurkundet und zur Sicherung des künftigen Übereignungsanspruchs eine Vormerkung im Grundbuch eingetragen. Am 7.10.2016 wird ein Widerspruch gegen die Eigentümerstellung des Anbietenden eingetragen. Am 18.10.2016 verlängert dieser die Annahmefrist bis 2026. Nach Wiedereintragung des echten Eigentümers verlangt dieser die Löschung der Vormerkung (unter anderem) wegen des Ablaufs der ursprünglichen Frist des Angebotes.

BGH: Die Vormerkung ist weiter wirksam!

b) Entscheidungsbegründung

- Kein Löschungsanspruch nach § 894 BGB: Keine Unwirksamkeit der Vormerkung (nicht § 886 BGB, da Anspruch gegeben):
  - Vormerkung 2014 (gutgläubig) erworben – Bewilligung und Eintragung,
  - künftiger Anspruch ist vormerkungsfähig,
  - Verlängerung der Angebotsfrist erfordert keine neue Vormerkung:
    - künftiger Anspruch bleibt unverändert, nur Zeitraum modifiziert,
    - kein Problem der Wiederverwendung,
    - Publizitätsfunktion des Grundbuchs nicht beeinträchtigt (Annahme nicht publik),
    - kein Risiko der Entwertung der Vormerkung.
- Keine neue Bewilligung!
- Materiell könne noch während der laufenden Frist angenommen werden und Gläubiger und Schuldner das gleiche Ergebnis durch Annahme und bedingten Aufhebungsvertrag erreichen.

c) Kritik

- Richtig setzt die Entscheidung nicht an den grundbuchrechtlichen Themen der Wiederverwendung und Notwendigkeit der Eintragung an.
- Ebenso richtig erfolgt die Auseinandersetzung ausschließlich auf Ebene des gesicherten Anspruchs.
- Für die Praxis überaus hilfreich.
- Ist aber die Wertung zutreffend? Gleiches Ergebnis kann durch anderweitige Gestaltung erzielt werden; das aber setzt Mitwirkung des Schuldners voraus, die gerade für Vormerkungswirkungen irrelevant ist.
- Entscheidend: Erfüllungsfähigkeit bei Verlängerung noch gegeben?

d) Erfüllungsfähigkeit bei Verlängerung

Zentraler Unterschied dieser Entscheidung zu den anderen: Bislang ging es um Themen der Entstehung der Vormerkung und letztlich um die (grundbuchrechtliche) Frage, ob und was bei Wiederverwendung eingetragen werden muss. Wirkung: Immer erst ab Bewilligung – keine Fortwirkung der Vormerkung. Hier: Fortwirkung der Vormerkung in Änderungsfällen.

> Entscheidend: Ist es erforderlich, dass der Schuldner bei der Änderung noch erfüllungsfähig ist?

e) Bewertung

Der BGH spricht vom gleichen Anspruch – das ist für die Frage der Erforderlichkeit einer erneuten Bewilligung (nach meiner Meinung einer erneuten Eintragung) wichtig. Für die Frage der Fortwirkung ist das irrelevant.

Im vorliegenden Fall hätte die Ehefrau das Angebot bei Verlängerung annehmen können und so die Wirkungen der Vormerkung zum Tragen gebracht; der echte Eigentümer hätte nach § 888 BGB mitwirken müssen. Entsprechend konnte der Scheineigentümer Eigentum verschaffen. Entsprechend kann er auch verlängern.

3. Praxis

Vormerkungen wiederzuverwenden und zu erweitern, ist praktisch und spart Geld! Wo soll das Problem sein? In der Praxis taucht das Problem vor allem bei der Löschung alter Vormerkungen auf, die selbst (nicht der gesicherte Anspruch!) nicht befristet oder (grundbuchverfahrenstechnisch belegbar) bedingt sind. Insolvenz- und Vollstreckungsrechtler rügen die mangelnde Transparenz. Sonst? Eigentlich kein Problem! Was also stört?

a) Die rechtsdogmatischen Grundlagen

Das Verständnis des hier besprochenen Fragekomplexes kann auf zwei Kernelemente heruntergebrochen werden:

1. Was wird eigentlich im Grundbuch eingetragen? Der Anspruch oder das Anspruchsziel? Es ist die Eintragung, die den Rahmen des Anspruchsschutzes vorgibt.
2. Wann beginnen die Vormerkungswirkungen? Es ist die Rechtsentstehung, die den Wirkungsbeginn definiert.

Zu 1: Was wird eigentlich im Grundbuch eingetragen? Der Anspruch oder das Anspruchsziel?

- **Vor der BGH-Entscheidung aus 1999:** Herrschende Meinung: Es ist der ganz konkrete Anspruch, der in der Vormerkung steckt – die Vormerkung ist also nur der „Anzeiger" des Anspruchs. Ergo: Die Vormerkung ist ein „Einweg-Eintrag" – jede Änderung des Anspruchs bedarf der Eintragung (beispielsweise auch die Fristverlängerung eines Angebots).
- **Seither:** Es ist neben dem Gläubiger nur das dingliche Anspruchsziel, das der Eintragung bedarf – die Bewilligung bindet diese an den bzw. einen Anspruch. Konsequent insoweit BGH 2007: Erweiterte Bewilligung bindet auch!
- **Nebulös 2012:** Teile dessen, was Bewilligung ist, können durch die Anwendung von § 874 BGB analog zum Eintragungsinhalt werden – so Bedingungen, Befristungen, Abtretbarkeit und Vererblichkeit. Was der BGH hier zusammenentschieden hat, ist ein rechtsdogmatisches Kuddelmuddel:
  - Stringent (wenn auch falsch) wäre es gewesen, es bei 1999 und 2007 zu belassen: Nur der Berechtigte und das dingliche Anspruchsziel sind Gegenstand der Vormerkung, die (sachenrechtliche) Bewilligung bindet diese an einen Anspruch.
  - Zumindest denkbar ist die Unterscheidung zwischen § 885 BGB und § 19 GBO.
  - Wenn aber die (verfahrensrechtliche) Bewilligung selbst über § 874 BGB Eintragungsinhalt wird, ist wegen der anfänglich regelmäßig identischen Bewilligung nach § 885 BGB und § 19 GBO der Anspruch Eintragungsinhalt.
  - Kernfehler: Bewilligung des § 885 BGB ist keine materiellrechtliche Erklärung – sie ist verfahrensrechtlicher Ersatz der einstweiligen Verfügung.

Zu 2: Wann beginnen die Vormerkungswirkungen?

Die Vormerkungswirkungen beginnen zwingend frühestens mit der Eintragung der Vormerkung – das ist Wortlaut des § 883 Abs. 2 BGB. Interessant ist aber bei allen Änderungen, wann diese für einen konkreten (an die Vormerkung „bewilligten") Anspruch beginnen. Das ist nach dem BGH mit der materiellen (§ 885 BGB) „Bewilligung" der Fall: Zu diesem Zeitpunkt muss der Schuldner dem Gläubiger gegenüber (!) die Erfüllungskompetenz besitzen, unmittelbar oder mittelbar (beispielsweise über die bestehende Vormerkung).

b) Wiederverwendung

Die Rechtslage in den Fragen der Wiederverwendung der Vormerkung scheint relativ klar: Ganz davon abgesehen, dass man Vormerkungen idealerweise nicht wiederverwendet, sind die Fälle, in denen das geht, die folgenden:

- Gläubiger, Schuldner und Anspruchsziel sind identisch.
- Zu bedingten, befristeten, nicht abtretbaren oder unvererblichen Ansprüchen als solchen verfahrensrechtlich bewilligte (§ 874 BGB) Vormerkungen können nur für entsprechende Ansprüche wiederverwendet werden.

Nicht mit alter Vormerkung sicherbar sind also beispielsweise:

- Eigentumsverschaffungsanspruch des neuen Käufers nach gescheitertem Kaufvertrag, generell jeder Anspruch eines anderen Gläubigers.
- Anspruch gegen einen neuen Schuldner.
- Anspruch an einem anderen oder weiteren Grundstück oder größeren Grundstückteil.
- Anspruch auf ein anderes oder inhaltserweitertes Recht.

Die Einschränkung des dinglichen Anspruchsziels, beispielsweise die Übertragung nur noch eines halben Grundstücks, ist auch durch die alte Vormerkung gesichert.

Weniger: JA. Mehr oder anderes: NEIN.

Wer also Vormerkungen wiederverwendet, sollte das idealerweise nur für solche Vormerkungen nutzen, die keine der genannten Beschränkungen aufweisen.

Bekomme ich Vormerkungen mit den Entscheidungen aus 2012 nun leichter gelöscht? Im Grunde müsste das der Fall sein. Meine Erfahrung aber: Es funktioniert kaum jemals. Grund: Auch die Grundbuchämter wissen nicht wirklich, was nun Inhalt der Bewilligung ist und was nicht. Dabei wäre die Lösung so einfach: Das Grundbuch darf seinen Kenntnisstand zugrunde legen – verfahrensrechtlich gilt nur als existent, was eingetragen ist.

c) Teiländerung des gesicherten Anspruchs

Praktisch einziger Fall: Erweiterung der Rückforderungsgründe. Im Grunde stellt dies einen Fall der Novation dar. Der Übereignungsanspruch für den Fall der Verfügung ist ein neuer Anspruch zu dem wegen Insolvenz. Es gelten also die Überlegungen zur Novation entsprechend:

- Gläubiger, Schuldner und Anspruchsziel sind identisch.
- Zu bedingten, befristeten, nicht abtretbaren oder unvererblichen Ansprüchen als solchen verfahrensrechtlich bewilligte (§ 874 BGB) Vormerkungen können nur für entsprechende Ansprüche wiederverwendet werden.

Neue Schuldgründe stellen hingegen kein Problem dar.

d) Neue Bewilligung = Neue Eintragung?

Die Besonderheit an den Entscheidungen des BGH ist gerade, dass die Vormerkung sowohl bei der Wiederverwendung wie der Erweiterung keiner Eintragung, sondern nur der materiell-rechtlichen Bewilligung bedarf.

Macht es für den Rechtsgestalter Sinn, davon Gebrauch zu machen? Das Problem ist, dass durch die Entscheidungen aus dem Jahr 2012 nicht wirklich sicher ist, was denn (durch analoge Anwendung des § 874 BGB) zum Inhalt des Grundbuchs geworden ist. Reicht die alte Vormerkung wegen wie auch immer beschränkter Bewilligung nicht, gibt es für den neuen Anspruch keinen Vormerkungsschutz. Die Wiederverwendung kann sich risikolos also nur in eindeutigen Fällen (BGH 1999!) empfehlen.

e) Löschungsproblematik verhindern?

In der Praxis wird sich aber regelmäßig weniger die Frage der Wiederverwendung als die nach deren nachweissicherer Verhinderung stellen – man will die Vormerkung leicht löschbar lassen.

Liegt das Heil in der Gestaltung der Bewilligung? Der BGH stellt in den 2012er Entscheidungen wesentlich auf die Gestaltung der Bewilligung ab. Ist es sinnvoll, bewusst die Bewilligung weiter oder enger zu formulieren und damit zu bestimmen, was (über die Bezugnahme) Grundbuchinhalt wird? Nein! Das ist zum einen lästig, zum anderen aber auch unsicher. Im Ergebnis bleibt es sinnvoll, nicht an Anspruch und/oder Bewilligung, sondern an der Vormerkung selbst anzusetzen. Auflösend bedingt, befristet oder sonst grundbuchlich nachweisbar beendet sollte sie sein.

f) Die Verlängerung von Fristen

In der aktuellen Entscheidung war es nicht die Frage der Eintragung, sondern die nach der Verlängerung der Annahmefrist, die die Wirksamkeit bestimmte. Bleibt der Anspruch der gleiche, sind Fristverlängerungen möglich. Man sollte aber nicht verkennen, dass das keinen Freibrief bedeutet.

Entscheidend ist nach dem BGH: **Hat der Schuldner zum Zeitpunkt der Verlängerung/Veränderung die Erfüllungsfähigkeit?** Es gilt damit nicht für jede Frist und nicht für jede Konstellation. Im konkreten Fall lag ein unbedingtes Angebot vor – kein Problem. Was aber ist in folgendem Fall?

Fallbeispiel:

Bauer B hat am 1.7.2023 mit Erschließungsträger E einen vormerkungsgesicherten Kaufvertrag unter der zwingenden aufschiebenden Bedingung des Inkrafttretens eines Bebauungsplans bis zum 31.12.2024 geschlossen. Am 1.7.2024 wurde C unter Übernahme der Vormerkung als neuer Eigentümer im Grundbuch eingetragen. Heute kommen B und E zum Notar, um die Frist bis zum 31.12.2025 zu verlängern.
Neue Grundbucheintragung der Vormerkung? Eindeutig nein: Es ist derselbe Anspruch.
Ist die Verlängerung dem Eigentümer gegenüber wirksam? Auf den ersten Blick möchte man meinen, das sei so, da nur die Frist verlängert worden ist, der Anspruch aber derselbe bleibt. Nur: War der Schuldner bei der Verlängerung (noch) verfügungskompetent?

- Eigentum? (-)
- Möglichkeit, das Ergebnis anderweitig herzustellen? (-)

Da die Bedingung nicht eingetreten ist, kann der Schuldner dem C gegenüber nicht mehr wirksam verfügen. Entsprechend kann auch die Vormerkungswirkung nicht verlängert werden!

Auch wenn es der BGH nur sehr verklausuliert sagt: Damit die Verlängerung der Vormerkungswirkung vom Schuldner herbeigeführt werden kann, muss der Anspruch so ausgestaltet sein, dass dieser vor der Änderung eine gegenüber dem Drittberechtigten wirksame dingliche Rechtsänderung getragen hätte.

- Im BGH-Fall hätte die Berechtigte bei Verlängerung der Frist annehmen können, was die wirksame Übereignung zur Folge gehabt hätte. Es bestand zwar kein Eigentum mehr – durch die Vormerkung konnte dieses aber erlangt werden.
- Im Beispielsfall ist die Bedingung nicht gegeben, sodass eine Zustimmung von C nach § 888 BGB nicht hätte erlangt werden können.

Meines Erachtens sollte in den Verlängerungsfällen peinlich darauf geachtet werden, dass nicht auf eine Fristverlängerung vertraut wird, wenn gerade keine Erfüllungsfähigkeit mehr besteht. Im Vorfeld kann dies auch gestaltet werden, beispielsweise durch:

- „Bedingungsfiktion" durch Erklärung,
- unbefristete Angebote (Achtung AGB!), Bedingungseintritte etc. gekoppelt mit bloßem Rücktrittsrecht.

Wichtig:

Der Gläubiger muss das dingliche Ergebnis selbst herbeiführen können, ohne der Mitwirkung des Schuldners zu bedürfen (sonst kein Vormerkungsschutz).

g) Die Veränderung von Gegenleistungen

Unproblematisch dürften allerdings bloße Veränderungen von Gegenleistungen sein, und zwar sowohl hinsichtlich der Erforderlichkeit einer Eintragung wie auch hinsichtlich der Frage der Wirksamkeit. Der BGH hatte dazu schon 1999 ausgeführt:

> „Lediglich die Kaufmodalitäten, insbesondere die Höhe des Kaufpreises und die Fertigstellungsverpflichtung der Verkäuferin, wurden geändert. Dies führte jedoch nicht zu einer inhaltlichen Änderung des Übereignungsanspruchs, denn die vorgenommenen Modifizierungen bezogen sich nur auf die von der Vormerkung nicht umfassten weiteren Ansprüche der Parteien."

Ein Verzicht auf die Kaufpreiszahlung ist beispielsweise keine Anspruchsänderung. Ob diese einem Dritten gegenüber wirksam ist, ist Frage des Anfechtungsrechts, nicht der Vormerkung.

h) Die Übernahme einer Vormerkung

Sehen wir uns schließlich noch den Fall an, wenn die Vormerkung nicht erweitert oder wiederverwendet, sondern im Rahmen einer Grundstücksübertragung übernommen wird.

Fallbeispiel:

Die Gemeinde verkauft ein Grundstück, wobei sich der Käufer verpflichtet, dieses zu bebauen. Dies wird durch ein Wiederkaufsrecht mit Auflassungsvormerkung gesichert. Das Grundstück soll vor Bebauung verkauft werden.
Variante 1: Der Käufer übernimmt die Bebauungsverpflichtung im Innenverhältnis. Die Verpflichtung gegenüber der Gemeinde bleibt unverändert gegenüber dem Erstkäufer und ist weiterhin durch die bestehenbleibende Vormerkung abgesichert.
Variante 2: Die Bauverpflichtung wird ebenso wie die Rückübereignungsverpflichtung übernommen. Die **Schuldübernahme** muss dann **aufschiebend bedingt mit Eigentumserwerb** (Eigentumsumschreibung im Grundbuch) erfolgen. Würde eine Schuldübernahme vor Eigentumsumschreibung erfolgen, so wäre der Eigentümer nicht mehr verpflichtet – und würde die Vormerkung mit diesem Zeitpunkt erlöschen. Ausgetauscht wird allerdings der **Vormerkungsverpflichtete.** Der ist aber nie im Grundbuch eingetragen, weil es bei Eintragung der Vormerkung nur der Grundstückseigentümer sein kann.

VI. Aktuelle Entwicklungen im neuen Maklerrecht

1. Ziele des neuen Rechts

Das Recht des zivilen Maklers hat in den §§ 652 ff. BGB eine nur spärliche Regelung erfahren.[146] Maklerrecht ist **Richterrecht**[147] und gilt als ein „Spezialistenreservat".[148] Das hat sich durch die neuen Regelungen der §§ 656a–656d BGB, die am 23.12.2020 in Kraft getreten sind, nicht grundlegend verändert. Das „Gesetz über die Verteilung der Maklerkosten bei der Vermittlung von Kaufverträgen über Wohnungen und Einfamilienhäuser" **(MaklKostVertG)**[149] vom 12.6.2020 ist das Ergebnis einer langjährigen Diskussion und Debatte über eine Neuausrichtung im Maklerprovisionsrecht. Das Gesetz enthält im Anwendungsbereich der „Vermittlung von Kaufverträgen über Wohnungen und Einfamilienhäuser"[150] zum einen verbraucherschützende Vorschriften bei der Verteilung der Maklerkosten (§§ 656b, 656c, 656d BGB). Zum anderen sieht § 656a BGB die Textform vor. Anders als es die Legalüberschrift des Untertitels 4 („Vermittlung von Kaufverträgen über Wohnungen und Einfamilienhäuser") nahelegt, gelten die neuen Regeln nicht nur für Vermittlungsmakler, sondern auch für Nachweismakler (siehe den Wortlaut des § 656a BGB).

Ziel des Gesetzes ist der **Schutz von Immobilienkäufern** sowie eine **Absenkung der Erwerbsnebenkosten** und eine Erhöhung der Wohneigentumsquote. Die Änderungen zielen darauf ab, „schutzbedürftige Käufer von Maklerkosten zu entlasten, die sie nicht verursacht haben und die nicht primär in ihrem Interesse angefallen sind."[151] Das Gesetz geht dabei von folgenden Prämissen aus: Zum einen wird die Bildung von Wohneigentum auch „durch hohe Erwerbsnebenkosten erschwert, die zumeist aus Eigenkapital geleistet werden müssen."[152] Zum anderen befindet sich der Käufer wegen eines nicht funktionierenden Marktes häufig in einer **„faktischen Zwangslage"**[153]: Selbst dann, wenn er die Provisionslast (am Ende) de iure tragen muss, kann er über die Höhe der Provision de facto nicht verhandeln.[154] Schlaglichtartig lässt sich auflisten, was die §§ 656a–656d BGB nicht gebracht haben: kein Verbot der Doppeltätigkeit, kein (reines) Bestellerprinzip, keinen Provisionsdeckel und keine Gebührenordnung. Das Herzstück der Neuregelungen ist der sog. Halbteilungsgrundsatz, der von den Wertungen des WoVermG abweicht.

---

[146] Die folgenden Ausführungen beruhen auf der Kommentierung der §§ 656a ff. BGB des Verfassers im juris PraxisKommentar BGB, 10. Aufl. 2023, BGB §§ 656a ff. sowie dessen Beiträgen in jM 2021, 46 (47 ff.); JZ 2024, 833 ff. und in FS Hager 2021, 243 ff.

[147] Althammer in MüKoBGB, 9. Aufl. 2023, BGB § 652 Rn. 2; Würdinger JZ 2009, 349; Thomale JZ 2012, 716. Zuständig ist beim BGH der I. Zivilsenat (zuvor: III. Zivilsenat); zu den geschichtlichen Entwicklungsstufen des Maklerrechts in Deutschland: D. Fischer NZM 2023, 97.

[148] Reuter Der Spiegel v. 19.2.1996, 119.

[149] BGBl. 2020 I 1245.

[150] So lautet die verkürzte Legalüberschrift des Untertitels 4.

[151] BT-Drs. 19/15827, 11.

[152] BT-Drs. 19/15827, 1.

[153] BT-Drs. 19/15827, 1.

[154] Ausf. BT-Drs. 19/15827, 1 f.

2. Anwendungsbereich der §§ 656a ff. BGB

a) Sachlicher Anwendungsbereich

aa) Wohnung und Einfamilienhaus

Der Anwendungsbereich der §§ 656a ff. BGB ist **sachlich beschränkt.** Hauptvertrag muss ein Kaufvertrag über eine Wohnung oder ein Einfamilienhaus sein.[155] Unerheblich ist es, ob die Wohnung bzw. das Einfamilienhaus erst errichtet werden muss und der nachgewiesene bzw. vermittelte Hauptvertrag eine entsprechende Verpflichtung vorsieht (s. zum Bauträgervertrag § 650u BGB).[156] Der Anwendungsbereich ist **nicht** eröffnet bei einem Kaufvertrag über eine Gewerbeimmobilie oder ein Mehrfamilienhaus („ein an eine Vielzahl von Parteien vermietetes Wohnhaus"[157]). Gleiches gilt bei einem Kaufvertrag über ein unbebautes Grundstück, das für eine spätere Wohnbebauung vorgesehen ist.[158]

Unter einer **Wohnung** versteht man jede Zusammenfassung von Räumen, die zu Wohnzwecken genutzt werden.[159] Bei einem **Einfamilienhaus** dient das Gebäude in erster Linie den Wohnzwecken der Mitglieder eines einzelnen Haushalts.[160] Auf die **rechtliche Ausgestaltung** kommt es nicht an.[161] Der Begriff „Wohnung" erfasst deshalb neben Wohnungseigentum im Sinne des § 1 Abs. 2 WEG etwa auch Wohnungserbbaurechte (§ 30 WEG), Dauerwohnrechte (§ 31 Abs. 1 S. 1 WEG) und Miteigentumsanteile an einem Grundstück in Verbindung mit einer Regelung zur Nutzung von Wohnräumen (vgl. § 1010 BGB).[162]

bb) Abgrenzung Ein- und Mehrfamilienhaus

Umstritten ist, ob für die Abgrenzung zwischen einem Ein- und einem Mehrfamilienhaus der erkennbare Erwerbszweck[163] oder eine „objektive Betrachtungsweise ex ante"[164] maßgebend ist. Zahlreiche Unter- und Obergerichte folgten bei der Abgrenzung zwischen einem Ein- und Mehrfamilienhaus einer objektiven Betrachtungsweise ex ante und verwiesen dabei auf die bessere praktische Handhabbarkeit sowie den Aspekt der Rechtssicherheit. Zu Recht folgt der BGH dieser Auffassung nicht:

> **BGH Urt. v. 6.3.2025 – I ZR 32/24, Rn. 17 ff., Kerngehalt:**
>
> Um ein Einfamilienhaus im Sinne der §§ 656a ff. BGB handelt es sich, wenn der Erwerb des nachzuweisenden oder zu vermittelnden Objekts für den Makler bei Abschluss des Maklervertrags mit dem Erwerber erkennbar Wohnzwecken der Mitglieder eines einzelnen Haushalts dient.

[155] Zur Kritik an der Terminologie: Meller-Hannich MDR 5/2020, R5; Jeep notar 2020, 225 (226); Meier ZfIR 2020, 765 (767).
[156] Retzlaff in Grüneberg, 84. Aufl. 2025, BGB § 656a Rn. 4; für eine analoge Anwendung Arnold in Staudinger, 2021, BGB § 656a Rn. 6.
[157] BT-Drs. 19/15827, 18.
[158] D. Fischer NJW 2020, 3553 (3554). S. dazu den Erweiterungsvorschlag des Bundesrates BT-Drs. 19/15827, 31 („Wohnungen und Grundstücke, die der Wohnbebauung dienen oder ihr dienen sollen").
[159] BT-Drs. 19/15827, 18; OLG Hamm Urt. v. 18.3.2024 – 18 U 80/23, Rn. 23: keine Wohnung bei einem Objekt mit mehreren Wohnungseinheiten.
[160] BT-Drs. 19/15827, 18.
[161] BT-Drs. 19/15827, 18.
[162] BT-Drs. 19/15827, 18.
[163] In diesem Sinne Würdinger in jurisPK, 10. Aufl. 2023, BGB § 656a Rn. 5; Arnold in Staudinger, 2021, BGB § 656a Rn. 4; Althammer in MüKoBGB, 9. Aufl. 2023, BGB § 656a Rn. 4; D. Fischer NJW 2024, 1153 (1157); ders. NJW 2020, 3553 (3554).
[164] OLG Hamm Urt. v. 18.3.2024 – 18 U 80/23, Rn. 45 f.; OLG Schleswig-Holstein Urt. v. 1.3.2024 – 19 U 25/24, Rn. 26 ff.; LG Wuppertal Urt. v. 15.8.2023 – 4 O 376/22, Rn. 35 ff.; Wistokat NZM 2021, 905 (907).

Maßgebend sei nicht, ob eine Nutzung des Gesamtobjekts durch die Mitglieder eines einzelnen Haushalts nach der Beschaffenheit des Gebäudes unter Berücksichtigung der Verkehrsanschauung objektiv angelegt ist. Die Einordnung als Einfamilienhaus sei mit Blick auf den Wortlaut der Norm und den verbraucherschützenden Zweck der Regelung nach dem konkreten Erwerbszweck des Maklerkunden vorzunehmen.

Relevant wird die Streitfrage etwa bei einem Verkauf eines Hauses, das der Verkäufer als zwei Wohnungseigentumseinheiten verkaufen wollte, die aber der Käufer erkennbar nur mit seiner Familie nutzen möchte.[165] Dieser Fall zeigt nach *D. Fischer* anschaulich, „dass der vorherige Nutzungszweck für die Einstufung nach § 656a BGB unerheblich ist. Sowohl der Verkäufer als auch der Makler wussten von Anfang an, dass es hier um die Suche nach Erwerbern von Wohneigentumseinheiten geht. Weshalb den Erwerbern, jeweils Verbraucher (§ 13 BGB), der Schutzbereich des neuen Provisionsrechts vorenthalten werden soll, erscheint nicht nachvollziehbar."[166]

cc) Einliegerwohnung oder Mischnutzung

BGH Urt. v. 6.3.2025 – I ZR 32/24, Rn. 21 ff., Kerngehalt:

Der Annahme, dass ein Einfamilienhaus Wohnzwecken dient, steht nicht entgegen, dass darin eine Einliegerwohnung oder eine anderweitige gewerbliche Nutzungsmöglichkeit von jeweils nur untergeordneter Bedeutung (hier: ein 1/5 der Gesamtfläche umfassender Büroanbau) vorhanden sind.

Der Einordnung als Einfamilienhaus steht es nach dem BGH nicht entgegen, dass das im Streitfall nachgewiesene Einfamilienhaus über den Anbau eines Büros und einer Garage mit einem eigenen Eingang und einer eigenen Hausnummer verfügt. Die anderweitige gewerbliche Nutzungsmöglichkeit sei bei einem Büroanbau, der ein 1/5 der Gesamtfläche ausmacht, nur von untergeordneter Bedeutung. Dies entspreche der Vorstellung des Gesetzgebers, dass das Vorhandensein einer weiteren Wohnung (etwa einer Einliegerwohnung) von untergeordneter Bedeutung für die Einordnung als Einfamilienhaus im Sinne der §§ 656a ff. BGB unschädlich ist.[167]

dd) Stellungnahme

Die Beschränkung des sachlichen Anwendungsbereichs auf Wohnungen und Einfamilienhäuser **überzeugt nicht.** Zum einen ergeben sich Abgrenzungsprobleme. Zum anderen ist es teleologisch nicht zu erklären, warum unbebaute Grundstücke, insbesondere solche, die zum Zwecke der Wohnbebauung gekauft werden, nicht erfasst sind.[168] Die intendierte Informations- und Dokumentationsfunktion ist ferner gleichermaßen bei Gewerbeimmobilien[169] und Mehrfamilienhäusern sinnvoll.[170] In praxi ist es deshalb aus Vorsichtsgründen ratsam, die Formvorschrift außerhalb des möglicherweise streitig werdenden Anwendungsbereichs ebenfalls zu wahren.

---

165 OLG Schleswig-Holstein Urt. v. 1.3.2024 – 19 U 25/24, Rn. 26 ff.
166 D. Fischer NJW 2024, 1153 Rn. 27.
167 Vgl. BT-Drs. 19/15827, 18.
168 Zu Recht kritisch Jeep notar 2020, 225 (226).
169 Jeep notar 2020, 225 (227).
170 Meier ZfIR 2020, 765 (766); v. Proff ZNotP 2020, 433 (435).

b) Zeitlicher Anwendungsbereich

> **BGH Urt. v. 21.3.2024 – I ZR 185/22, Rn. 21, Kerngehalt:**
>
> Für die Anwendbarkeit genügt es, wenn der Maklervertrag, auf den der geltend gemachte Provisionsanspruch gestützt wird, mit dem Verbraucher nach dem Inkraft treten der Vorschrift geschlossen worden ist.

In **zeitlicher** Hinsicht ist die **Übergangsvorschrift** des Art. 229 § 53 EGBGB zu beachten: Danach sind auf Rechtsverhältnisse, die vor dem 23.12.2020 entstanden sind, die Vorschriften des BGB in der bis zu diesem Tag geltenden Fassung weiter anzuwenden. Maßgebend ist also für die Geltung der neuen Vorschriften **ab dem 23.12.2020** der Zeitpunkt des **Abschlusses des (jeweiligen[171]) Maklervertrags,** nicht aber das Zustandekommen des Hauptvertrags.[172] Problematisch ist etwa der Fall, dass der Maklervertrag mit dem Verkäufer vor diesem Stichtag abgeschlossen wurde, der Maklervertrag mit dem Käufer aber erst danach. Für den zweiten Maklervertrag gilt das neue Recht und damit der Halbteilungsgrundsatz.[173] Die Nichtbeachtung (etwa bei einer ausschließlichen Provisionspflichtigkeit für den Käufer) führt zur Unwirksamkeit des zweiten Maklervertrags gemäß § 656c Abs. 2 S. 1 BGB.

3. Textform gemäß § 656a BGB

a) Informations- und Dokumentationsfunktion

Ein Maklervertrag, der den Nachweis der Gelegenheit zum Abschluss eines Kaufvertrags über eine Wohnung oder ein Einfamilienhaus oder die Vermittlung eines solchen Vertrags zum Gegenstand hat, bedarf der Textform. Ein Maklervertrag, dem diese vorgeschriebene Form fehlt, ist **nichtig** (§ 125 S. 1 BGB).

Nach § 656b BGB sind die §§ 656c, 656d BGB nur anwendbar, wenn der Käufer ein Verbraucher iSv § 13 BGB ist. Einen derartigen persönlichen Anwendungsbereich sieht § 656a BGB nicht vor und verfolgt somit **keine verbraucherschützende Zielrichtung.** Es kommt auch nicht darauf an, ob Käufer und Verkäufer natürliche Personen sind. Der Makler muss nicht zwingend gewerblich tätig sein. Der Anwendungsbereich erstreckt sich somit gleichermaßen auf Gelegenheitsmakler.[174]

Nach **§ 126b S. 1 BGB** muss zur Wahrung der Textform eine lesbare Erklärung, in der die Person des Erklärenden genannt ist, auf einem dauerhaften Datenträger abgegeben werden. Prägend ist die „Fixierung einer Mitteilung oder Erklärung in lesbare Schriftzeichen“[175], die eine dauerhafte Abrufbarkeit und Verfügbarkeit ermöglicht. Dies ist etwa bei Erklärungen per Fax oder E-Mail, SMS oder Textnachrichten über einen Messenger-Dienst[176] (nicht aber per Telefon) der Fall. Im Vordergrund steht als Sinn und Zweck der Textform die **Informations- und Dokumentationsfunktion.**[177] Durch § 656a BGB

---

[171] S. auch BGH NJW 2024, 1511 Rn. 21. Hierfür spreche die damit verbundene effektive Durchsetzung des mit der Neuregelung beabsichtigten Verbraucherschutzes (Rn. 27). Weder der Wortlaut des Art. 229 § 53 EGBGB (Rn. 27) noch das verfassungsrechtliche Rückwirkungsverbot (Rn. 28 ff.) stünden dem entgegen. **AA** Wistokat NZM 2021, 905 (915); LG Tübingen ZMR 2022, 842 mit Rekurs auf die Verwendung des Plurals „Rechtsverhältnisse“.

[172] D. Fischer NJW 2020, 3553 (3557 f.); Wistokat NZM 2021, 905 (915).

[173] D. Fischer NJW 2020, 3553 (3557 f.); im Ergebnis auch LG Tübingen ZMR 2022, 842.

[174] BT-Drs. 19/15827, 18; Fehr/Wichert ZMR 2022, 439 (442); Lindner ZMR 2021, 24.

[175] BT-Drs. 14/4987, 18.

[176] OLG Zweibrücken NJW-RR 2024, 53 (54).

[177] BT-Drs. 14/4987, 19; Beck Grundeigentum 2020, 245.

sollen „Unklarheiten über in der Praxis häufig strittige Fragen hinsichtlich des Inhalts eines Maklervertrags vermieden werden.“[178]

b) Konkludent geschlossene Maklerverträge

Maklerverträge werden nicht selten **konkludent in Textform** geschlossen. Dies ist etwa bei einer Vereinbarung eines Besichtigungstermins in Kenntnis der Provisionspflichtigkeit (aufgrund der Angaben in der Annonce oder in einem Maklerexposé) per E-Mail der Fall.[179] An dieser üblichen Praxis soll sich nichts ändern.[180] Dies steht allerdings nicht vollends in Einklang mit der folgenden Passage der Entwurfsbegründung: „Durch die Neuregelung sollen Unklarheiten hinsichtlich des Vertragsinhalts von vornherein vermieden werden und die Transparenz im Wohnimmobilienvermittlungsgeschäft erhöht werden.“[181] Eine telefonische Vereinbarung eines Besichtigungstermins bzw. eine konkludent abgegebene Willenserklärung bei einer entsprechenden Tätigkeit wie der Besichtigung der Immobilie genügen der Textform nicht. Insoweit ergeben sich Unterschiede zur alten Rechtslage.

OLG Karlsruhe Beschl. v. 3.4.2023 – 9 U 168/22, Kerngehalt:

1. An der Möglichkeit, Maklerverträge durch schlüssiges Verhalten abzuschließen, hat sich durch die Einführung des Textformerfordernisses in §§ 656a, 126b BGB grundsätzlich nichts geändert.
2. Die Anforderungen der Textform sind erfüllt, wenn bei Verabredung eines Besichtigungstermins in Kenntnis des Provisionsverlangens eine individuelle Kommunikation per E-Mail stattgefunden hat.

c) Überlegungen de lege ferenda

Vorzugswürdig ist es aber auch in den übrigen Fällen, die ungute Anerkennung von konkludent geschlossenen Maklerverträgen auszuschließen. Dies könnte etwa (de lege ferenda) mit der Formulierung „bedarf der **ausdrücklichen Vereinbarung in Textform**“ geschehen.[182] Dies hätte den Vorteil, dass der Zeitpunkt des Vertragsschlusses stets rechtssicher dokumentiert ist und sich so Streitigkeiten darüber, ob und ggf. wann ein Maklervertrag zustande gekommen ist, vermeiden ließen.[183]

4. Verbraucherschutz (§§ 656b, 656c, 656d BGB)

a) Persönlicher Anwendungsbereich (§ 656b BGB)

§ 656b BGB regelt den persönlichen Anwendungsbereich für die folgenden §§ 656c, 656d BGB. Diese gelten nur, wenn der **Käufer** ein **Verbraucher** iSv **§ 13 BGB** ist. Der Verkäufer muss also nicht zwingend Unternehmer iSv § 14 BGB sein. Erforderlich ist damit kein Verbrauchervertrag nach § 310 Abs. 3 BGB.[184] Der Makler muss nicht zwin-

[178] BT-Drs. 19/15827, 12.
[179] BGH NZM 2017, 127 ff.; dazu Würdinger NZM 2017, 545.
[180] OLG Karlsruhe NZM 2023, 430 (431); LG Hamburg ZMR 2023, 932; D. Fischer NJW 2020, 3553 (3554); Schmidt NZM 2021, 289 (291); Genz ZMR 2022, 610 (611). **AA** Lindner ZMR 2021, 24 (25).
[181] BT-Drs. 19/15827, 19.
[182] Zust. LG Hamburg ZMR 2023, 932 Rn. 23.
[183] S. bereits Würdinger JZ 2009, 349 (350).
[184] S. Jeep notar 2020, 225 (229 Fn. 7) mit dem Hinweis: „Ein Vertrag zwischen zwei Verbrauchern ist kein Verbrauchervertrag.“.

gend unternehmerisch tätig sein. Die Vorschrift gilt **auch für Gelegenheitsmakler.**[185] In praxi kann die **Abgrenzung zwischen einer privaten und einer berufsmäßig betriebenen Vermögensverwaltung** Schwierigkeiten bereiten. Der BGH rekurriert auf die Umstände des Einzelfalls, hält dabei den Umfang, die Komplexität und die Anzahl der damit verbundenen Vorgänge für maßgebend und stellt für eine gewerbliche Betätigung darauf ab, ob diese einen planmäßigen Geschäftsbetrieb (zB die Unterhaltung eines Büros oder einer Organisation) erfordert.[186] Für § 656b BGB gilt, dass derjenige, der eine verbraucherschützende Vorschrift für sich in Anspruch nimmt, für die Verbrauchereigenschaft die volle **Darlegungs- und Beweislast** trägt.

b) Halbteilungsgrundsatz (§ 656c BGB)

aa) Grundlagen

Die Vorschrift normiert den sog. **Halbteilungsgrundsatz,**[187] das heißt die zwingende Teilung der Maklerprovision zwischen Käufer und Verkäufer.[188] Dieser Grundsatz wird als eine faire Lösung bezeichnet[189] und soll zu einer Absenkung der Erwerbsnebenkosten beitragen. Damit hat sich der Gesetzgeber – anders als im Wohnungsvermittlungsgesetz – nicht für ein (reines[190]) Bestellerprinzip[191] entschieden.

§ 656c BGB betrifft den Lohnanspruch des Maklers bei einer **„Tätigkeit für beide Parteien".**[192] § 656c Abs. 1 S. 1 BGB benennt die Grundkonstellation, bei der sich der Makler von beiden Parteien des Kaufvertrags über eine Wohnung oder ein Einfamilienhaus einen Maklerlohn versprechen lässt. Käufer und Verkäufer müssen sich „in gleicher Höhe verpflichten". Die Norm ist **nicht anwendbar,** wenn eine Doppeltätigkeit weder vertraglich vereinbart wurde noch tatsächlich besteht. Anzunehmen ist dies nach der Begründung des Gesetzentwurfs „im Fall eines **ausschließlichen Suchauftrags** des Kaufinteressenten oder eines **alleinigen Vermittlungsauftrags des Verkäufers.**"[193]

bb) Sukzessive Doppelbeauftragung

BGH Urt. v. 21.3.2024 – I ZR 185/22
BGHZ 240, 144 = NJW 2024, 1511; dazu Würdinger JZ 2024, 833

Leitsatz 1:

1. § 656c Abs. 1 Satz 1 BGB gestattet die sukzessive Doppelbeauftragung des Maklers in der Weise, dass zunächst mit einer Partei des Hauptvertrags eine Provision in Höhe der Hälfte der intendierten Gesamtprovision vereinbart wird und anschließend mit der anderen Partei eine Provision in Höhe der restlichen Hälfte.

Bei einer **sukzessiven Doppelbeauftragung** des Maklers ist der Makler nicht gehalten, die im ersten Maklervertrag vereinbarte Provision zu halbieren. Vielmehr ist es dem Makler

---

185 Meier ZfIR 2020, 765 (770).
186 BGH NZM 2020, 764 Rn. 20 mit dem Hinweis, dass die Anzahl der erworbenen Immobilien für sich betrachtet nicht maßgeblich ist.
187 Kritisch zur Begrifflichkeit Retzlaff in Grüneberg, 84. Aufl. 2025, BGB § 656c Rn. 1 („Prinzip der Preisgleichheit").
188 S. dazu die Legalüberschrift des § 656c BGB („Lohnanspruch bei Tätigkeit für beide Parteien").
189 BT-Drs. 19/15827, 2 („faire Teilung der Maklerprovision") sowie 12; zur Verfassungsmäßigkeit Gustorff WuM 2022, 4.
190 Meier ZfIR 2020, 765 (769) spricht bei den §§ 656b ff. BGB von einer eingeschränkten Form des Bestellerprinzips.
191 Dagegen etwa D. Fischer NJW 2017, 1219; ders. NJW 2018, 3287; Wichert ZMR 2019, 1; Kaßler ZWE 2019, 233 (235).
192 Hertel in Herrler/Hertel/Kesseler ImmobilienR 2024 S. 96.
193 BT-Drs. 19/15827, 19; s. dazu auch Beck Grundeigentum 2020, 245 (246); Osthus AnwZert MietR 18/2020 Anm. 1; v. Proff ZNotP 2020, 433 (436).

gestattet, zunächst mit einer Partei des Hauptvertrags eine Provision in Höhe der Hälfte der intendierten Gesamtprovision und anschließend mit der anderen Partei eine Provision in Höhe der restlichen Hälfte zu vereinbaren.[194] Zu Recht folgert der BGH dies aus dem Wortlaut des § 656c Abs. 1 S. 1 BGB (Formulierung, „dass sich beide Parteien in gleicher Höhe verpflichten").

Diese Verpflichtung muss gegenüber dem Makler jeweils im Außenverhältnis geschehen und schließt nach dem Sinn und Zweck der Norm eine gesamtschuldnerische Haftung (§§ 421 ff. BGB) beider Teile für die Gesamtprovision aus.[195] Der Vorschrift liegt die Überlegung zugrunde, dass der Makler in vielen Fällen den legitimen Interessen beider Parteien dient und eine hälftige Teilung der Provision daher grundsätzlich angemessen ist.[196]

Nach dem Wortlaut von § 656c Abs. 1 S. 1 BGB ist nur die Konstellation betroffen, dass sich der Makler **von beiden Parteien des Kaufvertrags** über eine Wohnung oder ein Einfamilienhaus einen Maklerlohn versprechen lässt. Der Halbteilungsgrundsatz muss aber aus teleologischen Gründen (wegen möglicher Umgehungen) auch dann gelten, wenn Auftraggeber eines Maklervertrags **eine andere Person** ist (zB ein Familienangehöriger oder ein Grundschuldgläubiger).[197] Zu Recht schließt sich der BGH dieser Auffassung wie folgt an:

BGH Urt. v. 6.3.2025 – I ZR 32/24, Rn. 25 ff., Kerngehalt:

Die Vorschrift des § 656c BGB, die lediglich den Fall des Abschlusses von Maklerverträgen zwischen dem Makler einerseits und andererseits jeweils den Parteien des Hauptvertrags regelt, ist entsprechend anzuwenden, wenn anstelle einer Partei des Hauptvertrags ein Dritter den Maklervertrag abschließt.

Die Vorschrift des § 656c Abs. 1 S. 1 und Abs. 2 S. 1 BGB erfasse auch den Fall, dass nicht der Verkäufer, sondern dessen Ehefrau den Maklervertrag geschlossen hat. Andernfalls wäre einer sachwidrigen Umgehung Tür und Tor geöffnet. Zwar regele § 656c Abs. 1 BGB lediglich den Fall des Abschlusses eines Maklervertrags zwischen dem Makler und jeweils den Parteien des Kaufvertrags, nicht jedoch den Abschluss des Maklervertrags mit einem Dritten anstelle einer Partei des Kaufvertrags. Diese Vorschrift sei jedoch **analog** anzuwenden. Der **Zweck** des § 656c BGB, Verbraucher davor zu schützen, dass Maklerkosten unter Ausnutzung ihrer aufgrund der Marktsituation geschwächten Verhandlungsposition in unbilliger Weise auf sie abgewälzt werden, sei unabhängig davon berührt, ob der Maklervertrag mit einer Kaufvertragspartei oder einem Dritten geschlossen wird. Es erweise sich als planwidrige Regelungslücke, dass die Vorschrift des § 656c BGB den Abschluss des Maklervertrags durch einen Dritten anstelle einer Partei des Hauptvertrags nicht erfasst.

Auf ein **besonderes Näheverhältnis** zwischen der Kaufvertragspartei und dem an ihrer Stelle den Maklervertrag abschließenden Dritten komme es – entgegen der Ansicht des Berufungsgerichts – **nicht** an.

cc) Unentgeltlichkeitsabrede (§ 656c Abs. 1 S. 2 BGB)

Auch bei einem **Tätigwerden für beide Parteien** ohne einen bestehenden provisionspflichtigen Doppelauftrag muss der Makler angehalten werden, eine Courtage von beiden Parteien in gleicher Höhe zu verlangen. Andernfalls wären eine Umgehung und Ausschaltung des Halbteilungsgrundsatzes ohne weiteres möglich. Dieser Leerlaufgefahr tritt

[194] BGH NJW 2024, 1511 Rn. 16.
[195] Meier ZfIR 2020, 765 (770).
[196] BT-Drs. 19/15827, 19.
[197] D. Fischer NJW 2020, 3553 (3556).

§ 656c Abs. 1 S. 2 BGB wie folgt entgegen: Vereinbart der Makler mit einer Partei des Kaufvertrags, dass er für diese unentgeltlich tätig wird, kann er sich von der anderen Partei gleichfalls keinen Maklerlohn versprechen lassen. Eine derartige **Unentgeltlichkeitsabrede** ist ausdrücklich oder konkludent möglich.[198] An eine konkludente Abrede sind keine (zu) hohen Anforderungen zu stellen. Erfasst ist damit die typische Konstellation, dass der Verkäufer dem Makler seine **Immobilie „an die Hand gibt"**. Es soll verhindert werden, dass der Makler nur mit dem Käufer eine Provisionspflichtigkeit vereinbart. Geschieht dies, so läuft der Makler nunmehr in die Falle der Provisionslosigkeit. Der Vorschrift kommt somit eine präventive und verhaltenssteuernde Wirkung zu: Der Makler wird dazu angehalten, mit dem Käufer und mit dem Verkäufer einen provisionspflichtigen Maklervertrag zu vereinbaren und dem Modell der hälftigen Teilung der Provision zu folgen.

dd) Erlass (§ 656c Abs. 1 S. 3, S. 4 BGB)

Nach § 397 Abs. 1 BGB erlischt ein Schuldverhältnis, wenn der Gläubiger dem Schuldner durch Vertrag die Schuld erlässt. Ein derartiger Erlass, der keiner besonderen Form bedarf, wirkt nach § 656c Abs. 1 S. 3 BGB gleichermaßen zugunsten des jeweils anderen Vertragspartners des Maklers. Es ist damit unerheblich, ob die Unentgeltlichkeit von Anfang an oder erst später ausdrücklich oder konkludent vereinbart wird. Auch bei einem Teilerlass kommt es zu einer entsprechenden Teilerlasswirkung im anderen Vertragsverhältnis des Maklers zu seinem Kunden. Von § 656c Abs. 1 S. 3 BGB kann durch Vertrag nicht abgewichen werden (§ 656c Abs. 1 S. 4 BGB). Die Vereinbarung eines einseitig wirkenden Erlasses ist nach § 134 BGB nichtig. Dies führt aber nicht zur Nichtigkeit des gesamten Maklervertrags (Umkehrschluss zu § 656c Abs. 2 S. 1 BGB).[199]

Der beschriebene wechselseitige Automatismus besteht jedoch nur bei entsprechenden **Absprachen der Parteien** hinsichtlich der Provision bzw. Provisionshöhe,[200] nicht aber bei sonstigen Einwendungen (wie zB § 654 BGB) oder Einreden, die lediglich im Verhältnis der jeweiligen Maklervertragsparteien gelten.

§ 656c Abs. 1 S. 3 und S. 4 BGB beziehen sich dem Wortlaut nach ausschließlich auf einen Erlass. **Analog** sollten diese Vorschriften für wirtschaftlich vergleichbare Konstellationen gelten (zB rechtsgrundlose Rückzahlung einer bereits erhaltenen Maklerprovision, tatsächliches Unterlassen der Forderungsdurchsetzung bis zum Eintritt der Verjährung).[201]

ee) Unwirksamkeit des Maklervertrags bei Abweichungen (§ 656c Abs. 2 S. 1 BGB)

Nach § 656c Abs. 2 S. 1 BGB ist ein Maklervertrag unwirksam, der von § 656c Abs. 1 S. 1 bzw. S. 2 BGB abweicht. Eine abgestufte Verteilung der Maklerkosten (zB Käufer 70 % und Verkäufer 30 %) ist im Anwendungsbereich von § 656c BGB unzulässig und kann **nicht** etwa im Sinne einer **geltungserhaltenen Reduktion** auf den Halbteilungsgrundsatz zurückgeführt werden.[202] Dies betrifft auch den umgekehrten Fall einer Provisionsverteilung (zB Verkäufer 70 % und Käufer 30 %). Unwirksam sind bei einer entsprechenden Abweichung **beide Maklerverträge.**[203]

---

198 Meier ZfIR 2020, 765 (771), der über den Wortlaut hinaus fordert, dass der Makler verpflichtet ist, die Interessen beider Beteiligter am Kaufvertrag zu wahren.

199 Meier ZfIR 2020, 765 (772).

200 D. Fischer NJW 2020, 3553 (3556).

201 Meier ZfIR 2020, 765 (771).

202 D. Fischer NJW 2020, 3553 (3556).

203 LG München II Urt. v. 30.1.2023 – 2 O 4028/21 (keine teleologische Reduktion des § 656c Abs. 2 S. 1 BGB für den Fall, dass originär zwei unterschiedliche Provisionshöhenvereinbarungen getroffen wurden, aber nur der vereinbarte geringere Provisionsbetrag in beiden Richtungen beansprucht wird).

ff) Auskunftsanspruch nach § 242 BGB

BGH Urt. v. 21.3.2024 – I ZR 185/22
BGHZ 240, 144 = NJW 2024, 1511 Rn. 38 ff.; dazu Würdinger JZ 2024, 833

Leitsatz 2:

2. Im Anwendungsbereich des § 656c BGB ist der Makler gegenüber dem Kunden nach Treu und Glauben (§ 242 BGB) verpflichtet, über alle Umstände Auskunft zu erteilen, die für die Entstehung und das Fortbestehen des Provisionsanspruchs von Bedeutung sind.

Die Kaufvertragsparteien wissen in der Regel nicht, ob (auch) die andere Partei einen Maklervertrag abgeschlossen hat und wie hoch die dort vereinbarte Provision ist. Dieses Informationsdefizit müssen sie beheben können. Andernfalls wäre die praktische Wirksamkeit des Halbteilungsgrundsatzes gefährdet.[204] Zu Recht hebt der BGH auf folgendes Leerlaufargument ab: „Ohne die Möglichkeit der Durchsetzung eines Auskunftsbegehrens für den Maklerkunden wäre die Verwirklichung des verbraucherschützenden Normzwecks von § 656c BGB nicht gewährleistet und drohte leerzulaufen."[205] Der Makler sei daher gegenüber dem Kunden **nach Treu und Glauben (§ 242 BGB)** verpflichtet, über alle Umstände Auskunft zu erteilen, die für die Entstehung und das Fortbestehen des Provisionsanspruchs von Bedeutung sind.[206]

Dieser Auskunftsanspruch kann jedoch die praktischen Probleme nicht vollends lösen, die sich etwa dadurch ergeben können, dass der Makler eine gezahlte Provision an einen seiner Kunden ohne Rechtsgrund erstattet.[207]

gg) Vorlageanspruch nach § 810 Fall 2 BGB

BGH Urt. v. 21.3.2024 – I ZR 185/22
BGHZ 240, 144 = NJW 2024, 1511 Rn. 54 ff.; dazu Würdinger JZ 2024, 833

Leitsätze 3 und 4:

3. Dem Maklerkunden kann im Falle der von § 656c BGB regulierten Doppeltätigkeit des Maklers diesem gegenüber gemäß § 810 Fall 2 BGB ein Anspruch auf Vorlage des mit dem anderen Maklerkunden abgeschlossenen Maklervertrags zustehen.
4. Besteht zwischen dem mit der Klage geltend gemachten Anspruch und dem im Wege der Einrede erhobenen Gegenanspruch ein Abhängigkeitsverhältnis dergestalt, dass der Gegenanspruch der Überprüfung des mit der Klage verfolgten Anspruchs dient, führt die Ausübung des Zurückbehaltungsrechts gemäß § 273 BGB ausnahmsweise nicht zu einer Verurteilung des Beklagten zur Leistung gegen Empfang der ihm gebührenden Leistung (Erfüllung Zug um Zug) gemäß § 274 BGB, sondern zur Abweisung der Zahlungsklage. So verhält es sich, wenn im Falle einer von § 656c BGB regulierten Doppeltätigkeit des Maklers der vom Makler auf Zahlung von Maklerprovision in Anspruch genommene Maklerkunde der Klage einen ihm gemäß § 810 Fall 2 BGB zustehenden Anspruch auf Vorlage des mit der anderen Partei des Kaufvertrags abgeschlossenen Maklervertrags entgegenhält.

Der BGH gesteht dem Maklerkunden gegenüber dem Makler nicht nur einen Auskunftsanspruch gemäß § 242 BGB zu, sondern auch einen Anspruch auf Vorlage des mit dem anderen Maklerkunden abgeschlossenen Maklervertrags (Rn. 54 ff.). Dieser Vorlageanspruch ergebe sich aus einer gebotenen weiten Auslegung des **§ 810 Fall 2 BGB.**

---

[204] Kritikwürdig ist ferner, dass es (anders als nach § 8 WoVermRG) keine flankierende Regelung einer Ordnungswidrigkeit gibt. S. dazu Meier ZfIR 2020, 765 (770).
[205] BGH NJW 2024, 1511 Rn. 51.
[206] BGH NJW 2024, 1511 Rn. 41 ff.
[207] Im Einzelnen Meier ZfIR 2020, 765 (773).

Die Geltendmachung des Vorlageanspruchs gemäß § 810 Fall 2 BGB, der der Überprüfung des mit der Klage verfolgten Provisionsanspruchs dient, begründet ein Zurückbehaltungsrecht nach § 273 BGB. Ausnahmsweise führt dies nach dem BGH nicht zu einer Verurteilung des Beklagten Zug um Zug gemäß § 274 BGB, sondern zur Abweisung der Zahlungsklage als derzeit unbegründet (Rn. 67). Schließlich könne die Urkundenvorlage ergeben, dass der Makler gegen § 656c BGB verstoßen hat, der Maklervertrag gemäß § 656c Abs. 2 S. 1 BGB unwirksam ist und ein Provisionsanspruch daher nicht besteht (Rn. 68).

c) Provisionsabwälzung durch eine Maklerklausel (§ 656d BGB)

aa) Grundlagen

§ 656d BGB betrifft Vereinbarungen über die anteilige Übernahme von Maklerkosten, bei denen nur eine Partei des Kaufvertrags über eine Wohnung oder ein Einfamilienhaus einen Maklervertrag abgeschlossen hat und es zu einer Provisionsabwälzung auf die andere Partei gekommen ist, die nicht nach § 652 Abs. 1 S. 1 BGB provisionsverpflichtet ist. Eine Vereinbarung, die die andere Partei zur Zahlung oder Erstattung von Maklerlohn verpflichtet, soll nur wirksam sein, wenn die Partei, die den Maklervertrag abgeschlossen hat, zur Zahlung des Maklerlohns **mindestens in gleicher Höhe** verpflichtet bleibt (§ 656d Abs. 1 S. 1 BGB). Eine hälftige Übernahme der Maklerprovision bildet damit die **Obergrenze.** Anders als bei § 656c BGB besteht damit kein zwingender Halbteilungsgrundsatz. Die Vorschrift ist ihrem Sinn und Zweck nach insgesamt **nicht dispositiv.**[208]

Die Vorschrift betrifft klassische Fälle von **(konstitutiven) Maklerklauseln**[209], das heißt Vereinbarungen der Kaufvertragsparteien untereinander, aus denen sich ein unmittelbarer oder mittelbarer Anspruch des Maklers ergibt (zum Beispiel Vertrag zugunsten Dritter, Erfüllungsübernahme, Freistellung), sowie Vereinbarungen des Maklers mit der Partei, die nicht sein Vertragspartner ist (zum Beispiel Schuldübernahme).[210] Nicht möglich ist ein Schuldbeitritt der anderen Partei.[211] Bei einer Gesamtschuld schließlich ist jeder Schuldner verpflichtet, die ganze Leistung zu bewirken (§ 421 S. 1 BGB). Der Makler könnte dann von der Partei, die nicht Maklervertragspartner ist, die volle Maklerprovision verlangen.

Zu einem Formulierungsvorschlag für eine Abwälzung vom Verkäufer auf den Käufer im Wege einer **Erfüllungsübernahme gemäß § 329 BGB** siehe das Rundschreiben der Bundesnotarkammer Nr. 5/2020 vom 4.12.2020:

Formulierungsvorschlag:[212]

Dieser Vertrag ist nach Angabe auf Vermittlung durch den Makler XY zustande gekommen. Aus dem mit dem Verkäufer abgeschlossenen Maklervertrag ergibt sich eine Provisionshöhe von insgesamt 5.000 EUR (fünftausend Euro). Der Käufer verpflichtet sich gegenüber dem Verkäufer insoweit zur Erfüllungsübernahme in Höhe von 2.500 EUR (zweitausendfünfhundert Euro). Dies bedeutet, dass der Käufer den Verkäufer in dieser Höhe von den Ansprüchen des Maklers freizustellen bzw. ihm Aufwendungsersatz zu leisten hat. Eine eigenständige Forderung des Maklers wird hierdurch nicht begründet. Der Notar hat darauf hingewiesen, dass nach § 656d Abs. 1 BGB die Übernahme der Maklerkosten nur bis zur Hälfte der geschuldeten

208 Meier ZfIR 2020, 765 (772).
209 S. dazu Grziwotz DVBl. 2020, 1119.
210 BT-Drs. 19/15827, 20.
211 BT-Drs. 19/15827, 20: „Ein Schuldbeitritt der nicht am Maklervertrag beteiligten Partei kommt damit zukünftig nicht mehr in Betracht, weil dieser zur Entstehung einer Gesamtschuld führt.“.
212 Rundschreiben der Bundesnotarkammer Nr. 5/2020 vom 4.12.2020 (abrufbar unter https://www.bnotk.de/aufgaben-und-taetigkeiten/rundschreiben, zuletzt abgerufen am 10.4.2025).

Maklerprovision erfolgen darf und dass der Anspruch daraus erst fällig wird, wenn der Verkäufer die ihm verbleibende Maklerprovision gezahlt hat und dies nachgewiesen wird. Die Fälligkeit wird vom Notar insoweit nicht überprüft.

bb) Reichweite des § 656d BGB

BGH Urt. v. 6.3.2025 – I ZR 138/24, Rn. 18 ff., Kerngehalt:

1. § 656d Abs. 1 S. 1 BGB erfasst nicht nur Vereinbarungen der Parteien des Kaufvertrags über eine Wohnung oder ein Einfamilienhaus untereinander, sondern jegliche Art vertraglicher Vereinbarungen, durch die unmittelbar oder mittelbar ein Anspruch des Maklers auf Zahlung oder Erstattung von Maklerlohn gegenüber der Partei begründet wird, die nicht Partei des Maklervertrags ist.
2. Haben sich die Käufer im Innenverhältnis zur Verkäuferin verpflichtet, den Maklerlohn in voller Höhe zu bezahlen, bleibt die Verkäuferin als die Partei, die den Maklervertrag abgeschlossen hat, nicht im Sinne des § 656d Abs. 1 S. 1 BGB zur Zahlung des Maklerlohns mindestens in gleicher Höhe verpflichtet.

Der Anwendbarkeit des § 656d BGB stehe es deshalb auch nicht entgegen, dass die Verkäuferin der Immobilie nach den Feststellungen des Berufungsgerichts von der Verpflichtung zur Entrichtung des vereinbarten Maklerlohns gegenüber der Beklagten nicht entbunden war. Wie sich aus dem Gesamtzusammenhang der getroffenen Vereinbarungen ergebe, waren **die Kläger im Innenverhältnis zur Verkäuferin verpflichtet,** den Maklerlohn in voller Höhe zu bezahlen. Die Verkäuferin als die Partei, die den Maklervertrag abgeschlossen hat, blieb aufgrund dessen nicht im Sinne des § 656d Abs. 1 S. 1 BGB zur Zahlung des Maklerlohns mindestens in gleicher Höhe verpflichtet.

Zu Recht stärkt der BGH die praktische Wirksamkeit des § 656d BGB. Die Quintessenz des Urteils lässt sich einfach auf den Punkt bringen: Für die Kaufvertragspartei, die keinen provisionspflichtigen Maklervertrag geschlossen hat, gilt: Wie immer die rechtliche Konstruktion der Parteien aussehen mag, am Ende darf diese Kaufvertragspartei nur maximal 50 % der Maklerprovision tragen. In casu hatte die Maklerin mit dieser Partei eine Vereinbarung geschlossen, aus der sich ein Anspruch ihr gegenüber auf die volle Provision ergibt. Das ist ein Verstoß gegen § 656d BGB, der aus teleologischen Gründen weit auszulegen ist.

Nicht geregelt ist die Konstellation, bei der eine Maklervertragspartei ihre nach den §§ 652 Abs. 1 S. 1, 656c BGB bestehende Provisionsverpflichtung auf die andere Kaufvertragspartei ganz oder teilweise abwälzen möchte. **Analog** § 656d Abs. 1 S. 1 BGB ist eine derartige Vereinbarung unwirksam.[213]

cc) Rechtsfolge bei Verstoß

Eine überschießende Abwälzung führt zur Unwirksamkeit der Vereinbarung und kann **nicht** im Sinne einer **geltungserhaltenen Reduktion** auf das maximal mögliche Maß einer Halbteilung zurückgeführt werden. Zu Recht führt der BGH aus:

BGH Urt. v. 6.3.2025 – I ZR 138/24, Rn. 29 ff., Kerngehalt:

Eine Vereinbarung, die gegen § 656d BGB verstößt, ist nichtig. Eine geltungserhaltende Reduktion mit der Folge, dass die andere Partei zur Zahlung des hälftigen Maklerlohns verpflichtet bleibt, findet nicht statt.

[213] Meier ZfIR 2020, 765 (771); s. ferner Gutachten DNotI-Report 2023, 17.

Die Nichtigkeit folge nicht aus § 134 BGB, sondern unmittelbar aus § 656d Abs. 1 S. 1 BGB (**Wortlaut: *„nur wirksam,*** wenn"). Eines Hinweises auf § 656c Abs. 2 S. 1 BGB bedürfe es nicht. Eine geltungserhaltende Reduktion finde nicht statt. Auch diese Rechtsfolge lasse sich bereits dem **Wortlaut** des § 656d Abs. 1 S. 1 BGB entnehmen, wonach es heißt, dass die Vereinbarung nur wirksam sei, ***„wenn"* (und *nicht: „soweit"*).** Ein solches Normverständnis werde außerdem maßgeblich durch die damit verbundene effektive Durchsetzung des mit der Neuregelung beabsichtigten **Verbraucherschutzes** gestützt.

dd) Normenkollision zwischen § 464 Abs. 2 BGB und § 656d BGB

Nicht eindeutig geklärt ist die Frage, ob die konstitutive Maklerklausel (in Form eines echten Vertrags zugunsten Dritter) **auch gegenüber dem Vorkaufsberechtigten** wirkt, wenn die Maklerklausel an sich nach der Rechtsprechung des BGH keinen Fremdkörper bildet[214] und der **Vorkaufsberechtigte anders als der Erstkäufer Verbraucher** im Sinne des § 656b BGB ist. Dafür spricht, dass die Maklerklausel dann ebenso zum „Kauf" im Sinne des § 464 Abs. 2 BGB gehört.[215] Zwischen dem Verkäufer und dem Vorkaufsberechtigten kommt mit der Ausübung des Vorkaufsrechts ein selbständiger Kaufvertrag mit grundsätzlich identischen Vertragsbedingungen zustande. Dies inkludiert auch die Maklerklausel. Die Normenkollision zwischen § 464 Abs. 2 BGB einerseits und § 656d BGB andererseits ist demnach zugunsten der vorrangigen Wertung aus dem Vorkaufsrecht aufzulösen.

ee) Umgehungsschutz

Ein Umgehungsschutz ergibt sich über den Automatismus der §§ 656d Abs. 2, 656c Abs. 1 S. 3 und S. 4 BGB, wonach ein **(Teil-)Erlass,** das heißt eine nachträgliche Herabsetzung oder ein gänzliches Entfallen des Provisionsanspruchs, zwingend auch zugunsten der jeweils anderen Partei wirkt. Diese Partei müsste aber von diesem Sachverhalt Kenntnis erlangen und den bereicherungsrechtlichen Rückzahlungsanspruch durchsetzen.[216] In den meisten Fällen bleibt dieser Schutzmechanismus bloße Theorie. § 656c Abs. 1 S. 3 und S. 4 BGB beziehen sich dem Wortlaut nach nur auf einen Erlass. **Analog** sollten diese Vorschriften für wirtschaftlich vergleichbare Konstellationen gelten (zB rechtsgrundlose Rückzahlung einer bereits erhaltenen Maklerprovision, tatsächliches Unterlassen der Forderungsdurchsetzung bis zum Eintritt der Verjährung).[217]

Wirkungsvoller, aber sehr bürokratisch ist die Fälligkeitsregel des § 656d Abs. 1 S. 2 BGB: Der Anspruch gegen die andere Partei wird **erst fällig,** wenn die Partei, die den Maklervertrag abgeschlossen hat, ihrer Verpflichtung zur Zahlung des Maklerlohns nachgekommen ist und sie oder der Makler[218] einen Nachweis hierüber erbringen. Wie dem Wortlaut („Nachweis") zu entnehmen ist, reicht die bloße Behauptung einer Zahlung nicht aus. Nicht geregelt ist, wie der Zahlungsnachweis zu erfolgen hat. Dieser kann etwa durch die Vorlage eines Kontoauszugs oder eines Überweisungsbelegs geschehen.[219] Damit soll ein möglicher praktischer Leerlauf der Provisionslastverteilung des § 656d Abs. 1 S. 1 BGB

[214] BGH NZM 2007, 256; dazu Würdinger ZfIR 2007, 685; Hertel FS Frenz 2024, 189 (204): „Deutlich einfacher wäre das Ergebnis, wenn die Rechtsprechung (oder besser der Gesetzgeber) sich entschließen würde, eine Vereinbarung des Erstkäufers über eine übliche und angemessene Maklerprovision immer auch zulasten des Vorkaufsberechtigten wirken zu lassen. Dogmatisch ist allerdings schwierig, das de lege lata zu begründen.".

[215] So auch Gutachten DNotI-Report 2022, 19 (20) mit Rekurs auf den Sinn und Zweck des § 464 Abs. 2 BGB.

[216] BT-Drs. 19/15827, 20 spricht vom Käufer („allerdings wäre der Käufer in diesen Fällen mit der Durchsetzung eines bereicherungsrechtlichen Rückzahlungsanspruchs belastet").

[217] Meier ZfIR 2020, 765 (771, 772).

[218] Diese Erweiterung hat der Rechtsausschuss zu Recht aus Praktikabilitätsgründen gefordert. S. BT-Drs. 19/19203, 21; dazu D. Fischer NJW 2020, 3553 (3557).

[219] BT-Drs. 19/15827, 20.

verhindert werden. Es soll gerade nicht zu einer vorrangigen und alleinigen Inanspruchnahme der anderen Partei kommen.

Eine vergleichbare Fälligkeitsregelung fehlt beim praktischen Regelfall des § 656c BGB. Deshalb ist eine Umgehung des zwingenden Halbteilungsgrundsatzes leicht möglich, was die praktische Wirksamkeit relativiert. Interessant und relevant ist die Frage, ob und inwieweit § 656d Abs. 1 S. 2 BGB **analog** zur Anwendung kommen kann. Am Vorliegen einer planwidrigen Regelungslücke ist aber zu zweifeln. Ganz im Gegenteil ist davon auszugehen, dass eine derartige Regelung gerade bei § 656c BGB nicht gelten soll **(Umkehrschluss zu § 656d Abs. 1 S. 2 BGB).**[220]

[220] So auch mittlerweile BGH NJW 2024, 1511 Rn. 45.

C. Bauträgervertrag

I. Unwirksame Abnahmeklausel

Der Bauträgervertrag ist hinsichtlich des Bauwerks ein Werkvertrag. Diese Qualifikation war schon zu Zeiten des alten Kaufrechts vor 2002 fragwürdig, sie war seit 2002 überflüssig und sie steht im Widerspruch zum Verständnis der Praxis und der realen Abwicklungsmodalitäten. Sie war aber jahrzehntelang ständige Rechtsprechung und ist seit der Neuregelung des Bauvertragsrechts nunmehr auch Gegenstand der gesetzlichen Regeln. Aufgelöst hat sich dadurch aber der Konflikt zwischen Realität und rechtlicher Behandlung nicht.

Ein Dauerthema ist dabei das der Abnahme. Deren Bedeutung im Recht des Werkvertrages ist elementar – löst diese doch sowohl die Fälligkeit des Werklohns (§ 641 Abs. 1 BGB) wie auch den Beginn der Verjährung der Mängelansprüche (§ 634a Abs. 2 BGB) aus. Gleichzeitig aber ist es aus tatsächlichen Gründen oftmals schwierig, eine rechtskonforme Abnahme hinzubekommen.

Teils aus Eigeninteresse, teilweise aber auch wegen praktischer Notwendigkeit wurde und wird in vielen Bauträgerverträgen der Versuch unternommen, die Abnahme jedenfalls des Gemeinschaftseigentums durch einen einheitlicher „Abnehmer" für alle Erwerber zu regeln. Was bei einem Einfamilienhaus als überflüssig und unsinnig erkennbar ist, macht in der Praxis beim Geschosswohnungsbau tatsächlich großen Sinn. Wie soll tatsächlich ein Einzelerwerber die Abnahme des Gemeinschaftseigentums durchführen? In der Theorie klingt das durchaus machbar und möglich, in der Praxis ist es aber faktisch ausgeschlossen, jedenfalls dann, wenn die Anlage größer als wenige Einheiten ist. Gemeinschaftseigentum ist eben nicht nur das Dach und die Heizung, es ist auch jede Wohnungseigentür, jedes Fenster und Außenjalousie und wahrscheinlich (auch hier ändern der Fortschritt der Gebäudetechnik die Betrachtung laufend) auch der Bodenaufbau, die Heizung, der Wandputz etc. in jeder Wohnung. Welcher Erwerber kann das überprüfen und welcher Bauträger kann, wenn er einzelne Wohnungen schon übergeben hat, das überhaupt gewährleisten. Ein cleverer Erwerber bittet beim Abnahmetermin um die Möglichkeit, alle vorgenannten Teile des Gemeinschaftseigentums besichtigen zu können. Der Bauträger, der das für einen Nachzügler in einer großen Anlage hinbekommt, wird wohl erst noch gebacken werden müssen.

Das Problem besteht im **Durcheinander** zwischen

- Kaufrecht,
- Werkvertragsrecht und
- den Besonderheiten des weiterhin für in Errichtung befindlichen Anlagen unausgegorenen WEG.

Letztlich kann nur konstatiert werden, dass wir Juristen es beim Bauträgervertrag jedenfalls für den Geschosswohnungsbau geschafft haben, Regeln zu kreieren, die von der Praxis nicht mehr erfüllt werden können. Dazu nun eine aktuelle Entscheidung des OLG Stuttgart.

OLG Stuttgart Urt. v. 6.6.2024 – 13 U 419/19

ZWE 2024, 454 mAnm Langjahr = BauR 2024, 1842 = MDR 2024, 1176 = ZfBR 2024, 532 = BeckRS 2024, 15819

Zugelassene Revision anhängig unter BGH – VII ZR 108/24.

Leitsätze:

1. Eine vom Bauträger verwendete Abnahmeklausel, wonach das gemeinschaftliche Eigentum für die Wohnungseigentümer durch einen von der Wohnungseigentümerversammlung zu wählenden vereidigten Sachverständigen abgenommen wird, verstößt gegen § 9 Abs. 1 AGBG aF (Anschluss OLG Stuttgart v. 31.3.2015 – 10 U 46/14). [Rn. 22–28 der Entscheidung]
2. Im Falle einer in Folge der Nichtigkeit der Abnahmeklausel unwirksamen Abnahme beginnt die Verjährung von Gewährleistungsansprüchen regelmäßig erst mit der Abnahme. Die Verjährungsfrist enden nicht spätestens mit der Verjährung des Erfüllungsanspruchs (entgegen OLG Stuttgart v. 2.4.2024 – 10 U 13/23). [Rn. 41–44 der Entscheidung]
3. Der Annahme einer Verwirkung von Gewährleistungsansprüchen steht regelmäßig entgegen, dass der Bauträger als Verwender einer unwirksamen Abnahmeklausel kein schutzwürdiges Vertrauen auf die Wirksamkeit der Abnahme haben kann. Dies gilt auch dann, wenn er zum Zeitpunkt der Verwendung nicht ohne weiteres mit einem Verstoß gegen § 9 Abs. 1 AGBG aF rechnen musste (entgegen OLG München v. 1.12.2023 – 28 U 3344/23). [Rn. 47 der Entscheidung]

1. Abnahmeklauseln

Kein Bauträger hat Lust oder sieht sich in der Lage, mit jedem Erwerber das gesamte Gemeinschaftseigentum zu inspizieren und es zigfach „abnehmen" zu lassen. So gut wie kein Erwerber ist in der Lage, die Ordnungsmäßigkeit der einzelnen Gewerke wirklich zu überprüfen, weil es ihm regelmäßig am notwendigen Fachwissen fehlt.

Unterschiedliche Abnahmen führen zu unterschiedlichen Zeitpunkten des Beginns der Verjährung. Dass es in einer solchen Ausgangslage nahe liegt, Überlegungen anzustellen, dass das Gemeinschaftseigentum nicht von jedem Erwerber selber, sondern von einem (sachkundigen) Bevollmächtigten für alle gemeinsam abgenommen wird, liegt nahe. Eine gesetzliche Pflicht, die Abnahme persönlich zu erklären, besteht nicht. Es können Vertreter bevollmächtigt werden.

a) Bisherige Rechtsprechung

Das hat zu Gestaltungen eingeladen, wonach schon im Bauträgerkaufvertrag bestimmt wird, dass sich der Erwerber zumindest bei der Abnahme des Gemeinschaftseigentums vertreten lässt. Hintergrund ist, dass es sowohl dem Bauträger wie oft auch dem Erwerber lästig ist, das gesamte Gemeinschaftseigentum (Heizanlage, Aufzug etc.) anzusehen und abzunehmen. Dass dem Erwerber oftmals auch die Kompetenz fehlt, tut ein Übriges.

Die Rechtsprechung steht solchen vorformulierten Klauseln sehr kritisch gegenüber. Bezeichnend ist vor allem der Satz aus der Entscheidung des VII. Senats vom 12.5.2016:[1]

> „Demgegenüber ist es dem Bauträger zumutbar, eine Abnahme auch des Gemeinschaftseigentums durch jeden Erwerber (auch Nachzügler) herbeizuführen."

Es gibt zahlreiche Gerichtsentscheidungen zu typischen Klauseln. Unzulässig sind demnach

– Abnahme durch den Bauträger selbst;[2]
– verdrängende Abnahmevollmachten;

[1] BGH NJW 2016, 2878 Rn. 26.
[2] BGH NJW-RR 2016, 1143.

– Vollmachten, die eine Verdrängung zumindest suggerieren;[3]
– Vollmachten auf den Erstverwalter;[4]
– Zuweisung an die Eigentümergemeinschaft[5] (auch nicht in der Gemeinschaftsordnung[6] möglich).

So praktisch solche Vertretungen auch sein mögen, in der Praxis ist das mit diesen Klauseln verbundene Risiko hoch.

b) OLG Stuttgart 6.6.2024 – 13 U 419/19

Das OLG Stuttgart hatte folgende aus dem Jahr 1999 stammende Klausel vorliegen:

> „Das gemeinschaftliche Eigentum wird für die Wohnungseigentümer durch einen vereidigten Sachverständigen abgenommen. Bei Wohnanlagen, die aus mehreren Gebäuden bestehen, kann jedes Gebäude einzeln abgenommen werden (Teilabnahme). Der Sachverständige soll auch die Beseitigung der bei der Abnahme festgestellten Mängel bestätigen. Die Kosten des Sachverständigen sind im Kaufpreis berücksichtigt. Der Sachverständige ist in der ersten Wohnungseigentümer-Versammlung durch Beschluss zu bestellen; er führt die Abnahme in Vertretung der einzelnen Wohnungseigentümer für diese durch, wozu er heute schon vom Käufer bevollmächtigt wird."

Im Ergebnis hält das Gericht fest, dass eine die Eigenabnahme des Erwerbers ausschließende Zuweisung an einen Sachverständigen auch dann, wenn dieser durch die Eigentümergemeinschaft bestimmt wird, unwirksam ist.

Ob eine jederzeit widerrufliche Vollmacht an einen solchen Sachverständigen einer Prüfung standhalten würde, brauchte das OLG Stuttgart nicht zu entscheiden, da die Klausel nach seiner Beurteilung den Eindruck erwecken konnte, die Vollmacht sei unwiderruflich erteilt.

Eine **Abnahme** war danach **nicht erfolgt.**

c) Die Abnahmefiktion

Die Neuregelungen des Werkvertragsrechts hat eine Neuregelung der Regelungen zur Abnahmefiktion mich sich gebracht. Anstelle des bisherigen § 640 Abs. 1 S. 3 BGB aF, der vorsah, dass er der Abnahme gleichstehe, „wenn der Besteller das Werk nicht innerhalb einer ihm vom Unternehmer bestimmten angemessenen Frist abnimmt, obwohl er dazu verpflichtet ist", gilt nunmehr der neue § 640 Abs. 2 BGB. Das Problem der bisherigen Regelung bestand darin, dass zwar wegen unwesentlicher Mängel (§ 640 Abs. 1 S. 2 BGB aF) die Abnahme nicht verweigert konnte, die Abgrenzung zwischen wesentlichen und unwesentlichen Mängeln naturgemäß aber schwierig ist, weshalb oft Unsicherheit über die Abnahme bestand. Die Neuregelung (§ 640 Abs. 2 BGB) sieht nunmehr vor, dass ein Werk auch dann als abgenommen gilt, „wenn der Unternehmer dem Besteller nach Fertigstellung des Werks eine angemessene Frist zur Abnahme gesetzt hat und der Besteller die Abnahme nicht innerhalb dieser Frist unter Angabe mindestens eines Mangels verweigert hat". Verhindert wird damit, dass allein aufgrund der Passivität des Bestellers die Abnahme ungewiss ist. Erfolgt die **Verweigerung der Abnahme ohne Nennung eines Mangels,** tritt die Abnahmefiktion ein.

Das Problem in Fällen wie dem vorliegenden ist dabei allerdings, dass die Regeln der Abnahmefiktion deshalb nicht eingreifen sollen, weil die Beteiligten sich der mangelnden Abnahme nicht bewusst sind. Das OLG Stuttgart führt dazu aus:

---

[3] OLG Karlsruhe NJW 2012, 237; OLG Düsseldorf BeckRS 2013, 03691; OLG Stuttgart BeckRS 2015, 08330.
[4] BGH NJW 2013, 3360.
[5] BGH NJW 2016, 1572.
[6] BGH NJW 2016, 2878.

„Eine konkludente Abnahme kommt daher erst ab dem Zeitpunkt in Betracht, an dem die Erwerber Kenntnis von der Unwirksamkeit der erklärten Abnahme erlangt oder Zweifel bezüglich der betreffenden Wirksamkeit bekommen hatten (OLG Stuttgart v. 2.4.2024 – 10 U 13/23, Rn. 69). Für diesen Zeitraum trägt die Beklagte aber kein Verhalten vor, dass eine konkludente Abnahme begründen könnte.“

Mir erscheint diese Argumentation zwar logisch vertretbar, gleichwohl aber praxisfremd zu sein. Natürlich ist ein Erwerber, der der Auffassung ist, in seinem Namen sei durch einen Dritten das Werk geprüft und die Abnahme erklärt worden, nicht dem Erwerber, der sich überhaupt nicht zur Abnahme äußert, nicht zwingend gleichzustellen. Gleichwohl wird durch die Akzeptanz des Urteils des Dritten über das Werk sich dessen Prüfung doch insoweit zu eigen gemacht, als die eigene Überprüfung nicht für erforderlich gehalten wird. Es nützt aber nichts: Das Werk ist **auch nicht fiktiv abgenommen.**

d) Ergebnis

Welche Abnahmeklauseln überhaupt noch Aussicht auf Erfolg bei einer gerichtlichen Überprüfung haben, erscheint mir ungewiss. Gerade weil letztlich jede dieser Klauseln das Risiko in sich trägt, dem Erwerber den Eindruck zu vermitteln, er könne nicht selbst abnehmen (vor allem, weil er es real tatsächlich nicht kann) und weil eine echte Besichtigung und damit auch insoweit willensgetragene Abnahme des Gemeinschaftseigentums durch den Erwerber kaum möglich ist (siehe oben zur Abnahme der Fenster, Türen etc.), sehe ich immer die Gefahr, dass die verwendeten Klauseln im konkreten Prüfungsfall vor Gericht nicht standhalten.

2. Verjährung – Überschreitung der Höchstfristen

Et muss och ens joot sin… So würde der Rheinländer den Gedanken an eine Höchstfrist, nach der überhaupt noch Mängelrechte geltend gemacht werden können, fassen. Im vorliegenden Fall war die Anlage im Jahr 2000 übergeben worden und man stritt im konkreten Verfahren seit 2014 außergerichtlich und ab 2017 dann vor Gericht über Mängel. Dass nach 14 bzw. 17 Jahren (auch bei Gerichten) der Gedanke aufkommt, Mängelhaftungsansprüche sollten keine Rolle mehr spielen, verwundert nicht. Das gilt ganz besonders, weil die Beteiligten das „Werk“ schon weit mehr als ein Jahrzehnt nutzen und das Thema nur deshalb relevant ist, weil auf Rechtsebene Formalfehler gemacht wurden.

a) Verjährung des Erfüllungsanspruchs

Der naheliegendste Gedanke, die fehlende Abnahme führe schon dazu, dass sich der Vertrag noch im **Erfüllungsstadium** befinde und deshalb jedenfalls die Verjährung des Erfüllungsanspruchs dazu führe, dass jedenfalls nach zehn Jahren (§ 196 BGB) ohne Abnahme Verjährung eingetreten sei, ist vom BGH mit dem Argument abgelehnt worden, auf die mangelnde Abnahme dürfe sich der Bauträger als Verwender der die mangelnde Abnahme auslösenden Klausel nicht berufen.

BGH Urt. v. 9.11.2023 – VII ZR 241/22 (OLG Celle)
WE 2024, 164 mAnm Vogel = NZBau 2024, 145 = BWNotZ 2023, 301 = IBR 2024, 73 (Vogel) = NotBZ 2024, 379 mAnm Walter = ZIP 2024, 621 mAnm Ring

Leitsatz 2:

Macht eine Gemeinschaft der Wohnungseigentümer (GdWE) als Prozessstandschafterin der Erwerber Mängelansprüche wegen Mängeln an der Bausubstanz des Gemeinschaftseigentums gegen den Bauträger geltend, ist es diesem als Verwender der genannten unwirksamen Formularklausel nach Treu und Glauben (§ 242 BGB) verwehrt, sich darauf zu berufen, dass sich der Vertrag mangels wirksamer Abnahme des Gemeinschaftseigentums insoweit noch im Erfüllungsstadium befinde, weshalb im Rahmen der Anspruchsbegründung die Abnahme des Gemeinschaftseigentums als Voraussetzung für die Geltendmachung von Mängelansprüchen zu unterstellen ist. [...]

b) Verjährung wegen Ablauf von Arglistansprüchen

Der 10. Senat des OLG Stuttgart hat zwei Monate vor der hier besprochenen Entscheidung des 13. Senats ausgeurteilt, dass jedenfalls nach 15 Jahren eine Verjährung der Ansprüche der Erwerber eintrete.[7]

OLG Stuttgart Urt. v. 2.4.2024 – 10 U 13/23
ZfBR 2024, 515 = IBR 2024, 301 (Vogel) = BeckRS 2024, 10179

Leitsatz 5:

Die Haftung des Bauträgers wegen der Verwendung einer unwirksamen Abnahmeklausel reicht nicht weiter als eine Haftung wegen Arglist. In einem solchen Fall sind Mängelansprüche spätestens dann nicht mehr durchsetzbar, wenn hinsichtlich des Herstellungsanspruchs des Erwerbers die maximale Verjährungsfrist des § 199 Abs. 4 BGB von 10 Jahren und eine sich anschließende 5-jährige Gewährleistungsfrist abgelaufen sind.

Auch dieser Gedanke ist erkennbar aus dem Drang geboren, irgendwann ein Ende der Gewährleistung herbeizuführen. Tatsächlich liegt der Gedanke der Parallele der Verwendung einer nach den Regeln des AGB-Rechts unwirksamen Klausel mit einer gegenüber dem Erwerber begangenen Arglist nicht fern. Schlimmer als Arglist kann die Verwendung einer unwirksamen Allgemeinen Geschäftsbedingung wohl auch nicht sein, sodass die Haftung entsprechend begrenzt sein müsste.

> Wo schon die Haftung für Arglist endet, sollte auch ein juristischer Fehler sein Ende haben.

Der 13. Senat beschäftigt sich nicht mit dem Gedanken der analogen Behandlung der Arglist und der Verwendung unwirksamer Vertragsklauseln, sondern argumentiert ausschließlich von der Zielstellung der Beendigung unendlicher Haftung. Er lehnt die Überlegung des 10. Senats mit dem Argument ab, der Bauträger könne jederzeit durch das Abnahmeverlangen die fünfjährige Verjährungsfrist in Gang bringen, sodass quasi „unendliche" Gewährleistung nicht drohe.

„(a) Es kann schon nicht ohne Weiteres davon ausgegangen werden, dass der Bauträger nach der hier vertretenen Auffassung praktisch unbegrenzt einem Gewährleistungsanspruch ausgesetzt ist. Vielmehr hat der BGH zum hier maßgeblichen alten Recht entschieden, dass die Verjährung nicht nur mit der Abnahme beginnt, sondern auch mit der ernsthaften und endgültigen Ablehnung der Abnahme durch den Besteller und zwar auch dann, wenn die Abnahme zu Recht verweigert wird (BGH v. 8.7.2010 – VII ZR 171/08 – juris Rn. 23). Dies hat zur Folge, dass der Bauträger grundsätzlich die Gewährleistung auf weitere fünf Jahre beschränken kann, wenn er die Erwerber nach Bekanntwerden von Zweifeln an der Wirksamkeit der Abnahmeklausel zur Abnahme auffordert. Zwar mag es Fälle geben, in denen die Erwerber Nachbesserung verlangen, ohne zugleich eine ernsthafte und endgültige Abnahmeverweigerung zu erklären. Gegebenenfalls kann der Bauträger die Abnahmewirkung dann aber dadurch herstellen, dass er dem berechtigten Nachbesserungsverlangen nachkommt (BGH v. 8.7.2010 – VII ZR 171/08 – juris Rn. 25). Zwar ist es ungeachtet der vorstehenden Ausführungen nicht auszuschließen, dass es Fälle geben kann, in denen es dem Bauträger nicht gelingt, den Beginn der Verjährung auszulösen. Solche Fälle können aber nicht zum Anlass genommen werden, von der

[7] So schon Tschäpe/Trefzger ZfBR 2022, 523 (530).

gesetzlichen Regelung, die bei der Verjährung zwischen Erfüllungs- und Gewährleistungsansprüchen unterscheidet, abzuweichen. Für derartige Billigkeitserwägungen ist nur im Rahmen von § 242 BGB Raum, sodass Anlass zur Prüfung bestehen kann, ob eine Verwirkung in Betracht kommt (so auch BGH v. 8.7.2010 – VII ZR 171/08 – juris Rn. 27).[8]

Das letzte Wort ist in dieser Frage noch nicht gesprochen. Der Senat hat wegen der Abweichung die Revision zugelassen.

3. Verwirkung

Das OLG München[9] hatte in einer Entscheidung aus dem Dezember 2023 für den Fall, dass nach mehr als 20 Jahren nach der Übergabe Mängelrechte geltend gemacht werden, ausgeführt, dass jedenfalls für den Fall, dass der Erwerber bereits Untersuchungen zur Mangelhaftigkeit vorgenommen und Mängel gerügt hatten und gleichzeitig der Bauträger eine zum Zeitpunkt deren Verwendung übliche und unbeanstandete Klausel verwendet hatte, eine Verwirkung der Geltendmachung von Mängelrechten eingetreten sei. Zeit- und Umstandsmoment der Verwirkung seien in einem solchen Fall gegeben.

Das OLG Stuttgart möchte für beide Aspekte des Umstandsmoments dem nicht folgen. Unter Verweis auf die entsprechenden Überlegungen des BGH in dessen Entscheidung vom 9.11.2023[10] sieht der Senat hier deshalb kein schutzwürdiges Vertrauen des Bauträgers, weil dieser

- aus der bloßen Geltendmachung von Mängelrechten durch den Erwerber keine berechtigte Erwartung darauf habe, dass sich der Erwerber nicht auf die mangelnde Abnahme berufen werde, und
- dieser als Verwender der unwirksamen Abnahmeklausel für den Nichtbeginn der Verjährung verantwortlich sei, und
- auch wenn die Klausel bei deren Verwendung nicht als problematisch eingestuft worden sei, dieser dennoch „bewusst die Rechte der Erwerber bei der Entscheidung über eine Abnahme verkürzt und so die alleinige Ursache dafür gesetzt (habe), dass die Verjährung nicht beginnen konnte."

Auch insoweit wurde wegen der bestehenden Abweichung zum OLG München Revision zugelassen.

4. Bewertung

Macht man sich klar, woher die Rechtsprechung zur Anwendung des Werkvertragsrechts auf den Bauträgervertrag kommt, nämlich aus der nach altem Schuldrecht als unzureichende empfundenen Regelung der Verjährungsfrist des Kaufrechts von zwei Jahren und der mangelnden Regelungen zur Nachbesserung, dann liegt auf der Hand, welch unglückliche Entwicklung die Mängelgewährleistung genommen hat. Ein Gedanke hat sich verselbständigt und treibt nun Blüten, die mit dem Ausgangspunkt desselben wenig bis nichts zu tun haben. Gedanken verselbständigen sich und entkoppeln sich von ihrer Wurzel.

Für unsere Praxis bedeutet das, dass mit vertraglichen Vereinbarungen zur Abnahme außerordentlich vorsichtig umgegangen werden sollte. Ich persönlich würde sogar von Klauseln, die auf den ersten Blick sinnvoll und angepasst an die Praxis scheinen, wie dies mit der Beauftragung des Sachverständigen auch einmal der Fall war, abraten. Die Entwick-

---

[8] OLG Stuttgart BeckRS 2024, 15819 Rn. 43.
[9] OLG München ZfBR 2024, 402.
[10] BGH ZWE 2024, 164 mAnm Vogel = IBR 2024, 73 (Vogel) = NotBZ 2024, 379 mAnm Walter = ZIP 2024, 621 mAnm Ring.

lung der Rechtsprechung hat gezeigt, dass in nahezu jeder Gestaltung ein Nachteil für den Erwerber erkannt werden kann.

Die von Christian Hertel[11] im vergangenen Jahr vorgestellte Entscheidung des OLG Celle[12] zur Haftung des Notars für eine unwirksame Abnahmeklausel verleiht dem Rat besonderes Gewicht.

[11] Hertel in Herrler/Hertel/Kesseler ImmobilienR 2023 S. 137 ff.
[12] OLG Celle RNotZ 2023, 607.

II. Grundlagen zum verdeckten Bauherrenmodell

Die Presse[13] berichtete kurz vor Weihnachten 2024 von einem schief gelaufenen Bauprojekt: In der Nähe von Regensburg sollte ein neues Quartier mit ca. 350 Häusern entstehen. Die Erwerber hatten jeweils zwei Verträge geschlossen: Einen Kaufvertrag über das Grundstück (zu einem relativ hohen Quadratmeterpreis) mit der Grundstückseigentümerin und einen (relativ günstigen) Bauvertrag mit einem Bauunternehmen. Das Bauunternehmen ist nun pleite. Die getätigten Aufwendungen für den Bau sind verloren, den Erwerbern bleiben teuer erstandene Grundstücke. Die Verkäuferin der Grundstücke hat hiermit formal nichts zu tun, Ansprüche der Erwerber gegen sie bestehen (wohl) nicht. Ein Desaster.

Auch an das DNotI werden immer wieder Anfragen gerichtet, die die gewünschte Trennung des Grundstückskaufvertrags vom „Werkvertrag“[14] zum Gegenstand haben. Die Fallkonstellationen unterscheiden sich dabei zum Teil maßgeblich im Detail. Zugriff auf die Problematik hat aber nur, wer Grundkenntnisse zu diesen Modellen vorhält. Bezeichnet werden sie als „verdecktes Bauherrenmodell“, „verdeckter Bauträgervertrag“ oder „unechter Bauträgervertrag“.

Im Wesentlichen geht es um drei Fragen:

1. In welchen Fällen ist der Bauvertrag beurkundungspflichtig? (→ 1.)
2. Inwieweit gilt die MaBV und was bedeutet das für die Vertragsgestaltung? (→ 2.)
3. Was gilt es bei der Vertragsgestaltung im Übrigen zu beachten? (→ 4., → 5., → 6.)

Praxishinweis:

Die nachstehenden Ausführungen werden zeigen, dass bei der Beurkundung von Verträgen im verdeckten Bauherrenmodell höchste Vorsicht geboten ist![15] Insbesondere, wenn es um Geschosswohnungsbau geht, wird weitgehend einhellig von derlei Modellen abgeraten.[16]

Grundlage der nachstehenden Ausführungen sei folgender Ausgangsfall.

Ausgangsfall:

Ein Bauunternehmer hat einen Grundstückseigentümer an der Hand, der Grundstücke verkaufen möchte. Der Bauunternehmer möchte die Grundstücke mit Einfamilienhäusern bebauen. Wunsch des Bauunternehmers ist es, dass der Kaufvertrag und der Bauvertrag separat behandelt werden. Der Eigentümer verkauft nur an Käufer, die vom Bauunternehmer benannt werden. Allerdings möchte der Eigentümer dann nichts mehr mit der Bebauung zu tun haben. Er möchte nur das Grundstück verkaufen. Eine schlechte Bauausführung soll Sache und Risiko des Käufers sein. Der Bauunternehmer bewirbt den Kauf des Grundstücks und legt offen, dass das Grundstück von einem bestimmten Eigentümer verkauft wird. Die Personenverschiedenheit wird offen gelegt und auch, dass der Kauf von der Bebauung unabhängig ist, der Käufer also das Baurisiko trägt. Darüber hinaus bewirbt der

[13] Süddeutsche Zeitung v. 23.12.2024: „Warum Familien statt eines Eigenheims jetzt eine Menge Schulden haben“ (abrufbar unter https://www.sueddeutsche.de/bayern/regensburg-immobilien-graf-lerchenfeld-quartier-koefering-lux.3VM47nG68XUQGDfzEidusB; zuletzt abgerufen am 10.1.2025).

[14] In der Regel handelt es sich hierbei um einen Bauvertrag, §§ 650a ff. BGB, oder einen Verbraucherbauvertrag, §§ 650i ff. BGB.

[15] Wer sich dennoch traut: Gesamtmuster finden sich bei Blank, Bauträgervertrag, 6. Aufl. 2023, S. 211 ff. (ohne Anwendbarkeit der MaBV); Krauß, Immobilienkaufverträge in der Praxis, 10. Aufl. 2024, Teil D. II. (Gesamtmuster 22. Kauf- und Werkvertrag; mit Berücksichtigung der MaBV).

[16] S. nur Hertel in Würzburger Notarhandbuch, 6. Aufl. 2022, Teil 2 Kap. 3 Rn. 358.

Bauunternehmer den Bau und sagt, dass der Bauherr jeden möglichen Einfluss auf die Bebauung nehmen kann.

1. Beurkundungspflichtigkeit des Bauvertrags

Für den Notar[17] stellt sich zunächst die Frage, ob der Bauvertrag beurkundet werden muss. Grundsätzlich nein, denn der Bauvertrag ist materiell-rechtlich nicht formpflichtig. Für den *Verbraucher*bauvertrag genügt hingegen die Textform, § 650i Abs. 2 BGB. Allerdings kann sich die Beurkundungsbedürftigkeit aus § 311b Abs. 1 S. 1 BGB ergeben.

a) Allgemeines zur Reichweite des Formgebots des § 311b Abs. 1 S. 1 BGB; Vorliegen einer „rechtlichen Einheit"; *einseitige* Abhängigkeit des beurkundungspflichtigen vom nicht beurkundungspflichtigen Rechtsgeschäft

Nach § 311b Abs. 1 S. 1 BGB bedarf ein Vertrag, durch den sich ein Teil verpflichtet, das Eigentum an einem Grundstück zu übertragen oder zu erwerben, der notariellen Beurkundung. Nach ständiger Rechtsprechung des BGH *erstreckt* sich das Beurkundungserfordernis des § 311b Abs. 1 S. 1 BGB auch auf einen für sich allein nicht beurkundungspflichtigen Vertrag, wenn er mit einem Grundstücksgeschäft iSv § 311b Abs. 1 S. 1 BGB eine *rechtliche Einheit* bildet. Dies soll wiederum – so die bekannte Formel – der Fall sein, *„wenn [die Verträge] dem Willen der Parteien gemäß derart voneinander abhängen, dass sie miteinander stehen und fallen sollen"*.[18] Die Formel der Rechtsprechung wurde in der Literatur zuweilen als leerformelartig kritisiert.[19] Stellenweise wird in der Literatur sogar ausgeführt, sie gelte nach einer Entscheidung des BGH aus dem Jahr 2021 nicht mehr, sondern die Beurkundungspflicht umfasse alles, was nach dem Willen der Parteien *Inhalt des Vertrags* sein solle.[20] Hieraus ergebe sich allerdings keine *inhaltliche* Neuausrichtung, sondern lediglich eine *terminologische.*[21]

Bis heute geht die herrschende Meinung in der Literatur, gestützt auf jüngere Entscheidungen des BGH[22], jedoch davon aus, dass schon eine *einseitige Abhängigkeit* des Grundstückskaufvertrags von dem anderen Vertrag (hier Bauvertrag) zur Beurkundungspflichtigkeit dieses anderen Vertrags führt. Bereits dann bilden die beiden Verträge eine *rechtliche Einheit,* besteht zwischen ihnen ein *rechtlicher Zusammenhang.*[23] Nur dies entspricht dem insoweit maßgeblichen *Normzweck* des § 311b Abs. 1 S. 1 BGB.[24] Die Formel des „*Miteinander* Stehen und Fallen" suggeriert demgegenüber das Erfordernis einer gegenseitigen Abhängigkeit.

---

[17] Gemeint sind Berufsträger jedweden Geschlechts.

[18] Ständige Rspr., vgl. etwa BGH NJW 1980, 829 (830); NJW 1987, 1069; DNotZ 1989, 501 (502). Die Literatur differenziert zum Teil zwischen sog. „gemischten Verträgen", die stets insgesamt beurkundungspflichtig sind, und „zusammengesetzten Verträgen", bei denen die Gesamtbeurkundungspflicht im Einzelfall zu prüfen ist, vgl. Schreindorfer in BeckOGK, 1.9.2024, BGB § 311b Rn. 181 f.; Meier in Staudinger, 2023, BGB § 311b Rn. 238 f.; Lichtenberger DNotZ 1988, 531 (533).

[19] Lichtenberger DNotZ 1988, 531 (536).

[20] Meier in Staudinger, 2023, BGB § 311b Rn. 249; Müller NJW 2021, 2477 (2478); die Formel von „miteinander Stehen und Fallen" weiterhin verwendend Grüneberg in Grüneberg, 84. Aufl. 2025, BGB § 311b Rn. 32.

[21] Meier in Staudinger, 2023, BGB § 311b Rn. 251.

[22] S. BGH NJW 2022, 2511 Rn. 12.

[23] Meier in Staudinger, 2023, BGB § 311b Rn. 240 spricht von einem „rechtlichen Zusammenarbeit".

[24] S. nur Schreindorfer in BeckOGK, 1.9.2024, BGB § 311b Rn. 185 mwN; BGH NJW 2000, 951; NJW 2002, 2559; Hertel in Würzburger Notarhandbuch, 6. Aufl. 2022, Teil 2 Kap. 3 Rn. 359; aA wohl BGH NJW 1994, 721 (Abhängigkeit des Bauvertrags vom Grundstückskaufvertrag); hierzu Hartmann Mitt RhNotK 2000, 11 (13).

Praxishinweis:

Die Prüfung der Reichweite des Beurkundungserfordernisses bereitet in der Praxis oft Schwierigkeiten. Es hilft hierbei, wenn man ***vom Grundstückskaufvertrag*** *auf den anderen Vertrag* blickt. Man muss sich hierbei fragen: Soll der Grundstückskaufvertrag (diesen hat man im Blick!) nur geschlossen werden soll, wenn auch der andere Vertrag geschlossen wird. Wichtig: Dies richtet sich *nach dem Willen der Parteien*[25], es handelt sich im Wesentlichen um eine *Tatfrage,* nicht um eine Rechtsfrage! Die tatsächlichen Umstände hat der Notar gemäß § 17 Abs. 1 S. 1 BeurkG zu ermitteln.

b) „Wollen und Gewahrsein"

Bei der Ermittlung des Sachverhalts durch den Notar kann es zu dem Befund kommen, dass *eine Partei* den Grundstückskaufvertrag nur *will,* wenn auch der andere Vertrag zustande kommt. Der anderen Partei kann das Zustandekommen des anderen Vertrags hingegen *weniger wichtig* sein.

Damit sich das Beurkundungserfordernis erstreckt, müssen aber nicht beide Parteien den anderen Vertrag *gleichermaßen wollen.* Nach der Rechtsprechung[26] genügt es, wenn eine Vertragspartei den Verknüpfungswillen hat und die andere Partei dies *erkennt und zumindest hinnimmt.* Das *Wissen* um den Verknüpfungs*willen* soll somit bereits zur Erstreckung des Beurkundungserfordernisses genügen.

Nach einer etwas strengeren (und vorzugswürdigeren) Ansicht in der Literatur soll das „Erkennenkönnen und Hinnehmen" bzw. das „Gewahrsein" des Verknüpfungswillen der anderen Partei nicht genügen. Stattdessen wird verlangt, dass die verknüpfungswillige Partei den Verknüpfungswillen „ausreichend kommuniziert, wobei das Vertragsgegenüber sich hierauf *einlässt*".[27] Dies entspricht im Ergebnis einer *rechtsgeschäftlichen Einigung* über die Verknüpfung.[28]

c) Besonderheiten im Drei-Personen-Verhältnis

Im Drei-Personen-Verhältnis stellt sich in besonderem Maße die Frage, *wer* einen entsprechenden Verknüpfungswillen haben muss, damit es zur Erstreckung des Formgebots nach § 311b Abs. 1 S. 1 BGB kommt. An beiden Verträgen ist der Käufer beteiligt, am Kaufvertrag zusätzlich der Verkäufer, am Bauvertrag zusätzlich der Bauunternehmer. Unstreitig ist, dass sich das Beurkundungserfordernis nach § 311b Abs. 1 S. 1 BGB auch auf einen Vertrag erstrecken kann, an dem *nicht dieselben Personen* beteiligt sind wie an dem beurkundungspflichtigen Vertrag.[29]

Regelmäßig „beides" will üblicherweise der Erwerber. Er will häufig nur kaufen, wenn er zu einem Gesamtpreis auch ein schlüsselfertiges Gebäude erhält.[30] Schwieriger ist die Ermittlung des Willens bzw. Kennens bei den anderen Beteiligten, zumal wenn sie gewisse Rechtsfolgen bewusst umgehen wollen, also gegenüber dem Notar nicht alles offenlegen. Vorab stellt sich allerdings die Frage, ob man überhaupt *beide* anderen Vertragspartner

---

[25] Statt vieler BGH NJW 1983, 565; Meier in Staudinger, 2023, BGB § 311b Rn. 241 mwN; objektivierbare Kriterien zur Feststellung des Verknüpfungswillens der Beteiligten werden genannt von Ruhwinkel in MüKoBGB, 9. Aufl. 2022, BGB § 311b Rn. 59.

[26] BGH NJW-RR 2009, 953 Rn. 13; NJW 1981, 274 (275); s. auch Keim DNotZ 2011, 513 (514).

[27] So Meier in Staudinger, 2023, BGB § 311b Rn. 242.

[28] Schreindorfer in BeckOGK, 1.9.2024, BGB § 311b Rn. 188 spricht von einer vertragsrechtlich relevanten Einverständniserklärung.

[29] S. nur BGH NJW-RR 2009, 953 zur rechtlichen Einheit eines Baubetreuungsvertrags mit einem Grundstücksgeschäft; Meier in Staudinger, 2023, BGB § 311b Rn. 239; Hartmann MittRhNotK 2000, 11 (13).

[30] Vgl. Hertel in Würzburger Notarhandbuch, 6. Aufl. 2022, Teil 2 Kap. 3 Rn. 359.

dahingehend untersuchen muss. Nach den vorstehenden Formeln kommt es jedenfalls auf den Grundstücksverkäufer als andere Partei des beurkundungspflichtigen Vertrages an. Dieser muss nach der Formel der Rechtsprechung den Verknüpfungswillen des Käufers zumindest *erkannt und hingenommen* haben.[31] Man könnte dies nun genügen lassen und alleine deswegen die Beurkundungsbedürftigkeit des Bauvertrags bejahen. Mit Blick auf den Bauunternehmer wäre dann jedoch festzustellen, dass „sein" (an sich formfrei abschließbarer) Vertrag plötzlich beurkundungspflichtig wäre, ohne dass es auf ihn in irgendeiner Weise ankäme. Dies würde für den Bauunternehmer große Risiken bergen, da für ihn ja die etwaige Formnichtigkeit des Bauvertrags gar nicht erkennbar wäre. Denn er wüsste möglicherweise nichts vom Verküpfungswillen des Erwerbers. Daher ist es zutreffend, zu fordern, dass auch der Bauunternehmer die Verknüpfung des Bauvertrags mit dem Grundstückskaufvertrag will oder zumindest den Verknüpfungswillen des Käufers erkennt und als gegeben akzeptiert.[32] In den typischen Fällen des verdeckten Bauherrenmodells ist das freilich unproblematisch, da der Bauunternehmer häufig der Initiator des Projekts ist. Für Grenzfälle kann es aber hilfreich sein, zu wissen, auf wen es eigentlich in welchem Maße ankommt.

Die *zeitliche Abfolge* der Vertragsschlüsse (zB erst Bauvertrag, dann Kaufvertrag) ist für die Bejahung eines Verknüpfungswillens nach heute weitgehend einhelliger Ansicht in Literatur[33] und Rechtsprechung[34] unerheblich.

Praxishinweis:

Im Drei-Personen-Verhältnis zwischen Erwerber, Verkäufer und Bauunternehmer besteht die Schwierigkeit darin, den subjektiven Tatbestand (Verknüpfungswille) beim Verkäufer sowie beim Bauunternehmer zu ermitteln. Dies gilt insbesondere dann, wenn sie dem Notar den Sachverhalt nicht offen legen oder sich der Notar diesbezüglich nicht sicher ist. In dem Versuch, den Willen der Beteiligten an *objektiven* Kriterien festzumachen, nennt die Kommentarliteratur[35] folgende Indizien, die für einen Verknüpfungswillen[36] sprechen sollen:
- gemeinsames Exposé;[37]
- Besichtigung der Immobilie mit dem Bauunternehmer, der nicht Eigentümer ist, auf dessen Veranlassung;
- Abstimmung der Vertragsinhalte aufeinander;
- Einflussnahmemöglichkeit des Bauunternehmers auf den Kaufvertrag.[38]

Liegen solche Indizien vor, so sollte der Notar die Beteiligten darüber aufklären, dass diese eine vom Käufer später behauptete Abhängigkeit der Verträge voneinander nur schwer entkräften können.

Wenig überraschend dürfte sein, dass es wohl dem Gebot des sichersten Weges entspricht, von der Beurkundungsbedürftigkeit des Bauvertrags auszugehen, wenn nicht

[31] Unter Umständen hat er sogar ein starkes Verknüpfungsinteresse, wenn er sich gegenüber dem Bauunternehmer verpflichtet hat, nur an Erwerber zu verkaufen, die einen Bauvertrag mit dem Bauunternehmer abschließen, vgl. OLG Karlsruhe BeckRS 2011, 15243.

[32] Hartmann MittRhNotK 2000, 11 (14); Meier in Staudinger, 2023, BGB § 311b Rn. 259.

[33] Meier in Staudinger, 2023, BGB § 311b Rn. 257; Ludwig in jurisPK-BGB, 1.2.2020, BGB § 311b Rn. 240; Ruhwinkel in MüKoBGB, 9. Aufl. 2022, BGB § 311b Rn. 60.

[34] BGH DNotZ 2009, 619 Rn. 14 aE; DNotZ 2011, 196 Rn. 10; OLG München MittBayNot 2017, 45.

[35] Vgl. Ruhwinkel in MüKoBGB, 9. Aufl. 2022, BGB § 311b Rn. 59; Basty, Der Bauträgervertrag, 11. Aufl. 2023, Kap. 1 Rn. 81.

[36] In der Literatur findet sich auch die Figur der „personellen Verflechtung" zwischen Bauunternehmer und Verkäufer, vgl. Hartmann MittRhNotK 2000, 11 (14). Sei diese gegeben, so spreche dies für das Vorliegen eines Verknüpfungswillens. Dem ist zwar zuzustimmen, allerdings ist zu bezweifeln, ob die Feststellung einer personellen Verflechtung als Zwischenschritt der Prüfung eines Verknüpfungswillens einen Mehrwert bringt.

[37] BGH DNotZ 2009, 619 Rn. 16.

[38] BGH DNotZ 2011, 196 Rn. 11.

ganz eindeutig keinerlei Bezug zwischen Bauunternehmer und Grundstücksverkäufer vorliegt oder eindeutig feststellbar ist, dass der Grundstücksverkäufer den Verknüpfungswillen des Käufers ablehnt, etwa weil ihm gleichgültig ist, was fortan mit dem Grundstück geschieht bzw. mit welchem Bauunternehmer ein etwaiger Bauvertrag zustande kommt.[39]

d) Eine oder zwei Urkunden?

Gelangt man zu dem Ergebnis, dass die Verträge eine *rechtliche Einheit* (iSd § 311b BGB-Dogmatik) bilden, also auch der Bauvertrag zu beurkunden ist, so stellt sich die praktische Frage, ob beide Verträge gemeinsam in einer Urkunde beurkundet werden sollten oder ob nicht besser zwei Urkunden errichtet werden. Die Rechtsprechung leitet aus diesem Umstand (eine oder zwei Urkunden) gar Rückschlüsse auf den Verknüpfungswillen ab.[40]

Die Beurkundung in getrennten Urkunden ist keinesfalls per se unzulässig.[41] Zur Wirksamkeit ist allerdings erforderlich, dass der *Verknüpfungswille* selbst als Teil des beurkundungspflichtigen zusammengesetzten Vertrags mitbeurkundet wird.[42] Der Verknüpfungswille muss – in den Worten des BGH – in der Urkunde „zum Ausdruck gebracht werden".[43] Nicht geklärt ist, ob der Verknüpfungswille in *beide* Urkunden aufzunehmen ist oder ob die Aufnahme in nur eine der beiden Urkunden genügt.[44] Für den Vertragsgestalter ist dies allerdings unerheblich, da er sicherheitshalber darauf hinwirken wird, dass der Wille zur Verknüpfung in beiden Urkunden zum Ausdruck kommt.[45] Hierfür spricht auch, dass der Notar den Eindruck wird vermeiden wollen, dass die erste der beiden Urkunden selbständig für sich stehe. Denn materiell ist sie von der anderen Urkunde abhängig.

Praxishinweis:

Aufgrund der inhaltlichen Bezüge der beiden Verträge zueinander (siehe hierzu sogleich) empfiehlt es sich in jedem Fall, die beiden Verträge *in einer Urkunde* zusammenzufassen und hierauf gegenüber den Beteiligten zu drängen![46]

2. Anwendbarkeit der MaBV und Auswirkungen auf die Vertragsgestaltung

Richtet man den Blick auf die MaBV, so wird man Folgendes wissen wollen:

1. Ist die MaBV auf einen der beiden Verträge oder gar das Gesamtvertragswerk anwendbar?
2. Was bedeutet es konkret für die Vertragsgestaltung, falls Frage 1 bejaht wird?

---

[39] S. zu weiteren denkbaren Gestaltungen, in denen kein Verknüpfungswille vorliegen und die Verträge somit tatsächlich rechtlich unabhängig voneinander sein sollen Hartmann MittRhNotK 2000, 11 (14).
[40] BGH NJW 1984, 973; NJW 1986, 1983 (1984).
[41] Meier in Staudinger, 2023, BGB § 311b Rn. 262.
[42] BGH DNotZ 2003, 632.
[43] BGH DNotZ 2003, 632.
[44] Nach dem Leitsatz von BGH DNotZ 1988, 562 genügt die Aufnahme des Verknüpfungswillens in die zweite Urkunde; hierzu krit. Meier in Staudinger, 2023, BGB § 311b Rn. 262 mwN zur Rspr.; laut Meier (Rn. 265 aE) müsste die Verknüpfungsabrede jedenfalls in der zeitlich ersten Urkunde zum Ausdruck kommen.
[45] So auch Hertel in Würzburger Notarhandbuch, 6. Aufl. 2022, Teil 2 Kap. 3 Rn. 359 aE.
[46] So auch Hertel in Würzburger Notarhandbuch, 6. Aufl. 2022, Teil 2 Kap. 3 Rn. 361.

Praxishinweis:

Wer die Anwendbarkeit der MaBV im *Drei-Personen-Verhältnis* prüfen möchte, tut sich schwer mit einer Subsumtion unter die entsprechenden Tatbestandsvoraussetzungen der MaBV-Regelungen (zB § 1 Abs. 1 MaBV iVm § 34c GewO).[47] So wird man zB den Grundstücksverkäufer oft nicht als Gewerbetreibenden iSv § 1 Abs. 1 MaBV einordnen können. Die Eigenschaft als Gewerbetreibender ist allerdings (eigentlich) Grundvoraussetzung für die (gewerberechtliche) Anwendbarkeit der MaBV.[48] Regelungen dazu, wie es sich verhält, wenn Grundstücksverkäufer und Bauunternehmer nicht personenidentisch sind, enthält die MaBV allerdings nicht. Zum Teil wird davon ausgegangen, dass die MaBV dann auch grundsätzlich nicht anwendbar sei.[49]

In den Fällen, in denen die Literatur und die Rechtsprechung[50] die Anwendbarkeit der MaBV im Drei-Personen-Verhältnis bejahen, tun sie dies in der Regel *aufgrund einer wertenden Betrachtung.*[51] Das heißt, die MaBV wird angewendet, um ihren Schutzzweck zu verwirklichen.[52] Dogmatisch mag man an der ein oder anderen Stelle zweifeln, ob die Voraussetzungen für eine Analogie (überhaupt) vorliegen[53]; praktisch hilft dies jedoch nicht weiter, wenn zu befürchten ist, dass die Rechtsprechung die MaBV trotzdem anwendet.

a) Auffassungen zur Anwendbarkeit der MaBV vor der Entscheidung des OLG München v. 17.3.2015[54]

Vor der Entscheidung des OLG München vom 17.3.2015 ging die Literatur davon aus, dass die MaBV dann Anwendung findet, wenn Werk- und Kaufvertrag „rechtlich unmittelbar miteinander" verknüpft sind.[55] Eine solche Verknüpfung sollte insb. vorliegen, wenn

- Grundstücksverkäufer und Bauunternehmer rechtlich miteinander verflochten sind,[56] *oder*
- der Erwerber bei Leistungsstörungen des Werkvertrags (auch bei Kündigung, § 648 BGB) auch das Grundstück zurückgeben muss,[57] *oder*

47 Vgl. Magel ZNotP 2011, 202 (203 f.); s. auch Basty, Der Bauträgervertrag, 11. Aufl. 2023, Kap. 1 Rn. 83, wo vor allem Wertungsgesichtspunkte genannt werden und eine Subsumtion unter § 3 Abs. 1 MaBV nur angedeutet wird.

48 Die MaBV kann sozusagen originär oder qua Verweisung anwendbar sein. Originär anwendbar ist sie, wenn die Voraussetzungen von § 1 MaBV (Anwendungsbereich) vorliegen. Einzelne Normen der MaBV können aber auch aufgrund Verweisung Anwendung finden, so beim klassischen Bauträgervertrag über § 650v BGB iVm Art. 244 EGBGB iVm § 1 der sog. „HausbauVO" (AbschlagsV v. 23.1.2001). Diese Verweisung führt zur Anwendbarkeit von §§ 3, 7 MaBV.

49 Hertel in Würzburger Notarhandbuch, 6. Aufl. 2022, Teil 2 Kap. 3 Rn. 360 zweiter Spiegelstrich mwN.

50 OLG München MittBayNot 2017, 45.

51 Vgl. schon Warda MittBayNot 1988, 1 (3) (teleologische Auslegung).

52 Zum Schutzzweck von § 3 MaBV vgl. Bischoff in Grziwotz, 4. Aufl. 2022, MaBV § 3 Rn. 1 „zentrale Verbraucherschutznorm". Die MaBV dient dem Schutz des Auftraggebers vor ungesicherten Vorleistungen; Basty und Blank sprechen von einem „Mindestschutz von Erwerbern" (Basty, Der Bauträgervertrag, 11. Aufl. 2023, Kap. 1 Rn. 36; Blank, Bauträgervertrag, 6. Aufl. 2023, Rn. 20).

53 Zur grundsätzlich engen Auslegung der MaBV s. Basty, Der Bauträgervertrag, 11. Aufl. 2023, Kap. 1 Rn. 36; von der Analogiefeindlichkeit ausgehend Blank, Bauträgervertrag, 6. Aufl. 2023, Rn. 898.

54 OLG München MittBayNot 2017, 45.

55 Vgl. Rundschreiben LNotK Bayern v. 14.11.2019, S. 2; ausdrücklich auf eine nicht nur faktische, sondern rechtliche Verbundenheit abstellend auch Blank, Bauträgervertrag, 6. Aufl. 2023, Rn. 898.

56 Grziwotz (Anm. zu OLG München) MittBayNot 2017, 45 (48).

57 Vgl. BVerwG MittBayNot 1987, 109; Hertel in Würzburger Notarhandbuch, 6. Aufl. 2022, Teil 2 Kap. 3 Rn. 360.

– nach der Vertragsgestaltung nicht sichergestellt ist, dass der Erwerber lastenfreies Eigentum erlangt, bevor die ersten Werklohnraten fällig werden.[58]

Die Fallgruppen leuchten – unter Wertungsgesichtspunkten – ein. Im ersten Fall stehen dem Erwerber nur scheinbar zwei Vertragspartner gegenüber, die jedoch aufgrund *rechtlicher* Verflochtenheit (zB eines Beherrschungs- und Gewinnabführungsvertrags) nicht unabhängig voneinander agieren. Dies ist regelmäßig dann der Fall, wenn der Grundstückseigentümer das Grundstück zur Absicherung eines Kredits des Bauunternehmers belastet.[59] Im zweiten Fall hängen die Verträge gestalterisch so voneinander ab, dass der Erwerber den Fortbestand des einen Vertrags ohne den anderen nicht in der Hand hat. Der dritte Fall hängt mit der (umstrittenen) Auffassung in der Literatur zusammen, die davon ausgeht, dass die MaBV nicht mehr anwendbar sei, sobald der Erwerber das Eigentum am Grundstück erworben habe. Dies ist im dritten Fall aber gerade nicht gegeben, da dort ja gerade Werklohnraten fällig werden, *bevor* das Eigentum am Grundstück übergeht.

Den drei Fallgruppen ist gemein, dass man *sie anhand rechtlich griffiger Kriterien* mit relativ großer Sicherheit erkennen kann: Die Verflochtenheit von Verkäufer und Bauunternehmer lässt sich bei entsprechender Erforschung des Sachverhalts ermitteln. So etwa, wenn ein Alleingesellschafter über zwei GmbHs Verkauf und Bauleistung separat anbietet.

In der zweiten Fallgruppe ergibt eine Prüfung der beiden Verträge, ob diese aufeinander Bezug nehmen. Und auch für die dritte Fallgruppe lässt sich durch eine rechtliche Prüfung des Grundstückskaufvertrags ermitteln, wann der Erwerber Eigentümer wird.

b) OLG München v. 17.3.2015

Das OLG München hat die Anwendbarkeit der MaBV im Drei-Personen-Verhältnis bejaht. Die Entscheidung gibt einerseits Hinweise darauf, welche Tatbestandsvoraussetzungen vorliegen müssen (→ aa)), damit die MaBV überhaupt anwendbar ist. Sie verhält sich zudem konkret zu einzelnen Tatbestandsmerkmalen von § 3 MaBV im Drei-Personen-Verhältnis (→ bb)). Schließlich ergibt sich aus ihr eine weitere *Fallgruppe,* in der die MaBV letztlich *aus Wertungsgesichtspunkten* Anwendung finden soll (→ cc)).

Das Problem: Nun wird auf die *subjektive Perspektive des Erwerbers* abgestellt.[60] Diese kann man im Vorfeld viel schwieriger beurteilen kann als die zuvor bekannten Fallgruppen.

aa) Bauherreneigenschaft des Bauunternehmers

Es heißt in der Entscheidung (Rn. 12):

> „Nach Auffassung des Senats ist die MaBV auf die konkrete Fallgestaltung anwendbar. Die Klägerin [gemeint ist das Bauunternehmen] fällt als Gewerbetreibende in den Anwendungsbereich des § 34 Abs. 1 Nr. 3 […], da *jedenfalls die Klägerin als Bauherrin* im Sinne von § 4a des § 34 GewO anzusehen ist.“

Legt man dies zugrunde, so genügt es für die *Anwendbarkeit* der MaBV, wenn (nur) der *Bauunternehmer* die Tatbestandsvoraussetzungen im Hinblick auf die Bauherreneigenschaft erfüllt. In den typischen Konstellationen des verdeckten Bauherrenmodells will der Bau-

---

58 So nahezu wörtlich Rundschreiben LNotK Bayern v. 14.11.2019, S. 2; S. Basty, Der Bauträgervertrag, 11. Aufl. 2023, Kap. 1 Rn. 85 (analoge Anwendung in dem Fall, dass das Eigentum am Grundstück erst übergeht, wenn die Bauleistungen erbrachte und bezahlt sind); s. ebenfalls Grziwotz (Anm. zu OLG München) MittBayNot 2017, 47.

59 Warum sollte er dies tun?; vgl. Blank, Bauträgervertrag, 6. Aufl. 2023, Rn. 897.

60 Die LNotK Bayern stellt in ihrem Rundschreiben 2019/5, S. 2 darauf ab, dass nun „allein tatsächliche Umstände“ maßgeblich seien. Dies ist zweifellos richtig, gilt allerdings auch für die vorherigen Fallgruppen: Die tatsächlichen Umstände bilden den Gegenstand der rechtlichen Prüfung. Meines Erachtens liegt das Neue eher an der besonderen Qualität der tatsächlichen Umstände: Dieser sind viel schwerer festzustellen, da sie sozusagen in der „subjektiven Sphäre des Erwerbers“ liegen. Kennt man diese (subjektiven) Tatsachen, so fällt die rechtliche Prüfung wiederum leicht.

unternehmer aber gerade nicht Bauherr iSd MaBV sein, da es oftmals ja gerade (auch) darum geht, die Anwendbarkeit der MaBV zu vermeiden.

Der Bauherrenbegriff in § 34c GewO ist nach heute wohl herrschender Auffassung *autonom gewerberechtlich* auszulegen.[61] Nach dem maßgeblichen gewerberechtlichen Verständnis ist Bauherr derjenige, der

- bestimmenden Einfluss auf Planung und Ablauf des Bauvorhabens hat,
- die Genehmigungsplanung betreibt und
- die Weisungs- und Steuerungsrechte während des Baugeschehens ausübt.[62]

Die Bauherreneigenschaft ist (logischerweise) stark einzelfallabhängig. Werden die Merkmale zum Teil vom Bauunternehmer und zum Teil vom Auftraggeber (Erwerber) erfüllt, so ist eine *Abwägung* vorzunehmen.[63] Alleine deswegen, weil der Erwerber die Baugenehmigung beantragt, wird man jedenfalls die Bauherreneigenschaft des Bauunternehmers nicht sofort ablehnen können.

Häufig wird man die Bauherreneigenschaft des Bauunternehmers im Ergebnis bejahen können (bzw. sie aus Sicherheitsgründen vermuten müssen): Indizien hierfür sind eine bereits konkretisierte Gesamtplanung durch den Bauunternehmer (Verkauf und anschließende Bebauung mit einem hinreichend konkreten Objekt). *Völlig frei* dürfte der Erwerber im Hinblick auf die Planung des Bauvorhabens jedenfalls im Regelfall nicht sein, vielmehr steht der Umfang des Bauprojekts im Wesentlichen von vornherein fest. Der Bauunternehmer wird sein Angebot schließlich auf Basis eines bestimmten Leistungskatalogs kalkuliert haben. Dass der Erwerber häufig die Planung und den Ablauf des Bauvorhabens de facto wohl nicht in der Hand haben wird, dürfte auch dann angedeutet sein, wenn der Bauunternehmer den Grundstückserwerb verhindern kann, sofern die Wünsche des Erwerbers zu weit von seinem Planungsrahmen entfernt sind und damit nicht mehr zu seiner Kalkulation passen. Dies zu ermitteln ist freilich (herausfordernde) Aufgabe des Notars.

Die weiteren Voraussetzungen von § 34c Abs. 1 S. 1 Nr. 3 lit. a GewO dürften im Übrigen regelmäßig vorliegen: Dass der Bauunternehmer, der die Verpflichtung zur Errichtung des Bauwerks eingehen will, *gewerbsmäßig* handelt, kann in der Regel unterstellt werden, ebenso, dass es sich bei dem Bauwerk um ein *Bauvorhaben* handelt. Auch wird der Bauunternehmer *zur Durchführung des Bauvorhabens Vermögenswerte der Erwerber verwenden.*

Praxishinweis:

Nach dem OLG München genügt es, wenn der Bauunternehmer Bauherr iSv § 34c GewO ist. Die Bauherreneigenschaft kann an objektiven Kriterien festgemacht werden. Versuche der Projektinitiatoren (Bauunternehmer/Grundstücksverkäufer), den Eindruck zu erwecken, der Erwerber sei Bauherr, bergen Gefahren. Die Bauherreneigenschaft steht nicht unmittelbar zur rechtsgeschäftlichen Disposition der Parteien. Ebenso führt eine unpräzise (oft an der Grenze zur Unwahrheit liegende) Sachverhaltsschilderung natürlich nicht dazu, dass die Anwendbarkeit der MaBV an diesem Punkt umgangen wird.

bb) Grundstücksübertragung nicht notwendigerweise durch den Bauunternehmer, § 3 Abs. 1 MaBV; keine Anwendbarkeit von § 3 Abs. 1 MaBV, falls Grundstück bei Abschluss des Bauvertrags bereits im Eigentum des Erwerbers

Das OLG München (Rn. 12 aE, Rn. 15) sah kein Problem darin, dass die Grundstücksübertragung an den Erwerber nicht durch den Bauunternehmer (Gewerbetreibenden)

[61] S. zum bauordnungsrechtlichen Bauherrenbegriff Würfel in Busse/Kraus, 6/2024, BayBO Art. 50 Rn. 7.
[62] Basty, Der Bauträgervertrag, 11. Aufl. 2023, Kap. 1 Rn. 75; Gutachten DNotI-Report 2016, 41 (42); Marcks in Landmann/Rohmer, 12/2023, GewO § 34c Rn. 34.
[63] Marcks in Landmann/Rohmer, 12/2023, GewO § 34c Rn. 34.

erfolgte, sondern durch einen Dritten (Verkäufer). Dies deckt sich mit dem Wortlaut von § 3 Abs. 1 MaBV, der nichts darüber besagt, *wer* dem Erwerber das Grundstückseigentum verschafft:

> „Der Gewerbetreibende darf in den Fällen des § 34c Absatz 1 Satz 1 Nummer 3 Buchstabe a der Gewerbeordnung, sofern *dem Auftraggeber Eigentum an einem Grundstück übertragen* oder ein Erbbaurecht bestellt oder übertragen *werden soll,* Vermögenswerte des Auftraggebers zur Ausführung des Auftrages erst entgegennehmen oder sich zu deren Verwendung ermächtigen lassen, wenn [...]."

Dass die Eigentumsverschaffung auch durch einen Dritten erfolgen kann, ist zwar umstritten[64], wurde aber auch schon zuvor vertreten.[65]

Die Anwendbarkeit von § 3 Abs. 1 MaBV ist nach dem OLG München allerdings dann „sicher auszuschließen" (Rn. 15), wenn der *Erwerber bereits Grundstückseigentümer* sei.[66] Klarheit bringt diese Aussage aber nur bedingt, denn sie lässt offen, *auf welchen Zeitpunkt* es insoweit ankommen soll. Dass § 3 Abs. 1 MaBV keine Anwendung findet, wenn der Besteller *bereits bei Abschluss des Bauvertrags* Eigentümer des Grundstücks ist, dürfte weitgehend unbestritten sein.[67] Problematisch sind aber die Fälle, in denen der Erwerber bei Vertragsschluss noch nicht Eigentümer ist, dies aber *noch vor Zahlung der ersten Rate* wird (und auch nicht zur Rückübertragung verpflichtet ist). Die Frage, ob zu diesem Zeitpunkt die Voraussetzungen für die Anwendbarkeit von § 3 MaBV (sodann vor allem § 3 Abs. 2 MaBV – Ratenplan) entfallen, also ein anderer (vom Bauunternehmen bevorzugter) Zahlungsplan vereinbart werden kann, wird unterschiedlich beantwortet. Während die Literatur[68] im Grundsatz davon ausgeht, die MaBV sei zumindest ab dem Zeitpunkt der Eigentumsübertragung nicht (mehr) anwendbar, hält der BGH[69] die MaBV wohl durchgehend für anwendbar. Nach dem BGH kommt es im Hinblick auf die Eigentümerstellung auf den *Zeitpunkt des Vertragsschlusses* an.

Daneben gibt es auch noch die Fälle, in denen der Erwerber die erste Rate bezahlt und erst anschließend Eigentümer wird. In der Drei-Personen-Konstellation ist dies nicht undenkbar: Wenn mit der ersten Rate im Wesentlichen das Grundstück bezahlt werden soll, kann der Erwerber anschließend durchaus das Eigentum erwerben. Schließlich hat der Grundstücksverkäufer seinen Kaufpreis erhalten. Die Frage ist, ob der Bauunternehmer, an den die weiteren Zahlungen zu leisten sind, *anschließend* weiterhin an die MaBV gebunden ist. Rechtssichere Aussagen hierzu gibt es soweit ersichtlich nicht. Die Literatur geht zum Teil von der (fortlaufenden) Anwendbarkeit der MaBV aus.[70] Hierfür spricht auch die vorgenannte BGH-Entscheidung, die auf die Zustände *bei Vertragsschluss* abstellt.[71]

---

64 AA noch OLG München MittBayNot 1998, 433 (435); Marcks, 10. Aufl. 2019, MaBV § 3 Rn. 5a; Hertel in Würzburger Notarhandbuch, 6. Aufl. 2022, Teil 2 Kap. 3 Rn. 360 zweiter Spiegelstrich; Bischoff in Grziwotz, 4. Aufl. 2022, MaBV § 3 Rn. 5; Blank, Bauträgervertrag, 6. Aufl. 2023, Rn. 895.

65 Bischoff in Grziwotz, 4. Aufl. 2022, MaBV § 3 Rn. 12; Magel ZNotP 2011, 202 (203); s. auch Basty, Der Bauträgervertrag, 11. Aufl. 2023, Kap. 1 Rn. 83 mwN; angedeutet auch von BGH NJW 1978, 1054 (1055) sowie BVerwG NJW 1987, 511 (512) (jeweils zu § 34c GewO).

66 Dies war im vom OLG München zu entscheidenden Sachverhalt nicht der Fall, das Eigentum sollte erst nach Abschluss der Bauarbeiten übertragen werden.

67 BGH NJW 1978, 1055 (1055); Bischoff in Grziwotz, 4. Aufl. 2022, MaBV § 3 Rn. 10; Basty, Der Bauträgervertrag, 11. Aufl. 2023, Kap. 1 Rn. 77.

68 Bischoff in Grziwotz, 4. Aufl. 2022, MaBV § 3 Rn. 11.

69 BGH NJW 2007, 1947 Rn. 18, 19.

70 Bischoff in Grziwotz, 4. Aufl. 2022, MaBV § 3 Rn. 12; aA wohl Grziwotz MittBayNot 2017, 45 (47); Basty, Der Bauträgervertrag, 11. Aufl. 2023, Kap. 1 Rn. 78, 85; s. hierzu Hertel in Würzburger Notarhandbuch, 6. Aufl. 2022, Teil 2 Kap. 3 Rn. 361, der zurecht darauf hinweist, dass die Nichtanwendbarkeit der MaBV nicht bedeutet, dass nun völlig frei die Zahlungszeitpunkte von Werklohnforderungen vereinbart werden können. Vielmehr ist in diesem Fall das AGB-rechtliche Vorleistungsverbot zu beachten, welches wohl im Ergebnis auch nur dem Baufortschritt entsprechende Abschlagszahlungen zulässt. Das ganz strenge Korsett der MaBV sei aber immerhin nicht mehr zu beachten.

71 BGH NJW 2007, 1947 Rn. 19.

Praxishinweis:

Die Anwendbarkeit der MaBV lässt sich nicht rechtssicher dadurch ausschließen, dass dem Erwerber möglichst frühzeitig das Eigentum am Grundstück übertragen wird. Nach ganz herrschender Meinung ausgeschlossen ist die Anwendbarkeit der MaBV nur dann, wenn der Erwerber *im Zeitpunkt des Abschlusses des Bauvertrags* bereits Grundstückseigentümer ist.

cc) „Rechtliche Einheit" „im Lichte des Prospektes"; Maßgeblichkeit der Perspektive des Erwerbers

Nachdem das OLG München mögliche Gründe ausräumt, aus denen die MaBV (konkret § 3) *nicht* anwendbar sein könnte, bejaht es schließlich die Anwendbarkeit (Rn. 14). Die zentralen Aussagen sind folgende (Rn. 14):

„*Für die Beklagten* [Erwerber] als Vertragspartner war *nicht erkennbar,* dass es sich hier um zwei unterschiedliche Vertragspartner mit völlig voneinander unabhängigen Verträgen handeln sollte. Vielmehr stellten sich beide Verträge auch *im Lichte dieses Prospektes* als eine *rechtliche Einheit* dar."

Die Entscheidung des OLG München bringt damit im Ergebnis für die Praxis Unsicherheit. Die *rechtliche Einheit* zwischen beiden Verträgen, die zur Anwendbarkeit der MaBV führen soll, soll sich nach der *Wahrnehmung* der Erwerber richten. Das OLG München schließt aus dem Prospekt (objektives Indiz), in dem die Immobilie zu einem Gesamtpreis angeboten war, darauf, dass die Erwerber die Verträge als rechtliche Einheit wahrgenommen haben.

Praxishinweis:

Die Entscheidung des OLG München zwingt den Vertragsgestalter, der die Anwendbarkeit von §§ 3, 7 MaBV mit hoher Sicherheit vermeiden will, dazu, genau darauf zu achten, dass sich das Vertragswerk *aus Sicht der Erwerber* nicht als *rechtliche Einheit* darstellt. Hierbei ist auch der Prospekt zu berücksichtigen, also auch Umstände, die zeitlich vor der Beurkundung der Verträge liegen und hiermit an sich nichts zu tun haben.
Im Ergebnis führt die Entscheidung des OLG München zu Rechtsunsicherheit hinsichtlich der Anwendbarkeit der MaBV. Sicherheitshalber sollte der Notar zumindest über die mögliche Anwendbarkeit der MaBV belehren.[72]

c) Rechtsfolgen der Anwendbarkeit von § 3 MaBV im Drei-Personen-Verhältnis

Gelangt man – nicht zuletzt dem Gebot des sichersten Weges wegen – zur Anwendbarkeit der MaBV, so stellt sich zunächst die Frage, *worauf* diese nun genau anwendbar ist: Nur auf den Bauvertrag oder auch auf den Kaufvertrag? Diese Frage lässt sich allerdings leicht beantworten: Sachgerecht ist nur eine Anwendung *auf das gesamte Vertragswerk,* also auch auf den Grundstückskaufvertrag.[73] Dies wird auch – soweit ersichtlich – nicht anders vertreten.

§ 3 Abs. 1, Abs. 2 MaBV bestimmen auf Rechtsfolgenseite im Wesentlichen ein Verbot (Abs. 1) bzw. eine Beschränkung (Abs. 2), Vermögenswerte des Auftraggebers entgegenzunehmen, solange nicht gewisse Voraussetzungen vorliegen. Die Empfänger-/Berechtig-

[72] S. Muster zur Belehrung bei Basty, Der Bauträgervertrag, 11. Aufl. 2023, Kap. 1 Rn. 84.
[73] BGH NJW 2007, 1947 Rn. 19: „gesamte Zahlungsvereinbarung"; OLG Dresden DNotZ 2000, 126 (127); s. auch Basty, Der Bauträgervertrag, 11. Aufl. 2023, Kap. 1 Rn. 77.

tenseite (Verkäufer/Bauunternehmer) darf nur bei Vorliegen der Voraussetzungen von § 3 Abs. 1, Abs. 2 MaBV Zahlungen des Erwerbers entgegennehmen. Mit anderen Worten bezahlt der *Erwerber* so, als hätte er *nur einen Vertragspartner.* Die *Verteilung* der Zahlungen auf Empfängerseite (zB dahingehend, dass erst der Grundstückseigentümer Zahlungen „auf den Kaufpreis" erhält und erst dann der Bauunternehmer Zahlungen „auf die Werklohnforderung") ist grundsätzlich Sache der Empfänger.

Soll nach deren Wunsch zuerst der Kaufpreis für das Grundstück fließen, so ist zu beachten, dass die erste Rate die in § 3 Abs. 2 S. 2 Nr. 1 MaBV geregelte Höchstgrenze von 30 % nicht übersteigen darf. Genügt dies *nicht* zur Zahlung des Kaufpreises, so ist zu beachten, dass der Bauunternehmer nun weitere Bauleistungen erbringen muss, ohne die hierfür fälligen Raten in voller Höhe beanspruchen zu können.

Schwierig sind daneben aber auch solche Fälle, in denen der Grundstückskaufpreis *unterhalb* der von der MaBV für die erste Rate vorgesehenen 30 % liegt. Denn soll die erste Rate (in Höhe von 30 %) nach den Vorstellungen der Veräußerer-/Bauunternehmerseite nur für das Grundstück erbracht werden („Grundstücksrate"), so liegt hierin unter Umständen ein Verstoß gegen das allgemeine zivilrechtliche Vorleistungsverbot (§§ 307 Abs. 2 Nr. 1, 309 Nr. 15 lit. a, 632a Abs. 1, 650v BGB).[74] Der Erwerber würde ohne entsprechende Gegenleistung des Bauunternehmers (und auch des Grundstücksverkäufers) Zahlungen leisten. Diese Konstellation ist sicherlich selten, ganz ausgeschlossen ist sie nicht. Die praktische Herausforderung: Ein Zurückbleiben des Grundstückswerts hinter der ersten Rate (30 % des Gesamtpreises) kann der Notar nicht ohne Weiteres erkennen.

Für die Praxis ist zu beachten, dass vor der Entgegennahme von Zahlungen die *Lastenfreistellung* (§ 3 Abs. 1 S. 1 Nr. 3 MaBV) gewährleistet sein muss. Die besondere Zahlungsreihenfolge und die Zahlungswege sollten mit den dinglich am Grundstück abgesicherten Gläubigern besprochen werden, insbesondere wenn etwaige am Grundstück lastende Grundpfandrechte der Absicherung von Krediten (zur Zwischenfinanzierung) des Bauunternehmers dienen, dieser aber nach Absprache mit dem Grundstückseigentümer zuletzt Gelder erhalten soll.

Praxishinweis:

Gelangt man zur Anwendbarkeit der MaBV, so bedürfen die Regelungen zur *Fälligkeit* des Kaufpreises und des Werklohns besonderer Aufmerksamkeit. Die Zahlungsströme sind insg. den MaBV-Regelungen zu unterwerfen, so dass es sich anbieten dürfte, die Fälligkeit der Zahlungen in einem einheitlichen Teil der Urkunde für beide Vertragsverhältnisse gemeinsam zu regeln.[75]

Das Verhältnis des Grundstückskaufpreises zur ersten Rate (30 %) ist zu prüfen. Übersteigt der Wert des Grundstücks diese Rate, so betrifft dies in erster Linie das Innenverhältnis des Bauunternehmers zum Verkäufer. Bleibt der Wert hingegen dahinter zurück, so ist die Rate sicherheitshalber auf den Grundstückswert zu kürzen.

Besonderes Augenmerk bedarf zudem die Sicherstellung der Lastenfreistellung. Insbesondere sind die Freigabeversprechen der Gläubiger auf Konformität mit dem Zahlungsplan (genauer: Verteilungsplan zwischen Verkäufer und Bauunternehmer) zu prüfen.

---

[74] S. hierzu Esbjörnsson in BeckNotar-HdB, 8. Aufl. 2024, § 2 Rn. 164.

[75] S. auch Monreal, Das Bauträgerrecht in der notariellen Praxis, DAI-Skript, Kassel 17.5.2019, S. 183.

3. Exkurs: Gleichlauf zwischen Beurkundungsbedürftigkeit des Bauvertrags und Anwendbarkeit der MaBV?

Vergleicht man die Begründung des OLG München zur *Anwendbarkeit der MaBV* mit den unter → 1. ausgeführten Kriterien zur *Beurkundungsbedürftigkeit des Bauvertrags*, so fällt auf, dass jeweils von einer *„rechtlichen Einheit"* gesprochen wird.

Die Kriterien, die die Annahme einer solchen „rechtlichen Einheit" bedingen, sind zwar für die MaBV und § 311b BGB prima facie unterschiedlich. Dennoch dürfte gerade durch die mit der Rechtsprechung des OLG München einhergehenden „Subjektivierung" ein gewisser Gleichlauf eintreten: In der Regel wird eine „rechtliche Einheit" im Sinne der MaBV-Rechtsprechung auch eine „rechtliche Einheit" im Sinne der § 311b BGB-Dogmatik bedeuten. Betrachtet man die Indizien, die für die Beurkundungspflicht des Bauvertrags sprechen (vgl. Praxishinweis, → 1. c)), so stellt man fest, dass im Wesentlichen dieselben Indizien auch für die Anwendbarkeit der MaBV sprechen (zB gemeinsames Exposé) oder zumindest dafür, dass man annehmen muss, *aus Sicht des Erwerbers* liege eine *rechtliche Einheit* vor.

Als Vertragsgestalter sollte man daher hellhörig werden, wenn man zu dem Ergebnis kommt, dass entweder der Bauvertrag beurkundungspflichtig ist, die MaBV aber nicht anwendbar sein soll oder umgekehrt die MaBV anwendbar sein soll, der Bauvertrag aber nicht beurkundungspflichtig ist. Eine ganz pauschale Aussage lässt sich zwar nicht treffen. In den dem DNotI vorgelegten Konstellationen war allerdings *stets* ein Gleichlauf festzustellen: Wenn der Bauvertrag beurkundungspflichtig war, so war auch von der Anwendbarkeit der MaBV auszugehen.

4. Herausforderungen für die Vertragsgestaltung: Zivilrechtliche Ebene

Ist die MaBV anwendbar, so beeinflusst allein dies die Vertragsgestaltung in einem Maße, das sich noch bewältigen lässt, vgl. vorstehend → 2. c). Im Wesentlichen sind hiervon „nur" der Zahlungsplan und die allgemeinen Zahlungsvoraussetzungen betroffen. Es stellen sich aber – abseits der Einflüsse der MaBV auf die Vertragsgestaltung – noch weitere Herausforderungen, die sich daraus ergeben, dass man zivilrechtlich immer noch von zwei getrennten Vertragsverhältnissen ausgeht.[76] Unter anderem sind die nachfolgenden Aspekte zu beachten, und zwar im Grundsatz ganz unabhängig davon, ob die MaBV im konkreten Fall anwendbar ist oder nicht. Eine ausführliche Aufzählung weiterer vertragsgestalterischer Details findet sich bei *Hertel*[77] und bei *Basty*[78].

a) Kündigungsrecht des Bestellers, § 648 BGB

Nach § 648 S. 1 BGB kann der Besteller *jederzeit* bis zur Vollendung des Werks den Vertrag kündigen. Die Vorschrift gilt sowohl für den Bauvertrag, § 650a Abs. 1 S. 2 BGB als auch für den Verbraucherbauvertrag, § 650i Abs. 3 BGB. Beim Bauträgervertrag nach § 650u BGB ist die Regelung des § 648 BGB jedoch gesetzlich abbedungen, vgl. § 650u Abs. 2 BGB („Keine Anwendung finden die §§ 648 […]").

In der Literatur wird vorgeschlagen, das Kündigungsrecht des Bestellers vertraglich auszuschließen.[79] Dies dürfte zumeist auch dem Interesse des Bauunternehmers entsprechen.

[76] Vgl. mit konkreten Vorschlägen Hertel in Würzburger Notarhandbuch, 6. Aufl. 2022, Teil 2 Kap. 3 Rn. 361 „sonstige Gestaltung".
[77] Hertel in Würzburger Notarhandbuch, 6. Aufl. 2022, Teil 2 Kap. 3 Rn. 361.
[78] Basty, Der Bauträgervertrag, 11. Aufl. 2023, Kap. 1 Rn. 87.
[79] Hertel in Würzburger Notarhandbuch, 6. Aufl. 2022, Teil 2 Kap. 3 Rn. 361.

Indes stellt sich die Frage der AGB-rechtlichen Zulässigkeit eines solchen Ausschlusses. Der BGH hält einen *formularmäßigen* Kündigungsausschluss bei Verträgen mit nicht ganz unerheblicher Dauer grundsätzlich für unzulässig.[80]

b) Abhängigkeit der beiden Verträge in ihrem Bestand

Zu klären ist auch, ob die Parteien eine Abhängigkeit der beiden Verträge in der Weise wünschen, dass bei Rücktritt von einem der beiden Verträge (oder Kündigung) auch der andere Vertrag nicht mehr durchgeführt bzw. rückabgewickelt wird. Konkret kann es im Interesse des Bauunternehmers sein, dass für den Fall der Kündigung des Bauvertrags (s. oben § 648 BGB) auch der Grundstückskaufvertrag rückabzuwickeln ist. So kann der Bauunternehmer anschließend unter Umständen in Absprache mit dem Grundstücksverkäufer einen neuen Erwerber suchen. Ein solcher Mechanismus wird aber möglicherweise nicht im Interesse des Käufers sein, der das Grundstück gerne behalten und mit einem anderen Bauunternehmer weiterbauen möchte. Den Willen der Beteiligten hierzu zu ermitteln, ist Aufgabe des Notars (§ 17 Abs. 1 BeurkG). Umgekehrt aber, also wenn der Erwerber berechtigt vom Grundstückskaufvertrag zurücktritt, will er in der Regel auch den Bauvertrag kündigen können. *Hertel* schlägt vor, für diesen Fall den Grundstücksverkäufer dazu zu verpflichten, den Erwerber von etwaigen Ansprüchen des Bauunternehmers freizustellen.[81]

Praxishinweis:

Mit Blick auf die restriktive BGH-Rechtsprechung zum Ausschluss der Kündigung nach § 648 BGB sollte sicherheitshalber von einem pauschalen Kündigungsausschluss abgesehen werden. Im Übrigen sind die Auswirkungen für den *einen* Vertrag für den Fall der „Beendigung" des *anderen* Vertrags mit den Beteiligten ausführlich zu besprechen. Gerade hier lauern Fallen.

c) Haftung für Vertragsstörungen

Im Hinblick auf die Sachmangelhaftung entspricht es wohl am ehesten dem Willen der Beteiligten (insbesondere Bauunternehmer und Verkäufer), wenn jeder Vertragsteil isoliert betrachtet wird. Der Grundstücksverkäufer soll nicht für Schlechtleistungen des Bauunternehmers haften, umgekehrt der Bauunternehmer nicht für Sachmängel des Grundstücks. Dies sollte im Vertrag für den Erwerber deutlich sichtbar werden, gerade im Hinblick auf das AGB-rechtliche Transparenzgebot.

5. Strenge Ansicht: Mitbeurkundungspflicht des Bauvertrags und Anwendbarkeit der MaBV führt zur „Verschmelzung" beider Verträge auf allen Ebenen

Man könnte – wäre man ganz streng – auch vertreten, dass man in der Konstellation des verdeckten Bauherrenmodells, wenn

– der Bauvertrag beurkundungspflichtig ist **und**
– die MaBV Anwendung findet,

[80] Retzlaff in Grüneberg, 84. Aufl. 2025, BGB § 648 Rn. 18; BGH NJW 1999, 3261 (3262) (zum Bauvertrag!).

[81] Hertel in Würzburger Notarhandbuch, 6. Aufl. 2022, Teil 2 Kap. 3 Rn. 361.

die getrennte Betrachtung der beiden Vertragsverhältnisse (Grundstückskaufvertrag; Bauvertrag) im Übrigen nicht mehr aufrechterhalten könne. In diesen Fällen liege vielmehr aus Sicht des Erwerbers stets ein *einheitlicher Vertrag* vor, der sich im Ergebnis genau wie ein Bauträgervertrag darstelle. Der Erwerber könne von Verkäufer und Bauunternehmer *als Gesamtschuldner* die Primärleistung fordern, es hafteten ihm aber auch beide *als Gesamtschuldner* im Falle von Vertragsstörungen.

Man käme dann zu dem Ergebnis, dass nicht zwei getrennte Verträge vorliegen, sondern *ein einheitlicher Bauträgervertrag.* Diese Ansicht führt freilich für den Grundstücksverkäufer und den Bauunternehmer zu unter Umständen gravierenden Folgen, hat andererseits für den Vertragsgestalter den Charme, dass die vorstehend unter → 4. *pars pro toto* aufgeführten Herausforderungen für die Vertragsgestaltungen im Übrigen wegfallen. Es bliebe lediglich eine etwaige Abgrenzung der Verantwortlichkeiten zwischen Bauunternehmer und Verkäufer *im Innenverhältnis zueinander* zu regeln.

Dogmatisch könnte man eine solche Ansicht wie folgt begründen: Das OLG München (s. oben) gelangt anhand objektiver Merkmale (Prospekt; einheitlicher Preis) dazu, dass sich die Verträge aus Sicht des Erwerbers als *rechtliche Einheit* darstellen. Daher sei die MaBV anwendbar. Mit denselben Argumenten ließe sich aber auch vertreten, dass *auf zivilrechtlicher Ebene* (also nicht nur auf der gewerberechtlichen Ebene der MaBV) *eine rechtliche Einheit* vorliege. Es sei der Rechtsprechung nicht fremd, aufgrund objektiver Merkmale – und ohne Beachtung des wahren Willens und der Erklärungen der Beteiligten – ein bestimmtes *Vertragsregime* für anwendbar zu halten. So sei es etwa bei der Anwendbarkeit des Werkvertragsrechts auf Nachzügler-Fälle.[82]

Ganz von der Hand weisen könnte man eine solche strenge Ansicht meines Erachtens nicht. Wenn man schon aufgrund der Anwendbarkeit der MaBV aus der Sicht des Erwerbers von einem *einheitlichen Vergütungsanspruch* ausgeht und sich vor Augen hält, dass die Verträge sowohl unter Blickwinkel des § 311b BGB als auch der MaBV eine *„rechtliche Einheit"* darstellen, dann mag man zweifeln, ob ein Festhalten an der Trennung der beiden Verträge *im Übrigen* noch überzeugt.

Andererseits gibt es meines Erachtens keine dogmatisch überzeugende Begründung, weshalb Grundstücksverkäufer und Bauunternehmer derart uneingeschränkt füreinander einstehen sollten. Alleine aus der Erstreckung der Beurkundungspflicht kann man dies kaum entnehmen und auch die Anwendbarkeit der MaBV betrifft nur den Bereich, den die MaBV regelt und nicht darüber hinaus das Vertragswerk als Ganzes. Eine reelle Gefahr für die postulierte „Verschmelzung" beider Verträge besteht daher meines Erachtens *aus Wertungsgesichtspunkten* nur dann, wenn die Verträge bewusst zur Umgehung aufgespalten werden, sich Grundstücksverkäufer und Bauunternehmer also auch von vorneherein gemeinsam hätten verpflichten können (etwa bei gezielter Erbringung der Leistungen durch zwei vom selben Gesellschafterkreis gehaltenen GmbHs).

6. Risiken für den Notar bei Trennung von Kauf- und Bauvertrag (anstelle eines einheitlichen Bauträgervertrags)

Eine große Herausforderung der verdeckten Bauherrenmodelle liegt wohl *auf tatsächlicher Ebene.* Entspricht die Gestaltung wirklich den Wünschen des Erwerbers? Nach § 17 Abs. 1 BeurkG soll (muss) der Notar den Willen der Beteiligten erforschen, den Sachverhalt klären, die Beteiligten über die rechtliche Tragweite des Geschäfts belehren und ihre Erklärungen klar und unzweideutig in der Niederschrift wiedergeben. Dabei soll (muss) er darauf achten, dass Irrtümer und Zweifel vermieden sowie unerfahrene und ungewandte Beteiligte nicht benachteiligt werden. Vor dem Hintergrund, dass der (mutmaßliche) Wille

[82] Vgl. etwa BGH DNotZ 2016, 525 (526).

des Erwerbers auf den Erwerb einer fertiggestellten Immobilie gerichtet sein dürfte, erscheint es zweifelhaft, ob die Trennung zwischen Kauf- und Bauvertrag dem tatsächlichen Willen des Erwerbers entspricht und gerecht wird. Rechtliche Vorteile sind für den Erwerber nicht zu erkennen, im Gegenteil: Die Aufspaltung in Grundstückskauf- und Bauvertrag kommt primär dem Grundstückseigentümer und dem Bauunternehmer zugute. Diese sind zwar offenkundig bereit, miteinander zu kooperieren und ein gemeinsames Vermarktungskonzept zu verfolgen, ein wechselseitiges Füreinandereinstehen im Verhältnis zum gemeinsamen „Kunden“ (Erwerber) soll hingegen ausgeschlossen sein. Ob die Rechtsprechung dieses Vorgehen alleine mit Blick auf die Vermeidung von Zusatzkosten billigen wird, ist ungewiss. Zumindest besteht ein gewisses Haftungsrisiko für den Notar (§ 19 Abs. 1 BNotO iVm § 17 Abs. 1 BeurkG), wenn es zu Vertragsstörungen kommt und der Erwerber geltend macht, die Vertragsgestaltung sei nicht willens- und sachgerecht gewesen. Vor diesem Hintergrund muss die rechtliche Konstruktion – Abschluss von zwei eigenständigen Verträgen mit unterschiedlichen Vertragspartnern – *auch für einen juristischen Laien deutlich erkennbar* und von diesem auch so gewollt sein.

Abschließender Praxishinweis:

In der Praxis sollte unbedingt darauf geachtet werden, dass die Trennung der beiden Vertragsverhältnisse dem Erwerber so deutlich wie möglich gemacht wird.

D. Überlassungsvertrag

I. Überlassung eines Miteigentumsanteils erfordert noch keinen Ergänzungspfleger

1. Eltern können ihre minderjährigen Kinder gegenüber sich selbst oder gegenüber Großeltern nur vertreten, wenn Rechtsgeschäft lediglich rechtlich vorteilhaft ist

Bei der Überlassung einer Immobilie an einen Minderjährigen stellen sich jeweils zwei Rechtsfragen:[1]

1. Zum einen, ob die Eltern ihr minderjähriges Kind **vertreten** können oder ob ein Ergänzungspfleger erforderlich ist.
2. Zum anderen, ob die Überlassung einer familiengerichtlichen **Genehmigung** bedarf.

Nur kurz zur **Genehmigungsbedürftigkeit:** Während der entgeltliche Erwerb eines Grundstücks durch einen Minderjährigen immer einer Genehmigung bedarf (§ 1643 Abs. 1 BGB iVm § 1850 Nr. 6 BGB), ist beim **unentgeltlichen Erwerb** nur der Erwerb von **Wohnungs**- oder Teileigentum genehmigungsbedürftig (§ 1850 Nr. 5 BGB). Das Genehmigungserfordernis auch für den unentgeltlichen Erwerb von Wohnungseigentum kam bei der Betreuungsrechtsreform[2] mit Wirkung zum 1.1.2023 in das Gesetz. Denn der Gesetzgeber sah beim Erwerb von Wohnungseigentum besondere Haftungsgefahren für das übrige Vermögen des Minderjährigen.[3]

Hier interessiert uns die Vertretung des minderjährigen Kindes durch seine Eltern. Rechtlicher Ausgangspunkt ist § 1629 Abs. 1 S. 1, S. 2 BGB, wonach die Eltern das minderjährige Kind grundsätzlich gemeinschaftlich vertreten. Von der Vertretung ausgeschlossen sind die Eltern nach **§ 181 BGB** bei einem In-Sich-Geschäft (Schenkung der Eltern selbst an ihr minderjähriges Kind) sowie nach **§ 1629 Abs. 2 S. 1 BGB iVm § 1824 Abs. 1 Nr. 1 BGB** bei einem Rechtsgeschäft mit dem anderen Elternteil (Schenkung eines Elternteils an das minderjährige Kind) bzw. mit einem Verwandten in gerader Linie (Schenkung durch Großeltern oder einen Großelternteil – hier ist jedenfalls das Kind der Großeltern von der Vertretung seiner minderjährigen Kinder = der Enkel der Großeltern ausgeschlossen).

Kurzer Einschub zur Erinnerung: Nach bis vor kurzem ganz herrschenden Meinung war mit dem Ausschluss eines Elternteils **auch der andere Elternteil** von der Vertretung ausgeschlossen. Wie ich Ihnen im letzten Jahr darstellte, hat dies der BGH beim Vaterschaftsanfechtungsverfahren aufgegeben.[4] Das OLG Köln hat das zu Recht auf die elterliche Vertretung bei einer Überlassung ausgedehnt.[5] Fraglich bleibt aber, ob dies nur für nicht miteinander verheiratete Eltern gilt (also bei einem nichtehelichen oder Scheidungskind) oder auch für verheiratete Eltern. Dogmatisch konsequent wäre die Ausdehnung auch auf miteinander verheiratete Eltern. Entschieden ist es aber noch nicht, so dass ich aus Vorsicht hier einen Ergänzungspfleger beantragen würde, wie ich Ihnen in der Vorjahresveranstaltung dargestellt hatte.[6]

---

[1] Vgl. meine Checkliste bzw. Formulierungsbeispiel in Herrler/Hertel/Kesseler ImmobilienR 2023 S. 168 ff.
[2] Gesetz zur Reform des Vormundschafts- und Betreuungsrechts v. 4.5.2021, BGBl. I 882 mWv 1.1.2023.
[3] Regierungsbegründung, BT-Drs. 19/24445, 286 f.
[4] BGHZ 229, 239 = FamRZ 2021, 1127 mAnm Wellenhofer = NJW 2021, 1875 mAnm Löhnig.
[5] OLG Köln FGPrax 2022, 249 mAnm Dressler-Berlin = MittBayNot 2023, 146 mAnm Bulgrin.
[6] Hertel in Herrler/Hertel/Kesseler ImmobilienR 2024 S. 163, 169 f.

Als Gegenausnahme dazu besteht kein Vertretungsausschluss (weder nach § 181 BGB noch nach § 1629 Abs. 1 BGB iVm § 1824 Abs. 1 Nr. 1 BGB), wenn das Rechtsgeschäft **rechtlich lediglich vorteilhaft** ist für das minderjährige Kind. Damit sind wir bei der hier maßgeblichen Rechtsfrage. Nicht rechtlich lediglich vorteilhaft sind nach ständiger Rechtsprechung der Erwerb einer vermieteten Immobilie oder der Erwerb von Wohnungs- und Teileigentum. Kriterium ist jeweils die rechtliche, nicht die wirtschaftliche Vorteilhaftigkeit. (Die wirtschaftliche Vorteilhaftigkeit ist hingegen für die Entscheidung des Ergänzungspflegers und ggf. für die Genehmigung des Familiengerichts relevant.)

Kriterium für die rechtliche Vorteilhaftigkeit ist, ob das **sonstige Vermögen des minderjährigen Kindes** durch eine persönliche Haftung infolge des Erwerbs (abstrakt gesehen) gefährdet werden könnte. Bei einer **vermieteten Immobilie** ist das sonstige Vermögen des Minderjährigen (abstrakt gesehen) gefährdet, weil der Minderjährige mit Eigentumserwerb in die Vermieterstellung rutscht (§ 566 BGB) und damit Mietgewähr schuldet (§ 535 Abs. 1 BGB), einschließlich der Pflicht, die Mietsache im vertragsgemäßen Zustand zu erhalten.[7] Ebenso ist beim Erwerb von **Wohnungseigentum** das übrige Vermögen des Minderjährigen (abstrakt gesehen) gefährdet, weil die anderen Wohnungseigentümer Unterhaltungs- unter anderem Maßnahmen beschließen können, für die dann auch der Minderjährige mitzahlen muss.

Der Erwerb eines **nicht vermieteten Grundstücks** (nicht Wohnungseigentums) ist hingegen nach ständiger Rechtsprechung rechtlich lediglich vorteilhaft.[8] Hier können die Eltern den Minderjährigen daher auch dann vertreten, wenn sie oder einer von ihnen oder Großeltern das unvermietete Grundstück dem minderjährigen Kind schenken.

2. KG und OLG München wollten Erwerb von Miteigentum dem Erwerb von Wohnungseigentum gleichstellen

Das KG und das OLG München meinten nun, zwischen dem Erwerb von Alleineigentum durch den Minderjährigen und dem Erwerb von Miteigentum differenzieren zu müssen. Beim Erwerb bloßen Miteigentums stehe der Minderjährige ähnlich wie beim Erwerb von Wohnungseigentum: In beiden Fällen sei der Minderjährige einer Mehrheitsentscheidung unterworfen, für deren Umsetzung er auch mit seinem sonstigen Vermögen persönlich hafte. Daher wäre zwar die Überlassung eines ganzen unvermieteten Grundstücks an ein minderjähriges Kind ohne Ergänzungspfleger möglich. Wenn die Immobilie aber an zwei oder drei Kinder zu Miteigentum überlassen werde, bedürfe es eines Ergänzungspflegers.

Ich hatte mit Ihnen im letzten Jahr eine diesbezügliche Entscheidung des OLG München besprochen und darauf hingewiesen, dass das Kammergericht ebenso entschieden habe.

KG Beschl. v. 20.9.2022 – 1 W 280/22
BeckRS 2022, 53826 = FamRZ 2024, 612

KG Beschl. v. 1.8.2023 – 1 W 93/23
FamRZ 2024, 611 = NZFam 2024, 480 mAnm J. Felix = Rpfleger 2024, 200 mAnm Dressler-Berlin = ZEV 2024, 185

KG Beschl. v. 8.8.2023 – 1 W 68/23
nicht veröffentlicht = Ausgangsfall für BGH

---

[7] Dies gilt auch, wenn sich der Übergeber den Nießbrauch vorbehält, weil der Nießbrauch irgendwann einmal endet (spätestens mit dem Tod des Nießbrauchers): BGH DNotZ 2023, 32.

[8] BGHZ 161, 170 = DNotZ 2005, 549.

OLG München Beschl. v. 18.12.2023 – 34 Wx 311/23e
BWNotZ 2024, 113 mit ablehnender Anm. Beisel/Werner = FamRZ 2024, 609 = FGPrax 2024, 57 = MittBayNot 2024, 273 mit ablehnender Anm. Fischer = RNotZ 2024, 157 = Rpfleger 2024, 323 = ZEV 2024, 187

Die Entscheidung von KG und OLG München waren zu Recht ganz überwiegend auf Ablehnung gestoßen. Die Differenzierung zwischen dem Erwerb zu Alleineigentum und dem zu Miteigentum hätte meines Erachtens zu **Wertungswidersprüchen** geführt. Warum sollte zwar die Überlassung des unvermieteten Grundstücks durch die Eltern an ein einzelnes Kind zu Alleineigentum ohne Ergänzungspfleger möglich sein – aber ein Ergänzungspfleger erforderlich werden, wenn die Eltern dasselbe Grundstück an zwei Kinder zu Miteigentum überlassen?

Außerdem hätte die Meinung des KG und des OLG München auch die bisherige Praxis umgekrempelt und **Rechtsunsicherheit für zahlreiche Altfälle** geschaffen. Denn die bisherige Rechtsprechung – auch die des BGH[9] – hatte nicht zwischen dem Alleinerwerb durch einen Minderjährigen und dem Erwerb zu Miteigentum differenziert. Literatur und Praxis waren dem gefolgt. Hätten KG und OLG München recht gehabt, wären zahllose Übereignungen von Miteigentumsanteilen an Minderjährige unwirksam gewesen. Der Grundbuchvollzug hätte nichts geheilt. Allenfalls hätte der Minderjährige mit Volljährigkeit nachgenehmigen können – ggf. auch konkludent. Sonst wäre eine Heilung erst mit Ersitzung nach 30 Jahren eingetreten (§ 900 Abs. 1 BGB). Die Änderung der Rechtsprechung hätte für Altfälle ein Reparaturgesetz erfordert.

3. BGH: Erwerb von Miteigentum ist nicht nachteiliger als Erwerb von Alleineigentum

Bei der Berliner Veranstaltung im letzten Jahr hatte ein Berliner Kollege erwähnt, dass er gegen eine parallele Kammergerichtsentscheidung Rechtsbeschwerde eingelegt habe. Kurz nach unserer Veranstaltung entschied der BGH schon über die Rechtsbeschwerde.

BGH Beschl. v. 18.4.2024 – V ZB 51/23
FamRZ 2024, 1098 = MittBayNot 2024, 567 = NJW 2024, 1957 = RNotZ 2024, 513 = ZEV 2024, 470

Leitsätze:

1. Der Erwerb eines Miteigentumsanteils an einem nicht vermieteten oder verpachteten Grundstück durch einen Minderjährigen ist lediglich rechtlich vorteilhaft i. S. v. § 107 BGB.
2. Möchte ein Elternteil einen Miteigentumsanteil an einem ihm gehörenden – weder vermieteten noch verpachteten – Grundstück auf sein minderjähriges Kind übertragen, muss die von den Eltern des Minderjährigen in dessen Namen erklärte Auflassung nicht durch einen Ergänzungspfleger genehmigt werden (Bestätigung von Senat, Beschluss vom 25. November 2004 – V ZB 13/04, BGHZ 161, 170).

BGH Beschl. v. 20.6.2024 – V ZB 1/24
Rpfleger 2024, 590 = ZNotP 2024, 273

Leitsatz:

Der Erwerb eines Miteigentumsanteils an einem nicht vermieteten oder verpachteten Grundstück durch einen Minderjährigen ist lediglich rechtlich vorteilhaft iSv § 107 BGB.

---

[9] BGHZ 161, 170 = DNotZ 2005, 549 Rn. 2; BayObLGZ 1998, 139 = DNotZ 1999, 589 Rn. 22.

Entscheidung: Der BGH lehnte die Differenzierung zwischen dem Erwerb von Alleineigentum und dem von Miteigentum ab.

Weil Ausgangsfall die Ablehnung der Grundbucheintragung, also ein Grundbuchverfahren war, behandelte der BGH nur die Frage, ob die Auflassung rechtlich vorteilhaft ist, nicht, ob das Rechtsgeschäft insgesamt rechtlich vorteilhaft war. Daher stellte der BGH nur auf die Rechtsfolgen des Eigentumserwerbs als solchen ab.

Der BGH begründet die unterschiedliche Behandlung des Erwerbs von Wohnungseigentum und von Miteigentum damit, dass die Haftung bei Wohnungseigentum unmittelbar mit dem Eigentumserwerb für das „Hausgeld" entsteht, bei Miteigentum hingegen erst mit einem entsprechenden Beschluss der Miteigentümer. Persönlich würde ich die Unterscheidung eher darauf stützen, dass die gesellschaftsrechtliche Komponente und damit die Entscheidungsmacht der Mehrheit in der Wohnungseigentümergemeinschaft deutlich größer als bei bloßem Miteigentum. Auch der BGH argumentiert, dass die Differenzierung zwischen dem Erwerb zu Alleineigentum und dem zu Miteigentum zu Wertungswidersprüchen führen würde. Schließlich führt der BGH an, dass bei Überlassungen zu Miteigentum die anderen Miteigentümer häufig enge Familienangehörige sind und auch von daher die Gefahr für den Minderjährigen typischerweise geringer sei als in einer Wohnungseigentümergemeinschaft, die kaum Rücksicht auf Sonderinteressen eines minderjährigen Wohnungseigentümers nehmen wird.

Die Entscheidung des BGH ist daher dogmatisch richtig und hilft der Praxis. Zu Recht wird sie in den Entscheidungsanmerkungen ganz überwiegend begrüßt.[10]

4. BGH-Entscheidung betrifft nur den dinglichen Rechtserwerb

Wie gesagt, entschied der BGH über die Rechtsfrage in einem Grundbuchverfahren. Zu entscheiden war nur, ob die Auflassung für den Minderjährigen rechtlich lediglich vorteilhaft war. Als Notar beurkunden wir nicht nur die Auflassung, sondern die gesamte Überlassung. Also interessiert uns natürlich auch, ob möglicherweise für die **schuldrechtlichen** Vereinbarungen ein Ergänzungspfleger erforderlich ist. Hier kann man Zweifelsfragen mit dem Kriterium, ob sonstiges Vermögen des Kindes gefährdet ist, recht gut entscheiden:

- Behält sich der Übergeber nur Rechte vor (zB Wohnungsrecht oder **Nießbrauch**), schränkt dies die rechtliche Vorteilhaftigkeit nicht ein, solange der Minderjährige dabei keine Leistungspflichten (zB Übernahme von Kosten, Unterhaltungspflicht) eingeht.
- Ist beim Rückforderungsrecht die Herausgabepflicht auf die dann noch bestehende **Bereicherung des Minderjährigen beschränk**t, so ist sein sonstiges Vermögen nicht gefährdet. Dies beeinträchtigt die Vorteilhaftigkeit also nicht.
- Ein Pflichtteilsverzicht des Minderjährigen wäre natürlich rechtlich von Nachteil. Eine Meinung will dies auf eine bloße Pflichtteilsanrechnung ausdehnen.[11] Meines Erachtens schadet die Pflichtteilsanrechnung jedenfalls dann nicht, wenn sie auf die beim Erbfall noch vorhandene Bereicherung beschränkt wird.

---

[10] Dem BGH zustimmend: Drasdo NJW-Spezial 2024, 451; Duden NZFam 2024, 783 (787 f.); Feichtlbauer MittBayNot 2024, 567 (572 f.); Krause/Schwind ZEV 2024, 470 (474). Ablehnend gegenüber der BGH-Entscheidung nur D. Meier NJW 2024, 1914 (1920).

[11] BeckOGK/Krafka, 1.7.2025, BGB § 181 Rn. 281; Keim MittBayNot 2008, 8 (12); MüKoBGB/Lange BGB § 2315 Rn. 19; Staudinger/Otte, 2021, BGB § 2315 Rn. 29; ebenso wohl OLG München DNotZ 2008, 199; aA OLG Dresden MittBayNot 1996, 288 (291); BeckOK BGB/Müller-Engels, 72. Ed. 1.11.2024, BGB § 2315 Rn. 9; Everts Rpfleger 2005, 180; Fembacher MittBayNot 2004, 24 (25); Pentz MDR 1998, 1266; Weigl MittBayNot 2008, 275.

II. Nachweis des dauerhaften Wegzugs bei Wohnungsrecht

1. Einführung

Ein gesetzestypisch ausgestaltetes Wohnungsrecht, dessen Ausübungsüberlassung an Dritte gemäß § 1092 Abs. 1 S. 2 BGB nicht gestattet ist, bietet im Fall eines subjektiven Ausübungshindernisses in der Person des Berechtigten (zB aufgrund Umzugs ins Pflegeheim) niemandem ein ausübbares Nutzungsrecht. Gleichwohl erlischt es nicht.[12] Auch der Eigentümer ist nicht befugt, die Nutzungen aus den dem Wohnungsrecht unterliegenden Räumen zu ziehen. Eine derartige Pattsituation lässt sich **nachträglich** nur durch eine Vereinbarung zwischen dem Berechtigten und dem Eigentümer, etwa in Gestalt einer Vermietungsgestattung gegen Entgelt, oder durch Aufgabe des Wohnungsrechts lösen.

a) Aufgabe des Wohnungsrechts iSv § 875 BGB

Eine unentgeltliche Aufgabe des Wohnungsrechts (§ 875 BGB) ist stets als Schenkung iSv § 516 Abs. 1 BGB mit allen sich hieran anknüpfenden Rechtsfolgen zu qualifizieren (§§ 530 ff. BGB, § 2325 BGB, § 4 AnfG, § 134 InsO, grundsätzlich Beurkundungserfordernis nach § 518 Abs. 1 BGB, steuerliche Anzeigepflicht, Schenkungsteuer).[13]

b) Nutzungsabrede zwischen Berechtigtem und Eigentümer

Weder der Wohnungsberechtigte noch der Eigentümer haben einen Anspruch auf Gestattung der Drittvermietung oder anderweitigen Nutzung, auch nicht gegen ein angemessenes Entgelt. Kommt keine **Einigung** zustande, sind die dem Wohnungsrecht unterliegenden Räume nicht nutzbar: Der Eigentümer ist nicht zur Nutzung berechtigt, der Inhaber des Wohnungsrechts ist zwar persönlich nutzungsbefugt, zur Nutzung aber tatsächlich nicht in der Lage. Mittlerweile ist geklärt, dass der Wohnungsberechtigte **keinen Anspruch** gegen den Eigentümer **auf Beteiligung an etwaigen Mieterlösen**[14] **oder auf Nutzungsentschädigung**[15] hat, wenn der Eigentümer die Räume – unter Missachtung des fortbestehenden Rechts des dinglich Berechtigten – vermietet oder selbst nutzt. Denn dem Wohnungsberechtigten sei allein der Nutzungsvorteil zu seinem eigenen Gebrauch zugewiesen, nicht hingegen die Vorteile der Nutzung durch Dritte. Daher sei eine Bereicherung des Eigentümers nicht auf Kosten des Wohnungsberechtigten erfolgt.[16] Im Fall der Selbstnutzung ergibt sich auch aus § 1093 Abs. 1 S. 2 BGB iVm §§ 1065, 990 Abs. 1, 987 Abs. 1, 989 BGB kein Anspruch auf Nutzungsersatz. Selbst wenn man § 1065 BGB auf das Wohnungsrecht trotz fehlender Erwähnung in § 1093 Abs. 1 S. 2 BGB entsprechend anwenden möchte, sind nach Ansicht des V. Zivilsenats jedenfalls §§ 987 ff. BGB mangels Vergleichbarkeit der Interessenlage nicht entsprechend anwendbar.[17]

Der Wohnungsberechtigte ist bei unberechtigtem Eingriff in sein Wohnungsrecht durch den Eigentümer somit auf Beseitigungs- und Unterlassungsansprüchen gemäß § 823 Abs. 1 BGB iVm § 249 Abs. 1 BGB sowie analog § 1004 BGB beschränkt – jedenfalls in der konkreten Situation des nicht mehr zur Selbstnutzung fähigen Wohnungsberechtigten ein verhältnismäßig schwaches Schwert!

---

12 BGH NJW 2012, 3572 Rn. 5.
13 BGH RNotZ 2021, 401. Näher und differenzierend Herrler in Herrler/Hertel/Kesseler ImmobilienR 2022 S. 157 ff.
14 BGH NJW 2012, 3572 Rn. 9 f.
15 BGH DNotZ 2023, 624; hierzu Herrler in Herrler/Hertel/Kesseler ImmobilienR 2024 S. 155 ff.
16 BGH NJW 2012, 3572 Rn. 9 f.; DNotZ 2023, 624 Rn. 22 f.
17 Näher BGH DNotZ 2023, 624 Rn. 27 f. mwN.

c) „Königsweg" in der Regel sog. Wegzugsklausel

Um die vorstehenden Komplikationen vorausschauend zu vermeiden, bietet sich bei einem lediglich die persönliche Nutzungsbefugnis vermittelnden Wohnungsrecht in aller Regel die Vereinbarung einer sogenannten Wegzugsklausel an. Danach erlischt das Wohnungsrecht im Fall des dauerhaften Auszugs des Berechtigten entweder automatisch (auflösende Bedingung) und/oder dem Eigentümer steht ein Anspruch gegen den Berechtigten auf Aufgabe des Nutzungsrechts zu, ohne dass hiermit Zahlungsansprüche des Wohnungsberechtigten gegen den Eigentümer verbunden werden.[18] Sofern man sich für den bloßen Aufgabeanspruch entscheidet, sollte Vorsorge für die Erfüllung dieses Anspruchs getroffen werden, wenn der Berechtigte selbst nicht mehr zur Abgabe der Aufgabeerklärung in der Lage ist (zB Vorsorgevollmacht in der Form des § 29 Abs. 1 GBO).

Bei Vereinbarung einer auflösenden Bedingung ist das Augenmerk darauf zu legen, dass der **Bedingungseintritt zur Überzeugung des Grundbuchamts nach Maßgabe der GBO nachgewiesen** werden kann. Die nachfolgend darzustellende Entscheidung des OLG München illustriert derartige Nachweisschwierigkeiten und gibt Anlass, sich die gängigen Nachweiserleichterungen in Erinnerung zu rufen.

2. OLG München Beschl. v. 30.7.2024 – 34 Wx 134/24e

OLG München Beschl. v. 30.7.2024 – 34 Wx 134/24e
BWNotZ 2024, 287 = FGPrax 2024, 210 mAnm Dressler-Berlin = ZEV 2024, 835

Sachverhalt:

- Im Rahmen eines Überlassungsvertrags wurde für die Übergeberin ein auflösend bedingtes Wohnungsrecht bestellt.
- Das Wohnungsrecht erlischt für den Fall, dass die Berechtigte das Anwesen auf Dauer verlässt.
- Die Urkunde enthält keine weiteren Regelungen, wie der Nachweis des Bedingungseintritts zu führen ist.
- Nach Auszug der Berechtigten beantragt der Notar die Löschung des Wohnungsrechts unter Vorlage einer Meldebescheinigung gemäß § 18 Abs. 2 BMG, aus welcher sich ergibt, dass die Berechtigte seit mehreren Jahren unter einer anderen Anschrift gemeldet ist.
- Das Grundbuchamt verweigerte die Löschung des Wohnungsrechts.
- Das Grundbuchamt half der Beschwerde des Notars nicht ab.

Entscheidungsgründe: Die Beschwerde des Notars hatte keinen Erfolg. Die Löschung des Wohnungsrechts könne vorliegend nicht aufgrund Unrichtigkeitsnachweises gemäß § 22 Abs. 1 GBO erfolgen.

> „Unrichtig i. S. dieser Bestimmung ist das Grundbuch nach der Vorgabe des § 894 BGB dann, wenn sein Inhalt hinsichtlich eines Rechts an einem Grundstück, eines Rechts an einem solchen Recht oder einer Verfügungsbeschränkung der in § 892 Abs. 1 BGB bezeichneten Art mit der wahren, also materiellen Rechtslage nicht übereinstimmt […]. Dabei fordert der Unrichtigkeitsnachweis als Ersatz für die Berichtigungsbewilligung den **vollen Nachweis der Unrichtigkeit in Form des § 29 GBO.**"[19]

Vorliegend sei ein Nachweis in diesem Sinne nicht geführt. Zwar wurde das Wohnungsrecht unter der auflösenden Bedingung vereinbart, dass „die Berechtigte das Anwesen auf Dauer verlässt". Die so formulierte Bedingung sei objektiv bestimmbar.

---

[18] Näher Herrler in BeckNotar-HdB, 8. Aufl. 2024, § 5 Rn. 370 ff.
[19] OLG München BWNotZ 2024, 287 Rn. 11 mwN.

„Das dauernde Verlassen eines Grundstücks kann im Wesentlichen der Aufhebung des Wohnsitzes i. S. von § 7 Abs. 3 BGB gleichgestellt werden; dazu bedarf es der **Aufgabe der tatsächlichen Niederlassung mit dem Willen, den Wohnsitz nicht mehr am bisherigen Ort zu haben** […]. Immer ist aber zu beachten, dass zur tatsächlichen Aufgabe einer Niederlassung der Wille hinzukommen muss, den Schwerpunkt der Lebensverhältnisse nicht am bisherigen Wohnsitz zu belassen.“[20]

Der hierfür erforderliche Nachweis könne durch die vorgelegte Meldebescheinigung iSv § 18 Abs. 2 BMG allerdings **nicht** geführt werden. Bei der vorgelegten Meldebescheinigung handele es sich zwar um eine öffentliche Urkunde iSv §§ 415 ff. ZPO, § 29 Abs. 1 GBO. Durch diese wird aber lediglich bescheinigt, dass die entsprechenden Daten – also, dass die Berechtigte unter einer anderen Anschrift gemeldet ist – im Melderegister nach § 3 BMG aktuell gespeichert seien. Die Richtigkeit und Vollständigkeit dieser Daten werden indes nicht bescheinigt.

> Die Meldebescheinigung treffe daher **keine Aussage über den tatsächlichen Wohnsitz,** also darüber, ob die betreffende Person die in der Bescheinigung angegebene Wohnung tatsächlich nutzt bzw. ihre Wohnung, unter der sie zuvor gemeldet war, (ggf. auf Dauer) nicht mehr nutzt.

Nach der im Überlassungsvertrag als auflösende Bedingung vereinbarten Wegzugsklausel komme es nicht auf den melderechtlichen Status der Berechtigten, sondern darauf an, ob sie die gegenständliche Wohnung tatsächlich bewohnt oder nicht.

Der Senat weist abschließend darauf hin, dass es den Beteiligten freistehe, entweder die auflösende Bedingung von vornherein abweichend auszugestalten oder eine Löschungserleichterung vorzusehen, etwa in Gestalt einer Fiktion des Bedingungseintritts bei Vorlage bestimmter Dokumente iSv § 29 Abs. 1 GBO (notarielle Eigenurkunde oder Meldebescheinigung).

Leitsätze des Verfassers:

1. Bei einem auf den „dauerhaften Auszug des Berechtigten“ auflösend bedingt bestellten Wohnungsrecht kann der Nachweis der Grundbuchunrichtigkeit iSv § 22 Abs. 1 S. 1 GBO nicht erfolgreich durch die Vorlage einer Meldebescheinigung iSv § 18 Abs. 2 BMG geführt werden.
2. Es steht den Beteiligten aber frei, Löschungserleichterung zu vereinbaren, etwa in Gestalt einer Fiktion des Bedingungseintritts bei Vorlage einer derartigen Meldebescheinigung.

3. Formulierungsbeispiel für eine Wegzugsklausel

Die Entscheidung des OLG München illustriert das Bedürfnis nach praxistauglichen Wegzugsklauseln, um **später** eine **unkomplizierte Löschung des Wohnungsrechts** zu gewährleisten.

Dies ist zum einen möglich, indem die auflösende Bedingung unmittelbar an ein ohne Weiteres in der Form des § 29 Abs. 1 GBO nachweisbares Ereignis anknüpft. Zum anderen kann man die auflösende Bedingung im Grundsatz unverändert lassen („dauerhafter Auszug“) und lediglich im Sinne einer Nachweiserleichterung vorsehen, dass die Bedingung als eingetreten gilt (Fiktion), wenn ein ohne Weiteres in der Form des § 29 Abs. 1 GBO nachweisbares Ereignis eingetreten ist.

Als Nachweistatsachen kommen unter anderem eine Meldebescheinigung als öffentliche Urkunde oder eine Eigenurkunde des beurkundenden Notars in Betracht. Im letzteren Fall

[20] OLG München BWNotZ 2024, 287 Rn. 15.

sollte genau festgelegt werden, unter welchen klar definierten Voraussetzungen der Notar berechtigt und verpflichtet ist, eine entsprechende Eigenurkunde zu errichten. Diese Umstände sollten möglichst unstrittig belegbar sein, da der Notar nicht über eigene Beweiserhebungsmöglichkeiten verfügt.

Formulierungsvorschlag:[21]

Das Wohnungsrecht ist **auflösend bedingt** auf den voraussichtlich dauerhaften Auszug des Berechtigten.
Die **Bedingung gilt als eingetreten,** wenn

(1) entweder der Berechtigte seit mindestens sechs Monaten weder mit Haupt- noch mit Zweitwohnsitz bei der zuständigen Meldebehörde gemeldet ist

(2) oder der beurkundende Notar eine notarielle Eigenurkunde über den Eintritt der auflösenden Bedingung errichtet hat.

Der Notar wird hiermit allseits in einseitig nicht widerruflicher Weise angewiesen, diese Eigenurkunde zu errichten, wenn ihm inhaltlich im Wesentlichen übereinstimmende, schriftliche Atteste von mindestens zwei nicht in gemeinsamer Praxis tätigen Ärzten vorgelegt werden, denen zufolge der Berechtigte mit hoher Wahrscheinlichkeit voraussichtlich dauerhaft an der persönlichen Ausübung seines Wohnungsrechts gehindert ist.
Mit Bedingungseintritt erlöschen die wechselseitigen Rechte und Pflichten aus den dem Wohnungsrecht zugrunde liegenden Abreden.
Bei Eintritt der Bedingung ist der Wohnungsberechtigte verpflichtet, unverzüglich die Löschung seines Rechts in grundbuchtauglicher Form [in der Regel: auf Kosten des Eigentümers] zu bewilligen.

4. „Umgekehrte Wegzugsklausel"

Wegzugsklauseln sind nicht nur im Sinne einer Beschränkung bzw. Aufhebung der Rechte des Nutzungsberechtigten, sondern ebenfalls im Sinne deren Erweiterung denkbar (sog. *„umgekehrte Wegzugsklausel"*).[22] Höchstpersönliche Nutzungsrechte werden vielfach nicht an der gesamten übergebenen Immobilie, sondern nur an einzelnen Stockwerken bzw. gar nur an einzelnen Räumen bestellt, die noch dazu nicht durchwegs von den nicht dem Nutzungsrecht unterliegenden Räumen abgetrennt sind. Die damit verbundene mehr oder weniger große Überschneidung der Lebensbereiche der Bewohner der Immobilie wird aufgrund der familiären Beziehungen in Kauf genommen bzw. – insbesondere im Hinblick auf etwaige Enkel – seitens der Übergeber sogar gewünscht. Mitunter mag die Einräumung eines lediglich beschränkten Nutzungsrechts auch im Hinblick auf den Anlauf der Zehnjahresfrist des § 2325 Abs. 3 BGB erwünscht bzw. hilfreich sein. Zieht nun aber der Erwerber mit seiner Familie aus dem übergebenen Anwesen aus – genauer: aus denjenigen Räumen, die nicht dem Nutzungsrecht unterlagen –, verwirklicht sich der häufig vorhandene Wunsch der Übergeber nach einem Zusammenleben der Großfamilie nicht mehr. Eine Drittvermietung der im Eigentum des Erwerbers stehenden Räume ist seitens der Übergeber nicht ohne Weiteres gewünscht. Es sollte daher bei Bestellung eines nicht die gesamte übergebene Immobilie erfassenden Nutzungsrechts zugunsten der Übergeber und bei (beabsichtigter) Eigennutzung der übrigen Räume durch den Erwerber geklärt werden, ob eine Drittvermietung nach Beendigung der Eigennutzung zulässig sein soll oder nicht.

21 Herrler in BeckNotar-HdB, 8. Aufl. 2024, § 5 Rn. 370a.
22 Überarbeiteter Auszug aus Herrler DNotZ 2019, 493 (498 f.).

Wünschen die Übergeber keine derartige Drittnutzung, besteht die Möglichkeit, deren Nutzungsrecht – über ein bloßes Zustimmungserfordernis für den Fall der beabsichtigten Drittnutzung (Vermietung) bzw. eine lediglich negativ wirkende Unterlassungsverpflichtung des Erwerbers hinaus, jeweils ggf. abgesichert durch ein vormerkungsgesichertes Rückforderungsrecht – aufschiebend bedingt durch den Auszug des Erwerbers auf die gesamte Immobilie zu erweitern. Alternativ könnte eine Belegungsdienstbarkeit an der zur Eigennutzung durch den Erwerber vorgesehenen Einheit zugunsten der Veräußerer bestellt werden oder man könnte das Nutzungsrecht von vornherein auf das ganze Objekt erstrecken. Letzteres mag aus schenkungsteuerlicher Sicht vorteilhaft sein, stellt jedoch die Nutzung durch den Erwerber in das Belieben der Übergeber.

Im Hinblick auf das umgekehrte Wegzugsrecht hat das OLG Nürnberg mit Beschluss vom 17.7.2018 (15 W 1291/18)[23] festgehalten, dass eine derartige Erweiterung des Wohnungsrechts für den Fall, dass „der Übernehmer oder dessen Abkömmlinge die Wohnung im Obergeschoß des Wohngebäudes [...] **nicht mehr selbst oder zusammen mit Dritten bewohnen**"[24], mit den materiell-rechtlichen und grundbuchverfahrensrechtlichen Bestimmtheitsanforderungen vereinbar ist. Zwar müsse das den Bedingungseintritt auslösende Ereignis anhand objektiver Umstände bestimmt werden können.[25] Es sei jedoch nicht erforderlich, dass ein späterer Eintritt der Bedingung durch das Grundbuchamt mit seinen beschränkten Erkenntnismitteln und unter Beachtung der Formanforderungen des § 29 GBO sogleich in einer jeden Zweifel ausschließenden Weise festgestellt werden kann. Ausreichend sei insoweit, dass das maßgebliche, die Bedingung auslösende Ereignis aufgrund objektiver Umstände mit der gebotenen Eindeutigkeit feststellbar ist. Diese müssen im Interesse der Transparenz nachprüfbar und wenigstens in der Eintragungsbewilligung angedeutet sein, können allerdings auch außerhalb des Grundbuchs liegen. Unschädlich sei, „dass der Eintritt der Bedingung möglicherweise erst durch eine richterliche Entscheidung festgestellt werden kann."[26] Diese Anforderungen werden durch die vorstehende Formulierung erfüllt.

[23] DNotZ 2019, 287 = RNotZ 2019, 139.
[24] OLG Nürnberg DNotZ 2019, 287 Rn. 1.
[25] OLG Nürnberg DNotZ 2019, 287 Rn. 8.
[26] BGH DNotZ 2002, 775 (778) mAnm Schippers.

III. Teilentgeltliche Übertragung ist kein Veräußerungsgeschäft iSd § 23 Nr. 1 EStG

FG Niedersachsen Urt. v. 29.5.2024 – 3 K 36/24
DStR 2024, 1866 = DStRK 2024, 230 (Wilhelm) = EFG 2024, 1586 mAnm Vorbeck = ErbStB 2024, 247 mAnm Marfels = BeckRS 2024, 16479

Kerngehalt:

Teilentgeltliche Übertragungen von Immobilien im Wege der vorweggenommenen Erbfolge unterhalb der historischen Anschaffungskosten sind keine tatbestandlichen Veräußerungen iSd § 23 EStG.

In der notariellen Praxis ein nicht seltener Fall war vom FG Niedersachsen zu entscheiden. Ein Mietwohngrundstück wurde vor weniger als zehn Jahren erworben und soll nun in die nächste Generation übertragen werden. Auf dem Haus lasten noch Verbindlichkeiten, die der Erwerber übernehmen und so den Veräußerer entlasten soll. Die Verbindlichkeiten liegen erheblich unter dem Wert des Hausgrundstücks, das seit dessen Anschaffung wegen der allgemeinen Preisentwicklung einen nicht unerheblichen Wertzuwachs erfahren hat.

1. Sachverhalt

Erworben worden war das vermietete Hausgrundstück fünf Jahre vor der Weitergabe zu einem Preis von 143.950 EUR. Bei dessen Weiterübertragung hatte es einen Wert von 210.000 EUR. Die vom Erwerber übernommenen Verbindlichkeiten betrugen 115.000 EUR. Das Finanzamt ermittelte den steuerpflichtigen Veräußerungserlös wie folgt:

Verkehrswert 2019	210.000 EUR	100,00 %
entgeltlicher Teil	115.000 EUR	54,76 %
unentgeltlicher Teil	95.000 EUR	45,34 %
Veräußerungserlös entgeltlicher Teil	115.000 EUR	
./. Anschaffungskosten (143.950 EUR x 54,76 %)	78.828 EUR	
zzgl. AfA 2014–2019 (12.185 EUR x 54,76 %)	6.672 EUR	
./. Vorfälligkeit (4.000 EUR x 54,76 %)	2.191 EUR	
Veräußerungsgewinn	**40.653 EUR**	

2. Die Überlegungen des FG

Das FG Niedersachsen hält den Vorgang für insgesamt nicht nach § 23 EStG steuerpflichtig. Die gegenteilige Auffassung der Finanzverwaltung sei unzutreffend und verstoße gegen verfassungsrechtliche Grundsätze. § 23 EStG sei im Wege der teleologischen Reduktion auf den vorliegenden Sachverhalt nicht anzuwenden, da Gegenstand er Besteuerung durch diese Norm nur realisierte Vermögensmehrungen sein sollen. Konkret führt das Gericht dazu aus:

„[Rn. 23] Bei Übertragungen von Immobilien im Wege der vorweggenommenen Erbfolge – jedenfalls unterhalb der historischen Anschaffungskosten wie im Streitfall – kann es zu **keinem „realisierten Wertzuwachs“** kommen, der der ertragsteuerlichen Besteuerung zugänglich ist.

[Rn. 24] Anderenfalls unterläge ein **fiktiver steuerlicher Ertrag,** nämlich aus einem reinen Vermögenstransfer im Wege der vorweggenommenen Erbfolge als Anknüpfungspunkt (steuerliches Substrat) – hier unter nahen Angehörigen – ohne einen positiven Cashflow beim Übertragenden zusätzlich der Ertragsteuer […]

[Rn. 25] d) Zugleich entstünde eine tatsächliche **Doppelbesteuerung** des identischen Sachverhaltes (steuerlichen Substrats) einerseits in der Ertragsteuer nach § ESTG § 23 EStG als „privates Veräußerungsgeschäft“ und andererseits nach § 7 Erbschaft- und Schenkungsteuergesetz (ErbStG) als „gemischte Schenkung“ vom Vater (Kläger) an seine Tochter (Beschenkte).“

Im Ergebnis sollen so jedenfalls Übertragungen, bei denen die übernommenen Verbindlichkeiten des Übergebers dessen Anschaffungskosten unterschreiten, von der Besteuerung nach § 23 EStG ausgenommen sein.

3. Bewertung

Auf den ersten Blick hat die Überlegung des FG Niedersachsen tatsächlich einiges für sich. Es dürfte dem Rechtsgefühl großer Teile der Bevölkerung entsprechen, dass derjenige, der einen Gegenstand bewusst weit unter dessen Wert weggibt, tatsächlich **keinen Wertzuwachs realisiert** und diesen auch nicht realisieren will. Vielmehr geht es um die freigiebige Zuwendung des Gegenstandes an einen Dritten, bei der nur der Wert der Zuwendung durch die übernommenen Verbindlichkeiten gemindert ist.

Wird der Gegenstand **ohne Übernahme der Verbindlichkeiten** übertragen und behält sich der Übernehmer nur ein **Nutzungsrecht** vor, wird dies ebenfalls nicht dem § 23 EStG zugeordnet. Auch der **Vergleich mit dem Erbfall** zeigt, dass die (in diesem Fall mit kalter Hand erfolgte) Zuwendung auch dann, wenn dabei die bestehenden Verbindlichkeiten mit übergehen, nicht als Fall des § 23 EStG behandelt wird. Schließlich ließe sich der Vorgang auch im Wege der bei der Übergabe von Betriebsvermögen angewandten **Gesamtbetrachtung** steuerlich werten. In diesem Fall träte eine Gewinnrealisierung nur dann ein, wenn die übernommenen Verbindlichkeiten oberhalb des Buchwertes des geschenkten Gegenstandes (Anschaffungskosten ./. Abschreibungen) lägen.

Sehen wir uns also die Überlegungen des FG noch einmal an.

a) Doppelbesteuerung?

Eine Doppelbesteuerung im klassischen Sinne stellt der Vorgang schon deshalb nicht dar, weil Besteuerungssubjekt bei der Einkommensteuer der Übergeber, der der Schenkungssteuer der Übernehmer ist. Sie greift aber auch deshalb nicht, weil es zur Besteuerung mit der Schenkungsteuer nur insoweit kommt, wie unentgeltlich übertragen wird, zur Besteuerung mit der Einkommensteuer, wie dies entgeltlich geschieht.

Wäre es nicht ein Grundstück, das Gegenstand der Schenkung ist, sondern deren zwei, von denen eines zum vollen Verkehrswert und weit oberhalb der Anschaffungskosten veräußert und ein zweites Grundstück vollständig geschenkt wird, läge auf der Hand, dass es sich um zwei verschiedene Gegenstände handelte, die auch unterschiedlich zu betrachten sind.

Schließlich zweifelte wohl auch das FG Niedersachsen nicht daran, dass ein sowohl einkommen- wie auch schenkungsteuerlich relevanter Vorgang vorläge, wenn Verbindlichkeiten übernommen würden, die zwar weit unterhalb des aktuellen Verkehrswertes des Grundstücks, aber oberhalb der Anschaffungskosten läge. Es wäre der gleiche Fall der Doppelbesteuerung und dennoch Teil einer Schenkung.

b) Keine Realisierung eines Wertgewinns

Nur auf den ersten Blick richtig ist auch, dass kein Wertgewinn realisiert wird. Denn auch in der Möglichkeit, ein Grundstück verschenken zu können, liegt eine Realisierung eines Mehrwertes.

c) Ergebnis

Tatsächlich sind die Überlegungen des FG nicht gänzlich von der Hand zu weisen. Es spricht einiges dafür, bei teilentgeltlichen Rechtsgeschäften statt der getrennten Betrachtung des entgeltlichen und des unentgeltlichen Teil des Geschäfts die Gesamtbetrachtung eingreifen zu lassen und das Geschäft nur insoweit steuerlich als entgeltlich zu werten, wie die Gegenleistung den Buchwert des Gegenstandes übersteigt. Aber:

4. BMF-Schreiben und BFH-Rechtsprechung

Tatsächlich resultieren die Schwierigkeiten mit der Entscheidung daraus, dass diese – Revision wurde entsprechend auch eingelegt – sowohl zu jahrzehntealter Verwaltungspraxis in Form des BMF-Schreibens vom 13.1.1993[27] als auch zu ständiger und gerade erst wiederholter Rechtsprechung des BFH[28] in Widerspruch steht. Im BMF-Schreiben vom 13.1.1993 heißt es ausdrücklich:

„[Tz. 14] Wird ein Wirtschaftsgut teilentgeltlich übertragen, ist der Vorgang in einen entgeltlichen und einen unentgeltlichen Teil aufzuteilen. Dabei berechnen sich der entgeltlich und der unentgeltlich erworbene Teil des Wirtschaftsguts nach dem Verhältnis des Entgelts (ohne Anschaffungsnebenkosten) zu dem Verkehrswert des Wirtschaftsguts. Werden mehrere Wirtschaftsgüter teilentgeltlich übertragen, sind die Anschaffungskosten vorweg nach dem Verhältnis der Verkehrswerte den einzelnen Wirtschaftsgütern anteilig zuzurechnen."

Im zitierten Urteil des BFH[29] heißt es zur gleichen Frage:

„Im Fall der teilentgeltlichen Übertragung von Wirtschaftsgütern des Privatvermögens erfolgt nach der ständigen Rechtsprechung für einkommensteuerliche Zwecke eine Aufteilung in einen voll entgeltlichen und einen voll unentgeltlichen Teil nach dem Verhältnis der Gegenleistung zum Verkehrswert der übertragenen Anteile.... Die Anschaffungskosten werden sodann entsprechend der ‚Entgeltlichkeitsquote' aufgeteilt. […] Diese Grundsätze gelten für teilentgeltliche Übertragungen in den Fällen des § 17, des § 20 und auch des § 23 EStG […]."

So überzeugend die Überlegungen des FG Niedersachsen auch klingen, die vom Finanzamt eingelegte Revision hat zur Aufhebung des FG-Urteils geführt.[30]

5. Praktische Hinweise

Bei teilentgeltlichen Rechtsgeschäften innerhalb der Zehnjahresfrist des § 23 EStG ist das Risiko der Verwirklichung eines Steuertatbestandes latent gegeben. Der Notar wird dies in den seltensten Fällen erkennen und beurteilen können. Angezeigt ist hier der Gang zum Steuerberater.

---

27 BMF-Schreiben v. 13.1.1993 – IV B 3–S 2190-37/92, BStBl. I 1993, 80.
28 S. dazu BFH DStRE 2024, 788 mAnm Trossen = DStRK 2024, 118 (Hübner) = ErbStB 2024, 149 mAnm Knittel = EStB 2024, 170 (Ls.) mAnm Günther = HFR 2024, 623 mAnm Wiesmann.
29 BFH Urt. v. 12.12.2023 – IX R 15/23, Rn. 21, 22.
30 BFH Urt. v. 11.3.2025 – IX R 17/24.

E. Wohnungseigentum und Erbbaurecht

I. Mehrfachparker sind nach jetzigem WEG sondereigentumsfähig

BGH Beschl. v. 7.3.2024 – V ZB 46/23
NZM 2024, 424 = ZWE 2024, 255 mAnm Wobst = DNotZ 2024, 426 = NJW-RR 2024, 759 = ZfIR 2024, 303 mAnm Westphal = IMR 2024, 246 (Hogenschurz) = FD-MietR 2024, 809692 (Pramataroff) = MDR 2024, 628 = NotBZ 2024, 334 mAnm Böttcher = Rpfleger 2024, 449 = WuM 2024, 286 = ZMR 2024, 764 = BeckRS 2024, 7107

Leitsätze:

1. Weder der einzelne Stellplatz innerhalb einer Doppelstockgarage („Duplexparker") noch der einzelne Stellplatz auf einem Parkpalettensystem („Palettenparker") ist nach § 3 Abs. 2 Satz 2 WEG aF sondereigentumsfähig.
2. Nach der Neuregelung für Stellplätze in § 3 Abs. 1 Satz 2 WEG kann auch an den einzelnen Stellplätzen in Doppelstockgaragen Sondereigentum begründet werden. Stellplätze auf Parkpaletten sind jedenfalls dann sondereigentumsfähig, wenn ein bestimmter Palettenstellplatz zum alleinigen Gebrauch fest zugewiesen wird.

Miteigentumsanteil – Sondereigentum – Gemeinschaftseigentum – Sondernutzungsrecht: Es gibt wenige Rechtsgebiete des Zivilrechts, bei denen (vermeintliche) Rechtsdogmatik der Rechtspraxis so sehr im Wege steht. Dem Laien die Abgrenzung zwischen Sondernutzungsrecht und Sondereigentum klarzumachen, ist nahezu unmöglich, ganz besonders, weil die Erklärung der praktischen Unterschiede regelmäßig darin endet, dass es keine relevanten Unterschiede gibt.

Dass bei Schaffung des WEG das Bedürfnis bestand, die Regelung des § 1010 BGB nicht einfach durch Anlegung eines eigenen Grundbuchblattes für jeden Miteigentumsanteils verbunden mit der Mitgliedschaft in der Eigentümergemeinschaft „aufzubohren", sondern für die Existenz einer eigenständigen Eigentumseinheit irgendeine Form des besonderen Eigentums, also des Sondereigentums gefordert wurde, ist historisch nachvollziehbar. Bei nüchterner Betrachtung hatte dieses Bedürfnis aber immer schon mehr „emotionsdogmatische" als rechtsdogmatische Gründe. Trotz zahlreicher Weiterentwicklungen des WEG einschließlich der Begründung der Gemeinschaft der Wohnungseigentümer hat der Gesetzgeber aber bis heute nicht den (an sich längst überfälligen) Schritt gewagt, sich vom Begriff des Sondereigentums zu lösen und das Wohnungseigentum zur durch die Inhaberschaft am Miteigentumsanteil begründeten Verbandsmitgliedschaft umzugestalten. Entsprechend entfacht sich immer noch Streit darum, was innerhalb einer Wohnungseigentumsanlage sondereigentumsfähig ist und was zwingend dem Gemeinschaftseigentum zugehört.

1. Duplexparker und Palettensysteme

Schon beim Begriff der Duplexparker und der Palettensysteme lässt die Begeisterung für das WEG nach. Vor dem geistigen Auge tropfen Schneematsch vom oben parkenden SUV auf das Dach des schönen Cabrios und rosten die Gleitschienen des Palettensystems leise vor sich hin. Der BGH hatte allerdings keine der praktischen Probleme des Umgangs mit diesen aus der Platznot der Innenstädte geborenen Parksysteme, sondern eine ausschließliche Rechtsfrage zu beantworten: Sind einzelne Stellplätze eines Park-Palettensystems in der Tiefgarage sondereigentumsfähig?

Sachverhalt:

In den Grundbüchern einer im Jahr 1996 gebildeten WEG waren jeweils Miteigentumsanteile „[…] verbunden mit dem Sondereigentum an dem Kfz-Einstellplatz Nr. […], gelegen in der Tiefgarage" gebucht. Tatsächlich handelte es sich bei den so bezeichneten Kfz-Einstellplätzen um einzelne Paletten*stellplätze* des untereinander verschiebbaren Parksystems. In den Aufteilungsplänen waren die nummerierten Stellplätze an exakt definierten Stellen eingetragen, jede Nummer bezeichnete also ein reales Rechteck innerhalb der Tiefgarage und nicht eine konkrete Palette.
Gestritten wurde im Grundbuchverfahren, zu dem die Rechtsbeschwerde zum BGH durch das Kammergericht ausdrücklich zugelassen worden war, nun darum, ob die aus dem Plan ersichtlichen Stellplätze im Sinne des bis zum 30.11.2020 geltenden Rechts sondereigentumsfähig sind. Die antragstellenden Eigentümer der WEG hatten im Grundbuchverfahren geltend gemacht, mangels Sondereigentumsfähigkeit der Stellplätze lägen sogenannte „isolierte Miteigentumsanteile", also solche ohne Sondereigentum, vor, und hatten die Zubuchung der Anteile des betroffenen Eigentümers an anderen Einheiten der Anlage beantragt.

Für die Beantwortung dieser Frage entscheidend war, ob die Stellplätze den Voraussetzungen des § 3 Abs. 2 S. 2 WEG in der Fassung bis einschließlich 30.11.2020 genügten. Die Norm lautete damals:

§ 3 Abs. 2 S. 2 WEG aF

Garagenstellplätze gelten als abgeschlossene Räume, wenn ihre Flächen durch dauerhafte Markierungen ersichtlich sind.

Der BGH kommt zu dem Ergebnis, dass nach altem WEG
- weder der Stellplatz der Parkpalette
- noch der Stellplatz auf der konkreten Palette

möglicher Gegenstand des Sondereigentum sind.

2. Begründung

a) Keine Rückwirkung des neuen WEG

Das am 1.12.2020 in Kraft getretene Wohnungseigentumsmodernisierungsgesetz sieht nach Auffassung des BGH nicht vor, dass die neuen Regelungen zur Sondereigentumsfähigkeit von Stellplätzen auch auf bestehende Anlagen anzuwenden ist. Für die nach altem Recht begründeten Einheiten sei vielmehr altes Recht anzuwenden.

b) Sondereigentumsfähigkeit des Stellplatzes der Palette

Wichtig ist es, für die Betrachtung zwischen dem Stellplatz auf der Palette und dem Stellplatz der Palette, als dem Platz in der Garage, wo die Palette letztlich zu stehen kommt, abzugrenzen. Der BGH erklärt zunächst den konkreten Abstellplatz der Palette schon deshalb für nicht sondereigentumsfähig, weil dieser aufgrund der Art des Parksystems dauernd für Zwecke der anderen Plätze durchquert werden müsse, was diesen nach § 5 Abs. 2 WEG (alt wie neu) zu einem zwingenden Bestandteil des Gemeinschaftseigentums mache.

„Vor diesem Hintergrund scheidet die Begründung von Sondereigentum an den Bodenflächen der Stellplätze mit den Nummern 89 bis 106, die (nur) im Aufteilungsplan als Palettenparker gekennzeichnet sind, aus. Die Flächen müssen nämlich zwingend auch für den Zugang zu den dahinter liegenden („gefangenen") Stellplätzen genutzt werden. Diese können nur erreicht werden, indem die

Bodenflächen der Palettenparker überfahren werden, nachdem die Palette zu diesem Zweck bewegt worden ist."[1]

> **Hinweis:**
>
> An dieser Wertung hat sich auch nach neuem Recht nichts geändert, sodass auch heute noch die jeweiligen Standflächen der Paletten innerhalb der Kfz-Parkanlage nicht sondereigentumsfähig sind! Von entsprechenden missverständlichen Planeinzeichnungen sollte Abstand genommen werden.

c) Erfordernis der Raumeigenschaft nach altem Recht?

Zu dem bis November 2020 geltenden WEG war streitig, inwieweit die einzelnen Stellplätze eines Duplexparkers nach § 3 Abs. 2 S. 2 WEG aF per gesetzlicher Definition sondereigentumsfähig sind. Die überwiegende Meinung in Rechtsprechung und Literatur[2] lehnte die Sondereigentumsfähigkeit sowohl des Duplexparkers wie auch der Palettenstellplätze zum alten Recht wegen der fehlenden Raumeigenschaft ab. Eine erhebliche Gegenauffassung interpretierte den § 3 Abs. 2 S. 2 WEG abweichend dahingehend, dass dieser die Sondereigentumsfähigkeit letztlich an allen Stellplätzen habe herstellen wollen.[3]

Der BGH schließt sich der bisherigen Mehrheitsmeinung an und verneint die Sondereigentumsfähigkeit. Argument ist, dass der Gesetzgeber mit der Einführung des § 3 Abs. 2 S. 2 WEG im Jahr 1973 nur die für Stellplätze in Tiefgaragen fehlende Abgeschlossenheit durch die Vereinfachung in Form der bloßen Markierung ersetzen wollte, nicht aber die für Sondereigentum immer erforderliche Raumeigenschaft. Insoweit handelte es sich nach Auffassung des BGH nur um die Fiktion der Abgeschlossenheit, nicht die Fiktion des Raumes. Die sei sowohl bei vertikal (Duplexparkern) wie auch horizontal verschiebbaren Plätzen wegen der Mobilität nicht gegeben.

> Nach altem Recht ist auch für Stellplätze die Raumeigenschaft erforderlich!

Da es nur um die Vergangenheit geht, ist die Sache wohl abgeschlossen. Kompletter wäre die Auseinandersetzung des BGH aber gewesen, wäre auch der folgende Absatz in der Gesetzesbegründung zur WEG-Reform 2020 erwähnt worden:

„Der neue § 3 Absatz 1 Satz 2 ordnet an, dass Stellplätze als Räume in einem Gebäude gelten. **Diese Fiktion** tritt inhaltlich an die Stelle des geltenden § 3 Absatz 2 Satz 2. Sie **bezieht sich aber nur noch auf die Raumeigenschaft.** Denn auf die Abgeschlossenheit kommt es bei Stellplätzen aufgrund des neuen § 3 Absatz 3 nicht mehr an; diese Vorschrift stellt bei Stellplätzen anstelle der Abgeschlossenheit auf die Maßangaben im Aufteilungsplan ab."[4]

Der Fettdruck zeigt, dass der Gesetzgeber 2020 möglicherweise schon davon ausging, dass die alte Regelung auch die Raumeigenschaft erfasste – es wäre sonst richtig gewesen, den Satz wie folgt zu fassen:

„**Diese Fiktion** tritt inhaltlich an die Stelle des geltenden § 3 Absatz 2 Satz 2. Sie **bezieht sich aber ~~nur noch~~ nunmehr auf die Raumeigenschaft.**"

---

1 BGH NZM 2024, 424 Rn. 16.

2 OLG Düsseldorf MittRhNotK 1978, 85 mit ablehnender Anm. Linderhaus; BayObLG (2. ZS) DNotZ 1995, 622; OLG Jena NotBZ 2005, 219; Schultzky in BeckOGK, 1.3.2020, WEG § 5 Rn. 103 mwN; ausf. auch Gerono/Leidner in BeckOK WEG, 42. Ed. 1.8.2020, WEG § 3 Rn. 63 ff.

3 Rapp in Staudinger, 2018, WEG § 3 Rn. 20, 20a; Hügel/Elzer, 2. Aufl. 2018, WEG § 3 Rn. 62 und § 5 Rn. 40; Armbrüster in Bärmann, 14. Aufl. 2018, WEG § 5 Rn. 70.

4 BT-Drs. 19/18791, 39.

d) Ergebnis

Nach altem Recht begründete WEG kein Sondereigentum an einzelnen (zu der Einheit insgesamt BGH Urt. v. 21.10.2011 – V ZR 75/11)[5] Stellplätzen eines Duplexparkers oder einer Parkpalette. Wo diese grundbuchlich dennoch verzeichnet sind, handelt es sich um sondereigentumslose Miteigentumsanteile. Soll das geändert werden, bedarf es einer Überführung der Einheiten ins Sondereigentum nach neuem Recht (s. dazu unten → 5.).

3. Risiko: Definition der Raumeigenschaft?

Wobst[6] hat die Entscheidung dafür kritisiert, dass in dieser der für die Sondereigentumsfähigkeit entscheidende Begriff des Raumes im Sinne des WEG dahingehend definiert sei, dass damit der „lichte[n] Raum in einem Gebäude vom Boden bis zur Decke" gemeint sei. Das decke sich nicht unbedingt mit dem allgemeinen Sprachgebrauch, und ziehe die „allgemein anerkannte Sondereigentumsfähigkeit von Dachterrassen (etwa BGH ZWE 2018, 953) und Balkonen (etwa BGH ZWE 2010, 174) in Zweifel."[7] Diese Befürchtung geht nach meiner Einschätzung allerdings zu weit. Der V. Senat wollte erkennbar nur die mangelnde Raumeigenschaft der Einzelstellplätze begründen, um eine Festlegung des Raums als solchem ging es aber erkennbar nicht.

4. Das neue Recht

Wichtiger aber als die Betrachtung der Raumeigenschaft der Duplexparker und Palettenstellplätze nach altem Recht ist das klare Bekenntnis des V. Senats zur Sondereigentumsfähigkeit dieser Einheiten nach neuem Recht. Erkennbar wollte der Senat hier Klarheit für die Begründung von Wohnungseigentumsanlagen schaffen, da die entsprechenden Bemerkungen als offensichtliches obiter dictum keinerlei Entscheidungsrelevanz im konkreten Fall besitzen. Für den Duplexparker war die Festlegung angesichts der klaren Aussage in der Gesetzesbegründung

> „§ 3 Absatz 1 Satz 2 gilt für alle Arten von Stellplätzen, unabhängig davon, ob es sich um Stellplätze in einem Gebäude oder im Freien handelt. Daher sind auch Stellplätze auf oder unter einem Gebäude sowie einzelne Stellplätze in einer Mehrfachparkanlage (sogenannte Duplex- oder Quadruplexparker) erfasst."[8]

eigentlich nicht nötig. Für die Stellplätze auf Parkpaletten aber, schafft die Entscheidung Klarheit und Gestaltungssicherheit. Zwar war dies auch schon bislang herrschende Auffassung[9] in der wohnungseigentumsrechtlichen Literatur. Die nicht unerheblichen Gegenstimmen[10] aber brachten dennoch Gestaltungsunsicherheit, die der BGH nun beseitigt hat.

Damit stellt sich für diese Einheiten nur noch die Frage, wie diese denn den Vorgaben des § 3 Abs. 3 WEG hinsichtlich der Angaben im Aufteilungsplan gerecht werden.

---

5 BGH NZM 2012, 422.
6 Wobst ZWE 2024, 255.
7 Wobst ZWE 2024, 255 (258).
8 BT-Drs. 19/18791, 39.
9 Meier in BeckOGK, 1.5.2024, WEG § 5 Rn. 119; M. Müller in BeckOGK, 1.9.2024, WEG § 3 Rn. 125, 129; Leidner in BeckOK WEG, 59. Ed. 2.1.2025, WEG § 3 Rn. 16; MüKoBGB/Krafka, 9. Aufl. 2023, WEG § 3 Rn. 48; Forschner ZNotP 2021, 202 (203); Dötsch/Schultzky/Zschieschack, WEG-Recht 2021, Kap. 1 Rn. 7.
10 Schneider in Bauer/Schaub, GBO, 5. Aufl. 2023, AT Rn. 92b; wohl auch Elzer ZNotP 2021, 97 (99); zweifelnd daran auch ich im Jahr 2021 an dieser Stelle Kesseler in Herrler/Hertel/Kesseler ImmobilienR 2021/2022 S. 173.

§ 3 Abs. 3 WEG

Sondereigentum soll nur eingeräumt werden, wenn die Wohnungen oder sonstigen Räume in sich abgeschlossen sind und Stellplätze sowie außerhalb des Gebäudes liegende Teile des Grundstücks durch Maßangaben im Aufteilungsplan bestimmt sind.

a) Bezeichnung der Duplexparker nach der Vorgabe des § 3 Abs. 3 WEG

Nicht ganz zu Ende gedacht ist der Gesetzeswortlaut für Duplexparker. Eine zeichnerische Darstellung nebst Maßangabe dieser übereinander liegenden Stellplätze ist schwierig – hier müssen Angaben zu den Maßen eines der Plätze und die Angabe, dass diese übereinander liegen, ausreichen. Die entsprechende Bestimmung aus der (neuen) Allgemeinen Verwaltungsanordnung lautet dazu pragmatisch:

§ 7 AVA Sondereigentum an Stellplätzen

(1) Das Sondereigentum an einem Stellplatz kann zu einer abgeschlossenen Wohnung oder zu in sich abgeschlossenen, nicht zu Wohnzwecken dienenden Räumen gehören. Wenn der Stellplatz über das gemeinschaftliche Eigentum zugänglich ist, kann er auch alleiniger Gegenstand einer Teileigentumseinheit sein.

(2) Absatz 1 gilt auch für einen Stellplatz in einer Mehrfachparkanlage. In der Bauzeichnung muss jeder Stellplatz in einer Mehrfachparkanlage, an dem Sondereigentum begründet werden soll, eindeutig bezeichnet werden (zum Beispiel „Nr. 5 (oben)", „Nr. 6 (unten)"). Zulässig ist es auch, jede Ebene einer Mehrfachparkanlage wie ein eigenständiges Stockwerk darzustellen (zum Beispiel „obere Stellplätze in den Mehrfachparkanlagen", „untere Stellplätze in den Mehrfachparkanlagen").

Sind beide Duplexparker Gegenstand eines einheitlichen Teileigentums, ist die Anlage Sondereigentum. Wird aber an den einzelnen Stellplätzen eines Mehrfachparkers Teileigentum begründet, wird die Hebeanlage nach § 5 Abs. 2 WEG zwingend Gemeinschaftseigentum. Für diesen Fall sollte eine angepasste Kostentragungsregelung getroffen werden.

b) Bezeichnung der Paletten nach Vorgabe des § 3 Abs. 3 WEG

Nachdem der BGH sich nun eindeutig zur Sondereigentumsfähigkeit der Palettenstellplätze positioniert hat, ist insoweit nur noch die Frage zu stellen, wie diese durch die Maßangaben im Aufteilungsplan sachgerecht bezeichnet werden können.

Unbedingt vermieden werden muss eine Bezeichnung, die den Eindruck erweckt, Gegenstand des Sondereigentums sei die Stellplatzfläche der Palette und nicht die einzelne Palette selbst. Die gesetzliche Forderung nach den Maßangaben kann sich hier naturgemäß nicht auf die Abstände zu den Grundstücksgrenzen und die Flächen untereinander beziehen, da es gerade der Charakter der mobilen Paletten ist, bewegt zu werden – und zwar horizontal, was die Maßangaben unsinnig macht.

Richtigerweise sind hier nur die Maßangaben der einzelnen Palette und zur Abgrenzung gegenüber den anderen Bereichen des Grundstücks die Maßangabe der Anlage insgesamt, also der räumlichen Grenzen des Systems, sinnvoll. Es steht allerdings zu befürchten, dass es insoweit auch nach der Entscheidung des V. Senats Diskussionen mit den Grundbuchämtern geben wird. Sinnvoll erscheint mir die Angabe:

Formulierungsvorschlag:

Palettenstellplatz Nr. *** innerhalb der im Aufteilungsplan als Kfz-Palettenanlage bezeichneten Stellplatzanlage.

5. Überführung ins neue Recht?

Für die dem BGH vorliegende Frage nicht von Relevanz, gleichwohl aber von nicht unerheblichem praktischem Interesse ist die Frage, ob die Miteigentümer solche alten Aufteilungen durch entsprechende neue Aufteilungserklärung ins neue Recht transformieren können. Wie wir jetzt wissen, befinden sich die zu Unrecht als Sondereigentum ausgewiesenen Duplexparkplätze und Palettenstellplätze mangels Sondereigentumsfähigkeit nach altem Recht tatsächlich noch sämtlich im Gemeinschaftseigentum der Wohnungseigentümer. Durch Vereinbarung der Miteigentümer sind solche Einheiten ebenso wie jeder andere sondereigentumsfähige Teil des Gemeinschaftseigentums in Sondereigentum überführbar; die bislang sondereigentumslosen Miteigentumsanteile können – Vereinbarung vorausgesetzt – also auch jetzt noch in rechtswirksames Teileigentum überführt und die Einheiten nachträglich gebildet werden.

Fraglich dürfte insoweit nur sein, ob die sondereigentumslosen Miteigentümer einen Anspruch gegen die anderen Miteigentümer auf nachträgliche Einräumung des Sondereigentums haben. Ein gutgläubiger Erwerb kann nicht stattgefunden haben, da ein nicht existentes Recht auch nicht gutgläubig erworben werden kann. Ebenso wenig kann auf die Grundsätze des substanzlosen Miteigentums (wie dies beispielsweise vor Bauerrichtung besteht) zurückgegriffen werden. Ein entsprechender Anspruch könnte sich also letztlich nur aus dem Treueverhältnis innerhalb der Miteigentümergemeinschaft und damit aus § 242 BGB ergeben. Die Rechtsprechung hat einen solchen Anspruch dem Grunde nach anerkannt,[11] wenn auch nicht für den hier konkret vorliegenden Fall ausgeurteilt. Richtigerweise dürfte davon auszugehen sein, dass ein solcher Anspruch besteht. Wenn Miteigentümer schon zur Errichtung von Gebäuden zur Ausfüllung von Sondereigentum verpflichtet werden können, dann sollte auch die Herbeiführung eines bestehenden und real gelebten, nur aus Rechtsgründen nicht entstandenen Zustands möglich sein.

11 BGHZ 109, 179 (185) = NJW 1990, 447; OLG Hamm NJW-RR 1991, 335; eingehend Rapp/Wobst in Staudinger, 2023, WEG § 3 Rn. 168 mwN; Leidner in BeckOK WEG/Leidner, 59. Ed. 2.1.2025, WEG § 3 Rn. 25.

II. Nutzungsrecht und bauliche Änderungen „wie bei real geteilten Grundstücken"

BGH Urt. v. 8.3.2024 – V ZR 119/23
NJW 2024, 1817 = RNotZ 2024, 584 = ZfIR 2024, 401

Leitsätze:

1. Ist in der Gemeinschaftsordnung einer Mehrhausanlage vereinbart, dass die Wohnungseigentümer weitgehend so gestellt werden sollen, als handelte es sich um real geteilte Grundstücke bzw. als wären sie Alleineigentümer, und ist den Wohnungseigentümern eine bauliche Veränderung des Gemeinschaftseigentums gestattet, begründet im Zweifel nicht jeder Verstoß gegen eine öffentlichrechtliche Norm einen Beseitigungsanspruch nach § 1004 Abs. 1 BGB; vielmehr muss der Norm Drittschutz zukommen.
2. Die Festsetzung in einem Bebauungsplan über die Grundfläche der Wochenendhäuser in einem Wochenendhausgebiet ist Teil der Gebietsfestsetzung und hat drittschützenden Charakter.

1. Sachverhalt: Baurechtliche Änderung nach Gemeinschaftsordnung wie bei real geteilten Grundstücken

Der Sachverhalt der BGH-Entscheidung war eher ungewöhnlich: Eine **Wochenendhaussiedlung** war in Wohnungseigentum aufgeteilt. Dies hatte die Stadt vor Veräußerung der einzelnen Wochenendhäuser veranlasst – möglicherweise um sich die Vermessung zu ersparen. In der Teilungserklärung ist unter anderem geregelt:

„b) Jeder Hauseigentümer ist berechtigt, die seinem Sondereigentum und Sondernutzungsrecht unterliegenden Gebäude- und Grundstücksteile unter Ausschluss der anderen Hauseigentümer so zu nutzen, wie wenn er Alleineigentümer wäre, soweit nicht in dieser Urkunde Nutzungsbeschränkungen vereinbart sind. Die baurechtlichen Vorschriften sind zu beachten. […]

d) Im Rahmen des nach öffentlichem Recht Zulässigen kann jeder Hauseigentümer sein Wohnungseigentum bzw. Teileigentum und die seinem Sondernutzungsrecht unterliegenden Teile des gemeinschaftlichen Eigentums nach Maßgabe der Gemeinschaftsordnung nutzen, sie auch verändern und die nicht bebauten Grundstücksteile auch bebauen. Jeder Wohnungseigentümer duldet die anderweitige Bebauung eines benachbarten Sondernutzungsrechts, sofern das Wochenendhaus von der gemeinsamen Grenze der Sondernutzungsrechte einen Abstand von mindestens 1,75 m einhält und die Errichtung des Gebäudes bauordnungsrechtlich genehmigt wurde."[12]

Nach dem Bebauungsplan aus dem Jahr 2005 darf auf jeder Parzelle höchstens ein Wochenendhaus mit 35 qm Grundfläche errichtet werden. Zusätzlich sind überdachte Freisitze oder verglaste Anbauten von 10 qm je Parzelle zulässig; diese dürfen aber keine Aufenthaltsräume sein.

Als Teil des Wohnungseigentums des Beklagten war bereits zuvor, im Jahr 1971 ein Wochenendhaus mit einer Grundfläche von knapp 70 qm errichtet worden.

Im Jahr 2018 beantragte und erhielt der Wohnungseigentümer eine Baugenehmigung für Sanierung und Umbau des Bestandsgebäudes sowie die Errichtung eines neuen Daches – mit derselben Grundfläche wie das ehemalige Gebäude. Außerdem wurde ein ehemaliger Freisitz in das Gebäude einbezogen.

[12] BGH NJW 2024, 1817 Rn. 1.

Die Gemeinschaft der Wohnungseigentümer klagte aus § 1004 Abs. 1 BGB auf Rückbau auf die baurechtlich zulässige Höchstfläche von 35 qm plus 10 qm Freisitz. Sie trug unter anderem vor, dass der tatsächliche Bau von der Baugenehmigung erheblich abweiche. Vor Amts- und Landgericht scheiterte sie mit ihrer Klage. In der Revision hob der BGH auf und verwies zurück.

2. Entscheidung: Regelung zulässig – dann nur Verstoß gegen drittschützende Normen

Grundsätzlich regelt das WEG, welche baulichen Veränderungen zulässig sind. Die Gemeinschaftsordnung kann aber auch vom WEG abweichende Regelungen treffen:

> „Die Bestimmungen des Wohnungseigentumsgesetzes über bauliche Veränderungen sind durch Vereinbarungen der Wohnungseigentümer abänderbar (vgl. hierzu nur Senat, Urteil vom 18. Januar 2013 – V ZR 88/12, WuM 2013, 247 Rn. 9 zu § 22 Abs. 1 WEG aF)."[13]

Hier regelte die Gemeinschaftsordnung, dass jeder Wohnungseigentümer so gestellt werden sollte, als ob er **Alleineigentümer seiner (real geteilten) Parzelle** wäre. Der BGH entschied, dass bei einer derartigen Regelung wie bei real geteilten Grundstücken **nur drittschützende baurechtliche Normen** relevant sind:

> „aa) Besteht eine Wohnungseigentumsanlage aus mehreren separaten Häusern (Doppelhäuser, Reihenhäuser oder – wie hier – Ferienhäuser), enthalten Teilungserklärungen bzw. Gemeinschaftsordnungen häufig die Regelung, dass die Wohnungseigentümer weitgehend so gestellt werden sollen, als würde es sich um real geteilte Grundstücke handeln bzw. als seien sie Alleineigentümer. In diesen Fällen geht die Instanzrechtsprechung – soweit ersichtlich – einhellig davon aus, dass die übrigen Wohnungseigentümer im Zusammenhang mit baulichen Veränderungen des Gemeinschaftseigentums **nur die Einhaltung drittschützender Normen des öffentlichen Rechts** verlangen können (vgl. […]).
> bb) Nach Auffassung des Senats ist der Instanzrechtsprechung im Grundsatz zuzustimmen. […]"[14]

Im Verhältnis zwischen Eigentümern benachbarter Grundstücke ist die Einhaltung dieser drittschützenden baurechtlichen Normen im Verwaltungsgerichtsverfahren zu prüfen. Ein Verwaltungsprozess zwischen mehreren Wohnungseigentümern oder zwischen der Wohnungseigentümergemeinschaft und einem Wohnungseigentümer ist aber nicht möglich. Möglich ist nur ein wohnungseigentumsrechtliches Verfahren zwischen der Wohnungseigentümergemeinschaft und dem betreffenden Wohnungseigentümer. Im Rahmen des WEG-Verfahrens ist dann die Einhaltung der drittschützenden Normen des öffentlichen Rechts zu prüfen. Der **öffentlich-rechtliche Nachbarschutz wandert in das Wohnungseigentumsverfahren.**

> „Das hat zur Folge, dass der öffentlich-rechtliche Rechtsschutz in das Wohnungseigentumsverfahren verlagert wird. Dort können die anderen Wohnungseigentümer nicht mehr, aber auch nicht weniger verlangen als Nachbarn auf real geteilten Grundstücken, mit denen sie so weit wie möglich gleich gestellt werden möchten. Deshalb ist es gerechtfertigt, einen Beseitigungsanspruch an die Verletzung einer drittschützenden Norm zu knüpfen. Auf diese Weise wird die angestrebte Gleichstellung mit real geteilten Grundstücken auch in Bezug auf das öffentliche Baurecht verwirklicht."[15]

Im Allgemeinen dienen Festsetzungen über die zulässige Grundfläche der Bebauung nur öffentlichen Zwecken. In einem Wochenendhausgebiet sollen sie aber auch den Gebietscharakter bewahren und sind daher drittschützend. Darauf kommt es aber hier nicht an,

---

[13] BGH NJW 2024, 1817 Rn. 8.
[14] BGH NJW 2024, 1817 Rn. 11–12.
[15] BGH NJW 2024, 1817 Rn. 14.

weil die Gemeinschaftsordnung dies anders regelt: Nur für die Nutzung sind die Wohnungseigentümer so zu stellen, als ob sie Eigentümer real getrennter Grundstücke wäre. Bei der Bebauung kommt es zunächst darauf an, ob eine Baugenehmigung vorliegt (und ein bestimmter Grenzabstand eingehalten ist). Liegt keine Baugenehmigung vor, so ist auf die Genehmigungsfähigkeit abzustellen. Für die Genehmigungsfähigkeit kommt es auf die Einhaltung aller öffentlich-rechtlichen Normen an:

„(2) Auszugehen ist von dem Wortlaut von Ziff. III.1b) und d) TE, der deutlich zwischen der Nutzung der dem Sondereigentum und Sondernutzungsrecht unterliegenden Gebäude- und Grundstücksteile und der Zulässigkeit baulicher Veränderungen unterscheidet. Dass die Wohnungseigentümer wie Alleineigentümer zu behandeln sind, bezieht sich nach Ziff. III.1b) TE ausschließlich auf die Nutzung. Demgegenüber ist in Ziff. III.1d) TE eine eigenständige Regelung zu der Zulässigkeit baulicher Veränderungen getroffen worden. Nach Satz 2 dieser Bestimmung müssen die anderen Wohnungseigentümer bauliche Veränderungen dulden, wenn ein bestimmter Abstand eingehalten und eine Baugenehmigung erteilt ist. In diesem Fall kommt es nicht darauf an, ob alle (sonstigen) baurechtlichen Vorschriften eingehalten sind. Diese Frage stellt sich erst, wenn es an einer Baugenehmigung fehlt. Dann greift Satz 1 der Bestimmung ein, d. h. die bauliche Maßnahme muss sich im Rahmen des nach öffentlichem Recht Zulässigen halten, so dass das Bauwerk insgesamt genehmigungsfähig ist. In diesem Zusammenhang sind die öffentlich-rechtlichen Vorgaben insgesamt und nicht nur drittschützende Vorschriften zu prüfen, da der Wohnungseigentümer ansonsten keine Baugenehmigung erlangen kann, die aber Voraussetzung für die Duldungspflicht nach Satz 2 ist.“[16]

Das Berufungsgericht hatte daher nach Zurückverweisung zu prüfen, ob der jetzige Bau **genehmigt** war oder zumindest Bestandsschutz genoss. Andernfalls war die Genehmigungsfähigkeit zu prüfen.

Da die Frage hier in der Gemeinschaftsordnung ausdrücklich geregelt war, konnte der BGH offenlassen, ob bei einem Verweis der Gemeinschaftsordnung auf die Einhaltung nachbarschützender öffentlich-rechtlicher Bestimmungen ein Beseitigungsanspruch generell ausscheidet, wenn die Baumaßnahme von einer Baugenehmigung gedeckt ist.[17]

3. Anmerkung: Entscheidung auf übliche Gestaltung übertragbar

a) Nur drittschützende Normen zu prüfen, wenn bauliche Veränderungen wie bei real geteilten Grundstücken zulässig sind

Wochenendhaussiedlungen als Wohnungseigentum dürften eher selten sein. Reihen- oder Doppelhäuser in der Rechtsform als Wohnungseigentum kommen aber häufig vor. Die Ausführungen des BGH sind darauf zu übertragen; der BGH spricht diese Fälle auch ausdrücklich an.

Bei Reihen- oder Doppelhäusern als Wohnungseigentum ist typischerweise geregelt, dass jeder Wohnungseigentümer im Rahmen seines Sondernutzungsrechts auch eine weitere Bebauung bzw. bauliche (Ver-)Änderungen so vornehmen darf, als wären es real geteilte Grundstücke und als wäre er Alleineigentümer seiner Sondernutzungsfläche. Die Leitsätze des BGH betreffen genau diesen, hier eigentlich nicht entscheidungserheblichen, aber typischen Sachverhalt. Beide Leitsätze sind eigentlich obiter dicta. Aber sie sind das, was den Vertragsgestalter an der Entscheidung am meisten interessiert.

16 BGH NJW 2024, 1817 Rn. 19.
17 BGH NJW 2024, 1817 Rn. 23.

Wir merken uns also:

Ist in der Gemeinschaftsordnung geregelt, dass die Wohnungseigentümer so gestellt werden sollen, als wären sie Alleineigentümer real geteilter Grundstücke, so kann im Zweifel bei baulichen Veränderungen nur bei einem Verstoß gegen eine drittschützende Norm Unterlassung oder Beseitigung nach § 1004 Abs. 1 BGB verlangt werden.

b) Kein Verwaltungsverfahren möglich, sondern Prüfung im WEG-Verfahren

Materiell-rechtlich kann man den Gleichlauf zwischen öffentlichem Baurecht und WEG-Recht also schön herstellen. Verfahrensrechtlich klappt das aber nicht, weil ein Wohnungseigentümer nicht gegen den anderen im Verwaltungsprozessweg vorgehen kann, sondern nur ein wohnungseigentumsrechtliches Verfahren möglich ist, in dem nur die Wohnungseigentümergemeinschaft als solche einen Beseitigungsanspruch geltend machen kann. Das heißt der Wohnungseigentümer, den der Verstoß stört, muss zweistufig erst einmal einen Beschluss der Wohnungseigentümergemeinschaft herbeiführen, damit diese auf der zweiten Stufe den Beseitigungsanspruch geltend macht. Das ist mir erst beim Lesen der Entscheidung richtig bewusst geworden. Aber daran kann man durch Vertragsgestaltung nichts ändern.

Wenn aber der andere Wohnungseigentümer und die Wohnungseigentümergemeinschaft gar nicht die Möglichkeit haben, gegen die Baugenehmigung durch Widerspruch oder verwaltungsgerichtliche Anfechtungsklage vorzugehen, so kann meines Erachtens die **Bestandskraft der Baugenehmigung** die Ansprüche der Wohnungseigentümergemeinschaft auch **nicht präkludieren** oder sonst wie beschneiden. Denn man kann der Wohnungseigentümerschaft nicht vorwerfen, dass sie verabsäumt hat, ein ihr gar nicht zustehendes Rechtsmittel zu erheben. Zum Schutz des bauwilligen Wohnungseigentümers genügen die gesetzlichen Vorschriften über Verjährung und Verwirkung.

c) Gemeinschaftsordnung genau formulieren

Im entschiedenen Fall war die bauliche Zulässigkeit in der Gemeinschaftsordnung geregelt. War ein Bauvorhaben genehmigt, so war es damit automatisch auch wohnungseigentumsrechtlich zulässig (sofern es außerdem einen bestimmten Mindestabstand einhielt). Der Gleichlauf zwischen öffentlichem Baurecht und Wohnungseigentumsrecht vereinfacht es für den bauwilligen Wohnungseigentümer. Er muss sich nicht doppelt an Bauamt und Wohnungseigentümerversammlung wenden, sondern ihm genügt die Baugenehmigung.

Im Lichte der BGH-Entscheidung würde ich **von einer solchen Regelung dringend abraten.** Denn die anderen Wohnungseigentümer und die Wohnungseigentümergemeinschaft müssen im Baugenehmigungsverfahren nicht beteiligt werden und können auch nicht gegen die Baugenehmigung vorgehen. In Abwägung der beiderseitigen Interessen halte ich es für den bauwilligen Wohnungseigentümer durchaus für zumutbar, in Zweifelsfällen, in denen die von ihm beabsichtigte bauliche Veränderung nicht eindeutig zulässig ist, diese auch der Wohnungseigentümerversammlung zur Beschlussfassung vorzulegen.

4. Formulierungsvorschlag: Reihenhäuser oder Doppelhaushälften im WEG

Mein eigenes Formulierungsmuster für die Gemeinschaftsordnung von Reihenhäusern oder Doppelhaushälften in der Rechtsform des Wohnungseigentums lautet wie folgt:

Formulierungsvorschlag:

I. Grundbuchstand […]

II. Aufteilung […]

III. Gemeinschaftsordnung

Als Inhalt des Sondereigentums wird in Ergänzung der §§ 10–29 WEG (Wohnungseigentumsgesetz) und in teilweiser Änderung davon folgendes bestimmt:

1. Zweckbestimmung
Die Einheiten dürfen zu Wohnzwecken, als Büro oder freiberuflich genutzt werden. Eine gewerbliche Nutzung ist zulässig, soweit sie öffentlich-rechtlich bei real geteilten Nachbargrundstücken zulässig wäre.

2. Sondernutzungsrechte wie bei Realteilung
a) Als Sondernutzungsrecht zur alleinigen und ausschließlichen Nutzung der im als Anlage I beigefügten **Lageplan „Sondernutzungsrechte"** farbig umrandet gekennzeichneten Grundstücksflächen stehen zu:

– der Einheit Nr. 1 die **rot,**
– der Einheit Nr. 2 die **blau**

eingezeichneten Grundstücksflächen.
b) Die Sondernutzungsrechte umfassen neben der unbebauten Grundstücksfläche ausdrücklich auch die im Gemeinschaftseigentum stehenden Teile der Gebäude, die sich innerhalb der markierten Fläche befinden.
Jeder Wohnungseigentümer ist berechtigt, die seinem Sondereigentum und Sondernutzungsrecht unterliegenden Gebäude- und Grundstücksteile unter Ausschluss der anderen Wohnungseigentümer so zu nutzen, als ob er **Alleineigentümer eines real geteilten Grundstücks** wäre. Die Pflicht zur gegenseitigen Rücksichtnahme nach § 14 WEG bleibt in diesem Rahmen bestehen.
Er ist auch berechtigt, in seiner Sondernutzungsfläche **weitere Gebäude** (zum Beispiel Gartenhaus, Garage, Carport) zu errichten, soweit dies baurechtlich bei real geteilten Grundstücken zulässig wäre. Auch diese unterliegen dann seinem Sondernutzungsrecht. (Für deren Übereignung zu Sondereigentum wäre aber nach dem Gesetz eine notariell beurkundete Änderung der Teilungserklärung durch alle Wohnungseigentümer und deren Grundbucheintragung erforderlich.)
Bei **Bepflanzung** mit Bäumen oder höheren Büschen sind die nachbarrechtlichen Grenzabstände einzuhalten (das heißt insbesondere mindestens 2 Meter Grenzabstand für Bepflanzungen mit mehr als 2 Metern Höhe, für niedrigere Sträucher mindestens 0,5 Meter Grenzabstand).
c) [**ggf.**: Die nicht farbig gekennzeichnete Fläche ist **gemeinsame Zugangs- und Zufahrtsfläche.** Hier darf nicht geparkt und darf nichts abgestellt werden.
Übliche Be- und Entladevorgänge sind zulässig.]
d) In den Sondernutzungsflächen sind **Ver- und Entsorgungsleitungen** zur Ver- und Entsorgung der anderen Einheiten zulässig, soweit sie entweder noch vom Bauträger verlegt wurden oder sich später als erforderlich erweisen. Insbesondere […]. [**Alt.**: In den Sondernutzungsflächen bestehende Ver- und Entsorgungsleitungen sind zu dulden. Soweit noch nicht vorhanden, sind getrennte Zähler einzubauen.]
Zur Instandhaltung der Leitungen dürfen die Sondernutzungsflächen betreten und ggf. aufgegraben werden. Nach Abschluss der Arbeiten ist der vorherige Grundstückszustand wiederherzustellen; etwaige Schäden sind zu ersetzen.

3. Instandhaltung

a) Sondereigentum und Sondernutzungsrecht
Jeder Wohnungseigentümer muss sein Sondereigentum sowie die seinem Sondernutzungsrecht unterliegenden Grundstücksflächen und die darauf befindlichen Gebäude und Anlagen auf eigene Kosten ordnungsgemäß unterhalten, instandhalten und instandsetzen und ggf. erneuern und hierfür die Verkehrssicherungspflicht allein tragen (inklusive Winterdienst).
Er ist den anderen Wohnungseigentümern gegenüber verpflichtet, Haus und Grundstück in einem ordentlichen Zustand zu erhalten.
Insoweit ist auch der wohnungseigentumsrechtliche Anspruch auf erstmalige plangerechte Herstellung des Gemeinschaftseigentums (bzw. Kostentragung hierfür) ausgeschlossen (bzw. auf einen bloßen Duldungsanspruch beschränkt).

b) Gemeinsame Zugangs- und Zufahrtsfläche
Den Wohnungseigentümern gemeinschaftlich obliegt lediglich die Instandhaltung, Instandsetzung und Verkehrssicherungspflicht der nicht farbig markierten gemeinschaftlichen Fläche.

4. Bauliche Veränderungen

Jeder Wohnungseigentümer ist berechtigt, soweit baurechtlich zulässig, an seinem Sondereigentum und den seinem Sondernutzungsrecht unterliegenden Gebäudeteilen beliebige bauliche Veränderungen vorzunehmen und auf der seinem Sondernutzungsrecht unterliegenden Grundstücksfläche zusätzliche Bauwerke zu errichten (zum Beispiel Wintergarten, Garage/Carport oder Einfriedungen).
Hierfür bedarf er der Zustimmung anderer Wohnungseigentümer nur, soweit die Zustimmung des Nachbarn bei einem real geteilten Grundstück erforderlich wäre. Jedoch hat er die nach § 14 WEG gebotene Rücksicht zu nehmen.

5. Verteilung gemeinschaftlicher Lasten und Kosten

a) Aufteilungsmaßstab
Jeder Wohnungseigentümer trägt die seinen Haus- und Grundstücksteil bzw. sein Sondernutzungsrecht treffenden Kosten und Lasten einschließlich der Verkehrssicherungspflicht allein.
Die Kosten der Instandhaltung und Instandsetzung gemeinsam genutzter Leitungen tragen die nutzenden Eigentümer zu nach Häusern gleichen Anteilen.
Nur soweit zwingend gemeinschaftliche Kosten anfallen, sind sie nach Miteigentumsanteilen [**Alt.:** zu gleichen Teilen] auf alle Einheiten aufzuteilen.
Unberührt bleiben gesetzliche Befugnisse der Wohnungseigentümer, eine abweichende Kostenverteilung zu beschließen (insbesondere nach § 16 Abs. 2 S. 2 WEG).

b) Kein Wohngeld oder Instandhaltungsrücklage
Ein Wirtschaftsplan soll nicht erstellt werden. Wohngeld oder Instandhaltungsrücklage sollen nicht gezahlt werden.
Anfallende Rechnungen für gemeinschaftliche Kosten und Lasten sind von den Wohnungseigentümern bei Fälligkeit anteilig zu zahlen.

6. Versicherungen

a) Versicherungen sollen soweit wie möglich für jede Einheit getrennt abgeschlossen werden. Dabei sind für das Sonder- und das Gemeinschaftseigentum mindestens folgende Versicherungen abzuschließen und zu unterhalten:

- Gebäudebrandversicherung,
- Sturmschadenversicherung,
- Leitungswasserschadenversicherung,
- Haus- und Grundbesitzerhaftpflichtversicherung.

b) Die Sachversicherungen sind zum gleitenden Neuwert, die Haftpflichtversicherungen in angemessener Höhe abzuschließen.

7. Wohnungseigentümerversammlung

a) Wohnungseigentümerversammlungen sollen nur bei Bedarf stattfinden. Eine jährliche Versammlung ist nicht erforderlich. Jeder Wohnungseigentümer kann eine Versammlung verlangen, wenn Beschlussbedarf besteht. Es gilt die gesetzliche Ladungsfrist von grundsätzlich drei Wochen (ausgenommen bei Dringlichkeit).

b) Das Stimmrecht bestimmt sich nach Miteigentumsanteilen. [**Alt. bei zwei bis vier Einheiten, wenn Miteigentumsanteile ungleich groß sind:** Jede Wohnungseigentumseinheit hat eine Stimme.]

Bei Stimmengleichheit gilt ein Antrag als abgelehnt.

c) Auch ohne Versammlung ist ein Beschluss gültig, wenn alle Wohnungseigentümer ihre Zustimmung zu diesem Beschluss in Textform erklären. Die Wohnungseigentümer können beschließen, dass für einen einzelnen Gegenstand die Mehrheit der in Textform abgegebenen Stimmen genügt (§ 23 Abs. 3 WEG).

8. Verwaltung

Ein Verwalter soll vorerst nicht bestellt werden. Der Notar belehrte, dass die Bestellung eines Verwalters jederzeit verlangt werden kann.

Wenn die Wohnungseigentümer Beschlüsse in einer Wohnungseigentümerversammlung fassen, werden sie diese selbst schriftlich niederlegen.

9. Auslegung

Bei allen Auslegungszweifeln sind die Wohnungseigentümer soweit rechtlich möglich so zu behandeln, als ob sie Alleineigentümer selbstständiger Grundstücke mit je einer Doppelhaushälfte [**Alt.:** einem Reihenhaus] wären.

IV. [ggf. Vorkaufsrechte]

V. Grundbucherklärungen

VI. Belastungen

VII. Notarvollmacht

VIII. Kosten, Abschriften

III. Gestreckte Begründung von Sondernutzungsrechten für Kfz-Stellplätze

Bei Kfz-Stellplätzen im Freien will sich der aufteilende Eigentümer (in der Regel der Bauträger) häufig vorbehalten, die Stellplätze erst beim jeweiligen Verkauf einer Wohnung zuzuordnen. Aus Anlass einer Entscheidung des OLG Karlsruhe will ich mit Ihnen die verschiedenen Möglichkeiten betrachten, wie man das gestalten kann.

1. Sondernutzungsrecht oder eigene Teileigentumseinheit?

Die erste und grundlegende Entscheidung ist die zwischen Sondereigentum und bloßem Sondernutzungsrecht. Denn seit Inkrafttreten des WEMoG zum 1.12.2020 können auch Kfz-Stellplätze im Freien als Sondereigentum ausgewiesen werden, da § 3 Abs. 1 S. 2 WEG jetzt auch hierfür die Raumeigenschaft fingiert. Der aufteilende Eigentümer muss daher entscheiden, welche Gestaltung er wählt – und der beurkundende Notar, zu welcher Gestaltung er rät.

a) Umfrage unter Teilnehmern

Bei den Veranstaltungen haben wir die Notarkolleginnen und -kollegen gefragt: Wozu raten sie den Beteiligten, wenn sie eine WEG-Aufteilung gestalten – zu Sondernutzungsrechten oder zu Sondereigentum,

- und zwar bei Kfz-Stellplätzen im Freien
- oder bei Gartenflächen (und Terrassen oder anderen Freiflächen)?

Nach dieser Umfrage schlagen nahezu alle Notare für Terrassen oder Gartenflächen nur Sondernutzungsrechte, kein Sondereigentum vor. Bei Stellplätzen im Freien schlagen die meisten Notare ebenfalls Sondernutzungsrechte vor, ca. ein Drittel (regional etwas unterschiedlich) aber auch Sondereigentum. Viele Kollegen haben aber auch schon Sondereigentum an Terrassen oder Gartenflächen beurkundet, weil es die Beteiligten so wünschten, insbesondere, weil sie schon den entsprechenden bescheinigten Aufteilungsplan mitgebracht hatten.

b) Wesentliche Unterschiede

Betrachten wir die wesentlichen Unterschiede zwischen Sondereigentum am Stellplatz als eigene Teileigentumseinheit und einem bloßen Sondernutzungsrecht.

- Ist der Stellplatz eine eigene Teileigentumseinheit, so kann er auch an einen **Erwerber außerhalb der Wohnungseigentümergemeinschaft** übertragen werden, dem keine Wohnung (oder andere Einheit) in dem Objekt gehört (selbst wenn dann möglicherweise nach öffentlichem Baurecht erforderliche Stellplätze fehlen). (Dies gilt nicht für die Begründung von Sondereigentum an Garten- und anderen Freiflächen.)
- Ist der Stellplatz eine eigene Teileigentumseinheit, muss ihm auch ein eigener **Miteigentumsanteil** zugewiesen werden, der ihm Stimmrecht gewährt und zur anteiligen Lastentragung verpflichtet. Das passt schlecht, wenn die Miteigentumsanteile – wie meist – vor allem nach dem Verhältnis der Wohn- und Nutzfläche bemessen werden. Die Lastentragung könnte man durch getrennte Abrechnung weitgehend ausschließen. Am einfachsten wird man Lastentragung und Stimmrecht gering halten, indem man den Miteigentumsanteil nur sehr klein ansetzt.
- Errichtet der Sondereigentümer auf dem ihm gehörenden Stellplatz eine **Garage oder einen Carport** (was als bauliche Veränderung nach § 20 WEG grundsätzlich eines Beschlusses der Wohnungseigentümergemeinschaft bedarf, sofern nicht in der Gemeinschaftsordnung etwas anderes geregelt ist), so gehört ihm das auf seiner Teilfläche errichtete Gebäude als **Eigentum** (§ 5 Abs. 1 S. 2 WEG iVm § 94 BGB).
- **Flächenverschiebungen** sind beim Sondernutzugsrecht ohne neuen Aufteilungsplan und ohne Abgeschlossenheitsbescheinigung möglich.
- **Nachbarrechtliche Grenzabstände** für Bepflanzungen und Bebauung gelten bei Sondereigentum möglicherweise schon kraft Gesetzes zwischen der Sondereigentumsfläche und der Gemeinschaftsfläche. Bei Sondernutzungsrechten können sie jedenfalls vertraglich vereinbart werden. Vorsorglich würde ich ihre Geltung (wenn es gewünscht ist) auch bei Sondereigentum vereinbaren.

c) Für Gartenflächen rate ich deutlich von Sondereigentum ab

Bei Garten- und anderen Freiflächen bevorzuge ich persönlich eindeutig eine Gestaltung mittels Sondernutzungsrechten. Hier rate ich den Beteiligten deutlich von Sondereigentum ab.

- Beim Sondernutzungsrecht wissen wir nach ein paar Jahrzehnten Rechtsprechung weitgehend, wie es funktioniert.
- Das Konzept von Sondereigentum an Teilflächen eines im Gemeinschaftseigentum stehenden Grundstücks missfällt mir als **Widerspruch in sich.** Ich bin noch misstrauisch,

welche **Überraschungseier** wir darin noch finden werden, etwa hinsichtlich von **Überbauten** oder Abstandsflächen. Kann etwa der Sondereigentümer der Gartenfläche dem Nachbarn eine Grenzbebauung unter Übernahme der Abstandsfläche auf sein Sondereigentum gestatten – oder gar einen Überbau oder die Errichtung einer Tiefgarage unter seinem Sondereigentum?

– Einziger Vorteil des Flächensondereigentums ist, dass ein auf der Fläche errichtetes **Gebäude** (zB Gartenhaus, Carport oder Garage) im Eigentum des jeweiligen Wohnungseigentümers steht. Aber auch hier gibt es Wertungswidersprüche: Bei der im Aufteilungsplan bereits vorgesehenen Garage sind die tragenden Bauteile Gemeinschaftseigentum (§ 5 Abs. 2 WEG). Bei der nachträglich vom Sondereigentümer auf seinem Freiflächensondereigentum errichteten Garage wären sie hingegen sein Sondereigentum (§ 5 Abs. 1 S. 2 WEG iVm § 94 BGB).

Ich sehe daher keinen Vorteil im Flächensondereigentum, der die darin möglicherweise noch schlummernden und unbekannten Risiken aufwiegen könnte. Mögen andere Vertragsgestalter mutiger sein. Dann wissen wir in 20–30 Jahren genauer, auf was man sich mit dem Flächensondereigentum einlässt, und kann dann auf sicherer Grundlage entscheiden.

Als einzige diskussionswürdige Ausnahme sehe ich **Doppelhäuser oder Reihenhäuser** in der Rechtsform des Wohnungseigentums. Hier versucht die Gestaltungspraxis, das Sondernutzungsrecht möglichst einer Realteilung anzunähern. Durch Sondereigentum auch an den Freiflächen kann ich dies sehr einfach erreichen. Damit erreiche ich sogar, dass der jeweilige Wohnungseigentümer auch Eigentum am Gartenhaus erhält, das er nachträglich auf seiner Sondereigentumsfläche errichtet. Das Problem ist: Ich brauche trotzdem noch ein **Sondernutzungsrecht für das Gemeinschaftseigentum am Gebäude.** Denn die tragenden Bauteile der im Aufteilungsplan vorgesehenen Gebäude sind zwingend Gemeinschaftseigentum. Bevor ich dann Flächensondereigentum und Sondernutzungsrecht kombiniere, belasse ich es lieber bei einem einheitlichen Sondernutzungsrecht. Dann läuft alles nach einheitlichen Regeln ab.

d) Kfz-Stellplätze im Freien: Beide Lösungen möglich – mit persönlicher Präferenz für Sondernutzungsrechte

Bei Kfz-Stellplätzen im Freien kann man beide Gestaltungen wählen, wobei ich persönlich eine Präferenz für Sondernutzungsrechte habe.

– Sollen die Stellplätze auch außerhalb der Wohnungseigentümergemeinschaft **frei verkäuflich** sein, so muss man sie als Sondereigentum – und als eigene Teileigentumseinheit gestalten.

– Sind umgekehrt alle Stellplätze **baurechtlich für den Stellplatznachweis** erforderlich, so würde ich sie als Sondernutzungsrechte gestalten. Denn damit ist sichergestellt, dass sie jedenfalls beim Grundstück bleiben.

– Wenn auch Gartenflächen oder andere Freiflächen einer Einheit allein zugewiesen werden, ist ein **einheitliches System** – entweder insgesamt Sondereigentum oder insgesamt Sondernutzungsrechte – leichter verständlich, insbes. wenn Garten und Stellplatz unmittelbar aneinandergrenzen, wie bei Reihenhäusern oder bei der Erdgeschoßwohnung. Nachdem ich für Garten- und andere Freiflächen eindeutig Sondernutzungsrechte vorziehe, schlage ich dann auch für die Stellplätze Sondernutzungsrechte vor.

– Rein praktisch sehe ich, dass die Stellplätze, Terrassen etc. auf den Aufteilungsplänen zwar hinreichend bestimmt eingezeichnet sind, aber meist ohne die nach § 3 Abs. 3 Hs. 2 WEG erforderlichen **Maßangaben in Ziffern,** so dass das Grundbuchamt zwar die Sondernutzungsrechte eintragen wird, nicht das Sondereigentum. Wenn die zugeordneten Freiflächen nicht schon durch den Aufteilungsplan festgelegt sind, kann man die endgültige Zuordnung einfacher mit dem Bauträger besprechen und ggf. noch bei Beurkundung der Teilungserklärung ändern.

2. Möglichkeiten, Stellplätze im Freien erst später zuzuweisen

Hat man sich für eine Gestaltung durch Sondernutzungsrechte entschieden, so gibt es jedenfalls drei Gestaltungsmöglichkeiten, wie der Bauträger nach Vollzug der Teilungserklärung und nach den ersten Verkäufen noch einseitig Sondernutzungsrechte einer Einheit zuordnen kann: Parken, persönliches Sondernutzungsrecht oder (vollständig) aufschiebend bedingtes Sondernutzungsrecht.[18] Bei den beiden letzteren Varianten spricht man auch von einer „gestreckten" oder „gestuften" Begründung des Sondernutzungsrechts.

- Beim **„Parken"** werden alle Sondernutzungsrechte sofort begründet und vorläufig einer Einheit zugewiesen (bevorzugt dem voraussichtlichen als letzten verkauften „Ladenhüter"), dort also gewissermaßen „geparkt", bevor sie dann im Rahmen des Verkaufs anderen Einheiten zugewiesen werden.
- Bei einem **„persönlichen Sondernutzungsrecht"** werden alle anderen Wohnungs- und Teileigentümer mit Ausnahme des aufteilenden Eigentümers von der Nutzung ausgeschlossen. Berechtigt ist zunächst allein der aufteilende Eigentümer persönlich. Die Sondernutzungsrechte werden nicht bei einer Einheit geparkt, sondern beim Bauträger, der sie dann einzelnen Einheiten zuweisen kann. Häufig heißt es, dass damit nur die negative Komponente des Sondernutzungsrechts begründet ist (also der Ausschluss der anderen Wohnungseigentümer), nicht aber die positive Komponente (also die Zuweisung zur Nutzung durch eine bestimmte Wohnungseigentumseinheit). Das ist etwas schief: Zwar ist die positive Zuweisung zu einer bestimmten Einheit noch nicht festgelegt; doch ist positiv einstweilen der aufteilende Eigentümer nutzungsberechtigt. **Vorsicht zur Terminologie:** Auch bei dieser Gestaltungsvariante wird von einer „aufschiebenden Bedingung" gesprochen – aber nur bezüglich der Zuweisung des Sondernutzungsrechts zu einer Einheit, nicht für die Entstehung des Sondernutzungsrechts als solchen.
- Beim (vollständig) **aufschiebend bedingten** Sondernutzungsrecht ist das Sondernutzungsrecht zwar bereits in der Teilungserklärung geregelt. Ob und für welche Einheit es aber entsteht, hängt von der Bestimmung durch den aufteilenden Eigentümer als aufschiebender Bedingung ab. Im Unterschied zum persönlichen Sondernutzungsrecht sind hier zunächst alle Wohnungseigentümer nutzungsberechtigt. Die positive Nutzungskomponente ist also noch nicht einem Wohnungseigentümer allein zugewiesen.

Ein Teil der Literatur erwähnt nur die beiden ersten Varianten[19], wohl weil sie es im Hinblick auf ältere Rechtsprechung des BayObLG[20] für erforderlich halten, auch eine positive Komponente des Sondernutzungsrechts sofort zu begründen.[21]

Theoretisch kann sich der Bauträger auch bei der jeweiligen Veräußerung **Vollmachten** von den Erwerbern für die spätere Begründung von Sondernutzungsrechten erteilen lassen (über den Tod hinaus und ggf. unwiderruflich). Damit kann er die Bewilligung für die Erwerber erklären. Materiell und grundbuchverfahrensrechtlich bleibt aber die Zustimmung der an den einzelnen Einheiten dinglich Berechtigten erforderlich, also insbes. der finanzierenden Kreditinstitute der Erwerber. Das dauert und kostet. Daher sind die anderen Gestaltungen der Vollmachtslösung überlegen.

[18] Vgl. insbes. Falkner ZNotP 2017, 251 (256) und MittBayNot 2018, 342 (344); Häublein MittBayNot 2012, 380 (382); Klühs ZNotP 2010, 177; W. Schneider in Beck'sches Formularbuch Wohnungseigentumsrecht, 5. Aufl. 2022, Formular E. II. 2.-4.; Schöner/Stöber, Grundbuchrecht, 16. Aufl. 2020, Rn. 2913 ff.; J. Weber in Würzburger Notarhandbuch, 6. Aufl. 2022, Teil 2 Kap. 4 Rn. 161 ff.

[19] Naumann in BeckNotar-HdB, 8. Aufl. 2024, § 3 Rn. 126 ff.; Rieger DNotZ 2020, 431 (433).

[20] BayObLGZ 1985, 378 = DNotZ 1986, 479.

[21] Rieger DNotZ 2020, 431 (433 f.).

3. OLG Karlsruhe Beschl. v. 28.3.2024 – 14 W 104/23 (Wx)

Um die „gestreckte" Begründung von Sondernutzungsrechten ging es auch in der Entscheidung des OLG Karlsruhe:

OLG Karlsruhe Beschl. v. 28.3.2024 – 14 W 104/23 (Wx)
BWNotZ 2024, 199 = NZM 2024, 863 = RNotZ 2024, 518

> **Kerngehalt:**
>
> Hat sich der aufteilende Eigentümer die Zuweisung von Sondernutzungsrechten vorbehalten, solange er noch Eigentümer einer Einheit ist, und ist nichts weiter geregelt, so ist dies dahingehend auszulegen, dass genügt, wenn er bei Erklärung und Bewilligung der Zuweisung noch Eigentümer war. Es ist nicht erforderlich, dass er dies auch noch bei Grundbuchvollzug der Zuweisung ist.

a) Auslegung des Zuweisungsrechts

Das OLG Karlsruhe hatte in seiner Entscheidung zunächst **auszulegen,** welche Art der „gestreckten" Begründung von Sondernutzungsrechten vorlag. In der Gemeinschaftsordnung war geregelt (**Hervorhebungen** von mir):

„**Sondernutzungsrechte**
a) Kfz-Stellplätze im Freien und weitere Freiflächen
Von Nutzen und Gebrauch
- […]
- der Kfz-Stellplätze wie im Erdgeschossplan Anlage 1 zu dieser Urkunde mit ‚AA1' bis ‚AA7' bezeichnet,
- der Freiflächen wie im Erdgeschossplan Anlage 1 zu dieser Urkunde mit ‚SN1', ‚SN2', ‚SNX' und ‚SNY' bezeichnet,
- sämtlicher nicht überbauter Freiflächen auf dem Grundstück, an welchen nicht bereits Sondernutzungsrechte begründet wurden und welche nicht als Zugang zum Gebäude dienen,

sind alle Wohnungs- und Teileigentümer **ausgeschlossen,** mit Ausnahme der teilenden Eigentümerin **(negative Komponente).**

Diese Flächen bzw. Räume sind somit der Nutzung durch die Eigentümergemeinschaft entzogen; hieran wird jeweils Sondernutzungsrecht begründet.

Der teilende Eigentümer bzw. dessen Rechtsnachfolger ist gemäß vorstehender Vorgabe berechtigt, einzelnen Wohnungs- und Teileigentümern bezüglich einer oder mehreren Flächen oder Teilflächen die ausschließliche Befugnis zum Gebrauch **zuzuweisen (positive Komponente).**

Die Zuweisung von Sondernutzungsrechten an den vorbezeichneten Flächen kann auch bezüglich von Teilflächen erfolgen.

Die Benennung und Zuweisung erfolgt jeweils im Kaufvertrag.

Das Benennungs- und Zuweisungsrecht **endet,** sobald der Eigentümer durch Veräußerung **(Eigentumsumschreibung im Grundbuch)** der letzten Sondereigentumseinheit nicht mehr zur Eigentümergemeinschaft gehört. Das Nutzungsrecht an den Flächen, hinsichtlich derer der teilende Eigentümer von seinem Übertragungsrecht keinen Gebrauch gemacht hat, geht dann auf die Eigentümergemeinschaft über. Bis zur Übertragung steht das Recht zur Nutzung dieser Flächen bzw. Räumen dem teilenden Eigentümer zu.

Der teilende Eigentümer ist verpflichtet, bei Übertragung eines Sondernutzungsrechts die dingliche Verbindung mit der dazugehörigen Sondereigentumseinheit durch Eintragung im Grundbuch zu bewirken."[22]

[22] OLG Karlsruhe BWNotZ 2024, 199 Rn. 6–20.

Das OLG Karlsruhe sieht – wie die überwiegende Literatur – zwei Arten der gestreckten Begründung von Sondernutzungsrechten, nämlich das persönliche Sondernutzungsrecht des aufteilenden Eigentümers und die (vollständig) aufschiebend bedingte Begründung:

„b) In der Praxis haben sich im Wesentlichen zwei übliche Gestaltungsvarianten unter den Begriffen der **‚gestreckten'** oder ‚gestuften Begründung von Sondernutzungsrechten' [...] etabliert, [...]. Den Gestaltungsvarianten ist gemein, dass bis auf einen Wohnungseigentümer sämtliche übrigen Wohnungseigentümer von der Benutzung der Flächen ausgeschlossen werden (negative Komponente) und einem Wohnungseigentümer – in der Regel dem teilenden Eigentümer und Bauherrn – das Recht vorbehalten wird, das Sondernutzungsrecht einer bestimmten Einheit (später) zuzuweisen (positive Komponente).

aa) Der teilende Eigentümer kann in der ersten Gestaltungsvariante sämtliche (künftigen) Wohnungseigentümer in der Teilungserklärung von der Nutzung bestimmter Flächen unter **aufschiebender Bedingung** der Zuweisung des Nutzungsrechts zu einer bestimmten Sondereigentumseinheit ausschließen und diesen Ausschluss in allen Grundbüchern der Wohnungseigentumsserie als Inhalt des Sondereigentums gemäß den §§ 5 Abs. 4 Satz 1, 8 Abs. 2, 10 Abs. 3 Satz 1, 16 Abs. 1 Satz 3 WEG eintragen lassen (vgl. [...]). Die Bewilligung der übrigen Miteigentümer nebst der dinglich Berechtigten ist zur Eintragung des Sondernutzungsrechts nicht erforderlich, weil der Inhalt ihres Rechts durch die Zuweisung des teilenden Eigentümers nicht mehr berührt wird (vgl. [...]).

bb) In der zweiten Gestaltungsvariante kann der teilende Eigentümer für sich ein **persönliches Sondernutzungsrecht** begründen, indem er die (künftigen) Wohnungseigentümer in der Teilungserklärung von der Nutzung sofort und ohne aufschiebend bedingte Zuweisung des Sondernutzungsrechts von der Nutzung ausschließt und sich zugleich das persönliche Recht vorbehält, diese Sondernutzungsrechte mit von ihm (später) bestimmten Einheiten zu verbinden (vgl. [...]). Auch in diesem Fall ist die Bewilligung der übrigen Wohnungseigentümer und der an deren Einheiten dinglich Berechtigten grundsätzlich nicht erforderlich (vgl. [...])."[23]

Nach der Auslegung des OLG Karlsruhe lag hier ein sog. persönliches Sondernutzungsrecht vor. Dies erscheint auch mir eindeutig.

b) Zuweisungsbefugnis

Weil ein Sondernutzungsrecht nur einem Wohnungs- oder Teileigentümer zustehen kann, erlischt das „persönliche" Sondernutzungsrecht zwingend mit der **Umschreibung der letzten Einheit** auf einen anderen Erwerber, sofern es nicht zuvor einer Wohnungseigentumseinheit zugewiesen wurde.

„Da die Zuweisungsmöglichkeit einschließlich der Bewilligungsberechtigung des teilenden Eigentümers in der von der Beteiligten Ziffer 1 gewählten Gestaltungsvariante gerade auf dessen persönlicher Sondernutzungsberechtigung beruht, postulieren Rechtsprechung und Literatur, dass die Zuweisungsbefugnis grundsätzlich nur bis zum Ausscheiden des teilenden Eigentümers aus der Gemeinschaft mit der letzten Veräußerung von Wohnungseigentum an einen Erwerber bestehe (vgl. BGH, Urteil vom 2.12.2011 – V ZR 74/11, Rn. 16, [...]). Die Zuweisungsbefugnis sei grundsätzlich nicht „mitnahmefähig" (vgl. [...]). Werde sie nicht ausgeübt, erlösche das persönliche Sondernutzungsrecht des teilenden Eigentümers an den Gemeinschaftsflächen. [...]"[24]

Ein kleines Caveat ist meines Erachtens zu machen: Der **Erbe** kann die Zuweisung sehr wohl noch ausüben, solange ihm auch Wohnungs- oder Teileigentumseinheiten zustehen. Das Sondernutzungsrecht ist zwar nicht übertragbar, wohl aber vererblich.

Hier regelte die **Gemeinschaftsordnung ausdrücklich:** „Das Benennungs- und Zuweisungsrecht endet, sobald der Eigentümer durch Veräußerung (Eigentumsumschreibung im Grundbuch) der letzten Sondereigentumseinheit nicht mehr zur Eigentümergemeinschaft gehört". Damit wiederholte sie nur, was (als äußerste Grenze der Zuweisungsbefugnis) ohnehin kraft Gesetzes gilt.

---

[23] OLG Karlsruhe BWNotZ 2024, 199 Rn. 45–47.

[24] OLG Karlsruhe BWNotZ 2024, 199 Rn. 52.

Der Bauträger hatte die Zuweisung zu notarieller Urkunde (im Kaufvertrag erklärt), als ihm noch mindestens eine Einheit gehörte. Der Notar beantragte den Grundbuchvollzug aber erst, nachdem auch die letzte, noch dem Bauträger gehörende Einheit auf einen anderen Erwerber umgeschrieben war. War das zu spät? Das Grundbuchamt lehnte die Eintragung ab, weil die Zuweisungsbefugnis noch bei Grundbucheintragung der Zuweisung bestehen müsse. Das OLG Karlsruhe hielt hingegen für ausreichend, dass die **Befugnis bei Erklärung der Zuweisung** noch bestand. Nur diese Auslegung sei ihrem Sinn und Zweck angemessen. Sonst hinge es von der Zufälligkeit des Grundbuchvollzugs ab, ob die Zuweisungsbefugnis noch bestünde.[25] Dem stimme ich zu.

In der Praxis dürfte dieses Problem allerdings eher selten auftreten. Denn normalerweise kauft der Erwerber bereits im Kaufvertrag den Außenstellplatz mit. Die Eintragung der Zuweisung des Stellplatzes zur verkauften Wohnung ist bereits Voraussetzung für die Kaufpreisfälligkeit.

Das Problem stellt sich also nur, wenn nachträglich noch ein (bisher nicht zugewiesener) Stellplatz verkauft wird – oder wenn Notar oder Grundbuchamt den Antrag bzw. die Eintragung der Zuweisung bisher versehentlich vergessen haben.

c) Möglichkeit zwischenzeitlicher anderweitiger Abtretung des schuldrechtlichen Sondernutzungsrechts bei kurzfristiger Antragstellung irrelevant

Mehrfach hatten Oberlandesgerichte die nachträgliche Eintragung der Zuweisung eines Sondernutzungsrechts mit der Begründung abgelehnt, dass mit der Zuweisung ja bereits ein schuldrechtliches Sondernutzungsrecht bestanden habe, das auch anderweitig hätte abgetreten werden können. Dabei ging es jeweils um Fälle, wo erst etliche Jahre, teils Jahrzehnte später die fehlende Eintragung bemerkt wurde und aufgrund der seinerzeitigen Zuweisung noch beantragt wurde.

„aa) Das Grundbuchamt hat darüber zu wachen, dass das Grundbuch seinen Zweck erfüllen kann, über die privatrechtlichen Verhältnisse eines Grundstücks zuverlässig Auskunft zu geben. Das Grundbuchamt darf daher nicht mitwirken, das Grundbuch unrichtig zu machen (vgl. BGH, Beschluss vom 11.3.2021 – V ZB 127/19, Rn. 5, […]). Im Eintragungsverfahren hat das Grundbuchamt allerdings die sachliche Richtigkeit der Eintragung grundsätzlich nicht nachzuprüfen. Ihm obliegt weder im Interesse der Beteiligten noch des Rechtsverkehrs eine allgemeine Rechtsfürsorge für die materielle Richtigkeit der im Grundbuch ausgewiesenen Rechtsverhältnisse. Es hat sich auf die Prüfung zu beschränken, ob die Eintragungsvoraussetzungen in grundbuchmäßiger Form nachgewiesen sind […]. Bloße Zweifel oder Ungewissheiten über die materielle Rechtslage genügen nicht (OLG Karlsruhe, Beschluss vom 20.3.2001 – 11 Wx 18/01, Rn. 9). Das Grundbuchamt – im Beschwerdeverfahren das Beschwerdegericht – muss vielmehr überzeugt sein, dass der begehrten Eintragung Tatsachen entgegenstehen […]. Es darf die Eintragung beispielsweise nur versagen, wenn es weiß, dass das Grundbuch durch die beantragte Bewilligung unrichtig würde (vgl. BGH, Beschluss vom 16.2.2012 – V ZB 204/11, Rn. 20 mwN)."[26]

Dies verneinte das OLG Karlsruhe vorliegend – auch mit dem Hinweis, dass nur eine geringe Zeit zwischen Zuweisung und Eintragungsantrag vergangen war.

4. Gestaltung

a) Sondernutzungsrechte bei einer Einheit parken

Nachdem wir einige der Punkte behandelt haben, die der Notar bei der gestreckten Begründung von Sondernutzungsrechten beachten muss, werden Sie mir vermutlich zu-

[25] OLG Karlsruhe BWNotZ 2024, 199 Rn. 54–59.
[26] OLG Karlsruhe BWNotZ 2024, 199 Rn. 67.

stimmen: Die **einfachste Lösung** ist, alle Stellplatz-Sondernutzungsrechte sofort zu begründen und bei einer Einheit zu parken (die ich hier kurz als „Zwischenparker-Einheit" bezeichne). Dafür wählt man meist den am wenigsten attraktiven Tiefgaragenstellplatz (oder Kellerraum, wenn dieser eine eigene Teileigentumseinheit ist).

Beim jeweiligen Verkauf lässt man das mitverkaufte Sondernutzungsrecht von dort auf die Einheit des Käufers übertragen. Das ist auch **übersichtlich,** weil man aus diesem Grundbuch jederzeit ersehen kann, welche Sondernutzungsrechte dort weiterhin geparkt und welche bereits wohin übertragen wurden. Ein versehentlicher Doppelverkauf wäre zwar möglich, müsste aber dem Grundbuch beim zweiten Antrag auf Umbuchung desselben Sondernutzungsrechts auffallen.

Zustimmungen Dritter sind nicht erforderlich. Das Sondernutzungsrecht ist ja bereits eingetragen; daher sind die anderen Wohnungseigentümer von der Übertragung nicht betroffen. Theoretisch wäre die Zustimmung der dinglichen Gläubiger an der Zwischenparker-Einheit erforderlich, also der den Bauträger **finanzierenden Bank.** Deren Grundschuld ist aber als Gesamtbelastung an der anderen Einheit ebenso (und im gleichen Rang) eingetragen. Daher ändert sich durch die Umbuchung an ihrer Grundschuld nichts und ist ihre Zustimmung nicht erforderlich.

Der Bauträger kann auch die als **„Zwischenparker"** genutzte Einheit **schon verkaufen.** Dabei muss man die noch verbliebenen Sondernutzungsrechte noch nicht zwingend bei Kaufvertragsschluss auf ein anderes Grundbuchblatt „umparken". Denn der Übereignungsanspruch des Erwerbers und damit auch dessen Auflassungsvormerkung betrifft die anderen Sondernutzungsrechte nicht. Für die Umschreibung von Sondernutzungsrechten genügt daher die Bewilligung des Bauträgers als Eigentümer; die Bewilligung des vormerkungsberechtigten Erwerbers ist nicht erforderlich.

Soll die Zwischenparker-Einheit mit einer **Grundschuld** belastet werden, so kann man entweder mit der Bank besprechen, dass zunächst nur die verkaufte Wohnung belastet wird und erst später für die Finanzierung letzten Abschlagszahlungen auch die Zwischenparker-Einheit, so dass man mehr Zeit, die Sondernutzungsrechte jedenfalls überwiegend von der Zwischenparker-Einheit wegzubuchen. Ebenso für möglich halte ich, die Grundschuld an den nur zwischengeparkten Sondernutzungsrechten auflösend bedingt durch den Antrag des Notars auf Umbuchung dieser Sondernutzungsrechte zu bestellen. Das Sondernutzungsrecht wie einen gesonderten Belastungsgegentand zu behandeln, mag man dogmatisch für etwas kühn halten. Aber wenn das Grundbuchamt dabei nicht mitmacht und für die Umbuchung doch die Bewilligung der Grundschuldgläubigerin verlangt, ist die Bank zur Zustimmung verpflichtet, da nach der Grundschuldbestellungsurkunde nur die Tiefgarage ohne die Sondernutzungsrechte belastet werden soll. Die Zusatzkosten für die Zustimmung soll natürlich der Bauträger tragen; das sollte man im Bauträgervertrag ausdrücklich regeln.

Man darf diese Einheit natürlich noch nicht auf den Erwerber **umschreiben,** solange dort noch andere Sondernutzungsrechte gebucht sind. Hier ist die Gefahr bei der ausgesetzten Auflassung geringer als bei der nur ausgesetzten Bewilligung. Denn bei Beurkundung der Auflassung schaut der Notar doch nochmals in das Grundbuch und merkt dabei, dass dort noch andere Sondernutzungsrechte gebucht sind. Aber selbst dann wäre der Erwerber bereicherungsrechtlich verpflichtet, an der anderweitigen Übertragung der ihm nicht verkauften, aber versehentlich mitübertragenen Sondernutzungsrechte mitzuwirken.

Und wem das zu kompliziert ist, der überträgt eben die bei der Zwischenparker-Einheit bei deren Verkauf noch mitgebuchten Sondernutzungsrechte auf eine andere Zwischenparker-Einheit. Das kostet den Bauträger etwas mehr, gestaltet aber den weiteren Ablauf einfacher.

Als Problem dieser Gestaltung wird auch angeführt, dass die Zwischenparker-Einheit ein lohnendes Ziel für **Pfändungen** sei. Das halte ich für übertrieben. Es mag stimmen, wenn als Pfändungsobjekt nur die Auswahl unter mehreren Tiefgaragenstellplätzen besteht. Aber wenn der Gläubiger auch in eine Eigentumswohnung vollstrecken kann, wird er die

Wohnung dem Tiefgaragenstellplatz vorziehen, egal ob am Tiefgaragenstellplatz noch ein paar schwer verwertbare Sondernutzungsrechte hängen.

b) Gestreckte Begründung durch persönliches Sondernutzungsrecht

Ein persönliches Sondernutzungsrecht kann **nur dem aufteilenden Eigentümer** zustehen, nicht einer anderen Person. Der aufteilende Eigentümer kann seine Zuweisungsbefugnis auch nicht übertragen. Weil die Zuweisungsbefugnis nicht übertragbar ist, ist sie auch nicht pfändbar.

Die Zustimmungsbefugnis endet kraft Gesetzes spätestens mit der **Umschreibung der letzten Einheit** auf einen Erwerber. Jedoch genügt, wenn der Eigentümer die Zuweisung vorher ausübt, auch wenn sie erst nach Umschreibung der letzten Einheit im Grundbuch vollzogen wird. Dies hat das OLG Karlsruhe in Auslegung der konkreten Regelung in der Gemeinschaftsordnung so entschieden. Meines Erachtens gilt dies aber auch kraft Gesetzes, solange die Gemeinschaftsordnung nicht ein früheres Ende regelt. Bei einem persönlichen Sondernutzungsrecht ist für die Zuweisung zu einer Einheit **keinerlei Zustimmung Dritter** erforderlich – weder die der anderen Wohnungseigentümer, da diese bereits von der Nutzung ausgeschlossen sind noch die Zustimmung dinglicher Gläubiger. Denn es wird keiner Einheit etwas weggenommen.

Die Zuordnung muss im Grundbuch **nur bei der begünstigten Einheit eingetragen** werden, nicht bei den anderen Einheiten. Das hat den Nachteil, dass man aus dem Grundbuch nur bei Einsicht in alle Grundbuchblättern einer Wohnungseigentumseinheit überprüfen kann, welche Sondernutzungsrechte zugewiesen sind. Der Notar (und das Grundbuch) müssen daher jeweils eine eigene Liste führen, in der sie die Zuweisungen eintragen – oder sie notieren sie auf einer **Kopie des Sondernutzungsplanes** (ggf. schon vor der Beurkundung mit Bleistift, nachher mit Vermerk der Urkundenverzeichnis-Nummer). Sonst besteht die Gefahr einer versehentlichen doppelten Buchung. Eine Eintragung auch bei den anderen Einheiten wäre möglich, ist aber nach meiner Erfahrung unüblich.

Das Problem der vergessenen Grundbucheintragung lässt sich meines Erachtens jedenfalls für die Zukunft lösen, wenn man die **Zuweisung erst mit ihrer Grundbucheintragung wirksam** gestaltet. Wurde die Grundbucheintragung vergessen, so gibt es noch kein schuldrechtlich zugeordnetes Sondernutzungsrecht, das irgendwo herumvagabundieren könnte. Dann könnte man die Zuweisung meines Erachtens auch nach Jahrzehnten aufgrund der ursprünglichen Erklärung des aufteilenden Eigentümers eintragen.

Deutlich besser ist natürlich, der Notar stellt gleich den Zuweisungsantrag und das Grundbuchamt vollzieht ihn auch – oder der Notar oder seine Mitarbeiter merken zumindest bei der **Vollzugskontrolle** (durch einen Blick auf die entsprechende Stelle der Urkunde), dass die Eintragung vergessen wurde und holt sie dann nach. Auch dafür kann er seine schon vorerwähnte Liste oder den Sondernutzungsplan nochmals herausholen und im Endvollzug mit anderer Farbe vermerken, welche Zuweisungen vollzogen wurden.

c) (Vollständig) aufschiebend bedingte Begründung von Sondernutzungsrechten

Die (vollständig) aufschiebend bedingte Begründung ähnelt in vielem dem persönlichen Sondernutzungsrecht. Allerdings ist bis zum Bedingungseintritt die Gemeinschaft als solche nutzungsberechtigt.

Da die Bedingung nach Belieben gestaltet werden kann, könnte sie theoretisch auch einem **Dritten** eingeräumt werden. Sinnvoll dürfte ein Drittbestimmungsrecht aber nur in den seltensten Fällen sein. Auch könnte ein Drittbestimmungsrecht gegen die Verpflichtungen des Bauträgers aus dem Bauträgervertrag verstoßen, wenn der Dritte nicht an die zwischen den Beteiligten vereinbarte Zuweisung gebunden ist.

Praktisch relevanter ist, dass das Bestimmungsrecht **auch über die Eigentümerstellung des aufteilenden Eigentümers hinaus** vereinbart werden kann. Damit vermeidet man das Rechtsproblem der Entscheidung des OLG Karlsruhe. Daher wird man die Befugnis rechtsgeschäftlich befristen (und muss dies wohl auch AGB-rechtlich aufgrund des Bauträgervertrages). Sinnvoll ist auch hier eine (rechtsgeschäftliche) Befristung, die an die Eigentümerstellung des aufteilenden Eigentümers anknüpft, aber genügen lässt, dass die Zuweisung während dieser Zeit zu beurkundeter oder unterschriftsbeglaubigter Urkunde vorgenommen wurde, egal wann die Grundbucheintragung erfolgt.

Eine **Zustimmung Dritter** ist nur ausnahmsweise erforderlich. Denn sowohl die Erwerber wie Grundpfandrechtsgläubiger haben ihre Rechte bereits belastet mit der Möglichkeit der bedingten Sonderrechtsbestellung erworben. Erforderlich ist die Zustimmung nur bei einer Belastung, die schon vor der Aufteilung in Wohnungseigentum am Grundstück lastete und im Zeitpunkt des Grundbuchvollzugs der Zuweisung nicht mehr an allen Einheiten lastet.

Auch hier halte ich für sinnvoll, die die Bedingung so zu formulieren, dass die **Zuweisung erst mit Grundbucheintragung wirksam** wird (damit das Grundbuch nicht über vagabundierende schuldrechtliche Sondernutzungsrechte nachgrübeln kann). Und auch hier ist eine **penible Vollzugskontrolle** besonders wichtig, weil man den Vollzug – anders als beim Zwischenparken bei einer Einheit – nicht an einer einzigen Grundbuchstelle überprüfen kann.

d) Auflösende Bedingung für nicht zugeordnete Sondernutzungsrechte beim Zwischenparken

Möglicherweise muss der Bauträger baurechtlich eine gewisse Anzahl an Stellplätzen als Besucherstellplätze oder sonst allgemein für alle Nutzer des betreffenden Bauvorhabens vorhalten, weiß er aber noch nicht, an welchen Stellplätzen die Erwerber interessiert sind – und welche am Ende als Allgemeinstellplätze übrigbleiben. Oder es gibt weniger Erwerbsinteressenten als Stellplätze. Dann kann man vorsehen, dass die nicht zugewiesenen Sondernutzungsrechte erlöschen.

Beim persönlichen Sondernutzungsrecht muss man das nicht eigens regeln. Es ergibt sich schon aus der gewählten Konstruktion. Auch ein (vollständig) aufschiebend bedingtes Sondernutzungsrecht kann nach Ablauf der dafür vorgesehenen Endbedingung nicht mehr eintreten. In beiden Fällen kann man das in der Regelung der Gemeinschaftsordnung klarstellen.

Beim Zwischenparken würden hingegen die nicht einer anderen Einheit zugewiesenen Sondernutzungsrechte weiter zugunsten der Zwischenparker-Einheit bestehen. Hier kann man Regelungen über das Erlöschen treffen – sei es, dass die nicht anderweitig zugeordneten Rechte unter einer bestimmten auflösenden Bedingung automatisch erlöschen (etwa, wenn dem aufteilenden Eigentümer keine Einheit mehr gehört), sei es, dass der aufteilende Eigentümer einseitig ihr Erlöschen bestimmen kann (und dies als Voluntativbedingung gestaltet ist). Eine ausdrückliche Erklärung des aufteilenden Eigentümers dürfte weniger fehleranfällig an Und sie lässt sich dem Grundbuchamt in der Form des § 29 GBO nachweisen (während der Nachweis der bloßen Nicht-Zuordnung nur geführt werden kann, wenn die Bedingung auf die Eintragung der anderweitigen Zuordnung abstellt).

Sind die Kfz-Stellplätze im Freien als eigene Teileigentumseinheiten ausgewiesen, so kann man wirtschaftlich dasselbe erreichen, wenn der Bauträger sie nach Ende des Verkaufs an die Wohnungseigentümergemeinschaft (vertreten durch den WEG-Verwalter) übereignet. Die Möglichkeit dazu kann in der Gemeinschaftsordnung bereits vorgesehen werden; dann erübrigt sich ein Beschluss der Wohnungseigentümergemeinschaft. Gegebenenfalls kann sich der Bauträger im Bauträgervertrag auch schon zu dieser Übereignung verpflichten; dann müssen natürlich Zeitpunkt und mögliche Gegenleistung für die Übereignungspflicht schon festgelegt werden.

e) Zusammenfassender Vergleich der Gestaltungen

Die Vor- und Nachteile der verschiedenen Gestaltungen habe ich in einer Übersicht zusammengefast:

	Eigenes Teileigen-tum	**Sondernutzungsrecht**		
		Parken bei einer Ein-heit	**Vorerst nur Ausschluss anderer**	**Aufschiebende Bedingung**
Aufteilungsplan	erforderlich	nicht erforderlich		
Veräußerung an Nicht-Wohnungseigentümer möglich?	Ja	Nein		
Veräußerung/Zuwei-sung auch nach Ver-äußerung der letzten Einheit?	Ja	möglich	Nein	hängt von Ge-staltung der Be-dingung ab
Zusätzliche Zustim-mung dinglich Berech-tigter erforderlich?	Nein (nur später zur Lö-schung)	nur, wenn Recht nicht als Gesamt-recht auch auf der erwerben-den Einheit lastet	Nein	nur Belastung aus Zeit vor WEG-Auftei-lung, die nicht mehr an allen Einheiten lastet
Wo muss Übertragung eingetragen werden?	nur an der veräußerten Einheit	an abgeben-der und an er-werbender Einheit	nur an erwer-bender Einheit	nur an erwer-bender Einheit
Verbleibende Einheiten im Grundbuch ersicht-lich?	Ja	Ja	Nein	Nein
Pfändbar?	Ja	Ja	Nein	Nein
Wie kann die Nutzung übriggebliebener Stell-plätze zur Gemeinschaft der Wohnungseigentü-mer kommen?	Auflassung er-forderlich	auflösende Bedingung möglich	geht kraft Ge-setzes mit Um-schreibung der letzten Einheit an die Ge-meinschaft	geht mit Ende der Zuweisungs-befugnis auto-matisch an die Gemeinschaft

5. Formulierungsvorschläge

Formulierungsvorschlag: Geparkte Sondernutzungsrechte – auflösbar

III. Gemeinschaftsordnung

1. Zweckbestimmung […]

2. Sondernutzungsrechte

a) Terrassen und Gartenflächen […]

b) Pkw-Stellplätze im Freien
Im Freien werden *** Pkw-Stellplätze angelegt, wie im **Lageplan „Sondernutzung" – Anlage I** – (auf den verwiesen wird) **rot** markiert und mit Ziffern St. 1–St. *** gekennzeichnet.
Vorerst werden alle Sondernutzungsrechte an Pkw-Stellplätzen im Freien der Teileigentumseinheit Nr. *** zugewiesen und die Grundbucheintragung dort beantragt. Später können die Sondernutzungsrechte dann von dort auf andere Wohnungs- oder Teileigentumseinheiten übertragen werden.
Der aufteilende Eigentümer kann auch bestimmen, dass das Sondernutzungsrecht an seinen Einheiten zugeordneten Stellplätzen erlischt (und damit die Nutzung allen Wohnungs- und Teileigentümern zusteht).

Formulierungsvorschlag: Persönliches Sondernutzungsrecht des aufteilenden Eigentümers

2. Sondernutzungsrechte

a) […]

b) Pkw-Stellplätze im Freien
Im Freien werden *** Pkw-Stellplätze angelegt, wie im **Lageplan „Sondernutzung" – Anlage I** – (auf den verwiesen wird) **rot** markiert und mit Ziffern St. 1–St. *** gekennzeichnet. Durch die Nummerierung im Plan erfolgt noch keine Zuordnung zu einer bestimmten Wohnungseigentumseinheit.
Bis zur Zuweisung zu einer Wohnungseigentumseinheit steht die Nutzung dieser Stellplätze allein dem aufteilenden Eigentümer zu, nicht den übrigen Wohnungseigentümern. Der aufteilende Eigentümer kann das Sondernutzungsrecht an einem oder mehreren Stellplätzen einer Wohnungs- oder Teileigentumseinheit zuweisen. Die Zuweisung wird erst wirksam, wenn sie bei der berechtigten Einheit eingetragen ist.
Das Recht zur Zuweisung erlischt, wenn die letzte Wohnungs- und Teileigentumseinheit vom aufteilenden Eigentümer infolge Veräußerung auf einen anderen Eigentümer umgeschrieben wurde. Maßgeblich ist der Zeitpunkt der Beurkundung oder Unterschriftsbeglaubigung der Zuweisungserklärung durch den aufteilenden Eigentümer, nicht der Grundbuchvollzug. Stellplätze, für die bis dahin keine Zuweisung zu öffentlich beglaubigter Urkunde erklärt wurde, stehen dann allen Wohnungseigentümern zur gemeinschaftlichen Nutzung zur Verfügung. Dasselbe gilt, soweit der teilende Eigentümer bereits zuvor durch unterschriftsbeglaubigte Erklärung auf sein Zuweisungsrecht verzichtet.

Formulierungsvorschlag: Aufschiebend bedingte Sondernutzungsrechte

2. Sondernutzungsrechte

a) […]

b) Pkw-Stellplätze im Freien
Im Freien werden *** Pkw-Stellplätze angelegt, wie im **Lageplan „Sondernutzung" – Anlage I** – (auf den verwiesen wird) **rot** markiert und mit Ziffern St. 1–St. *** gekennzeichnet. Durch die Nummerierung im Plan erfolgt noch keine Zuordnung zu einer bestimmten Wohnungseigentumseinheit.
An diesen Pkw-Stellplätzen werden (aufschiebend bedingt) Sondernutzungsrechte begründet. Die Sondernutzungsrechte entstehen erst, wenn der aufteilende Eigentümer das jeweilige Sondernutzungsrecht einer Wohnungs- oder Teileigentumseinheit

durch beurkundete oder unterschriftsbeglaubigte Erklärung zuweist und die Zuweisung im Grundbuch bei der berechtigten Einheit eingetragen wurde.
Das Recht zur Zuweisung erlischt, wenn die letzte Wohnungs- und Teileigentumseinheit vom aufteilenden Eigentümer infolge Veräußerung auf einen anderen Eigentümer umgeschrieben wurde. Maßgeblich ist der Zeitpunkt der Beurkundung oder Unterschriftsbeglaubigung der Zuweisungserklärung durch den aufteilenden Eigentümer, nicht der Grundbuchvollzug. Stellplätze, für die bis dahin keine Zuweisung zu öffentlich beglaubigter Urkunde erklärt wurde, stehen dann allen Wohnungseigentümern zur gemeinschaftlichen Nutzung zur Verfügung. Dasselbe gilt, soweit der teilende Eigentümer bereits zuvor durch unterschriftsbeglaubigte Erklärung auf sein Zuweisungsrecht verzichtet.

IV. Begründung von Wohnungseigentum

1. Aufteilungsplan ist auch bei Einreichung in Papierform größer DIN A3 vollziehbar

OLG München Beschl. v. 4.9.2024 – 34 Wx 224/24e
BWNotZ 2024, 362 = FGPrax 2024, 215 = Rpfleger 2024, 745

Kerngehalt:

Ein Aufteilungsplan ist auch bei Einreichung in Papierform größer DIN A3 vollziehbar.

a) Sachverhalt: Notar lag nur Aufteilungsplan in Papier größer DIN A3 vor

Dem Notar lag der Aufteilungsplan nur in Papier vor. Das Papierformat war größer als DIN A3. Das kommt gar nicht so selten vor. In meinem Amtsbereich war es den Landratsämtern bis vor kurzem noch ziemlich egal, ob der Plan Format DIN A3 oder größer hatte. Und es wird weiterhin bei Altfällen vorkommen, wenn sich die Beteiligten entschließen, erst jetzt die Aufteilung nach einem bereits vor dem Jahr 2021 bescheinigten Aufteilungsplan vorzunehmen.

Der Notar tat also, was er konnte: Er reichte die Urkunde mit Teilungserklärung und Gemeinschaftsordnung elektronisch beim Grundbuchamt ein. Den Aufteilungsplan übersandte er in Papierform. Auf Zwischenverfügung des Grundbuchamts reichte er zumindest die Abgeschlossenheitsbescheinigung elektronisch nach.

Mehr ging nicht. Theoretisch hätte der Notar natürlich den Aufteilungsplan **abschnittsweise einscannen** können – ggf. auch verkleinert, so dass die einzelnen Scans jeweils DIN A3 nicht überschritten. Das ist ja, was der Notar bisher zur Erstellung beglaubigter Abschriften bei übergroßen Plänen gemacht hat, wenn ihm nicht genug Ausfertigungen des Aufteilungsplans für die Abschriften für die Beteiligten vorlagen. Dann muss der Beglaubigungsvermerk aber darauf hinweisen, dass die Kopie den Plan nur verkleinert oder abschnittsweise wiedergibt. Für das elektronische Urkundenarchiv und für das Grundbuchamt sind aber elektronische Dateien erforderlich, die mit der Urschrift bzw. Ausfertigung auch „bildlich übereinstimmen". Dafür genügt abschnittsweises Einscannen nicht.

Genauso wie der Notar im Ausgangsfall habe ich es auch etliche Male schon gemacht – und haben Sie es vermutlich auch schon gemacht. Liegt einem nur ein Aufteilungsplan im

Format größer DIN A3 vor, so reicht der Notar den übergroßen Plan eben dem Grundbuchamt in Papierform ein, in der Hoffnung, dass das Grundbuchamt ihn schon akzeptieren wird. Bei mir ist es bisher immer gutgegangen.

Der Kollege, dessen Fall zum OLG München ging, hatte weniger Glück. Das Grundbuchamt lehnte die Eintragung ab: Der Notar sei verpflichtet, den Aufteilungsplan elektronisch und im Format DIN A3 einzureichen. Denn sonst funktioniere die elektronische Grundakte nicht. Das OLG München entschied hingegen, dass dies kein Vollzugshindernis ist.

b) Einreichung in Papierform wirksam – unabhängig von ihrer Zulässigkeit

Bereits im letzten Jahr hatte ich behandelt:

OLG Schleswig Beschl. v. 1.3.2023 – 2 Wx 10/23[27]
FGPrax 2023, 61 = MDR 2023, 558 = NotBZ 2023, 477 = SchlHA 2023, 236 = ZfIR 2023, 339

Die Pflicht zur elektronischen Einreichung als OCR-Scan ist Amtspflicht, die die Dienstaufsicht prüfen kann. Die Form des § 29 GBO ist aber dadurch nicht beeinträchtigt. Die Entscheidung des OLG Schleswig war wenig überraschend, weil genau das in **§ 135 Abs. 1 S. 3 GBO** steht.

§ 135 Abs. 1 S. 3 GBO

Ein Verstoß gegen eine nach Satz 2 Nummer 4 begründete Verpflichtung (gemeint: zur elektronischen Einreichung) steht dem rechtswirksamen Eingang von Dokumenten beim Grundbuchamt nicht entgegen.

Dies bekräftigte jetzt auch das OLG München.

„Allerdings steht gemäß § 135 Abs. 1 Satz 3 GBO ein Verstoß gegen eine nach Satz 2 Nr. 4 begründete Verpflichtung dem rechtswirksamen Eingang von Dokumenten beim Grundbuchamt nicht entgegen. Diese Bestimmung dient der Rechtssicherheit und -klarheit (BT-Drs. 16/12319, 25). Ein Verstoß kann zwar unter Umständen dienstaufsichtliche Folgen zeitigen, stellt aber kein Vollzugshindernis dar (OLG Schleswig FGPrax 2023, 61/62; Bauer/Schaub/Waldner GBO 5. Aufl. § 135 Rn. 5; Demharter GBO 33. Aufl. § 135 Rn. 8; Hügel/Wilsch GBO 5. Aufl. § 135 Rn. 11; Meikel/Dressler-Berlin GBO 12. Aufl. § 135 Rn. 19 f.). Es kann daher offenbleiben, ob ohnehin die Voraussetzungen einer Ausnahme vom Gebot des § 19 Abs. 1 Satz 1 ERVV Ju gemäß Satz 2 Nr. 1 – Pläne und Zeichnungen, die ein größeres Format als DIN A3 aufweisen und dem Notar nicht bereits als elektronisches Dokument vorliegen – gegeben sind.“[28]

c) DIN A3 nur durch interne Verwaltungsvorschrift für die Behörde vorgeschrieben

Als zweites hatte das Grundbuchamt bemängelt, dass der Aufteilungsplan ein Format größer als DIN A3 aufwies. Die Anforderungen für das Grundbuchverfahren regeln § 7 Abs. 4 WEG und § 29 GBO. Sie erfordern kein bestimmtes Papierformat.

§ 7 Abs. 4 WEG

[1] Der Eintragungsbewilligung sind als Anlagen beizufügen:

1. eine von der Baubehörde mit Unterschrift und Siegel oder Stempel versehene Bauzeichnung, aus der die Aufteilung des Gebäudes und des Grundstücks sowie die Lage und Größe der im Sondereigentum und der im gemeinschaftlichen Eigentum stehenden Teile des Gebäudes und des Grundstücks ersichtlich ist (Aufteilungsplan); alle zu demselben Wohnungseigentum gehörenden Einzelräume und Teile des Grundstücks sind mit der jeweils gleichen Nummer zu kennzeichnen;
2. eine Bescheinigung der Baubehörde, dass die Voraussetzungen des § 3 Absatz 3 vorliegen.

[2] Wenn in der Eintragungsbewilligung für die einzelnen Sondereigentumsrechte Nummern angegeben werden, sollen sie mit denen des Aufteilungsplans übereinstimmen.

---

27 Hertel in Herrler/Hertel/Kesseler ImmobilienR 2024 S. 239.
28 OLG München 4.9.2024 – 34 Wx 224/24e, Rn. 11.

Nach § 29 Abs. 1 S. 2 GBO sind Aufteilungsplan und Abgeschlossenheitsbescheinigung dem Grundbuchamt in Form einer öffentlichen Urkunde einzureichen. Von einem besonderen Papierformat steht dort nichts. Die Formatvorgabe ergibt sich nur aus der **Allgemeinen Verwaltungsvorschrift für die Ausstellung von Bescheinigungen nach dem Wohnungseigentumsgesetz (AVA)** vom 6.7.2021.[29]

§ 3 Abs. 3 AVA

Dem Antrag ist eine Bauzeichnung beizufügen. Im Falle der schriftlichen Antragstellung ist die Bauzeichnung in zweifacher Ausfertigung beizufügen und darf sie das Format **DIN A3** nicht übersteigen. Im Falle der elektronischen Antragstellung muss die Bauzeichnung als elektronisches Dokument übermittelt werden, das im Format DIN A3 druckbar ist. Die Bauzeichnung muss bei bestehenden Gebäuden eine Baubestandszeichnung sein.

Als **Verwaltungsvorschrift** bindet das aber nur die Behörde, nicht das Grundbuchamt. Daher war ein abweichendes Format nach der Entscheidung des OLG München kein Grund für die Zurückweisung.

„Als bloße Verwaltungsvorschrift für die Bauordnungsbehörde mit lediglich interner Wirkung vermag die AVA jedoch im Grundbuchverfahren keine über § 7 Abs. 4 Satz 1 WEG hinausgehenden Anforderungen zu begründen (Bauer/Schaub/Schneider E. Rn. 205; Wobst MittBayNot 2022, 322/323; a. A. wohl Erman/Grziwotz BGB 17. Aufl. WEG § 7 Rn. 3).“[30]

d) Gestaltung: Aufteilungsplan nicht als Anlage mitbeurkunden

Die übergroßen Pläne waren für mich ein weiterer Anlass, den **Aufteilungsplan nicht mehr als Anlage** zu den von mir beurkundeten Teilungserklärungen zu nehmen, sondern darauf nur zu verweisen. Denn wenn ich einen übergroßen Plan als Anlage beurkunde, muss – allein wegen der Anlage – die ganze Urkunde in die Sondersammlung (§ 37 NotAktVV) und darf (!) ich keine beglaubigte Abschrift in die elektronische Urkundensammlung nehmen (§ 37 Abs. 1 S. 1 NotAktVV). Dann hätte meine elektronische Urkundensammlung eine Lücke – und zwar gerade bei einer Urkunde, die voraussichtlich auch noch meine Amtsnachfolger ab und an benötigen oder als PDF-Datei an einen anfragenden Kollegen übersenden wollen. Das Problem vermeide ich, wenn ich den übergroßen Aufteilungsplan nicht als Anlage mitbeurkunde.

Heute dürfte ganz mehrheitliche Praxis sein, den Aufteilungsplan als Anlage nach § 9 Abs. 1 S. 3 BeurkG mitzubeurkunden. Es geht aber auch anders. Nach § 13a Abs. 4 BeurkG kann auf Pläne verwiesen werden, die von einer **öffentlichen Behörde** innerhalb der Grenzen ihrer Amtsbefugnisse mit Unterschrift und **Siegel** versehen wurden.

§ 13a Abs. 4 BeurkG

Wird in der Niederschrift auf Karten oder Zeichnungen verwiesen, die von einer öffentlichen Behörde innerhalb der Grenzen ihrer Amtsbefugnisse oder von einer mit öffentlichem Glauben versehenen Person innerhalb des ihr zugewiesenen Geschäftskreises mit Unterschrift und Siegel oder Stempel versehen worden sind, so gelten die Absätze 1 bis 3 entsprechend.

Früher, als man die Pläne nicht vernünftig kopieren konnte, hat man häufig mit der Verweisung nach § 13a Abs. 4 BeurkG gearbeitet. Das erste Mal fiel mir dies auf, als ich eine alte Teilungserklärung in Händen hielt und kein Aufteilungsplan beigeheftet war. Erst dachte ich, ob der Plan sich möglicherweise später von der Urschrift gelöst habe – oder ob man vergessen habe, den Plan mitzuheften. Aber es war kein Fehler, sondern von meinem Amtsvorgänger bewusst so gestaltet.

[29] BAnz AT 12.7.2021, B2 (geändert durch Verwaltungsvorschrift vom 19.12.2022, BAnz AT 28.12.2022, B3). S. dazu Kesseler in Herrler/Hertel/Kesseler ImmobilienR 2021/2022 S. 177 f.
[30] OLG München 4.9.2024, 34 Wx 224/24e, Rn. 13.

Die bloße Verweisung hat zwei Vorteile gegenüber der Mitbeurkundung als Anlage: Zum einen kann der Notar dann den Aufteilungsplan nochmals zu **Ergänzungen oder Korrekturen** außer Hauses geben – etwa wenn eine Nummerierung im Plan fehlt. Ist der Plan als Anlage Bestandteil der Urschrift geworden, so darf der Notar die Urschrift grundsätzlich nicht herausgeben. Und wenn die Aufteilungsbehörde dann Ergänzungen auf dem Aufteilungsplan vornimmt und siegelt, ist das zwar für den Aufteilungsplan als solchen ein korrektes Verfahren. Aber die Behörde ändert damit auch etwas an der Anlage zur notariellen Urschrift. Darf der Notar das zulassen?

Zweiter Vorteil ist, dass man die Urkunde nicht in eine Sondersammlung nach **§ 37 NotAktVV** nehmen muss, wenn der Plan größer DIN A3 ist. Denn dann kann der Notar den Plan – und damit die gesamte Urkunde – nicht in seine elektronische Urkundensammlung einstellen. Weil die Urkundensammlung und die elektronische Urkundensammlung identisch sein sollen, muss der Notar bei Urkunden, die er nicht in die elektronische Urkundensammlung aufnehmen kann, die Papierversion in der Sondersammlung nach § 37 NotAktVV verwahren. Dies vermeidet man, wenn die Niederschrift nur nach § 13a Abs. 4 BeurkG auf den Aufteilungsplan als amtlichen Plan außerhalb der Urkunde verweist, den Plan aber nicht als Anlage nach § 9 Abs. 1 S. 3 BeurkG zum Bestandteil der Niederschrift macht.

e) Keine Verweisung für Sondernutzungsrechte möglich

Aber **Vorsicht:** Nach § 13a Abs. 4 BeurkG kann man auf den Aufteilungsplan nur hinsichtlich des Sondereigentums verweisen, **nicht hinsichtlich der Sondernutzungsrechte.** Dies gilt auch, wenn der Architekt die Sondernutzungsrechte bereits in den Aufteilungsplan eingezeichnet hat und sie daher auf dem amtlichen Aufteilungsplan eingezeichnet sind. Aber die Prüfung der Sondernutzungsrechte gehört nicht zur Befugnis der Behörde bei Erteilung der Abgeschlossenheitsbescheinigung.

f) Formulierungsvorschläge: Aufteilungsplan keine Anlage

In der Teilungserklärung heißt es jetzt bei mir bei den **Grundbucherklärungen:**

Formulierungsvorschlag:

Der Beteiligte verweist auf den Aufteilungsplan AZ *** (bestehend aus *** Blättern), der vom Landratsamt *** am *** mit der Abgeschlossenheitsbescheinigung versehen wurde. Der bescheinigte Aufteilungsplan liegt in Ausfertigung vor. Er wurde dem Erschienenen zur Durchsicht vorgelegt und von ihm genehmigt. Er verzichtet auf Beifügen zu dieser Urkunde.

In jedem Fall als Anlage zur Urkunde nach § 9 Abs. 1 S. 2 BeurkG mitzubeurkunden sind hingegen die **Pläne für die Sondernutzungsrechte.** Zu den Abschriften heißt es, wenn die Pläne Format DIN A3 haben:

Formulierungsvorschlag:

Von dieser Urkunde erhalten beglaubigte Abschriften (je mit beglaubigter Abschrift des Aufteilungsplans mit der Abgeschlossenheitsbescheinigung):
- das Grundbuchamt (elektronisch),
- der Beteiligte eine je Wohneinheit (sowie eine zusätzlich), ferner eine PDF-Datei und Vollzugsmitteilung nach Grundbuchvollzug.

Hat der Aufteilungsplan ein **Format größer DIN A3** und muss ich ihn daher dem Grundbuchamt in Papierform einreichen, so formuliere ich:

Formulierungsvorschlag:

Von dieser Urkunde erhalten beglaubigte Abschriften:
- das Grundbuchamt (elektronisch),
- der Beteiligte eine je Wohneinheit (sowie eine zusätzlich), ferner eine PDF-Datei und Vollzugsmitteilung nach Grundbuchvollzug.

Vom Aufteilungsplan mit Abgeschlossenheitsbescheinigung
- erhält das Grundbuchamt eine Ausfertigung in Papierform.
- Den übrigen Abschriften für die Beteiligten ist jeweils eine abschnittsweise kopierte beglaubigte Abschrift beizufügen. [**Alt., wenn mir der Architekt die Pläne als PDF-Datei zugeschickt hat:** Den übrigen Abschriften sind verkleinerte Pläne beizuheften (die mit dem vom Landratsamt als abgeschlossen bescheinigten Aufteilungsplan inhaltlich übereinstimmen, aber keine Plankopie sind und daher keine Kopie der Bescheinigung des Landratsamtes auf den Plänen enthalten.]
- Eine solche beglaubigte Abschrift des Aufteilungsplans soll auch zur Urkundensammlung des Notars genommen werden (in Papierform wie elektronisch).

In der **Urkundensammlung** verwahre ich bei der Urschrift der Teilungserklärung auch den bescheinigten Aufteilungsplan – und zwar eine Ausfertigung, wenn er vorschriftsgemäß im Format DIN A3 erstellt ist, sonst eine von mir erstellte beglaubigte Abschrift im Format DIN A3 – also entweder als abschnittsweise Beglaubigung oder – wenn der Architekt mir seine PDF-Datei liefert, als Ausdruck hiervon auf DIN A3. Im letzteren Fall muss der Notar natürlich genau prüfen, ob die Pläne in der übersandten Datei wirklich genau mit dem Aufteilungsplan übereinstimmen. Einfacher und sicherer, wenngleich möglicherweise weniger schön sind abschnittsweise Kopien.

Ist der **Aufteilungsplan in mehreren Teilen kopiert,** so kann der Beglaubigungsvermerk wie folgt lauten:

Formulierungsvorschlag:

Hiermit bestätige ich die Übereinstimmung der vorstehenden beglaubigten Abschrift mit der mir vorliegenden Ausfertigung des Aufteilungsplans und der Abgeschlossenheitsbescheinigung. Die Pläne sind abschnittsweise kopiert, um sie auf Format DIN A3 zu bringen. Teilweise überlappen sich diese abschnittsweisen Kopien.

Verwendet man einen **Ausdruck der als PDF-Datei** übersandten Aufteilungspläne, so kann der Beglaubigungsvermerk wie folgt lauten:

Formulierungsvorschlag:

Hiermit bestätige ich die Übereinstimmung der vorstehenden beglaubigten Abschrift mit der mir vorliegenden Ausfertigung der Abgeschlossenheitsbescheinigung. Die vorstehenden Pläne sind ein verkleinerter Ausdruck des vom Landratsamt als abgeschlossen bescheinigten Aufteilungsplans. Sie stimmen mit dem bescheinigten Aufteilungsplan inhaltlich überein, sind aber keine Plankopie und enthalten daher keine Kopie der Bescheinigung des Landratsamtes auf den Plänen.

Aber Vorsicht: Die PDF-Datei sollte der Notar nur verwenden, wenn er sich sicher ist, dass ihm der Architekt die richtige Planfassung zugeschickt hat – und wenn der Notar nochmals die Übereinstimmung geprüft hat.

Die **beglaubigten Abschriften** für die Erwerber sollen natürlich auch eine beglaubigte Abschrift des Aufteilungsplans enthalten. Dies geht ohne Probleme, wenn der Aufteilungsplan schon in DIN A3 erstellt ist. Ansonsten erstelle ich eine beglaubigte Abschrift meiner abschnittsweisen bzw. verkleinerten beglaubigten Abschrift, die ich auch zur Urkundensammlung genommen habe. Der Beglaubigungsvermerk wird zwischen die Abschrift der Teilungserklärung und die Abschrift des Aufteilungsplanes eingeheftet. Er kann zB lauten:

Formulierungsvorschlag:

Hiermit bestätige ich die Übereinstimmung der vorstehenden beglaubigten Abschrift der Teilungserklärung mit der Urschrift sowie der nachstehenden beglaubigten Abschrift der Aufteilungspläne und Abgeschlossenheitsbescheinigung mit der mir vorliegenden Ausfertigung/beglaubigten Abschrift.

2. Grundbuchamt darf Teilungserklärung nur auf offensichtliche Unwirksamkeit hin prüfen

a) KG Beschl. v. 19.9.2024 – 1 W 410/23–448/23

KG Beschl. v. 19.9.2024 – 1 W 410/23–448/23
BWNotZ 2024, 360 = FGPRax 2024, 245

Leitsätze:

1. Eine Bestimmung in der Gemeinschaftsordnung einer Wohnungseigentümergemeinschaft, wonach den Eigentümern die Vermietung ihres Sondereigentums an die für die Unterbringung von Asylbewerbern zuständige (Landes-)Behörde untersagt wird, ist nicht offensichtlich unwirksam.
2. Das Grundbuchamt hat deshalb keinen Anlass, den Antrag auf Eintragung einer entsprechenden Ergänzung der Gemeinschaftsordnung in den Wohnungs- und Teileigentumsgrundbüchern zu beanstanden.

Im Rahmen einer Änderung der Teilungserklärung vereinbarten die beiden einzigen Wohnungseigentümer einer Anlage mit 36 Wohnungs- und 3 Teileigentumseinheiten:

„Insgesamt in allen Sondereigentumseinheiten ausgeschlossen ist die Vermietung an das Landesamt für Gesundheit und Soziales (LAGESO) und vergleichbarer Behörden, Institutionen und Träger zum Zwecke der Unterbringung von Asylbewerbern.“[31]

Das Grundbuchamt lehnte die Eintragung ab, weil sie gegen § 19 AGG (Allgemeines Gleichbehandlungsgesetz) verstieße:

§ 19 AGG Zivilrechtliches Benachteiligungsverbot

(1) Eine Benachteiligung aus Gründen der Rasse oder wegen der ethnischen Herkunft, wegen des Geschlechts, der Religion, einer Behinderung, des Alters oder der sexuellen Identität bei der Begründung, Durchführung und Beendigung zivilrechtlicher Schuldverhältnisse, die

[31] KG 19.9.2024 – 1 W 410/23–448/23, Rn. 5.

1. typischerweise ohne Ansehen der Person zu vergleichbaren Bedingungen in einer Vielzahl von Fällen zustande kommen (Massengeschäfte) oder bei denen das Ansehen der Person nach der Art des Schuldverhältnisses eine nachrangige Bedeutung hat und die zu vergleichbaren Bedingungen in einer Vielzahl von Fällen zustande kommen oder
2. eine privatrechtliche Versicherung zum Gegenstand haben,

ist unzulässig.

(2) Eine Benachteiligung aus Gründen der Rasse oder wegen der ethnischen Herkunft ist darüber hinaus auch bei der Begründung, Durchführung und Beendigung sonstiger zivilrechtlicher Schuldverhältnisse im Sinne des § 2 Abs. 1 Nr. 5 bis 8 unzulässig.

(3) Bei der Vermietung von Wohnraum ist eine unterschiedliche Behandlung im Hinblick auf die Schaffung und Erhaltung sozial stabiler Bewohnerstrukturen und ausgewogener Siedlungsstrukturen sowie ausgeglichener wirtschaftlicher, sozialer und kultureller Verhältnisse zulässig.

(4) Die Vorschriften dieses Abschnitts finden keine Anwendung auf familien- und erbrechtliche Schuldverhältnisse.

(5) [1]Die Vorschriften dieses Abschnitts finden keine Anwendung auf zivilrechtliche Schuldverhältnisse, bei denen ein besonderes Nähe- oder Vertrauensverhältnis der Parteien oder ihrer Angehörigen begründet wird. [2]Bei Mietverhältnissen kann dies insbesondere der Fall sein, wenn die Parteien oder ihre Angehörigen Wohnraum auf demselben Grundstück nutzen. [3]Die Vermietung von Wohnraum zum nicht nur vorübergehenden Gebrauch ist in der Regel kein Geschäft im Sinne des Absatzes 1 Nr. 1, wenn der Vermieter insgesamt nicht mehr als 50 Wohnungen vermietet.

Auf Beschwerde eines Eigentümers hin bremste das KG das Grundbuchamt aus: Das vom Grundbuchamt gesehene Eintragungshindernis bestehe nicht. Denn nur bei **offensichtlicher Unwirksamkeit** dürfe das Grundbuchamt die Eintragung ablehnen.

„b) Der Senat hat wiederholt entschieden, dass das Grundbuchamt eine gemäß §§ 19 GBO, 10 Abs. 1 S. 2, 5 Abs. 4 S. 1 WEG zur Eintragung bewilligte Vereinbarung über das Verhältnis der Wohnungseigentümer untereinander nur beanstanden kann, wenn zweifelsfrei feststeht, dass das Grundbuch durch die Eintragung unrichtig würde, weil die Bestimmung unwirksam oder unbeachtlich ist (Senat, September 2016 - 1 W 93/16 – ZWE 2017, 403; Hügel/Elzer, WEG, 3. Aufl., §, Rdn. 60; Armbrüster, in: Bärmann, WEG, 15. Aufl., §, Rdn. 127). Als Prüfungsmaßstab kommen dabei die §§ 134, 138 BGB sowie § 242 BGB in Betracht (BGH, NJW 2011, 679, 680). Ob die von dem Grundbuchamt beanstandete Änderung der Gemeinschaftsordnung hiergegen verstößt, ist nicht offensichtlich.“[32]

b) Inhaltskontrolle nach BGH-Entscheidungen

In dem zitierten Urteil hatte der BGH bekräftigt, dass auch die Bestimmungen der **Gemeinschaftsordnung einer Inhaltskontrolle** unterliegen. Der BGH hatte damals offengelassen, ob Prüfungsmaßstab die AGB-Kontrolle oder § 242 BGB sei:

„aa) Allerdings lässt das Wohnungseigentumsrecht den Wohnungseigentümern nach § 10 Abs. 2 Satz 2 WEG weitgehend freie Hand, wie sie ihr Verhältnis untereinander ordnen wollen (std. Rspr., vgl. nur Senat, Urteil vom 13. Oktober 2006 – V ZR 289/05, NJW 2007, 213, 2145 mwN). Diese Gestaltungsfreiheit gilt auch dann, wenn der teilende Eigentümer Regelungen der Gemeinschaftsordnung in der Teilungserklärung vorgibt. Schranken für den Inhalt der Gemeinschaftsordnung ergeben sich jedoch aus den Grenzen der Privatautonomie nach §§ 134, 138 BGB (Senat, Beschluss vom 11. November 1986 – V ZB 1/86; BGHZ 99, 90, 93f.; […]). Darüber hinaus unterliegen von dem teilenden Eigentümer einseitig vorgegebene Bestimmungen einer Inhaltskontrolle, bei der lediglich streitig ist, ob die für allgemeine Geschäftsbedingungen geltenden Vorschriften der §§ 307ff. BGB (früher §§ 9ff. AGBG) entsprechend anzuwenden sind oder ob sich diese Kontrolle unter Berücksichtigung der Besonderheiten des Einzelfalls am Maßstab von Treu und Glauben (§ 242 BGB) auszurichten hat (vgl. dazu Senat, BGHZ 151, 164, 173f. mwN auch zum Streitstand).“[33]

32 KG 19.9.2024 – 1 W 410/23–448/23, Rn. 12.
33 BGH NJW 2011, 679 Rn. 7.

Mittlerweile hat der BGH entschieden, dass die Gemeinschaftsordnung **keiner AGB-Kontrolle** unterliegt, sondern dass Maßstab für die Inhaltskontrolle nur § 242 BGB ist.

Leitsätze:[34]

1. Die Regelungen über die Inhaltskontrolle allgemeiner Geschäftsbedingungen (§§ 307 ff. BGB) sind auf die Gemeinschaftsordnung der Wohnungseigentümer grundsätzlich nicht entsprechend anwendbar.
2. Von dem teilenden Eigentümer vorgegebene Bestimmungen in der Gemeinschaftsordnung, die in einem spezifischen Zusammenhang mit der einseitigen Aufteilung stehen, unterliegen einer Inhaltskontrolle im Hinblick auf einen Missbrauch der einseitigen Gestaltungsmacht; diese Inhaltskontrolle richtet sich unter Berücksichtigung der Besonderheiten des Einzelfalls am Maßstab von Treu und Glauben gemäß § 242 BGB aus.

c) Nur beschränkte Kontrolle durch das Grundbuchamt

Die BGH-Entscheidungen betrafen aber jeweils Gerichtsverfahren zwischen Wohnungseigentümern. Vor dem Kammergericht ging es hingegen um eine Kontrolle durch das Grundbuchamt.

Das Kammergericht hält das **Grundbuchamt** meines Erachtens zu Recht nur zu einer **Offenkundigkeitsprüfung** für berechtigt.

Natürlich muss das Grundbuchamt rügen, wenn Teilungserklärung oder Gemeinschaftsordnung gegen eine nicht abdingbare Vorschrift des WEG verstoßen. Bei allen anderen möglichen Verstößen erscheint aber sinnvoll, die Eintragung nur bei offensichtlichen Verstößen zu verweigern. Sonst müssten Beteiligte und Notar in Zweifelsfällen immer erst mit dem Grundbuchamt diskutieren, was aus Sicht des Grundbuchamtes geht oder nicht. Es genügt, wenn solche Zweifelsfragen im Streitfall zwischen den Wohnungseigentümern vom Gericht entschieden werden. Eine vorgelagerte Feinkontrolle durch das Grundbuchamt würde das Verfahren unnötig verkomplizieren und verlangsamen.

Drasdo[35] sieht wie das Grundbuchamt einen Verstoß gegen das AGG. Es mag sein, dass er und das Grundbuchamt recht haben. Darum geht es aber nicht. Es geht nur um die Frage, ob offenkundig ein Verstoß vorliegt. Offenkundig ist hier meines Erachtens nichts, da es bisher keine obergerichtlichen Entscheidungen hierzu gibt und da man Argumente für die unterschiedliche Behandlung anführen kann, die nicht auf der Herkunft der Asylbewerber beruhen, sondern darauf, dass mit dem Amt ein Zwischenmieter eingeschaltet ist und dass eher eine kurzfristige und dichtere Belegung zu erwarten ist.

Das Eintragungsverfahren ist nicht geeignet, die Frage zu entscheiden. Wenn ein Wohnungseigentümer sich einer Regelung in der Gemeinschaftsordnung stört, kann er ja dagegen gerichtlich angehen.

[34] BGHZ 227, 289 = DNotZ 2021, 754.
[35] Drasdo NJW-Spezial 2024, 739.

V. Anspruch auf erstmalige Herstellung des Gemeinschaftseigentums

1. BGH Urt. v. 20.12.2024 – V ZR 243/23

BGH Urt. v. 20.12.2024 – V ZR 243/23
NJW-RR 2025, 204 = RNotZ 2025, 144

> **Kerngehalt:**
>
> Der Anspruch auf erstmalige Errichtung des Gemeinschaftseigentums ist nur durch Treu und Glauben begrenzt, aber nicht vom Errichtungsstand abhängig.

Leitsätze:

1. Grundsätzlich kann jeder Wohnungseigentümer von der Gemeinschaft der Wohnungseigentümer die erstmalige Errichtung des Gemeinschaftseigentums verlangen. Bei einem sogenannten steckengebliebenen Bau werden wohnungseigentumsrechtliche Ansprüche dieser Art allerdings erst begründet, wenn mindestens ein Erwerber die Stellung eines (werdenden) Wohnungseigentümers erlangt hat.
2. § 22 WEG ist auf den Anspruch auf erstmalige Errichtung des Gemeinschaftseigentums nicht analog anwendbar.
3. Begrenzt wird der Anspruch auf erstmalige Errichtung des Gemeinschaftseigentums auch im Fall des sogenannten steckengebliebenen Baus durch den Grundsatz von Treu und Glauben. Danach entfällt der Anspruch, wenn seine Erfüllung den übrigen Wohnungseigentümern nach den Umständen des Einzelfalls nicht zuzumuten ist.
4. In einem von einem bauwilligen Wohnungseigentümer gegen die Gemeinschaft der Wohnungseigentümer angestrengten Beschlussersetzungsverfahren ist es Sache des Tatgerichts, unter umfassender Würdigung der Umstände des Einzelfalls im Rahmen einer Gesamtabwägung über die Unzumutbarkeit der erstmaligen Errichtung zu entscheiden.

Sachverhalt:

Auf einem Grundstück sollte das Bestandsgebäude abgerissen und statt dessen ein Wohn- und Geschäftshaus mit 11 Einheiten errichtet werden. Das Grundstück war bereits entsprechend der geplanten künftigen Bebauung in Wohnungs- und Teileigentum aufgeteilt und die Einheiten gehörten bereits unterschiedlichen Personen.
Die Wohnungseigentümer beauftragten einen Generalbauunternehmer mit der Durchführung der Arbeiten. Der Sache nach war dies wohl eine **Bauherrengemeinschaft.** Bereits während der Abrissarbeiten kam das Bauvorhaben zum Stillstand. Dann ging der **Generalbauunternehmer in Insolvenz.**
Eine Wohnungs- und Teileigentümerin (die knapp 30 % der Miteigentumsanteile hält – möglicherweise den geplanten gewerblichen Teil), beantragte in der Eigentümerversammlung, „die Verwalterin zu beauftragen, Angebote für die restlichen Abbruch- und Räumungsarbeiten und die Erstellung der Ausführungspläne für das Objekt einzuholen, die Aufträge zu vergeben und die Arbeiten unter Beachtung zwischenzeitlich ergangener Bauordnungsverfügungen durchführen zu lassen sowie eine Sonderumlage in Höhe von 50.000 € zu erheben“.[36] Diese Anträge wurden abgelehnt.

[36] BGH NJW-RR 2025, 204 Rn. 1.

Darauf erhob die Wohnungseigentümerin (oder Teileigentümerin) Klage auf Beschlussersetzung. Das Amtsgericht wies die Klage ab. In der Berufung ersetzte das Landgericht[37] lediglich den Beschluss, ein Sachverständigengutachten zu den voraussichtlichen Kosten für den Abriss des Bestandsgebäudes und die Errichtung des Gemeinschaftseigentums einzuholen. Dann erst könnte die Wohnungseigentümergemeinschaft sinnvoll entscheiden, ob das Bauvorhaben durchgeführt werden solle.

Der BGH hob auf und verwies zurück.

a) Vertragliche Vereinbarung wäre vorrangig

Liest man den Sachverhalt, fragt man sich zuerst: Was hatten denn die Beteiligten zur Bebauung geregelt? Denn der Sache nach war es eine Bauherrengemeinschaft. Man würde daher erwarten, dass die Beteiligten ihre gegenseitigen Rechte und Pflichten während der gemeinschaftlichen Bauerrichtung in einer **Bauherrenvereinbarung** geregelt hätten. Sinnvollerweise wäre darin auch etwas zu Problemen bei der Bauerrichtung geregelt gewesen. Der BGH spricht dies in seiner Entscheidung nur kurz an:

> „Hierbei ist allerdings vorrangig zu prüfen, welche Regelungen, ggf. auch für den steckengebliebenen Bau, das Verpflichtungsgeschäft (§ 4 Abs. 3 WEG) enthält […]; auf die Unzumutbarkeit wird es erst in zweiter Linie ankommen."[38]

Das Berufungsurteil enthält aber nichts zu den schuldrechtlichen Vereinbarungen zwischen den Wohnungseigentümern. Auch in der Revision war hierzu offenbar nichts vorgetragen. Daher konnte der BGH die schuldrechtlichen Vereinbarungen nicht prüfen. Prüfungsmaßstab war vielmehr der gesetzliche Anspruch auf erstmalige plangerechte Erstellung des Gemeinschaftseigentums.

b) Gesetzlicher Anspruch auf erstmalige plangerechte Erstellung des Gemeinschaftseigentums

Der BGH hat bereits vor Inkrafttreten des WEMoG mehrfach entschieden, dass „jeder Wohnungseigentümer im Rahmen der ordnungsmäßigen Verwaltung (§ 18 Abs. 2 Nr. 1 WEG) verlangen (kann), dass das Gemeinschaftseigentum erstmals in einen der Teilungserklärung entsprechenden – mithin plangerechten – Zustand versetzt wird".[39] Diesen **Anspruch auf erstmalige plangerechte Erstellung des Gemeinschaftseigentums** bekräftigte er in der jetzigen Entscheidung auch für die Rechtslage nach dem WEMoG.

Anspruchsgrundlage ist der **Anspruch auf ordnungsmäßige Verwaltung** (jetzt § 18 Abs. 2 Nr. 1 WEG). Der BGH ließ ausdrücklich offen, ob der Anspruch auch unter einen der gesetzlich geregelten Beispielsfälle ordnungsgemäßer Verwaltung gefasst werden kann, etwa § 19 Abs. 2 Nr. 2 WEG (Instandhaltung oder Instandsetzung des gemeinschaftlichen Eigentums), weil die Rechtsfolgen dieselben wären.

Die erstmalige plangerechte Errichtung bzw. Fertigstellung des Gemeinschaftseigentums ist **keine bauliche Veränderung** iSd § 20 Abs. 1 WEG.[40] Denn die Rechtsprechung versteht Verwaltung und Erhaltung nicht nach dem Maßstab des Ist-Zustandes, sondern nach dem des Soll-Zustandes von Aufteilungsplan und Gemeinschaftsordnung.

Unter den Anspruch auf plangerechte bzw. ordnungsgemäße Ersterstellung lassen sich **vier Fallgruppen** fassen:

---

37 LG Koblenz ZWE 2024, 260.

38 BGH NJW-RR 2025, 204 Rn. 30.

39 BGH NJW 2015, 2027 Rn. 20; BGHZ 208, 29 Rn. 7, 24; NJW-RR 2018, 776 Rn. 25; NJW 2018, 3238 Rn. 10, 18; NJW-RR 2025, 204 Rn. 8.

40 BGH NJW-RR 2025, 204 Rn. 8.

1. **Unfertiger Bau:** Das Gemeinschaftseigentum wurde noch nicht entsprechend dem Aufteilungsplan ordnungsgemäß fertigstellt (wie im vorliegenden Sachverhalt).
2. **Planwidriger Bau,** zB Trennwand zwischen zwei Sondereigentumseinheiten abweichend vom Aufteilungsplan.[41]
3. **Verstoß gegen öffentlich-rechtliche Vorschriften,** zB fehlender Stellplatz.[42]
4. **Anfängliche Baumängel.**[43]

Der BGH begründet den Anspruch zum einen damit, dass die Grenze zwischen Instandhaltung und erstmaliger Errichtung bei anfänglichen Mängeln fließend ist – vor allem aber, dass der Bestand einer Wohnungseigentümergemeinschaft und damit die Rechte und Pflichten aus dem Wohnungseigentum nicht davon abhängen, dass es tatsächlich (schon oder noch) ein Gebäude gibt.

„d) Die ordnungsmäßiger Verwaltung grundsätzlich entsprechende erstmalige Herstellung des Gemeinschaftseigentums erfasst – schon zur Vermeidung von Abgrenzungsschwierigkeiten – nicht nur die Beseitigung anfänglicher Mängel, die Erfüllung öffentlich-rechtlicher Anforderungen oder die Behebung von Abweichungen zwischen der tatsächlichen Bauausführung und der Teilungserklärung bzw. dem Aufteilungsplan, sondern auch die erstmalige Errichtung bzw. Fertigstellung des Gemeinschaftseigentums bei einem steckengebliebenen Bau […]. Die Pflicht zur ordnungsmäßigen Verwaltung beginnt mit Entstehung der gemäß § 11 WEG unauflöslichen GdWE (§ 9a Abs. 1 Satz 2 WEG); sie endet auch dann nicht, wenn das geplante Gebäude, gleich aus welchen Gründen, nicht errichtet wird. Denn das Wohnungseigentum besteht – wenngleich der Substanz nach als Miteigentumsanteil – auf Dauer (zu sog. „Geisterwohnungen“ […]).“[44]

c) Anspruch entsteht, sobald Mehrpersonen-Wohnungseigentümergemeinschaft besteht (ggf. auch mit werdendem) Wohnungseigentümer)

Der Anspruch auf erstmalige (plangerechte) Errichtung des Gemeinschaftseigentums entsteht, sobald eine **Mehrpersonen-Wohnungseigentümergemeinschaft** besteht, also bei der Veräußerung durch den aufteilenden Alleineigentümer, wenn mindestens ein Erwerber die Stellung eines **(werdenden) Wohnungseigentümers** erlangt hat.[45] Dies war vorliegend unproblematisch, da die Einheiten unterschiedlichen Eigentümern gehörten. Der genaue Hintergrund geht aus dem Sachverhalt der veröffentlichten Entscheidungen von BGH und LG nicht hervor. Möglicherweise gehörte den Beteiligten das Haus mit dem Bestandsgebäude schon gemeinschaftlich. Vielleicht hatten sie auch die eine Gewerbeeinheit an die spätere Klägerin verkauft.

d) Begrenzung nur durch Treu und Glauben, nicht durch Errichtungsgrad

Bei der Zerstörung des Gebäudes kann nach § 22 WEG „der Wiederaufbau nicht beschlossen oder verlangt werden“, wenn „das Gebäude zu mehr als der Hälfte seines Wertes zerstört und ist der Schaden nicht durch eine Versicherung oder in anderer Weise gedeckt“ ist. Vor Inkrafttreten des WEMoG galt im Wesentlichen dasselbe (§ 22 Abs. 4 WEG aF).

Nach altem Recht hatten das BayObLG und die OLG Celle und Frankfurt a. M. sowie ein Teil der Literatur diese Grenze analog auf den Anspruch auf erstmalige Erstellung des Gemeinschaftseigentums angewandt. Das WEMoG hatte die Frage nicht ausdrücklich geregelt. So blieb die Frage in der Literatur auch nach Inkrafttreten des WEMoG um-

[41] BGHZ 208, 29 Rn. 7, 24 = NJW 2016, 473 Rn. 15 (verschobene Kellerwand).
[42] BGH NJW 2016, 2181 (Stellplatznachweis).
[43] BGH NZM 2018, 611 Rn. 21 (feuchte Außenwände); BGHZ 202, 376 = NJW 2015, 613 Rn. 10f. (wegen Feuchtigkeitsschäden unbewohnbare Kellerwohnung).
[44] BGH NJW-RR 2025, 204 Rn. 9.
[45] BGH NJW-RR 2025, 204 Rn. 6.

stritten. Der BGH hatte die Frage in einer nach Inkrafttreten des WEMoG, aber noch zum alten Recht ergangenen Entscheidung ausdrücklich offengelassen.[46]

Nun entschied der BGH, dass es keine starre 50 %-Grenze entsprechend § 22 WEG gibt. Auf den Anspruch auf erstmalige Errichtung des Gemeinschaftseigentums (sog. steckengebliebener Bau) nicht analog anwendbar. Eine Begrenzung ergebe sich jedoch nach Treu und Glauben (§ 242 BGB), wenn die Errichtung „den übrigen Wohnungseigentümern nach den Umständen des Einzelfalls nicht zuzumuten ist“:

„3. Begrenzt wird der Anspruch auf erstmalige Errichtung des Gemeinschaftseigentums vielmehr auch im Fall des steckengebliebenen Baus, wie das Berufungsgericht zutreffend sieht, durch den Grundsatz von **Treu und Glauben (§ 242 BGB).** Danach entfällt der Anspruch, wenn seine Erfüllung **den übrigen Wohnungseigentümern nach den Umständen des Einzelfalls nicht zuzumuten ist.**

a) Dass der Anspruch auf erstmalige plangerechte Herstellung des Gemeinschaftseigentums nach Treu und Glauben ausgeschlossen sein kann, wenn seine Erfüllung den übrigen Wohnungseigentümern nach den Umständen des Einzelfalls nicht zuzumuten ist, entspricht ständiger Senatsrechtsprechung (vgl. Senat, Urteil vom 14. November 2014 – V ZR 118/13, NJW 2015, 2027 Rn. 21; Urteil vom 20. November 2015 – V ZR 284/14, BGHZ 208, 29 Rn. 21 f.) und findet auch Zustimmung in der Literatur (vgl. […]). Zwar können die Wohnungseigentümer die Beseitigung anfänglicher Mängel des plangerecht hergestellten Gemeinschaftseigentums nicht mit der Begründung verweigern, dass ihnen die damit einhergehenden Kosten nicht zuzumuten seien; eine „Opfergrenze“ ist insoweit nicht anzuerkennen (vgl. etwa Senat, Urteil vom 17. Oktober 2014 – V ZR 9/14, BGHZ 202, 375 Rn. 12 ff.; Urteil vom 4. Mai 2018 – V ZR 203/17, NJW 2018, 3238 Rn. 20 ff.; Urteil vom 15. Oktober 2021 – V ZR 225/20, NJW 2022, 326 Rn. 20). Darum geht es bei einem steckengebliebenen Bau aber nicht, denn es fehlt, soweit die erstmalige Errichtung begehrt wird, schon an dem – den Vorgaben der Teilungserklärung entsprechenden – Gemeinschaftseigentum (zur Abgrenzung der Fallgruppen näher Senat, Urteil vom 4. Mai 2018 – V ZR 203/17 aaO Rn. 17 ff.).“[47]

e) Faktoren für Unzumutbarkeit

Der BGH gab dem Berufungsgericht etliche Anhaltspunkte für die Prüfung der Unzumutbarkeit mit. Vorab wäre zu prüfen:

- Ist das geplante Bauvorhaben **nicht genehmigungsfähig,** so wäre der Errichtungsanspruch wegen rechtlicher Unmöglichkeit ausgeschlossen (§ 275 Abs. 1 BGB).
- Kann der **Generalunternehmer** (trotz Insolvenz) leisten, wäre der Anspruch gegen die Wohnungseigentümergemeinschaft treuwidrig.[48]

Scheitert der Anspruch nicht schon deshalb, müsste die eigentliche Unzumutbarkeit geprüft werden. Diese müsste die Wohnungseigentümergemeinschaft vortragen und ggf. beweisen. Beim Erwerb vom Bauträger als **Regelfall** wird die Wohnung erst übergeben und damit der Erwerber werdender Wohnungseigentümer werden und eine Mehrpersonen-Wohnungseigentümergemeinschaft erst entstehen, wenn der **Bau schon weit fortgeschritten** ist. Dann ist Unzumutbarkeit der Ersterrichtung eher fernliegend. Ist ausnahmsweise das Gebäude noch gar nicht oder nur zu einem geringen Teil errichtet, so sind insbesondere folgende Punkte zu prüfen:

- Der **Fertigstellungsgrad** der zu errichtenden Anlage bzw. der Umfang der noch erforderlichen **Arbeiten** und die Höhe der noch erforderlichen **Kosten im Verhältnis** zu den bereits aufgewendeten Kosten. „Kommt es […] zu Kostensteigerungen von über 50 Prozent des ursprünglich Kalkulierten, wird dies regelmäßig für eine Unzumutbarkeit der Ersterrichtung sprechen.“[49]

---

46 BGH NJW 2022, 326 Rn. 31.
47 BGH NJW-RR 2025, 204 Rn. 17–18.
48 BGH NJW-RR 2025, 204 Rn. 24–26.
49 BGH NJW-RR 2025, 204 Rn. 35.

- Dabei kann auch „der **Rechtsgedanke des § 22 WEG,** der eine gesetzgeberische Wertung enthält, die seit Inkrafttreten des WEG der Sache nach unverändert geblieben ist, eine Rolle spielen"[50] – aber nicht als starre 50 %-Grenze.
- Bestehen möglicherweise **Ersatzansprüche Dritter** – hier von Nachbareigentümern, deren angrenzende Hauswände sich infolge des Abrisses neigten, so sind die Beseitigungskosten hierfür wie schon erbrachte Kosten zu behandeln, da sie in jedem Fall aufgewendet werden müssen.
- Die mögliche **Zahlungsunfähigkeit** einzelner Wohnungseigentümer ist zu berücksichtigen – auch im Hinblick darauf, dass dadurch die Lasten für die anderen noch weiter steigen.
- **Wirtschaftlich sinnvolle Alternativen** sind abzuwägen, etwa wenn ein zahlungskräftiger Dritter den Gesamterwerb des Objekts anbietet (hier die örtliche Sparkasse).
- Wird ein eventuelles **Näheverhältnis** vorgetragen (hier war die Klägerin die Ehefrau des Geschäftsführers des insolventen Generalbauunternehmens), so muss das Gericht dies mit Blick auf ein mögliches kollusives Zusammenwirken prüfen.

Das Berufungsgericht hätte allerdings selbst entscheiden müssen – und die Entscheidung nicht wieder an die Wohnungseigentümergemeinschaft delegieren dürfen. Der BGH gab dem Berufungsgericht auch den Hinweis, dass nach dem derzeitigen Vortrag viel dafürspreche, dass die Ersterrichtung hier unzumutbar sei. Damit die Wohnungseigentümer dann nicht auf der Bauruine sitzen bleiben, gibt es dann einen **Anspruch auf Aufhebung der Gemeinschaft** – obwohl § 11 Abs. 1 WEG einen solchen Aufhebungsanspruch grundsätzlich ausschließt. Der BGH führt dies aber nicht näher aus.

„Angesichts des sehr frühen Stadiums des Steckenbleibens spricht daher, vorbehaltlich des weiteren Verlaufs des Verfahrens und des weiteren Parteivorbringens, auf erste Sicht manches dafür, dass die Errichtung sich als unzumutbar erweisen könnte. Dass dies jedenfalls in der vorliegenden Konstellation einen Anspruch auf Aufhebung der GdWE zur Folge haben kann, liegt zwar nicht fern, ist aber nicht Gegenstand dieses Verfahrens."[51]

2. Folgefragen

a) Sinn und Gefahren des Anspruchs auf erstmalige Erstellung des Gemeinschaftseigentums

Der Anspruch auf erstmalige plangerechte Erstellung des Gemeinschaftseigentums ist mittlerweile in der Rechtsprechung des BGH fest verankert. Das soll uns nicht daran hindern zu fragen, ob ein solcher Anspruch sinnvoll ist.

Was wäre die Alternative: Gäbe es den Anspruch auf plangerechte Ersterstellung nicht, hätte der einzelne Wohnungseigentümer nur einen inhaltlich unbestimmten Anspruch auf ordnungsgemäße Verwaltung. Daraus ergäbe sich im Ergebnis häufig auch ein Anspruch auf erstmalige Herstellung nach den Aufteilungsplänen – aber nicht immer. Hat der Bauträger etwa im Plan eingezeichnete Brandschutztüren nicht errichtet (und ist er dann in Insolvenz gefallen), so würde sich der Anspruch auf den nachträglichen Einbau der Brandtüren schon aus dem Grundsatz ordnungsgemäßer Verwaltung ergeben. Ob und wo hingegen die vom Bauträger vor seiner Insolvenz nicht mehr erstellten Fahrradstellplätze oder das Mülltonnenhäuschen hinkommen, könnte die Wohnungseigentümergemeinschaft hingegen auch abweichend vom Aufteilungsplan beschließen, wenn es keinen Anspruch auf erstmalige Erstellung gäbe, sondern nur einen inhaltlich unbestimmten Anspruch auf ordnungsgemäße Verwaltung. Das Einzige, was die Rechtsfigur des Anspruchs auf Ersterstel-

50 BGH NJW-RR 2025, 204 Rn. 34.
51 BGH NJW-RR 2025, 204 Rn. 44.

lung hinzufügt, ist die Bindung an die Vorgaben der Teilungserklärung, insbesondere des Aufteilungsplanes.

Für die Rechtsprechung lässt sich anführen, dass der einzelne Wohnungseigentümer damit das bekommt, was in der Teilungserklärung festgelegt ist – und dass sich auch die anderen Wohnungseigentümer ja nur an dem dort Festgelegten festhalten lassen müssen. Allerdings führt die Rechtsprechung dazu, dass sich der einzelne Erwerber bei noch größeren anstehenden Arbeiten – wie in dem vom BGH entschiedenen Sachverhalt – ggf. plötzlich als Mitglied einer Bauherrengemeinschaft wiederfindet, während er doch eigentlich stressfrei vom Bauträger kaufen wollte.

Doch weist der BGH in seiner Entscheidung darauf hin, dass bei einem erst angefangenen Bau der Erstellungsanspruch häufig als unzumutbar ausgeschlossen sein dürfte. Im Ergebnis erwarte ich daher, dass die Rechtsprechung den Anspruch auf Ersterstellung so ausformen wird, dass er zu interessengerechten Ergebnissen führt.

b) Was ist Inhalt des Anspruchs?

Kesseler hat in dieser Veranstaltung pointiert gefragt, was eigentlich der Inhalt des Anspruchs auf Ersterstellung ist. Unmittelbar hat man in der Teilungserklärung ja nur den Aufteilungsplan. Damit weiß man, welche Lage, Größe und Form das Gebäude haben soll. Man weiß aber noch nicht, mit welchen Materialien, welchem **Baustandard** etc. es gebaut werden soll.

Eine Möglichkeit wäre, hierfür an die **Baubeschreibung** anzuknüpfen. Dass die Baubeschreibung häufig in derselben Urkunde wie die Teilungserklärung mitbeurkundet wird, macht sie noch nicht zum Bestandteil der Gemeinschaftsordnung. Die Baubeschreibung bestimmt zunächst nur die Leistungspflicht des Bauträgers gegenüber den Erwerbern, begründet aber keinerlei unmittelbare Verpflichtungen der Wohnungseigentümer untereinander.

Man könnte aber erwägen, in der **Gemeinschaftsordnung** für die wohnungseigentumsrechtliche Pflicht zur Ersterrichtung auf die Baubeschreibung zu verweisen. Dies schlägt Kesseler vor.[52] Vorteil wäre, dass dann der werkvertragliche und der wohnungseigentumsrechtliche Anspruch parallel laufen.

Hat man nichts geregelt, kann die Wohnungseigentümergemeinschaft die offenen Fragen im Rahmen ordnungsgemäßer Verwaltung **beschließen.** Nachdem alle Erwerber vom Bauträger den Standard der Baubeschreibung erwarten, dürfte es regelmäßig am ehesten ordnungsgemäßer Verwaltung entsprechen, denselben Standard auch für die wohnungseigentumsrechtlich Ersterrichtung zu beschließen. Abweichungen wären aber möglich. In der Praxis dürften am ehesten Änderungswünsche zur Kostenersparnis vorgeschlagen werden.

Die Frage nach den Baustandards offenzulassen, könnte die Abwicklung umständlicher machen, weil dann noch eine Beschlussfassung nötig ist. Zugleich wird die Abwicklung aber flexibler, weil ggf. ein Mehrheitsbeschluss für eine Änderung genügt (während bei Festlegung in der Gemeinschaftsordnung nur eine einvernehmliche vertragliche Änderung möglich wäre).

Bei einer **Bauherrengemeinschaft** (wie letztlich wohl im entschiedenen Fall) empfiehlt sich eine Regelung. Hier wären auch **differenziertere Regelungen** denkbar, etwa vertraglich bindende Vorgaben für bestimmte Grundentscheidungen, hingegen Mehrheitsbeschlüsse (ggf. auch mit einem qualifizierten Quorum) für Detailfragen.

[52] Kesseler in Herrler/Hertel/Kesseler ImmobilienR 2019 S. 174.

c) Kann die Wohnungseigentümergemeinschaft Abweichendes beschließen?

Soweit der Inhalt des Anspruchs auf Ersterrichtung durch den Aufteilungsplan oder sonst (etwa durch Regelung in der Gemeinschaftsordnung) vorgegeben ist, kann er **nicht durch Mehrheitsbeschluss,** sondern nur vertraglich durch Vereinbarung aller Wohnungseigentümer (mit Zustimmung von dinglichen Gläubigern an einzelnen Einheiten) geändert werden. Anders wäre dies nur, soweit eine **Öffnungsklausel** besteht und auch diesen Fall ergreift.

Lediglich soweit die Wohnungseigentümer eine abweichende Bauausführung als bauliche Veränderung nach § 20 Abs. 1 WEG beschließen können, können sie auch Abweichungen vom Aufteilungsplan mit bloßer Mehrheit beschließen.[53] Soweit der Inhalt der Ersterrichtung aber nicht feststeht (wie im Regelfall für Materialen, Baustandard etc.), kann meines Erachtens die Wohnungseigentümergemeinschaft die offenen Punkte durch **Mehrheitsbeschluss** festlegen. Ein Beschluss der Übernahme der Baubeschreibung aus den Bauträgerverträgen entspricht nahezu immer einer ordnungsgemäßen Verwaltung. Ein Beschluss über eine abweichender Bauausführung entspricht nur dann ordnungsgemäßer Verwaltung, wenn die Gründe für die Abweichung das berechtigte Interesse der Wohnungseigentümer an einer Bauausführung entsprechend ihrer Bauträgerverträge überwiegen.

Die **Kostenverteilung** war in den bisherigen Entscheidungen nur selten ein größeres Thema. Beteiligte und Gericht gingen davon aus, dass bei Durchführung der Maßnahme alle Wohnungseigentümer gemeinsam die Kosten nach dem allgemeinen Kostenverteilungsschlüssel zu tragen haben. Meines Erachtens können die Wohnungseigentümer aber jedenfalls nach jetzigem Recht (§ 16 Abs. 2 S. 2 WEG) die Kosten durchaus auch dem aufbürden, dem die Änderung allein oder vorrangig nutzt.

d) Kann der Anspruch auf Ersterstellung abbedungen werden?

Meines Erachtens kann der Anspruch auf plangerechte Ersterstellung grundsätzlich abbedungen oder anders ausgestaltet werden – jedenfalls die Kostentragung für die Ersterrichtung.

Zwar kann der Anspruch auf ordnungsgemäße Verwaltung, aus dem auch der Anspruch auf plangerechte Ersterrichtung entspringt, als solcher nicht abbedungen werden.[54] Doch können die Wohnungseigentümer vertraglich regeln, wie sie das Grundstück und das Sondereigentum nutzen wollen – und damit den Maßstab dessen bestimmen, was ordnungsgemäße Verwaltung ist. Insbesondere können sie (jedenfalls bei baulich auch getrennt sinnvoll zu errichtenden und zu unterhaltenden Einheiten) regeln, wer die Gebäude zu errichten und zu unterhalten hat. Ähnlich ist bei Klauseln, die das Recht zu einem nachträglichen Anbau oder Ausbau (zB Dachgeschossausbau) anerkannt, dass in der Teilungserklärung geregelt werden kann, dass der An- oder Ausbauberechtigte auch alle Kosten dafür selbst zu tragen hat.

Diese Vereinbarung über die Kostentragung gilt dann auch für die planmäßige Ersterrichtung, da der Anspruch Ersterrichtung sich aus dem Anspruch auf ordnungsgemäße Verwaltung bzw. Erhaltung ableitet.

[53] LG München I BeckRS 2022, 36607 Rn. 28; Emmerich in Bärmann/Pick, 21. Aufl. 2025, WEG § 19 Rn. 68; Lehmann/Richter in Staudinger, 2023, WEG § 19 Rn. 99; Sommer in Jennißen, 8. Aufl. 2024, WEG § 19 Rn. 101; aA AG Hamburg-Altona ZWE 2022, 266 (Stilllegung eines in Gemeinschaftsordnung vorgesehenen Schwimmbades durch Mehrheitsbeschluss nichtig, nur durch neue Vereinbarung möglich).

[54] Elzer in BeckOK WEG/Elzer, 59. Ed. 2.1.2025, WEG § 18 Rn. 98; Lehmann-Richter in Staudinger, 2023, WEG § 18 Rn. 209.

3. Vertragsgestaltung für WEG-Gemeinschaftsordnung

a) Anspruch ausschließen bei Realteilung ähnlicher WEG-Teilung

Soll (bei **Reihenhäusern oder Doppelhaushälften**) das Rechtsverhältnis zwischen den Wohnungseigentümern möglichst weitgehend dem zwischen Eigentümern **real geteilter Nachbargrundstücke** entsprechen und kann jeder Wohnungseigentümer auf seiner Sondereigentums- oder Sondernutzungsfläche bauliche Veränderungen ohne Zustimmung der anderen Wohnungs- und Teileigentümer vornehmen, sofern dies bei real geteilten Grundstücken ohne Zustimmung des Nachbarn zulässig wäre,[55] so wird man sinnvollerweise auch den Anspruch auf erstmalige Erstellung des Gemeinschaftseigentums in der Gemeinschaftsordnung ausschließen. Denn wenn der Bauträger das hintere Doppelhaus fertiggestellt und übereignet hat, sollen die Erwerber des steckengebliebenen vorderen Doppelhauses nicht von den Erwerbern des Hinterhauses Beteiligung an den Kosten der Fertigstellung verlangen können, falls der Bauträger mittlerweile in Insolvenz gefallen ist (die Erwerber aber die Übereignung des angefangenen Baus gewählt haben).

Gegebenenfalls kann man als Gegenausnahme den Erstellungsanspruch für die **gemeinsame Zufahrt** bestehen lassen. Wichtig ist dies aber nicht. Denn wo die Zufahrt liegt, ergibt sich aus dem Plan. Die Art der Ausführung (Pflaster, geteert etc.) wäre ohnehin nur geregelt, wenn die Gemeinschaftsordnung auf die Baubeschreibung verweist. Und inhaltlich spricht nichts dagegen, dass sich die Erwerber dann durch Beschluss einigen, wie sie die Zufahrt gestalten. Möglicherweise wünschen sie ja jetzt eine etwas billigere Variante, da sie für die Fertigstellung der Gebäude mehr Geld brauchen, als ursprünglich im Bauträgervertrag vereinbart.

b) Bei Mehrhausanlagen Ausschluss im Einzelfall erwägen

Bei Mehrhausanlagen würde ich den Anspruch auf erstmalige Erstellung des Gemeinschaftseigentums nicht pauschal streichen, sondern **je nach Einzelfall** entscheiden, was ich dem Bauträger vorschlage. Hängen die verschiedenen Gebäude so eng zusammen, dass ihre Errichtung nur gemeinsam sinnvoll ist, wird man es beim gesetzlichen Anspruch belassen (zB, wenn die gemeinsame Heizung im letzten Bauabschnitt vorgesehen ist).

c) Formulierungsvorschlag: WEG-Anspruch auf erstmalige Erstellung des Gemeinschaftseigentums ausschließen

In meinem obigen Formulierungsbeispiel für eine WEG-Aufteilung von Reihenhäusern oder Doppelhaushälften wirtschaftlich ähnlich einer Realteilung habe ich daher den Anspruch auf plangerechte Ersterstellung ausgeschlossen:

Formulierungsvorschlag:

3. Instandhaltung
a) Sondereigentum und Sondernutzungsrecht
Jeder Wohnungseigentümer muss sein Sondereigentum sowie die seinem Sondernutzungsrecht unterliegenden Grundstücksflächen und die darauf befindlichen Gebäude und Anlagen auf eigene Kosten ordnungsgemäß unterhalten, instandhalten und instandsetzen und gegebenenfalls erneuern und hierfür die Verkehrssicherungspflicht allein tragen (inklusive Winterdienst).

[55] Vgl. oben → E. II.

Er ist den anderen Wohnungseigentümern gegenüber verpflichtet, Haus und Grundstück in einem ordentlichen Zustand zu erhalten.
Insoweit ist auch der wohnungseigentumsrechtliche Anspruch auf erstmalige plangerechte Herstellung des Gemeinschaftseigentums (bzw. Kostentragung hierfür) ausgeschlossen (bzw. auf einen bloßen Duldungsanspruch beschränkt).
b) Gemeinsame Zugangs- und Zufahrtsfläche
Den Wohnungseigentümern gemeinschaftlich obliegt lediglich die Instandhaltung, Instandsetzung und Verkehrssicherungspflicht der nicht farbig markierten gemeinschaftlichen Fläche.

4. Abschlagszahlungen im Bauträgervertrag

a) Baufortschritt bei anderen Wohnungen oder anderen Häusern relevant?

Der Anspruch auf erstmalige Herstellung des Gemeinschaftseigentums hat meines Erachtens auch Folgen für die Frage, inwieweit für die Fälligkeit der Abschlagszahlung nach § 3 Abs. 2 MaBV nur auf den Baufortschritt in der **jeweiligen Wohnung** (oder bei **Mehrhausanlagen**) im jeweiligen Haus abzustellen ist – oder ob das betreffende Gewerk in allen Einheiten fertiggestellt sein muss.

Dabei ist als erstes zu fragen, zu welchen Bauleistungen sich der Bauträger im Rahmen seiner **Herstellungspflicht vertraglich verpflichtet** hat.[56] Für das **Sondereigentum** kommt es daher immer nur auf den Baufortschritt in der betreffenden Einheit ankommt, nicht auf den in anderen Einheiten. Denn der Bauträger schuldet dem jeweiligen Erwerber nur die Errichtung des Sondereigentums in der verkauften Einheit, nicht in anderen Einheiten.

Ist nichts ausdrücklich zur Herstellungspflicht geregelt, so will jedenfalls eine Meinung (die auch ich bisher vertreten habe) beim Gemeinschaftseigentum darauf abstellen, ob die entsprechenden Teile des Gemeinschaftseigentums **funktional** für die Nutzung der jeweiligen Wohnungs- oder Teileigentumseinheit von Belang sind.[57] Nach dieser Ansicht kommt es etwa für die Fälligkeit der Rohinstallationsrate nur auf das Gebäude an, in dem sich die betreffende Wohnung befindet, nicht auf andere Gebäude – oder für die Estrichrate nur auf die betreffende Wohnung, nicht auf andere Wohnungen.

Das Argument verliert aber an Überzeugung, wenn der Erwerber ggf. aufgrund des Anspruchs auf plangerechte Ersterstellung von der Wohnungseigentümergemeinschaft für Zahlungen zur Erstellung der Rohinstallation auch im anderen Gebäude oder für den Estrich auch in den anderen Wohnungen in Anspruch genommen werden kann. Dies spricht dafür, dass er die betreffende Abschlagszahlung erst dann an den Bauträger zahlen muss, wenn das dem betreffenden Gewerk zuzuordnende Gemeinschaftseigentum auch insoweit errichtet ist, als er möglicherweise wohnungseigentumsrechtlich dafür **zahlen** muss. Ist nichts ausdrücklich zur Herstellungspflicht geregelt, so wird eine interessengerechte Auslegung wohl ergeben, dass der Bauträger die Herstellung des Gemeinschaftseigentums in anderen Einheiten nicht nur insoweit schuldet, soweit es funktional für die verkaufte Einheit erforderlich ist, sondern auch soweit der Erwerber dafür wohnungseigentumsrechtlich auf Ersterstellung haftet. Und die werkvertragliche Herstellungspflicht enger als die

---

[56] Basty, Der Bauträgervertrag, 11. Aufl. 2023, Kap. 5 Rn. 151.

[57] Basty, Der Bauträgervertrag, 11. Aufl. 2023, Kap. 5 Rn. 153; Bischoff in Grziwotz, 4. Aufl. 2022, MaBV § 3 Rn. 198; Hertel in Münchener Vertragshandbuch, Band 6, 8. Aufl. 2020, Muster I. 31 Anm. 33; Hertel in Würzburger Notarhandbuch, 6. Aufl. 2022, Teil 2 Kap. 3 Rn. 218; aA Pause/Vogel, Bauträgerkauf, 7. Aufl. 2022, Kap. 4 Rn. 231 ff.; Reithmann in Reithmann/Meichssner/v. Heymann, Kauf vom Bauträger, 7. Aufl. 1995, B. Rn. 105.

wohnungseigentumsrechtliche Pflicht zu regeln, wäre keine sinnvolle Vertragsgestaltung. Dann muss also für die jeweilige Abschlagszahlung sowohl das funktional erforderliche Gemeinschaftseigentum erstellt sein wie das, für das der Erwerber ggf. wohnungseigentumsrechtlich aufgrund des Anspruches auf Ersterstellung mitzahlen muss.

b) Besser keine Regelung bei Zahlungsfälligkeit

Man könnte erwägen, die Frage im Bauträgervertrag ausdrücklich zu regeln, etwa:

„Der Kaufpreis ist in sieben Abschlagszahlungen nach Baufortschritt wie folgt zu zahlen (wobei es für das Gemeinschaftseigentum nur auf den Baufortschritt im betreffenden Gebäude ankommt bzw. für das Sondereigentum nur auf den Baufortschritt in der verkauften Einheit):“

Ähnliche (aber weniger präzise) Klauseln hatte ich selbst auch verwendet. Künftig werde ich solche Zusätze nicht mehr verwenden. Denn es besteht immer die Gefahr, dass man die Klausel zu weit formuliert und sie damit unwirksam ist. So wäre etwa vorstehende Klausel wohl nur wirksam, wenn sich sowohl die Herstellungspflicht des Bauträgers als auch die wohnungseigentumsrechtliche Pflicht zur Ersterstellung sich auf das jeweilige Gebäude beschränken.

Bei Abweichungen von § 3 MaBV im Bauträgervertrag besteht immer das Risiko, dass die Unwirksamkeit einer Klausel dazu führt, dass der Bauträger gar keine Abschlagszahlungen verlangen kann, sondern sein Geld **erst mit vollständiger Fertigstellung** erhält.[58] Dies trifft zwar meines Erachtens nicht zu, wenn man nach dem **Blue-Pencil-Test** den unwirksamen Teil der Vereinbarung streichen kann und der verbleibende Rest gleichwohl noch eine für sich allein verständliche und sinnvolle Regelung enthält. Kann man die Regelung über die Bestimmung des Baufortschritt bei Mehrhausanlagen etc. daher von der restlichen Regelung trennen (wie vorstehend bei der Formulierung als Klammerzusatz), so würde meines Erachtens eine allfällige Unwirksamkeit des Klammerzusatzes nicht die gesamte Abschlagszahlungsregelung unwirksam machen. Nachdem der BGH aber noch nicht zur Anwendbarkeit des Blue-Pencil-Tests bei der Fälligkeitsregelung im Bauträgervertrag entschieden hat – und weil der Bauträger schlimmstenfalls gar keine Abschlagszahlungen vor Fertigstellung verlangen könnte, werde ich künftig lieber auf eine Regelung verzichten.

Solche Klauseln haben natürlich auch einen Sinn, nämlich Streit zwischen Bauträger und Erwerber über die Zahlungsfälligkeit zu vermeiden. Daher könnte der Notar erwägen, in den Bauträgervertrag zumindest einen Hinweis zur Rechtslage aufzunehmen – oder mündlich bei der Beurkundung einen Hinweis zu geben.

Formulierungsbeispiel:

Der Notar wies darauf hin, dass es für den Baufortschritt beim Sondereigentum nur auf die veräußerte Einheit ankommt, während beim Gemeinschaftseigentum der jeweilige Baufortschritt wohl in allen Einheiten erreicht sein muss (ausgenommen, soweit der Bauträger die Herstellung nicht schuldet und das Gemeinschaftseigentum weder funktional für die verkaufte Einheit erforderlich ist noch der Erwerber wohnungseigentumsrechtlich für dessen plangerechte Ersterstellung mithaftet).

[58] BGHZ 146, 250 = DNotZ 2001, 201.

c) Regelung bei Herstellungspflicht möglich, sinnvoll aber nur bei paralleler Regelung in Gemeinschaftsordnung

Im Rahmen der **Herstellungspflicht** kann man hingegen eine Vereinbarung treffen. So könnte man bei einer **Mehrhausanlage** in den Erwerbsverträgen für das Haus 1 regeln, dass sich der Bauträger den Erwerbern von Einheiten im Haus 1 gegenüber nicht zur Errichtung des Hauses 2 und der Gestaltung der Außenfläche unmittelbar um das Haus 2 herum (wie sie auf einem beigefügten Plan markiert ist) verpflichtet. Ich würde negativ formulieren, was der Bauträger nicht errichten muss. Denn wenn man positiv formuliert, dass der Bauträger nur Haus 1 errichten muss, muss man zusätzlich erwähnen, dass der Bauträger sehr wohl die gesamte Tiefgarage und die gesamten Außenflächen (ggf. mit gewissen Einschränkungen) errichten muss.

Sinnvoll ist eine solche Regelung aber nur, wenn entsprechend auch in der Gemeinschaftsordnung der Anspruch auf erstmalige plangerechte Herstellung des Gemeinschaftseigentums auf das jeweilige Gebäude beschränkt ist. Denn sonst würde der Erwerber für die Errichtung von Gebäudeteilen haften, auf deren Bau er gar keinen vertraglichen Anspruch gegen den Bauträger hat.

5. Belehrungspflicht über Haftungsrisiko im Bauträgervertrag?

a) Keine Belehrungspflicht im normalen Bauträgervertrag

Schließlich könnte man sich fragen, ob der Notar den Erwerber bei Beurkundung des Bauträgervertrages auf das Risiko hinweisen muss, für die Ersterstellung des Gemeinschaftseigentums in Anspruch genommen zu werden. Bei einem normalen Bauträgervertrag sehe ich keine diesbezügliche Belehrungspflicht. Zwar muss der Notar auf rechtliche Haftungsrisiken hinweisen. Bei einem normalen Bauträgervertrag wird die Wohnung aber erst übergeben, wenn sie bezugsfertig ist. Bis dahin muss das Gemeinschaftseigentum im Wesentlichen erstellt sein. Das Haftungsrisiko des Erwerbers für die Ersterstellung des noch unfertigen Gemeinschaftseigentums unterscheidet sich dann kaum vom Haftungsrisiko aus der Pflicht zur Kostentragung für die Instandhaltung des Gemeinschaftseigentums. Dies ist dem Erwerber auch ohne notarielle Belehrung erkennbar.

b) Regelungsbedarf bei Bauherrenmodellen

Anders ist dies, wenn der Notar einen Entwurf für ein Bauherrenmodell oder eine ähnliche Gestaltung entwerfen soll. Hier muss er natürlich als einen der wesentlichen Gefahrenpunkte ansprechen, wie die Bauherren ihre Finanzierung regeln – wie sie sicherstellen, dass auch alle Beteiligten leistungsfähig sind, und wie sie mit ggf. anfallenden Mehrkosten umgehen. Möglicherweise ergibt sich dann schon aus den Regelungen hierzu, dass jeder Beteiligte das Risiko trägt, ggf. für Kosten anderer mitzuhaften. Sinnvollerweise benennt der Notar dieses Risiko aber auch ausdrücklich.

Es kann auch sein, dass eine einem Bauherrenmodell ähnliche Gestaltung vorliegt, die Beteiligten aber nur die Beurkundung der Aufteilung in Wohnungseigentum wünschen, allfällige Vereinbarungen über die Bebauung aber nicht beurkundet werden sollen. Dies können die Beteiligten so machen, solange keine Beurkundungspflicht für die Vereinbarung über die Bebauung besteht (etwa nach § 311b Abs. 1 BGB, weil eine Grundstücksveräußerung von der Vereinbarung über die Bebauung abhängt). Dann wird der Notar dies sinnvollerweise so in der Urkunde vermerken. Dann muss er zu möglichen Risiken aus dem nicht beurkundeten Rechtsgeschäft natürlich auch nicht belehren.

Ich denke da vor allem an unproblematische Fälle im Familienkreis: Die Eltern teilen ihr Wohnhaus in Wohnungseigentum auf und überlassen die noch auszubauende Dachgeschoßwohnung an ein Kind. Auch wenn hier noch größere Baumaßnahmen für die Erstellung des Gemeinschaftseigentums erforderlich sind – etwa das Dach erst noch angehoben werden muss –, wollen die Beteiligten meist nur die WEG-Aufteilung und die Überlassung beurkunden. Über die Durchführung der Bebauung werden sie sich dann schon einigen. In solchen Fällen habe ich auch kein Problem damit, dies in der Urkunde nur lapidar zu vermerken (wobei ich die eingeklammerte Belehrung ggf. nur mündlich abgebe).

Formulierungsvorschlag:

Nach Angabe der Beteiligten hängt die vorliegende Überlassung nicht von Vereinbarungen über die Baumaßnahme ab. [**ggf.**: Der Notar wies darauf hin, dass die Vereinbarungen über die Baumaßnahme sonst mitbeurkundet werden müssten und dass dann die fehlende Beurkundung auch zur Formunwirksamkeit der Überlassung führen könnte.] Die Beteiligten erklären, dass sie davon ausgehen, dass sie sich über die Durchführung der Baumaßnahme schon einigen werden.

VI. Organisation und Verwaltung der Wohnungseigentümergemeinschaft

Nachfolgende Entscheidungen verfeinern die Dogmatik zur Struktur der Wohnungseigentümergemeinschaft. Für die notarielle Praxis genügt aber, wenn man jeweils den Kern der Entscheidung kennt.

1. Vertretungsbefugnis des WEG-Verwalters ist nach außen unbeschränkt

OLG München Beschl. v. 11.7.2024 – 34 Wx 155/24e
MDR 2024, 1102 = NJW-RR 2024, 1206 = NZM 2024, 723 = Rpfleger 2024, 658 = ZfIR 2024, 457

Kerngehalt:

Der WEG-Verwalter ist nach außen zur Vertretung der Wohnungseigentümergemeinschaft befugt – unabhängig davon, ob er im Innenverhältnis bestehende Begrenzungen eingehalten hat – auch bei außergewöhnlichen Maßnahmen wie dem Erwerb eines Grundstücks.

a) Vor der WEG-Reform: Vertretungsbefugnis für Immobilienerwerb musste durch Beschluss der Wohnungseigentümer nachgewiesen werden

Vor der WEG-Reform hatte der WEG-Verwalter nur bestimmte, enumerativ im Gesetz aufgezählte Befugnisse (§ 27 WEG aF). Häufig wurden ihm in der Gemeinschaftsordnung weitere Befugnisse zugewiesen. Daher musste der Verwalter, wenn er über die ihm gesetzlich zustehenden enumerativen Vertretungsbefugnisse hinaus für die Wohnungseigentümergemeinschaft handelte, seine Vertretungsbefugnis im Einzelfall nachweisen.

So hatte das OLG München 2016 entschieden, dass der WEG-Verwalter oder ein Dritter (im konkreten Fall ein alleinvertretungsberechtigter Gesellschafter des WEG-Verwalters), der die Wohnungseigentümergemeinschaft beim Erwerb eines Grundstücks vertrat, im

Grundbuchverfahren für den Vollzug der Auflassung seine Bevollmächtigung durch ein nach § 24 Abs. 6 WEG beglaubigtes Beschlussprotokoll der Wohnungseigentümergemeinschaft nachzuweisen habe.[59]

b) Seit WEMoG: Verwalter vertritt umfassend wie ein Geschäftsführer

Nach der WEG-Reform ist der WEG-Verwalter quasi der Geschäftsführer der Wohnungseigentümergemeinschaft. Er vertritt die Wohnungseigentümergemeinschaft nach außen umfassend und unbeschränkt – und auch unbeschränkbar. Dies regelt das Gesetz nun in § 9b Abs. 1 WEG.

§ 9b Abs. 1 WEG

[1]Die Gemeinschaft der Wohnungseigentümer wird durch den Verwalter gerichtlich und außergerichtlich vertreten, beim Abschluss eines Grundstückskauf- oder Darlehensvertrags aber nur aufgrund eines Beschlusses der Wohnungseigentümer. [2]Hat die Gemeinschaft der Wohnungseigentümer keinen Verwalter, wird sie durch die Wohnungseigentümer gemeinschaftlich vertreten. [3]Eine Beschränkung des Umfangs der Vertretungsmacht ist Dritten gegenüber unwirksam.

Im Normalfall muss der Vertragspartner daher **nur prüfen, ob der Handelnde WEG-Verwalter ist.** Hingegen muss er nicht prüfen, ob der Verwalter auch so handeln darf, also ob ein entsprechender Beschluss der Wohnungseigentümerversammlung gefasst wurde.

Ausgenommen sind nach § 9b Abs. 1 S. 1 Hs. 2 WEG der „Abschluss eines **Grundstückskauf**- oder Darlehensvertrags". Hier kann der WEG-Verwalter „nur aufgrund eines Beschlusses der Wohnungseigentümer" handeln. Die Ausnahme betrifft aber nach der Gesetzesbegründung und der wohl herrschenden Meinung nur das schuldrechtliche Rechtsgeschäft, nicht die dingliche Auflassung. So entschied auch das OLG München.

„Ausgenommen hiervon ist nach § 9b Abs. 1 Satz 1 WEG lediglich der Abschluss von Grundstückskauf- oder Darlehensverträgen. Vertretungsmacht hat der Verwalter in diesen Fällen nur dann, wenn er durch Beschluss der Wohnungseigentümergemeinschaft ermächtigt ist. Dies beschränkt sich allerdings nach dem klaren Wortlaut und der eindeutigen Begründung dieser Vorschrift **allein auf das schuldrechtliche Rechtsgeschäft.** Nicht betroffen von der Ausnahme ist das dingliche Geschäft, also insbesondere die Erklärung der Auflassung beim Grundstückskaufvertrag (Bremkamp/Echternach DNotZ 2021, 162, 164f.; Dötsch/Schultzky/Zschieschack Kap. 3 Rn. 62; BT-Drucks. 19/22634, S. 43)."[60]

Dem **Grundbuchamt** gegenüber ist daher der Beschluss **nicht nachzuweisen.** Denn für das dingliche Rechtsgeschäft hat der WEG-Verwalter gesetzlich Vertretungsbefugnis auch ohne Beschluss.

c) Vertretungsnachweis für notariellen Vertrag erforderlich

Anders als das Grundbuchamt muss der **Notar für den Kaufvertragsschluss prüfen,** ob ein entsprechender Beschluss der Wohnungseigentümergemeinschaft vorliegt. Denn nur dann ist der WEG-Verwalter auch vertretungsbefugt. Welcher Nachweis zu fordern ist, regelt das Gesetz nicht. Auch das OLG München ließ die Frage als nicht entscheidungsrelevant offen. Sinnvollerweise verlangt der Notar entsprechend § 26 Abs. 4 WEG ein **Protokoll nach § 24 Abs. 6 WEG** mit Beglaubigung der Unterschriften des Versammlungsleiters, des Beiratsvorsitzenden (wenn vorhanden) und eines weiteren Wohnungseigentümers.[61]

Als **Vertragspartei** ist die **Wohnungseigentümergemeinschaft** anzugeben, sinnvollerweise benannt sowohl durch Flurnummer und Gemarkung wie durch die Grundbuch-

[59] OLG München NZM 2016, 896.
[60] OLG München 11.7.2024 – 34 Wx 155/24e, Rn. 15 (Hervorhebung durch Verfasser).
[61] Bremkamp/Echternach DNotZ 2021, 162 (164); Hügel/Elzer DNotZ 2021, 3 (19).

blätter, auf denen Einheiten der Wohnungseigentümergemeinschaft gebucht sind. Es kauft also die Wohnungseigentümergemeinschaft von Flurstück-Nr. ... der Gemarkung ... (...-Straße ...), deren Wohnungs- und Teileigentumseinheiten im Grundbuch des Amtsgerichts ... von ..., Blätter ... bis ..., eingetragen sind. Die einzelnen Wohnungseigentümer sind nicht anzugeben. Denn sie sind nicht Vertragspartner.

Allerdings dürfte ein Grundstückskauf durch eine Wohnungseigentümergemeinschaft in der Praxis eher selten vorkommen.

2. Exkurs: Wohnungseigentümer sind Miteigentümer einer Einheit – Übertragung auf die Wohnungseigentümergemeinschaft

Wollten die Wohnungseigentümer eine Immobilie für die Gemeinschaft erwerben, so war dies vor Anerkennung der Rechtsfähigkeit der Wohnungseigentümergemeinschaft nur dergestalt möglich, dass die einzelnen Wohnungseigentümer zu Miteigentum erwarben. Das kam gelegentlich vor, so dass sich jetzt die eine oder andere Hausmeisterwohnung oder **Hausmeisterkeller im Miteigentum** der Wohnungseigentümer befindet. Bei Veräußerung einer Wohnungseigentumseinheit sollte dann eigentlich immer der betreffende Anteil an der Hausmeisterwohnung oder dem Hausmeisterkeller mit veräußert werden, damit Wohnungseigentümer und Miteigentümer der Einheit möglichst immer identisch waren. Im Idealfall gelang dies auch – insbesondere, wenn alle Veräußerungen beim örtlichen Notar beurkundet wurden, der (oder dessen Angestellte) die Sondersituation kannten. Meist wurde aber über die Jahre bei irgendwelchen Veräußerungen die Mitübertragung vergessen. Manchmal kann man dies bei einer späteren Veräußerung noch nachholen, wenn die betroffenen Miteigentümer dazu bereit sind.

Um ein Auseinanderfallen für die Zukunft zu vermeiden, wäre zu überlegen, die betreffende Einheit von der Miteigentümergemeinschaft **auf die Wohnungseigentümergemeinschaft zu übertragen.** Bei der Übertragung müssen alle eingetragenen Miteigentümer als Veräußerer handeln (außer man nimmt einzelne Anteile von der Übertragung aus) – und muss für die Wohnungseigentümergemeinschaft der WEG-Verwalter handeln. Eine Befreiung von § 181 BGB ist nicht erforderlich, da auf beiden Seiten unterschiedliche Personen stehen – einerseits die Miteigentümer als Einzelpersonen, andererseits die Wohnungseigentümergemeinschaft als Verband. Der WEG-Verwalter kann (für das schuldrechtliche Rechtsgeschäft) nur handeln, nachdem die Wohnungseigentümergemeinschaft dies beschlossen hat. Der Beschluss ist durch ein beglaubigtes Protokoll nach § 26 Abs. 4 WEG iVm § 24 Abs. 6 WEG nachzuweisen.

Bei identischen Beteiligungsverhältnissen wird man **kein Entgelt** vereinbaren. Und wenn sich die Beteiligungsverhältnisse gegenüber den Miteigentumsanteil am WEG-Grundstück nur verschoben haben, weil vergessen wurde, den Anteil an der im Miteigentum befindlichen Wohnung mit zu übertragen, müssten eigentlich auch diese Miteigentümer zu einer Veräußerung ohne gesondertes Entgelt bereit sein. Denn sie haben den Kaufpreis für ihre Wohnung beim seinerzeitigen Verkauf schon erhalten. Hätten sie damals auch an die Hausmeisterwohnung gedacht, so hätten sie diese wohl wie Gemeinschaftseigentum behandelt und dafür keinen zusätzlichen Kaufpreisteil verlangt.

Die Veräußerung müsste nach § 5 Abs. 1 GrEStG meines Erachtens jedenfalls insoweit **grunderwerbsteuerfrei** sein, als die Beteiligungsverhältnisse an der im Miteigentum stehenden Einheit und am Wohnungseigentumsgrundstück identisch sind. Meines Erachtens gilt dies auch für die vergessenen Anteile. Denn auch diese wären nach Sinn und Zweck der seinerzeitigen Veräußerung bereits an die damaligen Erwerber ohne zusätzliche Gegenleistung zu übertragen gewesen. Soweit also eine Grunderwerbsteuer anfiel, war sie aus dem damaligen Kaufpreis für die verkaufte Wohnung zu berechnen und ist längst bezahlt.

3. WEG-Verwalter ist Organ der Wohnungseigentümergemeinschaft, nicht Vertragspartner der einzelnen Wohnungseigentümer

Die nächsten Entscheidungen verdeutlichen, dass alle Rechtsbeziehungen über die Wohnungseigentümergemeinschaft laufen, nicht von den einzelnen Wohnungseigentümern aus. Wie die Spinne im Netz sitzt die Wohnungseigentümergemeinschaft im Zentrum der Rechtsverhältnisse der Wohnungseigentümer untereinander und gegenüber dem Verwalter. Alle Rechtsbeziehungen laufen jetzt über die Wohnungseigentümergemeinschaft. So ist der WEG-Verwalter sowohl Organ der Wohnungseigentümergemeinschaft wie deren Vertragspartner für den Verwaltungsvertrag. Die einzelnen Wohnungseigentümer haben keinen Vertrag und auch sonst keine unmittelbaren Rechte und Pflichten gegenüber dem Wohnungseigentumsverwalter. Seit dem WEMoG ist der Verwalter nur mehr der Wohnungseigentümergemeinschaft gegenüber berechtigt und verpflichtet.

Dies entschied der BGH kürzlich zur Jahresabrechnung.

BGH Urt. v. 19.4.2024 – V ZR 167/23
MDR 2024, 1041 = NJW-RR 2024, 1017 = NZM 2024, 721

Kerngehalt:

Der einzelne Wohnungseigentümer kann die Erstellung der Jahresrechnung nur von der Wohnungseigentümergemeinschaft, nicht (direkt) vom WEG-Verwalter verlangen.

Der Anspruch des einzelnen Wohnungseigentümers auf ordnungsgemäße Verwaltung (§ 18 Abs. 2 Nr. 1 WEG) richtet sich gegen die Wohnungseigentümergemeinschaft, nicht mehr wie früher gegen den Verwalter. Will ein Wohnungseigentümer erreichen, dass endlich die Jahresrechnung erstellt wird, muss er entweder zunächst einen Beschluss der Wohnungseigentümerversammlung herbeiführen, die den Verwalter dazu auffordert – oder er muss die Wohnungseigentümergemeinschaft verklagen. Die Wohnungseigentümergemeinschaft muss dann durch den WEG-Verwalter als ihr ausführendes Organ die Jahresrechnung erstellen lassen. Den Verwalter verklagen kann nur die Wohnungseigentümergemeinschaft selbst.

Das neue gesetzliche Modell ist manchmal etwas umständlich, weil es dazu zwingt, Ansprüche gewissermaßen übers Eck zu verfolgen. Andererseits vermeidet es, dass sich der WEG-Verwalter widersprüchliche Aufforderungen ausgesetzt sieht – wenn etwa ein Wohnungseigentümer auf die Umsetzung eines Beschlusses drängt, während die übrigen Wohnungseigentümer damit eher noch etwas abwarten wollen. (Die Jahresabrechnung ist dafür kein gutes Beispiel, weil man da eigentlich nicht unterschiedlicher Meinung sein kann.)

4. Kein Schadensersatzanspruch des einzelnen Wohnungseigentümers gegen den WEG-Verwalter

Weil nur zwischen der Wohnungseigentümergemeinschaft und dem WEG-Verwalter eine Vertragsbeziehung besteht, stehen allfällige Schadensersatzansprüche aus einer Verletzung des Verwaltervertrages auch nur der Wohnungseigentümergemeinschaft zu. Man könnte aber fragen, ob die einzelnen Wohnungseigentümer nicht zumindest in den Schutzbereich des Verwaltervertrages einbezogen sind. Auch dies verneinte der BGH aber.

BGH Urt. v. 5.7.2024 – V ZR 34/24
BGHZ 241, 98 = NJW 2024, 2690 = ZfIR 2024, 510

Kerngehalt:

Verletzt der WEG-Verwalter seine Pflichten, so stehen allfällige Schadensersatzansprüche nur der Wohnungseigentümergemeinschaft zu, nicht den einzelnen Wohnungseigentümern.

In der Literatur war umstritten, ob der einzelne Wohnungseigentümer in den Schutzbereich des Verwaltervertrages einbezogen sei. Die Befürworter argumentierten vor allem, dass es prozessökonomisch einfacher sei, wenn der einzelne Wohnungseigentümer direkt gegen den WEG-Verwalter vorgehen könne; ihm sei nicht zumutbar, ggf. erst die Wohnungseigentümergemeinschaft verklagen zu müssen.

Der BGH entschied anders. Zunächst referiert er die allgemeinen Voraussetzungen für die Einbeziehung eines Dritten in den Schutzbereich des Vertrages:

1. Der Dritte muss bestimmungsgemäß mit der (Haupt-)Leistung in Berührung kommen und den Gefahren von Schutzpflichtverletzungen ebenso ausgesetzt sein wie der Gläubiger **(Leistungsnähe).**
2. Der Gläubiger muss ein Interesse an der Einbeziehung des Dritten in den Schutzbereich des Vertrages haben **(Einbeziehungsinteresse).**
3. Für den Schuldner muss die Leistungsnähe des Dritten und dessen Einbeziehung in den Schutzbereich des Vertrages erkennbar und zumutbar sein **(Erkennbarkeit und Zumutbarkeit).**
4. Für die Ausdehnung des Vertragsschutzes muss nach Treu und Glauben ein Bedürfnis bestehen, weil der Dritte anderenfalls nicht ausreichend geschützt wäre **(Schutzbedürfnis).**[62]

Die ersten drei Kriterien bejahte der BGH ohne weitere Diskussion:

„An der Leistungsnähe des einzelnen Wohnungseigentümers, dem Einbeziehungsinteresse der GdWE und der Erkennbarkeit und Zumutbarkeit für den Verwalter bestehen auch nach dem Inkrafttreten des WEMoG zum 1. Dezember 2020 keine Zweifel."[63]

Hingegen verneinte der BGH die Schutzbedürftigkeit. Denn nach **§ 18 Abs. 2 WEG** in der Fassung durch das WEMoG hat der Wohnungseigentümer einen eigenen **Anspruch auf ordnungsgemäße Verwaltung** gegen die Wohnungseigentümergemeinschaft.

„(b) So liegt es hier. Seit Inkrafttreten des WEMoG zum 1. Dezember 2020 ist die GdWE Schuldnerin des Anspruchs der einzelnen Wohnungseigentümer auf ordnungsmäßige Verwaltung aus § 18 Abs. 2 WEG. Dementsprechend haben die einzelnen Wohnungseigentümer eigene (Primär- wie Sekundär-)Ansprüche aus einem sie mit der GdWE verbindenden gesetzlichen Schuldverhältnis.

(aa) Nach dem Regelungsgefüge des Wohnungseigentumsgesetzes in der bis zum 30. November 2020 geltenden Fassung oblag die Verwaltung des gemeinschaftlichen Eigentums den Wohnungseigentümern, dem Verwalter und im Falle der Bestellung eines Verwaltungsbeirats auch diesem (§ 20 Abs. 1 WEG aF), nicht jedoch der GdWE. Die GdWE war nicht als Entscheidungssubjekt im Rahmen der ordnungsmäßigen Verwaltung (im Innenverhältnis) konzipiert, sondern lediglich als Mittel, eine solche Verwaltung nach außen durchzusetzen. Dies führte dazu, dass zwar sowohl der Verwalter als auch sonstige Dritte (Handwerker, Architekten etc.) mit der GdWE vertraglich verbunden waren. Für Schäden, die diese Personen im Zusammenhang mit der Verwaltung verursachten, haftete die GdWE den einzelnen Wohnungseigentümern jedoch nicht; denn mangels Zuständigkeit im Innenverhältnis musste sie sich das schädigende Verhalten nicht nach §§ 31, 278 Abs. 1 BGB zurechnen lassen. Daher bestand ein Schutzbedürfnis der Wohnungseigentümer (vgl. Senat, Urteil vom 13. Dezember 2019 – V ZR 43/19, NZM 2020, 611 Rn. 13 f.; Urteil vom 8. Juni 2018 – V ZR 125/17, BGHZ 219, 60 Rn. 15 ff., 38 f.).

(bb) Mit Inkrafttreten des WEMoG hat sich ein Paradigmenwechsel vollzogen. Nach § 18 Abs. 1 WEG obliegt die Verwaltung des gemeinschaftlichen Eigentums nunmehr sowohl im Außenverhältnis

[62] BGH 5.7.2024 – V ZR 34/24, Rn. 14.
[63] BGH 5.7.2024 – V ZR 34/24, Rn. 15.

als auch im Innenverhältnis ausschließlich der GdWE. Diese erfüllt die ihr zugewiesenen Aufgaben durch ihre Organe; internes Organ für die Ausführung ist der Verwalter, der die Entscheidung umsetzt und dabei durch den Verwaltungsbeirat unterstützt wird (vgl. Senat, Urteil vom 21. Juli 2023 – V ZR 90/22, BGHZ 239, 1 Rn. 11; Urteil vom 16. Dezember 2022 – V ZR 263/21, NZM 2023, 249 Rn. 26). Verletzt die GdWE schuldhaft die ihr obliegenden Verwaltungspflichten, begründet dies folgerichtig einen eigenen Schadensersatzanspruch des einzelnen Wohnungseigentümers gegen die GdWE, der sich regelmäßig aus § 280 Abs. 1 BGB i. V. m. § 18 Abs. 2 WEG ergibt (näher Bärmann/Dötsch, WEG, 15. Aufl., § 18 Rn. 165); hierbei muss sich die GdWE das Verhalten ihres Verwalters entsprechend § 31 BGB und das Verhalten ihrer Erfüllungsgehilfen gemäß § 278 Abs. 1 BGB zurechnen lassen (vgl. Senat, Urteil vom 16. Dezember 2022 – V ZR 263/21 aaO; s. zum Ganzen auch Bärmann/Becker, WEG, 15. Aufl., § 27 Rn. 215; Staudinger/Lehmann-Richter, WEG [2023], § 18 Rn. 6 ff., 181 ff.; Wobst, ZWE 2021, 17, 19).“[64]

Diesen Anspruch sah der BGH auch als **gleichwertig** an.

„(c) Dieser Anspruch ist auch gleichwertig.

(aa) Der Ersatzanspruch des Wohnungseigentümers gegen die GdWE nach § 280 Abs. 1 BGB i. V. m. § 18 Abs. 2 WEG knüpft an die **gleichen anspruchsbegründenden Voraussetzungen** wie ein aus dem Verwaltervertrag mit Schutzwirkung zugunsten Dritter abgeleiteter Haftungsanspruch an. Beide Ansprüche sind auf die **vollständige Kompensation** des Interesses des einzelnen Wohnungseigentümers gerichtet. Daran ändert sich auch nichts, wenn sich der geschädigte Wohnungseigentümer über die Jahresabrechnung gegebenenfalls anteilig an der Finanzierung seines eigenen Schadensersatzanspruchs beteiligen muss. Richtig ist zwar, dass es sich insoweit um Kosten der Verwaltung gemäß § 16 Abs. 2 Satz 1 WEG handelt, die, soweit keine abweichende Regelung getroffen wird, nach dem allgemeinen Kostenverteilungsschüssel umzulegen sind. Dies mindert aber nicht den Schadensersatzanspruch als solchen, sondern ist nur eine mittelbare Folge der Mitgliedschaft in dem Verband und der damit einhergehenden Pflicht zur Beteiligung an dessen Finanzierung. Regelmäßig wird zudem ein Regress der GdWE beim Verwalter angezeigt sein; dies wird gewöhnlich den Interessen sämtlicher – den Schadensersatzanspruch anteilig finanzierender – Wohnungseigentümer sowie dem Grundsatz ordnungsmäßiger Verwaltung entsprechen. Ein auf die Durchsetzung des Regressanspruches gerichteter Beschluss kann nötigenfalls mit einer Beschlussersetzungsklage nach § 44 Abs. 1 Satz 2 WEG, die der gerichtlichen Durchsetzung des Anspruchs des Wohnungseigentümers auf ordnungsmäßige Verwaltung dient (vgl. Senat, Urteil vom 16. September 2022 – V ZR 69/21, NJW 2023, 63 Rn. 8 mwN), herbeigeführt werden.

(bb) Auch **prozessökonomische Erwägungen oder praktische Schwierigkeiten** rechtfertigen kein anderes Ergebnis. Dass der Wohnungseigentümer seinen Schaden gegenüber der GdWE geltend machen und die GdWE ihrerseits Regress bei dem Verwalter nehmen muss, ist der grundsätzlich vorrangigen Haftung innerhalb bestehender Sonderverbindungen geschuldet und der Beschränkung der Schutzwirkung eines Vertrages auf schutzbedürftige Personen zwecks Verhinderung einer uferlosen Ausdehnung des Kreises der in den Schutzbereich fallenden Personen immanent. Bejahte man dagegen sowohl einen Sekundäranspruch gegen die GdWE als auch gegen den Verwalter, wäre für den einzelnen Wohnungseigentümer unter Umständen schwer erkennbar, in welchem Verhältnis diese Ansprüche zueinander stünden und ob er gehalten sein könnte, vorrangig den einen oder den anderen Schuldner in Anspruch zu nehmen (vgl. Senat, Urteil vom 8. Juni 2018 – V ZR 125/17, BGHZ 219, 60 Rn. 30). Soweit die Revision darüber hinaus auf praktische Schwierigkeiten bei der Rechtsdurchsetzung verweist, sind diese – auch wenn die Vertretung der GdWE gegenüber dem noch amtierenden Verwalter in § 9b Abs. 2 WEG geregelt ist – zwar nicht von der Hand zu weisen (vgl. etwa Bärmann/Dötsch, WEG, 15. Aufl., § 18 Rn. 216 f.; Bärmann/Becker, WEG, 15. Aufl., § 27 Rn. 218). Gleichwohl bleibt es dabei, dass die Rechtsfigur des Vertrages mit Schutzwirkung zugunsten Dritter, wie ausgeführt (vgl. Rn. 13), nur der Schließung von als nach Treu und Glauben untragbar anzusehender Schutzlücken dient, nicht aber der Erleichterung der Anspruchsdurchsetzung unter Praktikabilitätserwägungen (ebenso Bärmann/Dötsch, aaO Rn. 221; Staudinger/Jacoby, BGB [2023], § 26 WEG Rn. 29).“[65]

Streiten kann man sich nur über den letzten Punkt. Denn für den Prozess des einzelnen Wohnungseigentümers macht es natürlich einen Unterschied, ob er erst die Gemeinschaft

[64] BGH 5.7.2024 – V ZR 34/24, Rn. 18–20.
[65] BGH 5.7.2024 – V ZR 34/24, Rn. 21–23.

veranlassen muss, gegen den Verwalter vorzugehen – oder ob er direkt gegen den Verwalter vorgehen kann. Andererseits wäre es für den Verwalter unschön, wenn er sich neben Ansprüchen der Gemeinschaft auch noch Ansprüchen einzelner Wohnungseigentümer ausgesetzt sieht – zumal der einzelne Wohnungseigentümer dann möglicherweise ein anderes Anspruchsziel verfolgen könnte als die Gemeinschaft.

Für den BGH entscheidend ist letztlich, dass die Rechtsfigur der Schutzwirkung gegenüber Dritten nur ein Hilfskonstrukt ist, wenn das Gesetz keinen ausreichenden Schutz vorsieht – nicht aber ein Instrument, um die Rechtsverfolgung zu vereinfachen. Und dass der einzelne Wohnungseigentümer über seinen Anspruch gegen die Gemeinschaft einen – wenngleich etwas umständlichen – Schutz hat, kann man schlecht leugnen.

5. Auch bei verwalterloser Zwei-Personen-Wohnungseigentümergemeinschaft ist Klage gegen die Gemeinschaft, nicht gegen den anderen Wohnungseigentümer zu richten

Die Engführung aller Rechtsbeziehungen über die Wohnungseigentümergemeinschaft, die gewissermaßen wie die Spinne im Netz oder die Nabe im Rad sitzt, zeigt auch die nächste Entscheidung: Auch bei verwalterloser Zwei-Personen-Wohnungseigentümergemeinschaft ist die Klage gegen die Gemeinschaft, nicht gegen den anderen Wohnungseigentümer zu richten.

BGH Urt. v. 9.2.2024 – V ZR 6/23
NJW-RR 2024, 815 = NZM 2024, 415 = ZfIR 2024, 252

Leitsätze:

1. Auch in einer verwalterlosen Zweiergemeinschaft können jedenfalls auf Beeinträchtigungen des gemeinschaftlichen Eigentums bezogene Unterlassungs- oder Beseitigungsansprüche (hier: Unterlassung einer zweckwidrigen Nutzung) nur von der Gemeinschaft der Wohnungseigentümer und nicht im Wege der actio pro socio von einem einzelnen Wohnungseigentümer geltend gemacht werden.
2. Die verwalterlose Zweiergemeinschaft wird bei der Geltendmachung von Unterlassungs- oder Beseitigungsansprüchen, die sich auf Beeinträchtigungen des gemeinschaftlichen Eigentums durch einen der Wohnungseigentümer beziehen, von dem jeweils anderen Wohnungseigentümer vertreten; einer Vorbefassung der Eigentümerversammlung vor Klageerhebung bedarf es insoweit nicht.

Es genügt, wenn wir den Leitsatz zur Kenntnis nehmen. Die prozessualen Details interessieren uns in der notariellen Praxis nicht.

6. Veräußerungszustimmung

BGH Urt. v. 22.3.2024 – V ZR 141/23
NJW 2024, 2173 = NZM 2024, 553

Leitsatz:

Sieht die Gemeinschaftsordnung vor, dass ein Wohnungseigentümer zur Veräußerung seines Wohnungseigentums „der Zustimmung der anderen Wohnungseigentümer“ bedarf, ist eine Klage auf Zustimmung zur Veräußerung stets gegen die Gemeinschaft der Wohnungseigentümer zu richten; dies gilt auch dann, wenn die Vereinbarung vor dem 1. Dezember 2020 getroffen wurde.

Die Entscheidung sei nur als Beleg dafür zitiert, dass nach der WEG-Reform keine unmittelbaren Rechtsbeziehungen mehr zwischen den einzelnen Wohnungseigentümern bestehen, sondern diese nunmehr alle durch die Wohnungseigentümergemeinschaft mediatisiert sind.

7. Prozesskosten sind Verwaltungskosten

Die nächste Entscheidung zeigt einen Nachteil der neuen Gesetzeskonstruktion, bei der alle Rechtsbeziehungen über die Wohnungseigentümergemeinschaft laufen und daher auch die Rechtsverfolgung, die letztlich gegen den Verwalter oder gegen einen anderen Wohnungseigentümer gerichtet ist, zunächst über oder auch gegen die Wohnungseigentümergemeinschaft laufen muss – gewissermaßen „über Eck".

BGH Urt. v. 19.7.2024 – V ZR 139/23
NJW 2024, 3157 = NZM 2024, 760 = ZfIR 2024, 551

Kerngehalt:

Gewinnt ein Wohnungseigentümer einen Prozess gegen die Gemeinschaft, muss er die der Eigentümergemeinschaft auferlegten Prozesskosten gleichwohl als Verwaltungskosten der Gemeinschaft anteilig mittragen.

Sachverhalt:

Ein Wohnungseigentümer hatte einen Prozess gegen die Wohnungseigentümergemeinschaft gewonnen. Nach dem Urteil waren ihm die Prozesskosten von der Gemeinschaft zu ersetzen.
Um diese Prozesskosten zu zahlen, beschlossen die Wohnungseigentümer, eine Sonderumlage zu erheben. Daran sollte sich auch der obsiegende Wohnungseigentümer im Verhältnis seines Miteigentumsanteils beteiligen.
Der hatte dazu verständlicherweise wenig Lust und focht den Beschluss gerichtlich an. Das Landgericht gab ihm recht.

In der Revision hielt der BGH hingegen den Beschluss über die Sonderumlage als rechtmäßig aufrecht. Auch hier genügt es, wenn wir als Notare das Ergebnis kennen. Das Ergebnis ist logisch aus der jetzigen Konstruktion der Wohnungseigentümergemeinschaft abgeleitet. Den obsiegenden Wohnungseigentümer wird das Ergebnis aber überraschen. Und ob man ihn von der Sinnhaftigkeit des Ergebnisses überzeugen kann, erscheint mir offen.

VII. Erbbaurecht

Rechtsprobleme des Erbbaurechts beschäftigen die Rechtspraxis der letzten Jahre immer häufiger. Das hat seine Ursache nicht allein in der aufgrund der Wertentwicklung von Bauland neu entdeckten Lust am Erbbaurecht, sondern auch darin, dass mittlerweile in zunehmender Zahl Erbbaurechte in die Jahre kommen und der Fokus auf die Rechtsfolgen der Beendigung dieser Rechte fällt. Nicht nur die im letzten Jahr besprochenen Wohnungserbbaurechte bereiten hier besondere Probleme.

1. Erlöschen des Erbbaurechts entsprechend § 1026 BGB

OLG Koblenz Urt. v. 12.3.2024 – 3 U 970/23

ErbbauZ 2024, 112 mAnm Reichel = MittBayNot 2025, 77 = ZfIR 2024, 342 mAnm Heinemann = BeckRS 2024, 6353 = IBRRS 2024, 2914

Leitsatz 1:

Ein Erbbaurecht erlischt entsprechend § 1026 BGB, wenn eine nicht von der Ausübung erfasste Nebenfläche später vom Erbbaugrundstück abgeschrieben wird und sich die Ausübung des Erbbaurechts auf das verselbstständigte Teilgrundstück nicht erstreckt.

Beginnen wir den Überblick über die Entscheidungen der letzten Jahre mit einem Urteil des OLG Koblenz.

a) Sachverhalt

Ein Grundstück ist mit einem Erbbaurecht aus dem Jahr 1864 (damals noch privatschriftlich begründet!) belastet. Das Erbbaurecht hat einen definierten Ausübungsbereich, der bei Eintragung im Grundbuch wie folgt definiert wurde:

„Veräußerliches und vererbliches Recht […], unter der Oberfläche des Grundstücks Flur […] Nr. 421/1 und 421/2 einen 60 qm großen Keller zu haben, an der Stelle, welche in dem den Anlegungsakten A 575 beiliegenden Messbrief des Geometers […] in […] vom 18./19.5.1902 näher angegeben ist."

Das Grundstück wird vermessen und in zwei Teilflächen 1 und 2 sowohl katasterlich wie auch grundbuchlich geteilt, wobei sich der Keller und die im Messbrief bezeichnete Fläche nur auf dem Teilstück 1 befinden.

Der Eigentümer des Teilstücks 2 nimmt den Erbbauberechtigten auf Löschungsbewilligung nach § 894 BGB wegen der Unrichtigkeit des Grundbuchs in Anspruch.

b) Entscheidung des OLG Koblenz

Das OLG Koblenz geht im vorliegenden Fall davon aus, dass das Erbbaurecht, obschon es ursprünglich auf dem gesamten Ausgangsgrundstück gelastet hat, sich nach dessen Teilung nur noch an der Teilfläche fortsetzt, die vom Ausübungsbereich des Erbbaurechts, wie dieser im Rahmen von dessen Begründung vereinbart wurde, erfasst ist. An der anderen Teilfläche sei das Erbbaurecht danach entsprechend § 1026 BGB erloschen.

§ 1026 BGB Teilung des dienenden Grundstücks

Wird das belastete Grundstück geteilt, so werden, wenn die Ausübung der Grunddienstbarkeit auf einen bestimmten Teil des belasteten Grundstücks beschränkt ist, die Teile, welche außerhalb des Bereichs der Ausübung liegen, von der Dienstbarkeit frei.

Die Anwendung des § 1026 BGB folge bereits daraus, dass das ErbbauRG in § 11 Abs. 1 S. 1 ausdrücklich die sich auf Grundstücke beziehenden Vorschriften mit Ausnahme der §§ 925, 927, 928 BGB für anwendbar erkläre, soweit sich nicht aus dem Erbbaurechtsgesetz ein anderes ergebe. Das erfasse die entsprechende Anwendung des § 1026 BGB. Da es im ErbbauRG keine entsprechende Norm gebe, sei es sachgerecht, insoweit auf die Regeln zur Dienstbarkeit abzustellen, da es nach hM zulässig sei, auch die Ausübung des Erbbaurechts auf einen Teil des Grundstücks zu beschränken. Das Gericht führt dann weiter aus:

„In einem solchen Fall ist die nachträgliche Abschreibung und rechtliche Verselbstständigung des von der Rechtsausübung nicht betroffenen Grundstücksteils mit der in § 1026 BGB geregelten Teilung eines mit einer Grunddienstbarkeit belasteten Grundstücks vergleichbar.“

Da vorliegend eine Ausübung des Erbbaurechts an der abgeschriebenen Teilfläche nicht in Betracht komme, sei § 1026 BGB anwendbar und das Erbbaurecht entsprechend erloschen.

c) Bedarf es überhaupt des Rückgriffs auf § 1026 BGB?

Nach (fast)[66] einhelliger Auffassung in Rechtsprechung und Schrifttum ist § 1026 BGB auch auf das Erbbaurecht anwendbar, wenn es zur Abteilung eines nicht vom Ausübungsbereich desselben erfassten Grundstücksteils kommt.[67] Insoweit wird von der entsprechenden Anwendung ausgegangen, weil es keine ausdrückliche Regelung im ErbbauRG dazu gebe.

Liest man den Wortlaut des § 1 ErbbauRG, insbesondere des Abs. 2, ganz unbefangen, stellt sich im Grunde schon die Frage, ob es des Rückgriffs auf § 1026 BGB überhaupt bedarf.

§ 1 ErbbauRG

(1) Ein Grundstück kann in der Weise belastet werden, daß demjenigen, zu dessen Gunsten die Belastung erfolgt, das veräußerliche und vererbliche Recht zusteht, auf oder unter der Oberfläche des Grundstücks ein Bauwerk zu haben (Erbbaurecht).

(2) Das Erbbaurecht kann auf einen für das Bauwerk nicht erforderlichen Teil des Grundstücks erstreckt werden, sofern das Bauwerk wirtschaftlich die Hauptsache bleibt.

Das ErbbauRG trägt die räumliche Beschränkung des Erbbaurechts tatsächlich bereits in sich, wie sich aus der Erstreckungsmöglichkeit des Abs. 2 ergibt. Der Abs. 2 mit der ausdrücklichen Möglichkeit der Erstreckung des Erbbaurechts auf für das Bauwerk nicht erforderliche Teile des Grundstücks zeigt eindrücklich, dass das Recht im Ausgangspunkt nur den Bezug zu dem Teil des Grundstücks hat, auf dem das Gebäude steht. Einer Erstreckung bedarf es nicht, wenn es daran ohnehin besteht. Logisch ist es deshalb, schon gar nicht von der Notwendigkeit der Erlöschensanordnung des § 1026 BGB für das Erbbaurecht auszugehen, da nach Abschreibung nicht erfasste Grundstücksteile schlicht nicht mehr Gegenstand des Erbbaurechts sind. Der Anspruch nach § 894 BGB ergibt sich damit bereits unmittelbar aus § 1 ErbbauRG.

Nun könnte man argumentieren, dass dies bei der Grunddienstbarkeit mit definierter Ausübungsstelle ebenso sei und es deshalb mit gleicher Begründung auch des § 1026 BGB nicht bedürfe. Dem ist tatsächlich aber nicht so. Liest man bei den Motiven[68] für die Regelung des § 1026 BGB nach, findet sich als Begründung der Norm der Hinweis darauf, dass durch das Erlöschen des Rechts am abgeschriebenen Grundstück dem Berechtigten für

---

[66] S. dazu nachstehend → d) die Auseinandersetzung mit der Auffassung von Reichel ErbbauZ 2024, 112.

[67] OLG Hamm FGPrax 2006, 2; DNotZ 1972, 496; LG Ingolstadt MittBayNot 1992, 56; Weber in Staudinger, 2017, BGB § 1026 Rn. 3; Bauer/Schaub, GBO, 5. Aufl. 2023, F. Rn. 174, 34; Maaß in BeckOK BGB, 72. Ed. 1.11.2024, ErbbauRG § 1 Rn. 26; Otto in NK-BGB, 5. Aufl. 2022, BGB § 1026 Rn. 1, 2; Demharter, 33. Aufl. 2023, GBO Anh. § 8 Rn. 13.

[68] Mugdan, Die gesamten Materialien zum Bürgerlichen Gesetzbuch, Band 3, S. 272 zu § 976 des Ersten Entwurfs.

den Fall des Erlöschens des Rechts in einer Zwangsversteigerung die Befriedigungsmöglichkeit am Erlös des abgeschriebenen Grundstücksteils verloren gehen könne. Das aber ist gerade kein Risiko des Erbbaurechts, da diesem durch die Versteigerung des Grundstücks kein Erlöschensrisiko droht und damit auch kein Anlass für eine Regelung erforderlich ist. Des Rückgriffs auf § 1026 BGB bedarf es deshalb für das Erbbaurecht nicht. Die Abteilung eines nicht erfassten Grundstücksteils führt schon aus sich zum Wegfall des Rechts, weil es an diesem Grundstücksteil nie bestanden hat.

d) Unanwendbarkeit des § 1026 BGB wegen der Haftung für die Entschädigungsforderung?

Reichel hat in seiner Besprechung[69] zu der Entscheidung die Überlegungen des OLG Koblenz und der herrschenden Meinung aus einem ganz anderen Gesichtspunkt in Zweifel gezogen. Nach seiner Meinung soll § 1026 BGB deshalb nicht anwendbar sein, weil das Erbbaurecht auch nach Teilung deshalb an allen Grundstücksteilen fortbestehe, weil sonst dem Erbbauberechtigten ein Haftungsgegenstand für seinen Anspruch auf Entschädigung für das Bauwerk bei Beendigung des Erbbaurechts nach § 27 Abs. 1 S. 1 ErbbauRG entzogen werde. Erlösche des Erbbaurecht am abgeschriebenen Grundstück, stehe ihm insoweit ein weniger werthaltiger Befriedigungsgegenstand für seine Forderung zu.

Diese auf den ersten Blick einleuchtende Argumentation greift aber aus einem entscheidenden Grund nicht durch: Anders als bei der Dienstbarkeit, bei der – so der historische Gesetzgeber – der Berechtigte für den Fall des versteigerungsbedingten Wegfalls seines Rechts den Wert des gesamten Grundstücks als Befriedigungsmasse für den Wertverlust hat, soll dem Erbbauberechtigten nur maximal insoweit eine Entschädigung zustehen, wie dem Grundstückseigentümer ein Wertzuwachs durch das Gebäude entsteht. Erweist sich der Grundstücksteil, auf dem das Erbbaurecht nach Teilung noch ruht, als nicht werthaltig genug, um die Entschädigungsforderung zu befriedigen, war der durch das Erlöschen des Erbbaurechts entstandene Wertzuwachs im Grundstück offensichtlich nicht so hoch. Erhielte der Erbbauberechtigte bei Verwertung des Grundstücks einen höheren Betrag, als das Grundstück mit dem Bauwerk bei dessen Verwertung erbringt, wäre die Entschädigungsforderung offensichtlich zu hoch bemessen, der Eigentümer eben nicht entsprechend bereichert worden.

e) Ergebnis

Bei der Teilung des mit dem Erbbaurecht belasteten Grundstücks erlischt dieses am nicht vom Ausübungsbereich erfassten Grundstücksteil – ob nach § 1026 BGB entsprechend oder eo ipso ist eine ausschließlich rechtsdogmatische Frage.

2. Schuldrechtliche Verpflichtungen verbleiben bei Zwangsversteigerung beim ursprünglichen Erbbauberechtigten

Bei kaum einem Institut des Sachenrechts gehen Schuldrecht und Sachenrecht so durcheinander wie beim Erbbaurecht. Schon in nicht wenigen Mustern zu Erbbaurechtsverträgen wechseln sich dingliche Inhalte des Erbbaurechts mit schuldrechtlichen Vereinbarungen aus dem Bestellungsvertrag munter untereinander ab. Auch das Bewusstsein über die Rechtsnatur des Erbbauzinses ist nicht immer trennscharf.

[69] Reichel ErbbauZ 2024, 112 (115 ff.).

a) OLG Nürnberg Endurt. v. 12.3.2024 – 3 U 1856/23

OLG Nürnberg Endurt. v. 12.3.2024 – 3 U 1856/23
BeckRS 2024, 8034 = IBRRS 2024, 3247 = IVR 2024, 160 (Thürauf)

Leitsatz 1:

Ansprüche aus einer schuldrechtlichen Abrede in einem Erbbaurechtsbestellungsvertrag gegen den ersten Erbbaurechtsinhaber, die über den dinglichen Erbbauzins hinausgehen, bestehen gegen diesen fort, auch wenn das Erbbaurecht einem Dritten zugeschlagen wurde.

Sachverhalt:

Das OLG Nürnberg hatte nun in einem Fall zu entscheiden, in dem es um ein Erbbaurecht ging, bei dem zum einen ein wiederkehrender Erbbauzins vereinbart und entsprechend § 9 Abs. 1 ErbbauRG durch (Erbbauzins-)Reallast gesichert war, bei dem die ebenfalls vereinbarte Erhöhung des Erbbauzinses aber weder durch Vormerkung gesichert noch iSd § 1105 Abs. 1 S. 2 BGB wertgesichert war, sondern einen ausschließlich schuldrechtlichen Anspruch darstellte. Ebenso wenig war eine Veräußerungszustimmung iSd § 5 ErbbauRG vereinbart.
Es kam zur Versteigerung des Grundstücks. Der Ersteher leistete fortan nur noch auf die aus der Reallast bestehenden Zahlungsverpflichtungen, auf die vereinbarten Erhöhungsbeträge leistete er hingegen nicht.
Der Grundstückseigentümer, Erbe des ursprünglichen bestellenden Partners des Bestellungsvertrages, machte nun gegenüber den Erben des ursprünglichen Erbbaurechtsnehmers die aus deren Sicht schuldrechtlichen und bei diesen verbliebenen Verbindlichkeiten aus den Erhöhungsansprüchen geltend.

Das OLG Nürnberg sprach dem Grundstückseigentümer den Zahlungsanspruch aus der Verpflichtung aus dem Bestellungsvertrag auf die Erhöhungsbeträge zu und verurteilte die ehemaligen Erbbauberechtigten zur Zahlung.

b) Die Begründung des OLG

Pech gehabt! Und zwar wie. Das Urteil des OLG Nürnberg muss den ehemaligen Erbbauberechtigten weh tun. Erbbaurecht weg. Verpflichtung zur Zahlung des Erhöhungsbetrages im Grunde für den Rest der Laufzeit des Erbbaurechts behalten. Je nach Laufzeit kann da die Insolvenz eine attraktive Alternative darstellen. Wie nun begründet das OLG die Entscheidung?

aa) Schuldrechtliche Zahlungsverpflichtung neben dinglichem Erbbauzins

Zunächst hält das OLG fest, dass die in § 9 ErbbauRG vorgesehene Möglichkeit, den Erbbauzins dinglich auszugestalten, nichts an der parallel dazu bestehenden Berechtigung ändert, schuldrechtliche Vereinbarung zur Gegenleistung für die Bestellung des Erbbaurechts zu treffen. Diese schuldrechtlichen Vereinbarungen gelten unabhängig von der Person des jeweiligen Inhabers des Erbbaurechts. Das Kausalgeschäft der Erbbaubestellung sei ein Rechtskauf. Nicht anders als bei jedem anderen Kaufvertrag bestünden die aus diesem Kausalverhältnis resultierenden Verpflichtungen eben auch nach einer Weitergabe des Kaufgegenstandes auf Erwerberseite weiter.

Das OLG Nürnberg legte nun den Bestellungsvertrag so aus, dass die vereinbarten Erhöhungsbeträge unabhängig von der Inhaberschaft am Erbbaurecht geleistet werden müssen. Für die Annahme eines automatischen Wegfalls der Zahlungsverpflichtung durch den Verlust der Inhaberschaft am Erbbaurecht sah das Gericht keinen Anlass.

bb) Vorwurf der Selbstvereitelung oder Pflicht zur Vereinbarung der Veräußerungszustimmung

Der BGH hatte in seiner Entscheidung aus dem Jahr 2017[70] zur Berechtigung des Grundstückseigentümers einem Ersteher eines Erbbaurechts die Erwerbszustimmung nach § 5 ErbbauRG zu versagen, wenn dieser nicht bereit sei, in die schuldrechtlichen Teile des Bestellungsvertrages (Erbbauzinserhöhung) einzutreten, den Weg vorgezeichnet, wie es der Grundstückseigentümer auch ohne Reallast, Vormerkung oder andere versteigerungsfeste Sicherung seines Anspruchs erreichen kann, dass ein Rechtsnachfolger in die Verpflichtungen aus dem Vertrag eintritt.

Das OLG Nürnberg überlegte nun in seiner Entscheidung, ob den Eigentümer, wenn ihm denn die Möglichkeit eingeräumt sei, nicht auch die Verpflichtung treffe dies zu tun. Die Berufung hatte nämlich argumentiert, der Eigentümer habe dadurch, dass er keine Veräußerungszustimmung nach § 5 ErbbauRG vereinbart habe, geradezu selbst das Risiko gesetzt, dass sich die schuldrechtlichen Inhalte der Vereinbarungen nicht an einen Dritten weiterleiten ließen. Das OLG Nürnberg sieht keine Verpflichtung, vorausschauend für den Fall der Leistungsunfähigkeit (Zwangsversteigerung des Erbbaurechts) den Erbbauberechtigten durch Vereinbarung der Zustimmungsverpflichtung nach § 5 ErbbauRG zu schützen.

cc) Wirtschaftliche Betrachtung

Schließlich prüft das OLG Nürnberg sein rechtliches Ergebnis auch an einem wirtschaftlichen Maßstab. Da die Ersteherin des Erbbaurechts nicht in die schuldrechtlichen Vereinbarungen eintrat, war dieser bei Ersteigerung klar, dass sie nur aufgrund der fortbestehenden Reallast den dinglichen Erbbauzins leisten muss, nicht aber die Erhöhungsbeträge aus der bloß schuldrechtlichen und ihr gegenüber deshalb nicht wirksamen Verpflichtung.

> „Da die Ersteherin nur die dinglichen Erbbauzinsen berücksichtigen musste, dürfte sie zu einem wesentlich höheren Gebot bereit gewesen sein als dann, wenn sie höhere dingliche Zinsen und/oder zusätzlich schuldrechtliche Verpflichtungen bedienen hätte müssen. Damit kam es im Ergebnis den Beklagten zugute, dass die Ersteherin lediglich im Umfang des dinglichen Erbbauzinses haftet, weil dadurch ein entsprechend höheres Gebot und damit ein entsprechend hoher Nettoerlös für sie erzielt wurde. Die Beklagten haben damit von der Ersteherin indirekt den Geldbetrag erhalten, den sich diese erspart hat, weil sie selbst nicht den Klägern das inflationsgesicherte Entgelt schuldete.“[71]

c) Bewertung

Wie ist die Entscheidung des OLG Nürnberg nun zu werten?

aa) Ist nicht alles über die Erbbauzinsreallast geregelt?

Wer den § 9 ErbbauRG liest, kann leicht auf den Gedanken kommen, die wiederkehrenden Zahlungen, die der Berechtigte schuldet, seien zwingend über die Erbbauzinsreallast geregelt.

§ 9 ErbbauRG

(1) Wird für die Bestellung des Erbbaurechts ein Entgelt in wiederkehrenden Leistungen (Erbbauzins) ausbedungen, so finden die Vorschriften des Bürgerlichen Gesetzbuchs über die Reallasten entsprechende Anwendung. Die zugunsten der Landesgesetze bestehenden Vorbehalte über Reallasten finden keine Anwendung.

(2) Der Anspruch des Grundstückseigentümers auf Entrichtung des Erbbauzinses kann in Ansehung noch nicht fälliger Leistungen nicht von dem Eigentum an dem Grundstück getrennt werden.

---

[70] BGHZ 215, 250 = MittBayNot 2019, 261 mAnm Rapp.
[71] OLG BeckRS 2024, 8034 Rn. 46, 47.

Wäre dem so, würde sich die Frage nach den Fortwirkungen des schuldrechtlichen Bestellungsgeschäfts nicht stellen. Tatsächlich aber ist seit jeher anerkannt, dass der dingliche Erbbauzins aus der Reallast des § 9 Abs. 1 ErbbauRG nicht die einzige Grundlage eines Anspruchs auf wiederkehrende Zahlungen sein kann. Wie selbstverständlich wird seit einem Jahrhundert anerkannt, dass es daneben die schuldrechtliche Verpflichtung aus dem Bestellungsvertrag zur Zahlung gibt. Nichts anderes nämlich stellt die vor der Änderung des § 1105 Abs. 1 S. 2 BGB (Wertanpassung)[72] flächendeckend schuldrechtlich vereinbarte und regelmäßig durch entsprechende Vormerkung gesicherte Veränderungsvereinbarung zur Wertsicherung dar. Es entspricht sowohl der herrschenden Meinung in der Literatur[73] wie auch der Rechtsprechung,[74] dass der schuldrechtliche Anspruch aus dem Bestellungsvertrag neben dem dinglichen Erbbauzins steht.

Sowohl auf Aktiv- wie auch auf der Passivseite, also sowohl in der Person des Glaubigers wie auch des Schuldners der schuldrechtlichen Verpflichtungen kann eine Rechtsnachfolge nur rechtsgeschäftlich hergestellt werden. Automatisch vollzieht sich diese nur bei den dinglichen Rechtspositionen.

bb) Auslegung des Bestellungsvertrages

Den schuldrechtlichen Bestellungsvertrag zum Erbbaurecht so auszulegen, dass der Erbbauberechtigte aus den schuldrechtlichen Abreden auch dann verpflichtet bleibt, wenn er das Erbbaurecht überträgt oder es sonst verliert, dürfte interessengerecht sein. Wäre dem nicht so, hätten die alten Erhöhungsansprüche trotz Vormerkungssicherung bei der ersten Veräußerung ihre Wirksamkeit verloren. Das kann nicht angenommen werden.

cc) Pflicht zur Vereinbarung der Veräußerungszustimmung?

Richtig liegt das OLG auch darin, dem Eigentümer keine Verpflichtung aufzuerlegen, sich selbst durch Vereinbarung der Veräußerungszustimmung und dadurch erreichter Sicherstellung des Eintritts des Erstehers in den schuldrechtlichen Teil des Vertrages, zu schützen. Niemand zwingt den Erbbauberechtigten, sein Erbbaurecht zu veräußern. Gelangt dieses in die Zwangsversteigerung, trägt auch allein dieser daran die Verantwortung. Ob im Übrigen ein Grundstückseigentümer die Übernahme der schuldrechtlichen Verpflichtungen durch den Dritten erzwingen möchte oder nicht lieber den bisherigen Schuldner behält, ist allein dessen Sache.

dd) Wirtschaftliche Betrachtung

Nur zustimmen kann man dem OLG ebenfalls in seiner wirtschaftlichen Betrachtung des Sachverhalts. Tatsächlich ist ein Ersteher eines Erbbaurechts, zu dem kein oder nur ein geringer Erbbauzins zu leisten ist, bereit, mehr für das Grundstück zu zahlen, als wenn er mit dem vollen Erbbauzins einschließlich der künftigen Erhöhungsbeträge zu kalkulieren hat. Rein ökonomisch sollte der kapitalisierte Erbbauzins von jedem Ersteher bei der Berechnung seines Gebotes abgezogen werden. Je niedriger dieser ist, desto höher wird sein Gebot ausfallen dürfen. Entsprechend mehr erhält der ehemalige Erbbauberechtigte für sein Recht.

d) Gilt das auch bei der rechtsgeschäftlichen Übertragung?

Auch wenn das OLG Nürnberg den Fall anhand einer Zwangsversteigerung zu entscheiden hatte, sollte nicht übersehen werden, dass diese Grundsätze gleichermaßen auch für die rechtsgeschäftliche Veräußerung eines Erbbaurechts gelten.

---

72 Art. 11a EuroEG v. 9.6.1998 (BGBl. 1998 I 1242).

73 Winkler/Schlögel, Erbbaurecht, 7. Aufl. 2021, § 6 Rn. 13; Rapp in Staudinger, 2021, ErbbauRG § 9 Rn. 6; Weiß in MüKoBGB, 9. Aufl. 2023, ErbbauRG § 9 Rn. 55.

74 BGH DNotZ 2018, 58 Rn. 23 mwN; NJW 2014, 3521 Rn. 8.

Ohne besondere Vereinbarungen gehen nur die dinglichen Elemente, insbesondere also die Erbbauzinsreallast, auf den Erwerber über. Für alle schuldrechtlichen Elemente des Vertrages bleibt es ohne Vereinbarung einer Schuldübernahme bei der alleinigen Schuldnerstellung des bisherigen Rechtsinhabers. Ist dieser Anspruch durch dingliche Sicherheiten am Grundstück geschützt (anderweitige Reallast, Vormerkung, Grundpfandrecht oder ähnliche), wird darüber die Einbeziehung des Dritten mittelbar erreicht.

Will der ehemalige Berechtigte auch sonst aus den schuldrechtlichen Teilen der Vereinbarung entlassen werden, bedarf es dazu der Schuldhaftentlassung durch den Grundstückseigentümer!

e) Praxishinweise

Die Entscheidung lässt über zwei Fragen nachdenken:

1. Sollte im Rahmen der Bestellung von Erbbaurechten das Auseinanderfallen der dinglichen Inhaberschaft am Erbbaurecht und der Berechtigung aus dem Erbbauzins nicht möglichst vermieden werden?
2. Muss im Rahmen der rechtsgeschäftlichen Übertragung sowohl des Erbbaurechts wie auch des Grundstücks selbst besonderes beachtet werden?

aa) Zu 1: Vermeidung schuldrechtlicher Elemente

Auch wenn rechtsdogmatisch an der Entscheidung nichts auszusetzen ist, stellt sich dennoch die Frage, ob es nicht sinnvoll sein kann, der erkennbaren Intention des Gesetzgebers in § 9 ErbbauRG, wiederkehrende Zahlungen über den dinglichen Erbbauzins, also die Reallast, zu regeln, Folge zu leisten. Da Erbbaurechte regelmäßig sehr erhebliche Zeiträume umfassen, 99 Jahre die Regel, kürzere Zeiträume als 30 Jahre selbst im gewerblichen Bereich die Ausnahme sind, ist vorgezeichnet, dass es auch außerhalb des Erbgangs Veränderungen in den Personen der Inhaberschaft am Erbbaurecht und den Beteiligten des schuldrechtlichen Bestellungsgeschäfts kommt. Damit ist, wenn denn schuldrechtliche Vereinbarungen parallel zu den dinglichen Positionen verlaufen, ein Auseinanderfallen vorgezeichnet und damit das hier für das Entgelt entschiedene, im Grundsatz aber auch für alle anderen schuldrechtlichen Elemente geltende Problem vorgezeichnet:

> Jemand anderes schuldet schuldrechtlich, was eigentlich mit dem Erbbaurecht zusammenhängt.

Die lange Zeitdauer des Bestehens des Erbbaurechts spricht dafür, möglichst alle zwischen den Beteiligten auf Dauer angelegten Rechtsinhalte möglichst zu verdinglichen. Handelt es sich um Elemente, die Bestandteil des Erbbaurechts nach § 2 ErbbauRG sein können, sollte dies im Erbbaurecht selbst geregelt werden. Andere Regelungen sollten soweit möglich einer dinglichen Regelung, mindestens aber einer dinglichen Sicherung zugeführt werden. Denn auch wenn eine bloß schuldrechtliche Regelung nur die dingliche Sicherung erfahren hat (Beispiel: Anspruch auf Erhöhung des Erbbauzinses) führt deren Eintragung im Grundbuch zur Sichtbarkeit.

bb) Zu 2: Augen auf beim rechtsgeschäftlichen Transfer eines Erbbaurechts

Die zweite Warnung, die die Entscheidung in sich trägt, ist die für den Veräußerer eines Erbbaurechts, sich beim rechtsgeschäftlichen Transfer des Rechts bewusst zu machen, ob es neben den dinglichen Inhalten auch noch schuldrechtliche Verpflichtungen gibt, die an den Erwerber weitergegeben werden müssen und zu denen ggf. die Zustimmung zur Schuldhaftentlassung durch den Grundstückseigentümer eingeholt werden muss. Es droht sonst das Risiko, auf Verpflichtungen sitzen zu bleiben. Das gilt eben nicht nur für den

Erbbauzins wie im Fall des OLG Nürnberg. Das gleiche Risiko kann auch bei anderen vertraglichen Verpflichtungen, wie Bebauungs- und Nutzungsvereinbarungen, Abreden zur Pflege und ähnlichem entstehen.

f) Notarhaftung?

Aus dem letzten Jahr haben wir noch die Besprechung von *Hertel*[75] zur Entscheidung des III. Senats in einer Revision zu einem Urteil des OLG Hamm[76] im Ohr. Dem Notar war die Amtspflicht auferlegt worden, den Erbbaurechtsvertrag auf etwaige Verpflichtungen zu kontrollieren. Wäre das zutreffend, würden die vorstehenden Überlegungen des OLG Nürnberg zu einem Kontrollumfang führen, der die Beurkundung von Übertragungsverträgen zu Erbbaurechten zum erheblichen Risiko für den Notar werden ließen. Denn wenn schon der Erbbaurechtsvertrag der Belehrungspflicht des Notars unterliegt, warum dann nicht auch die Urkunde über die Bestellung? Auch diese ist aus den Grundakten entnehmbar und damit, folgt man den Überlegungen des OLG Hamm und des BGH in der Revision, Gegenstand der Belehrungspflichten. Wie *Hertel*[77] aber mehr als überzeugend und unter Verweis auf die vollständig konträre Rechtsprechung zum Belehrungsumfang beim Verkauf von Wohnungseigentum[78] dargelegt hat, handelt es sich wohl um eine Einzelfallentscheidung (beim BGH nicht entscheidungserheblich), die bei näherer Prüfung korrigiert werden wird.

Von einer Belehrungspflicht des Notars über die genauen Inhalte des Erbbaurechtsvertrages ist weiter nicht auszugehen, noch weniger besteht diese für den Inhalt des schuldrechtlichen Kausalgeschäfts.

3. Verjährung des Heimfallanspruchs und sonstiger Dauerpflichten aus dem Erbbaurechtsvertrag

Erbbaurechtsverträge sind auf Zeit angelegt. Auf lange Zeit. Entsprechend dauerhaft besteht das Risiko von Pflichtverletzungen. Um Rechtsklarheit zwischen Grundstückseigentümer und Erbbauberechtigten herzustellen, hat das Gesetz sowohl für den Heimfallanspruch wie auch für den Vertragsstrafenanspruch einen sehr engen zeitlichen Rahmen vorgesehen.

§ 4 ErbbauRG

Der Heimfallanspruch sowie der Anspruch auf eine Vertragsstrafe (§ 2 Nr. 4 und 5) verjährt in sechs Monaten von dem Zeitpunkt an, in dem der Grundstückseigentümer von dem Vorhandensein der Voraussetzungen Kenntnis erlangt, ohne Rücksicht auf diese Kenntnis in zwei Jahren vom Eintreten der Voraussetzungen an.

Kommt es nun zu punktuellen Verletzungen vertraglicher Pflichten, sind die Rechtsfolgen der Verjährungsregeln klar. Problematisch sind die Fälle, in denen das Verhalten des Erbbauberechtigten eine dauernde Pflichtverletzung darstellt, wie dies namentlich bei der Verletzung vertraglicher Unterhaltungspflichten der Fall ist, ebenso aber auch für vertragswidrige Nutzungen oder auch eine Verletzung der Versicherungspflicht gilt.

Der BGH hatte in zwei Entscheidungen, einmal zum Heimfallanspruch, einmal zur Vornahmeverpflichtung von Instandhaltungsmaßnahmen, Gelegenheit zur Frage des Verjährungsbeginns Stellung zu nehmen.

---

[75] Hertel in Herrler/Hertel/Kesseler ImmobilienR 2024 S. 193.
[76] OLG Hamm BWNotZ 2022, 412 mAnm Dieckmann = ErbbauZ 2022, 114 mAnm Meusel.
[77] Hertel in Herrler/Hertel/Kesseler ImmobilienR 2024 S. 193.
[78] BGHZ 179, 94.

BGH Urt. v. 20.10.2023 – V ZR 205/22
DNotZ 2024, 180 = NJW 2024, 1266 = NZM 2024, 379 = ErbbauZ 2024, 185 = MittBayNot 2024, 503 = ZfIR 2024, 210 mAnm Horn/Mönig = WM 2024, 1612 = BeckRS 2023, 40375

Leitsatz:

Verstößt der Erbbauberechtigte gegen seine im Erbbaurechtsvertrag vereinbarte Pflicht zur Erhaltung des Bauwerks, so beginnt die Verjährung des für diesen Fall vereinbarten Heimfallanspruchs des Eigentümers nicht zu laufen, solange die Pflichtverletzung andauert.

BGH Urt. v. 27.9.2024 – V ZR 21/24
NZM 2024, 976 = NJW-RR 2024, 1471 = BeckRS 2024, 29260 = IBRRS 2024, 3172

Leitsatz 1:

Bei dem Verstoß des Erbbauberechtigten gegen die ihn nach dem Erbbaurechtsvertrag treffende Verpflichtung, das von ihm errichtete Bauwerk in einem guten baulichen Zustand zu halten und die erforderlichen Reparaturen und Erneuerungen auf eigene Kosten vorzunehmen, handelt es sich um eine fortdauernde Vertragswidrigkeit; die Verjährungsfrist für den Anspruch des Grundstückseigentümers auf Vornahme der jeweils erforderlichen Maßnahmen beginnt daher nicht zu laufen, solange der Verstoß andauert.

a) Das Rechtsproblem

In beiden Fällen lag dem BGH die Frage vor, wann die Verjährung des jeweiligen Anspruchs beginnt, wenn Dauerpflichtverletzungen bestehen. Die Verletzung von Unterhaltungspflichten hat zwar einen Anfangszeitpunkt, solange die Unterhaltungspflicht aber besteht und nicht erfüllt wird, dauert der Verstoß an. Beginn die Verjährung in diesen Fällen mit dem erstmaligen Verstoß (zwei Jahre) bzw. der erstmaligen Kenntnis vom Verstoß (sechs Monate) zu laufen oder läuft die Verjährung bei solchen Dauerverstößen erst an, wenn die Pflichtverletzung beendet ist?

b) Die Antwort des BGH

Wenig überraschend hat der BGH in beiden Fällen entschieden, dass die Verjährung sowohl des Heimfallanspruchs wie auch der Instandhaltungspflicht erst zu laufen beginnt, wenn die Pflichtverletzung beendet ist. Der Erbbauberechtigte kann daraus, dass er über längere Zeiträume seinen Verpflichtungen nicht nachkommt, kein „Vertrauen" in sein rechtswidriges Verhalten gewinnen.

c) Bewertung

Die Entscheidungen des BGH sind nicht überraschend und entsprechen praktischer Notwendigkeit. In gleicher Art hat der BGH bereits für die Verletzung der Selbstnutzungsverpflichtung[79] und die entsprechenden Verpflichtungen beim Wohnungseigentum[80] und im Mietrecht[81] entschieden.

[79] BGHZ 206, 120 Rn. 34.
[80] BGH NJW-RR 2012, 910.
[81] BGHZ 184, 253 Rn. 17.

4. Verlängerung des Erbbaurechts – Grunderwerbsteuer

Zum Abschluss des Erbbaurechts soll noch der Hinweis auf eine für die Praxis wichtige Entscheidung des BFH zur Grunderwerbssteuer in Fällen der vorzeitigen Verlängerung des Erbbaurechts erfolgen.

BFH Urt. v. 10.7.2024 – II R 36/23
DStR 2024, 2375 mAnm Kugelmüller-Pugh = BFH/NV 2024, 1492 = ErbStB 2024, 341 mAnm Marfels = HFR 2025, 58 mAnm Füssenich = NWB 2024, 2268 mAnm Carlé = NZM 2024, 1026 = BeckRS 2024, 26610

Leitsatz:

Wird ein Erbbaurecht vor Ablauf der Laufzeit gegen Vereinbarung eines Erbbauzinses verlängert, ist Bemessungsgrundlage der Grunderwerbsteuer der kapitalisierte Erbbauzins für den Verlängerungszeitraum. Eine Abzinsung des Kapitalwerts auf den Zeitpunkt des Abschlusses der Vereinbarung über die Verlängerung des Erbbaurechts ist nicht vorzunehmen.

Dies gilt auch dann, wenn die Verlängerung unter einer auflösenden Bedingung steht. Ebenso:

BFH Urt. v. 10.7.2024 – II R 3/22
DStR 2024, 2371 mAnm Kugelmüller-Pugh = BeckRS 2024, 26609 = DStRK 2024, 318 (Broemel) = BFH/NV 2024, 1489 = ErbStB 2024, 339 mAnm Marfels = EStB 2024, 435 (Ls. mAnm Günther) = HFR 2025, 61 = NWB 2024, 2968 mAnm Carlé) = NZM 2024, 1023

In den beiden Parallelentscheidungen des BFH ging es um die Frage, wie die vorzeitige Verlängerung eines Erbbaurechts grunderwerbsteuerlich zu behandeln ist.

a) Sachverhalte (vereinfacht)

Der Sachverhalt stellte sich im Kern wie folgt dar: Es bestanden Erbbaurechte, deren Laufzeit noch mehr als 40 Jahre betrug. In dem einen Fall (II R 36/23) wurde das Erbbaurecht vorzeitig dergestalt verlängert, dass es sich beginnend mit dem Jahr 2056 sechsmal um jeweils zehn Jahre verlängerte,

> „wenn nicht der Erbbauberechtigte der jeweiligen Verlängerung vor Ablauf von einem Jahr der normalen Lauf- bzw. Verlängerungszeit schriftlich gegenüber dem anderen Vertragsteil widerspricht."

Im anderen Fall trat eine einfache Verlängerung um 44 Jahre beginnend mit dem Jahr 2070 ein. Das Finanzamt setzte in beiden Fällen Grunderwerbsteuer für die gesamte Dauer der Verlängerung des Erbbaurechts fest und zwar auf Grundlage des kapitalisierten Erbbauzinses der gesamten Laufzeit. Dass die Verlängerung und damit auch die Zahlungspflicht erst in mehr als 30 Jahren einsetzt, wurde nicht wertmindernd berücksichtigt.

b) Begründung

Dass die Verlängerung der Laufzeit eines Erbbaurechts einen grunderwerbsteuerpflichtigen Vorgang darstellt, ist ständige Rechtsprechung des BFH.[82] Die grundsätzliche Steuerpflicht stand damit nicht zum Streit.

Streitig war aber, in welcher Höhe die Bemessungsgrundlage der Besteuerung besteht. Ist Gegenstand des Erwerbsvorgangs ein Erbbaurecht, dem eine Erbbauzinsverpflichtung iSd § 9 Abs. 1 ErbbauRG gegenübersteht, so ist Bemessungsgrundlage der Grunderwerbsteuer gemäß § 13 Abs. 1 S. 1 BewG die auf die vereinbarte Laufzeit des Erbbaurechts kapitalisierte Erbbauzinsverpflichtung – auch das war unstreitig.

[82] Erstmals BFH BStBl. II 1993, 766; zuletzt noch BFH/NV 2020, 925 = ErbbauZ 2020, 185.

Streitig aber war, ob der erst 2056 bzw. im zweiten Fall erst 2070 fällig werdende Erbbauzins für die heutige Berechnung der Grunderwerbsteuer nicht selbst wieder kapitalisiert werden muss. Ökonomisch erscheint das richtig. Eine Zahlungsverpflichtung, die erst in 30 bzw. 45 Jahren erfüllt werden muss, hat einen heutigen Barwert, der weit unterhalb des Nominalwertes liegt. Hinzu kommt, dass sich die Verlängerung auch erst zu diesem Zeitpunkt realisiert.

Gleichwohl hat der BFH hier eine Abzinsung abgelehnt, im Wesentlichen mit dem Argument, anders als in den von § 12 Abs. 3 S. 1 BewG erfassten Fällen sei es im vorliegenden Fall nicht die Zahlungsverpflichtung, die bei Vorleistungspflicht des Grundstückseigentümers erst später fällig und damit abgezinst werden müsse, sondern Erbbaurechtsstellung und Erbbauzins stünden sich, wenn auch erst in Jahrzehnten im Zug um Zug Verhältnis gegenüber.

c) Bewertung

Die Entscheidung kann einfach nur hingenommen und zur Kenntnis genommen werden. Mich überzeugt diese wegen des erst in Jahrzehnten eintretenden Effekts des Rechtsgeschäfts nicht. Gleichwohl dürfte hier klar roma locuta greifen.

d) Die auflösende Bedingung

In einem der Fälle hatten die Beteiligten vereinbart, dass die Verlängerung des Erbbaurechts dann nicht eintritt, wenn der Erbbauberechtigte dem widerspricht. Es stand damit die Frage im Raum, ob die Grunderwerbsteuer deshalb, weil die Verlängerung damit unter einer Bedingung stand, nicht erst bei Eintritt derselben greift.

Das FG hatte die Vereinbarung der Beteiligten so ausgelegt, dass es sich dabei um eine auflösende und nicht um eine aufschiebende Bedingung iSd § 158 Abs. 1 BGB handelt.

- Liegt eine aufschiebende Bedingung iSd § 158 Abs. 1 BGB vor, ist der Tatbestand des § 1 Abs. 1 Nr. 1 GrEStG vor Eintritt der Bedingung noch nicht erfüllt. Entsprechend entsteht die Steuer nach § 14 Nr. 1 GrEStG erst mit dem Eintritt der Bedingung.
- Die auflösende Bedingung berührt aktuell die die Wirksamkeit des Rechtsgeschäfts und den darauf beruhenden steuerbaren Erwerbsvorgang erst einmal nicht.

Der BFH stellt dazu fest:

> „Für Fälle, in denen ein Erwerbsvorgang eine auflösende Bedingung vorsieht, ist ein abweichender Zeitpunkt des Entstehens der Grunderwerbsteuerschuld gesetzlich nicht vorgesehen. Die Steuerschuld entsteht also mit Verwirklichung des Tatbestands."

Vorliegend gilt also: **Pech gehabt!** Das Problem hätte hier im Ergebnis einfach dadurch vermieden werden können, dass dem Erbbauberechtigten keine Auflösungs- sondern eine Abschlussoption eingeräumt worden wäre. Da diese zu einem heute nicht wirksamen Rechtsgeschäft geführt hätte, wäre die Besteuerung auf den Zeitpunkt der Ausübung der Option vorverlegt worden.

F. Allgemeines Grundstücksrecht/Beschränkte dingliche Grundstücksrechte

I. Nießbrauch und Schuldübernahme

1. Übernahme" von Miet- und Pachtverhältnissen bei Beendigung des Nießbrauchs

Der Nießbraucher ist berechtigt, die Nutzungen der Sache zu ziehen und diese unbefristet zu vermieten. Hat nicht der Eigentümer vor Bestellung des Nießbrauchs, sondern der Nießbraucher die Immobilie vermietet und endet der Nießbrauch, gilt es zu klären, ob der Eigentümer als nicht am Mietvertrag beteiligter Dritte weiterhin an diesen gebunden ist. Zwar erlischt ein derartiger Mietvertrag nicht mit dem Nießbrauch, vermittelt aber grundsätzlich kein Besitzrecht iSv § 986 BGB gegenüber dem nicht am Vertrag beteiligten Eigentümer. Für diese Konstellation ordnet § 1056 Abs. 1 BGB an, dass § 566 BGB entsprechend Anwendung finde und daher der Eigentümer das bestehende Mietverhältnis „übernimmt“;[1] nach ständiger höchstrichterlicher Rechtsprechung handelt es sich hierbei nicht um einen Fall der Rechtsnachfolge, vielmehr entsteht zwischen dem Eigentümer und dem Mieter kraft Gesetzes ein neues, mit dem alten inhaltsgleiches Mietverhältnis.[2] Dem Eigentümer wird in § 1056 Abs. 2 BGB ein spezielles Kündigungsrecht gewährt.

§ 1056 BGB Kauf bricht nicht Miete

(1) Hat der Nießbraucher ein Grundstück über die Dauer des Nießbrauchs hinaus vermietet oder verpachtet, so finden nach der Beendigung des Nießbrauchs die für den Fall der Veräußerung von vermietetem Wohnraum geltenden Vorschriften der §§ 566, [...] BGB entsprechende Anwendung.

(2) [1]Der Eigentümer ist berechtigt, das Miet- oder Pachtverhältnis unter Einhaltung der gesetzlichen Kündigungsfrist zu kündigen. [...]

Gibt der Nießbraucher den Nießbrauch vorzeitig auf, soll das mit Blick auf § 1056 Abs. 2 S. 1 BGB nicht zulasten des Mieters gehen. Daher greift das Kündigungsrecht des Eigentümers gemäß § 1056 Abs. 2 S. 2 BGB aus Vertrauensschutzgründen erst mit dem regulären Erlöschen des Nießbrauchs, zB wegen Eintritt der auflösenden Bedingung oder Tod des Berechtigten.

Beim Kündigungsrecht des Vermieters nach § 1056 Abs. 2 S. 1 BGB handelt es sich allerdings **nicht** um ein **freies, unbeschränktes Kündigungsrecht.** Vielmehr finden auf dieses außerordentliche Kündigungsrecht gemäß § 573d Abs. 1 BGB die allgemeinen Kündigungsschutzvorschriften der §§ 573 f. BGB Anwendung. Bei Mietverhältnissen über Wohnraum auf unbestimmte Zeit setzt dies grundsätzlich ein **berechtigtes Interesse** des Vermieters an der Beendigung des Mietverhältnisses voraus (vgl. § 573 BGB). Außerdem ist eine **dreimonatige Kündigungsfrist** zu beachten (§ 573d Abs. 2 BGB). Die gesetzlichen Regelungen zur außerordentlichen fristlosen Kündigung finden jedoch keine Anwendung (etwa § 569 Abs. 3 Nr. 2 BGB – Nachzahlung der rückständigen Miete nach Rechtshängigkeit).[3]

---

1 Herrler in Grüneberg, 84. Aufl. 2025, BGB § 1056 Rn. 1.
2 Vgl. BGH NJW 2014, 3775.
3 BGH NJW 2015, 2650 Rn. 17, 22.

Zwischenergebnis:

Die Rechtswirkungen des § 1056 BGB beschränken sich somit darauf, dem Eigentümer bei einem auf Zeit abgeschlossenen Mietvertrag bei Erlöschen des Nießbrauchs ein Kündigungsrecht mit gesetzlicher Kündigungsfrist unabhängig von der Mindestmietdauer einzuräumen.

Auch dieses außerordentliche Kündigungsrecht des Eigentümers bei Erlöschen des Nießbrauchs mit gesetzlicher Frist greift jedoch nur, sofern der **Eigentümer** nicht unabhängig von seinem „Eintritt" in den Mietvertrag nach § 1056 Abs. 1 BGB iVm § 566 BGB **an diesen gebunden** ist, etwa weil er schon zuvor Vertragspartei des Mietvertrags war (etwa als Mitvermieter, unter anderem im Fall eines Quoten- oder Bruchteilsnießbrauchs) oder aber rechtsgeschäftlich oder kraft Gesetzes in diesen eingetreten ist. Im Fall der Mitvermieterstellung des Eigentümers leuchtet das unmittelbar ein.

Will man das Kündigungsrecht nach § 1056 Abs. 1 BGB nicht gefährden, sollte eine rechtsgeschäftliche Übernahme der Pflichten aus dem Mietvertrag durch den Eigentümer tunlichst vermieden werden. In diesem Zusammenhang gilt es, die üblichen Formulierungen bei **Überlassungsverträgen von vermieteten Grundstücken** in den Blick zu nehmen, bei denen sich der Übergeber einen **Nießbrauch** vorbehält und in denen auf die Folgen der Beendigung des Nießbrauchs hingewiesen wird, wie die folgende Entscheidung des XII. Zivilsenats des BGH illustriert. Eine gebräuchliche Formulierung lautet etwa wie folgt.

Formulierungsbeispiel:[4]

Die heutige Veräußerung lässt das bestehende Mietverhältnis unberührt; der Nießbrauchsberechtigte bleibt weiterhin Vermieter.
Er ist während des Bestehens des Nießbrauchs auch zum Abschluss neuer Mietverhältnisse befugt. Diese gehen bei Beendigung des Nießbrauchs kraft Gesetzes auf den Erwerber über.

2. BGH Beschl. v. 12.6.2024 – XII ZR 92/22

BGH Beschl. v. 12.6.2024 – XII ZR 92/22
NJW 2024, 2614 = NotBZ 2025, 36 (Krauß) = NZM 2024, 820 = ZEV 2024, 696

Hat der Nießbraucher vermietet, steht dem Eigentümer bei Erlöschen des Nießbrauchs ein Sonderkündigungsrecht nach § 1056 Abs. 2 BGB zu. Das Sonderkündigungsrecht ist ausgeschlossen, wenn der Eigentümer Alleinerbe des Nießbrauchers ist – nicht aber, wenn er das Grundstück bereits zu Lebzeiten schenkweise (in vorweggenommener Erbfolge) übertragen erhalten hat.

Sachverhalt (vereinfacht):

- Der Kläger erwarb das Eigentum am Grundstück von seiner Mutter (im Folgenden auch „der Übergeber") im Wege der vorweggenommenen Erbfolge.
- Die Mutter behielt sich dabei den Nießbrauch am Grundstück vor.
- Nach ihrem Tod sollte der Nießbrauch an ihren Ehemann, den Vater ihrer beiden Kinder übergehen.

[4] Herrler in BeckNotar-HdB, 8. Aufl. 2024, § 5 Rn. 557.

- Im Rahmen des Überlassungsvertrags wurde folgende Regelung getroffen: „Etwaige Miet- und Pachtverhältnisse sind vom Erwerber bei Nießbrauchsende zu übernehmen."
- Die Ehegatten errichteten ein Berliner Testament und setzten ihre Tochter als alleinige Schlusserbin ein.
- Nach dem Tod der Mutter vermietete der Vater das Anwesen mit einem auf zehn Jahre befristeten Gewerbemietvertrag an eine Gesellschaft, deren Geschäftsführerin seine Tochter, die Schwester des Klägers, ist.
- Nach dem Tod des Vaters kündigte der Sohn das Mietverhältnis unter Hinweis auf § 1056 Abs. 2 BGB und klagt gegen die Gesellschaft auf Herausgabe des Grundstücks.
- Die Beklagte wehrt sich gegen die Kündigung
- Das Landgericht hat der Klage stattgegeben. Die Berufung wurde vom OLG zurückgewiesen.

Entscheidungsgründe: Die Revision hat Erfolg.

a) Kein Eintritt des Übernehmers in den Mietvertrag kraft Gesetzes

Zunächst stellt der BGH klar, dass zwar dem **Alleinerben des Nießbrauchers** das Kündigungsrecht nach § 1056 Abs. 2 S. 1 BGB nicht zustehe, da dieser infolge der Gesamtrechtsnachfolge (§ 1922 Abs. 1 BGB) an die mietvertraglichen Pflichten des Erblassers gebunden sei (vgl. § 1967 BGB). Die Rechtsstellung desjenigen, der das Grundstück im Wege der vorweggenommenen Erbfolge erworben habe, sei mit der eines Alleinerben jedoch auch wertungsmäßig **nicht vergleichbar.**

„Der Grundstückseigentümer, der den Nießbrauchsberechtigten allein beerbt hat, ist nach erbrechtlichen Grundsätzen durch Universalsukzession unmittelbarer Vertragspartner des Mieters geworden und haftet daher nach § 1967 BGB für die Erfüllung des Mietvertrags als Nachlassverbindlichkeit. Könnte der Erbe in dieser Situation den Mietvertrag gem. § 1056 Abs. 2 S. 1 BGB kündigen, würde sich eine zugunsten des Mieters erlassene Schutzvorschrift in ein ungerechtfertigtes Haftungsprivileg des Erben verkehren."[5]

„Demgegenüber trifft den durch einen Übertragungsvertrag im Wege vorweggenommener Erbfolge Begünstigten gem. § 1967 BGB nach allgemeiner Ansicht keine Haftung für Nachlassverbindlichkeiten des Erblassers [...]. Deshalb haftet auch derjenige, dem das dienende Grundstück mit dem Motiv der vorweggenommenen Erbfolge unter Vorbehalt eines Nießbrauchs übertragen wird, nicht schon kraft Gesetzes für die Erfüllung der vom Nießbraucher abgeschlossenen Mietverträge. Mit der Ausübung des Sonderkündigungsrechts gem. § 1056 Abs. 2 S. 1 BGB kann daher für ihn auch keine Haftungsprivilegierung verbunden sein. Würde man ihm vielmehr das Sonderkündigungsrecht aus § 1056 Abs. 2 S. 1 BGB verwehren und ihm dadurch eine im Gesetz nicht vorgesehene Haftung für die Erfüllung der vom Nießbraucher abgeschlossenen Mietverträge auferlegen, wäre er **schlechter gestellt als der Alleinerbe des Nießbrauchers,** der sich durch Ausschlagung der Erbschaft von der Haftung für die Nachlassverbindlichkeiten befreien und damit das Sonderkündigungsrecht gem. § 1056 Abs. 2 S. 1 BGB zu seinen Gunsten aktivieren könnte."[6]

b) Unter Umständen vertragliche Schuldübernahme

Es könne jedoch nicht vollständig ausgeschlossen werden, dass die Formulierung im Übergabevertrag („Etwaige Miet- und Pachtverhältnisse sind vom Erwerber bei Nießbrauchsende zu übernehmen.") als Schuldübernahme des Klägers zu verstehen sei.

Da der Beklagten keine Gelegenheit zur Stellungnahme gegeben wurde, sei es nicht a priori auszuschließen, dass das Berufungsgericht unter Umständen zu einer anderen Würdigung des Vertrags gekommen wäre und eine Schuldübernahme seitens des Klägers angenommen hätte, wenn ein ordnungsgemäßer Hinweisbeschluss ergangen wäre.

---

[5] BGH NJW 2024, 2614 Rn. 12.
[6] BGH NJW 2024, 2614 Rn. 13.

3. Würdigung

Die Auslegung der vorstehenden Klausel des Überlassungsvertrags ist grundsätzlich Sache des Tatrichters. Die Wortwahl des XII. Zivilsenats in seinem Hinweisbeschluss deutet darauf hin, dass der Senat nicht davon ausgeht, dass vorliegend eine Schuldübernahme vereinbart wurde:

> „Es kann im vorliegenden Fall nicht vollständig ausgeschlossen werden, dass das Berufungsgericht […] zu einer abweichenden Beurteilung gelangt wäre“.[7]

Bei verständiger Würdigung der betreffenden Passage des Überlassungsvertrags aus Sicht des objektiven Empfängers nach §§ 133, 157, 242 BGB **liegt** die Annahme eines **Schuldbeitritts zugunsten einer nicht am Überlassungsvertrag beteiligten Person,** dem künftigen Mieter der übergebenen Immobilie, **fern,** sofern keine deutlichen gegenteiligen Anhaltspunkte vorliegen. An dieser Bewertung ändert sich auch nichts durch den Umstand, dass es sich bei dem Dritten letztlich um die Gesellschaft der Tochter des Übergebers handelt.

Sofern die Beklagte keine neuen Tatsachen vorbringt, die geeignet sind, das vorstehend gefundene Auslegungsergebnis grundlegend in Frage zu stellen, ist daher davon auszugehen, dass die betreffende Klausel (weiterhin) lediglich als deklaratorischer Hinweis auf die bestehende Rechtslage gemäß §§ 1056 Abs. 1, 566 BGB interpretiert werden wird.

Gleichwohl verdeutlicht die Entscheidung des BGH, dass die jeweilige vertragliche Regelung bereits nach dem Wortlaut klar danach differenzieren sollte, ob eine Verpflichtung begründet oder lediglich auf die bestehende Rechtslage hingewiesen werden soll. Die verwendete Formulierung („Etwaige Miet- und Pachtverhältnisse sind vom Erwerber bei Nießbrauchsende zu übernehmen.“) bietet einen gewissen Auslegungsspielraum und kann auf Grundlage des Wortlauts genauso gut als pflichtenbegründend interpretiert werden.

Man mag die vorstehende BGH-Entscheidung daher zum Anlass nehmen, in der entsprechenden Musterregelung im Überlassungsvertrag ausdrücklich klarzustellen, dass seitens des Erwerbers keine mietvertraglichen (schuldrechtlichen) Pflichten des Nießbrauchers übernommen werden.

Formulierungsvorschlag:

Die heutige Veräußerung lässt das bestehende Mietverhältnis unberührt; der Nießbrauchsberechtigte bleibt weiterhin Vermieter.
Er ist während des Bestehens des Nießbrauchs auch zum Abschluss neuer Mietverhältnisse befugt.
Der Notar hat darüber belehrt, dass diese bei Beendigung des Nießbrauchs kraft Gesetzes auf den Erwerber übergehen.

Eine darüberhinausgehende Klarstellung, etwa „Dies stellt lediglich einen deklaratorischen Hinweis auf die Vorschrift des § 1056 BGB dar und begründet insbesondere keine darüberhinausgehenden Rechte des Mieters.“, ist meines Erachtens nicht erforderlich.

[7] BGH NJW 2024, 2614 Rn. 15.

II. Vorkaufsrechte

1. Keine Umwandlung eines subjektiv-dinglichen Vorkaufsrechts in ein subjektiv-persönliches Vorkaufsrecht

a) Subjektiv-persönliche und subjektiv-dingliche Rechte

Rechtsinhaber eines dinglichen Rechts kann entweder eine bestimmte natürliche oder juristische Person sein, dann handelt es sich um ein **subjektiv-persönliches Recht.** Darunter fallen unter anderem der Nießbrauch, die beschränkten persönlichen Dienstbarkeiten, das subjektiv-persönliche Vorkaufsrecht und die subjektiv-persönliche Reallast. Im Grundsatz gilt, dass subjektiv-persönliche Rechte nicht übertragbar sind (vgl. §§ 1059, 1092 Abs. 1 BGB) und mit dem Tod des Berechtigten erlöschen (vgl. §§ 1061, 1090 Abs. 2 BGB). Nießbrauch und beschränkte persönliche Dienstbarkeit sind jedoch in bestimmten Konstellationen übertragbar (§§ 1059a, 1092 Abs. 2, Abs. 3 BGB). Zur Neufassung von § 1092 Abs. 3 BGB siehe unter → E. IV.

Alternativ können einzelne dingliche Rechte auch zugunsten des jeweiligen Inhabers eines Grundstücks bestellt werden, sog. **subjektiv-dingliche Rechte.** Beispiele hierfür sind die Grunddienstbarkeit, das subjektiv-dingliche Vorkaufsrecht und die subjektiv-dingliche Reallast. Subjektiv-dingliche Rechte sind wesentlicher Bestandteil eines Grundstücks (§§ 93, 96 BGB), können von diesem nicht getrennt werden und gehen bei Verfügungen über das Grundstück ipso iure mit über. Der Inhaber des Rechts ist stets der jeweilige Eigentümer des Grundstücks.

Subjektiv-persönliche Rechte und das subjektiv-dingliche Recht unterscheiden sich in ihrer **wirtschaftlichen Zweckrichtung** und der ihrer Bestellung zugrunde liegenden **Interessenlage.**[8] Bei subjektiv-dinglichen Rechten wie zB einem Wegerecht soll die dauerhafte Benutzbarkeit und der Wert des Grundstücks gesichert werden. Daher ist es sinnvoll, dass das Recht nicht vom Grundstück getrennt werden kann. Bei subjektiv-persönlichen Rechten steht hingegen der Berechtigte im Vordergrund. So soll zB bei einem Wohnungsrecht sichergestellt werden, dass der Berechtigte Zeit seines Lebens in der Immobilie wohnen kann. Mit seinem Tod fällt dieses Interesse fort, weshalb dieses dingliche Recht von Gesetzes wegen erlischt. Die gesetzlich angeordnete zeitliche Befristung reduziert die mit dem dinglichen Recht einhergehende Belastung des Grundstücks.

Manche dinglichen Rechte wie das Vorkaufsrecht oder die Reallast können sowohl als subjektiv-dingliches als auch als subjektiv-persönliches Recht bestellt werden (vgl. §§ 1103, 1110 f. BGB). Hierunter fällt ebenfalls die Dienstbarkeit, deren beiden Ausprägungen an unterschiedlichen Stellen im Gesetz geregelt sind.

Das OLG München hatte jüngst darüber zu entscheiden, ob ein subjektiv-dingliches Recht durch Inhaltsänderung rangwahrend zu einem subjektiv-persönlichen Recht werden kann.

b) OLG München Beschl. v. 22.2.2024 – 34 Wx 2/24e

OLG München Beschl. v. 22.2.2024 – 34 Wx 2/24e
BeckRS 2024, 2665 = FGPrax 2024, 61 mAnm Reichel = ZfIR 2024, 347 mAnm Otto

[8] Vgl. Westermann in MüKoBGB, 9. Aufl. 2023, BGB § 1103 Rn. 1.

Sachverhalt (vereinfacht):

- Das Grundstück wurde mit einem subjektiv-dinglichen Vorkaufsrecht zugunsten der Eigentümerin des herrschenden Grundstücks belastet.
- Da das herrschende Grundstück verkauft werden soll, vereinbarten die Beteiligten das Vorkaufsrecht in ein subjektiv-persönliches Vorkaufsrecht umzuwandeln und beantragten die Eintragung der Inhaltsänderung in das Grundbuch.
- Begünstigte des nunmehr subjektiv-persönlichen Vorkaufsrechts soll die bisherige Eigentümerin des herrschenden Grundstücks sein.
- Das Grundbuchamt lehnte die Eintragung ab.

Anmerkung: Durch die angestrebte Inhaltsänderung wollen die Beteiligten den Rang des Vorkaufsrechts erhalten. Da für die Inhaber gleich- bzw. nachrangiger Rechte durch den Berechtigtenwechsel keine Beeinträchtigung drohe, ist deren Zustimmung zur Inhaltsänderung entbehrlich.[9] Bei Löschung und Neubestellung wären hierfür die Bewilligungen aller derzeit nachrangig Berechtigten notwendig. Bei Personenidentität von derzeitigem Grundstückseigentümer des herrschenden Grundstücks und künftigem Berechtigten des dinglichen Vorkaufsrechts ändere sich wirtschaftlich nichts an der berechtigten Person.

Entscheidung: Die zulässige Beschwerde ist nach Ansicht des OLG München unbegründet. Eine **rangwahrende Inhaltsänderung** sei nicht möglich, da das subjektiv-dingliche Vorkaufsrecht und das subjektiv-persönliche Vorkaufsrecht zwei **wesensverschiedene Sachenrechte** seien. Hierfür spreche der Wortlaut von § 1103 BGB und von § 1094 Abs. 1 und Abs. 2 BGB.

§ 1103 BGB Subjektiv-dingliches und subjektiv-persönliches Vorkaufsrecht

(1) Ein zugunsten des jeweiligen Eigentümers eines Grundstücks bestehendes Vorkaufsrecht kann nicht von dem Eigentum an diesem Grundstück getrennt werden.

(2) Ein zugunsten einer bestimmten Person bestehendes Vorkaufsrecht kann nicht mit dem Eigentum an einem Grundstück verbunden werden.

„Aus den beiden von § 1103 BGB ausgesprochenen Verboten ergibt sich zudem, dass ein dingliches Vorkaufsrecht **nur entweder als ein subjektiv-persönliches oder subjektiv-dingliches bestellt werden kann** […]. Beide Gestaltungsmöglichkeiten schließen einander aus […]. § 877 BGB kann deshalb keine Anwendung finden. Das subjektiv-dingliche Vorkaufsrecht teilt das rechtliche Schicksal des Grundstücks. Das subjektiv-persönliche Vorkaufsrecht ist an die Person des Berechtigten geknüpft. Ist das Vorkaufsrecht mit dem Eigentum an dem herrschenden Grundstück verknüpft, **kann diese Verknüpfung deshalb nicht mehr getrennt werden** und zwar auch dann nicht, wenn der Eigentümer des herrschenden Grundstücks einer Umwandlung in ein nicht übertragbares und unvererbliches Vorkausfsrecht zustimmt. Dies stellt einen Verstoß gegen den numerus clausus des Sachenrechts dar. Eine derartige Umwandlung ist nur durch Aufhebung und Neubestellung, damit nicht rangwahrend möglich.“[10]

Das Gericht lehnt die teilweise in der Literatur vertretene Auffassung ab, beide Varianten des Vorkaufsrechts seien Ausprägung desselben Sachenrechts und eine rangwahrende Inhaltsänderung komme jedenfalls dann in Betracht, wenn der neue Berechtigte zuvor Eigentümer des herrschenden Grundstücks war.[11]

Zutreffend weist der Senat darauf hin, dass eine **Inhaltsänderung** iSv § 877 BGB auf eine rechtsgeschäftliche **Änderung der Befugnisse des Berechtigten bei einem bereits bestehenden dinglichen Recht** beschränkt sei. Die Auswechslung des Berechtigten im Sinne einer Änderung der Rechtsinhaberschaft falle nicht in den Anwendungsbereich von § 877 BGB. Eine Änderung des Berechtigten der Dienstbarkeit sei daher nur dergestalt

---

9 Vgl. Heinze in Staudinger, 2018, BGB § 877 Rn. 75.
10 OLG München BeckRS 2024, 2665 Rn. 16.
11 So Omlor in BeckOGK, 1.1.2025, BGB § 1103 Rn. 7.

möglich, dass das bisherige Recht aufgehoben und ein neues subjektiv-persönliches Recht bestellt wird.

Kerngehalt:

Ein subjektiv-dingliches Vorkaufsrecht kann auch dann nicht in ein subjektiv-persönliches Vorkaufsrecht umgewandelt werden, wenn der neue Berechtigte Eigentümer des herrschenden Grundstücks ist. Erforderlich ist vielmehr die Neubestellung eines subjektiv-persönlichen Vorkaufsrechts.

c) Stellungnahme

Die Entscheidung des OLG München ist zutreffend und überzeugend begründet! Unter einer Inhaltsänderung ist nach allgemeiner Meinung jede nachträgliche Abwandlung des Umfangs der Rechte und Pflichten zu verstehen, die ein dingliches Recht seinem Inhaber vermittelt. Eine **„Umwandlung" in ein anderes Sachenrecht** stellt indes **keine Inhaltsänderung** iSv § 877 BGB dar.[12] Die Änderung der Rechtsinhaberschaft eines dinglichen Rechts, dessen Belastung, Aufhebung oder Rangänderung fallen daher nicht unter § 877 BGB.[13] Insbesondere § 1103 BGB manifestiert, dass es sich beim subjektiv-dinglichen Vorkaufsrecht und beim subjektiv-persönlichen Vorkaufsrecht um zwei eigenständige, wesensverschiedene dingliche Rechte handelt. Würde man den angedachten „Formwechsel" des Vorkaufsrechts zulassen, würde das derzeit bestehende subjektiv-dingliches Vorkaufsrecht entgegen der klaren Regelung in § 1103 Abs. 1 BGB vom Eigentum an diesem Grundstück getrennt.

Aus denselben Gründen sind die **„Umwandlung" einer Grunddienstbarkeit in eine beschränkte persönliche Dienstbarkeit** und der **Wechsel von einer subjektiv-dinglichen hin zu einer subjektiv-persönlichen Reallast,** jeweils und umgekehrt, nicht im Wege der Inhaltsänderung iSv § 877 BGB möglich. Auch insoweit bedarf es der Aufhebung und Neubestellung des Rechts, was rangwahrend nur mit Zustimmung der gleich- und nachrangig Berechtigten möglich ist.

§ 1110 BGB Subjektiv-dingliche Reallast

Eine zugunsten des jeweiligen Eigentümers eines Grundstücks bestehende Reallast kann nicht von dem Eigentum an diesem Grundstück getrennt werden.

§ 1111 BGB Subjektiv-persönliche Reallast

(1) Eine zugunsten einer bestimmten Person bestehende Reallast kann nicht mit dem Eigentum an einem Grundstück verbunden werden.

(2) […]

2. Dingliches Vorkaufsrecht an Miteigentumsanteil und Anteilsvereinigung

Während der Nießbrauch an einem ideellen Miteigentumsanteil einer Sache im ungeteilten Eigentum auch originär als Bruchteilsnießbrauch bestellt werden kann,[14] verbieten §§ 1095, 1106 und 1114 BGB die nur quotenmäßige Belastung eines Allein- bzw. Miteigentumsanteils an einem Grundstück. Bei der Grunddienstbarkeit und der beschränkten persönlichen Dienstbarkeit fehlt zwar ein explizites gesetzliches Verbot; es folgt jedoch im

[12] OLG Hamm NotBZ 2015, 391.
[13] Vgl. Herrler in Grüneberg, 84. Aufl. 2025, BGB § 877 Rn. 3 mwN.
[14] Herrler in Grüneberg, 84. Aufl. 2025, BGB § 1066 Rn. 4 mwN.

Regelfall aus der Natur der Sache, dass die Belastung eines ideellen Bruchteils nicht in Betracht kommt.

§ 1095 BGB Belastung eines Bruchteils

Ein Bruchteil eines Grundstücks kann mit dem Vorkaufsrecht nur belastet werden, wenn er in dem Anteil eines Miteigentümers besteht.

Das OLG Karlsruhe hat im Einklang mit der hM jüngst bestätigt, dass sich das Verbot der Bruchteilsbelastung in § 1095 BGB nur auf die originäre Begründung des dinglichen Rechts bezieht. Ist dieses einmal wirksam an einem Bruchteil entstanden, der den Anteil eines Miteigentümers darstellt, führt eine spätere Vereinigung dieses belasteten Miteigentumsbruchteils mit anderen, unbelasteten oder anders belasteten Miteigentumsanteilen nicht zum Erlöschen des wirksam begründeten Vorkaufsrechts. Vielmehr besteht es am fiktiven Bruchteil am Grundstück fort, der dem ursprünglichen Miteigentumsanteil entspricht. Eine Erstreckung der Belastung kraft Gesetzes kommt nicht in Betracht.

OLG Karlsruhe Beschl. v. 14.2.2024 – 14 W 96/23 (Wx)
NJW-RR 2024, 819 = NotBZ 2024, 427

Leitsätze:

1. Ist ein dingliches Vorkaufsrecht wirksam an einem Miteigentumsanteil entstanden, lassen nachträgliche Änderungen, die zum Erlöschen dieses Miteigentumsanteils führen, das entstandene dingliche Vorkaufsrecht nicht untergehen, sondern führen dazu, dass es an einem fiktiven Bruchteil des Grundstücks fortbesteht.
2. Der Anwendungsbereich des § 1095 BGB ist in einem derartigen Fall nicht eröffnet, da sich der Ausschluss von dinglichen Vorkaufsrechten an ideellen Grundstücksteilen, die nicht in einem Miteigentumsanteil verselbstständigt sind, nur auf den originären Bestellungsakt bezieht.
3. […]

Für die Bruchteilsbelastung mit einer Reallast und einem Grundpfandrecht gelten die vorstehend dargestellten Grundsätze entsprechend.

III. Dienstbarkeit

1. Erleichterte Übertragbarkeit von beschränkten persönlichen Dienstbarkeiten mit besonderem Inhalt (§ 1092 Abs. 3 BGB)

Beschränkte persönliche Dienstbarkeiten sind grundsätzlich nicht übertragbar (§ 1092 Abs. 1 S. 1 BGB); die Ausübung der Dienstbarkeit kann einem Dritten nur überlassen werden, wenn dies gestattet ist.

Allerdings kann die beschränkte persönliche Dienstbarkeit ebenso wie der Nießbrauch nach Maßgabe von **§ 1092 Abs. 2 BGB iVm §§ 1059a ff. BGB** übertragen werden, sofern die Dienstbarkeit einer **juristischen Person** oder einer **rechtsfähigen Personengesellschaft** iSv § 14 Abs. 2 BGB zusteht. Eine entsprechende Anwendung auf natürliche Personen, einschließlich des eingetragenen Kaufmanns kommt nicht in Betracht (ganz hM).[15] Allerdings kann der rechtsgeschäftliche Erwerber einer nach Maßgabe von § 1092 Abs. 2 BGB iVm §§ 1059a ff. BGB bzw. § 1092 Abs. 3 BGB übertragbaren beschränkten persönlichen Dienstbarkeit eine natürliche Person sein; anschließend ist die vormals über-

[15] Zuletzt OLG München FGPrax 2024, 59 (60) mwN; Herrler in Grüneberg, 84. Aufl. 2025, BGB § 1059a Rn. 1 und § 1092 Rn. 3.

tragbare Dienstbarkeit in der Hand der natürlichen Person als neuem Berechtigten freilich nicht mehr übertragbar. Die rechtsgeschäftliche Übertragung gemäß § 1059a Abs. 1 Nr. 2 BGB ist nur zulässig, wenn die Dienstbarkeit den Zwecken des übertragenden Unternehmens oder Teilen des Unternehmens zu dienen geeignet ist. Ob diese Voraussetzungen gegeben sind, ist von der hierfür zuständigen Behörde des Belegenheitsbundeslandes festzustellen.

Darüber hinaus existiert mit **§ 1092 Abs. 3 BGB** eine Sonderregelung, welche die unkomplizierte rechtsgeschäftliche **Übertragung von Dienstbarkeiten mit besonderem Inhalt** zugunsten der vorgenannten privilegierten Berechtigten (juristische Personen oder rechtsfähige Personengesellschaften) ohne (zeit- und kostenträchtiges) Bescheinigungsverfahren iSv § 1059a Abs. 1 Nr. 2 BGB und ohne weitere Voraussetzungen gestattet. Bei den in § 1092 Abs. 3 BGB genannten Dienstbarkeiten handelt es sich um einen **abschließenden Katalog** von Ausnahmen von der grundsätzlichen Unübertragbarkeit.[16] Die Nutzungsart der jeweiligen Anlage ist **funktionsbezogen** und nicht baurechtlich zu bestimmen. Folglich kann auch eine selbständige Nutzungsdienstbarkeit an einem für eine Anlage iSv § 1092 Abs. 3 S. 1 BGB notwendigen Versorgungsweg privilegiert sein; dies setzt freilich voraus, dass das Nutzungsrecht am Weg ausschließlich zum Zwecke der Wartung und Instandhaltung bzw. -setzung der Anlage ausgeübt werden darf.[17] Im Anwendungsbereich von § 1092 Abs. 3 BGB erfolgt die Übertragung der beschränkten persönlichen Dienstbarkeit gemäß § 873 BGB. Weder bedarf die Übertragung der Zustimmung des Eigentümers noch besteht eine Pflicht, diesem die Übertragung anzuzeigen.[18] Ob die Voraussetzungen von § 1092 Abs. 3 S. 1 BGB vorliegen, ergibt sich in der Regel aus dem Grundbuchinhalt (jedenfalls iVm § 874 BGB). Eine nur teilweise § 1092 Abs. 3 S. 1 BGB unterfallende Dienstbarkeit ist mit Blick auf das in § 1092 Abs. 3 S. 2 BGB enthaltene Verbot nur gemäß § 1092 Abs. 2 BGB iVm §§ 1059a–1059d BGB übertragbar (hM).[19]

a) Erweiterung von § 1092 Abs. 3 BGB um Dienstbarkeiten zur Nutzung erneuerbarer Energien

Mit Wirkung zum 17.10.2024 wurde **§ 1092 Abs. 3 BGB neu gefasst.** Dabei wurden beschränkte persönliche Dienstbarkeiten zur Nutzung erneuerbarer Energien, die bislang nicht privilegiert waren, in den Privilegierungstatbestand des § 1092 Abs. 3 S. 1 BGB aufgenommen. Sie sind daher nunmehr **ohne weitere Voraussetzungen rechtsgeschäftlich übertragbar.** Eine nur teilweise Übertragung der aus der Dienstbarkeit resultierenden Rechte ist gemäß § 1092 Abs. 3 S. 2 BGB unzulässig.

§ 1092 BGB Unübertragbarkeit; Überlassung der Ausübung

(1) [1]Eine beschränkte persönliche Dienstbarkeit ist nicht übertragbar. [2]Die Ausübung der Dienstbarkeit kann einem anderen nur überlassen werden, wenn die Überlassung gestattet ist.

(2) Steht eine beschränkte persönliche Dienstbarkeit oder der Anspruch auf Einräumung einer beschränkten persönlichen Dienstbarkeit einer juristischen Person oder einer rechtsfähigen Personengesellschaft zu, so gelten die Vorschriften der §§ 1059a bis 1059d entsprechend.

(3) [1]Steht einer juristischen Person oder einer rechtsfähigen Personengesellschaft eine beschränkte persönliche Dienstbarkeit zu, so ist die Dienstbarkeit übertragbar, wenn sie dazu berechtigt, ein Grundstück zu nutzen für

1. **Anlagen zur Nutzung von Wasserkraft, Windenergie, solarer Strahlungsenergie, Geothermie, Umweltwärme oder Energie aus Biomasse,**
2. **Anlagen zur elektrochemischen Herstellung von Wasserstoff oder zur Erzeugung von Strom aus Wasserstoff,**

---

16 Böhringer ZfIR 2024, 478 (480).
17 Vgl. OLG Hamm FGPrax 2014, 104.
18 OLG München NJW-RR 2017, 1165 Rn. 26 (zu § 1059a BGB); OLG Jena BeckRS 2013, 13484; Böhringer ZfIR 2024, 478 (481).
19 OLG München NJOZ 2013, 923; Kazele in BeckOGK, 1.2.2025, BGB § 1092 Rn. 58 mwN.

3. Anlagen zur Fortleitung von Elektrizität, Gas, Fernwärme, Wasser, Abwasser, Öl oder Rohstoffen einschließlich aller dazugehörigen Anlagen, die der Fortleitung unmittelbar dienen,
4. Telekommunikationsanlagen,
5. Anlagen zum Transport von Produkten zwischen Betriebsstätten eines oder mehrerer privater oder öffentlicher Unternehmen oder
6. Straßenbahn- oder Eisenbahnanlagen.

²Die Übertragbarkeit umfasst nicht das Recht, die Dienstbarkeit nach ihren Befugnissen zu teilen. ³Steht ein Anspruch auf Einräumung einer solchen beschränkten persönlichen Dienstbarkeit einer der in Satz 1 genannten Personen zu, so ist der Anspruch übertragbar. ⁴Die Vorschriften der §§ 1059b bis 1059d gelten entsprechend.

[Neuerungen mit Wirkung zum 17.10.2024 fett hervorgehoben]

Unter § 1092 Abs. 3 S. 1 BGB fallen unter anderem Anlagen zur Wärmeerzeugung,[20] Fotovoltaik- und Windkraftanlagen einschließlich des erforderlichen Luftraums.[21]

aa) Form von Kausal- und Verfügungsgeschäft; §§ 929 ff. BGB

Das **Kausalgeschäft** (zB Rechtskauf) und das **dingliche Rechtsgeschäft** (§ 873 Abs. 1 Var. 3 BGB) sind **nicht formbedürftig.** Da der Rechtsübergang nach § 873 Abs. 1 BGB die Eintragung im Grundbuch erfordert, sind grundbuchverfahrensrechtlich freilich die Eintragungsbewilligung in der Form des § 29 Abs. 1 S. 1 GBO und ein schriftlicher Eintragungsantrag notwendig. Ob die Voraussetzungen des § 1092 Abs. 3 S. 1 BGB vorliegen, hat das Grundbuchamt anhand des Eintragungsvermerks samt in Bezug genommener Eintragungsbewilligung in eigener Verantwortung zu prüfen.[22] Zur Sicherung des Übertragungsanspruchs kann für den jeweiligen Erwerber jeweils eine **Vormerkung** eingetragen werden. Auf diese Weise ist der Erwerb der beschränkten persönlichen Dienstbarkeit durch den Anspruchsinhaber auch dann gesichert, wenn die Dienstbarkeit nach Anspruchsentstehung und Eintragung der Vormerkung ihren Charakter als nach Maßgabe von § 1092 Abs. 3 S. 1 BGB übertragbare Dienstbarkeit mit Wirkung für die Zukunft verliert, etwa dadurch, dass alle Gesellschafter einer Personengesellschaft als Berechtigter der Dienstbarkeit aus der Gesellschaft ausscheiden und die Dienstbarkeit dadurch einer natürlichen Person als letztem Gesellschafter anwächst. Die **Vormerkungswirkung perpetuiert** die zunächst bestehende **Übertragbarkeit der Dienstbarkeit** zugunsten des Vormerkungsinhabers im Rahmen des gesicherten Anspruchs.

Hinweis:

Der bislang in diesem Kontext herangezogenen Hilfskonstruktionen (zusätzlich Eintragung einer Vormerkung zur Absicherung des Anspruchs auf Dienstbarkeitsbestellung)[23] zur Ermöglichung der Rechtsnachfolge bedarf es künftig nicht mehr.

In aller Regel soll dem Erwerb der Dienstbarkeit nicht nur dieses Recht, sondern **zusätzlich** die **Anlage übertragen,** die in Ausübung der Dienstbarkeit auf dem dienenden Grundstück errichtet wurde (Windrad, Fotovoltaikanlage etc.) und die in der Regel im Eigentum des Zedenten steht (vgl. § 95 Abs. 1 S. 2 BGB). Anders als beim Erbbaurecht (vgl. § 12 Abs. 1 S. 1 ErbbauRG: Bauwerk als wesentlicher Bestandteil des Erbbaurechts) ist die Anlage nicht wesentlicher Bestandteil der Dienstbarkeit, sondern muss gesondert nach den hierfür geltenden Vorschriften übertragen werden (§§ 929 ff. BGB).

---

20 OLG München NJOZ 2013, 923.
21 OLG Nürnberg RNotZ 2016, 300.
22 Gesetzentwurf des Bundesrats, BR-Drs. 13/3604, 7 rechte Spalte.
23 Nicht abschließend geklärt ist, ob nur eine Vormerkung den Anspruch beliebig vieler Rechtsnachfolger des zunächst Nutzungsberechtigten auf Bestellung einer Dienstbarkeit sichern kann; vgl. hierzu OLG München MittBayNot 2017, 382 mAnm Reymann; Keller DNotZ 2011, 99 ff.; Reymann DNotZ 2010, 84 ff.; Reymann ZIP 2013, 605 ff.

bb) Abdingbarkeit

Im Fall einer Dienstbarkeit mit einem Inhalt iSv § 1092 Abs. 3 S. 1 BGB stellt sich die **Belastung** des dienenden Grundstücks **grundsätzlich** als **dauerhafte** dar, was allerdings ohnehin in der Person des Berechtigten – einer juristischen Person bzw. einer rechtsfähigen Personengesellschaft im Unterschied zu einer natürlichen Person – angelegt ist. Es steht den Parteien frei, die erweiterte Übertragbarkeit nach § 1092 Abs. 2 bzw. Abs. 3 BGB bei Bestellung der Dienstbarkeit oder nachträglich im Wege der Inhaltsänderung (§ 877 BGB) zu **beschränken**[24] oder ganz **auszuschließen** (ganz hM).[25] Die Gesetzesverfasser haben die Frage der Abdingbarkeit von § 1092 Abs. 3 BGB zwar ausdrücklich offengelassen.[26] Ein Schutzbedürfnis des Berechtigten, der sich mit der (ggf. teilweisen) Abbedingung einverstanden erklärt, ist jedoch nicht ersichtlich. Im Übrigen könnte die Dienstbarkeit auflösend bedingt auf die (initiierte) Übertragung bestellt werden.[27] Die Einschränkung der Abtretbarkeit bedarf der Eintragung in das Grundbuch (auch durch Bezugnahme gemäß § 874 BGB); eine auflösende Bedingung muss allerdings nach allgemeinen Grundsätzen im Eintragungsvermerk selbst verlautbart werden.[28]

b) Übergangsrecht (Art. 229 § 69 EGBGB)

Die Neuregelung findet gemäß Art. 229 § 69 EGBGB nur auf beschränkte persönliche Dienstbarkeiten Anwendung, für welche die Eintragungsbewilligung **nach dem 17.10.2024 notariell beurkundet oder öffentlich beglaubigt** wurde. Der Zeitpunkt der Antragstellung beim Grundbuchamt ist insoweit ohne Relevanz.[29] Auf Altfälle findet die Neuregelung aus Vertrauensschutzerwägungen keine Anwendung, denn die erleichterte Übertragbarkeit beeinträchtigt die Rechtsposition des Eigentümers und der nachrangig Berechtigten.

Insbesondere im Fall der Beglaubigung ist eine **zeitliche Diskrepanz zwischen** dem **dinglichen Rechtsgeschäft,** der **Anerkennung der Unterschrift vor dem Notar** und der **Errichtung der Vermerkurkunde** iSv §§ 39, 40 BeurkG möglich. Nach dem Normzweck sollte es (entgegen dem Wortlaut) nicht zulasten des Eigentümers gehen, wenn das dingliche Rechtsgeschäft über die beschränkte persönliche Dienstbarkeit (samt privatschriftlicher Bewilligung) vor dem 18.10.2024 abgeschlossen und lediglich die Unterschrift nach dem 17.10.2024 vor dem Notar anerkannt wurde, zumal die Novelle am Tag nach ihrer Verkündung in Kraft trat. Schutzwürdige Interessen Dritter stehen nicht entgegen, da jedenfalls das Bewilligungsdatum im Grundbuch verlautbart wird.[30] Für den Fall der späteren Errichtung des Beglaubigungsvermerks gilt dies erst recht. Bei unrichtiger Datumsangabe im Grundbuch ist der Anwendungsbereich von § 892 BGB eröffnet.[31]

---

24 Denkbar ist insoweit auch ein Zustimmungserfordernis des Grundstückseigentümers (vgl. OLG München BeckRS 2018, 5807 Rn. 25).

25 Bassenge NJW 1996, 2777 (2778); Bungert BB 1997, 897 (898 f.); Herrler in Grüneberg, 84. Aufl. 2025, BGB § 1092 Rn. 4; Kazele in BeckOGK, 1.2.2025, BGB § 1092 Rn. 49, 66; Mohr in MüKoBGB, 10. Aufl. 2025, BGB § 1092 Rn. 25; Reymann in Staudinger, 2023, BGB § 1092 Rn. 23; Böhringer ZfIR 2024, 478 (482); aA soweit ersichtlich nur Reischl in BeckOK BGB, 73. Ed. 1.2.2025, BGB § 1092 Rn. 2 („zwingendes Recht").

26 Gesetzentwurf des Bundesrats, BR-Drs. 13/3604, 7 (unter Ziff. 7).

27 OLG München BeckRS 2018, 5807 Rn. 25.

28 Vgl. BGH RNotZ 2021, 23.

29 Böhringer ZfIR 2024, 478 (479).

30 Vgl. Schöner/Stöber, Grundbuchrecht, 17. Aufl. 2025, Rn. 272.

31 Herrler in Grüneberg, 84. Aufl. 2025, EGBGB Art. 229 § 69 Rn. 1.

2. Nutzungsbeschränkung auf Nutzung als „Seniorenwohnheim" zulässig und bestimmt

OLG München Beschl. v. 14.11.2023 – 34 Wx 167/23e
DNotZ 2024, 116 = FGPrax 2024, 11 = MittBayNot 2024, 260 = RNotZ 2024, 90

Leitsätze:

1. Der Umfang des Ausschlusses von Handlungen durch eine Unterlassungsdienstbarkeit kann auch durch Bezeichnung der noch gestatteten Handlungen beschrieben werden.
2. Dass dem Eigentümer nur eine einzige Nutzungsmöglichkeit verbleibt, steht nicht per se der Zulässigkeit der Unterlassungsdienstbarkeit entgegen.
3. Die Bezeichnung „Seniorenwohnheim" genügt im Rahmen der Eintragung der Dienstbarkeit dem Bestimmtheitsgrundsatz.

a) Nutzungseinschränkung: „Nutzung nur als Seniorenwohnheim"

Sachverhalt:

Ein Grundstück wurde im Jahr 1983 in Wohnungseigentum aufgeteilt. Dabei wurde in Abteilung II eingetragen: „Nutzungseinschränkung: Nutzung nur als Seniorenwohnheim" zugunsten der Landeshauptstadt München. Nach der Eintragungsbewilligung war „zugunsten der Landeshauptstadt München eine beschränkt persönliche Dienstbarkeit des Inhalts einzutragen, dass sämtliche auf dem obigen Grundbesitz befindlichen Wohneinheiten nur zum Zwecke des Betriebes eines Senioren-Wohnheimes genutzt werden dürfen."[32]
An einzelnen Einheiten war diese Dienstbarkeit infolge einer zwischenzeitlichen Zwangsversteigerung entfallen.
Nun beantragte der jetzige Eigentümer aller Einheiten, die Dienstbarkeit auch an den übrigen 171 Einheiten löschen zu lassen.
Das Grundbuchamt lehnte dies ab.

Auch die Beschwerde zum OLG blieb erfolglos.

b) Unterlassung kann auch positiv durch Benennung der (allein) zulässigen Nutzung beschrieben werden

Die erste Rechtsfrage war, ob die Dienstbarkeit einen zulässigen Inhalt hat. Inhalt einer Dienstbarkeit kann nach § 1018 BGB sein:

- das Grundstück „in einzelnen Beziehungen" zu **benutzen** oder
- „dass auf dem Grundstück gewisse Handlungen nicht vorgenommen werden dürfen" **(Unterlassung)** oder
- dass die **Ausübung eines Rechts ausgeschlossen** ist, das sich aus dem Eigentum an dem belasteten Grundstück einem anderen Grundstück gegenüber ergibt.

Hier kam nur eine Unterlassungsdienstbarkeit in Betracht. Sowohl die Eintragungsbewilligung wie die Grundbucheintragung waren eindeutig als Unterlassungspflicht formuliert. Allerdings waren nicht negativ die zu unterlassenden Nutzungen genannt, sondern positiv die allein zulässige Nutzungsart. Dies ist aber für eine Unterlassungsdienstbarkeit nach allgemeiner Ansicht zulässig. Ebenso entschied das OLG München:

„Der Ausschluss muss einzelne Handlungen betreffen; soweit dies der Fall ist, kann er auch negativ durch Bezeichnung der gestatteten Handlungen erfolgen (BayObLGZ 1985, 285/287; Bauer/Schaub/

[32] OLG München 14.11.2023 – 34 Wx 167/23e, Rn. 5.

Bayer/Lieder AT C Rn. 287; MüKoBGB/Mohr § 1090 Rn. 13; NachbarR-HdB/Grziwotz 3. Aufl. Kap. 4 Rn. 245; Panz BWNotZ 1984, 36/37).“[33]

Unzulässig wäre hingegen, den Eigentümer zu einem bestimmten Tun zu verpflichten. Dies geht nicht bei einer Dienstbarkeit, sondern nur bei einer Reallast.

c) Nutzung als „Seniorenheim“ ist bestimmt genug

Die zweite Rechtsfrage war, ob die Bezeichnung „Seniorenheim“ **bestimmt genug** war, um die zulässigen von den unzulässigen Nutzungen abzugrenzen. Der **Umfang der höchstmöglichen Belastung** muss aus der Grundbucheintragung in Verbindung mit der Eintragungsbewilligung für einen Dritten erkennbar sein. Auch dies bejahte das OLG München:

„Erforderlich ist, dass der Umfang der Belastung aus der Eintragung selbst oder in Verbindung mit der Eintragungsbewilligung ohne Weiteres ersichtlich ist. Der Rechtsinhalt muss aufgrund objektiver Umstände erkennbar und für einen Dritten verständlich sein, so dass dieser in der Lage ist, die hieraus folgende höchstmögliche Belastung des Grundstücks einzuschätzen und zumindest eine ungefähre Vorstellung davon zu gewinnen, welche Bedeutung die Dienstbarkeit für das Eigentum haben kann (BGH FGPrax 2015, 5/6; Senat NJW-RR 2011, 1461; Demharter Anh. zu § 13 Rn. 5; Staudinger/Weber § 1018 Rn. 88). Die Existenz einer Legaldefinition und deren Verwendung sind nicht erforderlich.

Auch insoweit bestehen keine durchgreifenden Bedenken gegen die Eintragung einer Nutzungseinschränkung auf den Betrieb eines Seniorenwohnheims […]“[34]

d) Erlöschen an einzelnen Einheiten beeinträchtigt Dienstbarkeit an anderen Einheiten nicht, wenn Dienstbarkeitsinhalt auf das Sondereigentum gerichtet ist

Das Hauptargument der Eigentümerin war aber: An einzelnen Einheiten war die Dienstbarkeit erloschen (infolge zwischenzeitlicher Zwangsversteigerung). Damit, so meinte die Eigentümerin, sei die Dienstbarkeit doch insgesamt erloschen.

Das wäre richtig gewesen, wenn die Dienstbarkeit sich auf die Nutzung des Grundstücks als solches bezogen hätte. Ist etwa ein Geh- und Fahrtrecht am Grundstück (= an allen Einheiten) bestellt und erlischt es dann an einzelnen Einheiten, so erlischt es damit gleichzeitig am gesamten Grundstück, also auch an allen anderen Einheiten. Denn der Berechtigte kann schlecht nur über den Miteigentumsanteil der weiterhin belasteten Einheiten fahren. Er kann nur entweder über alle Einheiten fahren dürfen – oder über keine Einheit fahren dürfen.

Hier bestand die Unterlassungsdienstbarkeit zwar zunächst an allen Einheiten. Die **Unterlassungspflicht betraf** aber (jedenfalls in ihrem Kern) nicht das Gemeinschaftseigentum, sondern das **Sondereigentum** der einzelnen Einheiten. Es ging um die Nutzung der einzelnen Einheiten, nicht (primär) des Grundstücks als solchen oder des Gemeinschaftseigentums. Hier ist ein unterschiedliches rechtliches Schicksal durchaus denkbar: Die Beschränkung der Nutzung der anderen Einheiten macht aber weiter Sinn, auch wenn die Beschränkung für einzelne Einheiten entfallen ist. Dann dürfen eben einzelne Einheiten auch anders genutzt werden (zB als Zimmer für Mitarbeiter). Die restlichen 171 Einheiten bleiben aber Seniorenheim – wobei das OLG München gewisse praktische Schwierigkeiten durchaus einräumt, weil ein Seniorenheim ohne Gemeinschaftsräume nicht funktionieren kann.

„[…] Im Unterschied hierzu handelt es sich im vorliegenden Fall um eine reine Unterlassungsdienstbarkeit, die für jede Wohnungseigentumseinheit gesondert bestellt wurde und dementsprechend ausgeübt werden kann (vgl. Bauer/Schaub/Bauer § 53 Rn. 50). So führt auch etwa das Erlöschen einer zunächst auf allen Eigentumswohneinheiten eines Grundstücks lastenden beschränkten persönlichen Dienstbarkeit, wonach das Grundeigentum ausschließlich für Zwecke des gewerblichen Fremdenverkehrs genutzt werden darf, bei einer Einheit nicht zum Erlöschen der Dienstbarkeit bei den anderen

---

[33] OLG München 14.11.2023 – 34 Wx 167/23e, Rn. 16.
[34] OLG München 14.11.2023 – 34 Wx 167/23e, Rn. 17.

Einheiten (LG Göttingen NJW-RR 1997, 1105). Der Beteiligten zu 1 ist durchaus zuzugeben, dass vorliegend die durch das Erlöschen der Dienstbarkeit an mehreren Einheiten entstandene Möglichkeit der Mischnutzung des Gebäudes gegebenenfalls zu organisatorischen Problemen im Heimbetrieb führen kann. Dies ändert aber nichts daran, dass es sich hier um eine reine Unterlassungsdienstbarkeit handelt, die wesensgemäß nicht zwingend mit dem Grundstück als solchem verbunden ist. Dementsprechend erfolgte ausweislich der Grundbuchblätter die Bestellung an jeder Wohnungseigentumseinheit, während sie an den jeweiligen Teileigentumseinheiten unterblieb."[35]

Der Entscheidung des OLG München stimme ich in allen Punkten zu.

e) Gestaltung etwa von Dienstbarkeiten für naturschutzrechtliche Ausgleichsflächen

Ähnliche Rechtsfragen stellen sich etwa bei der Gestaltung von Dienstbarkeiten für naturschutzrechtliche Ausgleichsflächen. Hier übernimmt der Eigentümer meist ein Bündel von Verpflichtungen – teils auf Unterlassung, zB Verbot der Bebauung, der Düngung, der Verwendung von Chemikalien, der Mahd vor einem bestimmten Termin etc. – teils aber Handlungspflichten, etwa innerhalb eines bestimmten Zeitraums zu mähen, das Mahdgut erst noch etwas liegen zu lassen, dann aber wegzuschaffen etc.

Erhält der Notar von den Beteiligten die Formulierungsvorgaben der Naturschutzbehörde, sind dort Unterlassungs- und Handlungspflichten meist bunt gemischt. Ich übernehme diesen Teil als **schuldrechtliche Verpflichtung** (ggf. durch Verweisung auf das Pflegekonzept). Dann entwickle ich daraus die Grundbucherklärungen und sammle alles, was darin an **Unterlassungspflichten** steckt in möglichst systematischer Form und lasse den Eigentümer hierfür eine Unterlassungsdienstbarkeit bewilligen. Zusätzlich packe ich eine **Duldungsdienstbarkeit** auf Duldung der Ersatzvornahme durch das Landratsamt oder von ihm beauftragte Personen hinein. Dann verweise ich darauf, dass die Handlungspflichten dinglich nur durch eine **Reallast** abgesichert werden könnten. In der Regel wollen die Beteiligten aber keine Reallast bestellen.

Für die Dienstbarkeit versuche ich, einen einigermaßen griffigen, aber doch inhaltsreichen **schlagwortartigen Titel** zu finden. Nach den Grundsätzen der hier besprochenen Entscheidung des OLG München wäre etwa möglich: „Nutzungsbeschränkung: nur Nutzung als naturschutzrechtliche Ausgleichsfläche". In der Eintragungsbewilligung bezeichne ich auch die Art der Fläche (so wie sie im naturschutzrechtlichen Konzept bezeichnet ist).

Das ist relativ aufwendig, weil ich mir dafür das jeweilige Pflegekonzept genauer anschauen muss. Wer es etwas einfacher haben will, kann wohl auch pauschal „**zur Absicherung** der im als Anlage I anhängenden Pflegekonzept enthaltenen **Unterlassungspflichten**" eine Unterlassungsdienstbarkeit bestellen (und eine Duldungsdienstbarkeit für die Ersatzvornahme).

3. Bestandteilszuschreibung des herrschenden Grundstücks bedarf keiner Zustimmung des Eigentümers des belasteten Grundstücks

OLG München Beschl. v. 24.1.2024 – 34 Wx 9/24e
FGPrax 2024, 60 = MittBayNot 2024, 562 = NotBZ 2024, 347 = Rpfleger 2024, 384

> **Kerngehalt:**
>
> Die Bestandteilszuschreibung des herrschenden Grundstücks einer Dienstbarkeit (hier: Geh- und Fahrtrecht) verändert die Belastung des dienenden Grundstücks nicht und bedarf daher keiner Zustimmung des Eigentümers des dienenden Grundstücks.

[35] OLG München 14.11.2023 – 34 Wx 167/23e, Rn. 18.

Sachverhalt:

Im zugrundeliegenden Sachverhalt war an Flurstück Nr. 60 eine Dienstbarkeit (Geh- und Fahrtrecht) zugunsten von Flurstück Nr. 70 eingetragen. Flurstück Nr. 70 wurde real geteilt. Damit waren grundsätzlich beide entstandenen Teilgrundstücke aus der Dienstbarkeit berechtigt. Nun sollte eines der entstandenen Teilgrundstücke (Flurstück Nr. 70/6) einem anderen Grundstück als Bestandteil zugeschrieben werden.
Das Grundbuchamt meinte, dafür sei eine Änderung der Dienstbarkeit erforderlich. Denn mit der Bestandteilszuschreibung werde das gesamte aufnehmende Grundstück formal berechtigt – auch wenn die Ausübung weiterhin nur zugunsten des früher berechtigten Teilgrundstücks zulässig sei. Dies beeinträchtige den Eigentümer des dienenden Grundstücks. Alternativ könne die Dienstbarkeit für das zugeschriebene Grundstück aufgegeben werden.

Entscheidung: Das OLG wies hingegen zur Eintragung der Bestandteilszuschreibung an. Wird das herrschende Grundstück einer Grunddienstbarkeit (§ 1018 BGB) mit einem anderen Grundstück zu einem einheitlichen Grundstück verbunden (§ 890 Abs. 1 BGB) oder ist es an einer Bestandteilszuschreibung als zugeschriebenes oder aufnehmendes Grundstück beteiligt, so wird kraft Gesetzes das durch die Verbindung entstandene Gesamtgrundstück herrschendes Grundstück der Grunddienstbarkeit. Jedoch darf die Dienstbarkeit weiterhin nur zu Gunsten des Teils des Gesamtgrundstücks ausgeübt werden, der früher das herrschende Grundstück bildete.[36] Da sich die Belastung nicht ändert, ist auch der Eigentümer des belasteten Grundstücks durch die Vereinigung oder Bestandteilszuschreibung nicht beschwert.

Daher entschied das OLG München zu Recht, die Vereinigung bzw. Bestandteilszuschreibung keiner Zustimmung des Eigentümers des belasteten Grundstücks bedarf – auch zwar auch dann nicht, wenn am herrschenden Grundstück ein Herrschvermerk eingetragen ist.

4. Herrschendes Grundstück kann nicht „wandern"

OLG Karlsruhe Beschl. v. 5.8.2024 – 14 W 32/24 (Wx)
BeckRS 2024, 20512 = MDR 2024, 1244

Leitsätze:

1. Ein Grundstück, das angesichts seiner konkreten Lage keine (Teil-)Überschneidung mit einem hinsichtlich einer Grunddienstbarkeit ursprünglich herrschenden Grundstück aufweist, kann nicht infolge von Grundstücksveränderungen zum herrschenden Grundstück werden.
2. Ein „Wandern" des Ausübungsbereiches einer Grunddienstbarkeit auf Flächen, für die die Grunddienstbarkeit bei ihrer Bestellung nicht als Vorteil gedacht war, ist aus materiellrechtlichen Gründen ausgeschlossen.

Gewissermaßen die Fortsetzung dieses Sachverhalts hatte das OLG Karlsruhe zu entscheiden. Das ursprünglich herrschende Grundstück war zunächst mit einem anderen Grundstück verbunden worden. Dann erfolgten diverse weitere Bestandteilszuschreibungen und Realteilungen. Nun ging es um die Frage, ob ein bestimmtes Grundstück, das durch Realteilung aus dem (zwischenzeitlich) herrschenden Grundstück entstanden war, weiterhin berechtigt war.

[36] BayObLGZ 2002, 372 (375); BayObLG DJZ 1933, 1439; KG JFG 13, 314 (315 f.); Röll DNotZ 1968, 523 (538 f.); Lettmaier in MüKoBGB, 9. Aufl. 2023, BGB § 890 Rn. 13; Picker in Staudinger, 2019, BGB § 890 Rn. 33.

Die Antwort war einfach: Nur wenn das jetzige Grundstück zumindest noch eine Teilfläche des ursprünglich herrschenden Grundstücks enthielt, war es weiter berechtigt. Dann durfte aber die Dienstbarkeit nur zugunsten dieser Teilfläche ausgeübt werden. Gehörte hingegen keine Teilfläche des ursprünglich herrschenden Grundstücks mehr zu dem Grundstück, so war es nicht mehr berechtigt (§ 1025 S. 2 BGB). Wurde dies dem Grundbuchamt durch öffentliche Urkunden nachgewiesen – etwa durch alte Flurkarten („Butterbrotpapier"-Abzüge, die man über die jetzige Flurkarte legen kann), so konnte die Grunddienstbarkeit für dieses Grundstück im Wege der Grundbuchberichtigung (§ 22 GBO) auch ohne Bewilligung des Eigentümers des herrschenden Grundstücks gelöscht werden.[37] Oder – wie das OLG Karlsruhe plastisch formulierte: Das berechtigte Grundstück kann nicht „wandern".

[37] BayObLGZ 2002, 372 (375); Schöner/Stöber, Grundbuchrecht, 16. Aufl. 2023, Rn. 637.

IV. Grundschuld – Eigentum – Sicherungsvertrag

Das Gesetz widmet den Grundpfandrechten insgesamt 93 Paragrafen, davon 89 der Hypothek und nur acht der Grundschuld. Die Rechtspraxis ist (außerhalb der Zwangsvollstreckungsrechts) dagegen von > 99 % Grundschulden und nur einem Bruchteil durch Hypotheken bestimmt (wobei deren Hauptanwendungsfall wiederum die Sicherung abstrakter Schuldanerkenntnisse ist, also faktisch „Undercover-Grundschulden“). Funktional handelt es sich bei den in der Praxis verwendeten Grundschulden nahezu ausschließlich um solche, die als Sicherungsgengegestände für Forderungen Verwendung finden – also die Funktion der eigentlich dafür durch den Gesetzgeber vorgesehenen Hypothek übernehmen.

Die gesetzgeberische Idee des akzessorischen Sicherungsrechts als Regeltypus ist dabei nicht nur bei Grundstücken durch die Praxis obsolet gemacht worden. Sie hat auch im Bereich der Mobilien und der Rechte in weiten Teilen den Sicherungsübereignungen und Sicherungszessionen Platz machen müssen. Das Problem dabei ist, dass die Praxis zwar den Schritt zu den abstrakten Sicherungsrechten vollzogen hat, also Gegenstände im Sinne des Rechts, die ihrer Struktur nach keinen Sicherungscharakter haben durch vertragliche Vereinbarungen zu Sicherungsgegenständen zu machen, der vom Gesetzgeber in dem Prinzip der Akzessorietät niedergelegte Gedanke aber gleichwohl weiter in den Köpfen (selbst des Gesetzgebers) steckt. Welchem Grundschuldbesteller ist schon klar, dass die Grundschuld nach Bezahlung des gesicherten Darlehens nicht von alleine erlischt?

Die Zahl der Entscheidungen, die der BGH zu diesem Thema selbst in grundlegenden Fragen zu fällen hat, zeigt, wie wenig auch nach Jahrzehnten der Praxis die Struktur der abstrakten Sicherungsrechte in den Köpfen der Anwender angekommen ist. Und nahezu jedes Jahr dürfen wir auch an dieser Stelle die Grundschulden behandeln. Ketzerisch gegenüber der Gestaltungspraxis lässt sich die Frage stellen, ob der Gesetzgeber mit seinen vor gut 130 Jahren angestellten Überlegungen das Gefühl der Rechtsanwender nicht besser erfasst hat, als es die heutige Rechtspraxis tut.

1. BGH Urt. v. 20.10.2023 – V ZR 9/22 als Anknüpfungsfall

BGH Urt. v. 20.10.2023 – V ZR 9/22

NJW 2024, 834 = BKR 2024, 529 mAnm Scraback = DNotZ 2024, 105 = BWNotZ 2023, 294 = RNotZ 2024, 324 = WuB 2024, 59 (Lieder) = BeckRS 2023, 34426 = JuS 2024, 360 (Omlor) = IVR 2024, 108 (Pittana) = EWiR 2024, 99 (Grziwotz) = MDR 2024, 27 = NotBZ 2024, 149 mAnm Krauß = RÜ 2024, 248 (Reuter) = ZIP 2023, 2626 = ZNotP 2024, 145

Leitsätze:

1. Die Vorschrift des § 1192 Abs. 1a BGB findet auf den Erwerber eines bereits mit einer Sicherungsgrundschuld belasteten Grundstücks keine Anwendung; er kann aus dem Wegfall des Sicherungszwecks nur dann eine Einrede herleiten, wenn der Anspruch auf Rückgewähr der Grundschuld an ihn abgetreten wurde oder er in den Sicherungsvertrag eingetreten ist.
2. Die Änderung der auf eine vorrangige Grundschuld bezogenen Sicherungsvereinbarung ist keine vormerkungswidrige Verfügung im Sinne von § 883 Abs. 2 BGB.
3. Nach einer auf die gesicherte Forderung bezogenen Schuldübernahme geht eine Sicherungsgrundschuld nicht auf den Eigentümer über, der das bereits belastete Grundstück erworben hat und nicht Partei der Sicherungsabrede ist.

Sachverhalt:

1999 wurde vom Kläger ein Grundstück verkauft. Die Käuferin bestellte im Februar 2003 zur Sicherung einer Verbindlichkeit eines Dritten D1 eine Grundschuld zu Gunsten der Bank B1. Im September 2023 wurde zu Gunsten des Klägers eine Eigentumsvormerkung am Grundstück eingetragen, die dessen Anspruch auf Rückübereignung des Grundstücks wegen der geltend gemachten Rückabwicklung des Kaufvertrages sicherte. Im Rahmen einer Umschuldung wurde im Jahr 2008 unter Zustimmung der Käuferin und des D1 die Grundschuld an die Bank B2 abgetreten zur Sicherung von deren Forderungen gegen D2, der alle Verbindlichkeiten der Käuferin und des D1 ablöste. 2010 nun wurde der Kläger wieder aufgrund seiner erfolgreichen Klage auf Rückabwicklung des Kaufvertrages als Eigentümer im Grundbuch eingetragen. 2013 kam es (wohl unter Zustimmung der Käuferin) zu einem Schuldnerwechsel von D2 zu D3. Danach wurde die Forderung von B2 an die Beklagte abgetreten, die nun aus der ebenfalls abgetretenen Grundschuld versteigern möchte.
Zugegeben: Ein nicht ganz einfacher Sachverhalt.
Kläger war der Grundstückseigentümer 1999/2010 und Beklagte die nach mehrfacherer Abtretung nunmehrige Inhaberin der Grundschuld.

2. Pech gehabt. Aber warum?

Der Kläger ist mit seiner Klage weitgehend gescheitert.

a) Kein eigenes Recht aus dem Sicherungsvertrag

Der Kläger hat den Sicherungsvertrag nicht abgeschlossen. Also hat er keinen direkten Anspruch aus dem Sicherungsvertrag.

Dass die Käuferin einem erfolgreichen Anspruch auf lastenfreie Rückübereignung des Grundstücks ausgesetzt war, verhinderte weder die Bestellung der Grundschuld im Jahr 2003 noch den Abschluss des Sicherungsvertrages durch den Eigentümer und schon gar nicht, was der BGH aber offenlassen konnte, durch den Darlehensnehmer.

Die vom Berufungsgericht offenbar noch verfolgte Idee eines gegenüber dem rückübereignungsberechtigten Kläger bestehenden „relativen Eigentums" (einer vom OLG Rostock als „formal" bezeichnete Position) lehnt der BGH völlig zutreffend ab. Woher sollte eine solche Rechtsposition auch kommen?

b) Bestand ein Rückgewähranspruch der Rückübereignungsverpflichteten?

Das OLG Rostock hatte in der im Jahr 2008 vollzogenen Umschuldung unter Bereinigung der ursprünglich durch die Grundschuld im Jahr 2003 gesicherten Verbindlichkeit das Entstehen des Rückgewähranspruchs erkannt.

Der BGH zweifelt schon an, ob durch die Umschuldung unter Vereinbarung einer neuen Sicherungsabrede überhaupt ein Rückgewähranspruch fällig geworden sein kann. Nach meinem Dafürhalten wäre ein solcher gegeben und auch möglicher Gegenstand von Verfügungen, insbesondere einer Zession, und zwar auch dann, wenn er mangels Fälligkeit noch nicht durchsetzbar war. Da 2003 die Sicherung einer fremden Verbindlichkeit vereinbart wurde, lag nämlich nahe, dass eine das Entstehen des Rückgewähranspruchs hindernde weite Sicherungszweckerklärung nicht bestand, sondern eine den Anspruch von Beginn an tragende enge Sicherungszweckvereinbarung vorlag.

Richtig hält der BGH aber jedenfalls fest, dass es auf diese Frage schlicht deshalb nicht ankam, weil jedenfalls durch die Zustimmung zur Umschuldung unter Abtretung der

Grundschuld an eine neue Gläubigerin die Erfüllung des etwa bestehenden Rückgewähranspruch lag.

c) § 1192 Abs. 1a BGB

Das Berufungsgericht hatte sich umfangreich mit der Frage beschäftigt und letztendlich wohl (so richtig wird die Begründung dafür aus der Entscheidung nicht klar) zu Gunsten des Klägers nach dessen Rückerwerb des Eigentums im Jahr 2010 angenommen, dass sich dieser auf die aus dem Sicherungsvertrag bestehenden Einreden als Eigentümer gegenüber der Beklagten als Zessionarin der Grundschuld berufen könne.

Der BGH hält dagegen fest, dass § 1192 Abs. 1a BGB den Kläger als Eigentümer nur dann schützen kann, wenn er eben gleichzeitig Eigentümer **und** Inhaber der sicherungsvertraglichen Einreden ist. Genau das aber spricht der BGH dem Kläger ab.

Exkurs:
Die Verwirrung des Berufungsgerichts um das Vorliegen der Voraussetzungen des § 1192 Abs. 1a BGB gründet sich nicht zuletzt darin, dass der Gesetzgeber mit dieser Norm Regelungen im Bereich des Sachenrechts getroffen hat, die dort dem Grunde nach nicht hingehören. Sicherungsvertragliche Einreden entstammen einem schuldrechtlichen Rechtsverhältnis. Ob es (was allerdings herrschende Meinung ist) überhaupt sachgerecht ist, die Einreden aus dem Sicherungsvertag als solche des § 1157 BGB zu verstehen, soll hier nicht diskutiert werden. Während aber aus dem Hypothekenverhältnis als gesetzlichen Rechtsverhältnis zwischen Eigentümer und Forderungsinhaber eine Einrede eines Dritten nicht in Betracht kommt, ist die Übertragung auf die Grundschuld, bei der gerade nicht das Eigentum Gegenstand des Sicherungsverhältnisses ist, sondern die Grundschuld selbst, ein logischer Bruch. Das Verhältnis zwischen Hypothekengläubiger und Eigentümer entspricht in sicherungsrechtlicher Sicht gerade nicht dem zwischen Eigentümer und Grundschuldgläubiger – vielmehr entspricht diesem das Verhältnis zwischen Sicherungsgeber und Grundschuldschuldgläubiger.
Der Eigentümer, der gleichzeitig Sicherungsgeber ist, wird durch § 1192 Abs. 1a BGB besonders privilegiert, während der Eigentümer, der nicht Sicherungsgeber ist, ebenso wie der Sicherungsgeber, der nicht Eigentümer ist, keinen Schutz vor einer Zession der Grundschuld erhalten. Hätte der Gesetzgeber das Thema richtig anpacken wollen, hätte es ins Schuld- und nicht ins Sachenrecht gehört.

Bei Rückgewähr des Grundstücks im Jahr 2010 hatte der Kläger keine Rechte aus dem Sicherungsvertrag, die durch das Zusammenfallen mit dem Eigentum Rechte hätten gewähren können – gleich ob direkt oder über § 1192 Abs. 1a BGB.

aa) Abtretung des Rückgewähranspruchs bei Rückübereignung

Im Verfahren wurde geltend gemacht, dass in der 2010 erfolgten Rückübereignung des Grundstücks eine konkludente Abtretung etwa bestehender Rückgewähransprüche am Grundpfandrecht liege. Der BGH geht auf die Frage des Vorliegens einer solchen konkludenten bzw. stillschweigenden Abtretung nicht ein, sondern erklärt diese jedenfalls deshalb für unmöglich, weil ein solcher Anspruch aus der Sicherungsabrede wegen des Nichteintritts der aufschiebenden Bedingung[38] nicht fällig, jedenfalls aber wegen der Umschuldung 2008 erfüllt worden sei.

Beide Wertungen halte ich für problematisch.

1. Zum einen spricht nichts dagegen, einen wenn auch nur aufschiebend bedingten Anspruch abzutreten.[39] So wie künftige Ansprüche abtretbar sind, gilt dies selbstverständlich auch für bedingte.[40]

---

[38] Zur Frage des Entstehens und der Fälligkeit des Rückgewähranspruchs s. eingehend Wolfsteiner in Staudinger, 2019, BGB Vorb. §§ 1191 ff. Rn. 161 sowie BGH NJW-RR 1993, 386; NJW-RR 1996, 234; BGHZ 202, 150.

[39] Ob sich ein solcher Anspruch dann im Insolvenzverfahren durchsetzen kann, ist eine insolvenzrechtliche Wertungsfrage, s. dazu BGHZ 191, 277.

[40] BGHZ 135, 140; BGHZ 174, 297; Kieninger in MüKoBGB, 9. Aufl. 2022, BGB § 398 Rn. 78; Grüneberg in Grüneberg, 83. Aufl. 2024, BGB § 398 Rn. 11; Busche in Staudinger, 2022, BGB § 398 Rn. 63.

2. Zum zweiten stünde die Erfüllung des Anspruchs im Jahre 2008 durch die damals erfolgte Umschuldung nur dann der Zession der Rechte aus dem Sicherungsvertrag entgegen, wenn durch die Umschuldung gerade nicht mehr die Käuferin als Schuldnerin des Rückübertragungsanspruchs, sondern ein Dritter zum Sicherungsgeber geworden wäre. Dafür aber liegen keine Anhaltspunkte im mitgeteilten Sachverhalt vor.

Richtig ist es allerdings, auch trotz erfolgter Abtretung davon auszugehen, dass der Kläger aus diesen Ansprüchen kein die Zwangsvollstreckung hinderndes Recht ableiten kann. Dafür nämlich wäre es erforderlich gewesen, dass die Grundschuld nicht mehr sicherungsvertraglich gebunden ist und deshalb zurückzugewähren wäre. Fällig ist ein solcher Anspruch aber bislang nicht.

Die erfolgte Abtretung 2010 unterstellt, hat die 2013 erfolgte Neuvalutierung und Abtretung der Grundschuld im Rahmen der Umschuldung nur dann keinen die etwa bestehenden Einreden des Klägers beeinträchtigenden Charakter, wenn diese nicht als dem Kläger gegenüber nach § 407 BGB wirksame Erfüllung der Rückgewähransprüche angesehen werden könnte. Das, aber gerade ist der Fall, da eine entsprechende Anzeige über die Abtretung an den Schuldner nicht erfolgt ist.

Lehre:

Will man sich auf Rückgewähransprüche berufen, muss dies auch ohne etwa erforderliche Zustimmung[41] des Schuldners zur Abtretung aus dem Sicherungsvertrag zur Verhinderung des Eintritts der Rechtswirkungen des § 407 BGB anzeigen.

Im vergangenen Jahr haben wir dazu die Entscheidung des BGH zur Wirksamkeit entsprechender Zustimmungsklauseln in den Sicherungsverträgen angesehen. Damals ging es um die Konkurrenz der ohne Zustimmung erklärten Abtretung mit einer später erfolgten Pfändung der Rückgewähransprüche. Im vorliegenden Fall ist es die Neuvalutierung auf die nicht angezeigte Abtretung.

Im Übrigen hat die Argumentation des Klägers zur Abtretung selbst etwas für sich. Zwar erfolgte die (Rück-)Übereignung an ihn nicht freiwillig, sondern aufgrund des streitig erwirkten Titels. Dieser lautete laut Sachverhalt aber auf lastenfreie Rückübereignung, sodass, wenn der Käuferin schon die geschuldete Beseitigung der Grundschuld nicht möglich war, zumindest die Abtretung der Rückgewähransprüche gewollt gewesen sein kann.

bb) Pfändung des Rückgewähranspruchs bei der Rückübereignungsverpflichteten?

Mit der gleichen Argumentation wie bei der möglicherweise erfolgten (konkludenten) Abtretung verneint der BGH bei der tatsächlich erfolgten Pfändung der Rückgewähransprüche durch die Klägerin bei der Rückübereignungsverpflichteten im Jahr 2016 deren Erfolg. Hätte, was für die Neuvalutierung 2008 nicht festgestellt wurde, die Rückübereignungsverpflichtete an der Neuvalutierung 2008 wiederum als Sicherungsgeberin mitgewirkt, wäre dies auch für die Umschuldung 2013 in Betracht gekommen. Entsprechend hätten ihr auch 2016 noch die (nicht fälligen) Rückgewähransprüche zustehen können.

Aber auch hier würde gelten: Da die neuen Sicherungsabreden 2013 wiederum wirksam waren, valutierte die Sicherheit mit der Folge, dass selbst die erfolgreiche Pfändung dem Kläger nicht den Erfolg der Verhinderung der Zwangsversteigerung hätte bringen können.

[41] S. dazu die im vergangenen Jahr besprochene Entscheidung des V. Senats BGH 14.1.2022 – V ZR 255/20, BGHZ 232, 265.

d) Die Eigentumsvormerkung als Schutz vor Neuvalutierungen

Der Kläger, der die Rückübereignung des Grundstücks wahrscheinlich deshalb erfolgreich hat geltend machen können, weil an dem Ausgangskaufvertrag etwas faul war, hatte offensichtlich die Sympathie des Berufungsgerichts.

Dass es nach der vom BGH (!) im Februar 2003 dem Grunde nach anerkannten Rückübereignungsverpflichtung des Käufers zu einer Grundschuldbestellung durch den Käufer kommt, die auch nach mehrfacher Revalutierung dem Kläger gegenüber wirksam sein soll, kratzt am Gerechtigkeitsgefühl. Letztlich bekommt der Kläger zwar das Eigentum zurück, wegen der Grundschuldbestellung ist dieses aber erheblich entwertet.

Das OLG Rostock hat (wohl deshalb) den Gedanken verfolgt, die im Jahr 2008 im Rahmen der Umschuldung vereinbarte Sicherungsabrede habe wegen der am Grundstück eingetragenen Vormerkung dem Vormerkungsberechtigten (also den Kläger) gegenüber keine Wirkung. Dieser habe an der neuen Sicherungsabrede wegen der zu seinen Gunsten bestehenden relativen Verfügungsbeschränkung mitwirken müssen, ansonsten sei diesem ihm gegenüber relativ unwirksam. Die Grundschuld selbst war gegenüber der Vormerkung sicher wirksam – sie war bei Eintragung der Grundschuld schon entstanden, weshalb die Wirkungen des § 883 Abs. 2 BGB ihr gegenüber schon dem Wortlaut nach nicht greifen konnten.

Das Berufungsgericht bejahte noch die Frage, ob nicht eine analoge Anwendung des § 883 Abs. 2 BGB oder die Anwendung des Rechtsgedankens des § 81 InsO dem Kläger weiterhelfen könnten. Zutreffend erkennt der BGH aber auch für diese Überlegungen: Die Vormerkung erfasst nicht die Grundschuld.

Etwas unklar sind nach meinem Verständnis allerdings die Ausführungen des BGH zur Anwendung des Rechtsgedankens des § 81 InsO. In Rn. 22 heißt es dazu:

> „(3) Etwas anderes folgt entgegen der Ansicht des BerGer. nicht aus einem Vergleich mit Verfügungen des Insolvenzschuldners nach der Eröffnung des Insolvenzverfahrens gem. § 81 I InsO. Zwar ist nach dieser Vorschrift eine nach Eintritt der Verfügungsbeschränkung getroffene Änderung der Sicherungsvereinbarung unwirksam, soweit sie eine gegenüber der bisherigen Sicherungsvereinbarung erweiterte Haftung der Grundschuld ermöglicht […]. Der Vorschrift des § 81 I InsO liegt aber, anders als § 883 II BGB, ein weiter Verfügungsbegriff zugrunde. Hierzu zählen neben Verfügungen im Sinne des allgemeinen Zivilrechts […] auch Rechtshandlungen, die auf das Vermögen des Schuldners unmittelbar einwirken; unwirksam sind damit auch verfügungsgleich […]. Dem liegt die Erwägung zugrunde, dass durch die §§ 81 ff. InsO der Schutz der Masse bezweckt wird […]. Demgegenüber erfasst § 883 II ZPO, der Wirkung der Vormerkung entsprechend, nur vormerkungswidrige Verfügungen. Damit soll die Erfüllungsfähigkeit des Schuldners gesichert werden (vgl. Staudinger/Kesseler BGB § 883 Rn. 235). Diese wird durch die Änderung der Sicherungsabrede einer vorrangigen Grundschuld nicht berührt."

Mir scheint es, als säße der BGH an dieser Stelle möglicherweise dem gleichen gedanklichen Fehler auf, den das OLG Rostock gemacht hat: **Mit der Umschuldung 2008 hat der Eigentümer des Grundstücks nichts zu tun!**

Auch im Insolvenzverfahren hätte der Insolvenzverwalter mit dieser Neuvalutierung der Grundschuld nicht deshalb etwas zu tun gehabt, weil der Insolvenzschuldner der Eigentümer des Grundstücks ist. Ob enger oder weiter Verfügungsbegriff: Nur dann, wenn der Insolvenzschuldner Sicherungsgeber hinsichtlich der Grundschuld ist, greift § 81 InsO. Da sich die Vormerkung aber ausschließlich auf das Eigentum und nicht auf die Rechte aus dem Sicherungsvertrag bezieht, kann diese in diesem Rechtsverhältnis keine Wirkung entfalten.

3. Was hätte der Kläger tun können?

Was nun hätte unser Kläger tun müssen, um den ganzen Schaden zu vermeiden?

a) Frühzeitige Vormerkung

Sicher geholfen hätte ihm einzig und allein die frühzeitige Eintragung der seinen Rückübereignungsanspruch sichernden Vormerkung im Grundbuch. Hätte er diese vor der Eintragung der Grundschuld ins Grundbuch bekommen, wären alle folgenden Überlegungen zu sicherungsvertraglichen Rechtspositionen überflüssig gewesen. § 883 Abs. 2 BGB hätte ihm nach erfolgter Rückübereignung den Löschungsanspruch gegen den Grundschuldinhaber nach § 888 BGB gebracht.

b) Frühzeitiger Zugriff auf die Rückgewähransprüche?

War das Kind mit der Eintragung der Grundschuld 2003 hinsichtlich der Eintragung der Grundschuld aber schon in den Brunnen gefallen, so hätten zwar die Umschuldungen 2008 und 2013 möglicherweise dadurch verhindert werden können, dass es der Mitwirkung des Klägers bei diesen Maßnahmen bedurft hätte. Da mittels dieser Umschuldungen aber nur bestehende Verbindlichkeiten umgeschichtet wurden und keine materielle Belastungsveränderung eintrat, hätte dies dem Kläger wohl auch nichts genützt. Die Grundschuld valutierte ausweislich des mitgeteilten Sachverhalts nun einmal durchgängig voll.

Lehre:

Soll der Übereignungsanspruch an einem Grundstück effektiv und eben auch gegen beeinträchtigende Verfügungen geschützt werden, muss möglichst frühzeitig eine entsprechende Vormerkung ins Grundbuch.

4. Ein wenig Kritik am BGH

Die Entscheidung ist in ihrem Ergebnis und ihrer Begründung einfach nur richtig. Die Rechtsverhältnisse zwischen Eigentümer, Übereignungsberechtigtem, Grundschuldinhaber, Sicherungsnehmer und Sicherungsgeber werden allesamt zutreffend bewertet.

Einen Punkt der Kritik will ich dennoch anbringen, der vor allem auch für frühere Entscheidungen gilt und mögliche Ursache mancher Fehlbewertung in der Praxis und, wie hier geschehen, auch der Obergerichte ist. Der BGH verwendet in seiner Entscheidung an mehreren Stellen ungenaue bzw. im konkreten Kontext unzutreffende Bezeichnungen für die an den Sicherungsverhältnissen beteiligten Personen.

a) Besteller contra Sicherungsgeber

Unter Rn. 9 des Urteils führt der BGH aus:

> „a) Im Ausgangspunkt gilt, **dass der Grundstückseigentümer, der eine Sicherungsgrundschuld bestellt,** aus dem Sicherungsvertrag gegen den Sicherungsnehmer einen durch den Wegfall des Sicherungszwecks aufschiebend bedingten Anspruch auf Abtretung, auf Verzicht oder auf Aufhebung des nicht (mehr) valutierten Teils der Grundschuld hat. Mit diesem Anspruch **erlangt der Besteller der Sicherungsgrundschuld** zugleich auch die Einreden nach §§ 1169, 1192 BGB, durch die die Geltendmachung der Grundschuld dauernd ausgeschlossen wird."

In der Sache ist die zitierte Passage nicht zu kritisieren. Aus dem Sicherungsvertrag besteht der Anspruch auf Rückgewähr der Sicherheit, der durch unterschiedliche Verfügungshandlungen erfüllt werden kann. Problematisch ist an der Formulierung nur, dass auf die Person des Grundstückseigentümers, der die Grundschuld bestellt, abgestellt wird. Im konkreten Einzelfall mag es auch richtig sein, dass der Besteller der Grundschuld

Inhaber der Rückgewähransprüche ist. Als generelle Feststellung ist der Satz aber dennoch verwirrend:

- Es kommt auf die Person des Bestellers nicht an.
- Es kommt auf die Person des Grundstückseigentümers nicht an.

Sachenrechtlich wird es ohne den Eigentümer nicht zum Entstehen einer Grundschuld kommen. Der sicherungsvertragliche Rückgewähranspruch ist aber eben kein sachenrechtliches Verhältnis – er ist rein schuldrechtlicher Natur (wenn auch aufgrund des im Sicherungsvertrag liegenden Treuhandverhältnisses mit teilweise sachenrechtsähnlichen Wirkungen, beispielsweise in der Insolvenz). Entscheidend ist allein, wer sicherungsvertraglich die Grundschuld stellt.

- Das kann der Eigentümer sein.
- Das kann der Besteller sein.
- Das kann der gegenwärtige Inhaber der Grundschuld sein.
- Das kann aber auch der bloße Vertragspartner es Sicherungsvertrages sein.

Das ist keine neue Entdeckung, sondern entspricht der Struktur des Sicherungsvertrages und ist so auch ständige Rechtsprechung des BGH. Wichtig wäre es, auch um Verwirrung wie hier beim OLG erkennbar entstanden, zu vermeiden, konsequent die sachrechtliche und die schuldrechtliche Ebene zu trennen. (Siehe dazu auch die Überlegungen zur Anwendung des Rechtsgedankens des § 81 InsO unter → 2. d)). Besser wäre die Formulierung also wie folgt:

b) Ausgangspunkt

„Im Ausgangspunkt gilt, dass der **Sicherungsgeber,** aus dem Sicherungsvertrag gegen den Sicherungsnehmer einen durch den Wegfall des Sicherungszwecks aufschiebend bedingten Anspruch auf Abtretung, auf Verzicht oder auf Aufhebung des nicht (mehr) valutierten Teils der Grundschuld hat. Mit diesem Anspruch erlangt der **Sicherungsgeber** zugleich auch die Einreden nach §§ 1169, 1192 BGB, durch die die Geltendmachung der Grundschuld dauernd ausgeschlossen wird.“

Dies wäre gerade auch im Hinblick auf die ständige Rechtsprechung des BGH (nachstehend unter → 5. a) dargestellt) zur Ermittlung der Person des Sicherungsgebers konsequent.

c) Eigentümer contra Sicherungsgeber beim § 418 Abs. 1 S. 2 BGB

§ 418 Abs. 1 S. 1 BGB bestimmt, dass infolge einer Schuldübernahme die für die Forderung bestellten Bürgschaften und Pfandrechte erlöschen, was nach S. 2 der Norm gleichermaßen für die Hypothek gilt (Verzichtswirkung mit Entstehen der Eigentümergrundschuld). Der Kläger hatte geltend gemacht, dass dies auch nach der Rechtsprechung des BGH zu seinen Gunsten eingreife und jedenfalls die Schuldübernahme 2013 zum Entstehen einer Eigentümergrundschuld zu seinen Gunsten geführt habe.

Die Überlegungen des BGH in Rn. 37 und 38 der Entscheidung lauten dazu wie folgt:

„(2) Der BGH hat diese Grundsätze zwar auf die Sicherungsgrundschuld übertragen. Nach einer Schuldübernahme geht auch eine für die übernommene Schuld bestellte Sicherungsgrundschuld gem. § 418 I 2, §§ 1192 I, 1168 I BGB **auf den Grundstückseigentümer** über […]. Das folgt aus dem Normzweck. § 418 I 2 BGB dient dem Schutz des Eigentümers, der im Vertrauen auf die Zahlungsfähigkeit und -bereitschaft eines bestimmten Schuldners eine Hypothek bestellt. Er soll im Falle eines ohne seine Einwilligung vorgenommenen Schuldnerwechsels frei werden und nicht für einen anderen, möglicherweise unsicheren Schuldner mit seinem Grundstück haften müssen. In vergleichbarer Situation befindet sich **ein Eigentümer,** der nicht eine Hypothek, sondern eine Sicherungsgrundschuld bestellt hat. Auch er hat ein schutzwürdiges Interesse daran, nicht ohne seinen Willen für einen anderen Schuldner aufgrund der Grundschuld einstehen zu müssen.

(3) Der Normzweck des § 418 I 2 BGB greift aber nicht ein, wenn der Eigentümer das mit der Grundschuld belastete Grundstück erworben hat, ohne in die Sicherungsabrede einzutreten. Dann hat er kein schützenswertes Vertrauen in die Person des Schuldners gehegt. Nach einer auf die gesicherte Forderung bezogenen Schuldübernahme geht eine Sicherungsgrundschuld nicht auf den Eigentümer über, der das bereits belastete Grundstück erworben hat und nicht Partei der Sicherungsabrede ist. So ist es hier. Der Kl. hat sein Grundstück veräußert und die Sicherungsgrundschuld wurde ohne sein Zutun von dem Erwerber, der P-GbR, bestellt. Im Verhältnis zu dem Kl., der das Eigentum an dem Grundstück belastet mit der Grundschuld zurückerlangt hat, handelt es sich um eine isolierte Grundschuld. Für diese gilt § 418 I 2 BGB nicht."

Der (Überlegungs- und Formulierungs-)Fehler ist auch hier: **Es geht nicht um den Eigentümer!** Der Position des Eigentümers im Verhältnis zum Forderungsgläubiger bei der Hypothek entspricht eben nicht die des Eigentümers bei der Sicherungsgrundschuld. Während bei der Hypothek strukturell immer der Eigentümer auch der Geber der Sicherheit ist, ist dies bei der Grundschuld gerade nicht der Fall. Es war deshalb nie richtig zu formulieren, die Grundschuld gehe bei Schuldübernahe auf den Eigentümer über. Richtig müsste es heißen:

„(2) Der BGH hat diese Grundsätze zwar auf die Sicherungsgrundschuld übertragen. Nach einer Schuldübernahme geht auch eine für die übernommene Schuld bestellte Sicherungsgrundschuld gem. § 418 I 2, §§ 1192 I, auf den **Sicherungsgeber** über [...]. Das folgt aus dem Normzweck. § 418 I 2 BGB dient dem Schutz des Eigentümers, der im Vertrauen auf die Zahlungsfähigkeit und -bereitschaft eines bestimmten Schuldners eine Hypothek bestellt. Er soll im Falle eines ohne seine Einwilligung vorgenommenen Schuldnerwechsels frei werden und nicht für einen anderen, möglicherweise unsicheren Schuldner mit seinem Grundstück haften müssen. In vergleichbarer Situation befindet sich ein **Sicherungsgeber,** der nicht eine Hypothek, sondern eine Sicherungsgrundschuld ~~b~~gestellt hat. Auch er hat ein schutzwürdiges Interesse daran, nicht ohne seinen Willen für einen anderen Schuldner aufgrund der Grundschuld einstehen zu müssen.

(3) Der Normzweck des § 418 I 2 BGB greift aber nicht ein, wenn der Eigentümer das mit der Grundschuld belastete Grundstück erworben hat, ohne in die Sicherungsabrede einzutreten. Dann hat er kein schützenswertes Vertrauen in die Person des Schuldners gehegt. Nach einer auf die gesicherte Forderung bezogenen Schuldübernahme geht eine Sicherungsgrundschuld nicht auf den Eigentümer über, der nicht Partei der Sicherungsabrede ist. So ist es hier. Der Kl. hat sein Grundstück veräußert und die Sicherungsgrundschuld wurde ohne sein Zutun von dem Erwerber, der P-GbR, bestellt. Im Verhältnis zu dem Kl., der das Eigentum an dem Grundstück belastet mit der Grundschuld zurückerlangt hat, handelt es sich um eine isolierte Grundschuld. Für diese gilt § 418 I 2 BGB **dergestalt, dass diese an den Sicherungsgeber zurückzugewähren ist.**"

Schon in der Einleitung hatte ich angemerkt, dass der historische Gesetzgeber (nicht der des § 1192 Abs. 1a BGB) mit der Konstruktion der Sicherungsrechte als akzessorischen Gestaltungen das Rechtsgefühl gut abgebildet hat und die Rechtspraxis dieses mit der Konstruktion der abstrakten Sicherungsrechte zwar überfährt, dieses Grundgefühl aber nicht hat beseitigen können. In all diesen Überlegungen zur Sicherungsgrundschuld, stammen diese vom BGH oder vom Gesetzgeber, hat die Person des Eigentümers eigentlich nichts verloren. Dieser wird sachenrechtlich zur Entstehung der Grundschuld benötigt. Alsdann aber hat diese Position für die Sicherungsgrundschuld keine Bedeutung mehr – es geht nur um den Sicherungsgeber.

5. Rechte aus dem Sicherungsvertrag in der Gestaltungspraxis

Der Fall – so wenig dieser mit Vertragsgestaltung zu tun hatte – liefert dennoch Anlass, noch einmal auf die Besonderheiten des Sicherungsvertrages hinzuweisen.

a) Allgemeines

In Rn. 12 der Entscheidung weist der BGH noch einmal auf seine ständige Rechtsprechung zur Ermittlung der Person des Sicherungsgebers eines Sicherungsvertrages hin, wobei im vorliegenden Fall bei der Bestellung der Grundschuld im Jahr 2003 unklar war, ob es sich um den Käufer als damaligen Grundstückseigentümer oder die Gesellschaft handelte, deren Verbindlichkeiten durch die Grundschuld gesichert wurden. Die Aussage des BGH aus der auch hier wieder zitierten Entscheidung aus dem Jahr 2009[42] lautet:

„Dabei ist in aller Regel davon auszugehen, dass der Schuldner der zu sichernden Forderung auch dann Sicherungsgeber sein soll, wenn die Grundschuld – ganz oder teilweise – auf einem Grundstück lastet, das einem Dritten gehört. Da er dem Gläubiger die Grundschuld durch entsprechende schuldrechtliche Abreden mit dem Dritten beschafft, soll er (der Schuldner) sie nach Tilgung der Darlehensschuld auch wieder bekommen."

Was die Leistungsbeziehung angeht, ist diese Rechtsprechung ebenso konsequent wie in der Praxis gefährlich. Die Bank kann erwarten, dass derjenige, der ihr aus dem Vertragsverhältnis die Stellung der Sicherheit schuldet, diese auch bringt, also der Sicherungsgeber ist. Dass der schuldrechtliche Sicherungsgeber ein anderer als der Darlehensnehmer ist, ist erst einmal nicht zu erwarten. Wie jeder andere Vertragspartner auch, darf die Bank davon ausgehen, dass ihr Leistungsverpflichteter auch Erfüllungspartner ist. Woher sich dieser die Fähigkeit zur Leistung verschafft, ist in diesem Verhältnis ebenso wenig Problem des Leistungsempfängers wie beim Kauf – auch bei diesem kommen die Sachen in der Regel von einem Hersteller, mit dem aber keine Vertragsbeziehung besteht.

Wie der Darlehensnehmer an die Grundschuld kommt bzw. wie er deren Berechtigten dazu bringt, diese der Bank zu stellen, ist Sache des Verhältnisses zwischen dem bisherigen dinglichen Rechtsinhaber und dem Darlehensnehmer, nicht aber Problem der Bank. Damit ist die Bank im Fall der Beendigung des Sicherungsverhältnisses auch verpflichtet, die Sicherheit an den Vertragspartner des Sicherungsvertrages zurückzugewähren – und nicht etwa an den Eigentümer oder ehemaligen Zedenten der Grundschuld.

Für die Gestaltungspraxis ist es wichtig, diesen Gesichtspunkt im Auge zu behalten.

b) Drittsicherheiten

In der Praxis ist es – jedenfalls nach meiner Erfahrung – in vielen Fällen so, dass die Banken (oftmals in Unkenntnis der Rechtsprechung des BGH) den dinglichen Grundschuldbesteller den Sicherungsvertrag zumindest mitunterzeichnen lassen und in diesem auch den Inhaber der Gestaltungsrechte aus dem Vertag sehen. Ist das der Fall, besteht Handlungsbedarf nur dann, wenn tatsächlich einmal nicht der Besteller, sondern ein Dritter Sicherungsgeber sein soll. Handelt es sich bei der Grundschuld allerdings um ein schon bestehendes Recht, wird, wenn die Grundschuld nicht von einer anderen Bank abgetreten wird, nach meiner Einschätzung selten beachtet, wem diese tatsächlich wirtschaftlich zusteht. In der Regel gehen die Banken davon aus, dass der Grundstückseigentümer hier der richtige Ansprechpartner ist – und zwar auch, wenn sie die Grundschuld von einem anderen abgetreten erhalten. Die isolierte Grundschuld in der Hand des Nichteigentümers ist eben kein gängiges Konzept.

Soweit – was in der Praxis wegen der nicht bestehenden Beurkundungsbedürftigkeit der Sicherungsverträge eher selten der Fall ist – von notarieller Seite an der Einräumung von Grundschulden als Kreditsicherheiten mitgewirkt wird, empfiehlt es sich, mit den Beteiligten das Thema anzusprechen und ggf. daran zu denken, zumindest **im Grundschuldbestellungsformular die Person des Sicherungsgebers klarzustellen.**

---

[42] BGH DNotZ 2010, 375.

Die Überlegungen zur formularvertraglichen Zulässigkeit weiter Sicherungserklärungen nützen wenig, wenn der tatsächliche Steller der Sicherheit im Verhältnis zur Bank nicht als solcher behandelt wird. Ein Satz wie

„Der Eigentümer stellt hierdurch klar, dass diese Grundschuld nur im Rahmen von mit ihm geschlossenen Sicherungsvereinbarungen als Sicherheit verwendet werden darf."

kann nicht schaden und dürfte für etwaige Probleme mit der Bank zum Thema Inhaberschaft der Rückgewähransprüche und Definition des Sicherungszwecks eine gute Ausgangsbasis liefern. Eine dem entgegenstehende Sicherungszweckerklärung nur mit dem Darlehensnehmer dürfte gute Aussichten auf eine gerichtliche Kontrolle haben.

c) Vorrangeinräumungen

Immer wieder kommt es im Rahmen von Grundpfandrechtsbestellungen zum Besuch nicht nur des Grundstückeigentümers im Notariat, sondern auch von anderen Personen – oftmals Verwandten – die nicht nur zuhören wollen, sondern von den Banken unmittelbar oder mittelbar aufgefordert wurden, Rangpositionen aufzugeben und nach hinten zu rücken. In den meisten Fällen handelt es sich um Rangrücktritte von Rechten aus Übergabeverträgen. In der Regel herrscht die Vorstellung bei den Beteiligten, dass die Vorrangeinräumung temporär erfolgt und nach Erledigung des konkreten Sicherungszwecks die ursprüngliche Rangposition wiederhergestellt wird.

aa) Löschungsvormerkung

Klar ist, dass das kaum mit den gesetzlichen Sicherungsinstrumenten erreicht werden kann. Die in einigen Formularbüchern noch zu findende **Löschungsvormerkung des § 1179 BGB** hilft in diesen Gestaltungen wenig und kostet meist nur unnötige Grundbuchgebühren. Eingreifen kann das Instrument nämlich nur dann, wenn es zur Vereinigung von Grundschuld und Eigentum in einer Hand kommt, also sich der nucleus des Eigentümerrechts, an dem diese Vormerkung rechtsdogmatisch andockt, verwirklicht.

bb) Abtretung der Rückgewähransprüche

Gleichzeitig ist regelmäßig auch eine pauschale Abtretung des Rückgewähranspruchs nicht gewollt – das Grundpfandrecht soll sich schließlich nach Abschluss des Sicherungszwecks nicht in der Hand des Inhabers des zurückgetretenen Rechts befinden.

cc) Erfüllung des Anspruchs durch Löschungsverpflichtung

Im Grunde liegt auch hier die Lösung in der richtigen Einordnung der Interessen. Der Beteiligten. Die Rechte aus dem Sicherungsvertrag dürfen grundsätzlich beim Sicherungsgeber bleiben. Dieser muss es nur erreichen, dass die Voraussetzungen, die der im Rang zurücktretende für seine Mitwirkung verlangt, erfüllt werden, nämlich die Verpflichtung der Bank, das Recht nach Erledigung des Sicherungszwecks wieder zu löschen. Diese Verpflichtung gegenüber dem im Rang zurücktretenden Berechtigten abzugeben ist aus Sicht der Bank eine Leistung auf die Rückgewährpflichten aus dem Sicherungsvertrag.

dd) Bewilligung einer Löschungsvormerkung durch den Grundschuldbesteller?

Jedenfalls in Köln und Umgebung finden sich eine ganze Reihe von Vormerkungen im Grundbuch, die zu Gunsten von kirchlichen Körperschaften im Rahmen von Grundschuldbelastungen von Erbbaurechten eingetragen wurden. Bewilligt wurden diese Vormerkungen durch den Grundschuldbesteller als Sicherungen des nach Erledigung des Sicherungszwecks gegenüber den Erbbaurechtsausgebern übernommenen Anspruchs auf Löschung der Grundschuld, und zwar nicht als Vormerkung nach § 1179 BGB, die nur im

Vereinigungsfall wirken würde, sondern als solche nach § 883 BGB, die auch den Fall der bloßen Erledigung des Sicherungszwecks erfassen soll. Interessant ist, dass diese Vormerkungen nicht von den Grundschuldgläubigern bewilligt wurden, sondern im Rahmen der Grundschuldbestellungen vom Eigentumer der Grundschuld mit auf den Weg gegeben wurden. Wahrscheinlich wegen des göttlichen Segens haben die Grundbuchämter diese auch eingetragen. Aber worin liegt das Problem dieser Gestaltung?

Inhaber des von der Vormerkung betroffenen Rechts ist der Grundschuldberechtigte. Der die Grundschuld bestellende Eigentümer hat diese nur dann als Verfügungsgegenstand und damit als möglicher Belastungsgegenstand einer Vormerkung in der Hand, wenn er die Grundschuld zunächst als Eigentümerrecht bestellt und einträgt, sie dann mit der Vormerkung belastet und alsdann an die Bank abtritt. Wird die Grundschuld wie üblich direkt zu Gunsten der Bank bestellt, besteht diese nie in der Hand des Eigentümers und kann von diesem auch nicht wirksam mit der Vormerkung belastet werden. Von solchen Sicherungsideen sollte man also lieber Abstand nehmen.

V. Aktuelle obergerichtliche Rechtsprechung zu den Grundpfandrechten

1. Bereicherung aus Löschung forderungsloser Grundschulden

OLG Düsseldorf Urt. v. 18.4.2024 – 3 U 109/22
NJW-RR 2024, 1207 = FamRZ 2024, 1950 = BeckRS 2024, 17374 = ZfIR 2024, 547 mit Besprechung Clemente ZfIR 2024, 528 ff.

Leitsätze:

1. Erwirbt ein Mitglied der Erbengemeinschaft in der Teilungsversteigerung ein zum Nachlass gehörendes Grundstück, das mit forderungslosen Grundschulden belastet ist, die nach den Versteigerungsbedingungen nicht durch das Bargebot zu decken waren, und die der Ersteher nach dem Zuschlag aufgrund vorliegender Löschungsbewilligungen löschen lässt, können die anderen Miterben nicht aus § 816 Abs. 2 BGB die Zahlung des Nennbetrags der gelöschten Grundpfandrechte an die Erbengemeinschaft verlangen.
2. Eine Zahlung des Nennbetrags der gelöschten forderungslosen Grundschulden kann ebenso wenig aus § 816 Abs. 1 BGB beansprucht werden, wenn die anderen Miterben vor Zuschlagserteilung der Löschung zugestimmt haben und ihr Einverständnis nicht vor der Löschung widerrufen haben.
3. Einreden aus dem Sicherungsvertrag stehen dem Ersteher des Grundstücks nicht zu.
4. Dieser kann aber in seiner Eigenschaft als Mitglied der Erbengemeinschaft gegen die anderen Miterben, die aus den Grundschulden die Zwangsvollstreckung betreiben wollen, die Einrede erheben, dass die Vollstreckung aus den nicht mehr valutierten Grundschulden unstatthaft ist.

a) Sachverhalt

Die Parteien bilden eine ungeteilte Erbengemeinschaft, zu welcher ein Hausgrundstück gehört, das mit zwei Grundpfandrechten belastet war, und zwar mit einer Buchhypothek und einer Sicherungsgrundschuld. Die gesicherten Forderungen waren noch zu Lebzeiten des Erblassers getilgt worden. Eine Löschungsbewilligung lag für die Sicherungsgrundschuld vor. Die Löschung der beiden Grundpfandrechte war aber nicht veranlasst worden. Im Frühjahr 2019 erfolgte die Zwangsversteigerung des Hausgrundstücks zum Zweck der Aufhebung der Erbengemeinschaft. Die Bekl. erhielt am 18.4.2019 den Zuschlag. Die beiden Grundpfandrechte waren nach den Versteigerungsbedingungen nicht durch Zahlung zu decken und blieben daher stehen. Nach Zuschlagserteilung ließ die Bekl. die Grundpfandrechte löschen und veräußerte das Hausgrundstück an einen Dritten. Mit ihrer Klage begehrt die Kl. die Verurteilung der Bekl., den Nennbetrag der beiden Grundpfandrechte an die Erbengemeinschaft zu zahlen.

Das LG Kleve (BeckRS 2022, 59406) hat der Klage stattgegeben. Die Berufung beim OLG Düsseldorf hatte Erfolg.

b) Zentrale Aussagen des OLG Düsseldorf

aa) Das LG hatte auf Grundlage des **§ 816 Abs. 2 BGB** Wertersatz nach § 818 Abs. 2 BGB wegen der Leistung an einen Nichtberechtigten in Höhe des Nennbetrags der – als forderungslose Fremdgrundschulden – bestehen gebliebenen Grundpfandrechte unter Hinweis auf das BGH-Urteil vom 9.2.1989 (NJW 1989, 1349) zugesprochen. Damals hatte der Grundschuldgläubiger die Löschungsbewilligung für das forderungslos gewordene Grundpfandrecht nicht an den früheren Eigentümer des Grundstücks erteilt, sondern an den Ersteher des Grundstücks als Nichtberechtigten.

Das OLG Düsseldorf weist darauf hin, dass die Löschungsbewilligung für die Sicherungsgrundschuld bereits im Jahre 1992 an den Erblasser erteilt worden ist. Die Löschungsbewilligung für die ehemalige Buchhypothek war im Februar oder März an einen Miterben erteilt worden, der von der Erbengemeinschaft beauftragt und bevollmächtigt war. Daher liege eine Leistung an die – berechtigte – Erbengemeinschaft und nicht an die Bekl. als Nichtberechtigte vor.

bb) Weiter verneint das OLG Düsseldorf einen Anspruch aus **§ 816 Abs. 1 BGB,** weil die Bekl. die Beantragung der Löschung der Grundpfandrechte nicht als Nichtberechtigte vorgenommen habe. Berechtigt an den beiden Löschungsbewilligungen sei zwar die Erbengemeinschaft gewesen, und zwar auch nach Zuschlagserteilung. Allerdings seien die Miterben mit der Löschung der beiden Grundpfandrechte einverstanden gewesen. Denn die Kl. habe die Löschung beim zuständigen AG Geldern selbst beantragt. Auch der weitere Miterbe habe sich um die Löschung der Grundpfandrechte bemüht und habe insbesondere die Löschungsbewilligung für die Buchhypothek beigebracht. Auch durch die Zuschlagserteilung seien die Einwilligungen zur Löschung nicht hinfällig geworden, weil die Miterben kein rechtliches Interesse daran gehabt hätten, wegen des Zuschlags von einer Löschung der Grundpfandrechte Abstand zu nehmen.

Mit dem Zuschlag seien die Grundpfandrechte nach §§ 91 Abs. 1, 52 Abs. 2 ZVG bestehen geblieben, hätten sich allerdings von Eigentümer- in Fremdgrundschulden umgewandelt. Die Kl. hätte dementsprechend die Zwangsvollstreckung in das von der Bekl. ersteigerte Grundstück betreiben können. Hiergegen könne sich die Bekl. auf keine Einrede aus dem Sicherungsvertrag berufen. Denn durch den Zuschlag sei das Grundpfandrecht von der persönlichen Schuld getrennt worden. Letztere sei entgegen § 53 Abs. 2 ZVG im Versteigerungsverfahren gerade nicht angemeldet worden. Wegen der Trennung von dinglicher und persönlicher Schuld stünden auch die Rechte aus dem Sicherungsvertrag weiterhin dem Sicherungsgeber zu und der Ersteher könne keine Einreden gegen die Zwangsvollstreckung aus den Grundschulden geltend machen, die sich aus dem Sicherungsvertrag ableiteten.[43] Allerdings könne die Bekl. als Mitglied der Erbengemeinschaft eine Einwendung gegen die Vollstreckung geltend machen. Dabei handele sich um die Einwendung, dass ein aus der Vollstreckung erzielter Übererlös – bei forderungslosen Grundschulden – in voller Höhe an den Sicherungsgeber auszukehren sei. Im Ergebnis seien also die Miterben verpflichtet gewesen, die Grundschulden als Sicherheit an die Bekl. zurückzugewähren. Dieses Rückforderungsrecht habe ursprünglich der Erblasser innegehabt. Mit dem Erbfall sei es auf die Miterben übergegangen. Hätte die Kl. die Zwangsvollstreckung aus den Grundschulden gegen die Bekl. beabsichtigt, hätte die Bekl. allein den Rückgabeanspruch geltend machen können. Dementsprechend könne die Bekl. auch nach Zuschlagserteilung die Rückgabe der Grundpfandrechte verlangen und sei wegen der forderungslosen Grundschulden auch nicht berechtigt und in der Lage gewesen, die Zwangsvollstreckung gegen die Kl. zu betreiben. Im Übrigen könne die Bedeutung des § 1192 Abs. 1a BGB für den vorliegenden Fall dahinstehen.

cc) Für einen Anspruch aus **§ 812 Abs. 1 S. 1 Alt. 2 BGB** fehle es an einer Bereicherung der Bekl. auf Kosten der Kl., weil die Letztere keinen Anspruch auf Zwangsvollstreckung aus den Grundschulden geltend machen könne.

c) System der Ersatzansprüche

Kommt es nach Zuschlagserteilung zur Löschung einer stehen gebliebenen Grundschuld, dann können sich Ersatzansprüche des Sicherungsgebers gegen den Ersteher er-

[43] OLG Düsseldorf NJW-RR 2024, 1207 Rn. 39 unter Hinweis auf BGH NJW 2003, 2673.

geben.[44] Diese folgen regelmäßig weder aus Vertrag[45] noch aus § 50 ZVG.[46] In Betracht kommt ein Anspruch aus § 823 Abs. 1 BGB. Die Grundschuld genießt als „sonstiges" Recht deliktischen Schutz. Anspruchsberechtigt ist der Rechtsinhaber, also regelmäßig der Sicherungsnehmer. Demgegenüber genießt der (schuldrechtliche) Rückgewähranspruch als relatives Recht keinen deliktischen Schutz nach § 823 Abs. 1 BGB.[47] In Betracht kommt weiter ein Anspruch aus § 826 BGB. Allerdings ist die mit der Löschung verbundene Verletzung der Grundschuld nicht ohne weiteres als sittenwidrig einzustufen.[48]

Von zentraler praktischer Bedeutung sind bereicherungsrechtliche Ansprüche. Eine Leistungskondiktion nach § 812 Abs. 1 S. 1 Alt. 1 BGB liegt vor, wenn die Löschung in der Vorstellung erfolgt, den Rückgewähranspruch zu erfüllen, es hierfür aber an einem Rechtsgrund fehlt.[49] Weiter haftet ein Nichtberechtigter für eine Verfügung, die dem Berechtigten gegenüber wirksam ist, aus § 816 Abs. 1 S. 1 BGB. Besondere Bedeutung in diesem Kontext hat § 816 Abs. 2 BGB. Es geht regelmäßig um eine Leistung, die nicht zur Erfüllung des Rückgewähranspruchs führt, aber infolge der Genehmigung des Berechtigten der an den Nichtberechtigten bewirkten Leistung wirksam wird. Namentlich in der Klageerhebung gegen den Ersteher liegt eine stillschweigende Genehmigung der Rückgewähr der Grundschuld an den Nichtberechtigten.[50] Ist die Löschung im Grundbuch bereits vollzogen worden, befindet sich der Schuldner zur Herausgabe der Löschungsbewilligung außerstande, so dass Wertersatz nach § 818 Abs. 2 BGB geschuldet ist. Zwar hat die Rechtsprechung in der Vergangenheit entschieden, dass Wertersatz nur geschuldet sei, wenn der Rang der Grundschuld durch ein anderes Recht eingenommen worden sei.[51] Die neuere Rechtsprechung gewährt – in Übereinstimmung mit dem OLG Düsseldorf – einen Ersatzanspruch nach § 818 Abs. 2 BGB allerdings ohne weitere Voraussetzungen.[52] Das ist auch überzeugend, weil die Löschungsbewilligung nach der vollzogenen Löschung schlicht nicht mehr herausgegeben werden kann[53] und für eine teleologische Reduktion der Ersatzpflicht keine sachlichen Gründe bestehen.

d) Würdigung der Entscheidung

Die Entscheidung des OLG Düsseldorf ist im Ergebnis abzulehnen.[54] Zwar ist es zutreffend, dass die Bekl. vor dem Zuschlag gegen ihre Miterben einen Anspruch auf Ablösung der Löschungsbewilligungen und Löschung der Grundpfandrechte gehabt hätte. Nach dem Zuschlag kommt ein entsprechender Löschungsanspruch allerdings nicht mehr in Betracht. Stattdessen ist ein mit Grundpfandrechten belastetes Grundstück versteigert worden. Diese Fallgestaltung unterscheidet sich grundlegend von der Teilungsversteigerung eines lastenfreien Grundstücks. Zudem bestand nach dem Zuschlag auch kein Anspruch auf Löschung mehr, da die Erbengemeinschaft aufgelöst worden ist. Der Anspruch auf Rückgewähr der Grundschuld verwandelte sich dessen ungeachtet mit der Zuschlagserteilung in einen Abtretungsanspruch, sodass eine Löschung ohnehin nicht mehr zulässig war.[55]

---

[44] Dazu und zum Folgenden ausf. Clemente ZfIR 2024, 528 (532 ff.); vgl. weiter OLG Düsseldorf NJW-RR 2024, 1207 Rn. 18 ff.; s. ferner (für Ersatzansprüche gegen den Sicherungsnehmer) BGHZ 209, 1 Rn. 14.

[45] Vgl. aber BGH NJW 1983, 2449 (2450).

[46] BGH NJW 1989, 1349 (1350).

[47] Clemente ZfIR 2024, 528 (533); Lopau JuS 1976, 315 (318).

[48] Restriktiv BGHZ 209, 1 Rn. 7 gegen OLG Karlsruhe BeckRS 2016, 4123; Clemente ZfIR 2024, 528 (533); kritisch auch Kesseler DNotZ 2016, 701 (703); Wolfsteiner ZfIR 2016, 322 (323).

[49] Dazu näher Clemente ZfIR 2024, 528 (534).

[50] BGH NJW-RR 2008, 30 Rn. 11 f.

[51] BGH NJW 1989, 1349 (1351).

[52] BGH NJW-RR 2008, 30 Rn. 11.

[53] So auch Clemente ZfIR 2024, 528 (537).

[54] Dazu und zum Folgenden Clemente ZfIR 2024, 528 (537 f.).

[55] BGHZ 202, 150 Rn. 19.

In der Folge steht der Kl. gegen die Bekl. ein Anspruch aus § 816 Abs. 1 S. 1 BGB zu, weil die ehemalige Erbengemeinschaft Berechtigte der Löschungsbewilligungen war. Diese Löschungsbewilligungen hat die Beklagte nach Zuschlagserteilung verwendet, um die Grundpfandrechte löschen zu lassen. Die Bekl. handelte dabei auch als Nichtberechtigte, weil nicht angenommen werden kann, dass die Miterben ihre Einwilligung auch für den Fall der Zuschlagserteilung an die Bekl. aufrechterhalten hatten. Daraufhin ist Wertersatz für die gelöschten – forderungslosen – Grundschulden geschuldet.

2. Buchgrundschuldübertragung aufgrund konkludenter Zustimmung

OLG Düsseldorf Beschl. v. 19.9.2022 – I-3 Wx 127/22
NJW-RR 2023, 88 = BeckRS 2022, 28419 = MDR 2022, 1404 = Rpfleger 2023, 80 = MittBayNot 2023, 250 = NotBZ 2023, 226 (Ls.); dazu Böttcher NJW 2023, 2758 Rn. 6 ff.

Leitsätze:

1. Die Übertragung einer Buchgrundschuld kann nur nach §§ 1192 Abs. 1, 1154 Abs. 3 BGB iVm § 873 Abs. 1 BGB durch deren Eintragung in das Grundbuch auf der Grundlage der Einigung mit dem bisherigen Gläubiger wirksam erfolgen.
2. Die Übertragung kann auch durch einen Nichtberechtigten mit Einwilligung des Berechtigten gem. § 185 Abs. 1 BGB erfolgen. Mit der Abtretung der Grundschuld und der Eintragungsbewilligung (§ 19 GBO) gibt der Zedent regelmäßig zu erkennen, dass sein Rechtsnachfolger über das Grundpfandrecht frei verfügen können soll, zB durch Aufhebung oder Weiterübertragung und damit auch die Löschung oder Abtretung des übertragenen Rechtes beantragen können soll.
3. Von einer Einwilligung auch ohne Voreintragung des Zessionars ist grundsätzlich auszugehen, wenn der eingetragene Gläubiger des Buchgrundpfandrechts mit seiner Abtretungserklärung dem Zessionar zugleich eine Bewilligung in der Form des § 29 GBO zur Umschreibung aushändigt. Die Einwilligung deckt grundsätzlich auch Kettenabtretungen ab.
4. § 39 Abs. 1 GBO verlangt nicht, dass derjenige, der die Eintragung nach § 19 GBO bewilligt hat, im Grundbuch voreingetragen sein muss. Eingetragen sein muss der Inhaber des durch die Verfügung betroffenen Rechts, nicht jedoch derjenige, der ihn vertritt oder über dessen Recht verfügen kann.

a) Sachverhalt

Die Beteiligten stritten über die Richtigkeit des Grundbuchs bezüglich der Abtretungen einer Grundschuld. Die Bet. zu 1 war Eigentümerin eines Grundstücks. In Abteilung III des Grundbuchs war eine brieflose Grundschuld über 766.937,82 EUR für die D AG eingetragen. Mit Schreiben vom 19.7.2021 beantragte die Bet. zu 2 die Eintragung einer Teilabtretung betreffend einen nachrangigen Teilbetrag der Grundschuld iHv 230.000 EUR zu ihren Gunsten. In der dem Antrag beigefügten notariell beglaubigten Abtretungsurkunde vom 21.3.2019, in der die FMS durch die S vertreten wurde und die auch eine Eintragungsbewilligung enthielt, wurde Bezug genommen auf einen notariellen Grundschuldabtretungsvertrag vom 4.3.2016, wonach die D AG die Grundschuld an die FMS abgetreten und deren Eintragung als neue Gläubigerin in das Grundbuch bewilligt hat. Nach Aufforderung durch das Grundbuchamt wurde eine notariell beglaubigte Vollmachtsurkunde der S, der Vertreterin der FMS, vorgelegt sowie eine beglaubigte Abschrift des Grundschuldabtretungsvertrags vom 4.3.2016 nachgereicht. Am 16.8.2021 erfolgten im Grundbuch folgende Eintragungen: Nebenstehendes Recht ist geteilt in Nr. 18.1.

536.937,82 EUR vorrangiges Grundpfandrecht, Nr. 18.2. 230.000 EUR nachrangiges Grundpfandrecht. Zu Nr. 18.2. erfolgte folgende Eintragung: „230.000 EUR abgetreten an die C AG" (Bet. zu 2). Mit Schreiben vom 7.2.2022 beantragte die Bet. zu 3, vertreten durch die S, die Eintragung der Abtretung der Grundschuld iHv 766.937,82 EUR an sie. Zum Nachweis fügte sie jeweils notariell beglaubigte Abschriften der Bevollmächtigung der S sowie der Grundschuldabtretungsverträge nebst Eintragungsbewilligungen vom 4.3.2016 zwischen der D AG und der FMS, vom 21.2.2019 zwischen der FMS und der O S GmbH sowie vom 17.1.2020 zwischen der O S GmbH und ihr bei. Mit Zwischenverfügung vom 23.2.2022 wies das Grundbuchamt die Bet. zu 3 auf die bereits erfolgte Abtretung der Teil-Grundschuld iHv 230.000 EUR an die Bet. zu 2 hin, sowie darauf, dass die Grundschuld in der Anlage zur Abtretungsurkunde vom 4.3.2016 nicht aufgeführt sei. Daraufhin berichtigte und beschränkte die Bet. zu 3 mit Schreiben vom 24.3.2022 ihren Antrag auf Eintragung der Abtretung der Grundschuld auf einen Betrag iHv 536.937,82 EUR. Beigefügt war eine vervollständigte beglaubigte Abschrift des Abtretungsvertrags vom 4.3.2016. Die in Bezug genommene korrekte Abtretungserklärung in zweifacher Ausfertigung war dem Antrag nicht beigefügt. Zu Nr. 18.1. erfolgte am 1.4.2022 folgende Eintragung: „536.937,92 EUR abgetreten an die O T GmbH in P" (Bet. zu 3). Die Bet. zu 1 machte eine Unrichtigkeit des Grundbuchs hinsichtlich der Abtretungen geltend und verlangte eine Berichtigung.

Der Rechtspfleger beim AG Krefeld wies den Antrag zurück. Die Beschwerde der Bet. zu 1 hatte keinen Erfolg.

b) Zentrale Aussagen des OLG Düsseldorf

Die Eintragungen vom 16.8.2021 seien nicht unrichtig. Allerdings erwarb die Bet. zu 2 den nachrangigen Teil der Buchgrundschuld nicht vom Berechtigten, weil FMS – vertreten durch S – nicht Inhaberin des Buchrechts war. Dafür fehle es an deren Eintragung in das Grundbuch nach §§ 1192, 1154 Abs. 3, 873 BGB. Der Erwerb einer Buchgrundschuld ohne Eintragung derselben in das Grundbuch sei ausgeschlossen. Allerdings habe die Bet. zu 2 vom Nichtberechtigten auf Grundlage einer Einwilligung des Berechtigten nach § 185 Abs. 1 BGB erworben, die auch konkludent erfolgen könne. In diesem Zusammenhang führt der Senat wörtlich aus:[56]

> „Von einer Einwilligung ist grundsätzlich auszugehen, wenn der eingetragene Gläubiger eines Buchgrundpfandrechts mit seiner Abtretungserklärung dem Zessionar zugleich eine Bewilligung in der Form des § 29 GBO zur Umschreibung aushändigt. Der Zedent gibt damit zu erkennen, dass er keine Rechte in Bezug auf das Grundpfandrecht mehr geltend macht und das Gläubigerrecht ohne Einschränkungen auf den Zessionar überträgt, so dass kein Interesse erkennbar ist, welches der Zedent noch an den von dem Zessionar getroffenen Verfügungen über das abgetretene Grundpfandrecht haben könnte […]. Dies gilt auch bei einer Kette von Erwerbern, zB bei mehrfacher Abtretung einer Buchgrundschuld […]."

Auch die Eintragung der Bet. zu 3 als Gläubiger des vorrangigen Grundschuldteils sei richtig. Der Erwerb der Bet. zu 3 habe sich auf Grundlage einer Einwilligung iSd. § 185 Abs. 1 BGB vollzogen. Über eine entsprechende Erwerberkette über die D AG und die FMS leite die O S GmbH ihre Berechtigung her. Stets sei die erforderliche Eintragungsbewilligung erteilt worden, so dass auf eine Einwilligung geschlossen werden könne. Soweit die Eintragung hinter der Grundschuldabtretungserklärung zurückbleibe, sei dies unschädlich, weil die Eintragung des dinglichen Rechts jedenfalls auch in dem geringen Umfang von den Beteiligten gewollt gewesen sein (vgl. § 139 Hs. 2 BGB).

---

[56] OLG Düsseldorf NJW-RR 2023, 88 Rn. 30.

c) Würdigung

Der Entscheidung des OLG Düsseldorf ist uneingeschränkt zuzustimmen. Sie unterstreicht, dass eine Buchgrundschuld vom Berechtigten ohne Eintragung der Abtretung ins Grundbuch nach §§ 1192, 1154 Abs. 3, 873 BGB nicht erworben werden kann. Zugleich verweist das Gericht auf die anerkannten Grundsätze zum Erwerb vom Nichtberechtigten auf Grundlage der Einwilligung des Berechtigten nach § 185 Abs. 1 BGB. In diesem Zusammenhang ist allgemein anerkannt, dass eine rechtswirksame Auflassung regelmäßig die konkludente Ermächtigung des Adressaten zur Weiterveräußerung des Grundstücks enthält.[57] Freilich ist stets durch Auslegung zu ermitteln, ob in der Auflassungserklärung tatsächlich eine entsprechende Ermächtigung liegt und welchen Umfang und welche Reichweite die Einwilligung zur Verfügung über das Grundstück hat. Namentlich kann die Verfügung durch den Auflassungsempfänger einer vereinbarten Zweckbestimmung zuwiderlaufen und ist in diesem Fall von der Ermächtigung nicht mehr gedeckt.[58]

Es erscheint nur konsequent, die zur Auflassung anerkannten Grundsätze auf bindende Einigungen über die Verfügung von beschränkten Grundstücksrechten zu übertragen.[59] Mit Recht stellt das OLG Düsseldorf in diesem Zusammenhang deutlich heraus, dass allein die dingliche Einigung über die Abtretung einer Buchgrundschuld allein keine hinreichende Grundlage für die Annahme einer Einwilligung iSd. § 185 Abs. 1 BGB darstellt. Stattdessen bedarf es zwingend einer der Form des § 29 GBO entsprechenden Umschreibungsbewilligung. Denn nur für diesen Fall gibt der Zedent deutlich zu erkennen, dass er den Zessionar in rechtlicher Hinsicht in die Lage versetzen will, nach Belieben über das Buchrecht zu verfügen, namentlich es weiter zu übertragen oder zu löschen. Soweit sich aus der Erklärung keine Besonderheiten ergeben, darf der Zessionar davon ausgehen, dass der Zedent kein Interesse daran hat, was mit dem Buchrecht weiter geschehen möge. Freilich steht es den Parteien frei, auf privatautonomer Grundlage gerade solche Vereinbarungen zu treffen. Soweit sie dies nicht tun, ist im Zweifel davon auszugehen, dass eine wirksame Abtretungserklärung und eine formgerechte Umschreibungsbewilligung sämtliche Verfügungen des Zessionars legitimieren, soweit sich aus den Umständen des konkreten Einzelfalls im Wege der Auslegung nach §§ 133, 157 BGB nichts Abweichendes ergibt. Zudem kann die einmal erteilte Einwilligung widerrufen werden, es sei denn, der Widerruf ist durch (konkludente) Vereinbarung ausgeschlossen worden.[60]

Zu folgen ist dem OLG Düsseldorf auch in Bezug auf die Grundschuldübertragung – in geringerem als dem vereinbarten Umfang – an die Bet. zu 3. Der Senat judiziert in diesem Zusammenhang auf der Grundlage des sukzessionsrechtlichen Kongruenzprinzips.[61] Das Kongruenzprinzip verlangt eine inhaltliche Übereinstimmung der einzelnen Tatbestandsmerkmale eines Übertragungstatbestands. Dessen Wirkungen treten nur insoweit ein, als sich sämtliche Tatbestandsvoraussetzungen im Hinblick auf ihren Inhalt und Umfang quantitativ oder qualitativ decken. Es gilt der Grundsatz, dass ein Mehr ein Weniger umfasst (da plus minus continet).

Das Kongruenzprinzip zeigt sich noch in anderen Fallgestaltungen des Immobiliarsachenrechts: Zunächst findet eine Eigentumsübertragung an einem Grundstück nur statt, wenn und soweit sich Einigung und Eintragung inhaltlich decken. Beziehen sich Einigung und Eintragung hingegen auf zwei ganz unterschiedliche Liegenschaftsrechte, scheitert der Rechtserwerb.[62] Das vereinbarte Recht gelangt mangels Eintragung nicht zur Entstehung.

---

57 Vgl. nur BGH NJW 1997, 860; NJW 1997, 936 (937).
58 BGH NJW 1997, 860; NJW 1997, 936 (937).
59 BGH DNotZ 2011, 199 Rn. 15 f.; RGZ 54, 362 (367); OLG Düsseldorf DNotZ 1996, 559 (561); Klumpp in Staudinger, 2024, BGB § 185 Rn. 82; Regenfus in BeckOGK, 1.2.2025, BGB § 185 Rn. 73; Bayreuther in MüKoBGB, 10. Aufl. 2025, BGB § 185 Rn. 29.
60 Für Einzelheiten s. BayObLGZ 1972, 397 (400 f.); Regenfus in BeckOGK, 1.2.2025, BGB § 185 Rn. 74; Klumpp in Staudinger, 2024, BGB § 185 Rn. 83.
61 Dazu und zum Folgenden bereits Lieder, Die rechtsgeschäftlicher Sukzession, 2015, S. 562 f.
62 Vgl. BGHZ 123, 297 (301).

Das eingetragene Recht ist mangels Einigung nicht entstanden. Das Grundbuch ist freilich unrichtig; dem wahren Berechtigten steht gegen den Bucheigentümer ein Anspruch auf Grundbuchberichtigung zu.

Weichen Einigung und Eintragung quantitativ nur zum Teil voneinander ab, tritt die Rechtsänderung nach Maßgabe des § 139 BGB insoweit ein, als Einigung und Eintragung inhaltlich und umfänglich übereinstimmen.[63] Einigen sich die Vertragsparteien also beispielsweise darauf, zwei unterschiedliche Grundstücke zu übertragen, wird die Rechtsänderung aber nur hinsichtlich eines der beiden Grundstücke im Grundbuch ordnungsgemäß vermerkt, dann ist der Rechtsübergang auch nur für dasjenige Grundstück wirksam, auf welches sich die Eintragung bezog.[64] Entsprechendes gilt, falls zwar die Rechtsänderung an beiden Grundstücken ordnungsgemäß in das Grundbuch eingetragen wird, sich die Einigung aber lediglich auf eines der beiden Grundstücke bezieht oder nur für eines der beiden Grundstücke wirksam ist.

Beispielhaft für quantitative Abweichungen steht der Fall, dass sich die Parteien auf die Einräumung eines Wohnrechts verständigt haben, das auf 30 Jahre begrenzt sein sollte, die Beschränkung in der Eintragung indes keinen Niederschlag fand. Entstanden ist hier ein auf 30 Jahre beschränktes Wohnrecht.[65] Einigen sich die Parteien auf ein fünfzigjähriges Wohnrecht, wird aber versehentlich ein zwanzigjähriges Wohnrecht eingetragen, entsteht nur ein zwanzigjähriges Wohnrecht. Vereinbaren die Parteien die Bestellung einer Grundschuld in Höhe von 100.000 Euro, werden als Haftsumme indes 250.000 Euro in das Grundbuch eingetragen, so gelangt die Grundschuld in Höhe von 100.000 Euro zum Entstehen.[66]

Als Beispiel für eine qualitative Abweichung gilt die Divergenz von Verkehrs- und Buchhypothek. Einigen sich die Parteien auf eine Buchhypothek, wird aber eine Verkehrshypothek eingetragen oder umgekehrt, entsteht in jedem Fall eine Verkehrshypothek. Denn die Verkehrshypothek ist der gesetzliche Normaltypus; eine Buchhypothek entsteht nur, wenn die Parteien zusätzlich gemäß § 1116 Abs. 2 BGB den Ausschluss der Brieferteilung vereinbaren und diesen Umstand ordnungsgemäß in das Grundbuch eintragen lassen. Nur wenn feststeht, dass die Beteiligten die Einigung über die Bestellung des dinglichen Rechts ohne die gleichzeitige Briefausschließung nicht vorgenommen hätten, ist ein dingliches Recht wegen Gesamtnichtigkeit nach § 139 BGB nicht entstanden.[67]

3. Wirksamkeit einer Verfallklausel nach § 1149 BGB

OLG Hamburg Urt. v. 11.1.2024 – 15 U 28/23
BeckRS 2024, 731 = ZMR 2024, 535; dazu Kiehnle jurisPR-BKR 8/2024 Anm. 4

Leitsätze:

1. Es liegt keine gemäß §§ 1149, 1192 BGB verbotene Verfallabrede vor, wenn der Darlehensgläubiger, zu dessen Absicherung ein Verkaufsangebot in Bezug auf die mit dem Darlehen finanzierte Immobilie abgegeben wird, nicht mit dem Grundpfandgläubiger, der das Darlehen refinanziert, identisch ist (Anschluss an BGH, Urteil vom 25.10.2002, V ZR 253/01). Das gilt auch im Falle einer personalen Verflechtung dergestalt, dass die Abgabe des Kaufangebots gegenüber dem Darlehensgläubiger einerseits und die Bestellung des Grundpfandrechts zugunsten der das Darlehen refinanzierenden GmbH andererseits erfolgt, deren Prokurist bzw. Geschäftsführer der Darlehensgläubiger ist. Eine

63 Vgl. BGH WM 1985, 876 (878).
64 Vgl. BGH WM 1985, 876 (878).
65 BGH NJW 1990, 112 (114).
66 Vgl. RGZ 108, 146 (148 ff.).
67 Lieder in MüKoBGB, 9. Aufl. 2023, BGB § 1116 Rn. 27.

solche Gestaltung stellt auch keine rechtsmissbräuchliche Umgehung der §§ 1149, 1192 BGB dar.

2. Beruft sich der Darlehensnehmer (hier: mit Blick auf ein Verbraucherwiderrufsrecht) darauf, dass der Darlehensgeber Unternehmer im Sinne von § 14 BGB sei, ist er dafür darlegungs- und beweisbelastet. Wenn der Darlehensgeber eine natürliche Person und der objektive Zweck des Darlehens kein unternehmerischer ist, ist grundsätzlich von der Verbrauchereigenschaft des Darlehensgebers auszugehen. Etwas anderes kommt nur in Betracht, wenn der Darlehensnehmer darlegt und ggf. beweist, dass die ihm bei Vertragsschluss erkennbaren Umstände eindeutig und zweifelsfrei darauf hinweisen, dass die natürliche Person das Darlehen in Verfolgung ihrer gewerblichen oder selbstständigen beruflichen Tätigkeit gewährt hat. Bei verbleibenden Zweifeln ist zu Gunsten der Verbrauchereigenschaft des Darlehensgebers zu entscheiden (vgl. BGH, NJW 2021, 2281 sowie BGH, NJW 2009, 3780).
3. Bei Beantwortung der Frage, ob die im Rahmen eines zweiseitigen notariellen Vertrags erteilte Durchführungsvollmacht zugunsten eines Notariatsmitarbeiters einseitig widerrufen werden kann (hier verneint), ist zu berücksichtigen, dass die Durchführungsvollmacht auch im Interesse der anderen Vertragspartei erteilt worden ist. Das der Vollmachtserteilung zugrunde liegende Kausalverhältnis ist nicht nur der dem Notariatsmitarbeiter erteilte Auftrag, sondern in erster Linie der zweiseitige notarielle Vertrag.
4. Der Besitz an einem vermieteten Objekt ist kein Recht und keine Pflicht im Sinne von § 566 Abs. 1 BGB, so dass er nicht ipso iure vom alten auf den neuen Eigentümer übergeht.
5. Mitbesitzer sind zur Herausgabe gemäß § 985 BGB nicht als Gesamtschuldner verpflichtet, denn jeder Mitbesitzer kann nur seinen Besitzanteil herausgeben und nicht auch den der anderen.
6. Soweit der Gegenstand einer Zwischenfeststellungswiderklage im Sinne von § 45 Abs. 1 S. 1 und S. 3 GKG wirtschaftlich über den Gegenstand der Klage hinausreicht, führt dies zur Addition der Streitwerte.

a) Sachverhalt[68]

Die Kl. begehrt von der Bekl. die Herausgabe von drei Wohnungseigentumseinheiten. Die Bekl. hatte die Einheiten von einem Dritten erworben, ohne den Kaufpreis dafür zu entrichten. Um den Kaufpreis bezahlen zu können, verhandelte die Bekl. mit der Kl. über den Abschluss eines Darlehensvertrags. Die Kl. war damals Prokuristin der M GmbH (M) und ist nun eine von drei Geschäftsführerinnen. Zum Gesellschafterkreis der M gehören zwei Brüder der Kl. und die J Holding AG (J). Aufsichtsratsmitglieder der J sind wiederum die Kl., einer ihrer Brüder und ihr Vater. Die Vorstandsmitglieder der J sind familienfremd.

Am 18.11.2019 schlossen die Parteien einen notariell beurkundeten Darlehensvertrag in Höhe von 3,1 Mio. Euro. Nach dem Darlehensvertrag sollte das Darlehen der Kl. über die M refinanziert werden. Die Kl. sollte keine grundpfandrechtliche Sicherung erhalten, wohl aber wurde die Kl. bevollmächtigt, an dem Wohnungseigentum in Höhe von bis zu 3,1 Mio. Euro Grundpfandrechte zur Refinanzierung zugunsten der M zu bestellen. Darüber hinaus erklärte die Bekl. gegenüber der Kl. ein bis zum 31.3.2022 unwiderrufliches Angebot zum Abschluss eines auf das Wohnungseigentum bezogenen Kaufvertrags. Ein im Fall der Angebotsannahme fälliger Kaufpreis sollte durch Aufrechnung mit der Darlehensrückzahlungsforderung erfüllt werden. Zudem bevollmächtigten die Parteien den Notar zur Durchführung des Vertrags nebst Antragstellungen für Grundbucheintragungen.

---

68 Der Sachverhalt ergibt sich primär aus dem Tatbestand des Urteils des LG Hamburg v. 21.2.2023 – 313 O 209/22, BeckRS 2023, 40868, auf den das OLG Hamburg BeckRS 2024, 731 Rn. 4 Bezug nimmt; vgl. auch die Zusammenfassung bei Kiehnle jurisPR-BKR 8/2024 Anm. 4.

Nachdem die Kl. das Darlehen in Höhe von 3,1 Mio. Euro ausgereicht hatte, wurde am 3.12.2019 zugunsten der M eine Grundschuld in gleicher Höhe in das Grundbuch eingetragen. Am 7.1.2020 wurde die Bekl. als Eigentümerin im Grundbuch eingetragen.

Zwischenzeitlich kam es zwischen den Parteien sowie zwischen der Bekl. und dem Notar, der den Darlehensvertrag beurkundet hatte, zu verschiedenen, zum Teil gerichtlich ausgetragenen Streitigkeiten. Schließlich beurkundete der Notar am 15.11.2021 die Annahmeerklärung der Kl. zum Verkaufsangebot der Bekl. und am 20.1.2022 die Auflassung über die Wohnungseigentumseinheiten an die Kl. Sie wurde am 17.3.2022 als Eigentümerin in das Grundbuch eingetragen.

Das LG Hamburg hat die Bekl. zur Herausgabe der Wohnungseigentumseinheiten verurteilt.[69] Deren Berufung beim OLG Hamburg blieb im Wesentlichen ohne Erfolg.

b) Zentrale Aussagen des OLG Hamburg

Nach Auffassung des OLG Hamburg verstößt der Vertrag nicht gegen §§ 1192 Abs. 1, 1149 BGB und ist daher auch nicht gemäß § 134 BGB nichtig. Denn die Vorschrift setze – in Übereinstimmung mit dem BGH[70] – voraus, dass der Darlehensgeber und der Grundschuldgläubiger personenidentisch seien. Daran fehle es im vorliegenden Fall. Das Verbot der Verfallabrede solle nur sicherstellen, dass die Sicherung durch ein Grundpfandrecht lediglich anhand der gesetzlichen Regeln durchgesetzt und nicht der gesetzlich angeordnete Zwang zur Sachverwertung durch die vereinbarte Sachübertragung ersetzt werde. Daher enthalte § 1149 BGB nur eine grundpfandrechtsimmanente Beschränkung und keine allgemeine sachenrechtliche Strukturaussage zur Rechtsordnung.[71] Das soll nach Auffassung des OLG Hamburg auch dann gelten, wenn ein „rechtlich erheblicher innerer Zusammenhang" zwischen der Verpfändung des Grundstücks und der Verfallabrede bestehe.[72] Entscheidend sei allein, dass es bei fehlender Identität von Darlehensgeber und Grundschuldgläubiger an einem rechtlichen Zusammenhang zwischen dem schuldrechtlichen Eigentumsübertragungsanspruch und der Grundschuld fehle. Auch eine persönliche Verflechtung führe nicht zur analogen Anwendung des § 1149 BGB. Denn die Interessen der Kl. und der M seien nicht vollständig deckungsgleich. Schließlich liege in der gewählten Konstruktion des Auseinanderfallens von Darlehensgeber und Grundschuldgläubiger auch keine bewusste Umgehung der §§ 1192 Abs. 1, 1149 BGB, die zur Anwendung der §§ 242, 134 BGB führte.

c) Würdigung

Ebenso wie die in Bezug genommene – restriktive – BGH-Rechtsprechung ist die Entscheidung des OLG Hamburg abzulehnen. Denn die allzu enge Interpretation des § 1149 BGB trifft nicht das charakteristische Merkmal der Norm. Ihr geht es nämlich darum, den Grundschuldner vor der Gefahr zu schützen, das Eigentum an seinem Grundstück lediglich gegen Tilgung von Schulden zu verlieren, die unter Umständen erheblich geringer sein können als der Wert des Grundstücks.[73] Folglich liegt eine die analoge Anwendung des § 1149 BGB tragende übereinstimmende Interessenlage der Beteiligten in den ausdrücklich von der Vorschrift geregelten und in anderen Fällen der Vereinbarung einer Verfallklausel vor.

---

69 LG Hamburg BeckRS 2023, 40868.

70 OLG Hamburg BeckRS 2024, 731 Rn. 50 unter Hinweis auf BGH DNotZ 2003, 127; ZIP 1995, 1322.

71 OLG Hamburg BeckRS 2024, 731 Rn. 50 unter Hinweis auf Volmer in BeckOGK, 1.11.2024, BGB § 1149 Rn. 26.

72 OLG Hamburg BeckRS 2024, 731 Rn. 52.

73 Dazu und zum Folgenden bereits Lieder in MüKoBGB, 9. Aufl. 2023, BGB § 1149 Rn. 12; ebenso Tiedtke ZIP 1996, 57.

Dafür spricht bereits die Entstehungsgeschichte der Vorschrift. Auf Grundlage der sogenannten lex commissoria waren bereits in den Partikularrechten Abreden verboten, nach welchen ein Pfand dem Gläubiger bei unterbliebener Rückzahlung der gesicherten Forderung verfallen sein sollte. Hintergrund war der häufig wucherische Charakter solcher Vereinbarungen.[74] Mit Blick auf die Entstehungsgeschichte[75] und den Normzweck, den Schuldner davor zu schützen, mit einer Verfallabrede zu viel zu riskieren, ist die Vorschrift extensiv auszulegen.[76] Das OLG Hamburg argumentiert im Anschluss an den BGH zu eng, wenn es ausschließlich darauf verweist, dass § 1149 BGB Abweichungen von dem gesetzlich vorgesehenen Verwertungsverfahren zu verhindern suche. Stattdessen muss ebenso der schuldnerschützende Charakter des § 1149 BGB anerkannt und im Wege einer analogen Anwendung zugunsten nicht dinglich gesicherter Gläubiger in Ansatz gebracht werden. Für die Schutzwürdigkeit ist es insbesondere ohne Belang, ob die Forderung des Schuldners nun besonders gesichert ist oder nicht. Aus der Perspektive des Gläubigers ist zu bedenken, dass der nicht gesicherte Gläubiger sich erst einen Titel beschaffen muss, um die Zwangsvollstreckung zu betreiben. Findet § 1149 BGB keine (analoge) Anwendung, wird er nun aber gegenüber dem Pfandgläubiger aufgrund einer wirksamen Verfallabrede privilegiert.[77] Auch aus verhaltensökonomischer Perspektive spricht viel für eine analoge Anwendung der Regelung.[78] Denn § 1149 BGB trägt in diesem Kontext der Erkenntnis Rechnung, dass die Vereinbarung einer Verfallklausel häufig leichtfertig in der Hoffnung abgeschlossen wird, rechtzeitig leisten zu können. Die Unwirksamkeit der Verfallabrede korrigiert damit die menschliche Anomalie des over-confidence bias.[79] Vor diesem Hintergrund muss der rechtssystematische Gesichtspunkt, dass der historische BGB-Gesetzgeber eine Regelung nur für die Grundpfandrechte und das Mobiliarpfand (§ 1229 BGB) vorgesehen hat, zurücktreten. Stattdessen sind die §§ 1149, 1229 BGB im Wege der analogen Anwendung auf vergleichbare Fallgestaltungen zu einem allgemeinen Rechtsprinzip des Verfallverbots fortzuentwickeln.[80]

4. Folgen der Vereinigung von Grundpfandrecht und Eigentum im Falle des Staatserbrechts

OLG München Urt. v. 9.12.2024 – 19 U 1039/24e

MDR 2025, 321 = NZI 2025, 244 mAnm Roth = ZErb 2025, 66 mAnm Clemente = ZfIR 2025, 105 mAnm Mensch = BeckRS 2024, 34427 = ErbR 2025, 254 (Ls.)

Leitsätze (der Redaktion):

1. Die Erhebung der Dürftigkeitseinrede nach § 1990 BGB hat keine – der Vereinigung gem. § 1179a Abs. 1 S. 1 BGB entgegenstehende – förmliche Trennung der Vermögensmassen von Nachlass und Eigenvermögen des Erben zur Folge.

---

[74] Motive zum BGB, Bd. III, 1888, S. 680.

[75] Für eine rechtshistorische Analyse Verhagen ZEuP 2011, 109 ff.; Gunkel, §§ 1149, 1229 BGB als Ausgangspunkt für ein allgemeines Rechtsprinzip des Verfallverbots, 2021, S. 41 ff.; speziell zur Entstehungsgeschichte dort S. 148 ff.

[76] So bereits Lieder in MüKoBGB, 9. Aufl. 2023, BGB § 1149 Rn. 1; Gunkel, §§ 1149, 1229 BGB als Ausgangspunkt für ein allgemeines Rechtsprinzip des Verfallverbots, 2021, passim.

[77] Vgl. Kiehnle jurisPR-BKR 8/2024 Anm. 4.

[78] So bereits Lieder in MüKoBGB, 9. Aufl. 2023, BGB § 1149 Rn. 4; Gunkel, §§ 1149, 1229 BGB als Ausgangspunkt für ein allgemeines Rechtsprinzip des Verfallverbots, 2021, S. 300 ff.

[79] Zum Überoptimismus ausf. Kahneman/Tversky Econometrica 47 (2) (1979), 263 ff.; aus dem deutschen Schrifttum vgl. Fleischer/Zimmer, Der Beitrag der Verhaltensökonomie (Behavioral Economics) zum handels- und Wirtschaftsrecht, 2011, S. 9 (37).

[80] Gunkel, §§ 1149, 1229 BGB als Ausgangspunkt für ein allgemeines Rechtsprinzip des Verfallverbots, 2021, passim.

2. Die Dürftigkeitseinrede ist auch im Falle der staatlichen Zwangserbschaft nicht geeignet, eine Vereinigung von Grundpfandrecht und Eigentum iSv § 1179a Abs. 1 S. 1 BGB zu verhindern.
3. Nach Eintritt der Fiskalerbschaft ist der Steueranspruch des Landes nach § 47 AO aufgrund Konfusion erloschen.

a) Sachverhalt

Die Parteien streiten über die Frage, ob die Kl. dem beklagten Freistaat Bayern den Löschungsanspruch nach § 1179a Abs. 1 BGB entgegenhalten kann, so dass sie bei der Verteilung des Zwangsversteigerungserlöses für eine Immobilie zulasten des Bekl. eine höhere Zuteilung erhält. Der Bekl. wurde kraft Staatserbrechts nach § 1936 BGB alleiniger Erbe der 2020 verstorbenen Erblasserin. Zum – überschuldeten – Nachlass gehörte ein Miteigentumsanteil. Der Bekl. erhob am 3.6.2022 die Einrede der Dürftigkeit des Nachlasses nach § 1990 BGB. Beide Parteien waren am Zwangsversteigerungsverfahren über den Miteigentumsanteil beteiligt. Der Zuschlag erfolgte am 7.2.2023; der Verteilungstermin fand am 31.5.2023 statt. Die Kl. hatte unter anderem eine Forderung aus der an 11. Rangstelle eingetragenen Sicherungshypothek über ca. 116.000 Euro angemeldet. Auf die Forderung des Bekl. an Rangstelle 8 sollten nach dem Verteilungsplan die beantragten ca. 7.600 Euro entfallen. Die Kl. sollte nach dem Plan nicht vollständig befriedigt werden, sondern ca. 6.000 Euro weniger als beantragt erhalten. Dieser Betrag wurde auf den Widerspruch der Kl. hin beim AG München hinterlegt. Das LG München I hatte den Bekl. mit Urteil vom 23.2.2024 verurteilt, gegenüber der Hinterlegungsstelle sein Einverständnis mit der Auszahlung des hinterlegten Betrags zu erklären. Die hiergegen gerichtete Berufung (und Widerklage) hatte keinen Erfolg.

b) Zentrale Aussagen des OLG München

Die Kl. habe gegen den Bekl. einen Anspruch aus § 1179a Abs. 1 BGB iVm § 91 Abs. 4 ZVG darauf, so gestellt zu werden, als sei das Eigentümerrecht des Bekl. bereits vor Zuschlag gelöscht worden. Soweit im Zeitpunkt der Zuschlagserteilung der gesetzliche Löschungsanspruch nach § 1179a Abs. 1 BGB bestehe und spätestens im Verteilungstermin geltend gemacht worden sei, könne der begünstigte nachrangige Grundpfandrechtsgläubiger vom vorrangigen Grundpfandrechtsgläubiger und Eigentümer den Anteil am Erlös verlangen, der auf dessen Recht entfalle, wenn – wie hier – beide Rechte durch Zuschlag erloschen seien.

Durch die Vereinigung von Grundpfandrecht und Eigentum iSd § 1179a Abs. 1 S. 1 in der Person des Bekl. sei der Löschungsanspruch entstanden. Diesem stehe auch die Erhebung der Dürftigkeitseinrede nach § 1990 BGB nicht entgegen. Die Einrede diene lediglich der Abwehr des Zugriffs von Nachlassgläubigern auf das Eigenvermögen des Erben, habe aber keine Absonderung vom Nachlass zur Folge. Im Unterschied zu Nachlassverwaltung und Nachlassinsolvenz wirke die Haftungsbeschränkung nur gegenüber dem Gläubiger, dem gegenüber sie geltend gemacht worden sei.

Zwar sei es durchaus misslich, dass der Bekl. als Staatserbe nach § 1936 BGB die Erbschaft nach § 1942 Abs. 2 BGB nicht ausschlagen und sich auf diese Weise sein vorrangiges Grundpfandrecht nicht erhalten könne. Eine teleologische Korrektur von § 1990 BGB und (oder) § 1179a BGB würde indes die Grenzen richterlicher Rechtsfortbildung überschreiten. Für eine differenzierte Anwendung der beiden Vorschriften fehle es an einer normativen Grundlage. Zudem habe Art. 138 EGBGB dem Bekl. eine rechtliche Möglichkeit eröffnet, die Vermögensmassen zu trennen und eine Vereinigung iSd § 1179a BGB zu vermeiden. Diese Möglichkeit habe der Bekl. indes nicht genutzt.

c) Würdigung

Die Entscheidung des OLG München ist abzulehnen.[81] Man merkt dem Senat sein Unbehagen regelrecht an, wenn er einräumt, dass der Bekl. „nach Meinung des Senats ein gewichtiges Argument" in den Raum führe, wenn er auf die fehlende Möglichkeit zur Herbeiführung einer Haftungstrennung namentlich durch Ausschlagung der Erbschaft verweist. Dies zeige „eine objektiv wenig nachvollziehbare ‚Schieflage' des hier miteinander verzahnten erb- und sachenrechtlichen Regelungssystems" auf.[82] Nur weigert sich der Senat unter dem wenig überzeugenden Hinweis auf die (vermeintliche) Grenze richterlicher Rechtsfortbildung, den richtigen Schluss daraus zu ziehen. Dieser kann nur lauten, dass die Vereinigung von Grundpfandrecht und Eigentum aufgrund Eintritts des Staatserbrechts die Rechtsfolgen des § 1179a Abs. 1 BGB nicht auszulösen vermag.

Im Ausgangspunkt ist zunächst klarzustellen, dass durch den Eintritt des Erbfalls in Bezug auf den vom Bekl. geltend gemachten Anspruch keine Konfusion eingetreten ist. Zwar wird diese Auffassung in der finanzgerichtlichen Rechtsprechung verbreitet vertreten.[83] Allerdings bestand in der Grundsatzentscheidung des BFH für die Steuerschuld auch kein Sicherungsrecht wie im hiesigen Fall in Form einer Sicherungshypothek. Dass die konfudierte Forderung bei Zusammentreffen von Gläubiger- und Schuldnerstellung in einer Person prinzipiell erlischt, folgt aus Zweckmäßigkeitserwägungen, weil der Rechtsinhaber typischerweise kein Interesse daran hat, die Forderung gegen sich selbst durchzusetzen.[84] Besteht allerdings – ausnahmsweise – ein besonderes Kontinuitätsinteresse der Beteiligten am Fortbestand des Leistungsanspruchs, dann wird die konfudierte Forderung aufrechterhalten.[85] In Betracht kommen dafür berechtigte Drittinteressen, beispielsweise aufgrund beschränkter Rechte an der Forderung, aber auch berechtigte Eigeninteressen, wie namentlich ein Befreiungs-, Sicherungs- oder Erwerbsinteresse des Rechtsinhabers. Im vorliegenden Fall zwingt das besondere Sicherungsinteresse des Bekl. zur Aufrechterhaltung des Anspruchs gegen sich selbst, weil andernfalls die Sicherungshypothek durch den Eintritt des Staatserbrechts entwertet würde. Dieses Ergebnis würde dem limitierten Regelungszweck des § 1936 BGB zuwiderlaufen, der lediglich darauf abzielt, herrenlose Nachlässe zu vermeiden und eine ordnungsgemäße Abwicklung des Nachlasses zu gewährleisten.[86] Dem Staat als Gläubiger des Erblassers sollen durch das Fiskalerbrecht indes keine eigenen Ansprüche abgeschnitten werden.

Diese Überlegungen geben zugleich die Argumentationslinie für die rechtliche Behandlung der Vereinigung von Eigentum und Grundpfandrecht iSd § 1179a Abs. 1 BGB vor. Der Bekl. hat als gesicherter Gläubiger ein berechtigtes Interesse an der Erlösverteilung nach der Zwangsversteigerung des Sicherungsgegenstandes genau so zu partizipieren, wie es ihm nach der Rangfolge der Sicherungsrechte zustünde, wenn er nicht selbst – im Wege des gesetzlichen Staatserbrechts nach § 1936 BGB – Eigentümer des Sicherungsgegenstandes geworden wäre. Umgekehrt erscheint es nicht gerechtfertigt, den Staat als Fiskalerben schlechter zu stellen als eine natürliche oder juristische Person, die sich durch die Ausschlagung des Nachlasses rechtssicher vor einem Verlust ihrer Sicherheit hätte schützen können. Für eine solche Schlechterstellung des Staates gibt der Normzweck des § 1936 BGB gerade nichts her. Wie erwähnt zielt die Regelung lediglich darauf ab, herrenlose Nachlässe zu vermeiden und eine ordnungsgemäße Abwicklung des Nachlasses zu gewährleisten. Der Staat braucht aber keine vermögensmäßigen Einbußen hinzunehmen, die aus der Vereinigung des Grundpfandrechts mit dem Eigentum resultieren. Das rechtfertigt eine

---

81 Ablehnend auch Clemente ZErb 2025, 71 f.; kritisch auch Roth NZI 2025, 248; zustimmend hingegen Mensch ZfIR 2025, 109 (110).
82 Beide Zitate OLG München NZI 2025, 244 Rn. 60.
83 Vgl. nur BFH NJW-RR 2006, 1232 (1233 f.).
84 Dazu ausf. Lieder, Die rechtsgeschäftliche Sukzession, 2015, S. 575 ff.
85 Dazu ausf. Lieder, Die rechtsgeschäftliche Sukzession, 2015, S. 577 ff.
86 BGH ZEV 2019, 411 Rn. 11; NJW 2016, 156 Rn. 9; NJW 2012, 453 Rn. 7; Lieder in Erman, 17. Aufl. 2023, BGB § 1922 Rn. 2.

teleologische Reduktion des § 1179a Abs. 1 BGB für den Fall, dass sich die Vereinigung von Grundpfandrecht und Eigentum auf Grundlage des Fiskalerbrechts vollzieht.

Das OLG München kann sich zur Begründung des Gegenteils nicht auf die Grenzen richterlicher Rechtsfortbildung berufen. Die hier befürwortete teleologische Reduktion ist eine anerkannte Figur der allgemeinen juristischen Methodenlehre. Sie betrifft eine Fallgestaltung, in welcher der Wortlaut über den mit einer Rechtsvorschrift verfolgten Zweck hinausgeht.[87] Im Wege der teleologischen Reduktion werden die vom Regelungsziel der Vorschrift nicht erfassten Fälle aus dem Anwendungsbereich der Norm ausgeschieden; die Vorschrift findet in diesen Fällen mit anderen Worten keine Anwendung. Aus rechtsmethodischer Perspektive ähnelt die teleologische Reduktion der Analogiebildung, soweit es sich bei ihr um ein spiegelbildliches Argumentationsmuster handelt.[88] In tatbestandlicher Hinsicht setzt die teleologische Reduktion folglich – in Parallele zur Analogie – eine Lücke im Sinne einer planwidrigen Unvollständigkeit der Rechtsnorm voraus. Als lückenhaft erweist sich die betreffende Vorschrift, wenn für den nicht geregelten Fall eine Ausnahme fehlt; man spricht von einer verdeckten Lücke oder Ausnahmelücke.[89]

Diese Ausnahmelücke ist für das Wechselspiel von § 1179a BGB und § 1936 BGB schon deshalb zu bejahen, weil die beiden Vorschriften hierfür gerade keine ausdrückliche Regelung vorsehen und auch keine Anhaltspunkte dafür ersichtlich sind, dass der Gesetzgeber bei Einfügung des § 1179a BGB bewusst von der Regelung dieser konkreten Fallgestaltung in Bezug auf den Löschungsanspruch bei Eintritt des Fiskalerbrechts – gleichsam planvoll – abgesehen hat. Dass es im Übrigen geboten erscheint, den ungeregelten Ausnahmefall im Wege einer teleologischen Reduktion in die Vorschrift hineinzulesen, ist unter Bezugnahme auf die oben angeführte Begründung zu bejahen. Das gilt umso mehr, als § 1179a BGB lediglich darauf gerichtet ist, der Überfüllung der Grundbücher entgegenzuwirken und den Arbeitsaufwand bei den Beteiligten, Notaren und Grundbuchämtern zu verringern.[90] Dem Staat, dem das wertausschöpfende Grundstück aufgezwungen wird, soll indes nicht seine (andernfalls) werthaltige Sicherungshypothek entzogen werden.[91] Auch der Hinweis auf Art. 138 EGBGB geht fehl, weil es gerade um die Beantwortung der Frage geht, was gelten soll, wenn ein Bundesland von dieser Gestaltungsoption keinen Gebrauch gemacht hat. Auch in diesem Fall spricht das Interesse der beteiligten Personen für eine teleologische Reduktion des § 1179a Abs. 1 BGB.

Der Freistaat Bayern hat gegen die Entscheidung Revision eingelegt.[92] Der IX. Zivilsenat des BGH möge die Dinge richtigstellen. Sollte er sich hingegen dem OLG München anschließen, muss der Rat an Forderungen inhabende Bundesländer lauten, die Forderungen nicht nur durch die Eintragung von Zwangssicherungshypotheken in das Grundbuch zu sichern, sondern auch zeitnah die Zwangsversteigerung zu betreiben.[93]

87 Rüthers/Fischer/Birk, Rechtstheorie, 12. Aufl. 2022, Rn. 903.
88 Danwerth ZfPW 2017, 230 (238).
89 Vgl. Möllers, Methodenlehre, 5. Aufl. 2023, § 6 Rn. 123 ff.
90 Vgl. BGHZ 193, 144 Rn. 15; NJW 2014, 3772 Rn. 20; Lieder in MüKoBGB, 9. Aufl. 2023, BGB § 1179a Rn. 1.
91 So auch Clemente ZErb 2025, 71 (72).
92 Aktenzeichen: IX ZR 2/25.
93 Mensch ZfIR 2025, 109 (110).

G. Grundbuchrecht

I. Transmortale Vollmacht

1. Transmortale Vollmacht für den Alleinerben

a) Ausgangslage

Der Erblasser kann eine über seinen Tod hinauswirkende Vollmacht errichten (sog. transmortale Vollmacht). Nach dem Tod des Erblassers kann der Bevollmächtigte die Erben mittels der vom Erblasser errichteten Vollmacht vertreten, ohne die Zustimmung der Erben einholen zu müssen. Die Vollmacht erlischt erst, wenn sie von den Erben widerrufen wird. Die Publizitätswirkung einer Vollmachtsurkunde greift im Außenverhältnis darüber hinaus (vgl. § 172 BGB). Eine derartige Vollmacht gewährleistet die Handlungsfähigkeit bis zur Erteilung des Erbscheins. Unter Umständen kann mit Blick auf eine vorliegende transmortale Vollmacht in zumindest öffentlich beglaubigter Form gänzlich auf den Erbschein (und die damit einhergehenden Kosten) verzichtet werden. Sofern kein notarielles Testament vorhanden ist, bedarf es bei geplanten Verfügungen über Rechte an einer Nachlassimmobilie grundsätzlich eines Erbscheins (§ 35 Abs. 1 S. 1 GBO).[1]

Gerade in dem bei wertender Betrachtung unproblematischsten Fall des Handelns aufgrund einer trans-/postmortalen Vollmacht, der Bevollmächtigung des späteren Alleinerbens, ist noch nicht abschließend geklärt, ob die Vollmacht ihren vorgenannten Zweck erfüllen kann, da in diesem Fall Geschäftsherr (= Erbe) und Bevollmächtigter personenidentisch sind. Rechtskonstruktiv sei eine Identität von Bevollmächtigtem und Vertretenem jedenfalls im Zeitpunkt der Vollmachtserteilung ausgeschlossen. Einige Oberlandesgerichte gehen **bei Personenidentität von Bevollmächtigtem und Erben** unter Verweis darauf, eine Stellvertretung sei bei Zusammenfallen der Stellung als Bevollmächtigter und als Vertretener bereits begrifflich unmöglich, von einem **Erlöschen der Vollmacht** aus.[2] Hieran anknüpfend fordern einige Grundbuchämter in derartigen Konstellationen – zum Ärger der Beteiligten – unter Verweis auf die Konfusion den Nachweis der Erbenstellung in Form des § 39 GBO, sodass mangels öffentlichen Testaments ein Erbschein mit den damit verbundenen Kosten und Mühen beantragt werden muss.

Demgegenüber verneint eine auf das LG Bremen[3] zurückgehende Auffassung, der sich jüngst auch das Kammergericht angeschlossen hat,[4] ein automatisches Erlöschen der Vollmacht, wenn der Vollmachtgeber vom Bevollmächtigten alleine beerbt wird. Hierfür wird unter anderem angeführt, das Erlöschen eines Rechts bzw. einer Rechtsposition bei Vereinigung in einer Person stelle lediglich den Regelfall dar, von dem **Ausnahmen** zugelassen würden, wenn hierfür ein **berechtigtes Interesse** bestehe, etwa weil die Vollmacht materiell- und/oder verfahrensrechtlich weitergehende Rechte bzw. Handlungsmöglichkeiten vermittelt als die Alleinerbenstellung. **Jedenfalls** könne sich der mittels der Vollmacht handelnde auf die **Rechtsscheinwirkungen der Vollmacht nach §§ 170–173 BGB** berufen.[5]

---

1 Thelen/Bühler NJW 2024, 2950.
2 Unter anderem OLG Stuttgart NJW 1948, 627 (Ls.); OLG Hamm DNotZ 2013, 689; Bestelmeyer Rpfleger 2015, 11.
3 LG Bremen Rpfleger 1993, 235.
4 KG DNotZ 2021, 703 mAnm Meier.
5 Ebenso jüngst Thelen/Bühler NJW 2024, 2950 ff.

Jüngst hatten sich erneut das OLG Nürnberg und das OLG Frankfurt mit der vorstehend skizzierten Konfusionsthematik zu befassen und erfreulicherweise jeweils im Sinne einer praxistauglichen Lösung entschieden.

b) OLG Nürnberg Beschl. v. 25.3.2024 – 15 Wx 2176/23

OLG Nürnberg Beschl. v. 25.3.2024 – 15 Wx 2176/23
ErbR 2024, 551 (Wendt) = FGPrax 2024, 106 = NJW-RR 2024, 1012 = RNotZ 2024 468 = ZEV 2024, 400

Kerngehalt:

1. Eine transmortale Vollmacht genügt auch dann zum Nachweis im Grundbuchverfahren, wenn der Bevollmächtigte Alleinerbe des Vollmachtgebers geworden ist.
2. Das Grundbuchamt darf bei einer Eigentumsübertragung, die der transmortal Bevollmächtigte unter Berufung auf seine Vollmacht vornimmt, dessen Erbenstellung nur berücksichtigen, wenn sie in der Form des § 35 GBO nachgewiesen ist.

Sachverhalt:
- Der 2022 verstorbene Ehemann ist als Eigentümer des betroffenen Grundstücks im Grundbuch eingetragen.
- Dieser hatte der Antragstellerin eine transmortale Generalvollmacht unter Befreiung von § 181 BGB erteilt.
- Nach dem Tod des Ehemanns wurde die Antragstellerin Alleinerbin des Erblassers.
- Die Antragstellerin schloss 2023 einen notariell beurkundeten Vertrag über die Überlassung des Grundstücks an sich selbst. Dabei handelte sie unter Vorlage der Vollmacht ausdrücklich im Namen der Erben ihres verstorbenen Mannes.
- Das Grundbuchamt wies den Antrag auf Eigentumsumschreibung zurück.

Entscheidung: Die Beschwerde hat Erfolg. Die Übertragung des Eigentums am Nachlassgrundstück durch die Antragstellerin als Stellvertreterin ihres Ehemanns an sich selbst sei wirksam. Die Antragstellerin habe in Ausübung der ihr erteilten transmortalen Vollmacht gehandelt, um in Vertretung „der Erben" mit sich einen Vertrag zu schließen und den Vertretungsnachweis in der grundbuchverfahrensrechtlichen Form des § 29 GBO erbracht. Vom Verbot des Selbstkontrahierens war sie befreit.

Das Grundbuchamt sei zu Unrecht von einem Erlöschen der Vollmacht durch Konfusion ausgegangen, weil die Position des Vertreters und des Vertretenen zusammenfallen würde. Ein Erlöschen der Vollmacht aufgrund Konfusion sei zwar nicht auszuschließen. Allerdings **bestehe die Legitimationswirkung der Vollmacht im Außenverhältnis fort, bis ein Nachweis der Erbenstellung in der Form des § 35 Abs. 1 GBO erbracht sei.** Die in §§ 170–173 BGB niedergelegten Publizitätswirkungen, welche das Vertrauen des Geschäftspartners in den Fortbestand der Vollmacht schützen, seien vorliegend vom Grundbuch zu beachten. Daher sei von einem Fortbestehen der Vollmacht auszugehen.

Zudem drohe keine Grundbuchunrichtigkeit, da der Erwerber in jedem Fall Eigentum erlange, entweder aufgrund wirksamer Verfügung als Bevollmächtigter oder aufgrund wirksamer Verfügung als Erbe und Eigentümer. Es sei widersprüchlich, einerseits zulasten des Handelnden das Erlöschen der Vollmacht aufgrund Alleinerbenstellung anzunehmen, ihm aber andererseits die Verfügungsbefugnis aufgrund jener Alleinerbenstellung zu verweigern. Soweit eine Unsicherheit über die tatsächliche Erbenstellung bestehe, habe der Rechtsverkehr ein berechtigtes Interesse daran, dass der Bevollmächtigte wirksam über das Grundstück verfügen könne.

Das allgemeingültige grundbuchverfahrensrechtliche Prinzip, wonach das Grundbuchamt keine Eintragung vornehmen dürfe, wenn es vom Bestehen eines Eintragungshindernisses Kenntnis habe, greife wegen § 35 GBO nicht. Dieser würde die verwertbaren Nachweise auf den Erbschein und letztwillige Verfügungen in öffentlichen Urkunden beschränken. Anderweitige Erkenntnisse des Grundbuchamts seien unverwertbar.

c) OLG Frankfurt a. M. Beschl. v. 14.11.2023 – 20 W 155/22

OLG Frankfurt a. M. Beschl. v. 14.11.2023 – 20 W 155/22
ErbR 2024, 807 = FGPrax 2024, 98 = NJW-RR 2024, 690

Kerngehalt:

Eine transmortale Vollmacht genügt jedenfalls dann zum Nachweis im Grundbuchverfahren, wenn der Bevollmächtigte nicht ausdrücklich vorträgt, dass er Alleinerbe des Vollmachtgebers geworden ist.

Sachverhalt (vereinfacht):

- Die im Sommer 2021 verstorbene Frau X ist als Eigentümerin des betroffenen Grundstücks ins Grundbuch eingetragen.
- Frau X hatte der Beschwerdeführerin (Bf) im April 2021 eine transmortale Vollmacht erteilt.
- Mittels dieser Vollmacht verkaufte Bf im November 2021 ein Grundstück durch notariell beurkundeten Vertrag.
- Ein Hinweis, dass X an diesem Tag bereits verstorben war, findet sich nicht im Vertrag.
- Außerdem bestellten die Käufer in einer weiteren notariellen Urkunde aus November 2021 aufgrund einer Vollmacht im Kaufvertrag eine Buchgrundschuld zugunsten ihrer Bank.
- Die Eintragung der Auflassungsvormerkung und der Grundschuld erfolgte Ende November 2021.
- Kurz darauf übermittelte das Nachlassgericht in der Nachlasssache nach X dem Grundbuchamt Kopien eines Eröffnungsprotokolls von September 2021, aus dem sich (wohl) die Alleinerbenstellung der Bf ergab. Ein Erbschein wurde indes nicht erteilt.
- Im Dezember 2021 beantragte die Beschwerdeführerin den Eigentumsübergang in das Grundbuch einzutragen.
- Das Grundbuchamt lehnte dies mit Hinweis auf das Erlöschen der Vollmacht infolge Konfusion ab.

Entscheidungsgründe: Die Beschwerde hat Erfolg. Die Übertragung des Eigentums sei in grundbuchverfahrensrechtlicher Form nachgewiesen. Die Beschwerdeführerin sei ausdrücklich nur im Namen der im Grundbuch eingetragenen Vollmachtgeberin tätig geworden. Das Grundbuchamt habe vom Tod der Erblasserin nur durch das Nachlassgericht erfahren. Solange die Bevollmächtigte aber im Besitz der Vollmachtsurkunde sei, habe das Nachlassgericht vom Fortbestehen der Vollmacht auszugehen. Der Rechtsschein der Vollmacht wirke aus Gründen des Verkehrsschutzes und zum Schutz der Gestaltungsfreiheit des Erblassers fort. Etwas anderes sei nur anzunehmen, wenn sich die Bevollmächtigte als Alleinerbin mittels eines Nachweises in der Form des § 35 GBO legitimiert. Dafür sei die Kenntnis des eigenhändigen Testaments aber nicht ausreichend.

d) Bewertung und Handlungsempfehlung

Beide Entscheidungen beschäftigen sich im Kern mit der gleichen Frage. Erlischt die Vollmacht durch Konfusion oder besteht sie bzw. wirkt sie jedenfalls im Außenverhältnis kraft Rechtsscheins fort? Beide Entscheidungen lassen die materielle Rechtslage letztlich offen und stützen sich jeweils auf die Publizitätswirkungen der notariellen Vollmachtsurkunde und den durch diese begründeten Rechtsschein. Etwas anderes komme nur in Betracht, wenn in Form des § 35 GBO nachgewiesen ist, dass der Bevollmächtigte Alleinerbe ist.

Ist der Bevollmächtigte davon überzeugt, Alleinerbe des Erblassers zu sein, liegt es auf den ersten Blick nahe, dass er als Bevollmächtigter unter Vorlage seiner Vollmacht und zugleich als Erbe auftritt. Mit Blick auf die vorstehende Entscheidung sollte er von einem derartigen Vorgehen aber besser Abstand nehmen und sich nicht auf seine Alleinerbenstellung berufen. Um einen unkomplizierten Vollzug zu gewährleisten, sollte er allein mittels der Vollmacht in Vertretung der Erben handeln und darauf verweisen, dass die Erbfolge noch nicht abschließend geklärt sei.[6] Es dürfte tendenziell zu weit gehen, den eingetretenen Erbfall unerwähnt zu lassen und in Kenntnis des Versterbens namens des Erblassers zu handeln.

2. Auslegung der Vorsorgevollmacht

a) Einführung

Der Vollmacht liegt ein Rechtsverhältnis zugrunde, nach dem sich das Erlöschen der Vollmacht beurteilt (§ 168 S. 1 BGB). Dies kann ein Arbeitsvertrag, ein Geschäftsbesorgungsvertrag oder, falls das zugrundeliegende Rechtsverhältnis unentgeltlich ist, ein Auftrag oder eine außerrechtliche Gefälligkeit sein. Bei einer umfassenden Vorsorgevollmacht wird in der Regel aufgrund der weitreichenden Befugnisse ein Rechtsbindungswille der Parteien und damit ein Auftragsverhältnis angenommen.[7] Nach der Auslegungsregel des § 672 BGB ist im Zweifel von einer transmortalen Vollmacht auszugehen. Vorrangig ist allerdings die Auslegung der konkreten Vollmacht. Ein Erlöschen der Vollmacht kann anzunehmen sein, wenn der Inhalt des Auftrags höchstpersönlicher Natur ist.[8]

Um Zweifeln vorzubeugen, sollte der Notar auf eindeutige und klare Erklärungen hinwirken, wie der nachfolgend darzustellende Fall verdeutlicht, der freilich lediglich die Unterschriftsbeglaubigung unter einen Fremdentwurf betrifft, bei dem der Notar allenfalls einige Hinweise ergänzt hat.

b) OLG Karlsruhe Beschl. v. 17.8.2023 – 19 W 60/23 (Wx)

OLG Karlsruhe Beschl. v. 17.8.2023 – 19 W 60/23 (Wx)
DNotZ 2024, 94 = FGPrax 2023, 254 = ZEV 2024, 248

Leitsatz:

Im Fall nachgewiesener Geschäftsbesorgung als dem der Vollmacht zugrundeliegenden Rechtsverhältnis gilt die Auslegungsregel des § 672 BGB, sodass im Grundsatz vom Fortbestand auszugehen ist, wenn nicht die konkrete Vertragsauslegung ergibt, dass die Besorgung des Geschäfts nur für den noch lebenden Auftraggeber bedeutsam ist.

---

6 DNotI-Report 2024, 94.
7 OLG Brandenburg ZEV 2013, 341 (Ls.).
8 Schäfer in MüKoBGB, 9. Aufl. 2023, BGB § 672 Rn. 8.

Sachverhalt (vereinfacht):

- Die Antragstellerin und ihr verstorbener Ehemann sind je zur Hälfte als Eigentümer des streitgegenständlichen Grundstücks eingetragen.
- Die Beteiligten stellten sich gegenseitig eine als „Vorsorgevollmacht" überschriebene, notariell unterschriftsbeglaubigte Generalvollmacht aus, die die Vermögensgeschäfte und die Gesundheitssorge umfasste.
- Unter § 2 sind beispielhafte Vermögensgeschäfte und unter § 5 einzelne Angelegenheiten der gesundheitlichen Vorsorge aufgelistet.
- In § 7 der Vollmacht ist unter der Überschrift „Vorrang vor der Betreuung" folgende Regelung getroffen: „Die jeweilige Vollmacht bleibt auch im Falle der Geschäftsunfähigkeit eines Vollmachtgebers gültig. Der jeweilige Vertreter unterliegt nicht den gesetzlichen Beschränkungen eines Betreuers. Wird für Rechtsgeschäfte, für die ein Vertreter keine Vollmacht hat, ein Betreuer bestellt, so bleibt die Vollmacht im Übrigen bestehen."
- Weiter enthält die Vollmacht in § 9 S. 2 folgende Erklärung: „Ferner hat mich der Notar darauf hingewiesen, dass diese Vollmacht über den Tod hinauswirkt, jederzeit widerruflich ist und dass bei Widerruf darauf zu achten ist, dass sämtliche Ausfertigungen der Vollmacht vom Bevollmächtigten herausgegeben werden."
- Die Antragstellerin verpflichtete sich durch notariellen Vertrag sowohl im eigenen Namen als auch im Namen ihres verstorbenen Ehemannes, das Eigentum am Grundstück auf die Käufer zu übertragen und genehmigte die Eintragung einer Grundschuld.
- Das Grundbuchamt verweigerte die Eintragung der Auflassungsvormerkung und der Grundschuld mit Hinweis darauf, die Vollmacht sei mit dem Tod des Vollmachtgebers erloschen.

Entscheidungsgründe: Das Rechtsmittel hat Erfolg. Die Vollmacht bestehe vorliegend über den Tod hinaus. Dafür sei gemäß § 168 S. 1 BGB das der Vollmacht zugrundeliegende Rechtsverhältnis zu beachten. Vorliegend finde die Regelung des § 672 BGB Anwendung, so dass im Zweifel von einer transmortalen Vollmacht auszugehen sei, wenn die konkrete Vertragsauslegung nicht etwas anderes ergebe.

Je mehr der Vertragsgegenstand auf die Person des Auftraggebers und die persönlichen Verhältnisse und nicht nur auf sein Vermögen ausgerichtet sei, desto eher sei von einem Erlöschen des Auftrags mit Tod des Auftraggebers auszugehen. Derartige Vorsorgevollmachten würden in der Regel mit dem Tod des Auftraggebers erlöschen.

Zwar sei die Vollmacht als Vorsorgevollmacht überschrieben und regele auch höchstpersönliche Angelegenheiten. Schwerpunkt der Vollmacht sei allerdings die Bevollmächtigung in Vermögensangelegenheiten. Zudem deute der notarielle Hinweis auf die Fortwirkung der Vollmacht über den Tod hinaus hin. Hierin liege ein starkes Indiz für die Erteilung einer transmortalen Vollmacht. Wäre keine transmortale Vollmacht gewünscht worden, hätte der Hinweis berichtigt werden müssen.

II. Bewilligung mit handschriftlichen Änderungen

1. Änderung nach Beglaubigung

Jeder Notar kennt Fälle, in denen ein ihm vorgelegter Entwurf einer Löschungsbewilligung oder Freigabeerklärung nicht vollständig oder fehlerhaft ist.

a) In beglaubigter Löschungsbewilligung vergessene Mithaftstelle

Geradezu klassisch ist der Fall, dass in der Löschungsbewilligung eine Mithaftstelle vergessen wird. So war es auch im Fall des OLG Karlsruhe.

OLG Karlsruhe Beschl. v. 14.2.2024 – 14 W 109/23 (Wx)
FGPrax 2024, 101 = MittBayNot 2024, 559 = NotBZ 2024, 429 = Rpfleger 2024, 456

Leitsätze:

1. Der Charakter einer Erklärung als öffentlich-beglaubigt im Sinne des § 29 GBO geht nicht durch eine nachträgliche Änderung des über der Unterschrift stehenden Textes verloren, da die öffentliche Beglaubigung nur eine Beglaubigung der Unterschrift des Erklärenden, nicht dagegen des Inhalts der schriftlich abgefassten Erklärung umfasst.
2. Ob das Grundbuchamt oder das an dessen Stelle tretende Beschwerdegericht eine nachträglich veränderte Urkunde als von der beglaubigten Unterschrift gedeckt ansieht und die Urkunde daher als ausreichende Eintragungsunterlage akzeptiert, ist keine Frage des § 29 GBO, sondern eine Frage der Beweiskraft der (nach wie vor öffentlich beglaubigten) Urkunde, für die die Regeln des Freibeweises gelten.

Sachverhalt:

Eine Grundschuld lastete an zwei Grundbuchblättern. Die Grundschuldgläubigerin (Bausparkasse) hatte eine beglaubigte Löschungsbewilligung erteilt, in der nur eine der beiden Belastungsstellen aufgeführt war. Dieser Löschung hatte der Grundstückseigentümer mit (wohl auf derselben Urkunde enthaltener) beglaubigter Erklärung zugestimmt.
Das Grundbuchamt bemerkte, dass eine der beiden Mithaftstellen fehlte (und reichte die Urkunde wohl dem Notar zurück). Kurz darauf reichte der Notar dieselbe Urkunde nochmals ein, jetzt handschriftlich ergänzt um die zuvor fehlende Mithaftstelle. Er erklärte, dass die Bausparkasse die Erklärung auf seine Bitte hin ergänzt habe und legte ein diesbezügliches Schreiben der Bausparkasse vor.
Das Grundbuchamt lehnte die Löschung an der nachgetragenen Mithaftstelle ab. Trotz der Erklärung des Notars und des Schreibens der Bausparkasse sah es die Echtheitsvermutung des § 440 Abs. 2 ZPO als erschüttert an.

In der Beschwerde entschied das OLG Karlsruhe, dass die vorgelegten Unterlagen für die Löschung genügen.

b) Unterschriftsbeglaubigung von nachträglicher Änderung nicht betroffen

Die zwei Leitsätze des OLG Karlsruhe zeigen deutlich, dass man zwei Rechtsfragen unterscheiden muss: Liegt eine öffentlich beglaubigte Urkunde iSd § 29 GBO vor – und ist deren Beweiskraft möglicherweise durch die nachträgliche Änderung erschüttert. Eindeutig und kurz ist die Antwort auf die erste Frage: Die Unterschriftsbeglaubigung bezieht sich nur auf die Unterschrift. Deren Echtheit ist bezeugt. Änderungen des darüber stehenden Textes ändern nichts an der bezeugten Echtheit der Unterschrift. Daher genügt die Urkunde weiterhin § 29 GBO. Dies hatte auch das Grundbuchamt so gesehen.

c) Gesetzliche Echtheitsvermutung (§ 440 Abs. 2 ZPO) gilt nicht für nachträgliche Änderungen

Für nachträgliche Änderungen des unterschriftsbeglaubigten Textes gilt aber nicht die gesetzliche Echtheitsvermutung des § 440 Abs. 2 ZPO. Ob auch die Änderungen echt sind, ist mittels Freibeweis festzustellen. Und hier ist das Grundbuchamt deutlich über das Ziel hinausgeschossen. Dem Grundbuchamt lag sowohl eine Erklärung der Grundschuldgläubigerin selbst wie eine Erklärung des Notars vor. Was wollte das Grundbuchamt mehr? Dies hat das OLG Karlsruhe daher zu Recht korrigiert.

Allenfalls über die Zustimmungserklärung des Eigentümers könnte man kurz nachdenken. Denn die Ergänzung um die Mithaftstelle stammte von der Gläubigerin, nicht vom Eigentümer. Aber es genügt, wenn die Ergänzung mit seinem Willen erfolgte. Auch insoweit hatte der Notar erklärt, dass dies dem Willen des Eigentümers entsprochen habe (wobei aus den Entscheidungsgründen nicht hervorgeht, ob der Notar beim Eigentümer nachgefragt hatte oder ob der Eigentümer seinen Willen zur Gesamtlöschung schon bei der Unterschriftsbeglaubigung der Zustimmungserklärung gegenüber dem Notar ausgedrückt hatte). Auch dürfte es lebensnaher Auslegung entsprechen, dass der Eigentümer, der die Grundschuld an der Wohnung löschen lassen will, sie auch am Tiefgaragenstellplatz gelöscht haben will. Zu Recht sah das OLG Karlsruhe daher auch hierin kein Problem.

d) Ergänzung durch Grundschuldgläubigerin wohl übliche Praxis

Das Vorgehen des Notars dürfte der üblichen Praxis entsprechen. Auch ich schicke Löschungsbewilligungen, bei denen Mithaftstellen fehlen, an die Grundschuldgläubigerin mit der Bitte um Ergänzung zurück.

In den allermeisten (wenn nicht sogar allen) Fällen ist aber schon meinen Mitarbeitern aufgefallen, wenn Mithaftstellen fehlten. Denn sie machen (bei bayerischen Grundbüchern) immer vorab eine Grundbucheinsicht, so dass Mitbelastungsstellen auffallen würden. Dann sieht das Grundbuchamt von vornherein die ergänzte Löschungsbewilligung. Und ich kann den Grundstückseigentümer bei der Beglaubigung seiner Zustimmungserklärung fragen, ob er Gesamtlöschung wünscht (was immer der Fall war, wenn die Urkunde nicht ausdrücklich nur als Pfandfreigabe bezeichnet war).

Beurkundungsverfahrensrechtlich wäre auch zulässig, dass der Notar oder dessen Mitarbeiter die unterschriftsbeglaubigte Urkunde nach **Rücksprache** mit den Unterzeichnenden ergänzen. Das kann man zB bei einer Handelsregisteranmeldung machen, wenn einem nach der Beglaubigung noch ein Fehler auffällt (und man nicht mit der Notarvollmacht zur Ergänzung der Erklärung arbeiten will).

2. Änderungszeitpunkt unklar

Im Fall des KG stand hingegen nicht fest, ob die Änderungen bereits vor oder nach der Unterschriftsbeglaubigung vorgenommen wurden.

KG Beschl. v. 27.6.2024 – 1 W 102/24
FGPrax 2024, 19 = MDR 2024, 1247 = Rpfleger 2024, 661

Kerngehalt:

Bei der Prüfung, ob eine Urkunde Mängel im Sinne von § 419 ZPO enthält, die geeignet sind, die Vermutungswirkung des § 440 Abs. 2 ZPO zu erschüttern, können die Feststellungen nicht darauf beschränkt bleiben, die Urkunde enthalte – vorliegend handschriftliche – Ergänzungen oder Durchstreichungen. Es muss darüber hinaus der ursprüngliche Inhalt und der, den die Urkunde mit den Ergänzungen erhalten hat, in den Blick genommen werden. Ergibt sich erst mit den Ergänzungen ein – im Grundbuch – vollziehbarer Inhalt, ist die Annahme naheliegend, dass die Änderungen der Urkunde mit Willen der Personen erfolgt sind, deren Unterschrift ein Notar beglaubigt hat.

Sachverhalt:

Im zugrundeliegenden Sachverhalt enthielt eine Löschungsbewilligung bzw. Freigabe mehrere handschriftliche Änderungen. Unter anderem war „Grundschuld" durch „Hypothek" ersetzt worden und „Löschung" um „(bzw. Pfandentlassung)" ergänzt worden. Außerdem war bei der Unterschriftenzeile die Vertretung für eine andere, im Text ebenfalls als Gläubigerin erwähnte Gesellschaft ergänzt.
Das Grundbuchamt sah dadurch die Beweiskraft der Urkunde als erschüttert an und verweigerte die Löschung. Es berief sich dabei auf § 419 ZPO:

§ 419 ZPO Beweiskraft mangelbehafteter Urkunden

Inwiefern Durchstreichungen, Radierungen, Einschaltungen oder sonstige äußere Mängel die Beweiskraft einer Urkunde ganz oder teilweise aufheben oder mindern, entscheidet das Gericht nach freier Überzeugung.

Entscheidung: Das KG entschied, dass die Freigabe zu vollziehen sei. Die Änderungen würden die Urkunde nicht verschlechtern, sondern verbessern, weil durch sie die Urkunde erst vollziehbar wurde. Schon der Inhalt der Änderungen lasse vermuten, dass sie auf Anraten des Notars bei der Unterschriftsbeglaubigung vorgenommen wurde. Dies hatte der Notar auch so bestätigt.

„Insgesamt enthielt die Urkunde vor den Ergänzungen zahlreiche Ungenauigkeiten bzw. gab sie die tatsächliche Rechtslage unrichtig wieder. Sie wäre deshalb zu beanstanden gewesen. Erst mit den Ergänzungen ergibt die Urkunde einen vollziehbaren Inhalt. Es erscheint bereits deshalb die Annahme naheliegend, dass die Ergänzungen nicht nach Leistung der Unterschriften erfolgten, sondern auf Grund notarieller Beratung im Zusammenhang mit der Beglaubigung. Schließlich hat dies der Notar mit der Beschwerde auch selbst vorgetragen. Damit bestehen aber keine Zweifel daran, dass die handschriftlichen Einfügungen mit Willen der Beteiligten zu 3 und 4 erfolgt sind."[9]

3. Wichtige Änderungen im Beglaubigungsvermerk dokumentieren

Enthält der Text schon bei Unterschriftsbeglaubigung handschriftliche oder andere Änderungen, die für den Inhalt wesentlich sind, so kann dies der Notar in seinem Beglaubigungsvermerk festhalten und so die Beweiskraft wieder in vollem Umfang herstellen.

Bei mir kommt das vor allem vor, wenn ich Unterschriften unter dem **Vorsorgevollmachtsformular** des Bundesjustizministeriums beglaubige. Wenn ich mit den Beteiligten den Inhalt der Vorsorgevollmacht kurz anspreche, ändern sie diese häufig in drei Punkten: Zum einen ergänzen sie häufig auf meine Rückfrage hin auf dem zu beglaubigenden Formular noch weitere Bevollmächtigte (also nicht nur den anderen Ehegatten, sondern auch zumindest ein Kind – oder umgekehrt nicht nur das Kind, sondern auch den anderen Ehegatten). (Mehrere beglaubigte Vollmachten werden meist nicht gewünscht.) Dann muss natürlich auch ergänzt werden, dass jeder Bevollmächtigte jeweils einzeln handeln kann. Zum zweiten wird die Bevollmächtigung zu Schenkungen „in dem Umfang vornehmen, der einem Betreuer ohne Genehmigung des Betreuungsgerichts gesetzlich gestattet ist" bei Bevollmächtigung des Ehegatten oder von Kindern häufig geändert in „Schenkungen in beliebigem Umfang vornehmen". Als Folgeänderung wird dann bei den Schlussbestimmungen ergänzt, dass die Bevollmächtigten von den Beschränkungen des § 181 BGB befreit ist.

[9] KG FGPrax 2024, 19 Rn. 12.

Bei der Unterschriftsbeglaubigung vermerke ich, dass diese Änderungen bzw. Ergänzungen schon bei der Unterschriftsbeglaubigung enthalten waren. In meinem Muster für die Unterschriftsbeglaubigung von Vorsorgevollmachten (mit der Frage nach der Registrierung etc.) sind daher auch schon Muster für diese Vermerke enthalten. (Auf Seite 1 waren insgesamt drei Bevollmächtigte jeweils mit Einzelvertretungsbefugnis aufgeführt ...")

III. eGbR

1. Hintergrund: Art. 229 § 21 EGBGB

a) Voreintragung der GbR im Gesellschaftsregister und Richtigstellung des Grundbuchs erforderlich

Mit Wirkung zum 1.1.2024 wurde das Gesellschaftsregister für Gesellschaften bürgerlichen Rechts eingeführt. Seitdem kann im Grundbuch der Grundstückserwerb oder der Erwerb eines beschränkten dinglichen Rechts an einem Grundstück durch eine GbR nur eingetragen werden, wenn die GbR zuvor im Gesellschaftsregister eingetragen ist (§ 47 Abs. 2 GBO – **Grundbuchsperre**).

Ist die GbR bereits als Grundstückseigentümerin oder als Berechtigte eines beschränkten dinglichen Grundstücksrechts im Grundbuch eingetragen, so können diese Rechte betreffende Grundbucheintragungen – also die Veräußerung, Übertragung, Löschung oder Belastung – ebenfalls nur vorgenommen werden, wenn die GbR zuvor im Gesellschaftsregister eingetragen ist und im **Grundbuch richtiggestellt** ist, dass die eGbR Eigentümerin ist. Dies ergibt sich aus Art. 229 § 21 Abs. 1 EGBGB.

Art. 229 § 21 EGBGB Übergangsvorschriften für die Gesellschaft bürgerlichen Rechts im Grundbuchverfahren und im Schiffsregisterverfahren

(1) Eintragungen in das Grundbuch, die ein Recht einer Gesellschaft bürgerlichen Rechts betreffen, sollen nicht erfolgen, solange die Gesellschaft nicht im Gesellschaftsregister eingetragen und daraufhin nach den durch das Personengesellschaftsrechtsmodernisierungsgesetz vom 10. August 2021 (BGBl. I S. 3436) geänderten Vorschriften im Grundbuch eingetragen ist.

b) Für Richtigstellung auf die eGbR gelten dieselben Anforderungen wie für die Grundbuchberichtigung

Die Änderung des Grundbuchs von der bisherigen Eintragung der GbR durch ihre Gesellschafter (§ 47 Abs. 2 GBO idF 18.8.2009 bis zum 31.12.2009) auf die Eintragung der eGbR ist rechtlich gesehen nur eine Richtigstellung. Denn es ist richtig die GbR eingetragen. Unrichtig ist nur die Bezeichnung der GbR. Dennoch gelten hierfür nicht die Regeln über die Richtigstellung, sondern nach Art. 229 § 21 Abs. 3 EGBGB die Regelungen über die Grundbuchberichtigung.

Art. 229 § 21 EGBGB

(2) [1] Ist die Eintragung eines Gesellschafters gemäß § 47 Absatz 2 Satz 1 der Grundbuchordnung in der vor dem 1. Januar 2024 geltenden Fassung oder die Eintragung eines Gesellschafters, die vor dem Zeitpunkt des Inkrafttretens gemäß Artikel 5 Absatz 2 des Gesetzes zur Einführung des elektronischen Rechtsverkehrs und der elektronischen Akte im Grundbuchverfahren sowie zur Änderung weiterer grundbuch-, register- und kostenrechtlicher Vorschriften vom 11. August 2009 (BGBl. I 2009 S. 2713) am 18. August 2009 erfolgt ist, unrichtig geworden, findet eine Berichtigung nicht statt. [2] In diesem Fall gilt § 82 der Grundbuchordnung hinsichtlich der Eintragung der Gesellschaft nach den durch das Personengesellschaftsrechtsmodernisierungsgesetz geänderten Vorschriften im Grundbuch entsprechend.

(3) [1] Für die Eintragung der Gesellschaft in den Fällen der Absätze 1 und 2 gelten die Vorschriften des Zweiten Abschnitts der Grundbuchordnung entsprechend. [2] Es bedarf der Bewilligung der Gesell-

schafter, die nach § 47 Absatz 2 Satz 1 der Grundbuchordnung in der vor dem 1. Januar 2024 geltenden Fassung im Grundbuch eingetragen sind; die Zustimmung der einzutragenden Gesellschaft in den Fällen des § 22 Absatz 2 der Grundbuchordnung bleibt unberührt. [3]Dies gilt auch, wenn die Eintragung vor dem Zeitpunkt des Inkrafttretens gemäß Artikel 5 Absatz 2 des Gesetzes zur Einführung des elektronischen Rechtsverkehrs und der elektronischen Akte im Grundbuchverfahren sowie zur Änderung weiterer grundbuch-, register- und kostenrechtlicher Vorschriften vom 11. August 2009 (BGBl. I 2009 S. 2713) am 18. August 2009 erfolgt ist.

c) Antragstellung vor Jahreswechsel 2024

Wurde der Antrag auf Grundbucheintragung noch vor dem 1.1.2024 gestellt, so gilt für die Eintragung noch das bisherige Verfahrensrecht (und materiell-rechtlich der Gutglaubensschutz nach § 899a BGB).

Art. 229 § 21 EGBGB

(4) [1]§ 899a des Bürgerlichen Gesetzbuchs und § 47 Absatz 2 der Grundbuchordnung in der vor dem 1. Januar 2024 geltenden Fassung sind auf Eintragungen anzuwenden, wenn vor diesem Zeitpunkt die Einigung oder Bewilligung erklärt und der Antrag auf Eintragung beim Grundbuchamt gestellt wurde. [2]Wurde vor dem in Satz 1 genannten Zeitpunkt eine Vormerkung eingetragen oder die Eintragung einer Vormerkung vor diesem Zeitpunkt bewilligt und beantragt, sind § 899a des Bürgerlichen Gesetzbuchs und § 47 Absatz 2 der Grundbuchordnung in der vor diesem Zeitpunkt geltenden Fassung auch auf die Eintragung der Rechtsänderung, die Gegenstand des durch die Vormerkung gesicherten Anspruchs ist, anzuwenden.

2. Anmeldung zum Gesellschaftsregister und Grundbuchberichtigung können in derselben Urkunde enthalten sein

Ist eine GbR bereits als Grundstückseigentümerin oder als Inhaberin eines beschränkten dinglichen Grundstücksrechts im Grundbuch eingetragen, so muss sich die GbR

1. zunächst als eGbR im **Gesellschaftsregister** eintragen und
2. in einem zweiten Schritt das **Grundbuch richtigstellen** lassen.

a) Anmeldung zum Gesellschaftsregister

Die Anforderungen an die Anmeldung zum Gesellschaftsregister ergeben sich aus § 707 Abs. 2 BGB:

§ 707 BGB Anmeldung zum Gesellschaftsregister

(1) […]

(2) Die Anmeldung muss enthalten:

1. folgende Angaben zur Gesellschaft:
   a) den **Namen,**
   b) den **Sitz** und
   c) die **Anschrift,** in einem Mitgliedstaat der Europäischen Union;
2. folgende Angaben zu jedem **Gesellschafter:**
   a) wenn der Gesellschafter eine natürliche Person ist: dessen Namen, Vornamen, Geburtsdatum und Wohnort;
   b) wenn der Gesellschafter eine juristische Person oder rechtsfähige Personengesellschaft ist: deren Firma oder Namen, Rechtsform, Sitz und, soweit gesetzlich vorgesehen, zuständiges Register und Registernummer;
3. die Angabe der **Vertretungsbefugnis** der Gesellschafter;
4. die Versicherung, dass die Gesellschaft **nicht bereits** im Handels- oder im Partnerschaftsregister **eingetragen** ist.

(3) […]

Alle Gesellschafter müssen die Registeranmeldung unterschreiben (§ 707 Abs. 4 S. 1 BGB). Die Anmeldung ist notariell zu beglaubigen (§ 707b Nr. 2 BGB iVm § 12 Abs. 1 S. 1 HGB).

Natürlich haben Sie alle dafür mittlerweile einen Baustein. Die einzige Tücke bei der Erstellung der Registeranmeldung war, dass § 707 Abs. 2 Nr. 4 BGB auch die **Versicherung** erfordert, „dass die Gesellschaft nicht bereits im Handels- oder im Partnerschaftsregister eingetragen ist". (Dasselbe gilt jetzt auch für die Neuanmeldung von OHG oder KG, § 106 Abs. 2 Nr. 4 HGB). Aber auch wenn Sie das möglicherweise zunächst vergessen hatten, haben Sie es mittlerweile in Ihr Muster eingebaut. Und vielleicht hat das Registergericht selbst Sie darauf hingewiesen, dass auch der beglaubigende Notar die Versicherung nachholen kann.

b) Richtigstellung des Grundbuchs

Die Anforderungen an die Richtigstellung des Grundbuchs ergeben sich aus Art. 229 § 21 Abs. 3 EGBGB iVm § 22 GBO. Es gelten dieselben Erfordernisse wie für eine Grundbuchberichtigung.

- Zum einen müssen die im Grundbuch **eingetragenen GbR-Gesellschafter** die Grundbuchberichtigung bewilligen (Art. 229 § 21 Abs. 3 S. 2 Hs. 1 EGBGB) – so als ob sie bisher als Eigentümer eingetragen wären.
- Zum anderen muss die neu einzutragende **eGbR** ihrer Eintragung zustimmen (Art. 229 § 21 Abs. 3 S. 2 Hs. 2 EGBGB) – so als ob das Grundbuch auf sie berichtigt würde. Die Zustimmung der im Grundbuch einzutragenden Gesellschaft ist durch die vertretungsbefugten Gesellschafter zu erteilen.[10]
- Die Bewilligungen (bzw. Zustimmung) sind zu beglaubigen (§ 29 Abs. 1 S. 1 GBO).

c) Zusammenfassung in einem Termin (und ggf. einer Urkunde)

Rechtlich sind es zwei Vorgänge, einerseits die Anmeldung zum Gesellschaftsregister, andererseits der Antrag an das Grundbuchamt. Aber die Beteiligten wollen natürlich nur einmal zum Notar gehen. Und natürlich haben wir alle unsere Urkunden so gestaltet, dass nur ein Termin erforderlich war – egal ob beide Vorgänge in einer Urkunde zusammengefasst waren oder ob die Beteiligten zwei getrennte Urkunden unterschreiben.

Dass ein Termin ausreicht, ist nicht ganz selbstverständlich. Denn für die Richtigstellung des Grundbuchs ist auch die Zustimmung der eGbR erforderlich. Vor der Registereintragung gibt es zwar schon die GbR; sie ist aber noch nicht eGbR. Damit kann man jedenfalls die Registernummer nicht angeben.

Mittlerweile gibt es mehrere oberlandesgerichtliche Entscheidungen. Alle lassen einen einzigen Notartermin genügen – wenn auch mit unterschiedlichen Begründungen.

d) Notar als „Vertreter des Vertreters" bevollmächtigt

Eine meines Erachtens unnötig komplizierte Begründung wählte das KG Berlin.

KG Beschl. v. 4.7.2024 – 1 W 97/24
BWNotZ 2024, 271 = FGPrax 2024, 153 = RNotZ 2024, 526 = Rpfleger 2024, 660

> **Kerngehalt:**
>
> Die Gesellschafter der GbR können auch schon vor Registereintragung der eGbR Vollmacht für die Grundbucheintragung erteilen.

[10] Begründung RegE, BT-Drs. 19/27635, 218.

aa) Sachverhalt

Die GbR-Gesellschafter hatten (in einer einheitlichen Urkunde) sowohl die GbR zur Registereintragung angemeldet wie die Richtigstellung des Grundbuchs auf die eGbR bewilligt. In der Urkunde hatten sie den beglaubigenden Notar „zur Bestätigung der Identität und zur grundbuchmäßigen Bezeichnung der eingetragenen eGbR gemäß § 47 Abs. 2 GBO" (im Wege der Eigenurkunde, befreit von § 181 BGB und mit Wirkung über den Tod hinaus) bevollmächtigt. Der Notar folgte dabei einem Muster von *Krauß*[11].

Nach Registereintragung der eGbR legte der Notar die Bewilligung dem Grundbuchamt vor und erklärte dabei mit

> „unterschriebener und gesiegelter Eigenurkunde […] unter Bezugnahme auf die Vollmacht […], er bestätige, dass die dort unter I. zum Gesellschaftsregister angemeldete Gesellschaft bürgerlichen Rechts mit der zwischenzeitlich im Gesellschaftsregister des Amtsgerichts Charlottenburg – GsR […] – eingetragenen […] eGbR identisch sei. Die in Abschnitt II enthaltene Richtigstellungsbewilligung beziehe sich demnach auf diese eGbR. Ihre Eintragung an der in Abschnitt II genannten Blattstelle anstelle der dort bisher verlautbarten GbR werde daher bewilligt und beantragt."[12]

Das Grundbuchamt lehnte die Eintragung ab. Die **eGbR könne ihre Zustimmung erst nach Eintragung in das Gesellschaftsregister abgeben.** Zuvor könne für die GbR mangels Vertretungsnachweis auch keine Vollmacht erteilt werden.

bb) Entscheidung

Das KG folgte dem Ansatz des Grundbuchamts, dass die grundbuchverfahrensrechtlich erforderliche Zustimmung der eGbR erst nach ihrer Registereintragung erklärt werden konnte.

> „Denn vor diesem Zeitpunkt ist nicht gemäß § 32 GBO nachzuweisen, wer berechtigt ist, die im Grundbuch einzutragende Gesellschaft (gemäß § 720 BGB organschaftlich als Gesellschafter) bei Abgabe der Erklärung zu vertreten. Die Eintragung der Gesellschafter in das Gesellschaftsregister wirkt nicht auf einen Zeitpunkt vor der Eintragung […] zurück […]."[13]

Doch sei der Notar wirksam bevollmächtigt gewesen, die Zustimmung für die GbR abzugeben. Denn die Vollmacht sei ihm (auch) von den GbR-Gesellschaftern erteilt worden. Der Notar habe also die Gesellschafter vertreten, die bei Abgabe der Erklärung durch den Notar als Vertretungsbefugte der eGbR im Register eingetragen waren. Die von ihm vertretenen Gesellschafter vertraten wiederum die Gesellschaft. Der Notar handelte also als **„Vertreter des Vertreters".** Bei Abgabe der Erklärung des Notars durch die Eigenurkunde war die Vertretungskette auch aus dem Register bzw. durch die von den Beteiligten unterzeichnete notarielle Urkunde nachweisbar.[14]

cc) Bewertung

Das Ergebnis passt: Das Grundbuchamt musste eintragen. Die Begründung, warum es so geht, ist richtig, aber unnötig kompliziert – wie von hinten durch die Brust geschossen. Dasselbe Ergebnis wäre wesentlich einfacher zu begründen gewesen. Denn die These des KG, dass die Vertretungsbefugnis für die GbR im Zeitpunkt der Unterzeichnung vor dem Notar nicht – rückwirkend – nachweisbar ist, ist meines Erachtens falsch.

Es ist keine Frage der materiellen Vertretungsbefugnis. Denn die GbR gibt es bereits, sie ist nur noch nicht eingetragen. Die eGbR ist keine neue Gesellschaft, sondern dieselbe Gesellschaft wie die zuvor nicht eingetragene GbR. Die von der GbR erteilte Vollmacht wirkt also gegen die eGbR fort. Das Problem ist nur der Nachweis der Vertretungsmacht.

---

11 Krauß notar 2023, 339 (353).
12 KG 4.7.2024 – 1 W 97/24, Rn. 4.
13 KG 4.7.2024 – 1 W 97/24, Rn. 7.
14 KG 4.7.2024 – 1 W 97/24, Rn. 8–12.

Dieser muss gegenüber dem Grundbuchamt durch öffentliche Urkunde geführt werden (§ 29 Abs. 1 GBO). Wenn durch öffentliche Urkunde nachgewiesen werden kann, dass die eGbR aufgrund der betreffenden Registeranmeldung eingetragen wurde, so lässt sich damit rückwirkend nachweisen, dass die dort Handelnden für die GbR vertretungsbefugt waren. Ein solcher Nachweis in Form einer öffentlichen Urkunde ist durch Registerbescheinigung des Notars entsprechend § 21 BNotO möglich.

e) Registerbescheinigung des Notars entsprechend § 21 BNotO

Dass der Nachweis durch eine Registerbescheinigung des Notars geführt werden kann, entschieden kurz hintereinander die Oberlandesgerichte Dresden und München.

OLG Dresden Beschl. v. 24.7.2024 – 17 W 396/24
NotBZ 2024, 343 = NZG 2024, 1419

OLG München Beschl. v. 20.8.2024 – 34 Wx 192/24e
BWNotZ 2024, 348 = NZG 2024, 1417 = Rpfleger 2024, 749

Kerngehalt:

Der Nachweis der Identität der zustimmenden GbR mit der eingetragenen eGbR kann durch Registerbescheinigung des Notars entsprechend § 21 BNotO geführt werden.

Der Sachverhalt war bei beiden Entscheidungen insoweit identisch, als die GbR-Gesellschafter jeweils im selben Termin sowohl die Registereintragung der GbR wie die Grundbucheintragung beantragt – jeweils in zwei getrennten, aber aufeinander Bezug nehmenden Urkunden. Im Fall des OLG München sollte die Eintragung einer bestehenden GbR richtiggestellt werden. Im Fall des OLG Dresden sollte eine Vormerkung für eine neu als Käuferin gegründete GbR eingetragen werden.

In beiden Fällen hatte der Notar nach Registereintragung der eGbR durch Eigenurkunde bestätigt, dass die eingetragene eGbR mit der handelnden GbR identisch sei (also im Fall des OLG München mit der eingetragenen Eigentümerin, im Fall des OLG Dresden mit der Erwerberin). In beiden Fällen hielt das Registergericht die Bescheinigung nicht für einen ausreichenden Nachweis.

Sowohl das OLG Dresden wie das OLG München erkannten die Registerbescheinigung des Notars als ausreichenden Nachweis an. Das **OLG München** führt aus:

„(3) Aufgrund der Identitätsfeststellung des Notars vom 18.7.2024 bestehen auch keine Zweifel daran, dass sich die Bewilligung der vier Beteiligten vom 16.5.2024 auf die nunmehr im Gesellschaftsregister unter GsR xx eingetragene D. eGbR bezieht, die Zustimmungserklärung vom 16.5.2024 von dieser D. eGbR stammt und diese mit der D. GbR identisch ist. Der Urkundsnotar hat – unter vorhergehender Urkundennummer – auch die Anmeldung der D. GbR zum Gesellschaftsregister beglaubigt, in der wiederum informatorisch auf den hier gegenständlichen im Eigentum der GbR stehenden Grundbesitz verwiesen wurde. Er kann daher aus seinen Akten zuverlässig bestätigen, dass die aufgrund seiner Anmeldung registrierte Gesellschaft diejenige ist, die die Zustimmung erklärt hat und auf die sich die Bewilligung der derzeit eingetragenen Gesellschafter bezieht. **Eine solche Bescheinigung ist analog § 21 BNotO zulässig und erfolgt durch gesiegelte Eigenurkunde des Notars, die die Anforderungen des § 29 GBO erfüllt** (Meier NJW 2024, 465/468; ebenso: Schäfer/Hermanns, Das neue Personengesellschaftsrecht, § 2 Rn. 37; Wilsch MittBayNot 2023, 457/460; Cramer/Müller ZNotP 2024, 165/166; Hügel/Otto § 29 Rn. 122.2; Krauß notar 2023, 339/352 f.; Dressler-Berlin Rpfleger 2023, 710/716). Auf die Frage einer Vollmachtserteilung für den Notar durch die Gesellschafter bzw. die GbR kommt es hierfür nicht an.“[15]

Dasselbe Ergebnis könne man auch aus der dem Notar erteilten Vollmacht begründen:

[15] OLG München 20.8.2024 – 34 Wx 192/24e, Rn. 34.

„(4) Im Übrigen haben alle Gesellschafter, somit auch die für die D. eGbR vertretungsbefugten Beteiligten zu 3 und 4, den Notar – unter vorheriger Bezugnahme auf die Anmeldung zum Gesellschaftsregister – bevollmächtigt, sie bei der Richtigstellung des Grundbuchs unbeschränkt zu vertreten. **In der Vollmacht, die Identität zu bestätigen, liegt auch die Befugnis, die Bewilligungs- und Zustimmungserklärung mit der Bestätigung zu wiederholen** (KG ZIP 2024, 1725/1726). Aus der Bescheinigung nach § 32 GBO i. V. m. § 21 BNotO vom 19.6.2024 in Verbindung mit der Identitätsfeststellung und Berichtigungsbewilligung vom 18.7.2024 ergibt sich daher der erforderliche Nachweis der Bewilligung der eingetragenen Gesellschafter sowie der Zustimmung der D. eGbR in der Form des § 29 GBO.“[16]

Ebenso entschied das **OLG Dresden,** dass Registerbescheinigung und Bewilligung aufgrund Vollmacht zwei unterschiedliche Wege sind, die beide zum Ziel der Richtigstellung des Grundbuchs führen:

„Die Identität zwischen erklärender GbR und einzutragender eGbR kann auf verschiedene Weise nachgewiesen werden. Zum einen kann der verfahrensbevollmächtigte Notar eine Bescheinigung über die Identität in entsprechender Anwendung des § 21 BNotO durch gesiegelte Eigenurkunde vorlegen, soweit er in der Erwerbsurkunde bevollmächtigt ist, die erwerbende Gesellschaft zum Gesellschaftsregister anzumelden und dem nachkommt. Die Identität der GbR und der eGbR kann er so bescheinigen, da er zuverlässig bestätigen kann, dass die aufgrund seiner Anmeldung registrierte Gesellschaft die erwerbende sein muss, da er zur Anmeldung nur dieser Gesellschaft bevollmächtigt war (Meier, NJW 2024, 465, 468). Zum anderen kann Art. 229 § 21 Abs. 3 EGBGB entsprechend angewendet werden. Der Nachweis der Identität der Beteiligten zu 2 mit der nunmehrigen eGbR wird danach durch die Bewilligung seitens aller im Grundbuch vermerkten Gesellschafter sowie der Zustimmung durch die im Register ausgewiesene eGbR geführt, wenn die GbR bereits mit ihren Gesellschaftern in das Grundbuch eingetragen ist. Da insoweit der Notar bevollmächtigt werden kann, ist eine entsprechende Bewilligungsabgabe durch ihn mittels gesiegelter Eigenurkunde nach Eintragung der eGbR möglich (Meier, NJW 2024, 465, 469).“[17]

Das OLG Dresden hat also im Ergebnis recht, dass es die Eigenurkunde des Notars für die Richtigstellung des Grundbuchs genügen lässt. Es hat aber in der Begründung nur zum Teil recht, weil es neben dem vom KG anerkannten Weg über die Bevollmächtigung des Notars (als „Vertreter des Vertreters“ zu handeln) auch die Möglichkeit des Nachweises über eine Registerbescheinigung entsprechend § 21 BNotO gibt.

f) Auslegung unvollständiger Erklärung

OLG Köln Beschl. v. 9.7.2024 – 2 Wx 98/24
FGPrax 2024, 162 = NZG 2024, 1286

> **Kerngehalt:**
>
> Für die Richtigstellung des Grundbuchs auf die eGbR ist nach der ausdrücklichen Regelung des Art. 229 § 21 Abs. 3 S. 2 EGBGB sowohl die Bewilligung der bisher im Grundbuch eingetragenen Gesellschafter wie die Zustimmung der eGbR erforderlich (letztere vertreten durch ihre Vertretungsberechtigten). Gegebenenfalls kann aber die Zustimmung auch durch Auslegung entnommen werden, wenn die Erklärung undeutlich ist.

Mit einem solchen Fall hatte sich das OLG Köln zu befassen. Dort hatten die GbR-Gesellschafter in der Urkunde über die Registeranmeldung der eGbR den beglaubigenden Notar

„beauftragt und ermächtigt, nach erfolgter Eintragung die vorgenannte GbR durch Eigenurkunde unter Bezugnahme auf das Gesellschaftsregister zu bezeichnen und die Übereinstimmung der im

[16] OLG München 20.8.2024 – 34 Wx 192/24e, Rn. 35.
[17] OLG Dresden 24.7.2024 – 17 W 396/24, Rn. 12.

Gesellschaftsregister eingetragenen Gesellschaft mit der heute im Grundbuch von O. Blatt N04 eingetragenen Gesellschaft […] amtlich zu bestätigen. Die Vollmacht ist gegenüber dem Grundbuchamt unbeschränkt."

Von einer Richtigstellung des Grundbuchs und von einer Vertretung auch der GbR für die Zustimmung war nicht ausdrücklich die Rede. Auch in der „Identitätserklärung" des Notars war zwar ausdrücklich die Richtigstellung des Grundbuchs bewilligt – aber ebenfalls nicht von einer Vertretung der eGbR die Rede. Das Grundbuchamt lehnte die Richtigstellung ab. Es fehle die erforderliche Zustimmung der eGbR.

Das OLG Köln legte die Urkunde aber diesbezüglich aus. Auch wenn die Zustimmung nicht ausdrücklich enthalten sei, sei in Vollmacht und Eigenurkunde klar, worum es gehe:

„Dabei ist im Ergebnis unschädlich, dass die Vollmachtserklärung sich vom Wortlaut her auf eine Bestätigung der Identität der Gesellschaften bezieht. Der Erklärungen der Erschienenen, bei denen es sich sowohl um die im Grundbuch verzeichneten Gesellschafter als auch die vertretungsberechtigten Gesellschafter der einzutragenden Gesellschaft handelt, war ersichtlich darauf gerichtet, die Richtigstellung der grundbuchlichen Eintragung der Bezeichnung der Gesellschaft nach Eintragung im Gesellschaftsregister zu erreichen. Ein anderer Verwendungszweck der dem Notar übertragenen Identitätsbestätigung erscheint dem Senat fernliegend, zumal im anschließenden Satz von der Unbeschränktheit der Vollmacht gegenüber dem Grundbuchamt die Rede ist. Dies legt nahe, dass mit der Vollmacht die Voraussetzungen des Art. 229 § 21 Abs. 3 EGBGB für eine Richtigstellung im Grundbuch geschaffen werden sollten."[18]

Ich gebe dem OLG Köln recht. Aber natürlich sollten wir in unseren Mustern sowohl bei den Grundbucherklärungen bzw. bei der Vollmachtserteilung durch Gesellschafter und GbR wie in der Eigenurkunde die Zustimmung auch ausdrücklich aufnehmen – und uns nicht darauf verlassen, dass Grundbuchamt oder Beschwerdegericht auch bei undeutlicher Formulierung schon verstehen werden, was gemeint ist.

3. Ausnahmen vom Voreintragungsgrundsatz

Ist im Grundbuch ein Recht für eine GbR eingetragen, so lässt Art. 229 § 21 Abs. 1 EGBGB weitere dieses Recht betreffende Grundbucheintragungen nur zu, wenn (1.) zuvor die GbR im Gesellschaftsregister eingetragen wurde und (2.) das Grundbuch durch Eintragung der eGbR als Berechtigte richtiggestellt wurde.

a) Ausnahmen analog § 40 GBO oder aufgrund teleologischer Reduktion?

Das Gesetz sieht keine ausdrücklichen Ausnahmen von diesem Grundsatz vor.[19] Einige Literaturstimmen halten aber entsprechend **§ 40 Abs. 1 GBO** bei Veräußerung oder Löschung des der GbR gehörenden Grundstücksrechts eine Voreintragung für entbehrlich.[20] Andere Autoren wollen die Ausnahme auf den Fall beschränken, dass die GbR ihr einziges Vermögensobjekt veräußert[21] (und auch nicht Gesellschafterin einer anderen Gesellschafterin ist[22]). Sie argumentieren hier mit einer teleologischen Reduktion. Die wohl hM lehnt hingegen jedenfalls eine analoge Anwendung von § 40 Abs. 1 GBO ab.[23]

18 OLG Köln 9.7.2024 – 2 Wx 98/24, Rn. 15.

19 Die nachfolgenden Ausführungen basieren auf meiner Kommentierung im BeckOGK zu Art. 229 § 21 EGBGB Rn. 9.

20 Bolkart MittBayNot 2021, 319 (329); Wilsch MittBayNot 2023, 457; Keller in KEHE, Grundbuchrecht, 9. Aufl. 2023, GBO § 47 Rn. 53; Servatius, GbR, 2023, BGB § 713 Rn. 14.

21 Bolkart MittBayNot 201, 319 (329).

22 Herrler in Herrler/Hertel/Kesseler ImmobilienR 2024 S. 254.

23 Kratzlmeier ZfIR 2023, 197 (203 f.); Lieder in Herrler/Hertel/Kesseler ImmobilienR 2023 S. 261, 267; Meier NJW 2024, 465 (466); Wobst ZPG 2023, 58 (60); Demharter, 33. Aufl. 2023, GBO § 47 Rn. 45; Schäfer in MüKoBGB, 9. Aufl. 2024, BGB § 707 Rn. 39.

Betrachten wir die Argumente:

- Für eine Analogie zu § 40 GBO ließe sich anführen, dass im unmittelbaren Anwendungsbereich des § 40 Abs. 1 GBO sogar auf die Berichtigung des Grundbuchs durch Eintragung des neuen Eigentümers verzichtet wird, während es hier nur um dessen Richtigstellung hinsichtlich der Bezeichnung des unveränderten Eigentümers geht.
- § 40 Abs. 1 GBO betrifft aber in seiner unmittelbaren wie in seiner übertragenen Anwendung immer nur Fälle, in denen der **bisherige Rechtsträger nicht mehr existiert** (infolge Todes, Verschmelzung etc.); schon von daher passt er bei einer bloßen Veräußerung nicht.[24]
- Jedenfalls in der allgemeinen Form widerspräche die Ausnahme aber der **Gesetzesbegründung,** die die Veräußerung als Hauptfall des Art. 229 § 21 Abs. 1 EGBGB erwähnt. Die Gesetzesmaterialien begründen das Erfordernis der Voreintragung auch:

„Das liegt im Interesse des Rechtsverkehrs an Publizität hinsichtlich Existenz, Identität und ordnungsgemäßer Vertretung der Gesellschaft. Insbesondere wird dadurch trotz Aufhebung des § 899a BGB ein gutgläubiger Erwerb ermöglicht."[25]

- Damit ist ein weiterer wesentlicher Unterschied zu § 40 Abs. 1 GBO angesprochen: § 40 Abs. 1 GBO betrifft die Erbfolge. Diese muss grundbuchverfahrensrechtlich durch einen Erbschein oder durch öffentliches Testament mit Eröffnungsniederschrift des Nachlassgerichts nachgewiesen werden (§ 35 Abs. 1 GBO). In jedem Fall ist damit der Nachweis der **Rechtsnachfolge durch öffentliche Urkunden** geführt; beim Erbschein sogar mit Gutglaubensschutz hinsichtlich der Rechtsnachfolge (das deckt noch nicht alle Risiken ab, etwa nicht das Risiko einer Erbteilspfändung, ist aber immerhin etwas). Bei der GbR hingegen würde dann jeglicher Gutglaubensschutz fehlen.

b) Keine Ausnahme von Voreintragung der eGbR im Gesellschaftsregister bei Auseinandersetzung des einzigen Grundstücks zwischen den Gesellschaftern

Die Rechtsprechung hat mittlerweile zu mehreren der in der Literatur diskutierten möglichen Ausnahmen vom Voreintragungsgrundsatz entschieden – und eine Ausnahme jeweils abgelehnt.

Als erstes hatte das OLG Celle den Fall zu entscheiden, in dem ich noch am meisten Sympathie für eine teleologische Reduktion gehabt hätte: Die GbR überträgt ihr einziges Grundstück auf ihre Gesellschafter zu Miteigentum und löst sich dann auf. Das OLG Celle entschied: Auch hierfür gilt die Voreintragungspflicht des Art. 229 § 21 EGBGB.

OLG Celle Beschl. v. 16.4.2024 – 20 W 23/24
DNotZ 2024, 857 = RNotZ 2024, 465 = Rpfleger 2024, 596

> **Kerngehalt:**
>
> Auch bei Auflösung der GbR kann die Übertragung der Grundstücke erst dann in das Grundbuch eingetragen werden, wenn zuvor die eGbR in das Gesellschaftsregister eingetragen ist und das Grundbuch auf die eGbR richtiggestellt wurde.

Eine Analogie lehnte das OLG Celle aus zwei Gründen ab: Art. 229 § 21 Abs. 1 EGBGB hat einen weiteren **Zweck** als §§ 39, 40 GBO, da er auch das Interesse des **Rechtsverkehrs** an einer Überprüfung der Vertretungsverhältnisse (und damit indirekt die Möglichkeit gutgläubigen Erwerbs) schützt.

[24] Kratzlmeier ZfIR 2023, 197 (203 f.); Meier NJW 2024, 465 (466); Wobst ZPG 2023, 58 (60).
[25] Begründung RegE, BT-Drs. 19/27635, 216.

„Doch muss Berücksichtigung finden, dass Art. 229 § 21 Abs. 1 EGBGB keine Fälle der Rechtsnachfolge, sondern eine Neubezeichnung der als Eigentümerin eingetragenen GbR zum Gegenstand hat und einen anderen Zweck als die Bestimmung des § 39 Abs. 1 GBO verfolgt, der nach dem Wegfall des § 899a BGB a. F. vor allem auch in der Eröffnung einer Möglichkeit zur Überprüfung der relevanten Vertretungsverhältnisse liegt; insgesamt soll die Vorschrift das Interesse des Rechtsverkehrs an Publizität hinsichtlich Existenz, Identität und ordnungsgemäßer Vertretung der Gesellschaft wahren (vgl. BT-Drs. 19/27635, S. 216; BR-Drs. 59/21, S. 248; [...]). In Ansehung dieses weiten Normzwecks fehlt es nach Auffassung des Senats im Ergebnis an einer Interessenlage, die derjenigen in den von der Bestimmung des § 40 Abs. 1 GBO erfassten Konstellationen vergleichbar wäre und die Möglichkeit einer analogen Anwendung eröffnen würde (vgl. [...]).“[26]

Vor allem fehlt es an einer planwidrigen Regelungslücke, da der **Gesetzgeber bewusst keine Ausnahmen** geschaffen hat.

„b) Vor allem aber fehlt es am Vorliegen einer im Wege der Analogie zu schließenden planwidrigen Regelungslücke. Denn der Gesetzgeber hat – trotz entsprechender Vorschläge im Gesetzgebungsverfahren (vgl. [...]) – davon abgesehen, eine entsprechende Ausnahmevorschrift zu schaffen, und überdies mehrfach gerade die – das Ausscheiden der GbR aus dem Grundbuch zur Folge habende – Veräußerung von Grundbesitz als Anwendungsfall der Bestimmung des Art. 229 § 21 Abs. 1 EGBGB genannt (vgl. BT-Drs. 19/27635, S. 206 und S. 216), so dass davon ausgegangen werden muss, dass nach dem Willen des Gesetzgebers die Norm auch und gerade auf Übertragungsvorgänge anzuwenden ist, durch die die GbR aus dem Grundbuch ausscheidet (vgl. [...]).“[27]

Zum ersten Argument des OLG Celle hätte man als Gegenargument anführen können, dass es hier keinen schutzbedürftigen Dritten gab, da die GbR-Gesellschafter selbst das Grundstück erhielten. Das OLG Celle differenzierte aber nicht danach.

Für die strikte Linie des OLG Celle spricht, dass mit dem Wegfall des § 899a BGB nicht nur der (im konkreten Fall irrelevante) Gutglaubensschutz weggefallen ist, sondern auch die Vermutungswirkung, dass die Eingetragenen die einzigen Gesellschafter der GbR sind. Damit ist auch grundbuchverfahrensrechtlich der Nachweis der Bewilligungsbefugnis entfallen, den Art. 229 § 21 Abs. 3 S. 2 EGBGB nur für die Richtigstellung des Grundbuchs auf die GbR weiterhin fingiert. Daher ist es konsequenter, auch in diesem Fall mit dem OLG Celle insgesamt das neue System anzuwenden.

c) Keine Ausnahme von Voreintragung der eGbR im Gesellschaftsregister bei Veräußerung des einzigen Grundstücks der GbR

Einfacher zu entscheiden war der Fall des OLG Dresden. Hier veräußerte die GbR ihr Grundstück. Einzige Besonderheit war, dass es das einzige Grundstück der GbR war und sich die GbR danach auflöste. Tut nichts, entschied das OLG Dresden lakonisch. Die GbR muss sich erst im Gesellschaftsregister eintragen lassen.

OLG Dresden Beschl. v. 10.6.2024 – 17 W 345/24
BWNotZ 2024, 267 = NotBZ 2024, 340 = RNotZ 2024, 670 = Rpfleger 2024, 662

Kerngehalt:

Auch wenn eine GbR ihr einziges Grundstück veräußert und sich danach auflöst, muss die GbR zuvor im Gesellschaftsregister eingetragen und das Grundbuch richtiggestellt werden.

Hauptargument auch des OLG Dresden war, dass der Gesetzgeber bewusst auf Ausnahmen verzichtet hat.

[26] OLG Celle DNotZ 2024, 857 Rn. 17.
[27] OLG Celle DNotZ 2024, 857 Rn. 18.

„Der Gesetzgeber hat – trotz entsprechender Vorschläge im Gesetzgebungsverfahren […] – davon abgesehen, eine entsprechende Ausnahmevorschrift zu schaffen, und überdies mehrfach gerade die – das Ausscheiden der GbR aus dem Grundbuch zur Folge habende – Veräußerung von Grundbesitz als Anwendungsfall der Bestimmung des Art. 229 § 21 Abs 1 EGBGB genannt (vgl. BT-Drs. 19/27635, Seite 206 und Seite 2016), so dass davon ausgegangen werden muss, dass nach dem Willen des Gesetzgebers die Norm auch und gerade auf Übertragungsvorgänge wie den vorliegenden anzuwenden ist (vgl. […])"[28]

Auch diese Entscheidung halte ich für richtig. Dass einer GbR nur ein einziges Grundstück gehört, ist gar nicht selten, sondern trifft bei vielen, vielleicht bei der Mehrzahl der Grundstücks-GbR zu.

d) Keine Ausnahme von Voreintragung der eGbR bei Löschung eines Rechts der GbR

Auf derselben Linie liegt das OLG München, das bei Löschung des für eine GbR eingetragenen Rechts ebenfalls eine Ausnahme von der Voreintragungspflicht ablehnte.

OLG München Beschl. v. 8.10.2024 – 34 Wx 234/24e
BWNotZ 2024, 351 = FGPrax 2024, 253 = NJW 2025, 81

> **Kerngehalt:**
>
> Auch wenn nur ein für die GbR im Grundbuch eingetragenes Recht gelöscht werden soll, muss die GbR zuvor in das Gesellschaftsregister eingetragen werden.

Auch das OLG München argumentierte, dass der Gesetzgeber das Problem gesehen hatte und gleichwohl keine Ausnahmen regelte.

„bb) Eine einschränkende Auslegung der Vorschrift dahingehend, dass im Falle der Löschung eines zugunsten einer GbR eingetragenen Rechts die Voreintragungsobliegenheit entfällt, ist jedenfalls in der vorliegenden Konstellation nicht veranlasst. Zwar wird teilweise die Auffassung vertreten, dass im Falle des Ausscheidens einer Bestands-GbR aus dem Grundbuch analog § 40 GBO auf die Voreintragung der eGbR verzichtet werden könne […]. Dem steht allerdings bereits entgegen, dass dem Gesetzgeber die Problemlage bekannt war, dieser sich aber dennoch dagegen entschieden hat, auf die Voreintragung der aus dem Grundbuch ausscheidenden GbR im Gesellschaftsregister zu verzichten. Von einer ausfüllungsbedürftigen planwidrigen Regelungslücke kann daher nicht ausgegangen werden […]. Eine teleologische Reduktion der Eintragungsvorschriften ist wegen des abschließenden Charakters der Ausnahmen, die durch Art. 229 § 21 Abs. 4 EGBGB vermittelt werden, nicht vorzunehmen […]. Es kann hier dahinstehen, ob dies anders zu beurteilen ist, wenn die GbR aufgrund gesetzlicher Vorschriften aus dem Grundbuch ausscheidet."[29]

Der Entscheidung ist zuzustimmen.

e) Keine Voreintragung der eGbR erforderlich, wenn Gesellschaft mittlerweile als KG im Handelsregister eingetragen ist

Keine Regel ohne Ausnahme: Die Voreintragung der GbR im Gesellschaftsregister ist nicht mehr erforderlich, wenn es die GbR gar nicht mehr gibt. Dies entschied das OLG München für den Fall des Formwechsels der GbR in eine KG.

OLG München Beschl. v. 22.5.2024 – 34 Wx 71/24e
FGPrax 2024, 105 = NZG 2024, 844 = RNotZ 2024, 472

[28] OLG Dresden BWNotZ 2024, 267 Rn. 10.
[29] OLG München BWNotZ 2024, 351 Rn. 21.

Leitsatz:

Wechselt eine Gesellschaft bürgerlichen Rechts unter Wahrung ihrer Identität ihre Rechtsform in eine Kommanditgesellschaft, so setzt deren Eintragung im Grundbuch als Eigentümer nicht die Voreintragung der Gesellschaft bürgerlichen Rechts im Gesellschaftsregister voraus.

Sachverhalt:

In dem zugrundeliegenden Sachverhalt trat einer GbR, die aus zwei natürlichen Personen bestand, am 2.1.2024 eine GmbH als Gesellschafterin bei. Die GbR wandelte sich daraufhin in eine Kommanditgesellschaft um (GmbH & Co. KG). Die KG wurde im Handelsregister eingetragen.
Der GbR gehörte ein Grundstück. Die im Grundbuch eingetragenen Gesellschafter und die GmbH (zugleich in Vertretung der KG) bewilligten und beantragten Richtigstellung des Grundbuchs durch Namensberichtigung auf die KG.
Das Grundbuchamt lehnte die Eintragung ab. Da keine Voreintragung der GbR mit anschließendem Statuswechsel vorliege, sei die Identität der beiden Gesellschaften nicht nachgewiesen. Für die Grundbuchumschreibung sei eine Auflassung erforderlich.

Das OLG München gab der Beschwerde statt. Der Formwechsel sei auch ohne das Verfahren des Statuswechsels wirksam. Der Statuswechsel regle nur den Fall, dass die eGbR bereits im Gesellschaftsregister eingetragen sei. Art. 229 § 21 Abs. 1 und Abs. 3 EGBGB seien nicht anwendbar. Denn es gehe nicht um die Richtigstellung des Namens der GbR auf die eGbR, sondern um eine andere Richtigstellung. Im Verfahren der bloßen Richtigstellung gilt (außerhalb von Art. 229 § 21 Abs. 3 EGBGB) nicht §§ 22, 29 GBO und ist damit kein Nachweis durch öffentliche Urkunden erforderlich, sondern genügt ein Freibeweis. Diesen hielt das OLG München für erbracht.

f) Keine Voreintragung als eGbR erforderlich, wenn Gesellschaft erloschen ist, da es nur mehr einen Gesellschafter gibt

Ebenfalls keine Voreintragung der eGbR ist erforderlich, wenn alle anderen Gesellschafter einer GbR aus der Gesellschaft ausscheiden und **nur ein Gesellschafter verbleibt.** Auch dies ist mittlerweile durch eine obergerichtliche Entscheidung des OLG Nürnberg entschieden.[30]

Nach § 712a Abs. 1 BGB erlischt dann die GbR ohne Liquidation und wächst das Gesellschaftsvermögen dem allein verbliebenen Gesellschafter zu. Ist die GbR nicht schon zuvor im Gesellschaftsregister eingetragen, so kann sie jetzt auch nicht mehr im Register eingetragen werden. Denn es gibt die Gesellschaft nicht mehr. Art. 229 § 21 EGBGB ist daher nicht anwendbar.[31] Im Gesellschaftsregister könnte die GbR auch gar nicht mehr eingetragen werden, da die Register nie einen bereits vergangenen Rechtszustand eintragen.

Die Änderung im Grundbuch ist hier nicht nur eine Richtigstellung, sondern eine echte Grundbuchberichtigung iSd § 22 GBO. Denn anstelle der GbR gehört das Grundbuch nun einem anderen Eigentümer. Zur Grundbuchberichtigung auf den allein verbleibenden GbR-Gesellschafter ist die Bewilligung (§ 22 GBO) der anderen noch im Grundbuch eingetragenen Gesellschafter und des allein verbliebenen Gesellschafters als neuen Eigentümers erforderlich, aber auch genügend.

---

30 OLG Nürnberg Beschl. v. 17.2.2025 – 15 Wx 2087/24, BeckRS 2025, 2386.

31 Ebenso schon vor der Entscheidung des OLG Nürnberg vom 17.2.2025: Bolkart MittBayNot 2021, 319 (329); Krauß notar 2023, 339; Herrler in Herrler/Hertel/Kesseler ImmobilienR 2024 S. 255; Hertel in BeckOGK, 1.12.2024, EGBGB Art. 229 § 21 Rn. 8; Wobst ZPG 2023, 58 (61); aA Aumann notar 2022, 99 (104); unentschieden Schäfer in MüKoBGB, 9. Aufl. 2023, BGB § 707 Rn. 43.

g) Vorsichtsprinzip spricht bei entgeltlicher Veräußerung immer für Voreintragung

Bei den Veräußerungsfällen mag man in dem einen oder anderen Fall anderer Meinung sein als die hM und die zitierte Rechtsprechung. Doch soweit nicht die eigene wissenschaftliche Meinung gefragt ist, sondern der Rat des Notars, wird man bei einer entgeltlichen Veräußerung immer zu einer Voreintragung der GbR in das Gesellschaftsregister und der Richtigstellung des Grundbuchs auf die eGbR raten, um dem Dritterwerber eine rechtssichere Erwerbsgrundlage und Gutglaubensschutz zu gewähren.[32]

[32] Meier NJW 2024, 465 (466).

IV. Die Verwendung elektronisch übermittelter Gerichtsbeschlüsse im Grundbuchverfahren

Immer häufiger fragen Notare[33] beim DNotI an, wie sie mit gerichtlichen Beschlüssen (häufig Genehmigungen zu genehmigungspflichtigen Rechtsgeschäften) umgehen sollen, die ihnen vom Gericht nur noch *in elektronisch beglaubigter Abschrift* via beN übermittelt werden. Insbesondere stellt sich die Frage, ob solche Genehmigungen zum Nachweis im Grundbuchverfahren verwendet werden können.[34]

Hintergrund dafür, dass die Gerichte häufig nurmehr elektronisch beglaubigte Abschriften der Genehmigungsbeschlüsse zur Verfügung stellen anstatt wie bislang Ausfertigungen (in Papierform), ist die Neuregelung in § 41 Abs. 1 FamFG.

§ 41 Abs. 1 FamFG

Der Beschluss wird den Beteiligten *in beglaubigter Abschrift* bekannt gegeben; Ausfertigungen werden auf Antrag und nur in Papierform erteilt.

Leitet der Notar eine via beN erhaltene elektronisch beglaubigte Abschrift eines Genehmigungsbeschlusses an das Grundbuchamt weiter, so beanstanden einige Grundbuchämter, dass dies nicht zum Nachweis der Genehmigung genüge. Es müsse dem Notar eine Ausfertigung vorliegen, der Notar selbst müsse die beglaubigte Abschrift fertigen. Dies ist unzutreffend, die Thematik jedoch insgesamt unübersichtlich.

Ausgangsfall:

Eine Übertragung von Immobilieneigentum an einen minderjährigen Erwerber bedarf der familiengerichtlichen Genehmigung. Der notariell beurkundete Vertrag enthält die übliche Doppelvollmacht an den Notar. Die familiengerichtliche Genehmigung wird erteilt und erwächst in Rechtskraft. Das zuständige Familiengericht übersendet dem Notar nur eine elektronisch beglaubigte Abschrift des Genehmigungsbeschlusses per Nachricht an dessen besonderes elektronisches Notarpostfach (beN). Das Grundbuchamt trägt die beantragte Eigentumsumschreibung mit dem Argument nicht ein, dass dem Notar die familiengerichtliche Genehmigung nicht in Ausfertigung vorgelegen habe. Das Familiengericht weigert sich, eine Papierausfertigung zu übersenden und argumentiert, die beglaubigte Abschrift sei ausreichend.

Man muss unterscheiden: Einerseits geht es um das materiell-rechtliche Wirksamwerden des genehmigungsbedürftigen Rechtsgeschäfts aufgrund der Erteilung der gerichtlichen Genehmigung (→ 1.), andererseits um die *grundbuchverfahrensrechtlichen Anforderungen* (§§ 29, 137 GBO) an den *Nachweis* (→ 2.)

- der wirksamen gerichtlichen Genehmigung,
- der Bekanntgabe und
- der Mitteilung an die andere Vertragspartei.

1. Herbeiführung der materiell-rechtlichen Wirksamkeit des Vertrages durch die Genehmigung

Schließt ein gesetzlicher Vertreter einen gemäß §§ 1850 ff. BGB genehmigungsbedürftigen Vertrag ohne die erforderliche Genehmigung des zuständigen (Betreuungs-, Familien-, Nachlass-)Gerichts ab, ist der Vertrag *schwebend unwirksam,* solange das Gericht die Geneh-

[33] Gemeint sind Berufsträger jedweden Geschlechts.
[34] Aktuell zum Thema Weinert DNotZ 2025, 3 ff.

migung nicht erteilt, § 1856 Abs. 1 S. 1 BGB. Das Gericht entscheidet über die Erteilung der Genehmigung per *Beschluss,* vgl. § 40 Abs. 2 FamFG.

Allgemein gilt: Ein im FamFG-Verfahren ergangener Beschluss ist den Beteiligten *bekanntzugeben.* Die Bekanntgabe ist stets Wirksamkeitsvoraussetzung. Ein Beschluss, der die Genehmigung eines Rechtsgeschäfts zum Gegenstand hat, wird *zudem* nach § 40 Abs. 2 S. 1 FamFG erst mit Eintritt der Rechtskraft wirksam.[35]

a) Form der Bekanntgabe des Beschlusses; Adressat der Bekanntgabe; Rechtskraftzeugnis

§ 41 FamFG regelt zum einen das Erfordernis der *Bekanntgabe* eines Beschlusses, zum anderen aber auch die *Form,* in der der Beschluss bekanntzugeben ist. Die Norm wurde neu gefasst mit Gesetz vom 12.7.2024 (BGBl. I Nr. 234 – „Gesetz zur weiteren Digitalisierung der Justiz"). Nach § 41 Abs. 1 S. 1 Hs. 1 FamFG gibt das Gericht den Beschluss gegenüber Abwesenden *in beglaubigter Abschrift* bekannt.

Vormals lautete die Norm lediglich „Der Beschluss ist den Beteiligten bekannt zu geben.", enthielt also keine Aussage zur Form der Bekanntgabe. Der Gesetzgeber will ausweislich der Gesetzesbegründung mit der neuen Regelung die *elektronische* Bekanntgabe eines Beschlusses im Verfahren der freiwilligen Gerichtsbarkeit ermöglichen.[36]

Eine *Ausfertigung* erteilt das Gericht hingegen nur auf Antrag, § 41 Abs. 1 S. 1 Hs. 2 FamFG. Eine Ausfertigung des Beschlusses *kann* das Gericht nur in Papierform erteilen. Ein elektronisches Pendant zur papiergebundenen Ausfertigung gibt es (derzeit) nicht. Elektronische Dokumente lassen sich beliebig vervielfältigen.[37] Der Rechtsverkehr könnte also bei einer „elektronischen Ausfertigung" nicht nachvollziehen, ob es sich um das Original oder eine Kopie handelt.[38]

§ 41 Abs. 1 S. 1 FamFG bestimmt daneben auch, gegenüber wem der Beschluss bekanntzugeben ist. Dies sind die Beteiligten iSv § 7 FamFG. § 1855 BGB regelt allerdings *zwingend* für betreuungs- und familiengerichtliche Genehmigungen (im Kontext des § 1644 Abs. 3 BGB), dass das Gericht den Genehmigungsbeschluss *wirksam nur gegenüber dem gesetzlichen Vertreter* bekannt geben kann.[39]

Das – rein deklaratorisch wirkende – *Rechtskraftzeugnis* nach § 46 S. 1 FamFG kann das Gericht auf einer beglaubigten Abschrift des Genehmigungsbeschlusses erteilen.[40] Alternativ kann es eine separate Bescheinigung über die Rechtskraft des Genehmigungsbeschlusses ausstellen.[41]

b) Verfahren der Bekanntgabe gegenüber Abwesenden

Von der Form der Bekanntgabe ist das *Verfahren* der Bekanntgabe zu unterscheiden. Das Verfahren der Bekanntgabe regelt im Ausgangspunkt § 15 Abs. 2 S. 1 FamFG.

---

[35] Vgl. Ulrici in MüKoFamFG, 5. Aufl. 2025, FamFG § 40 Rn. 8 „zusätzlich"; der Eintritt der Rechtskraft setzt wiederum die Bekanntgabe voraus, vgl. § 63 Abs. 3 FamFG.

[36] BT-Drs. 20/10943, 59.

[37] Ulrici in MüKoFamFG, 5. Aufl. 2025, FamFG § 41 Rn. 6.

[38] Elzer in BeckOK ZPO, 54. Ed. 1.9.2024, ZPO § 317 Rn. 18; Danninger RDi 2021, 109 Rn. 28; Danninger/Stepien DNotZ 2021, 812 (817); Winkler, 21. Aufl. 2023, BeurkG § 49 Rn. 13; Frohn in BeckOK BeurkG, 11. Ed. 1.3.2023, BeurkG § 39a Rn. 11; Meier in BeckOGK, 1.9.2024, BeurkG § 39a Rn. 7; s. dazu auch BT-Drs. 17/12634, 31 und BT-Drs. 19/28177, 127 f.

[39] Kilian in BeckOGK, 1.11.2024, BGB § 1855 Rn. 30; Kroll-Ludwigs in MüKoBGB, 9. Aufl. 2024, BGB § 1855 Rn. 2.

[40] Obermann in BeckOK FamFG, 52. Ed. 1.12.2024, FamFG § 46 Rn. 12; Ulrici in MüKoFamFG, 5. Aufl. 2025, FamFG § 46 Rn. 8.

[41] BGH NJW-RR 2021, 1653 Rn. 25.

§ 15 Abs. 2 S. 1 FamFG

Die Bekanntgabe kann durch Zustellung nach den §§ 166 bis 195 der Zivilprozessordnung oder dadurch bewirkt werden, dass das Schriftstück unter der Anschrift des Adressaten zur Post gegeben wird.

Hiernach steht es grundsätzlich im freien Ermessen des Gerichts, ob es den Beschluss den Beteiligten förmlich zustellen lässt gemäß §§ 166–195 ZPO oder ob es ihn zur Post aufgibt.[42] §§ 166–195 ZPO (iVm § 15 Abs. 2 FamFG) regeln also, *wie* bekanntzugeben ist, während § 41 Abs. 1 S. 1 FamFG regelt, *was* (Beschluss) und *in welcher Form* (beglaubigte Abschrift) bekanntzugeben ist.

Durch den Verweis auf §§ 166–195 ZPO werden auch die Regelungen der §§ 169 Abs. 4, Abs. 5, 173 ZPO erfasst, die die *Zustellung elektronischer Dokumente* regeln. Genauer in den Blick zu nehmen ist § 169 Abs. 4 S. 1 ZPO.

§ 169 Abs. 4 S. 1 ZPO

Ein Schriftstück oder ein elektronisches Dokument kann in beglaubigter elektronischer Abschrift zugestellt werden.

Die Zustellung (und damit über § 15 Abs. 2 FamFG: die Bekanntgabe) kann also auch dadurch erfolgen, dass dem Empfänger eine *beglaubigte* ***elektronische*** *Abschrift* zugestellt wird. Die Vorschriften zur Bekanntgabe des Beschlusses (§ 41 Abs. 1 Hs. 1 FamFG) und zur Zustellung (§ 15 Abs. 2 FamFG iVm § 169 Abs. 4 S. 1 ZPO) liegen damit „auf Linie".

Welche Art von Dokument (Papier- oder elektronisch) dem Gericht hierbei im Ausgangspunkt vorliegt, ist für § 169 Abs. 4 S. 1 ZPO unerheblich. Dies ergibt sich unmittelbar aus dem Wortlaut von § 169 Abs. 4 S. 1 ZPO („Ein *Schriftstück* oder ein *elektronisches Dokument*"). Auch ein in Papierform errichteter Beschluss kann vom Gericht also *in die elektronische Form überführt* und *in elektronischer Form* (genauer: in elektronisch beglaubigter Abschrift) *zugestellt* werden. Wählt das Gericht dieses Zustellungs- bzw. Bekanntgabeverfahren, so erfolgt die Beglaubigung mit einer qualifizierten elektronischen Signatur des Urkundsbeamten der Geschäftsstelle, § 169 Abs. 4 S. 2 ZPO.

Im oben beschriebenen Ausgangsfall erfolgte die *Bekanntgabe* nach der zulässigen Variante des § 15 Abs. 2 S. 1 FamFG iVm § 169 Abs. 4 S. 1 ZPO. Damit hat der Beschluss die Sphäre des Gerichts grundsätzlich ohne Verletzung gesetzlicher Vorschriften über die Bekanntgabe des Genehmigungsbeschlusses verlassen. Der Beschluss wurde *wirksam bekanntgegeben*. Da auch die Rechtskraft eingetreten ist, ist er damit *insgesamt wirksam geworden*.

c) Kein Formerfordernis bei der Mitteilung durch den gesetzlichen Vertreter, § 1856 Abs. 1 S. 2 BGB

Nachdem das Gericht den *Beschluss* wirksam bekannt gegeben hat und dieser rechtskräftig geworden ist, muss der gesetzliche Vertreter die (in dem Beschluss enthaltene) *Genehmigung* der anderen Vertragspartei *mitteilen,* damit die Genehmigung auch gegenüber der anderen Vertragspartei wirksam wird, § 1856 Abs. 1 S. 2 BGB.

Die Mitteilung gemäß § 1856 Abs. 1 S. 2 BGB ist eine einseitige empfangsbedürftige Willenserklärung iSd §§ 130 ff. BGB.[43] Sie wird folglich gemäß § 130 Abs. 1 S. 1 BGB durch Zugang beim Empfänger wirksam.[44] Die *Mitteilung* selbst unterliegt allerdings keinem Formerfordernis.[45] Es ist also nicht so, dass der gesetzliche Vertreter dem anderen Teil eine

[42] BGH NJW-RR 2022, 146; Borth in Musielak/Borth/Frank, 7. Aufl. 2022, FamFG § 41 Rn. 2; Ulrici in MüKoFamFG, 5. Aufl. 2025, FamFG § 41 Rn. 6.

[43] Kroll-Ludwigs in MüKoBGB, 9. Aufl. 2024, BGB § 1856 Rn. 12; Kilian in BeckOGK, 1.11.2024, BGB § 1856 Rn. 26; Kadelbach in BeckOK BGB, 72. Ed. 1.11.2024, BGB § 1856 Rn. 3.

[44] Veit in Staudinger, 2020, BGB § 1829 aF Rn. 17 mwN.

[45] M. Herberger in jurisPK-BGB, 8.3.2024, BGB § 1856 Rn. 32; s. auch BGH NJW 1954, 1925.

Ausfertigung oder beglaubigte Abschrift vorlegen müsste, um dem Erfordernis der *Mitteilung* iSv § 1856 Abs. 1 S. 2 BGB zu genügen. Demnach ergibt sich auch aus § 1856 Abs. 1 S. 2 BGB keine Notwendigkeit, dass dem gesetzlichen Vertreter (oder dem Notar) eine Ausfertigung des Beschlusses des Gerichts vorliegt.

d) Kein Formerfordernis wegen Einsatzes der Doppelvollmacht des Notars; korrekte Übermittlung des elektronischen Dokuments an das beN des Notars

Zur effektiven Vertragsabwicklung erteilen die Vertragsparteien üblicherweise dem beurkundenden Notar eine sog. *Doppelvollmacht.*[46] Nachdem dem Notar der rechtskräftige Genehmigungsbeschluss seitens des Gerichts übermittelt worden ist, nimmt er eine Handlung vor, durch die er nach außen zu erkennen gibt, dass er in seiner Eigenschaft als Bevollmächtigter des anderen Vertragsteils von der ihm als dem Bevollmächtigten des gesetzlichen Vertreters zugegangenen Genehmigung Kenntnis genommen hat.[47] Diese Handlung ist deswegen erforderlich, weil der gesetzliche Vertreter ein *Wahlrecht* hat, die gerichtliche Genehmigung der anderen Vertragspartei mitzuteilen, vgl. § 1856 Abs. 1 S. 2 BGB. Handelt dieselbe Person (der Notar) bei der Mitteilung der Genehmigung als *Erklärungsvertreter* des gesetzlichen Vertreters und *Empfangsvertreter* der anderen Vertragspartei, muss die Ausübung des Wahlrechts durch eine Handlung *äußerlich* erkennbar werden.[48]

Typischerweise errichtet der Notar eine notarielle Eigenurkunde über den Erhalt des Genehmigungsbeschlusses, die Mitteilung an die andere Vertragspartei und die Entgegennahme für diese.[49] Dass der Notar die in der Praxis bewährte Doppelvollmacht für die Beteiligten ausübt, begründet aber kein eigenes Formerfordernis im Hinblick auf den Genehmigungsbeschluss. Es reicht insofern aus, wenn das Gericht dem Notar als Vertreter der abwesenden Beteiligten eine beglaubigte Abschrift des Genehmigungsbeschluss (§ 41 Abs. 1 S. 1 Hs. 1 FamFG) und ein Rechtskraftzeugnis übermittelt.

Gemäß § 173 Abs. 2 Nr. 1 ZPO müssen Notare einen sicheren Weg für die elektronische Zustellung elektronischer Dokumente eröffnen. Dies geschieht über das besondere elektronische Notarpostfach (beN).[50] Der Notar kann also mit dem Gericht über einen sicheren Übermittlungsweg korrespondieren. Daher *kann* das Gericht dem doppelbevollmächtigten Notar über dessen beN einen elektronisch hergestellten Genehmigungsbeschlusses (bzw. eine beglaubigte elektronische Abschrift) wirksam zustellen, §§ 169 Abs. 4, Abs. 5, 173 Abs. 1 ZPO.

e) Zwischenergebnis

Folglich kann das Gericht eine *elektronisch beglaubigte Abschrift* des wirksamen Genehmigungsbeschlusses dem doppelbevollmächtigten Notar unter Nutzung von dessen beN wirksam elektronisch *übermitteln.*

Der Notar kann die Genehmigung sodann unter Nutzung der Doppelvollmacht formfrei der anderen Vertragspartei *mitteilen* und für diese die Mitteilung entgegennehmen. Infolgedessen wird das genehmigungsbedürftige *Rechtsgeschäft wirksam.*

46 Hierzu allgemein Schöner/Stöber, Grundbuchrecht, 16. Aufl. 2020, Rn. 3739 ff.
47 Veit in Staudinger, 2020, BGB § 1829 Rn. 34.
48 BGH NJW 2016, 565 Rn. 37; OLG Hamm NJOZ 2017, 461 Rn. 4.
49 Schaal in Münch, Familienrecht in der Notar- und Gestaltungspraxis, 4. Aufl. 2023, § 17 Rn. 221 f.
50 Dorndörfer in BeckOK ZPO, 54. Ed. 1.9.2024, ZPO § 173 Rn. 2; vgl. auch BT-Drs. 19/28399, 36.

2. Grundbuchverfahrensrechtliche Lage

Für die Praxis stellt sich aber vor allem die Frage, welche Anforderungen das Grundbuchverfahrensrecht an die Nachweise
- der Existenz der gerichtlichen Genehmigung (→ a),
- des Eintritts der Rechtskraft des Genehmigungsbeschlusses (→ b),
- der Bekanntgabe der Genehmigung (→ c) und
- der Mitteilung der Genehmigung an die andere Vertragspartei (→ d)

stellt.[51]

a) Nachweis der Existenz der gerichtlichen Genehmigung

Soll im Grundbuch ein Eigentumswechsel aufgrund einer Auflassung (§ 925 BGB) vollzogen werden, so gilt § 20 GBO: Das Grundbuchamt hat ein umfassendes Prüfungsrecht und eine entsprechend weitreichende Prüfungspflicht.[52] Nachzuweisen ist die nach dem Sachenrecht notwendige wirksame Einigung beider Teile.[53] Wenn die Einigung zur ihrer Wirksamkeit einer Genehmigung bedarf, so ist auch das Vorliegen dieser Genehmigung nachzuweisen.[54] Das Vorliegen einer gerichtlichen Genehmigung prüft das Grundbuchamt aber natürlich auch in Fällen, in denen es nicht auf § 20 GBO, sondern „nur" auf § 19 GBO ankommt.[55]

Für die Form des Nachweises einer gerichtlichen Genehmigung gilt § 29 Abs. 1 *S. 2* GBO. Danach bedürfen *andere Voraussetzungen der Eintragung,* soweit sie nicht offenkundig sind, des Nachweises durch öffentliche Urkunden. Bei der gerichtlichen Genehmigung handelt es sich um eine solche andere Voraussetzung der Eintragung. Die Beteiligten müssen sie dem Grundbuchamt *durch öffentliche Urkunde* nachweisen.[56]

Gemäß § 415 Abs. 1 ZPO liegt eine öffentliche Urkunde vor, wenn sie eine öffentliche Behörde innerhalb der Grenzen ihrer Amtsbefugnisse aufnimmt oder sie eine mit öffentlichem Glauben versehenen Person innerhalb des ihr zugewiesenen Geschäftskreises in der vorgeschriebenen Form aufnimmt. Diese Legaldefinition gilt auch für das Grundbuchverfahren.[57] Soweit eine Behörde nach dem jeweiligen Fachgesetz zuständig ist, kann sie selbst öffentliche Urkunden ausstellen.[58] Auch ein Gericht kann Behörde in diesem Sinne sein.[59]

Für die Erteilung einer gerichtlichen Genehmigung gegenüber dem jeweiligen gesetzlichen Vertreter ist das Amtsgericht – Familien-, Betreuungs- oder Nachlassgericht – zuständig, s. §§ 1850 ff., 1643 Abs. 1, 1644 Abs. 1, 1813 Abs. 1, 1799 Abs. 1, 1962 BGB. Das Gericht nimmt also bei Erlass des Genehmigungsbeschlusses als öffentliche Behörde eine öffentliche Urkunde iSd § 415 Abs. 1 ZPO auf. Es *existiert* damit eine öffentliche Urkunde iSv § 415 ZPO, § 29 Abs. 1 S. 2 GBO, mit der der Nachweis einer anderen Voraussetzung iSv § 29 Abs. 1 S. 2 GBO (hier: Erteilung der Genehmigung) *geführt werden kann.*

---

[51] Vgl. zu dieser Differenzierung Schöner/Stöber, Grundbuchrecht, 16. Aufl. 2020, Rn. 3747.

[52] Sog. materielles Konsensprinzip: Hügel in BeckOK GBO, 55. Ed. 9.12.2024, GBO § 20 Rn. 3; Böttcher in Meikel, 12. Aufl. 2021, GBO § 20 Rn. 1, 6, 10.

[53] Hügel in BeckOK GBO, 55. Ed. 9.12.2024, GBO § 20 Rn. 1.

[54] Demharter, 33. Aufl. 2023, GBO § 20 Rn. 41.

[55] Demharter, 33. Aufl. 2023, GBO § 19 Rn. 65 ff.

[56] Schöner/Stöber, Grundbuchrecht, 16. Aufl. 2020, Rn. 3746; Otto in BeckOK GBO, 55. Ed. 2.9.2024, GBO § 29 Rn. 102; Demharter, 33. Aufl. 2023, GBO § 29 Rn. 16; Bayer/Meier-Wehrsdorfer in Bauer/Schaub, 5. Aufl. 2023, GBO § 29 Rn. 51 f.; Krause/Stavorinus in Lemke, 3. Aufl. 2022, GBO § 29 Rn. 20.

[57] BGH NJW 1957, 1673; OLG München NJW-RR 2018, 1423; Krause/Stavorinus in Lemke, 3. Aufl. 2022, GBO § 29 Rn. 27.

[58] OLG Naumburg FGPrax 2004, 202; Demharter, 33. Aufl. 2023, GBO § 29 Rn. 34.

[59] Bayer/Meier-Wehrsdorfer in Bauer/Schaub, 5. Aufl. 2023, GBO § 29 Rn. 112; Otto in BeckOK GBO, 55. Ed. 2.9.2024, GBO § 29 Rn. 186.

Fraglich ist aber, ob der von § 29 Abs. 1 S. 2 GBO geforderte *Nachweis* durch öffentliche Urkunde praktisch nur dadurch geführt werden kann, dass dem Grundbuchamt die öffentliche Urkunde (oder eine sie im Rechtsverkehr ersetzende Ausfertigung) *unmittelbar* vorgelegt wird. Die Antwort hierauf liefert § 435 ZPO. Die Norm ist im Grundbuchverfahren entsprechend anwendbar.[60] Sie statuiert eine Ausnahme (für *öffentliche* Urkunden) von dem Grundsatz, dass Urkunden zu Beweiszwecken grundsätzlich *in Urschrift* vorzulegen sind.[61]

§ 435 ZPO

[1]Eine öffentliche Urkunde kann in Urschrift oder in einer beglaubigten Abschrift, die hinsichtlich der Beglaubigung die Erfordernisse einer öffentlichen Urkunde an sich trägt, vorgelegt werden; das Gericht kann jedoch anordnen, dass der Beweisführer die Urschrift vorlege oder die Tatsachen angebe und glaubhaft mache, die ihn an der Vorlegung der Urschrift verhindern. [2]Bleibt die Anordnung erfolglos, so entscheidet das Gericht nach freier Überzeugung, welche Beweiskraft der beglaubigten Abschrift beizulegen sei.

Demnach reicht es grundsätzlich aus, wenn die Beteiligten dem Grundbuchamt eine beglaubigte Abschrift der Urschrift der öffentlichen Urkunde vorlegen.[62] Es ist für § 29 Abs. 1 S. 2 GBO also nicht zwingend erforderlich, dass die Beteiligten dem Grundbuchamt die Urschrift oder eine Ausfertigung des gerichtlichen Genehmigungsbeschlusses mit Rechtskraftvermerk vorlegen.[63]

Genauer in den Blick zu nehmen sind nun die Varianten des papierbasierten Rechtsverkehrs (→ aa) sowie des elektronischen Rechtsverkehrs (→ bb) mit dem Grundbuchamt.

aa) Papierbasierter Rechtsverkehr mit dem Grundbuchamt

Findet der Rechtsverkehr mit dem Grundbuchamt nicht elektronisch statt, so gilt Folgendes: Müssen die Beteiligten einen Nachweis nach § 29 Abs. 1 S. 2 GBO erbringen, so benötigen sie entweder die Urschrift oder eine Ausfertigung der öffentlichen Urkunde *oder* – wegen § 435 ZPO – eine (öffentlich) beglaubigte Abschrift der öffentlichen Urkunde, die sie dem Grundbuchamt vorlegen.[64] Folgende Konstellationen sind zu unterscheiden:

(1) Legen die Beteiligten dem Notar die *Urschrift* oder eine *Ausfertigung* der öffentlichen Urkunde vor, so kann der Notar hiervon eine beglaubigte Abschrift fertigen. Die Vorlage der vom Notar gefertigten beglaubigten Abschrift weist gemäß § 435 ZPO gegenüber dem Grundbuchamt hinreichend nach, dass eine öffentliche Urkunde *existiert,* die ihrerseits *unmittelbar* Beweis über das Vorliegen der „anderen Voraussetzungen" iSv § 29 Abs. 1 S. 2 GBO erbringt, und dass diese öffentliche Urkunde dem Notar in Urschrift oder Ausfertigung vorlag.[65]

(2) Legen die Beteiligten dem Notar dagegen eine *beglaubigte Abschrift* einer öffentlichen Urkunde vor und erstellt der Notar davon eine beglaubigte Abschrift, soll dies nach einer Auffassung in der Literatur nicht ausreichen als Nachweis iSd § 29 Abs. 1 S. 2 GBO iVm § 435 ZPO.[66] Dies ist jedoch nicht überzeugend: Zwar erbringt die Beglaubigung durch den Notar keinen Mehrwert im Sinne eines höheren Beweiswerts, allerdings führt sie auch nicht zu einer diesbezüglichen Verschlechterung. Ist die *Beglaubigungskette nicht unterbrochen,* so liegt dem Grundbuchamt auch bei einer *öffentlich*

---

[60] Böttcher/Hertel in Meikel, 12. Aufl. 2021, GBO § 29 Rn. 577.

[61] Schreiber in MüKoZPO, 6. Aufl. 2020, ZPO § 435 Rn. 1.

[62] Bayer/Meier-Wehrsdorfer in Bauer/Schaub, 5. Aufl. 2023, GBO § 29 Rn. 158; Demharter, 33. Aufl. 2023, GBO § 29 Rn. 57; s. auch KG BeckRS 1997, 11265 Rn. 3 ff.; OLG Naumburg FGPrax 2015, 61 (62).

[63] So aber: Bayer/Meier-Wehrsdorfer in Bauer/Schaub, 5. Aufl. 2023, GBO § 29 Rn. 52; Otto in BeckOK GBO, 55. Ed. 2.9.2024, GBO § 29 Rn. 110.

[64] OLG Düsseldorf Rpfleger 1961, 48; KG FGPrax 2012, 9; OLG Naumburg FGPrax 2015, 61 (62); Bayer/Meier-Wehrsdorfer in Bauer/Schaub, 5. Aufl. 2023, GBO § 29 Rn. 162.

[65] BGH NJOZ 2021, 554; zum Ganzen: Otto in BeckOK GBO, 55. Ed. 2.9.2024, GBO § 29 Rn. 137; Bayer/Meier-Wehrsdorfer in Bauer/Schaub, 5. Aufl. 2023, GBO § 29 Rn. 162 f.

[66] Schreiber in MüKoZPO, 6. Aufl. 2020, ZPO § 435 Rn. 2 mwN.

beglaubigten Abschrift einer öffentlich beglaubigten Abschrift einer öffentlichen Urkunde eine öffentliche Urkunde iSv § 29 Abs. 1 S. 2 GBO, § 435 ZPO vor.[67]

(3) Erstellt das genehmigende Gericht selbst eine beglaubigte Abschrift der öffentlichen Urkunde (Genehmigungsbeschluss), so weist die Vorlage dieser beglaubigten Abschrift die *Existenz* der öffentlichen Urkunde gegenüber dem Grundbuchamt ebenfalls nach. Die Anforderungen von § 435 S. 1 ZPO („hinsichtlich der Beglaubigung die Erfordernisse einer öffentlichen Urkunde an sich trägt“) sind auch bei einer ***gerichtlich*** *beglaubigten* Urkunde gewahrt. Eine beglaubigte Abschrift iSv § 435 S. 1 ZPO kann *nicht nur der Notar* fertigen, sondern auch die ausstellende Behörde selbst.[68] In Verfahren der freiwilligen Gerichtsbarkeit erteilt der *Urkundsbeamte der Geschäftsstelle* des Gerichts den einsichtsberechtigten Beteiligten Ausfertigungen und beglaubigte Abschriften der Urschrift von in der Akte enthaltenen Dokumenten, § 13 Abs. 3 FamFG.[69]

Folglich brauchen die Beteiligten (bzw. braucht der Notar) bei einem rein papierbasierten Rechtsverkehr mit dem Grundbuchamt vom Gericht keine Ausfertigung des Genehmigungsbeschlusses zu erhalten. Vielmehr können sie die gemäß § 41 Abs. 1 S. 1 Hs. 1 FamFG erteilte (papierförmige) beglaubigte Abschrift der Urschrift des Genehmigungsbeschlusses als Nachweismittel gegenüber dem Grundbuchamt nutzen, diese also an das Gericht weiterleiten.

bb) Elektronischer Rechtsverkehr mit dem Grundbuch

Ist der elektronische Rechtsverkehr mit dem Grundbuchamt eröffnet, ist wie folgt zu differenzieren:

(1) Übersendet das genehmigende Gericht dem Notar eine Ausfertigung des Genehmigungsbeschlusses *(in Papierform)*, so greift § 137 Abs. 1 S. 1 GBO. Demnach kann *der Notar* eine elektronisch beglaubigte Abschrift der Ausfertigung des Beschlusses gemäß § 39a Abs. 1, Abs. 2 BeurkG fertigen und dem Grundbuchamt elektronisch übermitteln. Mit dieser vom Notar hergestellten elektronisch beglaubigten Abschrift können die Beteiligten die Existenz der gerichtlichen Genehmigung gegenüber dem Grundbuchamt nachweisen.

(2) Leitet der Notar hingegen eine ihm vom Gericht *übermittelte elektronisch beglaubigte Abschrift* direkt an das Grundbuchamt weiter, so richtet sich die Tauglichkeit dieses Dokuments als Nachweis nach § 137 Abs. 1 S. 2 GBO. Hiernach können die Beteiligten den erforderlichen Nachweis auch durch die Übermittlung eines *öffentlichen elektronischen Dokuments* (§ 371a Abs. 3 S. 1 ZPO) führen. § 371a Abs. 3 S. 1 ZPO definiert öffentliche elektronische Dokumente als solche elektronischen Dokumente, die von einer Behörde innerhalb der Grenzen ihrer Amtsbefugnisse oder von einer mit öffentlichem Glauben versehenen Person innerhalb des ihr zugewiesenen Geschäftskreises in der vorgeschriebenen Form erstellt worden sind. Bei einer vom Gericht selbst erstellten elektronisch beglaubigten Abschrift handelt es sich jedenfalls um ein solches öffentliches elektronisches Dokument. § 137 Abs. 1 S. 2 GBO verlangt allerdings zusätzlich, dass das öffentliche elektronische Dokument eine qualifizierte elektronische Signatur mitsamt *Amtsattribut* enthält (§ 137 Abs. 1 S. 2 Nr. 1, Nr. 2 GBO).

Das Grundbuchamt kann in dieser Konstellation nicht verlangen, dass *dem Notar* eine Ausfertigung des Beschlusses vorliegt (bzw. hierüber Nachweis erbracht wird). Tut es dies, so schenkt es § 435 ZPO zu geringe Beachtung. Auch durch die *Übermittlung einer gerichtlich hergestellten elektronisch beglaubigten Abschrift mit qualifizierter elektronischer Signatur mitsamt*

[67] Vgl. KG FGPrax 1998, 7.
[68] Schneider in MüKoZPO, 6. Aufl. 2020, ZPO § 435 Rn. 2.
[69] Sternal in Sternal, 21. Aufl. 2023, FamFG § 13 Rn. 72; vgl. zum Erbschein: OLG Düsseldorf FGPrax 2021, 26.

Amtsattribut weisen die Beteiligten dem Grundbuchamt die Existenz des Genehmigungsbeschlusses durch öffentliche Urkunden iSv §§ 29 Abs. 1 S. 2, 137 Abs. 1 S. 2 GBO nach.

> **Praxishinweis:**
>
> Fehlt bei dem vom Gericht übersandten elektronischen Dokument das *Amtsattribut*, so kann dieses Manko (§ 137 Abs. 1 S. 2 Nr. 2 GBO) nicht dadurch behoben werden, dass der Notar eine elektronisch beglaubigte Abschrift erstellt. Diese würde zwar das Amtsattribut des Notars enthalten, allerdings kann dieses das Amtsattribut der Behörde nicht ersetzen.[70]

cc) Errichtung des Beschlusses in originär elektronischer Form

Die vorstehenden Ausführungen unter → bb) gehen davon aus, dass der Genehmigungsbeschluss originär *in Papierform* errichtet wurde. Sie gelten aber auch, wenn der Genehmigungsbeschluss *originär elektronisch* ergangen ist, es also gar kein Papierdokument gibt. Es würde sich dann bei dem Beschluss unmittelbar um ein sog. „öffentliches elektronisches Dokument" handeln, für das nach § 371a Abs. 3 ZPO die Vorschriften über die Beweiskraft öffentlicher Urkunden entsprechend gelten.[71] Das heißt, dass ein öffentliches elektronisches Dokument iSv § 371a Abs. 3 S. 1 ZPO im Kontext von § 29 Abs. 1 S. 2 GBO iVm § 415 ZPO genauso zu behandeln ist, wie eine von der erlassenden Behörde stattdessen in Papierform errichtete öffentliche Urkunde iSv § 415 ZPO.

Die *Vorlage* einer elektronisch beglaubigten Abschrift eines öffentlichen elektronisches Dokuments iSv § 371a Abs. 3 S. 1 ZPO erfüllt daher ebenso wie die Vorlage einer elektronisch beglaubigten Abschrift einer *öffentlichen Urkunde in Papierform* die Tatbestandsvoraussetzungen von § 435 ZPO und führt damit zu denselben Rechtsfolgen. Ist sie mit einer qualifizierten elektronischen Signatur mitsamt Amtsattribut versehen (§ 137 Abs. 1 S. 2 Nr. 1, Nr. 2 GBO), genügt sie den Nachweisanforderungen des Grundbuchverfahrensrechts.

b) Nachweis des Eintritts der Rechtskraft

Darüber hinaus müssen die Beteiligten dem Grundbuchamt auch den Eintritt der Rechtskraft des Genehmigungsbeschlusses (§ 40 Abs. 2 S. 1 FamFG) durch öffentliche Urkunde iSd § 29 Abs. 1 S. 2 GBO nachweisen.[72] Diesen Nachweis führen sie mittels des vom Gericht erteilten Rechtskraftzeugnisses iSd § 46 S. 1 FamFG. Dieses entfaltet Beweiskraft nach § 418 ZPO.[73] Prozessrechtlich kann das Gericht das Zeugnis separat von dem Beschluss ausstellen.[74] Grundbuchverfahrensrechtlich verlangt § 29 Abs. 1 S. 2 GBO keine Verbindung mit dem Beschluss. Soweit sich die Rechtskraft aus der elektronisch beglaubigten Abschrift des Genehmigungsbeschlusses bereits ergibt, ist der Nachweis als geführt anzusehen. Abweichende oder gar höhere Anforderungen als im Hinblick auf den Nachweis des Beschlusses selbst gibt es insoweit nicht.

---

70 Ausführlich Weinert DNotZ 2025, 3 (8 f.).

71 S. zur Zulässigkeit der Errichtung von gerichtlichen Genehmigungsbeschlüssen in originär elektronischer Form Weinert DNotZ 2025, 3.

72 Bayer/Meier-Wehrsdorfer in Bauer/Schaub, 5. Aufl. 2023, GBO § 29 Rn. 52 mwN.

73 Demharter, 33. Aufl. 2023, GBO § 19 Rn. 69; Otto in BeckOK GBO, 55. Ed. 2.9.2024, GBO § 29 Rn. 110.

74 BGH NJW-RR 2021, 1653 Rn. 25.

c) Nachweis der Bekanntgabe der Genehmigung

Nach der unter dem FGG geltenden Rechtslage mussten die Beteiligten dem Grundbuchamt zudem nachweisen, dass das Gericht den Genehmigungsbeschluss dem gesetzlichen Vertreter bekanntgegeben hatte, sodass dieser wirksam wurde, vgl. § 16 Abs. 1 FGG. Nach der heute geltenden Rechtslage unter § 40 Abs. 2 FamFG wird der Beschluss aber erst wirksam, wenn (zusätzlich zur Bekanntgabe) seine Rechtskraft eintritt. Das KG[75] zieht daraus den Schluss, dass die Bekanntgabe nicht mehr in der Form des § 29 Abs. 1 S. 2 GBO nachzuweisen sei; das Rechtskraftzeugnis weise die Wirksamkeit des Genehmigungsbeschlusses nach.[76] Teile der Literatur verlangen dagegen nach wie vor, dass die Beteiligten auch die Bekanntgabe gegenüber dem gesetzlichen Vertreter (§ 1855 BGB) dem Grundbuchamt durch öffentliche Urkunde nachweisen.[77]

Angesichts der streitigen Rechtslage könnte das Grundbuchamt die Ansicht vertreten, die Beteiligten müssten ihm auch die Bekanntgabe des Genehmigungsbeschlusses in der Form des § 29 Abs. 1 S. 2 GBO nachweisen. Probleme dürfte dies jedoch nicht bereiten: Bei einer elektronischen Übermittlung der elektronisch beglaubigten Abschrift des Genehmigungsbeschlusses nach § 173 Abs. 1, Abs. 2 Nr. 1 ZPO über das beN des Notars kann das Gericht gegen (elektronisches) Empfangsbekenntnis des Notars zustellen, § 175 Abs. 1, Abs. 4 ZPO. Das Empfangsbekenntnis erbringt als öffentliche Urkunde iSd § 418 Abs. 1 ZPO vollen Beweis dafür, dass ein Dokument zu dem darin genannten Zeitpunkt zugestellt wurde.[78] Es existiert also eine öffentliche Urkunde iSd § 29 Abs. 1 S. 2 GBO, mittels der sich die Bekanntgabe des Beschlusses gegenüber dem Notar nachweisen ließe. Dass der Notar berechtigter Empfänger (richtiger Bekanntgabe-Adressat) des Genehmigungsbeschlusses ist, ergibt sich wiederum aus der dem Grundbuchamt bereits in gehöriger Form vorliegenden Vollzugsvollmacht (bzw. der Doppelvollmacht) des Notars.

Folglich kann der Notar in der Regel wohl problemlos gegenüber dem Grundbuchamt den Nachweis führen, dass ihm das Gericht den Genehmigungsbeschluss als Vertreter der Beteiligten wirksam bekannt gegeben hat.

d) Nachweis der Mitteilung der Genehmigung

Zuletzt ist die gemäß § 1856 Abs. 1 S. 2 BGB erforderliche Mitteilung der gerichtlichen Genehmigung an die andere Vertragspartei eine andere Eintragungsvoraussetzung iSd § 29 Abs. 1 S. 2 GBO.[79] Erteilen die Vertragsbeteiligten dem Notar eine sog. Doppelvollmacht, so nimmt der Notar die Genehmigung für den gesetzlichen Vertreter entgegen, teilt sie für diesen der anderen Vertragspartei mit und nimmt sie auch für diese andere Vertragspartei entgegen. Zum Nachweis der Mitteilung errichtet der Notar eine Eigenurkunde.[80] Diese erbringt als öffentliche Urkunde iSd § 29 Abs. 1 S. 2 GBO den erforderlichen Nachweis der Mitteilung des gesetzlichen Vertreters und des Zugangs der Mitteilung bei der anderen Vertragspartei.

---

75 KG MittBayNot 2018, 340 Rn. 4.

76 Ebenso Böttcher/Hertel in Meikel, 12. Aufl. 2020, GBO § 29 Rn. 156.

77 Schöner/Stöber, Grundbuchrecht, 16. Aufl. 2020, Rn. 3747; wohl auch Otto in BeckOK GBO, 55. Ed. 2.9.2024, GBO § 29 Rn. 110; Demharter, 33. Aufl. 2023, GBO § 19 Rn. 70.

78 BGH NJW 1987, 1335; NJW 1996, 2514 (2515); bestätigt von BVerfG NJW 2001, 1563.

79 Demharter, 33. Aufl. 2023, GBO § 19 Rn. 70 und § 20 Rn. 41.

80 BayObLG BeckRS 1983, 31159552 Rn. 21; Bayer/Meier-Wehrsdorfer in Bauer/Schaub, 5. Aufl. 2023, GBO § 29 Rn. 52; Otto in BeckOK GBO, 55. Ed. 2.9.2024, GBO § 29 Rn. 110; Schaal in Münch, Familienrecht in der Notar- und Gestaltungspraxis, 4. Aufl. 2023, § 17 Rn. 221 f.; Everts in BeckNotar-HdB, 8. Aufl. 2024, § 1 Rn. 156–158; Schöner/Stöber, Grundbuchrecht, 16. Aufl. 2020, Rn. 3740, 3748.

3. Ergebnis für den Standardfall (Bekanntgabe in Form der elektronischen beglaubigten Abschrift)

Materiell-rechtlich bewirkt die elektronische Übermittlung einer vom Gericht hergestellten elektronisch beglaubigten Abschrift des rechtskräftigen Genehmigungsbeschlusses an den doppelbevollmächtigten Notar, dass das genehmigungspflichtige Rechtsgeschäft wirksam wird. *Grundbuchverfahrensrechtlich* muss wegen des strengen Nachweiserfordernisses des § 29 Abs. 1 S. 2 GBO der Genehmigungsbeschluss als öffentliche Urkunde in Papierform (§ 415 Abs. 1 ZPO) oder als öffentliches elektronisches Dokument (§ 371a Abs. 3 S. 1 ZPO) existieren. Gegenüber dem Grundbuchamt können die Beteiligten die Existenz der öffentlichen Urkunde bzw. des öffentlichen elektronischen Dokuments nachweisen, indem sie die vom Gericht erstellte elektronisch beglaubigte Abschrift beim Grundbuchamt einreichen. Erforderlich ist allerdings, dass das eingereichte Dokument über eine qualifizierte elektronische Signatur mitsamt Amtsattribut verfügt (§ 137 Abs. 1 S. 2 Nr. 1, Nr. 2 GBO).

Dieses Ergebnis ist meines Erachtens auch unter Wertungsgesichtspunkten schlüssig: Es ergibt sich keine Verringerung der Nachweisqualität im Grundbuchverfahren, wenn diesem von einer zuständigen Stelle ordnungsgemäß errichtete beglaubigte Abschriften öffentlicher Urkunden eingereicht werden. Es werden zudem Medienbrüche vermieden. Keine der drei beteiligten Stellen (Gericht, Notar, Grundbuchamt) muss Dokumente ausdrucken oder einscannen. Dies dient der Verwirklichung des elektronischen Rechtsverkehrs.

4. Sonderfall: Bekanntgabe gemäß § 169 Abs. 5 Nr. 2 ZPO (vertrauenswürdiger Herkunftsnachweis)

Ein Problem ergibt sich für die Praxis in den Fällen, in denen das Gericht von der Zustellungsvariante (und nach § 15 Abs. 2 FamFG der *Bekanntgabe*variante!) des § 169 Abs. 5 Nr. 2 ZPO Gebrauch macht.

§ 169 Abs. 5 ZPO

(5) Ein elektronisches Dokument kann *ohne Beglaubigung* elektronisch zugestellt werden, wenn es

1. […]
2. nach § 130a auf einem sicheren Übermittlungsweg eingereicht wurde und mit einem Authentizitäts- und Integritätsnachweis versehen ist oder
3. […]

Die Zustellung gemäß § 169 Abs. 5 Nr. 2 ZPO stellt den einzigen Fall dar, in dem ein gerichtlicher Genehmigungsbeschluss *ohne qualifizierte elektronische Signatur* zugestellt werden kann.[81] Gemäß § 169 Abs. 5 Nr. 2 ZPO ist es möglich, dass das Gericht ein elektronisches Dokument ohne qualifizierte elektronische Signatur und ohne elektronische Beglaubigung zustellt, sofern die Zustellung über einen sicheren Übermittlungsweg iSv § 130a ZPO erfolgt. Hierbei ist ein elektronischer Authentizitäts- und Integritätsnachweis beizufügen, der bei der Nutzung sicherer Übermittlungswege wie dem besonderen elektronischen Notarpostfach (beN) oder dem besonderen elektronischen Behördenpostfach (beBPo) *automatisch in Form einer Protokolldatei (XML-Format) generiert* wird.[82] Dieser Nachweis wird als *vertrauenswürdiger Herkunftsnachweis* bezeichnet.

Meines Erachtens scheidet eine Zustellung gemäß § 169 Abs. 5 Nr. 2 ZPO im Fall des § 41 Abs. 1 Hs. 1 FamFG allerdings aus. Das heißt, dass der Genehmigungsbeschluss *gegenüber dem Notar nicht wirksam bekanntgegeben* wird! Es geht hierbei also nicht nur um die fehlende Verwendbarkeit im Grundbuchverfahren.

[81] Weinert DNotZ 2025, 3 (4).
[82] Häublein/Müller in MüKoZPO, 6. Aufl. 2020, ZPO § 169 Rn. 17.

Zwar sieht die Verweisung in § 15 Abs. 2 FamFG keine Einschränkung vor. Allerdings ist es wertungswidersprüchlich, in § 41 Abs. 1 Hs. 1 FamFG ausdrücklich die Bekanntgabe in beglaubigter Abschrift zu verlangen, dann aber vom Erfordernis einer beglaubigten Abschrift beim Bekanntgabeverfahren wieder abzurücken. Dieser Wertungswiderspruch kann meines Erachtens nur über eine teleologische Reduktion des Verweises in § 15 Abs. 2 FamFG gelöst werden, alternativ nach der Lex-Posterior- oder Lex-Specialis-Regel.

§ 169 Abs. 5 Nr. 2 ZPO stellt lediglich die *Sicherheit des Übertragungsweges* sicher, während der *Beglaubigungsvermerk* (§ 41 Abs. 1 Hs. 1 FamFG) dazu dient, die *inhaltliche Vollständigkeit* des Dokuments und Übereinstimmung mit dem Ursprungsdokument zu gewährleisten. Durch die Einführung des spezielleren § 41 Abs. 1 S. 1 FamFG wurde § 169 Abs. 5 Nr. 2 ZPO im FamFG-Verfahren insoweit derogiert, dass eine wirksame Bekanntgabe nach § 169 Abs. 5 Nr. 2 ZPO im Fall des § 41 Abs. 1 S. 1 FamFG nicht mehr möglich ist. Die Wahl des § 169 Abs. 5 Nr. 2 ZPO als Zustellungsmöglichkeit stellt daher einen Bekanntgabemangel dar. Dieser Mangel ist meines Erachtens auch nicht nach § 189 ZPO (auch hierauf wird in § 15 Abs. 2 FamFG verwiesen) heilbar. Zum einen betrifft die Heilungsvorschrift im Ausgangspunkt nur das *Verfahren,* nicht aber die *Form.* Zum anderen erscheint eine analoge Anwendung von § 189 ZPO unsachgemäß, denn damit wäre die neu eingeführte Regelung des § 41 Abs. 1 Hs. 1 FamFG allzu einfach ausgehebelt. Der Gesetzgeber hat den Widerspruch zwischen § 169 Abs. 5 Nr. 2 ZPO und § 41 Abs. 1 Hs. 1 FamFG zwar möglicherweise schlichtweg übersehen, ein Vorrang von § 169 Abs. 5 Nr. 2 ZPO in dem Sinne, dass dieser Norm – bei Genehmigungsbeschlüssen im FamFG-Verfahren – unbedingt zur Durchsetzung verholfen werden müsste, ist aber nicht zu erkennen.

Praxishinweis:

Da die Norm des § 41 Abs. 1 Hs. 1 FamFG zum jetzigen Zeitpunkt noch sehr neu und daher zum Teil unbekannt ist, kommt es gelegentlich vor, dass die Gerichte die Zustellung an den Notar nach § 169 Abs. 5 Nr. 2 ZPO bewirken. Solche Dokumente genügen allerdings nicht den Vorgaben von § 41 Abs. 1 Hs. 1 FamFG und lassen sich auch im Grundbuchverfahren nicht verwenden (vgl. § 137 Abs. 1 GBO). Rechtsprechung liegt hierzu noch nicht vor. *Weinert* geht davon aus, dass das Gericht die Formvorgaben *der GBO* (!) beachten muss, also unmittelbar gehalten ist, die Bekanntgabe so zu bewirken, dass die Weiterverwendung im Grundbuchverfahren möglich ist. Der Beteiligte habe einen Anspruch auf Erteilung der Genehmigung in grundbuchtauglicher Form.[83] Es kann momentan nur dazu geraten werden, das Gespräch mit den Gerichten zu suchen.

[83] Weinert DNotZ 2025, 3 (6, 10).

H. Steuerrecht

I. Erbschaft- und Schenkungsteuerrecht

1. Europarechtskonforme Anpassung einzelner Regelungen mit grenzüberschreitendem Bezug

a) Nachlassverbindlichkeiten in Fällen der beschränkten Steuerpflicht

Nachdem der EuGH[1] entschieden hat, dass die zuvor in § 10 Abs. 6 S. 2 ErbStG normierte Nichtabzugsfähigkeit von Pflichtteilsverbindlichkeiten bei beschränkter Steuerpflicht gegen die Kapitalverkehrsfreiheit (Art. 63–65 AEUV) verstößt, hat der nationale Gesetzgeber im Zuge des Jahressteuergesetzes (JStG) 2024[2] in § 10 Abs. 6 S. 2 ff. ErbStG eine **anteilige Abzugsfähigkeit von Schulden und Lasten,** die nicht in wirtschaftlichem Zusammenhang mit einzelnen Vermögensgegenständen des Erwerbs stehen, in Fällen der beschränkten Steuerpflicht iSd § 2 Abs. 1 Nr. 3 ErbStG zugelassen.[3] Danach können beschränkt Steuerpflichtige auch Nachlassverbindlichkeiten abziehen, die wie **Pflichtteilsansprüche** nicht mit einzelnen Vermögensgegenständen wirtschaftlich zusammenhängen, die der Besteuerung im Inland unterliegen.[4] In Anlehnung an die Regelung zur anteiligen Gewährung der persönlichen Freibeträge in § 16 Abs. 2 S. 2 ErbStG in Fällen der beschränkten Steuerpflicht bemisst sich dabei der abzugsfähige Anteil nach der **Relation zwischen dem Wert des beschränkt steuerpflichtigen Vermögens und dem Wert des gesamten Vermögensanfalls.**

b) Erweiterung des Anwendungsbereichs des § 13d ErbStG bei zu Wohnzwecken vermieteten Immobilien

Der EuGH hat mit Urteil vom 12.10.2023 entschieden, dass die Steuerbefreiung für zu Wohnzwecken vermietete Grundstücke nach § 13c ErbStG idF vom 24.12.2008 (später § 13d ErbStG) gegen die Kapitalverkehrsfreiheit verstößt, da Grundstücke in Drittstaaten von der Vergünstigung ausgeschlossen wurden.[5] Nachdem die Finanzverwaltung die **Gewährung des 10 %-igen Wertabschlags** mit gleichlautendem Erlass der obersten Finanzbehörden der Länder vom 19.6.2024[6] über den Wortlaut des § 13d Abs. 3 Nr. 2 ErbStG hinaus bereits auf in Drittstaaten belegene Grundstücke angeordnet hat, hat der Gesetzgeber die Bestimmung entsprechend angepasst.

Die Gewährung des Wertabschlags für zu Wohnzwecken vermietete, in Drittstaaten belegene Grundstücke steht freilich unter dem europarechtskonformen Vorbehalt, dass mit dem jeweiligen Belegenheitsstaat hinsichtlich der Erbschaftsteuer ein Informationsaustausch sichergestellt ist. Bei welchen Drittstaaten dies der Fall ist, kann der Anlage 1 zum **„Merkblatt zur zwischenstaatlichen Amtshilfe durch Informationsaustausch in Steuersachen“** entnommen werden[7], das turnusmäßig durch das BMF aktualisiert wird.

---

1 EuGH Urt. v. 21.12.2021 – C-394/20, ZEV 2022, 234.
2 JStG 2024 v. 2.12.2024, BGBl. I Nr. 387.
3 Abs. 6 aF des § 10 ErbStG wurde dabei durch die neuen Abs. 6–6b, wobei sich die Regelungen der S. 3–10 in § 10 Abs. 6 ErbStG aF jetzt unverändert in § 10 Abs. 6a ErbStG nF wiederfinden.
4 Vgl. dazu auch Dorn, ErbBstg, Beihefter zur Juni-Ausgabe 2024, 6.
5 EuGH Urt. v. 12.10.2023 – C-670/21, ZEV 2023, 84.
6 ZEV 2024, 648.
7 BMF v. 29.5.2019 – IV B 6 – S 1320/07/10004:008, BStBl. I 2019, 480.

c) Erweiterung der Stundungsmöglichkeiten beim Erwerb von Grundbesitz

Nach § 28 Abs. 3 ErbStG wird beim Erwerb von Grundbesitz auf Antrag eine **Stundung von bis zu zehn Jahren** gewährt, soweit der Erwerber die darauf entfallende Steuer nur durch Veräußerung des Grundbesitzes aufbringen kann. Bislang beschränkte sich die Stundungsregelung jedoch auf Grundstücke, die im Zeitpunkt des Erwerbs die Voraussetzungen des § 13d Abs. 3 ErbStG erfüllten, also auf **vermietete Grundstücke.**

Nach Änderung des § 28 Abs. 3 S. 1 ErbStG kann die Stundung in allen Fällen eingeräumt werden, in denen zum Erwerb **Grundbesitz** gehört, **der zu Wohnzwecken genutzt wird.**[8] Somit kommt eine Stundung der auf den Erwerb der Immobilie entfallenden Steuer auch dann in Betracht, wenn diese vom Erblasser oder Schenker im Erwerbszeitpunkt selbst genutzt wird. Stundungsschädlich ist es auch nicht, wenn das Objekt nach dem Tod des Erblassers oder Auszug des Schenkers vom Erwerber vermietet wird. Eine **Eigennutzung des Grundbesitzes** nach dessen Erwerb **durch den Erwerber** wird **nicht gefordert.**

Die Inanspruchnahme der Stundung hängt auch nicht mehr von der **Grundstücksart** ab, in der sich die zu Wohnzwecken genutzte Wohnung befindet. Begünstigt ist beispielsweise auch der Wohnteil eines land- und forstwirtschaftlichen Betriebs. Demgegenüber waren nach alter Rechtslage **Wohnungen in einem Mietwohn-, Geschäfts- oder gemischt genutzten Grundstück** oder in einem sonstigen bebauten Grundstück von der Vergünstigung des § 28 Abs. 3 ErbStG ausgeschlossen.[9]

Vorzeitiger Wegfall der Stundung:

Die Stundung endet nach § 28 Abs. 3 S. 2 ErbStG, soweit der Grundbesitz auf Dritte übergeht oder dauerhaft keinen Wohnzwecken mehr dienen soll. Zu einem Übergang des Grundbesitzes auf einen Dritten kommt es nicht nur bei einer **Veräußerung des Grundstücks.** Die Stundung endet vorzeitig auch, wenn das Grundstück **unter Vorbehalt des Nießbrauchs oder eines Wohnungsrechts** von dem Erwerber (weiter) **übertragen** wird.[10]

Ansonsten ist es dabei geblieben, dass nur bei einem Erwerb von Todes wegen keine Zinsen erhoben werden. Bei einem **Erwerb unter Lebenden** fallen Stundungszinsen an, deren Höhe und Berechnung sich nach den §§ 234 und 238 AO richtet. Gemäß § 234 Abs. 1 S. 1 AO betragen die Zinsen für jeden Monat 0,5 %, was auf eine **jährliche Zinsbelastung von 6 %** hinausläuft, ohne dass die Stundungszinsen einkommensteuerlich abzugsfähig sind.

Todesbedingte Zuwendungen von Grundbesitz an mittellose Verwandte:

Während eine Stundung anfallender Schenkungsteuer in Anbetracht der nicht unerheblichen jährlichen Zinsbelastung wenig attraktiv erscheint, kann die Zuwendung einer zu Wohnzwecken genutzten Immobilie von Todes wegen an mittellose Verwandte zu deren Versorgung bei Gewährung einer zehnjährigen zinslosen Stundung, die etwa einem Abschlag von 40 % entspricht[11], durchaus für den Steuerpflichtigen vorteilhaft.

---

[8] Bei Grundbesitz in Drittstaaten ist eine Steuerstundung nach § 28 Abs. 3 S. 5 ErbStG – ebenso wie die Gewährung des Wertabschlags für zu Wohnzwecken vermietete, in Drittstaaten belegene Grundstücke nach § 13d Abs. 3 Nr. 2 ErbStG – nur möglich, wenn der Informationsaustausch mit dem Drittstaat und die Beitreibung der Steuer dort sichergesellt sind.

[9] Vgl. dazu R E 28 Abs. 6 S. 3 ErbStR 2019.

[10] Zur alten Rechtslage, wonach als Grund für ein vorzeitiges Ende der Stundung in § 28 Abs. 3 S. 4 ErbStG nur die (Weiter-)Schenkung des Grundbesitzes durch den Erwerber iSd § 7 ErbStG genannt wurde, Jülicher in Troll/Gebel/Jülicher/Gottschalk, 4/2025, ErbStG § 28 Rn. 18.

[11] Vgl. dazu Jülicher in Troll/Gebel/Jülicher/Gottschalk, 4/2025, ErbStG § 28 Rn. 19.

2. Beschränkte Erbschaftsteuerpflicht bei vermächtnisweisem Erwerb von Inlandsvermögen iSd § 121 BewG

Im letzten Jahr wurde auf ein Urteil des BFH hingewiesen, wonach die vermächtnisweise Zuwendung eines inländischen Grundstücks nicht der beschränkten Erbschaftsteuerpflicht unterliege.[12] Erwartungsgemäß hat der Gesetzgeber auf dieses Urteil schnell reagiert und die dadurch entstandene Besteuerungslücke wieder geschlossen. § 2 Abs. 1 Nr. 3 S. 1 ErbStG in der Fassung des Wachstumschancengesetzes[13] erfasst nunmehr auch einen **Anspruch auf Übertragung von Inlandsvermögen durch Vermächtnis.** Inländische und ausländische Vermächtnisnehmer werden somit in Bezug auf Inlandsvermögen iSd § 121 BewG steuerlich gleichbehandelt.

Erwerb von Inlandsvermögen durch Vermächtnis in Fällen beschränkter Steuerpflicht:

Nach der Änderung des § 2 Abs. 1 Nr. 3 S. 1 ErbStG tritt eine beschränkte Steuerpflicht auch in anderen Fällen ein, in denen eine im Inland nicht ansässige natürliche Person einen Anspruch auf Übertragung von Inlandsvermögen iSd § 121 BewG vermächtnisweise erwirbt. Zum **Katalog des Inlandsvermögens gemäß § 121 BewG** gehören unter anderem:

- inländisches Betriebsvermögen einschließlich Anteilen an gewerblich tätigen oder gewerblich geprägten Personengesellschaften iSd § 15 Abs. 3 Nr. 2 EStG,
- Anteile an einer Kapitalgesellschaft mit Sitz oder Geschäftsleitung im Inland, wenn der Gesellschafter allein oder zusammen mit anderen nahestehenden Personen iSd § 1 Abs. 2 AStG unmittelbar oder mittelbar eine Beteiligung von mindestens 10 % des Nennkapitals hält,[14]
- Hypotheken, Grundschulden, Rentenschulden und andere Forderungen oder Rechte (zum Beispiel Rechte auf Renten oder andere wiederkehrende Nutzungen und Leistungen) unabhängig von der Person des Schuldners, wenn sie durch inländischen Grundbesitz gesichert sind.

3. Zeitpunkt der Ausführung einer gemischt-freigebigen Grundstücksschenkung

BFH Urt. v. 21.8.2024 – II R 11/21
DStR 2024, 2752

Bei einer Schenkung unter Lebenden entsteht die Steuer nach § 9 Abs. 1 Nr. 2 ErbStG mit dem Zeitpunkt der Ausführung der Zuwendung. Die Schenkung eines Grundstücks ist nach ständiger Rechtsprechung des BGH[15] bereits dann ausgeführt, wenn

- die Auflassung beurkundet wurde,
- der Schenker die Eintragung der Rechtsänderung in das Grundbuch gemäß § 19 GBO bewilligt hat und

---

12 BFH Urt. v. 23.11.2022 – II R 37/19, ZEV 2023, 327.

13 Wachstumschancengesetz v. 27.3.2024, BGBl. I Nr. 108; vgl. dazu den Überblick bei Bergan/Lätsch DStR 2024, 705.

14 Vgl. auch R E 2.2 Abs. 3 S. 1 ErbStR 2019; näher dazu Jülicher in Troll/Gebel/Jülicher/Gottschalk, 4/2024, ErbStG § 2 Rn. 57 ff.

15 BFH Urt. v. 29.11.2017 – II R 14/16, DStR 2018, 67; BFH Urt. 17.6.2020 – II R 38/17, DStR 2020, 2539.

– **der Beschenkte** gemäß den Vereinbarungen der Parteien **von der Eintragungsbewilligung Gebrauch machen darf.**

Demzufolge ist eine Grundstücksschenkung noch nicht ausgeführt, wenn der Beschenkte von der Eintragungsbewilligung erst nach dem Tod der Schenkerin Gebrauch machen darf, auch wenn für ihn nach Beurkundung eine Auflassungsvormerkung im Grundbuch eingetragen wird.[16] In Fällen, in denen der Beschenkte von der Eintragungsbewilligung erst zu einem späteren Zeitpunkt Gebrauch machen darf, tritt die Ausführung der Zuwendung somit erst zu diesem späteren Zeitpunkt ein.

In einem vom BFH im letzten Jahr entschiedenen Fall[17] hatten die Vertragsparteien im Rahmen einer gemischt-freigebigen Grundstücksschenkung vereinbart, dass der bevollmächtigte Notar von der bereits erteilten Eintragungsbewilligung des Schenkers erst dann Gebrauch machen durfte, wenn ihm die Zahlung eines neben einer lebenslangen Rentenzahlung vereinbarten Barkaufpreises nachgewiesen wurde. Haben die Vertragsparteien eine solche **Vollzugshemmung vereinbart,** ist die gemischt-freigebige Schenkung nach Ansicht des BFH erst dann gemäß § 9 Abs. 1 Nr. 2 ErbStG ausgeführt, wenn dem Notar die Kaufpreiszahlung nachgewiesen wurde. Da in dem Fall des BFH der Schenker noch vor Eintragung des Eigentumswechsels verstarb, ohne dass die Vorinstanz des FG Hamburg[18] festgestellt hatte, ob und wann der nach dem Vertrag zu leistende Barkaufpreis von der Beschenkten gezahlt wurde, wies der BFH die Sache zur anderweitigen Verhandlung und Entscheidung an das FG zurück.

Vereinbarung einer Vollzugshemmung durch die Vertragsparteien:

Die Parteien eines Schenkungsvertrags haben es nach der Entscheidung des BFH in der Hand, durch die Vereinbarung einer „**Ausfertigungssperre**" oder der „**Bewilligungslösung**"[19] den Zeitpunkt der Ausführung einer Grundstücksschenkung zu beeinflussen. Dies kann sich beispielsweise bei Übertragung eines Miteigentumsanteils an einem Baugrundstück auf den anderen Ehegatten anbieten, auf dem das „**Familienheim**" der Ehegatten noch errichtet werden muss. Ein zeitlicher Aufschub der Ausführung der Grundstücksschenkung kann auch dann ratsam sein, wenn auf diese Weise die **Zusammenrechnung nach § 14 ErbStG** mit einer Vorschenkung durch denselben Schenker, die noch keine zehn Jahre zurückliegt, verhindert werden kann.

4. Begünstigungstransfer bei Erbauseinandersetzungen über begünstigte Nachlassgegenstände

BFH Urt. v. 15.5.2024 – II R 12/21
NJW 2024, 294

a) Innerer Zusammenhang zwischen Erbfall und Nachlassteilung

In seinem Urteil vom 23.6.2005 hatte der II. Senat des BFH bereits entschieden, dass bei einer Erbauseinandersetzung die Begünstigung für ein Familienheim iSd § 13 Abs. 1 Nr. 4c S. 1 ErbStG oder ein zu Wohnzwecken vermieteten Grundstück iSd § 13c Abs. 3 ErbStG auch dann gewährt werden könne, wenn die Teilung des Nachlasses nicht inner-

16 S. dazu BFH Urt. v. 2.2.2005 – II R 26/02, DStR 2005, 518.
17 BFH Urt. v. 21.8.2024 – II R 11/21, DStR 2024, 2752 mAnm Kugelmüller-Pugh.
18 FG Hamburg Urt. v. 27.5.2020 – 3 K 122/178 DStRE 2021, 154.
19 Vgl. zu diesen beiden verfahrensrechtlichen Möglichkeiten zur Absicherung des Verkäufers nur DNotI-Report 2016, 63 f.

halb von sechs Monaten nach dem Erbfall[20] erfolge.[21] Der BFH hat diesen Grundsatz in einer neueren Entscheidung auch auf die **Übertragung begünstigten Betriebsvermögens** iSd § 13a Abs. 5 S. 3 ErbStG erstreckt.[22] In all diesen Fällen wird der übernehmende Miterbe steuerlich so behandelt, als habe er das begünstigte Vermögen von Anfang an erhalten.

Das Gericht verlangt für die **Anerkennung des Begünstigungstransfers** lediglich, dass zwischen dem Erbfall und dem Entschluss, den Nachlass zu teilen, ein innerer Zusammenhang bestehe. Ein **geringer zeitlicher Abstand** zwischen dem Anfall der Erbschaft und der Übertragung des begünstigten Vermögens sei nur als **Indiz** dafür zu werten, dass die **Übertragung noch im Rahmen der Teilung des Nachlasses** stattfinde und nicht auf eine neue Willensbildung der Erbengemeinschaft zurückgehe, die den Nachlass zunächst willentlich ungeteilt belassen hätte.

Dokumentation im Erbauseinandersetzungsvertrag:

Da in Zweifelsfällen der Steuerpflichtige die Gründe darzulegen hat, die dafür verantwortlich sind, dass sich eine Erbauseinandersetzung zeitlich verzögert hat, sollten die dafür maßgeblichen Umstände (zB Vielzahl von Erben, Erbstreitigkeiten, Schwierigkeiten bei der Bewertung einzelner Vermögensgegenstände, Erstellung von Gutachten) im Erbauseinandersetzungsvertrag festgehalten werden.

b) Übernahme eines Familienheims durch einen Miterben

Bei der **Inanspruchnahme der Steuerbefreiung für ein Familienheim** ist überdies zu berücksichtigen, dass der Erwerber das Familienheim nach § 13 Abs. 1 Nr. 4c S. 1 ErbStG unverzüglich, das heißt ohne schuldhaftes Zögern (vgl. § 121 BGB) zur **Selbstnutzung für eigene Wohnzwecke** bestimmen muss. Mit Blick auf dieses Tatbestandsmerkmal zieht der BFH dann **grundsätzlich** doch eine **zeitliche Grenze von sechs Monaten** ein, innerhalb derer der Erwerber die Absicht zur Selbstnutzung fassen und tatsächlich umsetzen müsse. Wird diese Zeitspanne überschritten, trifft den Steuerpflichtigen die Darlegungs- und Beweislast dafür, zu welchem Zeitpunkt er sich zur Selbstnutzung des Familienheims für eigene Wohnzwecke entschlossen habe, aus welchen Gründen ein tatsächlicher Einzug nicht früher möglich gewesen sei[23] und warum er diese Gründe nicht zu vertreten habe.[24]

Immerhin erkennt der BFH in seiner Entscheidung an, dass im Falle eines Begünstigungstransfers gemäß § 13 Abs. 1 Nr. 4c S. 4 ErbStG **die anderen Miterben,** die das Familienheim auf den allein nutzenden Miterben übertragen, in ihrer Person **keinen Selbstnutzungswillen** haben und auch nicht unverzüglich in das Familienheim einziehen müssen. Es genügt daher, wenn die Voraussetzungen für die Gewährung der Steuerbegünstigung nur von dem das Familienheim übernehmenden Miterben erfüllt werden.

c) Aufschub der Obliegenheit zur Selbstnutzung durch den Erwerber bei vorheriger Vermietung des Objekts durch den Erblasser?

In einem vom FG München entschiedenen Fall[25] hatte die Erblasserin ihre zuvor selbst genutzte Wohnung infolge eines Umzugs in ein Pflegeheim verlassen und nach einem

[20] Zu der Regelfrist von sechs Monaten vgl. H E 13a11 S. 1 ErbStH 2019.
[21] BFH Urt. v. 23.6.2015 – II R 39/13, MittBayNot 2016, 86.
[22] BFH Urt. v. 15.5.2024 – II R 12/21, NJW 2024, 294.
[23] Beispielsweise bei einem Streit von Miterben darüber, wer von ihnen das Familienheim erhalten soll, s. hierzu auch Kugelmüller-Pugh DStR 2024, 2059 (2060).
[24] Vgl. dazu auch BFH Urt. v. 16.3.2022 – II R 6/21, ZEV 2022, 551.
[25] FG München Urt. v. 26.10.2022 – 4 K 2183/21, ZEV 2023, 186.

Leerstand für die Dauer von vier Jahren vermietet. Während das Finanzamt die Steuerbefreiung mangels unverzüglicher Bestimmung zur Selbstnutzung durch die Tochter der Erblasserin als deren Alleinerbin abgelehnt hatte, sah das FG die Erwerberin bis zum Auslaufen des Mietvertrags zwei Jahre nach dem Tod der Erblasserin an einer Selbstnutzung der Wohnung gehindert. Das Gericht ließ es deshalb für die Gewährung der Steuerbefreiung genügen, dass die Erwerberin die Wohnung nach Durchführung von Renovierungsarbeiten erst fünf Monate nach Beendigung des Mietvertrags bezog.

Voraussetzung für die Anerkennung des beim Tod der Erblasserin noch laufenden Zeitmietvertrags nach § 575 BGB als objektivem Hinderungsgrund für die Aufnahme der Selbstnutzung durch die Erwerberin ist jedoch nach Ansicht des FG, dass die festgelegte Mietdauer im Zeitpunkt des Vertragsschlusses nicht völlig außer Verhältnis zur voraussichtlichen Lebenserwartung der Erblasserin nach der Sterbetafel des statistischen Bundesamts stehe.

Anstelle des Abschlusses eines zeitlich befristeten Mietvertrags für die Bemessung der Befristung kommt nach Auszug des Erblassers wegen Pflegebedürftigkeit auch der **Abschluss eines regulären Mietvertrags** in Betracht, um die Kosten für die Pflege des Erblassers zu finanzieren. In diesem Fall ist für die Frage, wie lange der Erwerber des Familienheims an dessen Bestimmung zur Selbstnutzung gehindert ist, unter Beachtung der Vorgaben des FG München auf die **Einhaltung der ordentlichen Kündigungsfristen nach dem Tod des Erblassers** abzustellen.[26]

Das Urteil des FG München ist rechtskräftig. Die von Finanzamt dagegen eingelegt und vom BFH unter dem Gesichtspunkt der Rechtsfortbildung zugelassene Revision hat die Finanzverwaltung wieder zurückgenommen.

5. Parkhaus als erbschaftsteuerlich nicht begünstigtes Verwaltungsvermögen

BFH Urt. v. 28.4.2024 – II R 27/21
ZEV 2024, 480

a) Sachverhalt

In einem vom BFH entschiedenen Streitfall[27] hatte der Kläger (K) von seinem Vater (V) ein Einzelunternehmen geerbt, zu dem auch ein unter anderem mit einem Parkhaus bebautes Grundstück gehörte. Das von V zuvor selbst betriebene, täglich 24 Stunden geöffnete Parkhaus hatte dieser acht Jahre vor seinem Tod unbefristet an K verpachtet, woraus V gewerbliche Einkünfte nach § 2 Abs. 1 S. 1 Nr. 2 EStG entstanden waren. Der BFH musste in dem Verfahren klären, ob der Parkhausbetrieb eine verwaltungsvermögensbegründende Nutzungsüberlassung an Dritte darstellt.

b) Grundsatz: Dritten zur Nutzung überlassene Grundstücke als steuerschädliches Verwaltungsvermögen

Die **zum Verwaltungsvermögen zählenden Wirtschaftsgüter** sind **im Katalog des § 13b Abs. 4 Nr. 1–5 ErbStG abschließend aufgezählt.** Maßgeblich für die Zuordnung eines Wirtschaftsguts zum Verwaltungsvermögen sind dabei die Verhältnisse am Stichtag der Entstehung der Steuer gemäß § 9 Abs 1 ErbStG.[28]

---

[26] S. dazu auch Gummels ErbBstg 2024, 64 (66).

[27] BFH Urt. v. 28.4.2024 – II R 27/21, ZEV 2024, 480. Gegen das Urteil wurde inzwischen Verfassungsbeschwerde eingelegt, Az. des BVerfG: 1 BvR 1761/24.

[28] Vgl. nur R E 13b.12 Abs. 2 S. 1 ErbStR 2019; BFH Urt. v. 23.2.2021 – II R 26/18, ZEV 2021, 591.

Dritten (entgeltlich oder unentgeltlich) zur Nutzung überlassene Grundstücke und Grundstücksteile gehören hiernach gemäß § 13b Abs. 4 Nr. 1 S. 1 ErbStG zum schädlichen Verwaltungsvermögen, dessen Wert aus dem Wert des grundsätzlich begünstigungsfähigen Vermögens gemäß § 13b Abs. 2 ErbStG herauszurechnen ist.[29]

Als **„Dritter" iSd § 13b Abs. 4 Nr. 1 S. 1 ErbStG** ist jede Person anzusehen, die nicht mit dem Nutzungsüberlassenden identisch ist. Dies können außer natürlichen Personen einschließlich deren Angehörigen auch Kapital- und Personengesellschaften sein.[30]

c) Rückausnahmetatbestände gemäß § 13b Abs. 4 Nr. 1 S. 2 Buchst. a–f ErbStG

Eine Nutzungsüberlassung von Grundstücken und Grundstücksteilen an Dritte iSv § 13b Abs. 4 Nr. 1 S. 1 ErbStG ist jedoch dann nicht gegeben, wenn diese unter einen der in § 13b Abs. 4 Nr. 1 S. 2 Buchst. a–f ErbStG im Einzelnen aufgeführten Ausnahmetatbestände fällt. Diese lassen sich typisierend wie folgt zusammenfassen:

- Betriebsaufspaltungen[31] und Sonderbetriebsvermögen eines Gesellschafters,
- Nutzungsüberlassung im Rahmen der Verpachtung eines ganzen Betriebs,
- Überlassungen innerhalb eines Konzerns iSd § 4h EStG,
- Überlassung von Wohnungen im Rahmen eines wirtschaftlichen Geschäftsbetriebs nach § 14 AO („Wohnungsunternehmen"),[32]
- Überlassungen zur Förderung des Absatzes eigener Erzeugnisse und Produkte,
- Überlassung zur land- und forstwirtschaftlichen Nutzung.

In dem Fall des BFH lagen hinsichtlich des Parkhauses die Voraussetzungen der Rückausnahme des § 13b Abs. 4 Nr. 1 S. 2 Buchst. b aa ErbStG vor. Danach ist eine Nutzungsüberlassung an Dritte nicht anzunehmen, wenn die **Nutzungsüberlassung im Rahmen der Verpachtung eines ganzen Betriebs** erfolgt, welche beim Verpächter zu Einkünften gemäß § 2 Abs. 1 S. 1 Nr. 2 EStG führt und der Verpächter des Betriebs im Zusammenhang mit einer unbefristeten Verpachtung[33] den Pächter durch eine letztwillige Verfügung als Erben eingesetzt hat.

d) Einschränkungen des Rückausnahmetatbestands für verpachtete Betriebe

Allerdings scheitert die Anwendung der Rückausnahme für verpachtete Betriebe nach § 13b Abs. 4 Nr. 1 S. 2 Buchst. b S. 2 ErbStG, wenn sie vor ihrer Verpachtung die Voraussetzungen als **begünstigtes Vermögen nach § 13 Abs. 2 ErbStG** nicht erfüllt haben oder deren Hauptzweck in der Überlassung von Grundstücken und Grundstücksteilen an Dritte zur Nutzung besteht, ohne dass die Voraussetzungen eines „Wohnungsunternehmens" iSd § 13b Abs. 2 S. 2 Buchst. d ErbStG vorliegen.

Nach Ansicht des BFH erfülle das an K verpachtete Parkhaus beide Einschränkungstatbestände zu der in § 13b Abs. 4 Nr. 1 S. 2 Buchst. b aa ErbStG normierten Rückausnahme. Da die im Parkhaus befindlichen Parkplätze als Grundstücksteile im Zeitpunkt des Erbfalls an die Parkenden als Dritte vermietet worden seien, handele es sich bei dem

---

[29] Näher zur Berechnungsvorschrift des § 13b Abs. 1 S. 1 ErbStG Jülicher in Troll/Gebel/Jülicher/Gottschalk, 4/2025, ErbStG § 13b Rn. 230 ff.

[30] S. auch BFH Urt. v. 23.2.2021 – II R 26/18, ZEV 2021, 591.

[31] S. hierzu BFH Urt. v. 21.2.2020 – II R 22/18, ZEV 2021, 461 mAnm Hannes/Lorenz; BFH Urt. v. 23.2.2020 – II R 26/18, ZEV 2021, 59; BFH Urt. v. 16.3.2020 – II R 3/19, ZEV 2021, 657; BFH Urt. v. 10.5.2023 – II R 21/21, ZEV 2023, 772 mAnm Korezkij.

[32] Vgl. dazu BFH Urt. v. 24.10.2017 – II E 44/15, ZEV 2018, 219 mAnm Viskorf/Escher.

[33] Gemäß R E 13b.15 Abs. 1 S. 1 ErbStR 2019 genügt es, dass der Erbe, auf den der verpachtete Betrieb übergeht, bereits Pächter des Betriebs ist. Bei einer Schenkung unter Lebenden greift die Rückausnahme nach Ansicht der Finanzverwaltung dagegen nur ein, wenn der übertragene Betrieb unbefristet an den Erwerber verpachtet ist.

Parkhausbetrieb[34] bereits vor dessen Verpachtung um steuerschädliches Verwaltungsvermögen iSd § 13b Abs. 4 Nr. 1 S. 1 ErbStG. Der Wortlaut dieser Bestimmung sei nicht auf eine längere Nutzungsüberlassung wie typischerweise aufgrund eines Miet- oder Pachtvertrages beschränkt, sondern erfasse auch eine **kurzfristige Überlassung** – wie hier – **von Parkplätzen an Parkende,** unabhängig davon, ob diese im Rahmen einer Miete oder Verwahrung erfolge.

e) Einordnung von Beherbergungsbetrieben als steuerschädliches Verwaltungsvermögen?

Über den konkreten Fall der Beurteilung des Parkhausbetriebs hinaus bedeutsam ist die weitere Feststellung des BFH, dass die Annahme einer steuerschädlichen Nutzungsüberlassung des Grundstücks oder von Grundstücksteilen an Dritte sich nur dann verbiete, wenn eine der **in § 13b Abs. 4 Nr. 1 S. 2 Buchst. a–f ErbStG abschließend geregelten, wortlautgetreu auszulegenden Rückausnahmetatbestände** vorliege.[35] Eine zum Verwaltungsvermögen rechnende Nutzungsüberlassung an Dritte sei daher auch bei **Beherbergungsbetrieben** gegeben, die die Finanzverwaltung in Anlehnung an die Äußerung des Finanzausschusses des Deutschen Bundestages zum Entwurf des Erbschaftsteuerreformgesetzes[36] vom Verwaltungsvermögen ausklammert.[37] Der anderslautende Wille des Gesetzgebers habe im Gesetz keinen Niederschlag gefunden.

> **Nichtanwendungserlass der Finanzverwaltung:**
>
> Die Finanzverwaltung hat auf diese Feststellung des BFH zwischenzeitlich mit einem Nichtanwendungserlass reagiert und angekündigt, dass sie entgegen der Rechtsauffassung des BFH an ihrer in R E 13b.13 S. 3 ErbStR dargestellten Verwaltungsmeinung festhalten wird.

f) Kundenparkplätze

Nach Auffassung des BFH ist es somit für die Einordnung einer Nutzungsüberlassung an Dritte **unerheblich,** wenn diese zusammen mit einem Bündel an gewerblichen Leistungen einhergeht und deshalb ein **originär gewerblicher Betrieb** iSd § 2 Abs. 1 Nr. 2 EStG vorliegt. Die Praxis muss sich deshalb darauf einstellen, dass damit gewerbliche Vermietungen, Verpachtungen und sonstige Gebrauchsüberlassungen von Grundstücken bzw. Grundstücksteilen an Dritte, wie sich nicht nur bei Hotelbetrieben, Pensionen und Campingplätzen vorkommen, sondern auch bei **Unternehmen** wie zB Einkaufszenten, Supermärkte, Restaurants, **die ihren Kunden Parkplätze zur Verfügung stellen,** als steuerschädlich zu qualifizieren sind.[38] Auf die Gewerblichkeit als ertragsteuerliche Kategorie kommt es hierbei nicht an.[39]

---

[34] Gemeint kann damit in Anbetracht des gegenstandsbezogenen Begriffs des Verwaltungsvermögen nicht der Parkhausbetrieb als solcher sein, sondern das Parkhausgrundstück, so zutreffend Korezkij ZEV 2024, 485 in seiner Urteilsanmerkung.

[35] Zur engen Auslegung der in § 13b Abs. 4 Nr. 1 S. 2 ErbStG geregelten Rückausnahmen vgl. schon BFH Urt. v. 2.12.2020 – II R 22/18, ZEV 2021, 461.

[36] BT-Drs. 16/11075, 20.

[37] Vgl. R E 13b13 S. 3 ErbStR 2019: LfSt Bayern v. 2.3.2020, ZEV 2020, 316.

[38] Vgl. dazu auch Christoffel ErbBstg 2024, 218 (221, 223).

[39] Zur Kritik an der willkürlich anmutenden Begünstigung einzelner Unternehmenszweige, die unter die Rückausnahmen des enumerativen Katalogs des § 13b Abs. 4 Nr. 1 S. 2 Buchst. a–f ErbStG fallen, vgl. nur Kugelmüller-Pugh DStR 2024, 1489 (1490); Christoffel ErbBstg 2024, 218 (219).

g) Nutzungsüberlassung des Grundstücks durch den Dritten bei Bestehen einer Betriebsaufspaltung an einen weiteren Dritten

Die Entscheidung des BFH liegt damit auf der gleichen Linie wie ein früheres Urteil des BFH[40] zur Rückausnahme des § 13b Abs. 2 S. 2 Nr. 1 S. 2 Buchst. a ErbStG in Betriebsaufspaltungsfällen. Diese ist gemäß § 13b Abs. 2 S. 2 Nr. 1 S. 2 Buchst. a Hs. 3 ErbStG nicht anzuwenden, soweit eine Nutzungsüberlassung von dem Dritten an einen weiteren Dritten vorliegt. Der BFH hat dazu klargestellt, dass diese Einschränkung nach denselben Vorgaben auszulegen ist wie die Formulierung „Dritten zur Nutzung überlassene Grundstücke" im Grundtatbestand des § 13b Abs. 2 S. 2 Nr. 1 S. 1 ErbStG.

In dem Streitfall hatte die Betriebskapitalgesellschaft das ihr im Rahmen einer an sich begünstigten Betriebsaufspaltung überlassene **Lagergrundstück** an eine andere Gesellschaft **weitervermietet.** Die darin zu sehende **steuerschädliche Nutzungsüberlassung** iSd § 13b Abs. 2 S. 2 Nr. 1 S. 2 Buchst. a Hs. 3 ErbStG entfalle auch nicht, weil parallel zu dem Mietvertrag zwischen der das Grundstück nutzenden Betriebskapitalgesellschaft und dem Dritten ein Lagerbewirtschaftungsvertrag geschlossen worden sei. Für die Annahme einer steuerschädliche Nutzungsüberlassung an einen Dritten ist es demnach unmaßgeblich, ob mit diesem darüber hinaus ein weiterer Dienstleistungsvertrag geschlossen wird.

Übergang eines verpachteten Gewerbebetriebs von Todes wegen:

Der II. Senat des BFH hatte in seinem Urteil v. 28.4.2024 nicht darüber zu befinden, ob der Übergang eines verpachteten Gewerbebetriebs im Todesfall dem Wortlaut des § 13b Abs. 4 Nr. 1 S. 2 Buchst. b aa ErbStG entsprechend nur bei einem **Übergang auf einen Erben oder auch auf einen Vermächtnisnehmer** begünstigt ist. In seinem Urteil v. 2.12.2020[41] hat der BFH diese Frage ausdrücklich offengelassen. Auch wenn eine teleologische Auslegung der Norm für die Einbeziehung auch eines vermächtnisweisen Erwerbs spricht[42], sollte die Gestaltungspraxis angesichts der vom BFH vorgenommenen engen Auslegung der Rückausnahmetatbestände nach deren Wortlaut und der entgegenstehenden Auffassung der Finanzverwaltung[43] **den Pächter des Betriebs im Unternehmertestament als Erben einsetzen.**

II. Grunderwerbsteuerrecht

1. Ein der Gesellschaft „gehörendes" Grundstück iSd § 1 Abs. 4a S. 1 GrEStG nF

Die Einzeltatbestände des § 1 Abs. 2a–3a GrEStG setzen jeweils voraus, dass ein inländisches Grundstück zum Vermögen der Personen- oder Kapitalgesellschaft „gehört". Diese Zuordnung richtet sich nicht nach zivilrechtlichen oder ertragsteuerrechtlichen Grundsätzen. Maßgeblich ist stattdessen eine **grunderwerbsteuerrechtliche Zurechnung kraft Tatbestandsverwirklichung.**[44]

Was unter einem der Gesellschaft gehörenden Grundstück zu verstehen ist, hat der Gesetzgeber erstmalig in § 1 Abs. 4a S. 1 GrEStG mit Wirkung zum 1.1.2025 kodifiziert.

40 BFH Urt. v. 10.5.2023 – II R 21/21, GmbHR 2024, 506.
41 BFH Urt. v. 2.12.2020 – II R 22/18, ZEV 2021, 461.
42 Vgl. dazu Dorn ErbBstg 2024, 179 (183); Fischer/Pahlke/Wachter, 8. Aufl. 2023, ErbStG § 13b Rn. 396.
43 Vgl. R E 13b.15 Abs. 1 S. 1 Nr. 2 ErbStR 2019.
44 Vgl. nur Meßbacher-Hönsch in Viskorf, 21. Aufl. 2024, GrEStG § 1 Rn. 888 ff.

Er hat sich dabei an einem Vorschlag des Arbeitskreises Grunderwerbsteuer für ein Modernisierungsmodell zur Grunderwerbsteuer[45] orientiert und die Norm partiell abweichend von der bisherigen Rechtslage konzipiert. Danach gehört ein Grundstück nur noch zum Vermögen derjenigen **(Grundstücks-)Gesellschaft** iSd § 1 Abs. 2a–3a GrEStG, die bezüglich des Grundstücks zuletzt einen **Grundtatbestand nach § 1 Abs. 1 GrEStG verwirklicht** hat.

a) Keine veränderte bzw. doppelte Zurechnung von Grundstücken bei Verwirklichung eines Share Deals-Ergänzungstatbestandes

Anders als nach bisheriger Rechtsprechung[46] zieht die Verwirklichung eines Share Deal-Ergänzungstatbestands nach § 1 Abs. 3 oder Abs. 3a GrEStG damit nicht mehr eine veränderte bzw. doppelte Zurechnung von Grundstücken nach sich. Nach bisheriger Rechtslage führte schon der schlichte Erwerb einer grundbesitzenden Gesellschaft zu einer zweifachen Tatbestandsverwirklichung, nämlich in Gestalt des schuldrechtlichen Rechtsgeschäfts beim Erwerber gemäß § 1 Abs. 1 Nr. 1 oder Nr. 3 GrEStG und durch den Übergang des Eigentums bei der grundbesitzenden Gesellschaft nach § 1 Abs. 2a oder Abs. 2b GrEStG (sog. **Signing/Closing-Problem**).

Zum anderen stellte sich beim **Erwerb der Obergesellschaft** bei Vorliegen einer Beteiligungskette bezogen auf ein einziges Grundstück die Frage, ob es hier zu einer Doppelbesteuerung sowohl bei der Grundstücksgesellschaft als auch bei der Obergesellschaft nach § 1 Abs. 2a oder Abs. 2b GrEStG oder beim Erwerber nach § 1 Abs. 1 Nr. 1 oder Nr. 3 GrEStG kam.[47]

b) Grunderwerbsteuerliche Folgen der Neuregelung in § 1 Abs. 4a S. 1 GrEStG

Durch die Neuregelung in § 1 Abs. 4a S. 1 GrEStG ist nunmehr geklärt, dass

- das Grundstück einer Untergesellschaft ihrer Obergesellschaft nur zuzurechnen ist, wenn die Obergesellschaft es selbst durch einen Erwerbsvorgang nach § 1 Abs. 1 GrEStG erworben hat,
- der bloße Erwerb eines Grundstücks durch eine Untergesellschaft zu keiner doppelten Zurechnung des Grundstücks bei ihrer Obergesellschaft bzw. – bei mehrstöckigen Beteiligungsketten – bei ihren Obergesellschaften führt[48],
- die Zurechnung eines einer Gesellschaft kraft Tatbestandsverwirklichung „gehörenden" Grundstücks erst dann endet, wenn eine andere Gesellschaft oder ein sonstiger Dritter in Bezug auf das Grundstück einen Erwerbstatbestand gemäß § 1 Abs. 1 GrEStG verwirklicht;
- die Veräußerung sämtlicher Anteile an einer Obergesellschaft, die über 100 % der Anteile an einer Grundstücksgesellschaft verfügt, an verschiedene Erwerber wegen einer 100 %-igen Änderung des mittelbaren Gesellschafterbestand der Grundstücksgesellschaft nur zu einer Besteuerung nach § 1 Abs. 2b GrEStG bei dieser und nicht mehr zu einer Besteuerung der Obergesellschaft (infolge einer 100 %-igen Änderung ihres unmittelbaren Gesellschafterbestandes gemäß § 1 Abs. 2b GrEStG) führt,
- sich an dem vorgenannten Ergebnis (Besteuerung nur der grundbesitzenden Untergesellschaft) nichts ändert, wenn sämtliche Anteile an ihrer Obergesellschaft nur von einem

[45] Vgl. dazu Arbeitskreis Grunderwerbsteuerrecht DStR 2023, 729; Desens GmbHR 2023, 772 (781 ff.).

[46] Vgl. zuletzt BFH Urt. v. 1.12.2021 – II R 44/18, DStR 2022, 1375; BFH Urt. v. 14.12.2022 – II R 40/20, DStR 2023, 700; BFH Urt. v. 14.12.2022 – II R 33/20, GmbHR 2023, 761; ausf. dazu Desens/Krohn DStR 2024, 1162 ff.; dies. DStR 2024, 2516 ff.; Behrens/Sparr DStR 2024, 2510 ff.

[47] Näher zum Streitstand zwischen den beiden hierzu vertretenen Positionen und möglichen Lösungsansätzen Desens/Krohn DStR 2024, 1162 ff.

[48] So zuvor schon BFH Urt. v. 1.12.2021 – II R 44/18, DStR 2022, 1375; BFH Urt. v. 14.12.2022 – II R 40/20, DStR 2023, 700.

Erwerber erworben werden, da aufgrund der Zurechnung des Grundstücks zur Untergesellschaft eine Zurechnung des Grundstücks kraft Tatbestandsverwirklichung des § 1 Abs. 3 bzw. Abs. 3a GrEStG zum Anteilserwerber ausgeschlossen ist,
- ein und dasselbe Anteilsgeschäft in Bezug auf dasselbe Grundstück nur einmal Grunderwerbsteuer auslösen kann.

c) Doppelte Zurechnung eines Grundstücks in Treuhandfällen

Daneben kann jedoch ausnahmsweise das Grundstück gemäß § 1 Abs. 4a S. 4 und S. 5 GrEStG zeitgleich auch einer zweiten Gesellschaft gehören, wenn diese an dem Grundstück die **Verwertungsbefugnis nach § 1 Abs. 2 GrEStG** innehat. Zu einer ausnahmsweisen Doppelzurechnung des Grundstücks kommt es danach, wenn aufgrund eines Rechtsvorgangs ohne Eigentumsübergang die wesentlichen mit dem Eigentum verbundenen Befugnisse von der Grundstücksgesellschaft auf eine andere Gesellschaft dergestalt übergehen, dass es dieser rechtlich oder wirtschaftlich ermöglicht wird, das Grundstück auf eigene Rechnung zu verwerten.[49] Ein Beispiel dafür sind Treuhandverhältnisse, bei denen eine doppelte Zurechnung des Grundstücks sowohl zur Treuhandgesellschaft als auch zur Treugebergesellschaft in Betracht kommt.[50]

d) Missbrauchstatbestand des § 1 Abs. 4a S. 3 GrEStG

Zur **Vermeidung missbräuchlicher Gestaltungen** ordnet § 1 Abs. 4a S. 3 GrEStG an, dass die Zugehörigkeit eines Grundstücks zum Vermögen einer Grundstücksgesellschaft nachträglich wegfällt, wenn und soweit (im Sinne eines rückwirkenden Ereignisses gemäß § 175 Abs. 1 S. 1 Nr. 2 AO)

1. der Rechtsvorgang gemäß § 1 Abs. 1 GrEStG, aufgrund dessen die Gesellschaft das Grundstück erworben hat, nach § 16 Abs. 1 GrEStG rückgängig gemacht wurde, oder das Grundstück nach § 16 Abs. 2 GrEStG zurückerworben wurde, und
2. dadurch ein Erwerbsvorgang nach § 1 Abs. 2a–3a GrEStG vermieden wird.

Damit sollen ausweislich der Gesetzesbegründungen Gestaltungen einer Besteuerung unterworfen werden, bei denen die Anteile an einer Gesellschaft, deren Grundstück zuvor ein anderer Rechtsträger aufgrund eines Rechtsvorgangs nach § 1 Abs. 1 GrEStG erworben hat, ohne Verwirklichung eines Ergänzungstatbestands veräußert werden und anschließend das zuvor geschlossene Grundstücksgeschäft über § 16 Abs. 1 oder Abs. 2 GrEStG wieder rückabgewickelt wird.[51]

2. Kein Verstoß gegen Nachbehaltensfristen bei Auslaufen der Übergangsregelung für Personengesellschaften

Die Steuervergünstigungen der §§ 5 Abs. 1 und Abs. 2, 6 Abs. 3 S. 1 und 7 Abs. 2 GrEStG finden auch nach Inkrafttreten des MoPeG zum 1.1.2024 weiterhin auf rechtsfähige Personengesellschaften Anwendungen. Rechtsgrundlage dafür ist § 24 GrEStG, wonach Personengesellschaften für grunderwerbsteuerrechtliche Zwecke als Gesamthand fingiert werden.

[49] Näher zur Verschaffung der Verwertungsbefugnis gemäß § 1 Abs. 2 GrEStG Meßbacher-Hönsch in Viskorf, 21. Aufl. 2024, GrEStG § 1 Rn. 539 ff.

[50] Zu steuerbaren Erwerbsvorgängen bei auch grunderwerbsteuerrechtlich anzuerkennenden Treuhandverhältnissen vgl. Meßbacher-Hönsch in Viskorf, 21. Aufl. 2024, GrEStG § 1 Rn. 133 ff.

[51] Vgl. BR-Drs. 369/24, 215.

Allerdings ist die Bestimmung des § 24 GrEStG nach Art. 30 des Kreditzweitmarktförderungsgesetzes (zunächst) bis zum 31.12.2026 befristet. Damit stellte sich die Frage, ob das **Auslaufen der Übergangregelung bei einer Inanspruchnahme der Steuervergünstigungen** zu einem automatischen Verstoß gegen die in § 5 Abs. 3 S. 1 und § 6 Ab. 3 S. 2 GrEStG geregelten Nachbehaltensfristen führen wird.

Der Gesetzgeber hat zumindest diese Frage legislatorisch geklärt und in § 23 Abs. 27 GrEStG bestimmt, dass bei einer zum 31.12.2026 noch laufenden Nachbehaltensfrist ein Verstoß gegen diese nur dann vorliegt, wenn sich gemäß § 5 Abs. 3 S. 1 GrEStG der Anteil des Veräußerers am *Gesellschaftsvermögen* (statt am Vermögen der Gesamthand) innerhalb von zehn Jahren nach dem Übergang des Grundstücks auf die Gesamthand bzw. gemäß § 6 Abs. 3 S. 2 GrEStG der Anteil des Gesamthänders am *Gesellschaftsvermögen* der erwerbenden Gesamthand innerhalb von zehn Jahren nach dem Übergang des Grundstücks von der einen auf die andere Gesamthand vermindert.

Befristete Fortdauer des Moratoriums:

Ob die Steuervergünstigungen nach §§ 5 Abs. 1 und Abs. 2, 6 Abs. 3 S. 1 GrEStG mit Ablauf des 31.12.2026 tatsächlich ersatzlos wegfallen, bleibt dagegen mit Spannung weiter abzuwarten.

3. Anzeigen eines Erwerbsvorgangs auf elektronischem Weg

Gemäß § 18 Abs. 1 S. 1 GrEStG haben Notare dem zuständigen Finanzamt schriftlich Anzeige über grunderwerbsteuerrelevante Sachverhalte nach amtlich vorgeschriebenem Vordruck zu erstatten.[52] Nach dem neu eingefügten Satz 2 haben Notare nunmehr die Möglichkeit, die Anzeige nach Satz 1 auch elektronisch nach amtlich vorgeschriebenem Datensatz über die amtlich bestimmte Schnittstelle nach Maßgabe des § 93c AO, der die Datenübermittlung durch Dritte an Finanzbehörden regelt, zu erstatten. Von der durch das SteuervereinfachungsG 2011 in § 22a GrEStG eingeführten Ermächtigung, ein Verfahren zur elektronischen Übermittelung der Anzeige einzuführen, hatte das BMF keinen Gebrauch gemacht. Die Neuregelung soll ausweislich der Gesetzbegründung der **Vorbereitung der Einführung der verpflichtenden elektronischen Übermittlung der Veräußerungsanzeige durch Notarinnen und Notare** dienen.[53]

4. Kein neuer Gesellschafter iSd § 1 Abs. 2a GrEStG bei Verlängerung der Beteiligungskette

BFH Urt. v. 21.8.2024 – II R 16/22
DStR 2025, 155

[52] Nach Verlautbarung des Bundeszentralamtes für Steuern, www.bzst.de/DE/Unternehmen/Identifikation, ist ab November 2024 ohne Antragstellung bei einer Finanzbehörde mit der Vergabe der Wirtschafts-Identifikationsnummer (W-IdNr.) gemäß § 139c AO an wirtschaftlich Tätige begonnen worden, vgl. dazu auch die öffentliche Bekanntmachung über die Vergabe und Mitteilung der Wirtschafts-Identifikationsnummer-Verordnung v. 30.9.2024, BStBl. I 1269. Sollte dies bei einem beteiligten Erwerber oder Veräußerer bereits der Fall sein, ist die W.-IdNr. gemäß § 20 Abs. 1 Nr. 1 GrEStG im Rahmen der Anzeige des Rechtsvorgangs der Grunderwerbsteuerstelle des Finanzamtes mitzuteilen.

[53] Vgl. dazu BR-Drs. 369/24, 215.

a) Sachverhalt

In dem Fall übertrugen alle vier Gesellschafter der X-KG, die mittelbar zu 100 % an der grundbesitzenden Klägerin in der Rechtsform einer GmbH & Co. KG beteiligt waren, ihre Anteile innerhalb von fünf Jahren auf neue Gesellschafter. Zwei der Gesellschafter brachten dabei ihre jeweilige 20 %-Beteiligung an der X-KG in die W-KG ein, an der die beiden einbringenden Gesellschafter jeweils zur Hälfte beteiligt waren. Das Finanzamt und die Vorinstanz des FG München[54] sahen aufgrund dieser Umstrukturierung den Tatbestand des § 1 Abs. 2a GrEStG als erfüllt an.

b) Entscheidung des BFH

Der BFH hat diese Beurteilung verworfen und stattdessen festgestellt, dass es bei mittelbaren Änderungen im Gesellschafterbestand von mehrstöckigen Personengesellschaften weiterhin eine **wirtschaftliche Betrachtungsweise** maßgebend sei. Dies gelte ungeachtet der Einfügung des neuen Satzes 2 in § 1 Abs. 2a GrEStG durch das Steueränderungsgesetz 2015, wonach mittelbare Änderungen im Gesellschafterbestand von den an einer Personengesellschaft beteiligten Personengesellschaften durch Multiplikation der Vomhundertsätze der Anteile am Gesellschaftsvermögen anteilig berücksichtigt werden.

Demzufolge seien bei der Prüfung des § 1 Abs. 2a GrEStG bei mehrstöckigen Beteiligungsstrukturen auch die **Beteiligungsverhältnisse auf höheren Beteiligungsebenen einzubeziehen.** Werde eine an der grundbesitzenden Personengesellschaft mittelbar beteiligte Personengesellschaft in die Gesellschafterstruktur eingefügt, ohne dass sich die Rechtsträger, an denen keine gesellschaftsrechtlichen Beteiligungen bestehen könnten (= natürliche und juristische Personen außer Kapitalgesellschaften), geändert hätten, sei kein neuer Gesellschafter der grundbesitzenden Personengesellschaft iSv § 1 Abs. 2a S. 1 GrEStG hinzugekommen.[55]

Dies sei bei der zu beurteilenden Umstrukturierung der Fall. An der in die Beteiligungsstruktur eingefügten W-KG, die nach Abtretung der Anteile an der X-KG mittelbar zu 40 % an der grundbesitzenden Klägerin beteiligt war, seien die gleichen einbringenden Gesellschafter wie zuvor an der X-KG beteiligt gewesen.

c) Konsequenzen der BFH-Entscheidung

Nach der Entscheidung des BFH verwirklicht somit die Verlängerung einer Beteiligungskette einer bereits mehrstöckigen Personengesellschaft durch Zwischenschaltung einer weiteren Personengesellschaft den Tatbestand des § 1 Abs. 2a GrEStG nicht. Bei mehrstöckigen Personengesellschaften ist durch alle Ebenen der beteiligten Personengesellschaften hindurchzuschauen. Die dort festgestellten Veränderungen der jeweiligen Beteiligungsverhältnisse sind in die grunderwerbsteuerrechtliche Prüfung miteinzubeziehen. **Personengesellschaften** sind somit im Rahmen des § 1 Abs. 2a GrEStG entgegen der Auffassung der Finanzverwaltung weiterhin **als transparent zu betrachten.**

---

[54] FG München Urt. v. 23.6.2021 – 4 K 1105/18.

[55] Anders dagegen die gleich lautenden Erlasse der obersten Finanzbehörden der Länder zur Anwendung des § 1 Abs. 2a GrEStG v. 10.5.2022, BStBl. I 801, Beispiel unter 5.3.2, die insoweit nur die Steuervergünstigung nach § 6 Abs. 3 S. 1 iVm Abs. 1 S. 1 GrEStG anwenden wollen.

5. Steuerbefreiung eines Grundstückserwerbs aus Anlass des Übergangs von öffentlich-rechtlichen Aufgaben

BFH Urt. v. 18.2.2024 – II R 45/21
DStR 2024, 1764

a) Sachverhalt

In einem Urteil aus dem letzten Jahr hat sich der BFH zur Reichweite der Steuerbefreiung nach § 4 Nr. 1 GrEStG geäußert. In dem zugrunde liegenden Fall bestellte die Universität der Stadt A im Jahr 2011 ein Erbbaurecht zugunsten der Klägerin, einem Studierendenwerk mit Sitz in A in der Rechtsform einer Anstalt des öffentlichen Rechts. Der Klägerin oblag nach ihrer Satzung die Aufgabe der Errichtung und Bewirtschaftung von Einrichtungen für das studentische Wohnen. Das Finanzamt setzte für die Bestellung des Erbbaurechts Grunderwerbsteuer fest, wogegen sich die Klage des Studierendenwerks richtete.

Nach § 2 Abs. 2 Nr. 1 GrEStG ist ein **Erbbaurecht einem Grundstück gleichgestellt,** sodass auch die Verpflichtung zur bzw. der Erwerb des Anspruchs auf Bestellung eines Erbbaurechts der Grunderwerbsteuer unterliegt.[56] Die Klägerin berief sich indes auf die Steuerbefreiung gemäß § 4 Nr. 1 Alt. 1 GrEStG. Danach ist der Erwerb eines Grundstücks durch eine juristische Person des öffentlichen Rechts von der Besteuerung ausgenommen, wenn das **Grundstück aus Anlass des Übergangs einer öffentlich-rechtlichen Aufgabe von der einen auf die andere juristische Person des öffentlichen Rechts übergeht.**

b) Entscheidung des BFH

Der BFH stellt zunächst klar, dass wegen der in § 2 Abs. 2 Nr. 1 GrEStG angeordneten Gleichstellung von Erbbaurechten mit Grundstücken grundsätzlich auch die erstmalige Bestellung eines Erbbaurechts in den Anwendungsbereich des § 4 Nr. 1 Alt. 1 GrEStG fallen könne.

Ein **Übergang von öffentlich-rechtlichen Aufgaben** im Sinne dieser Vorschrift ist nach der Rechtsprechung gegeben, wenn die übernehmende juristische Person des öffentlichen Rechts die gleiche Funktion ausübt, die bisher die übergebende juristische Person wahrgenommen hat.[57] Der Trägerwechsel in Bezug auf die zu erfüllende Verwaltungsaufgabe muss **mit einem rechtsgeschäftlichen oder gesetzlichen Eigentumsübergang des Grundstücks** verbunden sein.[58]

Daraus zieht der BFH den Schluss, dass ein Grundstückserwerb „aus Anlass des Übergangs" bei der übertragenden juristischen Person ein **zeitliches Zusammenfallen des Eigentumserwerbs an dem Grundstück mit der öffentlich-rechtlichen Aufgabe** voraussetze. Zweck der Steuerbefreiung sei es, nur den Übergang eines Grundstücks bei der Übertragung von öffentlich-rechtlichen Aufgaben zu privilegieren. Da sich in dem zu entscheidenden Fall die öffentlich-rechtliche Aufgabe und das Grundstückseigentum zu keinem Zeitpunkt in der Hand der übertragenden Universität befanden, hat der BFH die Gewährung der Steuerbefreiung gemäß § 4 Nr. 1 Alt. 1 GrEStG für die Bestellung des Erbbaurechts zugunsten der Klägerin verneint.

---

[56] Vgl. nur Viskorf in Viskorf, 21. Aufl. 2024, GrEStG § 2 Rn. 184.

[57] BFH Urt. v. 1.9.2011 – II R 16/10, DB 2011, 2823; BFH Urt. v. 27.11.2019 – II R 40/16, DStR 2020, 717.

[58] BFH Urt. v. 17.5.1989 – II R 98/86, BFH/NV 1990, 263; BFH Urt. v. 1.9.2011 – II R 16/10, DB 2011, 2823.

Grundstückstransfer zwischen juristischen Personen des öffentlichen Rechts:

Die Entscheidung des BFH verdeutlicht, dass es bei der Anwendung des § 4 Nr. 1 GrEStG nicht darum geht, den Steuerzugriff auf die öffentliche Hand generell zu begrenzen und nur zur Sicherung der Wettbewerbsneutralität zu eröffnen. Stattdessen muss bei einer Grundstücksübertragung zwischen juristischen Personen des öffentlichen Rechts in jedem Einzelfall geprüft werden, ob die Voraussetzungen der Steuerbefreiung nach § 4 Nr. 1 GrEStG in der vom BFH praktizierten Lesart dieser Vorschrift gegeben sind.

6. Keine Grunderwerbsteuerbefreiung bei Aufhebung einer Wohnungseigentümergemeinschaft

BFH Urt. v. 31.7.2024 – II R 30/21
DStR 2024, 2764

a) Begründung von Wohnungseigentum durch mehrere Miteigentümer

Nach § 7 Abs. 1 GrEStG wird für den Fall, dass Miteigentümer ein ihnen gehörendes Grundstück flächenweise teilen, die Steuer insoweit nicht erhoben, als der Wert des Teilgrundstücks, das der einzelne Erwerber erhält, seinem Bruchteil an dem gesamten zu verteilenden Grundstück entspricht. Ausgehend von dem Zweck der Vorschrift, wonach die Steuer nicht erhoben werden soll, soweit sich nur die Rechtsnatur, nicht aber der Umfang der Berechtigung an einem Grundstück ändert, ist die **Steuerbefreiung des § 7 Abs. 1 GrEStG auf die Begründung von Wohnungs- und Teileigentum durch mehrere Miteigentümer analog anzuwenden.**[59]

b) Grunderwerbsteuerliche Behandlung des umgekehrten Falls

In einem Urteil aus dem letzten Jahr hat der BFH zunächst bestätigt, dass der umgekehrte Fall der Aufhebung einer Wohnungseigentümergemeinschaft nebst anschließendem **Erwerb des Miteigentums der übrigen Gemeinschafter an dem betroffenen Grundstück** wegen des damit einhergehenden Rechtsträgerwechsels als **Tauschgeschäft** iSd § 1 Abs. 1 Nr. 1, Abs. 5 GrEStG der Grunderwerbsteuer unterliege.[60]

Der BFH hat es mangels Vorliegens einer Gesetzeslücke jedoch abgelehnt, die Befreiungsregelung des § 7 Abs. 1 GrEStG auf den Tauschvorgang bei der Aufhebung einer Wohnungseigentümergemeinschaft unter Bildung von Miteigentum analog anzuwenden. Er hat dies damit begründet, dass es hierbei zu einer abweichenden Zuordnung der Flächen komme, die zuvor im Sondereigentum standen und nach Aufhebung der Wohnungseigentümergemeinschaft den Miteigentümern gemeinsam gehören würden.

Aufhebung von Sondereigentum nebst Realteilung des gemeinschaftlichen Grundstücks:

Heben die Miteigentümer eines mit einem Doppelhaus bebauten Grundstücks, an dem Sondereigentum zugunsten des jeweiligen Miteigentümers besteht, das Sondereigen-

[59] Vgl. nur Viskorf in Viskorf, 21. Aufl. 2024, GrEStG § 7 Rn. 61, 64; Joisten in Pahlke, 7. Aufl. 2023, GrEStG § 7 Rn. 20 jeweils mwN zur Rechtsprechung.
[60] BFH Urt. v. 31.7.2024 – II R 30/21, DStR 2024, 2764 mAnm Kugelmüller-Pugh.

tum an dem Grundstück auf, um dieses anschließend real zu teilen und durch Tausch der Miteigentumsanteile Alleineigentum eines jeden Miteigentümers an dem mit „seiner“ Doppelhaushälfte bebauten Grundstück zu begründen, unterfällt dieser Vorgang der Grunderwerbsteuer, ohne dass hierfür eine Steuerbefreiung existiert. Demgegenüber leitet die Finanzverwaltung aus der ratio der §§ 5 Abs. 2, 7 Abs. 1 GrEStG die These ab, dass keine Grunderwerbsteuer anfalle, solange es bei dem Vorgang zu keiner echten Wertverschiebung komme.[61] Ob die Finanzverwaltung diese Ansicht nach dem BFH-Urteil zur Nichtanwendung des § 7 Abs. 1 GrEStG auf solche Konstellationen weiter aufrechterhält, bleibt abzuwarten. Der Notar sollte die Beteiligten daher in diesen Fällen auf den möglichen Anfall von Grunderwerbsteuer hinweisen.

7. Bemessungsgrundlage der Grunderwerbsteuer bei Verlängerung eines Erbbaurechts

BFH Urt. v. 10.7.2024 – II R 3/22
DStR 2024, 2371

BFH Urt. v. 10.7.2024 – II R 36/23
DStR 2024, 2375

a) Behandlung der Verlängerung eines Erbbaurechts wie dessen Bestellung

Der BFH hat in zwei jüngeren Entscheidungen vom gleichen Tag[62] zunächst seine frühere Rechtsauffassung bestätigt, dass bei der Verlängerung eines Erbbaurechts **der auf die vereinbarte Laufzeit der Verlängerung kapitalisierter Erbbauzins als Wert der Gegenleistung** in die Bemessungsgrundlage für die Grunderwerbsteuer einzubeziehen sei.[63] Während die Verlängerung eines Erbbaurechts zivilrechtlich als Inhaltsänderung gemäß § 877 BGB zu verstehen ist, behandelt der BFH aufgrund einer **spezifischen grunderwerbsteuerlichen Betrachtungsweise** die **vorzeitige Verlängerung eines Erbbaurechts wie die Neubegründung eines Erbbaurechts,** die gemäß § 1 Abs. 1 Nr. 1 iVm § 2 Abs. 2 Nr. 1 GrEStG der Grunderwerbsteuer unterliegt. Deren Bemessungsgrundlage bestimmt sich bei der Verlängerung des Erbbaurechts auf der Grundlage des für die Dauer der Laufzeitverlängerung maßgeblichen, der Anlage 9a zum BewG zu entnehmenden Vervielfältigers.

b) Keine weitere Abzinsung des kapitalisierten Erbbauzinsens auf den Zeitpunkt des Abschlusses der Verlängerungsvereinbarung

Der BFH hat darüber hinaus gehend festgestellt, dass eine (weitere) Abzinsung des kapitalisierten Erbbauzinses auf den Zeitpunkt des Abschlusses der Verlängerungsvereinbarung weder nach § 12 Abs. 3 S. 1 BewG noch nach § 13 Abs. 1 oder Abs. 3 BewG angezeigt ist. Eine **Abzinsung nach § 12 Abs. 3 S. 1 BewG** kommt beispielsweise in Betracht, wenn die Kaufpreiszahlungspflicht des Käufers über den Zeitpunkt der Erfüllung

[61] Vgl. gleichlautende Erlasse der obersten Finanzbehörden der Länder v. 12.11.2018, S 4514, BStBl. I 2018, 1334 Rn. 1.
[62] BFH Urt. v. 10.7.2024 – II R 3/22, DStR 2024, 2371 mAnm Kugelmüller-Pugh; BFH Urt. v. 10.7.2024 – II R 36/23, DStR 2024, 2375 mAnm Kugelmüller-Pugh.
[63] BFH Urt. v. 18.8.1993 – II R 10/90, DStR 1993, 1479; BFH Urt. v. 23.4.2020 – II B 19, BFH/NV 2020, 925.

der Übereignungspflicht des Verkäufers hinaus um mehr als ein Jahr zinslos hinausgeschoben wird.[64]

Im Unterschied dazu erfülle – so der BFH – sowohl der Grundstückseigentümer als auch der Erbbauberechtigte ihre jeweiligen Leistungen Zug um Zug erst in der Zukunft mit Beginn des Verlängerungszeitraums. Mangels eines zeitlichen Aufschubs der Erbbauzinsverpflichtung sei daher **für die Abzinsung des kapitalisierten Erbbauzinses auf den Zeitpunkt der Verlängerungsvereinbarung kein Raum.**[65]

c) Automatische Verlängerung des Erbbaurechts unter dem Vorbehalt eines Widerspruchs des Erbbauberechtigten

Eine Verlängerung des Erbbaurechts kann auch unter einer aufschiebenden oder einer auflösenden Bedingung vereinbart werden. In dem dem zweiten Urteil des BFH v. 10.7.2024 zugrunde liegenden Fall hatten die Parteien die von ihnen vereinbarte, automische Laufzeitverlängerung unter die auflösende Bedingung eines Widerspruchs des Erbbauberechtigten gestellt. Da es für die Entstehung der Grunderwerbsteuer nur auf das schuldrechtliche Rechtsgeschäft ankommt, hat der BFH die Einbeziehung auch der für den Verlängerungszeitraum zu zahlenden Erbbauzinsen in die grunderwerbsteuerliche Bemessungsgrundlage iSd § 8 Abs. 1 GrEStG durch das Finanzamt bestätigt. Dass die automatische Verlängerung eines Erbbaurechts für den Fall, dass kein Widerspruch erfolge, in dinglicher Hinsicht als zulässige aufschiebende Bedingung angesehen werde[66], sei für die grunderwerbsteuerrechtliche Beurteilung der Verlängerungsvereinbarung unerheblich.

Verlängerung eines Erbbaurechts unter einer Potestativbedingung:

Die Einbeziehung einer Laufzeitverlängerung in die grunderwerbsteuerlicher Bemessungsgrundlage für die erstmalige Einräumung eines Erbbaurechts kann vermieden werden, wenn die Laufzeitverlängerung von der Ausübung einer entsprechenden Option durch den Erbbauberechtigten abhängig gemacht wird. In diesem Fall entsteht die Steuer gemäß § 13 Nr. 1 GrEStG erst mit dem Eintritt der Bedingung für die Laufzeitverlängerung, das heißt, wenn der Erbbauberechtigte die Option gegenüber dem Grundstückseigentümer ausübt.

III. Ertragsteuerrecht

1. Anschaffung eines Grundstücks bei entgeltlichem Erwerb eines Miterbenanteils

a) Herkömmliche Sichtweise: Bruchteilsbetrachtung

Die Finanzverwaltung[67] und lange Zeit auch der BFH[68] gingen davon aus, dass es durch den Erwerb eines Erbanteils zu einer anteiligen entgeltlichen Anschaffung des zum Nachlass

[64] Vgl. dazu BFH Urt. v. 18.1.1989 – II R 103/85, BB 1989, 1475; BFH Urt. v. 12.10.1994 – II R 4/91, DStR 1995, 288.

[65] So auch Viskorf in Viskorf, 21. Aufl. 2024, GrEStG § 2 Rn. 189; gleichlautende Erlasse der obersten Finanzbehörden der Länder v. 16.9.2015, BStBl. I 827 Rn. 3.4; aA dagegen Behrens/Wachter/Lieber, 2. Aufl. 2022, GrEStG § 2 Rn. 52.

[66] So BGH Urt. v. 14.7.1969 – V ZR 122/66, NJW 1969, 2043.

[67] BMF-Schreiben v. 14.3.2006 – IV B 2-S 2242-7/06, ZEV 2006, 154 Rn. 43.

[68] BFH Urt. v. 20.4.2004 – IX R 5/02, DStR 2004, 987.

gehörenden Grundbesitzes durch den Erwerber komme. Veräußert der Erwerber den Erbteil innerhalb der zehnjährigen Spekulationsfrist, kam es danach zu einer Besteuerung des dabei erzielten Gewinns nach § 22 Nr. 2 iVm § 23 Abs. 1 S. 1 Nr. 1 EStG.

b) Paradigmenwechsel in der BFH-Rechtsprechung

Mit Urteil vom 26.9.2023 hatte der BFH seine frühere Ansicht aufgegeben und festgestellt, dass der entgeltliche Erwerb des Anteils an einer gesamthänderischen Beteiligung nicht zu einer (anteiligen) Anschaffung der Wirtschaftsgüter des Gesamthandsvermögens führe.[69] Die Vorschrift des § 23 Abs. 1 S. 1 Nr. 1 EStG sei zivilrechtlich auszulegen und verlange ihrem Wortlaut nach die **Identität von angeschafftem und veräußertem Wirtschaftsgut.**[70] Die gesamthänderische Beteiligung eines Miterben an einer Erbengemeinschaft vermittele diesem jedoch keinen sachenrechtlich fassbaren Anteil und kein Verfügungsrecht an den Gegenständen des Nachlasses als Gesamthandsvermögen.[71] Eine entsprechende Anwendung des § 23 Abs. 1 S. 4 EStG, wonach die Anschaffung oder Veräußerung einer unmittelbaren oder mittelbaren Beteiligung an einer Personengesellschaft als Anschaffung oder Veräußerung der anteiligen Wirtschaftsgüter gilt, hat der BFH abgelehnt.

Als Folge dieses Paradigmenwechsels in der Rechtsprechung des BFH eröffneten sich damit für den Erwerber aller Erbteile einer Erbengemeinschaft, zu deren Vermögen ein Grundstück gehörte, die Möglichkeit zur anschließenden steuerfreien Veräußerung des Nachlassgrundstücks. Mangels Identität zwischen angeschafftem und veräußertem Wirtschaftsgut hätte ein Miterbe auf der Grundlage der neuen BFH-Rechtsprechung trotz Anschaffung des Grundstücks durch den Erblasser vor weniger als zehn Jahren auch dann kein privates Veräußerungsgeschäft gemäß § 23 Abs. 1 S. 1 Nr. 1 EStG getätigt, wenn dieser seinen Miterbenanteil an einen anderen Miterben oder einen Dritten veräußert hätte.[72]

c) Wiederherstellung der Bruchteilsbetrachtung durch den Gesetzgeber

Die dadurch aufgetretene Besteuerungslücke hat der Gesetzgeber durch das JStG 2024 wieder geschlossen, indem er die bislang nur für die Anschaffung und Veräußerung von Anteilen an einer Personengesellschaft geltende Bestimmung des § 23 Abs. 1 S. 4 EStG um Anteile an einer Gesamthandsgemeinschaft (= Erbengemeinschaft) erweitert hat.

d) AfA-Berechtigung eines Erbteilserwerbers

Eine aus Sicht eines Erbteilserwerbers nachteilige Konsequenz der Qualifikation von Erbteil und Grundstücksanteil als zwei unterschiedliche Wirtschaftsgüter durch den BFH könnte sein, dass der Erwerber eines Erbteils nur Anschaffungskosten auf den erworbenen Erbteil tätigt, ihm dafür jedoch keine Anschaffungskosten auf das zum Nachlass gehörende Grundstück zugerechnet werden. Im Fall des entgeltlichen Erwerbs eines Anteils an einer vermögensverwaltenden, grundbesitzenden Personengesellschaft hat der BFH die AfA-Berechtigung des Erwerbers zwar bejaht. Er hat diese jedoch damit begründet, dass der erworbene Gesellschaftsanteil gerade kein eigenes Wirtschaftsgut darstelle und einkommensteuerrechtlich deshalb eine Bruchteilsbetrachtung geboten sei.[73] Deren legislative Festschreibung bei Erwerb eines Erbteils und die damit verbundene **anteilige Zurechnung der zum Nachlass gehörenden Wirtschaftsgüter** in § 23 Abs. 1 S. 4 EStG sollten jedoch zugleich als

[69] BFH Urt. v. 26.9.2023 – IX R 13/22, MittBayNot 2024, 511.
[70] So zuvor bereits Tiedtke/Wälzholz ZEV 2004, 196; dies. ZEV 2002, 183; dies. BB 2001, 234.
[71] Kritisch dazu Weber-Grellet FR 2024, 321 (322).
[72] So auch Trossen DStR 2024, 23 in seiner Urteilsanmerkung; zu weiteren Fallgruppen vgl. auch Wälzholz ZEV 2024, 127 f.
[73] Vgl. BFH Urt. v. 3.5.2022 – IX R 22/19, DStR 2022, 1945.

ausreichende Grundlage für die Annahme einer AfA-Berechtigung eines Erbteilserwerbers in Bezug auf das anteilig erworbene Mietgrundstück verstanden werden.

Erbauseinandersetzungsvertrag oder Erbteilskaufvertrag?

Angesichts des vom BFH vorgenommenen Richtungswechsels bei der Beurteilung des Erwerbs eines Erbanteils wäre einem Miterben oder einem Dritter bei einem von ihm zur (Weiter-)Vermietung vorgesehenen Nachlassgrundstück vorsorglich zu raten gewesen, statt eines Erbteilskaufvertrags doch besser einen Erbauseinandersetzungsvertrag oder einen Kaufvertrag über das Grundstück abzuschließen, um ihm die Möglichkeit zur Abschreibung seiner aufgewendeten Anschaffungskosten bei seinen Einkünften aus Vermietung und Verpachtung des Grundstücks zu sichern. Mit der nunmehr erfolgten ausdrücklichen Einbeziehung von Erbengemeinschaften in den Regelungsbereich des § 23 Abs. 1 S. 4 EStG ist eine solche Vorsichtsmaßnahme zur Sicherung der AfA für das Vermietungsobjekt nicht mehr erforderlich.

2. Buchwertübertragung von Wirtschaftsgütern zwischen beteiligungsidentischen Schwesterpersonengesellschaften

a) Entscheidung des BVerfG

§ 6 Abs. 5 S. 3 EStG aF enthielt eine abschließende Aufzählung von Fällen, in denen die **Übertragung eines Wirtschaftsguts (zB eines Grundstücks) bei Mitunternehmerschaften mit Rechtsträgerwechsel** zum Buchwert möglich war. Davon ausgenommen war jedoch die Übertragung von Wirtschaftsgütern (zB eines Betriebsgrundstücks) zwischen den Gesamthandsvermögen beteiligungsidentischer Schwesterpersonengesellschaften. Dies hat das BVerfG als Verstoß gegen den Gleichheitssatz des Art. 3 Abs. 1 GG gewertet und dem Gesetzgeber aufgegeben, den festgestellten Verfassungsverstoß rückwirkend für Übertragungsvorgänge nach dem 31.12.2000 zu beseitigen.[74]

b) Reaktion des Gesetzgebers

Der Gesetzgeber hat auf diese Entscheidung zügig reagiert und in **§ 6 Abs. 5 S. 3 Nr. 4 EStG** die unentgeltliche Übertragung eines Wirtschaftsguts zwischen den Gesamthandsvermögen verschiedener Mitunternehmerschaften derselben, identisch beteiligten Mitunternehmer zum Buchwert zugelassen. Eine **Beteiligungsidentität an Mitunternehmerschaften** in diesem Sinne liegt laut Gesetzesbegründung dagegen nicht vor, wenn unmittelbar oder mittelbar und zivilrechtlich oder nur wirtschaftlich eine natürliche Person oder eine Körperschaft, Personenvereinigung oder Vermögensmasse nur an einer der beiden Mitunternehmerschaften beteiligt ist. **Ertragsteuerschädlich** soll dabei auch **eine Beteiligung als Treuhänder** sein, selbst wenn dieser nicht als Mitunternehmer anzusehen ist.[75]

Die Buchwertfortführung bei Übertragung eines Wirtschaftsguts zwischen zwei GmbH & Co. KGs wird dagegen nicht dadurch verhindert, dass an ihr neben denselben Kommanditisten mit gleicher Beteiligung als persönlich haftende Gesellschafterin zwei

[74] Vgl. BVerfG Beschl. v. 28.11.2023 – 2 BvL 8/13, NJW 2024, 1171; s. dazu auch die Besprechung dieser Entscheidung von Bünning BB 2024, 1835 ff.; Ungemach DStZ 2024, 272 ff.; Intrau/van Lishaut FR 2024, 183 f.

[75] So auch Bergan/Lätsch DStR 2024, 2721 (2722).

unterschiedliche Komplementär-GmbHs ohne Anteil am Vermögen der jeweiligen KG beteiligt sind.[76]

c) Übertragung gegen Gewährung oder Minderung von Gesellschaftsrechten

Nach dem Gesetzeswortlaut gilt die Buchwertfortführung nicht bei einer Übertragung gegen Gewährung oder Minderung von Gesellschaftsrechten. Damit käme es zur Aufdeckung der stillen Reserven in einem Grundstück, wenn dessen Übertragung, gegen Minderung des Kapitalkontos I bei der übertragenden Mitunternehmerschaft und dafür gegen Erhöhung des Kapitalkontos I bei der erwerbenden Mitunternehmerschaft erfolge. Ertragsteuerschädlich wäre danach auch die Abspaltung eines Wirtschaftsguts auf eine Schwesterpersonengesellschaft gegen Gewährung von Anteilen an die gemeinsame Muttergesellschaft.[77]

Die Literatur befürwortet hier zur Vermeidung einer Ungleichbehandlung mit den in § 6 Abs. 5 S. 3 Nr. 1 und Nr. 2 EStG geregelten Tatbeständen, die die Buchwertfortführung auch für Übertragungen gegen Gewährung oder Minderung von Gesellschaftsrechten vorsehen, eine **verfassungskonforme Auslegung und Anwendung des § 6 Abs. 5 S. 3 Nr. 4 EStG** auch auf eine Übertragung gegen Gewährung oder Minderung von Gesellschaftsrechten.[78] Ob sich die Finanzverwaltung dieser Ansicht anschließt, muss jedoch angesichts des Wortlauts der Vorschrift bezweifelt werden. Eine solche Gestaltung sollte deshalb nur nach vorheriger Einholung einer verbindlichen Auskunft beim zuständigen Finanzamt umgesetzt werden.

3. Verschärfung der Körperschaftsklauseln

a) Teleologische Reduktion der Körperschaftsteuerklauseln durch den BFH

Nach § 6 Abs. 5 S. 5 EStG kommt es bei einem unter § 6 Abs. 5 S. 3 EStG fallenden Übertragungsvorgang zu einem Teilwertansatz und damit zu einer Aufdeckung der in dem übertragenen Wirtschaftsgut enthaltenen stillen Reserven, wenn durch die Übertragung der **Anteil einer Körperschaft oder eines anderen Körperschaftsteuersubjekts iSd § 1 KStG an dem Wirtschaftsgut** unmittelbar oder mittelbar begründet wird oder sich dieser erhöht. Dies gilt gemäß § 6 Abs. 5 S. 6 EStG auch dann, wenn der Anteil einer Körperschaft an dem übertragenen Wirtschaftsgut innerhalb von sieben Jahren nach der Übertragung aus einem anderen Grund unmittelbar oder mittelbar begründet wird oder sich erhöht.

Der BFH hat im Wege einer teleologischen Reduktion der sog. Körperschaftsklauseln der § 6 Abs. 5 S. 5 und S. 6 EStG eine schädliche Verlagerung stiller Reserven entgegen der Ansicht der Finanzverwaltung[79] nur dann angenommen, wenn die im übertragenen Wirtschaftsgut gespeicherten stillen Reserven aus der Sphäre der Einkommensteuer in das Regime der Körperschaftsteuer wechseln.[80] Bei einer solchen **Statusänderung auf Ebene der Mitunternehmerschaft** könnte eine den Anteil an dem Wirtschaftsgut erwerbende Kapitalgesellschaft die darin enthaltenen stillen Reserven durch eine Veräußerung nach § 8b KStG weitgehend steuerfrei realisieren und den daraus resultierenden Gewinn nach

---

[76] Zur Unschädlichkeit von 0%-Beteiligungen s. auch Bergan/Lätsch DStR 2024, 2721 (2722 f.).

[77] Vgl. dazu Broemel/Westermann DStR 2024, 1521 f.

[78] S. hierzu Liedgens/Veil DB 2024, 1025 (1027); Strahl NWB 2024, 222 (225); Broemel/Westermann DStR 2024, 1521 (1522).

[79] BFH v. 8.12.2011 – IV C6-S 2241/10/10002, DStR 2011, 2401 Rn. 31.

[80] Vgl. BFH Urt. v. 15.7.2021 – IV R 36/18, DStR 2021, 2575; näher dazu Broemel/Kölle DStR 2021, 2877.

den in § 3 Nr. 40 EStG normierten Bestimmungen des Teileinkünfteverfahrens teilweise steuerfrei an ihre Gesellschafter ausschütten.[81]

b) Reaktion des Gesetzgebers auf die BFH-Rechtsprechung

In § 6 Abs. 5 S. 7 EStG nF wurde nunmehr jedoch die bisherige Verwaltungsauffassung kodifiziert.[82] Nach dieser Vorschrift kommt es auch dann zum Teilwertansatz des Wirtschaftsguts, wenn und soweit die stillen Reserven in dem übertragenen Wirtschaftsgut bereits bisher einem Körperschaftsteuersubjekt zuzurechnen waren und deshalb gar kein Regimewechsel stattfindet.[83] Auf diese Weise soll aus Sicht des Gesetzgebers in **Abgrenzung zu Buchwerteinbringungen von Sachgesamtheiten nach dem Umwandlungssteuergesetz** die Möglichkeit einer steuerneutralen Übertragung von Einzelwirtschaftsgütern von einem Körperschaftsteuer-Subjekt auf ein anderes Körperschaftsteuer-Subjekt unterbunden werden.[84]

Beispielsfall:

Die E-GmbH und die F-GmbH sind als Kommanditisten an der A-KG beteiligt. Die E-GmbH überträgt aus ihrem Betriebsvermögen ein Grundstück auf die A-KG gegen Gewährung von Gesellschaftsrechten.

Lösung:

Nach § 6 Abs. 5 S. 7 EStG kommt in dem Umfang zur Aufdeckung der in dem Grundstück gebündelten stillen Reserven, in dem die F-GmbH vor der Übertragung am Festkapital der KG beteiligt ist.

4. Wohngemeinnützigkeit als neuer gemeinnütziger Katalogzweck

Eine Körperschaft kann nur dann als gemeinnützig anerkannt werden, wenn sie gemäß ihrer Satzung einen der in § 52 AO aufgeführten sog. Katalogzwecke verfolgt. Der Gesetzgeber hat nun als neuen Katalogzweck in § 52 Abs. 2 S. 1 Nr. 27 AO die sog. Wohngemeinnützigkeit eingeführt.[85] Unter welchen Voraussetzungen „die Förderung wohngemeinnütziger Zwecke" anzunehmen ist, ist in § 52 Abs. 2 S. 1 Nr. 27 S. 2 ff. AO geregelt. Begünstigt ist danach nur die **Überlassung von Wohnraum an Menschen,** die zu Beginn des jeweiligen Nutzungsverhältnisses **hilfebedürftig iSd § 53 AO** sind.[86]

a) Kriterium der Hilfebedürftigkeit iSd § 53 AO

Hilfebedürftig sind zum einen Menschen, die gemäß § 53 Nr. 1 AO körperlich, geistig und/oder seelisch hilfebedürftig sind (sog. **persönliche Hilfebedürftigkeit**). Zum begünstigten Personenkreis gehören zum anderen **wirtschaftlich hilfebedürftige Menschen** iSd § 53 Nr. 2 AO, deren Bezüge nicht höher sein dürfen als das Fünffache des Regelsatzes der

---

81 Näher dazu Groh DB 2003, 1403 (1404); Rogall DStR 2005, 992 (994).
82 Zu der Neuregelung auf Basis des Regierungsentwurfs vgl. auch Broemel/Westermann DStR 2024, 1521.
83 Kritisch zu dieser Verschärfung der Körperschaftsteuerklauseln unter Hinweis auf die weiterhin gegebene körperschaftsteuerliche Verhaftung der in dem Wirtschaftsgut enthaltenen stillen Reserven Broemel/Westermann DStR 2024, 1521 (1523).
84 Vgl. dazu BT-Drs. 20/13419, 225.
85 Ausf. dazu Kirchhain/Unger DStR 2024, 2785 (2786 ff.).
86 Nach AEAO Nr. 2 S. 4 zu § 53 AO zählen Menschen ab Vollendung des 75 Lebensjahres per se ohne weitere Nachweise zum Kreis der hilfebedürftigen Personen.

Sozialhilfe iSd § 28 SGB XII.[87] Bei Alleinstehenden oder Alleinerziehenden tritt an die Stelle des Fünffachen das Sechsfache des Regelsatzes. Maßgeblich dafür sind auch hier allein die Einkommens- und Vermögensverhältnisse zu Beginn des jeweiligen Mietverhältnisses. Unabhängig davon zählen nach AEAO Nr. 2 S. 4 zu § 53 AO Menschen ab Vollendung des 75. Lebensjahres ohne weitere Nachweise zum Kreis der hilfebedürftigen Personen.

b) Förderung der Allgemeinheit

Ein gemeinnütziger Zweck muss nach § 52 Abs. 1 S. 2 AO überdies auf die Förderung der Allgemeinheit ausgerichtet sein. Nicht begünstigt ist danach die Wohnraumüberlassung an einen fest abgeschlossenen oder einen infolge seiner Abgrenzung, insbesondere nach räumlichen oder beruflichen Merkmalen, dauernd nur kleinen Personenkreis (§ 52 Abs. 1 S. 2 AO). Unter Berücksichtigung der **Kita-Rechtsprechung des BFH**[88] wäre demzufolge die Überlassung von Wohnraum ausschließlich an (ehemalige) Beschäftigte eines einzelnen Unternehmens und deren Familienmitglieder nicht auf die Förderung der Allgemeinheit gerichtet.[89]

c) Vergünstigte Wohnraumüberlassung

Die Wohnraumüberlassung muss darüber hinaus „vergünstigt" sein, ohne dass der Gesetzgeber dieses Tatbestandsmerkmal näher definiert hat. Ausweislich der Regierungsbegründung muss im Falle einer entgeltlichen Nutzungsüberlassung die Miete weniger als die marktübliche Miete betragen.[90]

Da in § 21 Abs. 2 EStG an die „ortsübliche Marktmiete" angeknüpft wird, ist es naheliegend, zur **Bestimmung der marktüblichen Miete** auf die einkommensteuerrechtlichen Grundsätze zurückzugreifen, die für die Ermittlung von Einkünften aus Vermietung und Verpachtung gelten.[91] Im Übrigen ist bei der Festsetzung der Miete nach diesem Maßstab keine absolute, betragsmäßige oder prozentuale Grenze zu beachten, um wie viel die erhobene unter der marktüblichen Miete liegen muss.[92]

5. Abtrennung und Veräußerung eines unbebauten Teils eines Wohngrundstücks

BFH Urt. v. 26.9.2023 – IX R 14/22
DStR 2024, 223

a) Sachverhalt

In einer für die notarielle Praxis relevanten Entscheidung des BFH[93] ging es um das (ungeschriebene) Tatbestandsmerkmal der Nämlichkeit von angeschafftem und veräußertem Wirtschaftsgut bei der Beurteilung eines Veräußerungsvorgangs. In dem Fall erwarb der Kläger (K) im Jahr 2014 ein Grundstück mit Gebäude und einer großen Gartenfläche.

[87] Bei Alleinstehenden oder Alleinerziehenden tritt an die Stelle des Fünffachen das Sechsfache des Regelsatzes.
[88] BFH Urt. v. 1.2.2022 – V R 1/20, DStR 2022, 1718; kritisch dazu Hüttemann DB 2022, 2433.
[89] Vgl. dazu auch Kirchhain/Unger DStR 2024, 2785 (2788).
[90] Vgl. dazu BT-Drs. 20/12780, 166.
[91] Näher zu den Kriterien für die Annahme einer „vergünstigten" Wohnraumüberlassung Kirchhain/Unger DStR 2024, 2785 (2777); vgl. dazu auch Schiffers DStZ 2024, 655 (663).
[92] S. hierzu auch BT-Drs. 20/12780, 166.
[93] BFH Urt. v. 26.9.2023 – IX R 14/22, DStR 2024, 223 mAnm Trossen.

Fünf Jahre später ließ K das bislang einheitliche Grundstück neu vermessen und teilen, sodass zwei neue selbständige Flurstücke (Gebäude- und Gartengrundstück) entstanden. Die anschließende Veräußerung des Gartengrundstücks sah das Finanzamt als privates Veräußerungsgeschäft an und besteuerte den daraus resultierenden Gewinn des K nach § 22 Nr. 2 iVm § 23 Abs. 1 S. 1 Nr. 1 EStG.

b) (Teil-)Identität zwischen angeschafftem und veräußertem Wirtschaftsgut

Der BFH leitet aus dem Sinn und Zweck der Vorschrift, innerhalb der Veräußerungsfrist realisierte Wertsteigerungen eines bestimmten, im Privatvermögen gehaltenen Wirtschaftsguts der Einkommensteuer zu unterwerfen, das Erfordernis einer zumindest **wirtschaftlichen (Teil-)Identität** von angeschafftem und veräußertem Wirtschaftsgut ab. Dabei komme es auf die Gleichartigkeit, Funktionsgleichheit und Gleichwertigkeit der fraglichen Wirtschaftsgüter an.[94]

Ausgehend von diesen Kriterien hat der BFH eine wirtschaftliche Teilidentität zwischen dem von K angeschafften Grundstück und dem nach Abtrennung entstandenen neuen Flurstück als Teilfläche des alten Flurstücks bejaht. Auch wenn die durch die Aufteilung des Grundstücks entstandenen Flurstücke eine andere Marktgängigkeit erhalten hätten, setze sich die **Marktgängigkeit des bisherigen Grundstücks** in den beiden neuen Flurstücken fort.[95]

c) Nutzung des Gartengrundstücks zu eigenen Wohnzwecken

Fraglich war darüber hinaus, ob in Bezug auf das Gartengrundstück **im Zeitpunkt seiner Veräußerung** von dessen Nutzung zu eigenen Wohnzwecken iSd Ausnahmevorschrift des § 23 Abs. 1 S. 1 Nr. 1 S. 3 EStG ausgegangen werden konnte. Der BFH stellt dazu fest, dass begrifflich nur das Wohngebäude zu eigenen Wohnzwecken genutzt werden könne. Allerdings erstrecke sich diese nach dem Zweck der Norm auch auf den Grund und Boden, auf dem das Wohngebäude stehe.

Voraussetzung für die Erstreckung der Nutzung zu eigenen Wohnzwecken auf den zugehörigen Grund und Boden ist nach Ansicht des BFH ein **einheitlicher Nutzungs- und Funktionszusammenhang zwischen der Nutzung des Gebäudes zu eigenen Wohnzwecken und der Nutzung des Grundstücks** (zum Beispiel als Garten).[96] Dieser einheitliche Nutzungs- und Funktionszusammenhang sei mit der Herausparzellierung des unbebauten Gartengrundstücks aus dem bis dahin ungeteilten Wohngrundstück entfallen. Durch die Teilung seien aus dem zuvor einheitlichen Wirtschaftsgut Grund und Boden zwei separate Wirtschaftsgüter (Grundstücke) entstanden, deren „Nutzung zu eigenen Wohnzwecken" von da an jeweils getrennt zu beurteilen seien.

Ermittlung der Anschaffungskosten für eine veräußerte Teilfläche:

Ist für das Gesamtgrundstück bei dessen Anschaffung durch den Veräußerer von diesem ein einheitlicher Kaufpreis gezahlt worden, muss zur Ermittlung der Anschaffungskosten für das veräußerte Teilstück bestimmt werden, wie hoch der auf dieses Teilstück entfallende Kaufpreis ist. Die Aufteilung des Gesamtkaufpreises für das Wohngrundstück und das Gartengrundstück erfolgt dabei im Verhältnis ihrer Verkehrswerte.[97]

[94] S. dazu auch BFH Urt. v. 8.11.2017 – IX R 25/15, DStR 2018, 609; BFH Urt. v. 12.6.2013 – IX R 31/12, DStR 2013, 1937.
[95] Ein anderes Beispiel hierfür ist die Aufteilung eines Wohngrundstücks in Eigentumswohnungen, vgl. dazu BFH Urt. v. 19.7.1983 – VIII R 161/82, MittBayNot 1984, 52.
[96] S. dazu auch BFH Urt. v. 25.5.2011 – IX R 48/10, MittBayNot 2012, 70.
[97] Näher zu den dabei anzulegenden Maßstäben BFH Urt. v. 19.7.1983 – VIII R 161/82, MittBayNot 1984, 52.

d) Verkauf einer Teilfläche vor Teilung des Grundstücks als Gestaltungsalternative?

Da für die Annahme eines einheitlichen Nutzungs- und Funktionszusammenhang auf die Verhältnisse im Zeitpunkt der Veräußerung abzustellen ist[98], hat der Kläger in dem entschiedenen Fall möglicherweise nur die falsche Reihenfolge gewählt, indem er das Gartengrundstück erst nach dessen erfolgter Fortschreibung verkauft hat. Hätten die Parteien stattdessen einen Kaufvertrag über eine noch zu vermessende Teilfläche geschlossen, wäre die durch die Vermessung des Gartengrundstücks eintretende Zäsur erst danach eingetreten, sodass im Zeitpunkt des Verkaufs der einheitliche Nutzungs- und Funktionszusammenhang zwischen der zu Wohnzwecken genutzten Teilfläche und der als Garten genutzten Teilfläche noch bestanden hätte. Ob die Finanzverwaltung und der BFH einer solchen Argumentation folgt, ist indes ungewiss.

6. Exkurs: Einbeziehung eines Gartengrundstücks in die Steuerbefreiung eines Familienheims nach § 13 Nr. 4a–4c ErbStG?

Durch den Verweis in § 13 Nr. 4a–4c ErbStG auf bebaute Grundstücke iSd § 181 Abs. 1 Nr. 1–5 BewG werden von der Steuerbefreiung des Familienheims Ein- und Zweifamilienhäuser, Mietwohngrundstücke, Wohnungs- und Teileigentum, Geschäftsgrundstücke und gemischt genutzte Grundstücke erfasst. Eine nähere Bestimmung, in welchem Umfang der zur Wohnung gehörende Grund und Boden an der Begünstigung teilhat, enthält die Vorschrift nicht. Auch der BFH hat bislang offengelassen, ob es für den Umfang der Steuerbefreiung wegen der **bürgerlich-rechtlichen Prägung des Erbschaftsteuerrechts** auf den Grundstücksbegriff des BGB[99] **oder** die vom Belegenheitsfinanzamt festgestellte **wirtschaftliche Einheit des Grundvermögens** gemäß § 157 Abs. 1, Abs. 3 S. 1 BewG[100] ankommt.[101] Die vom BFH praktizierte **enge Auslegung der Begünstigungen** nach § 13 Nr. 4a–4c ErbStG[102] spricht jedenfalls dafür, dass die grundbuchrechtliche Separierung eines Gartengrundstücks eine Zäsur darstellt, mit der dieses aus der Steuerbefreiung des zu eigenen Wohnzwecken genutzten Wohngrundstücks herausfällt.

Katasterrechtliche Verschmelzung von Wohn- und Gartengrundstück:

Sollte das Gartengrundstück grundbuchrechtlich eine selbstständige Parzelle darstellen, sollte im Einzelfall überlegt werden, das Gartengrundstück mit dem Wohngrundstück gemäß § 890 BGB zu vereinigen und anschließend katasterrechtlich zu verschmelzen. Damit würde das Gartengrundstück seine rechtliche Selbständigkeit verlieren und ein einheitlicher Nutzungs- und Funktionszusammenhang zwischen der Nutzung des Wohngebäudes und der Nutzung des Gartens hergestellt.

---

98 Auch für die Berechnung des Zeitraums zwischen Anschaffung und Veräußerung sind nach ständiger Rechtsprechung grundsätzlich die Zeitpunkte maßgebend, in denen die obligatorischen Verträge abgeschlossen wurden, vgl. nur BFH Urt. v. 26.10.2021 – IX R 12/20, DStR 2022, 89; BFH Urt. v. 8.4.2014 – IX R 18/13, DStR 2014, 1711.

99 So FG München Urt. v. 5.4.2018 – 4 K 2568/18, DStRE 2019, 699; FG Düsseldorf Urt. v. 16.5.2018 – 4 K 1063/17.

100 Was als wirtschaftliche Einheit zu gelten hat, bestimmt sich gemäß § 2 Abs. 1 S. 3 und S. 4 BewG nach den Anschauungen des Verkehrs unter Berücksichtigung der örtlichen und wirtschaftlichen Gegebenheiten.

101 Vgl. dazu BFH Urt. v. 23.2.2021 – II R 29/19, ZEV 2021, 590. Nach Ansicht der Finanzverwaltung sind Garagen und sonstige Nebenräume in die Steuerbefreiung einzubeziehen, wenn sie grundbuchrechtlich auf der gleichen Parzelle stehen wie das Familienheim, vgl. R E 13.3 Abs. 2 S. 8 ErbStG.

102 Vgl. nur BFH Urt. v. 5.10.2016 – II R 32/15, ZEV 2017, 50 mwN.

Um solchen Gestaltungsversuchen zur Erweiterung der Steuerbefreiung des Familienwohnheims einen Riegel vorschieben, hat das FG Niedersachsen in einer Entscheidung vom 12.7.2023[103] unabhängig von den Begrifflichkeiten des BGB und des BewG nur den Teil der Grundstücksfläche nebst einer angemessenen Zubehörfläche als begünstigt angesehen, der tatsächlich mit dem Familienheim bebaut ist. Die Revision gegen diese Entscheidung ist beim BFH rechtshängig.[104]

7. Keine erweiterte Gewerbesteuerkürzung bei Veräußerung des gesamten Grundbesitzes im Laufe des Erhebungszeitraums

BFH Urt. v. 17.10.2024 – III R 1/23
DStR 2025, 148

Nach § 2 Abs. 1 GewStG unterliegt der Gewerbesteuer der im Inland betriebene, stehende Gewerbebetrieb. Während Einzelunternehmen und Mitunternehmerschaften sachlich gewerbesteuerpflichtig sind, wenn und solange sie einen Gewerbebetrieb im Sinne des Gewerbesteuerrechts unterhalten[105], gilt die Tätigkeit einer Kapitalgesellschaft gemäß § 2 Abs. 2 S. 1 GewStG stets und in vollem Umfang als Gewerbebetrieb kraft Rechtsform.

a) Gewerbesteuerliche Begünstigung von grundbesitzverwaltenden Unternehmen

Grundbesitzverwaltende Unternehmen können indes unter den Voraussetzungen des **§ 9 Nr. 1 S. 2 GewStG** die sog. erweiterte Kürzung in Anspruch nehmen. Nach dieser Vorschrift wird auf Antrag bei Unternehmen, die ausschließlich eigenen Grundbesitz oder neben eigenem Grundbesitz eigenes Kapitalvermögen verwalten und nutzen oder daneben Wohnungsbauten betreuen oder Einfamilienhäuser, Zweifamilienhäuser oder Eigentumswohnungen errichten und veräußern, die Summe des Gewinns um den Teil des Gewerbeertrags gekürzt, der auf die Verwaltung und Nutzung des eigenen Grundbesitzes entfällt. Dieser Teil des Gewerbeertrags fließt somit nicht in die Bemessungsgrundlage für die Grunderwerbsteuer ein.

Eine Voraussetzung für die Gewährung der erweiterten Kürzung nach § 9 Nr. 1 S. 2 GewStG ist demnach, dass das Unternehmen – abgesehen von nach der Rechtsprechung als unschädlich angesehenen Nebentätigkeiten und den in § 9 Nr. 1 S. 2 und S. 3 GewStG zugelassenen Ausnahmen – **ausschließlich eigenen Grundbesitz verwaltet und nutzt.**

b) Veräußerung des letzten Grundstücks ein Tag vor Ablauf des Erhebungszeitraums

In dem vom BFH entschiedenen Fall war fraglich, ob auch eine Kapitalgesellschaft, die ihr letztes Geschäftsgrundstück mit Übergang des Besitzes, der Nutzungen und der Gefahr „zu Beginn des 31.12.2016" unter der Bedingung der vollständigen Kaufpreiszahlung bis zu diesem Zeitpunkt verkaufte, noch in den Genuss der erweiterten Kürzung für den Erhebungszeitraum 2016 gekommen ist. Der BFH hat diese Frage verneint und dazu ausgeführt, dass der Unternehmer in zeitlicher Hinsicht während des gesamten Erhebungszeitraums der gemäß § 9 Nr. 1 S. 2 GewStG begünstigten Grundstücksverwaltungstätigkeit nachgehen

---

[103] FG Niedersachsen Gerichtsbescheid v. 12.7.2023 – 3 K 14/23, DStRE 2024, 809.
[104] Az. des BFH: II R 27/23.
[105] Vgl. dazu nur BFH Urt. v. 20.9.2012 – IV R 36/10, GmbHR 2013, 96; BFH Urt. v. 22.2.2024 – IV R 14/21, GmbHR 2024, 1047.

müsse. Aus dem Wesen der Gewerbesteuer als Jahressteuer folge, dass die erweiterte Kürzung nicht zeitanteilig gewährt werden könne.[106]

Zwar gelte nach § 14 S. 3 GewStG anstelle des Kalenderjahres ein **abgekürzter Erhebungszeitraum,** wenn die Gewerbesteuerpflicht nicht während des ganzen Kalenderjahres bestehe. Die Steuerpflicht einer Kapitalgesellschaft ende jedoch nicht schon mit Einstellung ihrer eigentlichen (werbenden) Tätigkeit, sondern erst mit der letzten Abwicklungshandlung im Rahmen ihrer Verwertungstätigkeit.[107] Am Erfordernis einer ausschließlichen Verwaltung und Nutzung eigenen Grundbesitzes fehle es daher, wenn ein Unternehmer das letzte oder einzige Grundstück vor Ablauf des Erhebungszeitraums veräußere und sich danach nur noch auf die Verwaltung seines eigenen Kapitalvermögens beschränke. Der BFH hat damit seine bisherige Rechtsprechung bestätigt.[108]

Ausnahme von dem Ausschließlichkeitserfordernis:

Eine Ausnahme von dem Ausschließlichkeitserfordernis erkennt der BFH nur an, wenn das grundstücksverwaltende Unternehmen sein einziges Grundstück zum 31.12., 23.59 Uhr, des Erhebungszeitraumes veräußere.[109]

Nach der Entscheidung des BFH ist jedoch die Veräußerung des letzten Grundstücks einen Tag vor Ablauf des Erhebungszeitraums der von der Rechtsprechung zugelassenen zeitlichen Unterschreitung der „Ausschließlichkeit" der gemäß § 9 Nr. 1 S. 2 GewStG begünstigten Grundstücksverwaltungstätigkeit um eine Minute (bei Vereinbarung eines zeitlich vorverlagerten Besitzübergangs ähnlich einer „juristischen" Sekunde") nicht gleichzustellen.

8. Inanspruchnahme der erweiterten Gewerbesteuerkürzung bei der Überlassung von Grundbesitz durch eine Besitz-Kapitalgesellschaft

BFH Urt. v. 22.2.2024 – III R 13/23
NZG 2024, 947

Erfolgt die **Überlassung des Grundbesitzes** durch ein Besitzunternehmen **im Rahmen einer Betriebsaufspaltung,** erzielt das Besitzunternehmen originär gewerbliche Einkünfte. Dies Umqualifizierung der Einkünfte hat zur Folge, dass die erweiterte Gewerbesteuerkürzung nach der Rechtsprechung des BFH[110] und der Auffassung der Finanzverwaltung[111] zu versagen ist. Das Besitzunternehmen unterliegt dann der Gewerbsteuer.

a) Aufgabe des Durchgriffsverbots für Besitz-Personengesellschaften

Unter Aufgabe seiner früheren Rechtsprechung hat der BFH mit Urteil v. 16.9.2021[112] entschieden, dass die für die Annahme einer Betriebsaufspaltung notwendige personelle Verflechtung auch bei der **Grundbesitzüberlassung durch eine Besitz-Personengesellschaft** innerhalb eines Konzerns vorliegen kann. Nach dieser Aufgabe des Durchgriffs-

[106] S. dazu auch BFH Beschl. v. 27.10.2021 – III R 7/19, GmbHR 2022, 606.
[107] Vgl. auch BFH Urt. v. 24.4.1980 – IV R 68/77, BB 1980, 1410.
[108] S. hierzu bereits BFH Urt. v. 20.1.1982 – I R 201/78, BB 1982, 1037; BFH Beschl. v. 14.4.2000 – I B 104/99, GmbHR 2022, 606.
[109] So bereits BFH Urt. v. 11.8.2004 – I R 89/03, GmbHR 2004, 1603.
[110] Vgl. BFH Urt. v. 22.6.2016 – X R 54/14, GmbHR 2016, 1170; BFH Urt. v. 19.12.2023 – IV R 5/21, DStR 2024, 662.
[111] H 9.2 Abs. 2 „Betriebsaufspaltung" GewStH.
[112] BFH Urt. v. 16.9.2021 – IV R 7/18, DStR 2022, 189.

verbots für Besitz-Personengesellschaften war zweifelhaft geworden, wie der BFH die Grundbesitzüberlassung durch eine Kapitalgesellschaft an eine Schwesterkapitalgesellschaft beurteilen wird.[113]

b) Beibehaltung des Durchgriffsverbots für Besitz-Kapitalgesellschaften

In einer neueren Entscheidung hat der BFH indes seine bisherige Rechtsprechung[114] und die Ansicht der Finanzverwaltung[115] bestätigt und entschieden, dass das Durchgriffverbot für Besitz-Kapitalgesellschaften weiterhin gilt.[116] In dem Fall vermietete die grundbesitzende B-GmbH der F-KG ein von dieser als Verwaltungsgebäude genutztes Grundstück. Gesellschafter der B-GmbH war zu 47,62 % die natürliche Person F und zu 52,38 % die A-GmbH, deren Alleingesellschafterin die F-KG war. Über eine zwischengeschaltete weitere GmbH als einzige Kommanditistin der F-KG war F mittelbar zu 100 % auch an der F-KG beteiligt.

Der BFH hat daran festgehalten, dass eine Betriebsaufspaltung zwischen einer Kapitalgesellschaft als Besitzgesellschaft und einem anderen Unternehmen als Betriebsgesellschaft nicht vorliege, wenn die Kapitalgesellschaft nicht zu mehr als 50 % unmittelbar oder mittelbar an der Betriebsgesellschaft beteiligt sei.[117] Aus dem **Prinzip der Trennung (= Verselbständigung) der Kapitalgesellschaft von ihren Gesellschaftern** folge, dass bei der Besteuerung der Besitzkapitalgesellschaft und der Frage, ob ein einheitlicher Geschäfts- und Betätigungswille hinsichtlich der Tätigkeit der Betriebsgesellschaft bestehe, nicht auf die Anteile und Einflussmöglichkeiten ihrer Gesellschafter abgestellt werden könne. Das Trennungsprinzip unterscheide Kapitalgesellschaften von Personengesellschaften, so dass eine Gleichbehandlung von Besitzkapitalgesellschaften und Besitzpersonengesellschaften nicht geboten sei.

Wegen des Durchgriffsverbots könne eine personelle Verflechtung auch nicht aus der mittelbaren Beteiligung einer Betriebspersonengesellschaft (= F-KG) über eine Kapitalgesellschaft (= A-GmbH) an der Besitzkapitalgesellschaft (B-GmbH) abgeleitet werden. Da die B-GmbH somit keine originären Einkünfte aus Gewerbebetrieb erzielt, käme sie auch in den Genuss der erweiterten gewerbesteuerlichen Kürzung gemäß § 9 Nr. 1 S. 2 ff. GewStG.

Planungssicherheit bei der Strukturierung von grundbesitzenden Konzerngesellschaften:

Die Entscheidung des BFH schafft Planungssicherheit für die Strukturierung von grundbesitzenden Konzerngesellschaften.[118] Eine für die erweiterte gewerbesteuerliche Kürzung schädliche Betriebsaufspaltung entsteht auch dann nicht, wenn

- eine Kapitalgesellschaft ihren Grundbesitz einer Schwester-Kapitalgesellschaft oder
- eine Enkelkapitalgesellschaft ihren Immobilienbesitz ihrer Mutter-Kapitalgesellschaft überlässt.[119]

---

113 S. dazu Broemel/Klein DStR 2022, 857 (861); Riedel DStR 2023, 1051 (1055); Schlücke Ubg 2022, 344 (350 f.).

114 Vgl. nur BFH Urt. v. 22.10.1986 – I R 180/82, BB 1987, 390; BFH Urt v. 22.6.2016 – X R 54/14, DStR 2016, 2338.

115 OFD Nordrhein-Westfalen v. 9.9.2013 – G 1425–2013/0015, DStR 2014, 427.

116 BFH Urt. v. 22.2.2024 – III R 13/23, NZG 2024, 947.

117 So auch die Finanzverwaltung, vgl. BMF v. 21.11.2022 – IV C 6-S 2240/20/100006:002, DStR 2022, 2441.

118 Für eine Erstreckung des Durchgriffsverbots auch auf zur Körperschaftsteuer nach § 1a KStG optierende Besitzpersonengesellschaften Broemel/Wierenberg DStR 2024, 1795 (1799); Riedel DStR 2023, 1051 (1056); Wagner/Behrens Ubg 2021, 275 (282).

119 Näher dazu Broemel/Wierenberg DStR 2024, 1795 (1798).

Die Gewährung der erweiterten Kürzung nach § 9 Nr. 1 S. 5 Nr. 1 GewStG ist allerdings ausgeschlossen ist, wenn der Grundbesitz dem Gewerbebetrieb eines Gesellschafters dient. Damit scheidet deren Inanspruchnahme aus, wenn die **Grundbesitzüberlassung unmittelbar zwischen einer Tochterkapitalgesellschaft und ihrer Mutterkapitalgesellschaft** erfolgt.

I. Öffentliches Recht: Genehmigungserfordernis für die Aufteilung

I. Geltungsbereich von § 878 BGB

Verzögerungen im Grundbuchverfahren sollen nach Maßgabe von § 878 BGB nicht zulasten des Antragstellers gehen.

§ 878 BGB Nachträgliche Verfügungsbeschränkungen

Eine von dem Berechtigten in Gemäßheit der §§ 873, 875, 877 abgegebene Erklärung wird nicht dadurch unwirksam, dass der Berechtigte in der Verfügung beschränkt wird, nachdem die Erklärung für ihn bindend geworden und der Antrag auf Eintragung bei dem Grundbuchamt gestellt worden ist.

Dem Wortlaut nach beschränkt sich der Anwendungsbereich von § 878 BGB auf nachträgliche Verfügungsbeschränkungen. Es ist aber anerkannt, dass § 878 BGB in zahlreichen Konstellationen **entsprechend anzuwenden** ist, in denen der Eintragungsantrag gestellt wurde und eine Bindung des Berechtigten eingetreten ist, wenn **ein zum Zeitpunkt der Antragstellung noch nicht existierendes Eintragungshindernis nachträglich entstanden** ist. So hat der BGH unter anderem eine entsprechende Anwendung bei Einführung der Genehmigungspflicht nach § 172 Abs. 1 S. 4 BauGB (Aufteilung nach WEG im Geltungsbereich einer Erhaltungssatzung) bejaht.[1]

Ob entsprechendes auch für das Genehmigungserfordernis für die Aufteilung in WEG nach **§ 250 Abs. 1 S. 1 BauGB** gilt, war bislang noch nicht höchstrichterlich geklärt. Die Instanzgerichte bejahten eine entsprechende Anwendung, wobei maßgeblicher Zeitpunkt im Falle der Aufteilung nach § 8 WEG die Antragstellung beim Grundbuchamt ist (Eingang des Antrags), da keine Bindung des aufteilenden Eigentümers eintritt.[2]

Nunmehr hat der V. Zivilsenat des BGH mit Beschluss vom 21.3.2024 (V ZB 10/23) bestätigt, dass § 878 BGB **auf die sich aus dem Genehmigungserfordernis aufgrund einer Rechtsverordnung nach § 250 Abs. 1 S. 1, S. 3 BauGB ergebende Verfügungsbeschränkung** des teilenden Grundstückseigentümers **entsprechend anwendbar** ist.[3]

II. Voraussetzung für die Vorverlagerung des maßgeblichen Zeitpunkts

Werden neue öffentlich-rechtliche Genehmigungserfordernisse eingeführt, ist der aufteilungswillige Eigentümer in aller Regel gut beraten, möglichst vor Inkrafttreten der Novelle die Aufteilung in Wohnungseigentum vorzunehmen, um ein aufwändiges und ggf. nicht von Erfolg gekröntes Genehmigungsverfahren zu vermeiden. Es stellt sich die Frage, ob bzw. in welchen Konstellationen die Wirkungen des § 878 BGB auch dann eintreten, wenn der Antrag bei Antragstellung nicht vollzugsreif war, da zB die Abgeschlossenheitsbescheinigung oder die im konkreten Fall notwendige familiengerichtliche Genehmigung noch ausstand.

---

1 BGH ZWE 2020, 228.
2 KG DNotZ 2022, 120.
3 BGH NJW 2024, 1875 = NotBZ 2035, 34 (Nikkho) = ZfIR 2024, 350 mAnm Böttcher = ZWE 2024, 311.

> **Hinweis:**
>
> Greift der Schutz von § 878 BGB trotz Nichtvorliegens sämtlicher Anforderungen für die Rechtsänderung, sollte der Eigentümer den Grundbuchantrag möglichst frühzeitig stellen.

Der durch § 878 BGB gewährte Schutz beschränkt sich allerdings auf die **Neutralisierung von etwaigen Nachteilen aufgrund von Verzögerungen im Grundbuchverfahren.** Folglich müssen im Grundsatz alle übrigen für den Rechtsübergang erforderlichen Voraussetzungen mit Ausnahme der Grundbucheintragung vorliegen.

1. Fehlen von materiellrechtlichen Wirksamkeitsvoraussetzungen

Schädlich ist insoweit das Fehlen von materiellrechtlichen Wirksamkeitsvoraussetzungen (zB Übergabe des Grundschuldbriefs, Genehmigung einer nicht vertretenen Partei). Dies gilt auch bei noch ausstehender Genehmigung durch das Familien- oder Betreuungsgericht (hM). Zwar hat der Antragsteller ggf. alles seinerseits Erforderliche getan; § 878 BGB will aber nur Schutz vor Verzögerungen im Grundbuchverfahren gewähren, nicht hingegen jegliche Verzögerung außerhalb des unmittelbaren Einflussbereichs des Antragsstellers erfassen.[4]

2. Lediglich verfahrensrechtliche Eintragungshindernisse

Bei lediglich verfahrensrechtlichen Eintragungshindernissen (zB unvollständiger Grundbuchantrag aufgrund eines Übermittlungsfehlers; Nachreichung der Abgeschlossenheitsbescheinigung) ist **strittig,** ob diese mit ex tunc Wirkung behoben werden können. Eine Mindermeinung scheint dies generell zu verneinen.[5] Teilweise wird die Behebbarkeit ex tunc auf bloße Übermittlungsfehler beschränkt (vorliegende, aber versehentlich nicht eingereichte Abgeschlossenheitsbescheinigung).[6] Die überwiegende Meinung will § 878 BGB auch dann anwenden, wenn die notwendige Genehmigung bzw. sonstige Erklärung einer öffentlichen Stelle aussteht und der **Antragsteller alles seinerseits hierfür Erforderliche getan** hat (beantragte, noch nicht erteilte, aber erteilungsfähige Abgeschlossenheitsbescheinigung).[7] Der BGH hat diese Frage jüngst ausdrücklich offen gelassen.[8]

Wird das **verfahrensrechtliche Hindernis innerhalb der vom Grundbuchamt gesetzten Frist behoben,** sprechen meines Erachtens die besseren Argumente für die entsprechende Anwendung von § 878 BGB.

Wird das Hindernis nicht behoben und der **Antrag daher rechtsfehlerfrei zurückgewiesen,** legt der Antragsteller aber in der Folge die nicht fristgebundene Grundbuchbeschwerde ein, die aufgrund der Nachreichung der fehlenden Unterlagen erfolgreich ist, erscheint eine entsprechende Anwendung von § 878 BGB nicht gerechtfertigt, wie der BGH in seinem Beschluss vom 21.3.2024 (V ZB 10/23) ausgeführt hat.

---

4 Vgl. OLG Karlsruhe RNotZ 2023, 94 (Behörde); Heinze in Staudinger, 2023, BGB § 878 Rn. 39; Herrler in Grüneberg, 84. Aufl. 2025, BGB § 878 Rn. 15; Schöner/Stöber, Grundbuchrecht, 16. Aufl. 2020, Rn. 121; aA (jede Verzögerung außerhalb der Sphäre des Verfügenden unschädlich) Johannsen DNotZ 2023, 325 (327 f.).

5 Häublein ZWE 2022, 37 (41).

6 Schöner/Stöber, Grundbuchrecht 16. Aufl. 2020, Rn. 118.

7 Heinze in Staudinger, 2023, BGB § 878 Rn. 43 f.; Herrler in Grüneberg, 84. Aufl. 2025, BGB § 878 Rn. 14; Johannsen DNotZ 2023, 325 (328); Böttcher ZfIR 2024, 353 (354).

8 BGH NJW 2024, 1875 Rn. 16.

„War die Zurückweisung des Eintragungsantrags rechtsfehlerfrei und wird der zurückweisende Beschluss lediglich aufgrund neuer Tatsachen (§ 74 GBO) aufgehoben, ist die **nicht fristgebundene Grundbuchbeschwerde wie ein neuer Antrag zu behandeln** […]. Eine nach Stellung des Antrags auf Vollzug einer Teilungserklärung in Kraft getretene Umwandlungsverordnung iSv § 250 Abs. 1 S. 1, 3 BauGB ist deshalb zu beachten, wenn eine Beschwerde gegen die Zurückweisung des Antrags nur deshalb erfolgreich ist, weil die Abgeschlossenheitsbescheinigung erstmals im Beschwerdeverfahren beigebracht wird. Das Grundbuchamt darf dann gem. § 250 Abs. 5 S. 1 BauGB die Eintragung nur bei Nachweis einer Genehmigung vornehmen.“[9]

„Die **rechtsfehlerfreie Zurückweisung** des Eintragungsantrags, durch die der Eintragungsantrag zunächst iSv § 17 GBO erledigt ist […], stellt eine **Zäsur** dar; der Eintragungsantrag ist nicht mehr anhängig und das Verfahren jedenfalls bis zur Einlegung einer Beschwerde beendet […]. Gerade angesichts der unbefristeten Zulässigkeit der Grundbuchbeschwerde wäre die **Rechtssicherheit schwerwiegend beeinträchtigt,** wenn ein rechtmäßig zurückgewiesener Eintragungsantrag infolge einer nur wegen gem. § 74 GBO zulässigen neuen Vorbringens erfolgreichen Beschwerde rückwirkend wiederauflebte und so Konsequenzen (auch) mit Blick auf den Schutz vor Verfügungsbeschränkungen nach § 878 BGB zeitigte.“[10]

Vorstehendes gilt freilich nur, wenn die vom Grundbuchamt zur Behebung des Eintragungshindernisses gesetzte **Frist angemessen** war. Der V. Zivilsenat hat in seinen beiden Entscheidungen vom 21.3.2024 (V ZR 10/23[11] und V ZR 17/23[12]) konkretisiert, welche Anforderungen an die Angemessenheit der Abhilfefrist zu stellen sind.

Leitsatz:

Die Angemessenheit einer Frist zur Hebung eines Eintragungshindernisses richtet sich nicht danach, ob nach Antragstellung der Verlust einer Rechtsposition wegen nachträglicher Verfügungsbeschränkungen droht, sondern danach, wie lang der Zeitraum zur Hebung des Hindernisses nach Grundbuchaktenlage unter Berücksichtigung des Erledigungsinteresses und der Aufgaben des Grundbuchamts zu bemessen ist.[13]

„Das Grundbuchamt hat Anträge mit der gebotenen Beschleunigung zu behandeln und in angemessener Zeit zu erledigen, nicht aber noch nicht vollziehbare Anträge und Unterlagen zwischenzulagern […]. Die Frist gem. § 18 Abs. 1 S. 1 GBO ist deshalb grundsätzlich danach zu bemessen, wie lang die Hebung des Hindernisses nach Grundbuchaktenlage in Anspruch nehmen wird (vgl. BeckNotarHdB/Wilsch, 8. Aufl. 2024, § 11 Rn. 230 Fn. 879). Als angemessen wird **im Regelfall eine Frist von ein bis zwei, teilweise auch von bis zu vier Monaten** erachtet.“[14]

---

9 BGH NJW 2024, 1875 Rn. 18.
10 BGH NJW 2024, 1875 Rn. 19.
11 BGH NJW 2024, 1875 Rn. 24 ff.
12 BGH NJW 2024, 2042.
13 BGH NJW 2024, 2042 Ls. 2.
14 BGH NJW 2024, 2042 Rn. 11; ebenso BGH NJW 2024, 1875 Rn. 25.

J. Beurkundungsverfahren

I. Russlandsanktionen verbieten nicht Beurkundung eines Grundstückskaufvertrages

EuGH Urt. v. 5.9.2024 – C-109/23 (Jemerak)
ABl. EU C 2024/6061 = EuZW 2024, 1020 = MittBayNot 2025, 66 = NJW 2024, 3283 mAnm Stelmaszczyk/Oebel = RNotZ 2024, 673

Kerngehalt:

Art. 5n Abs. 2 lit. b der Verordnung (EU) Nr. 833/2014 des Rates vom 31.7.2014 über restriktive Maßnahmen angesichts der Handlungen Russlands, die die Lage in der Ukraine destabilisieren, in der durch die Verordnung (EU) 2022/1904 des Rates vom 6.10.2022 geänderten Fassung ist dahin auszulegen, dass

- weder die Beurkundung eines Kaufvertrags über eine im Hoheitsgebiet eines Mitgliedstaats belegene Immobilie, die einer in Russland niedergelassenen juristischen Person gehört, durch einen Notar dieses Mitgliedstaats,
- noch die Handlungen dieses Notars zum Vollzug eines solchen beurkundeten Vertrags, um die auf dieser Immobilie ruhenden Belastungen zu löschen, den Kaufpreis an den Verkäufer auszuzahlen und im Grundbuch das Eigentum umzuschreiben,
- noch die von einem Dolmetscher bei einer solchen Beurkundung erbrachten Übersetzungsleistungen zur Unterstützung des Vertreters dieser juristischen Person, der die im Beurkundungsverfahren verwendete Sprache nicht beherrscht,

unter das in dieser Bestimmung vorgesehene Verbot, einer solchen juristischen Person Dienstleistungen im Bereich der Rechtsberatung zu erbringen, fallen.

Sachverhalt:

Eine russische Gesellschaft wollte eine ihr gehörende Immobilie in Berlin verkaufen. Der angefragte Notar erklärte, dies zunächst zu verweigern, da er nicht ausschließen könne, damit gegen die Russlandsanktionen, konkret Art. 5n Abs. 2 lit. b der VO Nr. 833/2014, zu verstoßen.
Art. 5n Abs. 2 lit. b der VO Nr. 833/2014[1] idF durch die VO (EU) 2022/2474 vom 16.12.2022[2] verbietet

> „unmittelbar oder mittelbar Dienstleistungen in den Bereichen Architektur und Ingenieurwesen, **Rechtsberatung** und IT-Beratung zu erbringen für
> a) die Regierung Russlands oder
> b) in Russland niedergelassene juristische Personen, Organisationen oder Einrichtungen."

Es war unklar, ob dies auch Beurkundungen von Grundstücksverkäufen verbietet.
Die Vertragsparteien legten gegen die Amtsverweigerung wohl Beschwerde nach § 15 Abs. 2 BNotO ein. Darauf legte das Landgericht Berlin die Rechtsfrage dem EuGH zur Vorabentscheidung vor.

Entscheidung: Der EuGH sah in der bloßen Beurkundung keine „Dienstleistung im Bereich der Rechtsberatung" im Sinne der Richtlinie. Der EuGH grenzt die Rechtsdienstleistungen ab von Tätigkeiten, „die Behörden oder andere Einrichtungen ausüben können,

---

1 Konsolidierte Fassung: http://data.europa.eu/eli/reg/2014/833/2024-12-17.
2 ABl. 2022 L 322 I, 1.

die vom Staat unter behördlicher Überwachung mit der Wahrnehmung einer im Allgemeininteresse liegenden Aufgabe betraut und zu diesem Zweck mit bestimmten, den Bürgern gegenüber verbindlichen Befugnissen ausgestattet wurden.“[3]

Der EuGH subsumierte die Aufgaben der Notar nicht aufgrund eigener Tatsachenfeststellung, sondern aufgrund der Angaben des vorliegenden LG Berlin:

„Im vorliegenden Fall geht aus der Vorlageentscheidung hervor, dass nach deutschem Recht bei einem Kaufvertrag über eine in Deutschland belegene Immobilie, damit er zu einer öffentlichen Urkunde wird, zwingend die Mitwirkung eines Notars als unabhängigen Träger eines öffentlichen Amtes erforderlich ist. Der Notar bestätigt mit dieser Beurkundung die Rechtmäßigkeit des Vertrags dadurch, dass er ihn mit einem Amtssiegel mit dem Wappen des Bundeslandes versieht, das ihn bestellt hat. Eine solche Mitwirkung auf Gesuch der Vertragspartner gehört zu den im Allgemeininteresse liegenden Aufgaben, die der Staat den Notaren übertragen hat und die der Staat ohne diese Übertragung durch seine Behörden erledigen müsste. Im Rahmen der Erfüllung dieser Aufgabe werden den Notaren verbindliche Befugnisse verliehen, da sie die Beurkundung eines solchen Kaufvertrags aus einem gesetzlich vorgesehenen Grund verweigern können.“[4]

Wenn der Notar also nicht im Privatinteresse einer oder beider Parteien handelt, sondern im Interesse der Rechtssicherheit, so ist seine Tätigkeit keine Rechtsdienstleistung im Sinne der Sanktionsverordnung.

„Folglich scheint der Notar im Rahmen einer solchen Beurkundung nicht mit dem Ziel der Förderung der spezifischen Interessen einer der betroffenen Partei oder beider betroffenen Parteien, sondern unter Wahrung gleicher Distanz zu diesen Parteien und ihren jeweiligen Interessen ausschließlich im Interesse des Gesetzes und der Rechtssicherheit unparteiisch zu handeln. In Anbetracht der in den Rn. 42 und 43 des vorliegenden Urteils genannten besonderen Modalitäten des Verfahrens der notariellen Beurkundung von Rechtsvorgängen und der Rechtswirkungen, die an die beurkundeten Rechtsvorgänge in der deutschen Rechtsordnung geknüpft sind, scheint diese Beurkundung nicht den in Rn. 38 des vorliegenden Urteils genannten Tätigkeiten zu entsprechen.“[5]

Außerdem wären die Sanktionsverordnungen in sich **widersprüchlich,** wenn sie zwar zuließen, dass russische Gesellschaften ihre Immobilien in der EU veräußern, dies aber in den Staaten, in denen die Immobilienveräußerung der notariellen Beurkundung oder sonstigen Mitwirkung eines Notars bedürften, über das Verbot der Rechtsberatung leerlaufen lassen würden.[6]

Stelmaszczyk/Oebel betonen in ihrer Anmerkung, dass der EuGH in seiner Entscheidung seine Rechtsprechung zur **Amtsträgereigenschaft von Notaren** konsequent fortführt.[7]

II. Systematische Beurkundung mit vollmachtlosen Vertretern

BGH Beschl. v. 8.7.2024 – NotSt(Brfg) 3/23

MittBayNot 2024, 595 mAnm Sommer = RNotZ 2024, 679 = ZNotP 2024, 303

Leitsätze:

Soweit die Richtlinien der Notarkammer für die Amtspflichten und sonstigen Pflichten ihrer Mitglieder vorsehen, dass eine systematische Beurkundung mit vollmachtlosen Vertretern in der Regel unzulässig ist, kann dies nicht als ein über die gesetzliche Regelung des § 17 Abs. 2a S. 2 Nr. 1 BeurkG hinausgehendes Verbot verstanden werden. Dies gilt insbesondere im Hinblick auf die Gestaltung des Beurkundungsverfahrens, soweit der Schutzzweck des § 17

3 EuGH NJW 2024, 3283 Rn. 41.
4 EuGH NJW 2024, 3283 Rn. 42.
5 EuGH NJW 2024, 3283 Rn. 44.
6 EuGH NJW 2024, 3283 Rn. 47–51.
7 Stelmaszczyk/Oebel NJW 2024, 3287.

Abs. 2a S. 2 Nr. 1 BeurkG, die Verbesserung des Verbraucherschutzes durch die notarielle Verfahrensgestaltung, betroffen ist. Insoweit verbleibt es bei dem bereits in der gesetzlichen Regelung des § 17 Abs. 2a S. 2 Nr. 1 BeurkG angelegten grundsätzlichen Verbot, Verbraucher durch einen vollmachtlosen Vertreter, der keine Vertrauensperson ist, vertreten zu lassen.

1. Sachverhalt

Eine Notarin hatte **wiederholt Grundstückskaufverkäufe zwischen der Stadt und Verbrauchern mit Notarmitarbeitern als vollmachtlosen Vertretern der Stadt beurkundet** – insgesamt sechsmal innerhalb von etwa 18 Monaten, davon fünf Verkäufe und einen Kauf durch die Stadt. Die Stadt hatte jeweils um diese Vorgehensweise gebeten. In allen Fällen hatten sowohl Verbraucher wie Stadt vorab einen Vertragsentwurf erhalten.

Bei der Dienstprüfung hatte der Landgerichtspräsident dies als **Verstoß gegen die Grundsätze einer ordnungsgemäßen Gestaltung des Beurkundungsverfahrens** (§ 17 Abs. 1 BeurkG, § 14 Abs. 1, Abs. 3 S. 2 BNotO) angesehen und durch Disziplinarverfügung eine **Geldbuße** verhängt.

Auf die Anfechtungsklage der Notarin hin hob das OLG Köln die Disziplinarverfügung in diesem Punkt auf. (Wegen anderer Punkte blieb die Disziplinarverfügung und weitgehend auch die Geldbuße bestehen.) Der Landgerichtspräsident beantragte Zulassung der Berufung. Damit scheiterte er vor dem BGH.

2. Richtlinien der Notarkammern verbieten systematische Beurkundung mit vollmachtlosen Vertretern

Einschlägig war Ziff. II. 1. lit. a der Richtlinien der Westfälischen Notarkammer:

II. Das nach § 14 Abs. 3 BNotO zu beachtende Verhalten

1. [1]Der Notar hat das Beurkundungsverfahren so zu gestalten, dass die vom Gesetz mit dem Beurkundungserfordernis verfolgten Zwecke erreicht werden, insbesondere die Schutz- und Belehrungsfunktion der Beurkundung gewahrt und der Anschein der Abhängigkeit oder Parteilichkeit vermieden wird. [2]Dies gilt insbesondere, wenn eine große Zahl gleichartiger Rechtsgeschäfte beurkundet wird, an denen jeweils dieselbe Person beteiligt ist oder durch die sie wirtschaftliche Vorteile erwirbt. [3]Dazu gehört auch, dass den Beteiligten ausreichend Gelegenheit eingeräumt wird, sich mit dem Gegenstand der Beurkundung auseinanderzusetzen. [4]Die besonderen Vorschriften über Verbraucherverträge in § 17 Abs. 2a Satz 2 BeurkG bleiben unberührt.

[5]Die nachgenannten Verfahrensweisen sind in der Regel unzulässig:

a) systematische Beurkundung mit vollmachtlosen Vertretern; [...]

Dies entspricht weitgehend der Formulierung der **Richtlinienempfehlungen der Bundesnotarkammer**[8] (und damit den Richtlinien der meisten anderen Notarkammern). Satz 4 findet sich nicht in den RLEmBNotK. Satz 5 Hs. 1 hat einen anderen Satzbau, aber denselben Inhalt wie die RLEmBNotK.

3. BGH: Kein Verstoß gegen § 17 BeurkG

Der BGH verneinte eine Amtspflichtverletzung. Die Richtlinien der Notarkammer könnten die gesetzlichen Pflichten nach dem BeurkG nicht erweitern.

[8] DNotZ 1999, 258; letzte Änderung DNotZ 2025, 321.

Die Notarin habe keine Pflichten gegenüber der Stadt verletzt. Die Stadt wünschte ausdrücklich die vollmachtlose Vertretung. Sie was auch nicht schutzbedürftig, da geschäftserfahren. Die Beurkundung mit einem vollmachtlosen Vertreter beeinträchtige zwar grundsätzlich die Verhandlungsfunktion der Beurkundung. Im konkreten Fall sei dies aber nicht der Fall, weil auch ein Vertreter der Stadt im Regelfall bei einem Änderungswunsch nicht selbst hätte entscheiden können, sondern um Vertagen der Beurkundung hätte bitten müssen.

4. Literatur: Systematische vollmachtlose Vertretung kann aber gegen § 14 BNotO verstoßen

In seiner Entscheidungsanmerkung stimmt Sommer zwar dem Ergebnis des BGH im konkreten Fall zu, nicht aber der Begründung. Sommer kritisiert, dass der BGH nur einen Verstoß gegen das BeurkG, nicht gegen die **BNotO** geprüft habe. Nach § 67 Abs. 2 S. 3 Nr. 2 BNotO können die Richtlinien der Notarkammern unter anderem nähere Regelungen treffen „für das nach § 14 Abs. 3 zu beachtende Verhalten“, also zur Vermeidung des Anscheins der Parteilichkeit. Nach der Regierungsbegründung können Gegenstand einer solchen näheren Regelung auch Regelungen zur „Sicherstellung der Grundsätze des § 14 Abs. 3 bei der Ausgestaltung notarieller Verfahren zum Beispiel im Hinblick auf § 17 BeurkG sein“[9].

Dem diene das Verbot systematischer Beurkundungen. Wenn der andere Vertragsteil nicht vertreten sei, werde der Notar darauf hinweisen, dass bei Vertragsänderungen die Gefahr bestehe, dass der andere Vertragsteil nicht genehmige. Schon dadurch könne der Anschein entstehen, der Notar helfe der anderen Vertragspartei, Abänderungen des von ihr gebilligten Entwurfs zu vermeiden – und damit der Anschein der Parteilichkeit. Entscheidend sei, dass hier eine **öffentlich-rechtliche Körperschaft** vollmachtlos vertreten wurde, die öffentlich-rechtlichen Bindungen unterliegt und nicht einfach ihre Interessen schrankenlos durchsetzen darf. Weil die Stadt gebunden ist, erweckt auch die Notarin nicht den Eindruck, dass sie der Stadt bei der Durchsetzung ihrer Interessen hülfe.

Ähnlich vermisst auch Sander in seiner Entscheidungsanmerkung[10] eine Behandlung der Frage, inwieweit die betreffende Regelung der Richtlinie § 14 BNotO konkretisiert. Außerdem weist er darauf hin, dass der BGH in früheren Entscheidungen die Notarkammern sehr wohl für befugt hielt, in „Grauzonen“ verbindliche Vorgaben durch ihre Satzungen zu normieren.[11]

Fazit:

Man darf die BGH-Entscheidung nicht so lesen, als hätte der BGH Ziff. II. 1. lit. a RLNotK gekippt. Und man sollte im Hinterkopf behalten, dass der BGH auch bei Beteiligung einer Kommune nicht immer so großzügig ist. In einem anderen Fall, den wir ebenfalls in dieser Veranstaltung besprochen hatten, hatte der BGH wiederholte Beurkundungen in den **Räumen der vertragsbeteiligten Gemeinde** bereits als disziplinarisch relevant gewertet.[12]

---

9 BR-Drs. 890/95, 31.
10 Sander DNotZ 2025, 155 (156).
11 BGH NJW-RR 2009, 1419 Rn. 14.
12 BGH DNotZ 2022, 227. Dazu Hertel in Herrler/Hertel/Kesseler ImmobilienR 2021/2022 S. 329.

K. Internationales Privatrecht: Europäisches Nachlasszeugnis und Grundstücksverkehr[1]

Seit bald zehn Jahren steht mit dem Europäischen Nachlasszeugnis ein Instrument zur grenzüberschreitenden Geltendmachung von erbrechtlichen Positionen in der Europäischen Union zur Verfügung, das vor allem auch den Grundstücksverkehr erleichtern soll, insbesondere für Grundstücke, die sich außerhalb des Staates befinden, dessen Recht auf die Rechtsnachfolge von Todes wegen nach dem Eigentümer des Grundstücks anwendbar ist. Das Nachlasszeugnis kann im Hinblick auf Grundstücke zum einen genutzt werden, um die Rechtsnachfolge von Todes wegen **im Register – etwa im Grundbuch – umzusetzen.** Zum anderen kann das Nachlasszeugnis aber auch zur **Veräußerung von Nachlassgrundstücken** an Dritte verwandt werden. Diese Bedeutung für den Grundstücksverkehr ist Grund genug für Immobilienrechtler, sich mit diesem schillernden Institut auseinanderzusetzen, das in nahezu der gesamten Europäischen Union einheitliche Wirkungen besitzt (→ V.). Die europäische Erbrechtsverordnung (EuErbVO), die in ihren Art. 62 ff. EuErbVO das Europäische Nachlasszeugnis eingeführt hat, gilt in der gesamten Union mit Ausnahme Irlands und Dänemarks. Die Verordnung regelt neben dem Nachlasszeugnis für den Bereich des Erbrechts vor allem auch die klassischen Fragen des IPR, also die internationale Zuständigkeit in Erbsachen, die Bestimmung des anwendbaren Erbrechts und die Anerkennung und Vollstreckung von ausländischen Entscheidungen in Erbsachen.

Ein in **einem anderen Mitgliedstaat ausgestelltes** Europäisches Nachlasszeugnis kann dabei im Inland relevant werden, wenn es darum geht, die Rechtsnachfolge von Todes wegen im Hinblick auf ein in Deutschland belegenes Grundstück nachzuweisen. Hierbei kommt dem Nachlasszeugnis jedenfalls faktisch eine Monopolstellung zu: Die Wirkungen ausländischer Erbnachweise werden in Deutschland jedenfalls in der Praxis nicht ins Inland erstreckt[2] und nach der Rechtsprechung des EuGH finden die Zuständigkeitsvorschriften der Verordnung auf Erbnachweisverfahren nach mitgliedstaatlichem Recht Anwendung,[3] so dass in diesen Fällen regelmäßig kein deutscher Erbschein beantragt werden kann. Ein **deutsches** Europäisches Nachlasszeugnis kann erforderlich sein, wenn die deutschen Gerichte für die Erbsache international zuständig sind, aber eine erbrechtliche Position für ein ausländisches Grundstück bescheinigt werden muss.

I. Allgemeines zum Europäischem Nachlasszeugnis

Bei der Abwicklung des Erbfalls besteht oftmals für die Erbberechtigten das Bedürfnis, ihre erbrechtliche Position Dritten gegenüber nachzuweisen – ein Bedürfnis, dem die Rechtsordnungen durch Erbnachweise abhelfen, in Deutschland etwa in Form des Erbscheins (§§ 2353 ff. BGB) und des Testamentsvollstreckerzeugnisses (§ 2368 BGB). Diese Erbnachweise sind freilich höchst unterschiedlich ausgestaltet. Bei grenzüberschreitenden Erbfällen stellt sich die Frage, welche Wirkungen diese Erbnachweise im Ausland besitzen. Die Vorschriften über die gegenseitige Anerkennung von Entscheidungen werden hier mitunter an ihre Grenzen stoßen, da sie nur Erbnachweise erfassen, die als gerichtliche Entscheidung ergehen, nicht aber andere Formen eines Nachweises der Erbberechtigung.

---

1 Die folgenden Ausführungen basieren teils auf meiner Kommentierung der Art. 62 ff. EuErbVO in MüKoBGB, 9. Aufl. 2024, und meinem Beitrag zum europäisches Erbverfahrensrecht in Band III der Enzyklopädie Europarecht, 2. Aufl. 2021, S. 817, die freilich gekürzt und aktualisiert wurden.

2 Etwa Dutta in MüKoBGB, 9. Aufl. 2024, EuErbVO Art. 3 Rn. 17 und Art. 39 Rn. 3 f.

3 EuGH 21.6.2018 – C-20/17 – Oberle, NJW 2018, 2309 = FamRZ 2018, 1262 mAnm Fornasier.

Im Ansatz völlig richtig löst der Unionsgesetzgeber diese Problematik durch die Einführung eines **eigenständigen europäischen Erbnachweises** – durch das **Europäische Nachlasszeugnis,** das es Erben, Vermächtnisnehmern, Testamentsvollstreckern und Nachlassverwaltern ermöglichen soll, unionsweit mit einheitlichen Wirkungen ihre Rechtsposition nachzuweisen, Art. 62 Abs. 1, Art. 63 Abs. 1 EuErbVO. Im Detail enthalten die Vorschriften über das Europäische Nachlasszeugnis, die sich im sechsten Kapitel der Erbrechtsverordnung in den Art. 62 ff. befinden, jedoch Defizite, welche die Effektivität des Nachlasszeugnisses erheblich in Frage stellen.[4]

Das Europäische Nachlasszeugnis lässt die **Erbnachweise nach mitgliedstaatlichem Recht** unberührt, Art. 62 Abs. 3 EuErbVO. Hieraus folgt, dass auch bei einem Widerspruch zwischen einem Europäischen Nachlasszeugnis und einem mitgliedstaatlichen Erbnachweis im Hinblick auf eine Erbberechtigung das europäische Zeugnis nicht zwangsläufig vorrangig ist. Vielmehr treten die Wirkungen der Zeugnisse (→ V.) voneinander unabhängig ein.[5] Die Verwendung des Europäischen Nachlasszeugnisses ist für die Beteiligten **nicht verpflichtend,** Art. 62 Abs. 2 EuErbVO.

II. Voraussetzungen zur Erteilung des Nachlasszeugnisses

Art. 67 EuErbVO legt die Voraussetzungen für die Erteilung des Europäischen Nachlasszeugnisses fest. Sind diese gegeben, muss die Ausstellungsbehörde (dazu noch → III.) das Nachlasszeugnis in der Form des Art. 67 Abs. 1 UAbs. 1 S. 1 EuErbVO mit dem Inhalt nach Art. 68 EuErbVO ausstellen.

1. Ordnungsgemäßer Antrag, Art. 65 EuErbVO

Das Europäische Nachlasszeugnis wird zunächst nur auf Antrag ausgestellt, Art. 65 Abs. 1 EuErbVO. **Antragsbefugt** sind nach Art. 65 Abs. 1, Art. 63 Abs. 1 EuErbVO die Erben, die Vermächtnisnehmer mit unmittelbarer Berechtigung am Nachlass, die Testamentsvollstrecker oder die Nachlassverwalter. Alles andere als trivial ist die Auslegung dieser erbrechtlichen Systembegriffe, die freilich auch hier **autonom** – das heißt nicht unter Rückgriff auf das nationale Erbrecht – zu erfolgen hat.[6] So folgt etwa aus der Tatsache, dass Vermächtnisnehmer mit unmittelbarer Berechtigung am Nachlass, also vor allem Vindikationslegatare,[7] antragsbefugt sind, dass auch nur Erben, die durch eine dingliche Position begünstigt werden, ein Nachlasszeugnis beantragen können. Einem Erben, der etwa bei englischem Erbstatut lediglich einen schuldrechtlichen Anspruch gegen den personal representative besitzt, wird man deshalb ein Europäisches Nachlasszeugnis verwehren müssen, ebenso wie einem Pflichtteilsberechtigten, soweit dieser – anders als ein Noterbe nach französischem Recht – nicht unmittelbar gegenstandsbezogen am Nachlass, sondern wie etwa nach deutschem Recht nur wertbezogen beteiligt wird.[8]

---

[4] Allgemein zu Schwächen des Europäischen Nachlasszeugnisses Dutta in MüKoBGB, 9. Aufl. 2024, EuErbVO Art. 62 Rn. 8.

[5] Kleinschmidt RabelsZ 77 (2013), 723 (748): „Nebeneinander beider Systeme in einem Alternativverhältnis". Näher Dutta in MüKoBGB, 9. Aufl. 2024, EuErbVO Art. 62 Rn. 8 ff.; Fornasier in Dutta/Weber, 2. Aufl. 2021, EuErbVO Art. 62 Rn. 9 ff.

[6] Baldus GPR 2012, 312; Dutta in MüKoBGB, 9. Aufl. 2024, EuErbVO Art. 63 Rn. 4.

[7] Anders Süß ZEuP 2013, 725 (744), wonach nur der Erbenstellung nahekommende Universal- und Quotenvermächtnisse erfasst sein sollen. Für diese Beschränkung findet sich im Wortlaut des Art. 63 Abs. 1 EuErbVO jedoch kein Anhaltspunkt.

[8] Dutta in MüKoBGB, 9. Aufl. 2024, EuErbVO Art. 63 Rn. 6; Fornasier in Dutta/Weber, 2. Aufl. 2021, EuErbVO Art. 63 Rn. 7.

Allerdings ist es für die Antragsbefugnis nicht ausreichend, dass der Antragsteller als Inhaber einer bescheinigbaren Rechtsposition, sprich als Erbe, Vermächtnisnehmer, Testamentsvollstrecker oder Nachlassverwalter, ein Europäisches Nachlasszeugnis beantragt. Erforderlich ist aufgrund der **grenzüberschreitenden Ausrichtung** des Nachlasszeugnisses (allgemein Art. 62 Abs. 1 und Abs. 3 S. 2 EuErbVO) auch, dass die jeweiligen Antragsteller sich nach Art. 63 Abs. 1 EuErbVO aE „in einem anderen Mitgliedstaat auf ihre Rechtsstellung berufen oder ihre Rechte als Erben oder Vermächtnisnehmer oder ihre Befugnisse als Testamentsvollstrecker oder Nachlassverwalter ausüben" müssen. Jedoch wird man keine allzu hohen Anforderungen an das Bedürfnis für einen grenzüberschreitenden Nachweis der Rechtsstellung stellen dürfen.[9] Es sollte ausreichen, dass sich Nachlassvermögen im Ausland befindet (vgl. auch Erwägungsgrund Nr. 68 S. 1), das verwaltet werden muss, oder sich Nachlassgläubiger oder Nachlassschuldner im Ausland befinden oder Nachlassforderungen oder Nachlassverbindlichkeiten ausländischem Recht unterliegen. Ausreichend ist es aber auch, dass der Erbe, Vermächtnisnehmer, Testamentsvollstrecker oder Nachlassverwalter Nachlassvermögen im Ausland verwerten möchte, etwa zum Nachlass gehörige Sachen ins Ausland verbringen und dort veräußern möchte. Zudem reicht es aus, wenn der Erbe, Vermächtnisnehmer, Testamentsvollstrecker oder Nachlassverwalter mithilfe des Zeugnisses überhaupt in die Lage versetzt werden möchte, feststellen zu können, ob im Ausland Nachlassvermögen vorhanden ist. Das Nachlasszeugnis ist auch ein Hilfsmittel, um den Umfang des Nachlasses im Ausland festzustellen.[10]

Zur Antragstellung kann der Antragsteller ein **Formblatt** verwenden, Art. 65 Abs. 2 EuErbVO, dessen Verwendung nicht zwingend ist, wie der Gerichtshof in *Brisch* auf Vorlage des OLG Köln[11] explizit bestätigt hat.[12] Das optionale Formblatt findet sich nach Art. 1 Abs. 4 der Durchführungsverordnung (EU) Nr. 1329/2014 der Kommission als Formblatt IV in Anhang 4 der Durchführungsverordnung. Der Antrag muss die in Art. 65 Abs. 3 EuErbVO aufgelisteten **Angaben** enthalten.

2. Keine streitige Entscheidung über die zu bescheinigende Rechtsposition, Art. 67 Abs. 1 UAbs. 2 lit. a EuErbVO

Nach Art. 67 Abs. 1 UAbs. 2 lit. a EuErbVO darf ein Zeugnis nicht ausgestellt werden, wenn „Einwände gegen den zu bescheinigenden Sachverhalt anhängig sind". Hierbei handelt es sich nicht nur um Einwände in einem außerhalb des Ausstellungsverfahrens anhängigen Verfahren, sondern auch um **materiellrechtliche Einwände** im Ausstellungsverfahren selbst, wie vor allem die englische Sprachfassung verdeutlicht („if [...] the elements to be certified are being challenged"). Mit „Sachverhalt" („elements") sind freilich nicht nur Tatsachen gemeint, sondern vor allem die nach Art. 63 Abs. 1 EuErbVO bescheinigbare Rechtsstellung als Erbe, Vermächtnisnehmer, Testamentsvollstrecker oder Nachlassverwalter.

Gegen diese Auslegung des Art. 67 Abs. 1 UAbs. 2 lit. a EuErbVO hat sich zwar kürzlich das OLG Stuttgart gestellt:

OLG Stuttgart Beschl. v. 15.12.2020 – 8 W 342/20
ZEV 2021, 320 = FamRZ 2021, 1071

[9] Dutta in MüKoBGB, 9. Aufl. 2024, EuErbVO Art. 63 Rn. 20.
[10] Süß ZEuP 2013, 725 (738).
[11] OLG Köln FamRZ 2018, 960.
[12] EuGH 17.1.2019 – C-102/18 – Brisch, FamRZ 2019, 645.

Leitsätze:

1. Anhängige Einwände im Sinne des Art. 67 Abs. 1 UAbs. 2 lit. a EuErbVO, die dazu führen, dass ein Europäisches Nachlasszeugnis nicht ausgestellt werden kann, sind nur solche, die anderweitig, also in einem anderen Verfahren, anhängig sind. Demgegenüber sind Einwände, die ein Berechtigter unmittelbar gegenüber der Ausstellungsbehörde geltend macht, im Rahmen des Erteilungsverfahrens zu würdigen. Sie stehen nicht per se der Erteilung des Zeugnisses entgegen.
2. „Anhängigkeit" im Sinne des Art. 67 Abs. 1 UAbs. 2 lit. a EuErbVO bedeutet Einreichung einer Klage, mithin die Anhängigkeit eines Rechtsstreits in Bezug auf den zu bescheinigenden Sachverhalt.
3. Das Ausstellungsverfahren für das Europäische Nachlasszeugnis richtet sich grundsätzlich nach dem jeweiligen mitgliedstaatlichen Verfahrensrecht. Die EuErbVO steht einer unterschiedlichen Prüfungstiefe durch die „Ausstellungsbehörde" nicht entgegen.
4. In der Bundesrepublik Deutschland verweisen die §§ 33 ff. des zur Durchführung der EuErbVO erlassenen Internationalen Erbrechtsverfahrensgesetzes (IntErbRVG) auf das FamFG und damit unter anderem auf § 26 FamFG. Die Prüfungskompetenzen von Nachlassgericht und Beschwerdegericht decken sich.

Allerdings hatte das AG Lörrach (Beschl. v. 21.3.2023 – 23 VI 1236/21, FamRZ 2023, 990) diese Auslegungsfrage dem EuGH vorgelegt und der EuGH hat mittlerweile die hier vertretene Ansicht bestätigt.

EuGH Urt. v. 23.1.2025 – C-187/23 – Albausy
ZEV 2025, 189 = FamRZ 2025, 713

Leitsätze:

1. Ein Einwand gegen den zu bescheinigenden Sachverhalt, der im Verfahren zur Ausstellung eines Europäischen Nachlasszeugnisses seitens eines Beteiligten erhoben wird, steht der Ausstellung eines Nachlasszeugnisses entgegen. Die Ausstellungsbehörde – in Deutschland das Nachlassgericht – muss mithin die Ausstellung des Nachlasszeugnisses ablehnen, wenn der zu bescheinigende Sachverhalt infolge von Einwänden im Verfahren zur Ausstellung des Zeugnisses nicht als feststehend angesehen werden kann, und zwar selbst wenn die Einwände unbegründet oder unsubstantiiert erscheinen.
2. Allerdings hindert die fehlende Befugnis der Ausstellungsbehörde zur Entscheidung über Einwände im Verfahren zur Ausstellung des Europäischen Nachlasszeugnisses diese Behörde nicht daran, festzustellen, dass über einen vor ihr erhobenen Einwand bereits durch eine rechtskräftige gerichtliche Entscheidung entschieden worden ist.
3. Deutsche Nachlassgerichte üben im Rahmen des Verfahrens zur Ausstellung eines Europäischen Nachlasszeugnisses keine gerichtlichen Funktionen aus und sind daher nicht zur Vorlage an den Gerichtshof der Europäischen Union nach Art. 267 AEUV befugt.

Mit dieser besonderen Sachentscheidungsvoraussetzung reduziert der europäische Gesetzgeber das Ausstellungsverfahren auf ein **einvernehmliches Verfahren.** Die Ausstellungsbehörde (→ III.) entscheidet mithin nicht streitig über die zu bescheinigende Rechtsstellung.[13] Dem Antragsteller bleibt alleine der Weg, über den **Rechtsbehelf** nach Art. 72 Abs. 1 UAbs. 1 EuErbVO an ein Nachlasszeugnis zu kommen; denn jedenfalls das Rechtsbehelfsgericht wird den Rechtsstreit entscheiden dürfen, vgl. auch Art. 72 Abs. 2 UAbs. 2 EuErbVO. Allerdings wird man Art. 67 Abs. 1 UAbs. 2 lit. a EuErbVO **Grenzen** setzen müssen, um die Effektivität des Nachlasszeugnisses nicht zu gefährden: Wurde bereits außerhalb des Ausstellungsverfahrens in einem streitigen Verfahren verbindlich geklärt, dass

[13] Dutta in MüKoBGB, 9. Aufl. 2024, EuErbVO Art. 67 Rn. 6; Fornasier in Dutta/Weber, 2. Aufl. 2021, EuErbVO Art. 67 Rn. 5; Kleinschmidt FS Lindacher, 2017, 165 (170 ff.); anders Kreße in Caravaca/Davì/Mansel, 2017, EuErbVO Art. 67 Rn. 7 f.; W. Zimmermann ZErb 2015, 342 f.; W. Zimmermann Rpfleger 2017, 2 (5).

der Antragsteller gegenüber dem möglichen Berechtigten die zu bescheinigende Rechtsstellung innehat, so muss die Ausstellungsbehörde auch ein Nachlasszeugnis ausstellen.[14]

3. Keine mit der zu bescheinigenden Rechtsposition unvereinbare Entscheidung, Art. 67 Abs. 1 UAbs. 2 lit. b EuErbVO

Auch sind die Voraussetzungen für die Ausstellung eines Nachlasszeugnisses nur dann nach Art. 67 Abs. 1 UAbs. 2 lit. b EuErbVO erfüllt, wenn keine unvereinbare Entscheidung „zum selben Sachverhalt" vorliegt. Gemeint ist freilich auch hier wieder eine Entscheidung über die nach Art. 63 Abs. 1 EuErbVO zu bescheinigende Rechtsstellung als Erbe, Vermächtnisnehmer, Testamentsvollstrecker oder Nachlassverwalter (→ II. 1.).

4. Bestehen der bescheinigbaren Rechtsposition, Art. 67 Abs. 1 UAbs. 1 S. 1 EuErbVO

Nach Art. 67 Abs. 1 UAbs. 1 S. 1 EuErbVO darf das Nachlasszeugnis nur ausgestellt werden, wenn „der zu bescheinigende Sachverhalt […] feststeht". Auch hier ist mit „Sachverhalt" die nach Art. 63 Abs. 1 EuErbVO zu bescheinigende Rechtsstellung als Erbe, Vermächtnisnehmer, Testamentsvollstrecker oder Nachlassverwalter gemeint (→ II. 2.). Die Rechtsstellung „steht fest", wenn der ihr zugrunde liegende Lebenssachverhalt nach der Überzeugung der Ausstellungsbehörde (→ III.) im Rahmen der Prüfung des Antrags nach Art. 66 Abs. 1–3 EuErbVO nachgewiesen wurde (→ IV.) und rechtlich die zu bescheinigende Rechtsstellung dem Grunde und Umfang nach begründet.

Das Bestehen und der Umfang der zu bescheinigenden Rechtsstellung als Erbe, Vermächtnisnehmer, Testamentsvollstrecker oder Nachlassverwalter unterliegen grundsätzlich dem **Erbstatut,** wie es in den Art. 20 ff. EuErbVO bestimmt wird, worauf auch Art. 67 Abs. 1 UAbs. 1 S. 1 EuErbVO hinweist („nach dem auf die Rechtsnachfolge von Todes wegen anzuwendenden Recht"). Allerdings entscheidet nicht ausschließlich das Erbstatut über die nach Art. 63 Abs. 1 EuErbVO zu bescheinigende Rechtsstellung, wie auch der europäische Gesetzgeber klarstellt: Nach Art. 67 Abs. 1 UAbs. 1 S. 1 EuErbVO muss die zu bescheinigende Rechtsstellung auch nach **„jedem anderen auf einen spezifischen Sachverhalt anzuwendenden Recht"** bestehen: Dieser Verweis bezieht sich zunächst auf Vorfragen im Erbstatut, die gerade im Hinblick auf die Erbenstellung, soweit diese etwa beim Intestaterbrecht an die klassischen Statusverhältnisse anknüpft (vgl. auch Art. 1 Abs. 2 lit. a EuErbVO), erhebliche Bedeutung besitzen.[15] Auch richtet sich gerade die Erbenstellung nicht zwangsläufig allein nach dem Erbrecht: Die Erbenstellung des überlebenden Ehegatten wird etwa nach deutschem Recht auch güterrechtlich durch den pauschalierten Zugewinnausgleich (§ 1371 Abs. 1 BGB) beeinflusst und kann auch insoweit durch das Nachlasszeugnis bescheinigt werden.[16] Dies hat mittlerweile auch der Gerichtshof bestätigt, der den pauschalierten Zugewinnausgleich allgemein erbrechtlich qualifiziert und damit nicht dem Güterstatut, sondern dem Erbstatut zuweist.[17]

---

[14] Dutta in MüKoBGB, 9. Aufl. 2024, EuErbVO Art. 67 Rn. 6; Fornasier in Dutta/Weber, 2. Aufl. 2021, EuErbVO Art. 67 Rn. 8.

[15] Zur Anknüpfung dieser Vorfragen im Rahmen der Erbrechtsverordnung näher Dutta in MüKoBGB, 9. Aufl. 2024, EuErbVO Vor Art. 20 Rn. 52 ff.

[16] Dutta in MüKoBGB, 9. Aufl. 2024, EuErbVO Art. 63 Rn. 8.

[17] EuGH 1.3.2018 – C-558/17– Mahnkopf, FamRZ 2018, 632 mAnm Fornasier.

III. Zuständigkeit zur Ausstellung des Nachlasszeugnisses, Art. 64 EuErbVO

Zuständig für die Ausstellung des Europäischen Nachlasszeugnisses ist die Ausstellungsbehörde nach Art. 64 EuErbVO.

Für die **internationale** Zuständigkeit zur Ausstellung des Zeugnisses verweist Art. 64 S. 1 EuErbVO grundsätzlich auf die allgemeine Zuständigkeitsordnung der Verordnung (Art. 4 ff. EuErbVO). Wie Erwägungsgrund Nr. 70 S. 1 klarstellt, sollen die nach der Verordnung in Erbsachen zuständigen Gerichte auch für die Ausstellung des Zeugnisses international zuständig sein. Das betrifft vor allem die Zuständigkeit nach der Grundregel in Art. 4 EuErbVO (letzter gewöhnlicher Aufenthalt des Erblassers) und in Art. 10 EuErbVO (Nachlassbefindlichkeit), die Abweichungen im Falle einer Rechtswahl nach Art. 5 ff. EuErbVO (Basis der Zuständigkeit ist hier der in Art. 64 S. 1 EuErbVO angesprochene Art. 7 EuErbVO) und die Notzuständigkeit nach Art. 11 EuErbVO.

Keine Aussagen trifft die Verordnung – Art. 2 EuErbVO entsprechend – über die **sachliche, örtliche** und **funktionale** Zuständigkeit zur Ausstellung des Europäischen Nachlasszeugnisses. Art. 64 S. 2 EuErbVO legt lediglich fest, dass über die zuständige Ausstellungsbehörde das jeweilige mitgliedstaatliche Verfahrensrecht entscheidet, das die Ausstellung des Zeugnisses einem Gericht iSd Verordnung (lit. a) oder einer sonstigen Behörde, die für Erbsachen zuständig ist (lit. b), zuweist, vgl. auch Erwägungsgrund Nr. 70 S. 2. In einem **deutschen** Nachlasszeugnisverfahren ist für die Ausstellung des Europäischen Nachlasszeugnisses nach § 34 Abs. 4 S. 1 und S. 2 IntErbRVG sachlich das Amtsgericht als Nachlassgericht zuständig.[18] Funktional ist nach § 3 Nr. 2 lit. i RPflG grundsätzlich der Rechtspfleger als „Gericht" nach Art. 64 S. 2 lit. a iVm Art. 3 Abs. 2 EuErbVO zuständig.

IV. Verfahren zum Erlass des Nachlasszeugnisses, Art. 66, 67, 70 EuErbVO

Nach Art. 67 Abs. 1 UAbs. 1 EuErbVO wird das Nachlasszeugnis „nach dem in diesem Kapitel festgelegten Verfahren" ausgestellt: Nach einer Prüfung des Antrags (näher Art. 66 EuErbVO) erlässt die zuständige Ausstellungsbehörde (→ III.) das Nachlasszeugnis (näher Art. 67 EuErbVO), das sich optisch wie inhaltlich erheblich vom deutschen Erbschein unterscheidet, wenn man einen Blick in Art. 68 EuErbVO wirft, der den Inhalt des Zeugnisses festlegt. Entsprechend umfangreich ist das zu verwendende Formblatt (Art. 67 Abs. 1 UAbs. 1 S. 2 EuErbVO), das sich in nach Art. 1 Abs. 5 der Durchführungsverordnung (EU) Nr. 1329/2014 der Kommission als Formblatt V in Anhang 5 der Durchführungsverordnung findet. Um die Kontrolle über die Verwendung des Zeugnisses zu behalten, werden nur beglaubigte Abschriften des Zeugnisses ausgegeben, die lediglich sechs Monate (Grundsatz) gültig sind und deren Gültigkeit danach verlängert werden muss, Art. 70 EuErbVO.

Das Verfahren zur Ausstellung eines Europäischen Nachlasszeugnisses enthält **Züge eines Verfahrens der freiwilligen Gerichtsbarkeit** mit Amtsermittlungspflichten (siehe Art. 66 Abs. 1 EuErbVO) und Fürsorgepflichten (siehe Art. 66 Abs. 4 EuErbVO). Bei **Lücken in der Verordnung zum Ausstellungsverfahren,** die nicht im Wege der Auslegung oder Rechtsfortbildung des Unionsrechts geschlossen werden können, findet das jeweilige mitgliedstaatliche Verfahrensrecht Anwendung,[19] auch wenn die Verordnung

[18] Ausführlich etwa Dutta in Dutta/Weber, 2. Aufl. 2021, IntErbRVG § 34 Rn. 12 ff.

[19] Dutta in MüKoBGB, 9. Aufl. 2024, EuErbVO Vor Art. 62 Rn. 6; K. W. Lange DNotZ 2012, 168 (172).

eine allgemeine subsidiäre Geltung des mitgliedstaatlichen Verfahrensrechts nicht ausdrücklich anordnet, vgl. aber auch Erwägungsgrund Nr. 70 S. 3[20] sowie für das Rechtsbehelfsverfahren Art. 72 Abs. 1 UAbs. 3 EuErbVO. Vor einer **deutschen** Ausstellungsbehörde (Art. 64 S. 2 EuErbVO) kommen für das Nachlasszeugnisverfahren vorrangig die §§ 33 ff. IntErbRVG sowie ergänzend nach § 35 Abs. 1 IntErbRVG das FamFG und insbesondere die §§ 342 ff. FamFG zur Anwendung. Ferner gelten, soweit das IntErbRVG keine besonderen Regelungen enthält, das GVG und das RPflG. Die Gerichtskosten für das Verfahren zur Ausstellung des Nachlasszeugnisses richten sich wegen § 1 Abs. 1 GNotKG, § 35 Abs. 1 IntErbRVG nach dem GNotKG, wo die Gebührentatbestände für Erbscheine auf das Europäische Nachlasszeugnis weitgehend erstreckt wurden, um einen Gleichlauf zwischen beiden Erbnachweisen herzustellen.[21]

V. Wirkungen des Nachlasszeugnisses, Art. 69 EuErbVO

1. Allgemeines

Die Wirkungen des Europäischen Nachlasszeugnisses werden in Art. 69 EuErbVO geregelt. Das Zeugnis entfaltet nach Art. 69 Abs. 1 EuErbVO seine Wirkungen **automatisch** ohne Anerkennungsverfahren in allen Mitgliedstaaten, einschließlich des Mitgliedstaats, in dem das Nachlasszeugnis ausgestellt wurde, wie Art. 62 Abs. 3 S. 2 EuErbVO klarstellt, siehe auch Erwägungsgrund Nr. 71 S. 1.

Auch geschieht die Wirkungserstreckung, anders als bei der Anerkennung ausländischer Entscheidungen nach Art. 39 ff. EuErbVO, **voraussetzungslos:** Es bestehen keine Anerkennungsversagungsgründe; insbesondere ist das Europäische Nachlasszeugnis nicht am ordre public der anderen Mitgliedstaaten – in denen es Wirkung entfaltet – zu messen;[22] auch die internationale Zuständigkeit des Ausstellungsmitgliedstaats nach Art. 64 S. 1 EuErbVO wird nicht überprüft. Damit verdrängt Art. 69 Abs. 1 EuErbVO die in den Kapiteln IV und V enthaltenen Anerkennungs- und Annahmeregeln im Hinblick auf die Erstreckung der Wirkungen des Nachlasszeugnisses. Sollte das (mitgliedstaatliche) Verfahrensrecht dem Europäischen Nachlasszeugnis darüber hinausgehende Wirkungen zubilligen, etwa als Vollstreckungstitel im Hinblick auf eine Kostenentscheidung, so richtet sich die Wirkungserstreckung nach den Kapiteln IV und V.

Allgemeine Voraussetzung für die in Art. 69 EuErbVO geregelten Wirkungen ist freilich, dass ein Nachlasszeugnis wirksam ausgestellt wurde, wobei Mängel im Ausstellungsverfahren (→ IV.) unschädlich sind, solange das Zeugnis von einer Ausstellungsbehörde stammt und damit der Anschein eines Nachlasszeugnisses besteht. Allerdings reicht die Ausstellung des Zeugnisses alleine nicht aus. Es muss nach Art. 70 Abs. 3 EuErbVO auch eine beglaubigte Abschrift des Nachlasszeugnisses ausgestellt worden sein, die zum maßgeblichen Zeitpunkt Gültigkeit besitzt, vgl. Erwägungsgrund Nr. 71 S. 6 (siehe bereits → IV.). Allerdings reicht die Vorlage dieser beglaubigten Abschrift aus.

KG Beschl. v. 27.6.2023 – 1 W 2/23
FamRZ 2023, 1580 = ZEV 2023, 529

Leitsatz:

Der Nachweis der Erbfolge kann gegenüber dem Grundbuchamt mit der beglaubigten Abschrift eines Europäischen Nachlasszeugnisses geführt werden. Die formellen Voraussetzungen

[20] S. auch Ratsdokument Nr. 10126/11, 12.
[21] Näher zu den Kosten eines deutschen Europäischen Nachlasszeugnisses Dutta in Dutta/Weber, 2. Aufl. 2021, IntErbRVG § 33 Rn. 9 ff.
[22] Dutta in MüKoBGB, 9. Aufl. 2024, EuErbVO Art. 69 Rn. 6.

zungen an eine solche beglaubigte Abschrift folgen aus dem Unionsrecht. Das nationale (Grundbuch-)Recht gebietet keine strengeren Anforderungen.

Auch darf das Zeugnis nicht nach Art. 71 Abs. 2, Art. 72 Abs. 2 UAbs. 1 EuErbVO geändert oder widerrufen oder seine Wirkungen nach Art. 73 Abs. 1 EuErbVO ausgesetzt worden sein (siehe auch → VI.), wobei maßgeblich die zugrunde liegende Entscheidung ist und nicht die Unterrichtung der in Art. 71 Abs. 3, Art. 73 Abs. 2 UAbs. 1 EuErbVO genannten Personen.[23] Insbesondere regelt Art. 70 Abs. 3 EuErbVO nur den Gültigkeitszeitraum der Abschriften im Falle eines wirksamen Nachlasszeugnisses, schweigt aber zur Gültigkeit der Abschriften im Falle eines Widerrufs, einer Änderung oder Wirkungsaussetzung des zugrunde liegenden Zeugnisses. Speziell die Wirkungsaussetzung nach Art. 73 Abs. 1 EuErbVO wäre praktisch ein stumpfes Schwert, wenn die Abschriften immer noch Wirkungen entfalten würden, obwohl die Wirkungen des zugrunde liegenden Nachlasszeugnisses einstweilen ausgesetzt wurden.

Allerdings schweigt die Verordnung zu der Frage, **bis zu welchem Zeitpunkt** die eben angesprochenen allgemeinen Wirkungsvoraussetzungen vorliegen müssen, um die Rechtsfolgen der Wirkungstatbestände noch auszulösen. Konkret betrifft dies vor allem die Frage, bis zu welchem Zeitpunkt der Ablauf der Gültigkeitsdauer der beglaubigten Abschriften schädlich ist, die mit sechs Monaten (Art. 70 Abs. 3 S. 1 EuErbVO) sehr knapp bemessen ist. Grundsätzlich kommt es für den maßgeblichen Wirkungszeitpunkt auf die Vollendung des jeweiligen Wirkungstatbestands nach Art. 69 Abs. 2–5 EuErbVO an. Das führt aber gerade dann zu Unbilligkeiten, wenn eine Behörde an der Vollendung des Tatbestands mitwirken muss, wenn etwa bei einer Verfügung über ein Grundstück nach Art. 69 Abs. 4 EuErbVO durch einen mittels eines Nachlasszeugnisses legitimierten Erbe eine Eintragung erforderlich ist oder der durch das Nachlasszeugnis legitimierte Erbe eine Berichtigung des Grundbuchs nach Art. 69 Abs. 5 EuErbVO beantragt. In dieser Situation haben es die Parteien nicht in der Hand, dass die Vollendung des jeweiligen Wirkungstatbestands innerhalb eines bestimmten Zeitraums erfolgt. Es spricht deshalb Vieles dafür, für das Vorliegen der allgemeinen Wirksamkeitsvoraussetzungen auf den Zeitpunkt des Eintragungsantrags abzustellen – ein Rechtsgedanke, der sich im deutschen Immobiliarsachenrecht auch in § 878 BGB und § 892 Abs. 2 BGB findet. Ein unmittelbarer Rückgriff auf diese Vorschriften verbietet sich freilich, da der Wirkungszeitpunkt die Wirkungen des Nachlasszeugnisses betrifft, die abschließend in der Verordnung geregelt sind. Mittlerweile hat der EuGH diese Überlegungen in „UE, HC/Vorarlberger Landes- und Hypothekenbank AG" bestätigt. Für die Wirkungen des Art. 69 EuErbVO reicht es aus, wenn die beglaubigte Abschrift des Nachlasszeugnisses bei ihrer erstmaligen Vorlage gültig war.[24]

EuGH Urt. v. 1.7.2021 – C-301/20UE – HC ./. Vorarlberger Landes- und Hypothekenbank AG
ZEV 2021, 581 = FamRZ 2021, 1480

Leitsatz 1:

Art. 70 Abs. 3 EuErbVO ist dahin auszulegen, dass die beglaubigte Abschrift eines Europäischen Nachlasszeugnisses, die mit dem Vermerk „unbefristet" versehen ist, für die Dauer von sechs Monaten ab dem Ausstellungsdatum gültig ist und ihre Wirkungen im Sinne von Art. 69 dieser Verordnung entfaltet, wenn sie bei ihrer erstmaligen Vorlage gültig war.

Anders hatte zuvor noch das Kammergericht entschieden, dessen Auslegung der Verordnung aber mit der EuGH-Entscheidung hinfällig ist.

---

23 Dutta in MüKoBGB, 9. Aufl. 2024, EuErbVO Art. 69 Rn. 2 ff. Anders Buschbaum/Simon ZEV 2012, 525 (526); Lehmann DStR 2012, 2085 (2088 f.), wonach bei einem Widerruf oder einer Änderung die im Umlauf befindlichen Abschriften weiterhin Wirkungen entfalten; so auch Süß ZEuP 2013, 725 (746).
24 Näher zur Entscheidung etwa Rademacher FamRZ 2021, 1483.

KG Beschl. v. 3.9.2019 – 1 W 161/19
FamRZ 2020, 53 = DNotZ 2020, 120

Leitsätze:

1. Der Nachweis der Bewilligungsbefugnis eines Erben [oder Testamentsvollstreckers] kann durch ein Europäisches Nachlasszeugnis nur durch Vorlage einer von der Ausstellungsbehörde ausgestellten beglaubigten Abschrift des Zeugnisses geführt werden, deren Gültigkeitsfrist im Zeitpunkt der Eintragung im Grundbuch noch nicht abgelaufen ist.
2. Das gilt auch bei Ablauf der Gültigkeitsfrist nach Antragstellung beim Grundbuchamt.

2. Vermutungswirkung

Nach Art. 69 Abs. 2 S. 2 EuErbVO wird – wie beim deutschen Erbschein nach § 2365 BGB im Hinblick auf die Erbenstellung – vermutet, dass die Rechtsstellung als Erbe, Vermächtnisnehmer, Testamentsvollstrecker oder Nachlassverwalter im bescheinigten Umfang besteht. Das Europäische Nachlasszeugnis entfaltet insoweit eine **Rechtsvermutungswirkung.** Unklar ist, welche über Art. 69 Abs. 2 S. 2 EuErbVO hinausgehenden Wirkungen der europäische Gesetzgeber dem Nachlasszeugnis mit Art. 69 Abs. 2 S. 1 EuErbVO einräumen möchte, wenn nach dieser Vorschrift vermutet werden soll, dass das Nachlasszeugnis die „Sachverhalte, die nach dem auf die Rechtsnachfolge von Todes wegen anzuwendenden Recht oder einem anderen auf spezifische Sachverhalte anzuwendenden Recht festgestellt wurden", zutreffend ausweist. Hierbei könnte es sich um eine Tatsachen- und (über Art. 69 Abs. 2 S. 2 EuErbVO hinausgehende) Rechtsvermutung handeln.[25]

3. Gutglaubenswirkung

Das Europäische Nachlasszeugnis gewährt auch eine Gutglaubenswirkung, und zwar – ähnlich wie die §§ 2366, 2367 BGB beim deutschen Erbschein – bei bestimmten Leistungen an eine durch das Nachlasszeugnis legitimierte Person (Art. 69 Abs. 3 EuErbVO) oder bei Verfügungen einer solchen Person (Art. 69 Abs. 4 EuErbVO). Erforderlich für die Gutglaubenswirkung ist die Redlichkeit des Leistenden oder Erwerbers, die jedoch aufgrund der negativen Formulierung in Art. 69 Abs. 3 und Abs. 4 EuErbVO („es sei denn") vermutet wird. Nach Art. 69 Abs. 3 und Abs. 4 EuErbVO schadet nicht nur eine Kenntnis des Leistenden oder des Erwerbers von der Unrichtigkeit des Nachlasszeugnisses im Hinblick auf die Legitimation des Leistungsempfängers oder Verfügenden zum Empfang der Leistung oder zur Verfügung. Auch eine grob fahrlässige Unkenntnis von der Unrichtigkeit des Zeugnisses schließt – anders als bei §§ 2366, 2367 BGB – die Redlichkeit und damit den Gutglaubensschutz aus.

4. Legitimationswirkung

In Art. 69 Abs. 5 EuErbVO stellt der europäische Gesetzgeber klar, dass das Nachlasszeugnis seine Wirkungen auch für die Eintragung der Nachlassgegenstände in den mitgliedstaatlichen Registern entfaltet. Der durch das Nachlasszeugnis legitimierte Erbe, Vermächtnisnehmer, Testamentsvollstrecker oder Nachlassverwalter soll eine sich aufgrund seiner bescheinigten Rechtsstellung ergebende Änderung in der dinglichen Zuordnung der Nach-

[25] Näher Dutta in MüKoBGB, 9. Aufl. 2024, EuErbVO Art. 69 Rn. 8 ff.

lassgegenstände – etwa der Erwerb des Eigentums an einem Grundstück als Erbe oder Vermächtnisnehmer oder eine Verfügungsbeschränkung des Eigentümers durch eine Testamentsvollstreckung – mithilfe des Zeugnisses registerrechtlich erfassen lassen können, vgl. auch Erwägungsgründe Nr. 18 S. 5 und Nr. 69 S. 2. Fragen wirft vor allem das Verhältnis des Art. 69 Abs. 5 zu Art. 1 Abs. 2 lit. k EuErbVO auf, der das Registerrecht gerade vom Anwendungsbereich der Verordnung ausklammert.[26]

Unklar ist jedoch, wie der Verweis in Art. 69 Abs. 5 auf Art. 1 Abs. 2 lit. l EuErbVO zu interpretieren ist. Richtigerweise wird man den Verweis dahingehend zu verstehen haben, dass das mitgliedstaatliche Registerrecht neben dem Nachlasszeugnis **zusätzliche registerverfahrensrechtliche Erfordernisse zur Umschreibung eines eingetragenen Rechts** verlangen kann, aber eben nur, soweit sie sich nicht auf die vom Nachlasszeugnis bescheinigte Rechtsposition beziehen. Dies wird auch in Erwägungsgrund Nr. 18 S. 5 f. angedeutet, wo explizit Steuerbescheinigungen genannt werden, womit etwa Unbedenklichkeitsbescheinigungen angesprochen sind. Auch Dokumente im Hinblick auf das eingetragene Recht kann das mitgliedstaatliche Registerrecht einfordern oder im Hinblick auf die Identität der Beteiligten. Dieser Vorbehalt des Registerrechts kann sich sogar auf den Inhalt des Nachlasszeugnisses auswirken: So betont etwa der Gerichtshof in „R. J. R./Registrų centras VĮ„„ dass die mitgliedstaatlichen Registerbehörden bei einem Eintragungsantrag, der allein auf die Vorlage eines Nachlasszeugnisses gestützt wird, grundbuchverfahrensrechtlich eine Änderung des Grundbuchs davon abhängig machen dürfen, dass das betreffende Grundstück im Nachlasszeugnis angegeben wird; das bedeutet aber nicht, dass sich die Legitimationswirkung des Nachlasszeugnisses auf die Nachlasszugehörigkeit des angegebenen Gegenstands erstreckt, zumal die Ausstellungsbehörde die Inhaberschaft – etwa die Eigentumslage an einem im Verwendungsmitgliedstaat belegenen Grundstück – kaum prüfen können wird.[27]

EuGH Urt. v. 9.3.2023 – C-354/21 – R. J. R. ./,. Registrų centras VĮ
ZEV 2023, 532 = FamRZ 2023, 881

Leitsatz:

Art. 1 Abs. 2 Buchst. l, Art. 68 Buchst. l und Art. 69 Abs. 5 der EuErbVO sind dahin auszulegen, dass sie einer Regelung eines Mitgliedstaats nicht entgegenstehen, die vorsieht, dass der Antrag auf Eintragung eines unbeweglichen Vermögensgegenstands in das Grundbuch dieses Mitgliedstaats abgelehnt werden kann, wenn es sich bei dem einzigen zur Stützung dieses Antrags vorgelegten Schriftstück um ein Europäisches Nachlasszeugnis handelt, das diesen unbeweglichen Vermögensgegenstand nicht identifiziert.

Mittlerweile hat allerdings der Bundesgerichtshof die Frage nochmals dem EuGH vorgelegt.

BGH Aussetzungs- und Vorlagebeschl. v. 27.11.2024 – IV ZB 41/23
ZEV 2025, 113 = FamRZ 2025, 300

Leitsätze:

Dem Gerichtshof der Europäischen Union werden zur Auslegung der EuErbVO folgende Fragen zur Vorabentscheidung vorgelegt:

1. Ist Art. 68 Buchst. l EuErbVO dahin auszulegen, dass das Europäische Nachlasszeugnis die nach Maßgabe des innerstaatlichen Rechts des Belegenheitsstaats für eine Eintragung des Erben als Eigentümer in das Grundbuch erforderlichen Angaben hinsichtlich eines zum Nachlass gehörigen, in einem anderen Mitgliedstaat als dem Staat der Ausstellungsbehörde belegenen Grundstücks enthalten muss, wenn der Erbe die Aufnahme dieser

[26] Zum Verhältnis der beiden Normen Dutta in MüKoBGB, 9. Aufl. 2024, EuErbVO Art. 69 Rn. 31 ff.; Fornasier in Dutta/Weber, 2. Aufl. 2021, EuErbVO Art. 69 Rn. 31.

[27] Näher zur Entscheidung etwa Rademacher FamRZ 2023, 885.

Angaben in das Europäische Nachlasszeugnis zum Zweck seiner Eintragung als Eigentümer in das Grundbuch des Belegenheitsstaats beantragt hat und die Eintragung in das Grundbuch des Belegenheitsstaats nach dem innerstaatlichen Recht des Belegenheitsstaats in dem Fall, dass das Europäische Nachlasszeugnis als einziges Schriftstück zur Stützung des Eintragungsantrags vorgelegt wird, nur dann erfolgen kann, wenn das Europäische Nachlasszeugnis diese Angaben enthält?

2. Ist es für die Antwort auf die Frage 1 von Bedeutung, ob sich nach dem anwendbaren Erbrecht der Übergang der Erbschaft im Wege der Gesamtrechtsnachfolge vollzieht?
3. Ist es für die Antwort auf die Frage 1 von Bedeutung, ob die in Frage 1 genannte Eintragung in das Grundbuch des Belegenheitsstaats nach dem innerstaatlichen Recht des Belegenheitsstaats anstelle der Vorlage eines die in Frage 1 genannten Angaben enthaltenden Europäischen Nachlasszeugnisses auch dadurch erwirkt werden kann, dass der Erbe oder nach dessen Ableben der Erbeserbe neben der Vorlage eines die in Frage 1 genannten Angaben nicht enthaltenden Europäischen Nachlasszeugnisses gegenüber dem Grundbuchamt des Belegenheitsstaats ein weiteres Dokument vorlegt, das eine Erklärung des Erben oder nach dessen Ableben des Erbeserben enthält?

VI. Berichtigung, Änderung oder Widerruf des Zeugnisses sowie Rechtsbehelfe

Selbstverständlich kann die Ausstellungsbehörde das Zeugnis berichtigen, ändern oder widerrufen, Art. 71 EuErbVO. Auch können Dritte den Erlass des Zeugnisses gerichtlich anfechten, Art. 72 EuErbVO. Im deutschen Nachlasszeugnisverfahren ist die Beschwerde nach § 43 IntErbRVG, §§ 58 ff. FamFG zum Oberlandesgericht als Rechtsbehelfsgericht statthaft.[28] Der deutsche Gesetzgeber eröffnet im Nachlasszeugnisverfahren zudem mit § 44 IntErbRVG gegen die Entscheidung des OLG als Beschwerdegericht nach § 43 IntErbRVG und Rechtsbehelfsgericht nach Art. 72 EuErbVO eine Rechtsbeschwerde zum BGH – ein weiterer Rechtsbehelf, der in der Verordnung nicht vorgesehen, aber unionsrechtlich unbedenklich ist.[29] Die Ausstellungsbehörde und das Rechtsmittelgericht können bereits vor der Änderung oder vor dem Widerruf oder der Entscheidung über den Rechtsbehelf die Wirkungen des Zeugnisses aussetzen, Art. 73 EuErbVO.

[28] Im Einzelnen Dutta in Dutta/Weber, 2. Aufl. 2021, IntErbRVG § 43 Rn. 4 ff.
[29] Dutta in Dutta/Weber, 2. Aufl. 2021, IntErbRVG § 44 Rn. 1.

Stichwortverzeichnis

Das Stichwortverzeichnis enthält Fundstellen aus den Skripten der Jahre 2019–2025.
fette Zahlen = Jahre, magere Zahlen = Seiten